현장 중심

의료사회복지론

이효순 · 권지현 · 남은지 · 양정빈 · 추정인 · 한수연 공저

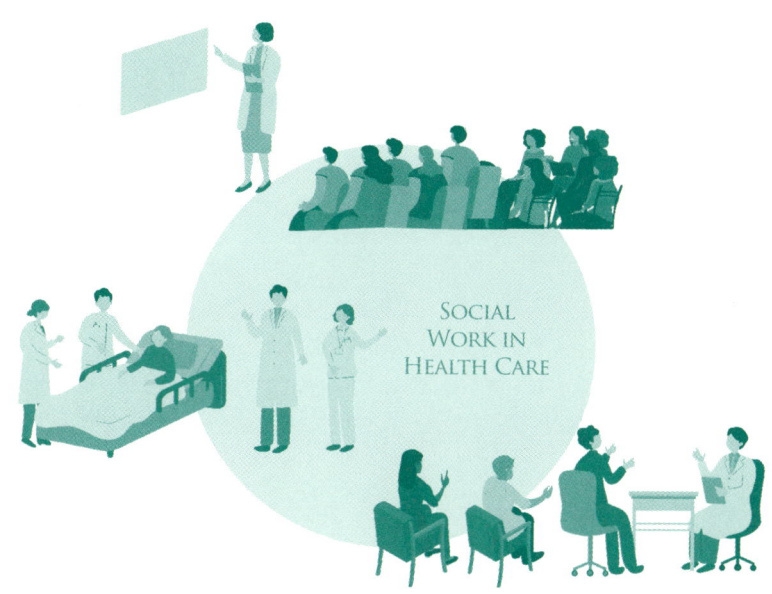

SOCIAL
WORK IN
HEALTH CARE

학지사

머리말

 2016년 출간됐던 『의료사회복지론』은 심한 산고 끝에 나왔었다. 오랜 세월 동안 의료사회복지실천 현장에서 일을 해 오면서 쌓인 저자들의 실무경험과 지식이 너무 방대하여, 축약해서 집필하는 작업이 아주 힘들었기 때문이다. 이에 구성 면에서 미흡하여 의료사회복지 현장에서의 실천방법 이론에 대한 체계적인 정리가 필요했고 독자들이 이해하기 쉬운 문장으로 서술하는 것도 필요하다고 생각했다. 또한 현시대에 맞는 의료사회복지의 정책이나 제도 등의 변화된 내용들에 대하여 새로운 재정비가 절실히 요구되었다. 그런 이유로 저자들이 혼연일체가 되어 심혈을 기울인 『현장 중심 의료사회복지론』을 출간하게 되었다.
 이 책의 집필 동기는 의료사회복지에 입문하는 학생들에게 단지 지식만을 전달하는 것이 아니라 실용 학문으로서의 가치와 흥미를 느끼게 할 수 있도록 의료현장의 실무적인 내용과 이론을 통합하고자 한 것이다. 그래서 이 책을 접한 학생들이 습득한 지식을 실무에 바로 적용할 수 있도록 구체적인 방법과 지침 내용을 포함하였으며 관련 사례를 들어 설명하였다.
 책의 내용을 구체적으로 살펴보면 총 3부로 구성되어 있다. 제1부는 의료사회복지실천의 전반적인 이해를 돕기 위한 개관이다. 최근 의학기술의 눈부신 발달과 고령화로 인한 평균수명의 연장 등으로 만성질환이 급증하면서 건강과 질병의 개념도 변화하기 시작하였고, 그에 맞게 의료사회복지실천도 확대되기 시작하였다. 그래서 건강의 개념 변화, 질병과 심리사회적 측면, 그에 맞는 의료사회복지의 개념을 살펴보았다. 예전 책에서 찾아볼 수 없었던 인간의 삶과 건강의 문제를 생애주기별 건강문제로 탐색해 보고, 장애와 건강문제, 질병으로 인한 개인과 가족의 영향, 건강에 관한 여러 가지 이론 및 관점을 소개하고자 한 내용이 특이점이다. 더불어 의료사회복지실천 현장의 이해와 직무를 고찰하고 의료사회복지실천 현장에서 실제로 사용하는 실천기술인 모델이론들을 소개하였으며, 의료현장에서 중요하게 다루고 있는 문제해결모델이나 동기강화상담모델 등을 포함하였다.

제2부는 의료사회복지실천과 관련된 주요 이슈로서 현재 변화되는 우리나라 보건의료정책과 제도를 소개하고 의료전달체계에 대한 이해 및 의료사회복지 활동의 법적 근거를 제시하였다. 또한 최근에 대두되는 이슈인 의료사회복지현장에서의 생명의료윤리와 의사소통기술에 대하여 알아보고자 하였다. 즉, 의료기관의 생명의료윤리와 환자의 권리, 의료진, 환자, 가족과 '함께하는 의사결정'이 어떤 방법으로 진행되는지 탐색하였다. 아울러 의료사회복지실천과 지역사회를 살펴봄으로써 지역사회통합돌봄의 이해, 지역사회 내 사례관리, 퇴원계획과 지역사회 자원연계를 고찰하였다.

제3부는 의료사회복지실천의 실제로, 세 부분으로 나누어 탐색해 보았다. 주요 질환별 의료사회복지실천의 실제, 이슈에 따른 의료사회복지실천의 실제 그리고 의료사회복지실천의 전망과 과제로 나누어 탐색해 보았다. 질환에 따라 Ⅰ, Ⅱ, Ⅲ으로 나뉘었고 각 질병에 대한 설명과 의료사회복지실천으로 환자와 가족을 둘러싼 의료사회복지사의 역할과 접근을 고찰해 보았다. 각 질병에는 암, 심뇌혈관질환, 희귀질환, 고혈압, 당뇨병, 만성콩팥병, 장기이식, 척수손상, 치매, 정신건강 장애, 중독이 포함된다.

이슈에 따른 의료사회복지실천의 실제는 Ⅰ과 Ⅱ로 분류하여 설명하였는데 호스피스와 완화의료, 학대 및 가정폭력, 자살을 Ⅰ에 포함시켰다. Ⅱ에서는 최근에 떠오르는 이슈인 공공보건의료와 의료사회복지, 공공보건의료에서 의료사회복지사의 역할, 의료비 지원과 사회서비스로 분류하여 알아보았다.

마지막으로 의료사회복지실천의 전망과 과제에서는 현재 국가자격증을 도입한 의료사회복지 실습과 수련 및 자격제도를 다루었다. 최근 저출산 초고령 사회로 진입하면서 만성질환 관리와 의료서비스에 대한 패러다임 전환의 필요성이 대두되었다. 이에 지역사회로의 프로그램 확장과 사회공헌의 요구, 지역사회 중심 의료서비스 확대와 보건, 의료, 복지서비스 연계에 대한 중요성을 깊이 있게 설명하였다. 또한 의료서비스 패러다임의 변화로 의료사회복지사의 서비스에 대한 전문성 인식 확대와 학교 및 수련교육의 재정비가 필요하며, 의료사회복지실천의 새로운 도전으로 '연명의료중단 등 결정' 과정에 참여하는 도전이 필요하다는 과제를 제시함으로써 마무리하였다.

미흡한 부분이 있어 계속적인 보완 작업이 필요하겠지만 저자들은 이 책이 의료사회복지 발전에 기여하기를 진심으로 바라고 있다.

마지막으로 이 책을 출판함에 있어 귀중한 병원의 자료를 서슴없이 제공하고 살아 있는 의료사회복지현장의 이슈를 저자들과 나누며 원고를 정성껏 집필해 주신 충남대학교병원의 권지현 선생님께 진심으로 고마움을 전하고 싶다. 그리고 어려운 시간을 내어 혼신을 다해 원고를 쓴 공저자 분들인 남은지, 양정빈, 추정인, 한수연 교수님의 노고에 마음 깊이 감사를 드린다. 출판의 기회를 주신 학지사 김진환 사장님과 책을 집필해서 출판하기까지 긴 시간 동안 한결같은 마음으로 격려하고 배려해 주신 한승희 부장님께도 거듭 감사함을 표현하고 싶다. 또한 원고를 검토해 주고 책을 멋지게 만들어 준 박나리 선생님과 학지사 직원 여러분께도 고마움을 전한다.

2025년
이효순

차례

- 머리말 _3

제1부 : 의료사회복지의 개관

제1장 건강과 의료사회복지의 관계   이효순·남은지 _11

1. 건강의 개념 변화 _12
2. 질병과 심리사회적 측면 _15
3. 의료사회복지의 역사와 필요성 _21
4. 의료사회복지의 개념 _29

제2장 인간의 삶과 건강의 문제   남은지 _37

1. 생애주기별 건강문제 _38
2. 장애와 건강의 문제 _43
3. 질병으로 인한 개인과 가족의 영향 _48
4. 건강에 관한 여러 가지 이론 및 관점 _53

제3장 의료사회복지실천 현장의 이해와 직무   권지현·이효순·추정인 _63

1. 의료사회복지실천 현장 _64
2. 의료사회복지실천의 기능과 역할 _68
3. 의료사회복지사의 직무 및 팀 접근 _76
4. 의료사회복지실천 과정 _82
5. 의료사회복지실천에서의 질관리 _111

제4장 의료사회복지실천모델 추정인 · 양정빈 _121

1. 위기개입모델 _122
2. 인지행동모델 _130
3. 문제해결모델 _139
4. 역량강화모델 _150
5. 동기강화상담모델 _156

제2부 : 의료사회복지실천과 관련된 주요 이슈

제5장 우리나라 보건의료정책과 제도 양정빈 _177

1. 의료전달체계의 이해 _178
2. 의료사회복지현장과 관련된 정책 및 제도의 이해 _179
3. 의료사회복지활동의 법적 근거 _209

제6장 의료사회복지실천에서 생명의료윤리와 의사소통 기술 한수연 _223

1. 의료기관의 생명의료윤리와 환자의 권리 _224
2. 의료진, 환자, 환자 가족과 '함께하는 의사결정' _229

제7장 의료사회복지실천과 지역사회 이효순 · 남은지 · 권지현 _241

1. 지역사회통합돌봄의 이해 _242
2. 지역사회 내 사례관리 _249
3. 퇴원계획과 지역사회 자원연계 _257

제3부 : 의료사회복지실천의 실제

제8장 주요 질환별 의료사회복지실천의 실제 I 권지현 _281

1. 암 질환 _282
2. 심뇌혈관질환 _288
3. 희귀질환 _297

제9장 주요 질환별 의료사회복지실천의 실제 Ⅱ 추정인 _307

1. 고혈압 _308
2. 당뇨병 _312
3. 만성콩팥병 _317
4. 장기이식 _326

제10장 주요 질환별 의료사회복지실천의 실제 Ⅲ 권지현·양정빈·이효순 _339

1. 척수손상 _340
2. 치매 _347
3. 정신건강 장애 _362
4. 중독 _373

제11장 이슈에 따른 의료사회복지실천 Ⅰ 추정인·한수연 _391

1. 호스피스와 완화의료 _392
2. 학대 및 가정폭력 _397
3. 자살 _411

제12장 이슈에 따른 의료사회복지실천 Ⅱ 권지현 _423

1. 공공보건의료와 의료사회복지 _424
2. 공공보건의료에서 의료사회복지사의 역할 _428
3. 위기가구의 발굴과 지원 _432
4. 의료비 지원과 사회서비스 _436

제13장 의료사회복지실천의 전망과 과제 남은지·권지현 _445

1. 의료사회복지 실습과 수련제도 _446
2. 의료사회복지사 자격제도 _450
3. 의료사회복지실천의 전망과 과제 _451

- 부록-의학용어 _463
- 찾아보기 _473

제 1 부

의료사회복지의 개관

제1장 • 건강과 의료사회복지의 관계
제2장 • 인간의 삶과 건강의 문제
제3장 • 의료사회복지실천 현장의 이해와 직무
제4장 • 의료사회복지실천모델

현장 중심
의료사회복지론

제 1 장
건강과 의료사회복지의 관계

📁 학습개요

오래전부터, 인간의 건강이나 질병은 단순히 생물학적이거나 자연적인 조건에 의해 결정된다고 알려져 왔고, 따라서 사람들은 건강이나 질병이 다분히 개인적인 책임의 문제라고 생각해 왔다. 그러나 최근에 와서 이들 건강이나 질병이 개인의 사회경제적 수준, 그리고 인종별 생활 전통이나 문화적 배경 차이에 의해 더 많은 영향을 받는 것으로 인식되고 있다. 따라서 그 치료대책도 개인적 차원의 위생관념이나 건강대책에서보다는 사회적 차원에서 강구되어야 한다. 그러므로 이 장에서는 의료사회복지에서 중요하게 인지해야 하는 사회와 밀접하게 관련된 건강의 개념 변화와 건강과 질병의 심리사회적 측면을 알아보고자 한다.

아울러 영국과 미국을 중심으로 의료사회복지의 기원, 발달과정을 살펴보고, 우리나라 의료사회복지의 발전과정은 어떠하였는지, 역사적 주요 사건 및 의료보장제도의 변화에 따라 정리한다. 이를 바탕으로 의료사회복지의 개념을 정의한다.

📖 학습목표

1. 건강의 개념 변화에 대하여 알아본다.
2. 건강과 질병의 심리사회적 측면에 대하여 파악한다.
3. 의료사회복지의 역사적 발전과정을 이해한다.
4. 의료사회복지의 개념을 정의할 수 있다.

1. 건강의 개념 변화

1) 건강의 개념

건강의 어원은 whole(전체, 완전한)에서 시작되어 hale로, 그리고 health로 변형되었다. 이것은 건강의 개념이 신체적·정신적 및 사회적으로 완전한 안녕의 상태를 의미한다는 것을 뜻한다. 그러나 단지 질병이 없다거나 신체적으로 허약하지 않은 상태를 의미하는 것만은 아니다. 건강은 한 인간 생활의 모든 측면인 의·식·주, 노동, 인간관계 및 사회생활 등과 밀접한 관련이 있다. 즉, 건강은 개인의 정서적 균형과 외부환경에의 적응은 물론 사회생활을 영위해 나갈 수 있는 능력을 포함하고 있다. 실제로 건강의 개념이 사회적 안녕 상태까지를 제시하기 때문에 각기 다른 사회특성, 즉 문화·제도·관습 등 여러 가지 사회적 환경요인에 따라 달라지는 '상대적 개념(relative concept)'임을 알 수 있다(최천송, 1980).

인간의 건강은 항상 가변적이다. 인간은 육체적으로나 정신적으로 노동을 하면 피로하고 적당한 휴식을 취하면 다시 회복되는 자체 기능을 갖고 있는 동시에 신체나 정신을 계속하여 사용하지 않으면 그 기능이 쇠퇴하여 오히려 건강을 잃게 된다(최천송, 1980; 유수현 외, 2013). 따라서 밀턴 테리스(Bracht, 1978)는 건강을 '사회생활을 할 수 있는 능력(ability to function)'으로 보고 기능적이고 주관적인 용어로 정의하였다. 그러므로 건강이란 완전무결한 신체적, 정신적, 사회적 조건보다는 한 인간이 사회생활을 독립적으로 영위해 나갈 수 있는 능력과 관계가 있다(유수현 외, 2013)고 할 수 있다.

또한 1998년 세계보건기구(WHO)에서는 기존에 정의한 건강개념인 육체적, 사회적, 정신적 완전함에 영적(spiritual) 웰빙 개념을 추가하여 건강개념을 재정립하려는 시도들이 있어 왔다. 이것은 세계보건기구에서 건강한 삶의 조건으로 종교의 전유물로 여겨지던 영성을 거론한 것이다. 덧붙여 건강증진에 관한 Ottawa 헌장(1986)에 제시된 내용을 살펴보면 "건강은 생활의 목표로서가 아니라 일상생활을 영위하는 활력소로 이해되어야 한다."고 명시하고 있다. 즉, 건강은 일상생활을 위한 신체적인 능력은 물론 개인 및 사회적 활력소의 긍정적인 면을 가리키는 개념이라고 할 수 있다. 예를 들면, 손발이 절단된 사람이라도 '살아 있다는 것이 행복하다. 앞으로 열심히 살아가고 싶다.'는 의지가 강하게 있다면 건강한 사람으로 정의될 수 있으며 반면에 건강한 신체에 재산을 많이 축적한 사람이라도 '항상 죽고 싶다. 사는 게 재미없다.'고 생각하면 건강하지 않은 상태, 즉 질병의 범주에 넣어야 한다는 것이다. 그러므로 건강이란 개념도 정적인 의미에서 동적인 추세를 강조하는 방향으로 진행되어 가고 있음을 알 수 있다. 이렇게 보면 현재의 건강개념은 한 인간이 자립적으로 사회생활을 할 수 있는 능력(ability to function)과 더불어 영적인 웰빙 상태의 중요성이 강조된다고 하겠다.

2) 건강 결정 요인

오래전부터, 인간의 건강이나 질병은 단순히 생물학적이거나 자연적인 조건에 의해 결정된다고 알려져 왔고, 따라서 사람들은 건강이나 질병이 다분히 개인적인 책임의 문제라고 생각해 왔다. 그러나 최근에 와서 이들 건강이나 질병이 개인의 사회경제적 수준, 그리고 인종별 생활 전통이나 문화적 배경 차이에 의해 더 많은 영향을 받는 것으로 인식되고 있다. 따라서 건강이 안 좋은 상태를 무조건 개인의 책임으로 비난하는 것은 옳은 태도가 아니라는 견해가 지배적이다. 왜냐하면 많은 경우, 개인은 소위 건강의 사회적 결정요인들, 예컨대 가난이나 실직, 영양실조, 그리고 나쁜 근무 환경들을 관리할 능력이 없기 때문이다. 이로 인한 사회적 건강불평등 현상이 사회경제적 조건의 차이에 의해 초래된다는 것이다(Moy & Freeman, 2014: 2). 우리나라의 경우를 살펴보면 초고령사회를 목전에 둔 2025년은 고령인구 증가가 가져올 재정압박이 본격화되고 코로나19 이후 경제 위기로 인한 건강 격차 확대가 우려된다. 2020년 초기부터 코로나19 확진자가 처음 발생한 이후 2022년 4월 18일 사회적 거리 두기가 폐지되기까지 코로나19 변이의 반복적인 재유행과 사회적 거리 두기의 시행은 모든 대면 활동을 제한했다. 대면에서 비대면의 변화는 고용의 형태와 안정성, 가계·기업의 대응 능력 등에 따라 피해의 격차를 심화시켰다(강희정, 2024; 이승훈, 2022). 최근까지 저소득층의 가계근로소득이 상대적으로 더 많이 감소하여 저소득층 가구와 고소득층 가구의 소득 격차가 확대되는 문제가 제기되고 있다(이승훈, 2022; 이원진, 2023). 주요한 건강 결정요인인 소득 격차의 확대는 건강 격차를 확대하는 악순환을 낳는다. 2025년에는 건강 격차 확대에 대한 문제 인식이 고조될 수 있다. 이에 대응하여 취약계층을 지원하고 계층 간 갈등을 최소화하는 노력을 강화하여야 한다(강희정, 2024). 세계보건기구(WHO)를 포함한 건강 관련 국제기구들이 건강에 대한 사회적 책임을 강조하면서 국가가 건강의 사회적 결정요인들을 잘 관리해야 한다고 주장하는 이유가 바로 여기에 있다.

오늘날 건강에 대한 사회적 책임과 건강 불평등을 도덕적 내지 윤리적 문제로 인식하고,

국가와 사회는 특히 두 가지 윤리 원칙, 즉 건강권 보호와 정의의 원칙을 실천해야 한다는 점을 강조하고 있다(맹광호, 2015). 그러므로 건강을 사회적 책임과 윤리문제로 인식하여 해결하려고 한다면 '환경 속의 인간'을 다루는 사회 및 생태 체계론적 이론을 실천하는 의료사회복지의 목적이기도 하다.

사회문제를 1974년 캐나다 정부에서 발표한 「캐나다 국민의 건강에 대한 새로운 시각(A New Perspective on the Health of Canadians)」, 일명 「라론드 보고서(Lalonde Report)」는 건강 결정요인을 '생물학적 요인(humanbiology)', '환경(environment)', '생활양식(lifestyle)' 및 '보건의료(healthcare organization)'로 규정하면서, 국민 건강을 위해서는 이 네 가지 분야에 대한 대책이 고르게 이루어져야 한다고 밝힌 바 있다(Lalonde, 1974).

또한 건강의 사회적 결정요인들에 관해 다양한 견해가 있으나, 지금까지 연구된 내용을 바탕으로 세계보건기구(WHO)가 2008년 발표한 건강 관련 사회적 결정요인들은 다음과 같다. '건강의 사회적 결정요인(social determinants of health)'이란 개인과 집단의 건강상태에 영향을 미치는 사회적, 경제적 환경요인들을 말한다.

❶ 수입 및 사회적 수준(Income and social status): 일반적으로 수입과 사회적 수준이 높을수록 건강상태가 양호하며 어느 나라에서나 부유한 사람과 빈곤한 사람의 비율 차이가 클수록 이들 집단의 건강상태 차이 또한 크게 나타난다.

❷ 교육수준(Educational status): 교육수준과 경제수준이 낮은 사람들은 높은 사람들보다 건강상태가 좋지 않다.

❸ 물리적 환경(Physical environment): 안전한 물, 깨끗한 공기, 안전한 직장환경, 깨끗한 주거환경과 도로상태 등 양호한 물리적 환경은 건강에 긍정적인 영향을 미친다.

❹ 취업 및 작업 조건(Employment and working conditions): 직장을 가지고 있는 경우, 특히 그 직장여건이 좋은 경우 그렇지 못한 경우보다 더 건강하다.

❺ 사회적 지지체계(Social support networks): 가족과 친구 그리고 지역사회로부터 여러 가지 지지를 받고 있는 경우 그렇지 못한 경우보다 건강하다.

❻ 문화(Culture): 관습과 전통, 그리고 가족과 지역사회의 신앙 행태 등 문화적 요인 모두 건강에 영향을 미친다.

❼ 유전적 요인(Genetics): 유전적 요인 또한 부분적으로 수명이나 건강에 영향을 미치며 일부 질환 발생과도 연관성이 있는 것으로 보고되고 있다.

❽ 개인 생활행태 및 극복기술(Personal behavior and coping skills): 식습관, 운동 여부, 흡연,

음주, 스트레스 등 생활행태와 이를 극복하기 위한 노력 여부 등이 모두 건강상태에 영향을 미친다.

❾ 의료서비스(Health services): 질병예방과 치료에 필요한 의료서비스의 접근성과 실제 이용 실태도 건강상태와 관련이 깊다.

❿ 남녀 성별 차이(Gender): 남자와 여자는 그 성별 차이 때문에 거의 모든 연령에서 각기 이들이 경험하는 질병의 형태나 수준을 달리한다.

한 가지 특기할 일은 이 보고서에서 개인의 질병 발생과 관련이 깊은 개인 생활습관들, 예컨대 흡연이나 음주, 나쁜 식습관, 그리고 유전적 요인을 사회적 건강 결정요인에 포함하고 있는 점이다. 이는 앞서도 언급한 바와 같이 이들 요인 또한 넓게 보면 사회문화적 환경이나 사회제도들과 관련이 있기 때문인 것으로 이해된다.

사회적 건강 결정요인들의 수준에 따라 질병 이환율이나 사망률에 차이가 생기게 마련이고 이런 사회계층별 건강 차이를 '건강불평등(healtinequality)' 상태라고 한다(맹광호, 2015). 그러므로 그 치료 대책도 개인차원의 위생관념이나 건강대책에서보다는 사회적 차원에서 시행되어야 한다.

2. 질병과 심리사회적 측면

1) 질병의 정의 및 사회와의 상호 관계

질병이란 무엇인가? 듀보스(R. Dubos)는 인간의 외부적 내부적 환경에 미처 적응되지 못하는 상태라고 정의했으며(최천송, 1980), 더불어 미국에서 국민건강조사를 실시했을 때 사용한 질병의 개념을 살펴보면 육체적, 정신적인 건강의 이탈 상태, 몸의 안 좋은 상태, 즉 병으로 인식하면서 일상생활에 제한을 가져오는 경우, 그리고 의료인이 인정하는 경우를 들 수 있다(유수현 외, 2013). 따라서 인간에게 있어서 질병(疾病)이란 유기체의 신체적 기능이 단지 비정상적으로 된 상태, 즉 부상이나 장애에 그치는 것이 아니라 넓은 의미에서는 극도의 고통을 비롯해 정신적 스트레스, 사회적 상황에서의 사회적인 문제 및 제도상의 모순이나 결함과도 관련되어 있고 죽음까지도 포함한다는 것을 알 수 있다. 물론 질병이란 꼭 개인에게만 한정되는 것이 아니어서 사회적으로 큰 맥락에서 이해되며 더 넓게는 사고나 장애, 증후군, 감염, 행동 장애 등을 모두 나타낼 수 있다. 이에 질병과 함께 산다는 것은 참 받아들이기 힘든 일이며 질병은 일상생활에 제한을 가져오는 역할 기능의 상실까지도 가져온다. 다시 말해서 질병이라는 상태를 정의하는 데 사회적, 경제적 함의를 빼놓고서는 생각할 수 없다. 각국의 정책에 따라, 즉 보건에 대한 관념의 고저에 따라서 질병의 발병률은 천차만별이기도 하다.

질병의 문제는 곧 건강의 문제이고 건강의 문제는 생활 전반에 관한 문제가 되는 것이다. 그러므로 질병의 발생은 어떤 개인이 사회생활을 영위하기 위한 기능의 변화를 가져와 사회적응상의 문제를 초래하고 있으며, 한 개인의 문제는 가정 및 지역사회 전체에까지 변화를 가져오게 된다(유수현 외, 2013). 그러므로 질병과 사회문제는 상호 역동적 관계에 있다고 볼 수 있다. 산업화, 도시화의 영향으로 인해 생겨난 여러 가지 사회문제는 질병구조를 변화시키고 새로운 질병을 만들어 내었다. 대기 및 수질오염의 확대, 교통사고의 발생 빈도 증가, 호흡기 질환 유발, 정신 및 신경계 질환 유발, 산재질병, 즉 진폐증, 약물중독 등의 직업병 등이 초래되었다(박종기, 1979).

2) 질병경험의 단계

질병이란 심리사회적으로 주어진 기능을 수행하지 못하고 일상생활에 있어서 사회적 기능을 하지 못하거나 적응하지 못하게 되는 상태에 빠지는 것이다. 질병이 발생하면 건강한 사회인이 점차 환자로 바뀌게 되고 그 질병 안에서 다시 사회로 복귀하기 위한 노력을 하는 과정에서 질병경험의 단계를 거친다. 서치먼(Suchman)은 이러한 과정을 다섯 단계로 구분하여, 첫째, 증상을 경험하는 단계, 둘째, 병자 역할을 가정하는 단계, 셋째, 의료서비스에 접촉하는 단계, 넷째, 의존적인 역할을 하는 단계, 마지막으로 회복 및 재활의 단계로 설명하였다(Germain, 1984).

첫째 단계인 증상을 경험하는 단계에서는 클라이언트가 자신의 건강상태가 좋지 않고 체력이 약해지고 무엇인가 잘못된 것을 감지한다. 다양한 민간요법을 써서 회복해 보려고 노력하지만 이 단계에서는 자신이 병자임을 받아들이려 하지 않고 차츰 호전되려니 생각하다가 점점 심해지면 그때 가서야 병이 생겼음을 받아들이게 된다.

둘째 단계는 병자의 역할을 가정하는 단계이다. 다양한 방법 및 민간요법으로 병이 회복되지 않으므로 병이 생긴 것이 아닌가 하고 생각하기 시작한다. 그러나 이때까지도 가정만

할 뿐 자신이 환자라는 것을 받아들이지 않는다. 자신의 불편한 신체적 조건으로 인해 일상생활을 포기하고 주위 사람들에게 자신의 병세에 대해 묻고 계속적으로 자기 나름대로의 방법을 동원하여 회복하려고 노력한다.

셋째 단계는 의료서비스에 접촉하는 단계로서 자신이 환자가 아닌가 생각하여 의료진을 찾아가 진찰도 받고 상의를 하기 시작한다. 그러다가 자신이 확실히 병에 걸렸다는 것을 확인하고 의료진과 치료절차에 대해 의논하며 타협한다.

넷째 단계는 의존적인 환자의 역할을 수행하는 단계로서 의료진의 권고에 따라 전문적 치료를 받으며 비로소 환자의 역할을 수행한다. 경우에 따라 의존적인 환자 역할에 저항하기도 하고 치료를 거부하는 대신에 다른 이득을 즐기면서 회복에 대한 환자의 의무를 다하지 않을 수도 있다. 이와 같은 행동은 문제 환자로 낙인찍게 만들기도 한다.

다섯째 단계는 회복 및 재활의 단계로서 치료가 성공적으로 진행될 때 건강을 회복하여 일상적인 사회생활로 복귀하는 것이다. 그러나 치료가 끝났다 하더라도 질병의 특성으로 장애를 감수하는 경우도 있으며 만성적인 장애로 남아 사회복귀를 위한 재활 서비스가 뒤따르는 경우도 있다(유수현 외, 2013).

3) 질병에 대한 심리사회적인 문제와 적응

(1) 질병에 대한 심리, 신체 및 사회적 문제

질병이라 함은 만성적인 질환과 죽음에 이르는 질병, 그리고 사회 환경과 가족에게 영향을 미치는 질병들이다. 이러한 질병들은 사회적 또는 심리적 요인들이 많이 작용하고 있기 때문에 의료적 치료(유수현, 2013) 외에도 사회, 심리적인 반응을 파악하여 사회 심리적인 치료도 병행하는 것이 필요하다. 또한 대부분의 질병은 정서적인 반응을 유발한다. 특히 만성질환은 질병에 따른 여러 가지 스트레스를 유발하고 환자는 질병에 적응하면서 다양한 종류의 부정적 감정반응(negative emotional reactions)을 보이게 된다. 질병으로 인한 스트레스와 적응과제를 이해할 수 있다면 의료사회복지사들은 이러한 흔히 생기는 감정에 잘 대처하도록 도와줄 수 있다.

① 질병의 일반적인 스트레스

질병은 직장과 집안일, 여가활동을 효과적으로 하기 힘들게 하며 직업을 가진 환자라면 종종 실직의 위협에 대처해야 한다. 집안일을 하는 환자라면 질병으로 가사를 돌보는 능력이 떨어질 수 있다. 질병을 가진 부모의 경우 자녀들과 어울리기 힘들어지고 함께 지낼 수 없게 될 수도 있다.

② 분리의 위협 및 애정 상실의 위협

특별히 입원 가능성이 있는 질환을 앓고 있을 때, 환자들은 사랑받고 편안하게 지지해 주던 사람들로부터 분리의 위협을 느낀다. 질병이 심해지거나 입원하게 되면 유아기의 분리불안이 다시 생길 수 있으며 많은 환자는 질병으로 인해 주변 사람들에게 매력을 잃거나 애정을 상실하지 않을까 두려워한다.

③ 신체기능 및 부위 상실의 위협

질병은 요실금이나 대변실금을 일으키기도 한다. 이것은 환자를 당황하게 하고 위협한다. 환자가 자신을 아기처럼 느끼게 하며 때때로 환자는 자신의 중요 신체부위를 잃을 가능성에 대해 두려워한다.

④ 정신기능과 인지기능의 감소

질병은 종종 정신기능과 인지기능을 감소시킬 수 있으며 질병이 있거나 약물을 사용하는 환자는 기억력이 감소하고, 집중력에 문제가 생기거나 건강 시의 정신 통제 수준을 상실할 수 있다. 이러한 인지기능의 상실이 흔히 신체질병이나 치료와 관계가 있음을 모르는 환자들은 '정신이 혼탁함'으로 인해 두려워하게 된다.

⑤ 통증의 위협

일반적으로, 환자들은 통증을 두려워하며 가능하면 느끼지 않으려고 한다.

⑥ 가족관계의 변화

질병은 가족관계를 변화시킨다. 생계유지 역할이 남자에서 여자로 바뀔 수 있고, 주부 역할이 여자에서 남자로 바뀔 수도 있으며 만성질환에 의해서 친밀감의 형태, 역할 책임, 성적 능력, 부모 역할이 모두 바뀔 수 있다. 사회적 역할 기능의 불가피한 변화에도 불구하고 핵심적인 관계를 유지할 수 있는 능력이 있는 환자에게서는 좋은 예후를 보인다(Cole & Bird, 2002).

⑦ 기능장애에 대처하기

가끔 질병으로 인해 어떤 신체적 장애가 생길 수 있다. 즉, 보행장애, 통증, 손을 사용하는 데 어려움, 시각이나 청각장애, 수면장애, 일상적 업무수행능력의 장애, 운전장애 같은 것들이 있다. 기능장애의 원인이 되는 신체적 장애에 대한 적응은 지속적인 것이며, 때때로 환자에게 힘든 과제가 된다.

⑧ 다양한 의료인에 대한 적응

만성질환자들은 다양한 분야의 건강 전문가와 접촉하게 된다. 환자는 각각 전문분야의 의사들과 함께 그들의 다양한 기질에 대처해야 하며 간호사, 병원직원, 영양사, 물리치료사 같은 사람들의 성격과 그들의 전문분야에 적응하도록 노력해야 한다. 이것은 어떤 사람들에게는 쉬울 수 있고 또 다른 사람들에게는 불가능할 수도 있다.

(2) 질병에 대한 정서적 반응

대부분의 환자는 질병에 대해 다양한 정서적 반응을 경험한다. 이는 개인과 질병에 따라서 다양하지만, 의료사회복지사들이 이해하고 인지해야 하는 흔한 몇 가지 예측 가능한 정서적 단계가 있다. 그들을 이해한다면, 의료사회복지사들은 보다 효율적이고 환자에게 도움이 될 수 있도록 반응할 수 있다.

① 퇴행

퇴행(regression)은 질병에 대한 반응에 있어 정서적 기능이 보다 유아적 단계로 바뀌는 것을 말한다. 이러한 질병에 대한 광범위한 반응은 질병기간 동안 신체적, 정신적 의존성을 높인다. 대부분의 제한적인 퇴행은 급성질병의 회복과 휴식이나 만성질환의 악화 기간의 적응 반응으로서 생길 수 있다. 환자의 치유에 있어 이런 의존성은 필요한 경우도 있는데, '반응이 긍정적인(good)' 환자는 의료진의 권고를 잘 받아들이기 때문이다. 만성질환에서는 퇴행과 의존성을 강하게 제한해야 한다. 만성질환에서 퇴행 현상을 극복하기 위해서는 의료진과 환자 모두의 상당한 노력이 필요하다. 환자는 의존성에 대해 다르게 반응하는데 어떤 환자는 의존성을 포기하기가 어렵고, 또 다른 환자들은 모든 의존성을 아주 부정적으로 생각한다. 환자는 질병 스트레스 때문에 적응해야 할 많은 문제를 겪게 된다.

② 부정, 의식적 억압, 무의식적 억압

질병에 관한 이야기를 들었을 때 최초의 감정반응 중 하나는 관찰되는 감정이 없다는 것이다. 질병의 감정적 충격이 너무 커서 많은 환자가 '그 정보가 잘못되었고 난 그 질병에 걸리지 않았다.'고 부정(denial)한다. 부정은 다양하게 나타난다. 환자가 단순히 질병에 관한 생각을 마음속에서 지우려 하거나 피하려고 할 때 이러한 방어기전이 나올 수 있다. 이것을 의식적 억압(suppression)이라 하고, 비교적 건강한 방어기전이라고 할 수 있다. 생각은 비록 의식 내에 있지만, 환자는 단기간 동안 문제를 그들의 주의에서 멀어지게 할 수 있다. 무의식적 억압(repression)은 의식에서 무의식으로 생각이 이동하는 것을 말한다. 이것은 어떤 환경에서는 적응과정이 될 수 있지만, 주의사항이나 치료법을 잊어버리는 부정적인 영향을 줄 수도 있다. 부정은 치료진으로부터의 정보를 무시한다는 점에서 이러한 방어기전 중 가장 좋지 않다. 만약 환자가 암이란 말을 들었다면, 환자는 이것을 부정할 것이고, 오진일 것이라고 생각한다. 불행하게도 이런 부정으로 환자가 치료시기를 놓치고 생명이 위독해질 수도 있다.

③ 불안

불안은 거의 모든 질환에서 생길 수 있는 흔한 정서적 반응이고, 대부분의 환자가 경험한다. 불안(anxiety)은 주관적인 두려움의 경험이다. 이것은 다양한 형태가 있고 질병 과정 전반에 다양하게 나타난다. 스트레스와 위험은 환자의 두려움(fear)을 유발하며, 내적인 두려움을 불안으로 경험한다. 불안은 신체적 증상으로도 나타나 일차적인 신체질병에 영향을 줄 수 있다. 예를 들어, 불안은 빈맥, 위장관 운동 항진, 발한, 불면 등 자율신경계 흥분의 원인이 될 수 있다. 불안이 해소되지 않았을 때, 이것은 질병과정에 부정적인 영향을 미칠 수 있다. 불안은 아주 강렬하고 전반적으로 나타나 정신질환이 될 수도 있다.

④ 분노

분노도 만성질환에서 흔하다. 환자는 '하필이면 왜 내가 이런 병에 걸렸을까?'라고 생각한다. 그들은 종종 절대자에게 화를 내며, 질병의 궁극적 의미를 이해하려고 노력하면서 믿음에 혼란을 느낀다. 이것은 분노뿐만 아니라 일반적으로 불안을 만들어 내며 어떤 특정한 생각이나 사람에게 초점을 맞출 수 없는 전반적인 분노를 느낀다. 이러한 분노가 일어나면, 치료진 및 의료제공자, 친한 친구, 가족들이 흔한 공격의 대상이 되므로 환자를 도와줄 그들로부터 멀어지게 되어 불행할 수 있다.

⑤ **슬픔**

슬픔(sadness)은 모든 질병에서 흔한 반응이다. 환자가 만성병을 진단받고도 슬퍼하지 않는다면 이상한 일이다. 만성질환은 일반적으로 많은 상실(일할 능력, 여가의 기쁨, 신체적 즐거움, 대인관계의 상실)을 가져온다. 분노나 불안과 같은 다른 반응도 상실에 있어 역할을 하지만 슬픔은 상실에 대한 가장 흔한 정서적 반응이다. 질병에 대한 정상적인 슬픔은 환자 주변 인간관계의 모든 측면에 영향을 미칠 수는 없다. '정상적' 슬픔에서는 과거에 비해 제한적이지만, 환자는 즐거운 경험을 느낄 수 있다. 반면에 우울증은 삶의 모든 부분에 있어 환자가 더 이상 흥미나 기쁨을 경험할 수 없다.

(3) 질병에 대한 대응 전략 혹은 대처 기제

질병에 대한 대처전략은 크게 정서적 전략(affective strategies), 행동적 전략(behavioral strategies), 그리고 인지적 전략(cognitive strategies)으로 나눌 수 있다. 정서적 전략에는 수동적으로 감정을 격리시키고 걱정하지 않으려 하거나, 부정하고 웃어 버리는 것, 느낌과 반응을 타인과 공유하는 방식 등이 있다. 행동적 전략으로는 다른 활동에 전념하기, 자기 자신에게 문제를 직면시키고 적절한 행동을 취하기, 행동화(acting-out), 이전의 스트레스에 효과가 있었던 활동을 다시 생각해 보기, 사람과 스트레스를 피하고 혼자만의 시간을 갖는 철퇴(withdrawal)하기 등이 있다. 인지적 전략으로는 질병 및 치료에 대한 정보를 얻어서 지식을 통해 조절해 보려는 시도가 있거나, 문제를 다시 정의해서 합리화하기, 최악의 경우를 생각하고 준비하는 운명론(fatalist), 본인의 질병을 남의 탓으로 돌리고 문제를 외부에서 찾는 투사(projection)와 외향화(externalization), 권위자의 말대로 순응하기, 자기 자신을 탓하고 희생적으로 생각하는 자기학대 등의 방식이 있다(Strain & Grossman, 1975).

3. 의료사회복지의 역사와 필요성

1) 의료사회복지의 역사: 영국과 미국을 중심으로

(1) 의료사회복지의 기원

의료사회복지의 기원은 14세기 초 영국에서 수도원이나 구빈원을 중심으로 가난한 사람, 노동이 불가능한 사람, 장애인, 노인, 질병을 지닌 사람 등을 수용하고 보호하였던 데서 찾을 수 있다. 아주 오래전부터 가난한 환자의 치료 및 지원에 대한 자선적 활동이 존재했던 것이다(이효순 외, 2016). 보다 전문적 차원의 의료사회복지실천은 1895년 왕립무료병원(Royal Free Hospital)의 병원 봉사원(Hospital Almoner)의 활동에서 그 시초를 찾을 수 있다. 앨머너(Almoner)란, 원래 14세기 초 성문에서 빈곤한 사람들에게 도움을 주는 사람을 가리키는 말로, 주로 성 출입을 희망하는 사람을 허가하거나 거절하는 역할을 수행하였다. 왕립무료병원의 병원 봉사원들은 환자들의 가정환경 및 경제적 상황을 조사하고, 이를 바탕으로 자선 적격 여부를 결정하였으며, 필요한 경우 지역사회 복지기관이나 무료 진료소에 환자를 의뢰하였다. 이 당시에는 사회복지사라는 명칭이 없었고, 앨머너는 주로 여성들로 구성되어 있었기에 이때의 의료사회복지사들은 부녀봉사원(Lady Almoner)으로 불리었으며 가난한 환자들에게 경제적인 원조를 중심으로 하는 의료사회복지서비스를 제공하였다(엄태완, 2023).

이 시기 의료사회복지실천을 이해하기 위해서는 당시 의료서비스 제공방식에 대한 이해가 필요하다. 19세기 중엽 영국에서는 환자의 진료비 지불 능력에 따라 이용하는 의료서비스가 달랐는데, 중산층이나 고소득층은 자신의 집으로 전문의(Royal College of Physician)나 외과의(Royal College of Surgeon)를 불러 진료를 받았다. 반면, 형편이 어려운 사람들은 무료 진료소를 이용하였으며, 노동계급이나 빈곤층은 자선병원(Voluntary Hospital), 구빈원(Workhouse) 등에서 의료서비스를 받기도 하였다(이효순 외, 2016). 그런데 1875년 당시 런던 자선조직협회 의료위원회는 환자들이 무료진료를 받기 위해 자신의 상황을 거짓으로 전달하는 상황에 우려를 가지고 있었다. 실제로, 자선조직협회가 왕립무료병원의 자선환자 중 얼마나 많은 환자가 실제 빈곤상태에 있는지 조사하였는데, 조사 결과 36%만이 실제로 무료진료를 받을 자격이 있는 것으로 드러났다(김연수 외, 2022). 따라서 이 시기 의료사회복지사의 활동은 무료진료 서비스를 보다 효율적으로 제공하기 위하여, 자선환자의 서비스 적격 여부를 판정하고, 판정 결과에 따라 환자를 적절한 서비스에 연계하는 것에 중점을 두었다.

(2) 의료사회복지의 발달

의료사회복지의 본격적인 출발은 근대적 의미의 병원이 설립되며 이루어졌다. 1905년 미국 매사추세츠병원의 의사 리차드 카봇(Richard C. Cabort)은 질병이 완치되어 집으로 퇴원한 환자들이 같은 문제로 다시 병원을 찾는 현상을 지켜보면서, 질병을 치료하기 위해 단순히 의학적 차원 이상의 사회환경적인 접근이 필요하다고 생각하였다. 이에 사회복지사를 채용하여, 질병 치료에 영향을 미치는 환자의 심리적 상태나 사회환경을 조사함으로써 장애가 되는 요소를 제거하도록 하였다. 그 결과 환자의 회복에 긍정적인 변화가 나타났으며, 점차 많은 병원이 사회복지사를 채용하여 1913년경에는 미국 내 약 200개 병원에서, 1930년대에는 1,000개 이상의 병원에서 의료사회복지사가 활동하게 되었다(김연수 외, 2022; 한인영 외, 2013).

의료사회복지사의 활동이 확대됨에 따라 전문성 확립 필요성이 대두되었고, 이는 곧 전문 교육과정 수립 및 전문가협회의 조직으로 이어졌다. 1912년 최초의 교육과정이 만들어 졌으며, 이는 1918년 병원사회복지사협회(American Association of Hospital Social Workers: AAHSW)가 창설되며 더욱 체계화되었다. 1928년 병원사회복지사협회는 당시 의료사회복지사의 업무 및 역할을 정리하였는데, 이는 ① 환자의 전반적인 건강문제를 이해하는 데 필요한 정보를 습득하는 것, ② 환자의 건강상태를 환자 자신, 가족, 그리고 지역사회 복지기관이 충분히 이해할 수 있도록 전달하는 것, ③ 환자와 가족들을 원조할 수 있는 자원을 개발하고 동원하는 것 세 가지였다(Gehlert & Browne, 2019).

의료사회복지는 1930년대 대공황 및 제2차 세계대전을 거치며 그 중요성이 더 커지게 되었다. 대공황으로 오랜 기간 경제적 어려움이 지속되자 걱정, 불안 등 정신건강 관련 어려움을 호소하는 사람들이 증가하였으며, 이와 함께 정신상태나 감정이 신체적인 기능에 장애를 일으킬 수도 있다는 점이 인식되기 시작하였다. 신체와 정신의 상호관련성에 대한 관심이 증가하였으며, 의료사회복지의 대상자도 빈곤층 환자뿐만 아니라 심리사회적 어려움을 가진 일반 사람들까지 확대되었다(장수미 외, 2021). 대공황 이후로 의료사회복지사의 병원 밖 활동도 활발하게 이루어졌다. 1935년 미국의 사회보장법(Social Security Act) 시행 이후 사회복지사들이 아동 및 모자보건, 장애아동을 위한 서비스 영역에서 활동하기 시작하였으며, 1920년 이후에는 미국 공중보건국(US Public Health Service)에서 심장질환, 성병, 결핵, 정신질환 등의 예방 및 치료를 위해 활동하였다(Ruth & Marshall, 2017). 제2차 세계대전 및 베트남 전쟁을 거치며 참전 군인들을 위한 재활서비스도 확대되었다. 특히 중도장애인이 된 절단환자, 척수손상환자 등을 대상으로 이들의 회복과 사회복귀를 돕는 재활서비스 영역이 의료사회복지의 한 분야로 대두되었으며, 이에 따라 의료사회복지사의 활동 영역이 군대까지 확장되었다(김연수 외, 2022).

이 시기 미국에는 전 국민을 대상으로 하는 의료보험제도가 없었다. 중산층 이상 사람들은 민간 의료보험에 가입하거나 직접 의료비용 전부를 지불하는 방식으로 의료서비스를 이용하였으며, 형편이 어려운 사람들은 자선진료(Charity Care)를 통해 의료서비스를 받을 수 있었다. 그러던 중 1965년 메디케어(Medicare)와 메디케이드(Medicaid)가 도입되며 노인과 빈곤층 등 과거 의료보험에 가입하기 어려웠던 사람들이 보험에 가입할 수 있게 되었고, 전보다 많은 사람이 의료서비스를 이용하게 되었다. 의료사회복지사들은 자격이 되는 노인 및 빈곤층의 서비스 신청을 지원하는 한편, 개업 사회복지사를 중심으로 행동수정, 정신분석, 자아심리치료, 위기개입, 가족치료 등 보다 전문적이고 다양한 서비스를 제공하기 시작하였다(장수미 외, 2021).

1980년대에 이르자 의학의 발달로 치료 가능한 질병의 수 및 치료법이 늘어나고 이는 곧 의료서비스 비용의 증가로 이어졌다. 당시 의료서비스 지불방식은 모든 의료적 처치 각각에 비용을 지불하는 행위별 수가제(Fee-for-service)를 채택하고 있었는데, 의료진의 진료행위가 증가할수록 병원의 수익이 증가하기에 의료적 처치가 많이 이루어지는 경향이 있었다. 이에 특히 공적보험인 메디케어와 메디케이드 가입자를 대상으로 의료비를 통제해야 한다는 목소리가 높아지게 되었으며, 1990년대 관리의료(Managed Care)가 사회복지의 주요 대상자인 메디케어와 메디케이드 가입자에게 도입되었다. 의료사회복지사 역시 서비스 제공 과정의 비용 효율성을 중요하게 생각하도록 요구받았으며, 이에 따라 고비용의 장기입원을 줄이기 위한 퇴원계획(Discharge Plan)이 의료사회복지사의 중요한 역할로 부각되었다(Dziegielewski & Holliman, 2001).

한편, 1990년대 이후 병원 간 경쟁이 심화되고, 이에 대응하기 위한 방편으로 의료현장의 다학제적 접근이 점차 보편화되었다. 의료사회복지사에 의해 수행되던 업무가 간호사 등 다른 전문직에 의해 수행되는 경우가 늘어났으며, 의료사회복지사는 그 위상을 위협받게 되었다. 이에 다양한 전문직 사이에서 사회복지의 전문성을 확립하기 위해 근거기반 사회복지실천 경향이 강화되었다(권자영 외, 2022).

2010년 환자보호 및 적정의료법(Patient Protection and Affordable Care Act: PPACA), 일명 오바마케어(Obama care)의 시행은 미국 의료사회복지사의 역할을 또 한 번 변화시켰다. 미국은 우리나라처럼 의료비의 적정 가격을 결정하는 별도의 중앙기구 없이 시장에서 의료비가 결정되며, 따라서 다른 나라에 비해 진료비가 비싼 편이다. 대부분의 미국 사람은 민간의료보험에 가입하여, 의료기관을 이용할 때 보험회사가 병원에 의료비를 지불하도록 하고 있는데 보험료 역시 비싸 보험에 가입하지 못하는 사람들이 상당수 있었다. 메디케어와 메디케이드, 차상위계층 아동을 위한 아동건강보험(Children's Health Insurance Program: CHIP)이 별도로 존재함에도 차상위계층, 임시직 노동자, 이민자 등 사회경제적 취약계층을 중심으로 의료보험 미가입률이 높았다. 2010년 기준 전체 미국인의 약 16%에 해당하는 5천만 명 이상이 의료보험에 가입되어 있지 않은 것으로 추산되었는데, 이들의 건강불평등 문제가 심각하였다(Obama, 2016). 이 문제의 해결방안으로 전 국민 의료보험을 이루기 위해 미가입자에 대한 벌금 부과, 일정 소득 이하인 사람에 대한 정부보조금 지급, 확장된 메디케어 프로그램을 주요 골자로 하는 오바마케어가 시작되었다. 오바마케어 시행 이후 의료보험 미가입자의 감소, 취약계층의 의료접근성 증진, 예방적 의료행위의 증가, 의료서비스 이용 패턴의 개선 등 긍정적인 지표가 있었으며(Griffith & Bor, 2020; Sommers, Gunja, Finegold, & Musco, 2015), 이를 계기로 사회복지사들은 취약계층의 건강증진을 위한 정책적 개입의 중요성에 대해 더 크게 인식하였다. 사회복지 전반에 사회적 취약계층을 위한 옹호 활동, 예방 및 건강증진 활동의 중요성이 더욱 높아졌으며, 이에 많은 사회복지사가 병원뿐 아니라 지역사회 취약계층을 위한 활동에도 참여하고 있다.

현재 의료현장은 미국 사회복지사들이 가장 활발하게 참여하는 영역 중 하나로 2017년 기준 60만 명 이상의 의료사회복지사가 다양한 영역에서 사람들의 건강증진을 위해 활동하고 있다(Ruth & Marshall, 2017). 요약하면, 미국 의료사회복지사의 활동은 의료기술의 발달, 의료보장체계의 변화, 당시 시대적 상황의 영향을 받으며 끊임없이 변모하였다. 과거 병원을 중심으로 의사의 치료 효과를 높이기 위한 보조 활동에서, 현재는 많은 사회복지사가 질병의 예방 및 건강 증진을 위한 독자적인 활동에도 힘쓰고 있으며, 병원을 넘어 지역사회 전반에서 활동 영역을 구축하고 있다.

2) 우리나라 의료사회복지의 기원 및 발달과정

우리나라 의료사회복지의 기원 및 발달과정 역시 앞서 미국의 의료사회복지 발달에서 살펴본 것처럼 시대적 상황의 영향을 받아 끊임없이 변화해 왔다. 근대화와 일제강점기, 광복, 한국전쟁과 같은 굵직한 역사적 사건 속에서 이루어져 왔으며, 의료기술의 발달 및 의료보장제도의 확대와 밀접하게 연관되어 있다. 이 절에서는 한국 의료사회복지의 발달과정을 태동기, 도입기, 제도화기, 활성화기, 다양화/전문화 시기로 나누고, 각 시대별 역사적 상황과 이에 대응하는 의료사회복지실천의 역사를 살펴본다.

(1) 태동기: 1958년 이전

본격적인 의료사회복지실천의 개념이 정립되기 이전에도 의료사회복지실천은 이루어졌다. 시대와 장소를 막론하고, 아픈 사람은 늘 나라의 구제 및 자선사업의 주요 대상이었기 때문이다. 고려시대에는 동서대비원, 혜민국과 같은 기관이 설치되어 돈이 없어 치료를 받지 못하는 가난한 환자에게 약제 및 의료서비스를 제공하였고, 이러한 활동은 조선시대에도 활인서, 혜민서 등으로 계승되었다. 1883년에는 우리나라 최초의 근대식 병원인 광혜원이 설립되었다. 개화기 선교사 알렌에 의해 설립된 광혜원은 주로 선교를 목적으로 일반 백성들에게 비용을 거의 받지 않고 치료를 해 주었으며, 1894년 제중원으로 이름을 바꾼 뒤에도 빈곤한 환자들을 대상으로 봉사적 성격의 의료활동을 지속하였다. 이 시기 의료사회복지실천은 이처럼 형편이 어려운 사람에게 의료서비스를 제공하였다는 의의가 있으나, 빈곤한 환자들을 대상으로 하는 구빈활동에 보다 가까워 전문적인 의료사회복지실천으로 보기는 어렵다(장수미 외, 2021).

(2) 도입기: 1958년부터 1972년까지

본격적인 우리나라 의료사회복지실천의 역사는 1958년으로 거슬러 올라간다. 이 시기 우리나라는 한국전쟁으로 인해 고아, 빈곤 문제가 심각했으며, 당시 전후 복구를 위해 많은 미국인 및 관련 단체가 활동하고 있었다. 이들은 주로 미국식 복지모델을 중심으로 한국의 사회복지활동을 조직하였는데, 의료사회복지실천도 마찬가지였다. 앞서 살펴본 것처럼 이 시기 미국은 이미 많은 사회복지사가 병원에서 활동하고 있었고, 정신건강 영역에서도 환자의 심리사회평가, 개인 및 가족의 치료 등 독자적이면서도 전문적인 영역을 구축한 상태였다. 이에 우리나라 병원에서도 초기부터 자연스럽게 사회복지사를 채용하였으며, 결핵약의 배급과 구호물자 공급 등 주로 가난한 환자들을 위한 경제적 지원 및 물품지원 업무, 정신건강 관련 업무 등을 담당하게 하였다.

구체적으로, 1958년 우리나라 최초의 의료사회복지사라고 할 수 있는 조기동이 한노(한국·노르웨이)병원에 채용되어 영양실조, 결핵환자 등을 대상으로 구호양곡과 의류, 분유 등을 전달하는 업무를 맡았으며, 같은 해 김성분 사회복지사가 세브란스병원 흉곽내과에 채용되어 결핵환자를 지원하였다(김연수 외, 2022). 1960년에는 재활병원의 전신인 의수족부에 김영혁 사회복지사가 배치되어 최초의 재활의료사회복지 업무를 시작하였다. 1958년에는 서울대학교 사회복지학과 하상락 교수가 서울대학교병원 정신신경과(현 정신건강의학과) 병동에 사회복지실을 설치하고 정신질환자에게 무료 상담을 실시하였다(장수미 외, 2021).

1960년대부터 대학병원을 중심으로 의료사회복지사의 활동이 확산되었는데, 주요 병원을 살펴보면 1964년 세브란스병원, 1966년 계명의대 부속 동산의료원, 1968년 전주예수병원, 고려병원, 중앙대 부속병원, 1971년 한강성심병원, 안양정신병원, 혜동의원 정신과 등이다(김규수, 2007: 이효순 외, 2016에서 재인용). 이들은 서구의 의료사회복지 관점과 방법들을 학습하여 전문적인 실천을 하였으나, 아직 법적인 근거가 마련되지 않은 상태로 의료사회복지가 사회복지의 전문영역으로 발전하는 데는 한계가 있었다.

(3) 제도화기: 1973년부터 1988년까지

의료사회복지사 활동의 근거는 1973년 마련되었다. 대통령령 제6863호로 공포된 「의료법 시행령」 제24조 제2항 제5호에서 "종합병원에는 사회복지사업법 규정에 의한 사회복지사업 종사자 자격을 가진 자 중에서 환자의 갱생, 재활과 사회복귀를 위한 상담 및 지도업무를 담당하는 요원을 1인 이상 둔다."고 명시한 것이다. 이처럼 의료사회복지사의 활동이 법적으로 인정받음에 따라 1973년 대한의료사회복지사협회의 전신인 대한의료사회사업가협회가 창립되었으며, 대학병원을 중심으로 하는 의료사회복지사의 활동이 더욱 확대되었다. 1974년 이화여대의료원 부속병원, 서울기독병원, 고려대의대 부속병원, 1975년 성분도병원, 1976년 서울 백제병원, 1977년 대구 파티마병원, 국립보훈병원 등에서 의료사회사업이 시작되었다(엄태완, 2023; 장수미 외, 2021).

이 시기 우리나라 의료보장제도에도 큰 변화가 일어난다. 1963년 「의료보험법」의 제정과 함께 시작된 우리나라 의료보험제도는 현재처럼 전 국민을 대상으로 하지 않았고, 원하는 사람만 임의로 가입하는 형태였다. 실제로 가입하는 사람이 적어 유명무실하다는 비판이 일자 공무원,

의료보장제도
국민의 질병이나 상해에 대해 국가가 의료서비스를 제공하는 방식

군인 등을 대상으로 강제가입을 실시하였으며, 1977년에는 500인 이상 사업장에 근무하는 근로자들까지 확대 실시되었다. 특히 의료보험제도의 도입과 함께 의료서비스의 표준가격이라고 할 수 있는 수가제가 실시되었는데, 1977년 정신의학적 사회사업이 보험수가에 포함되며, 의료사회복지사의 활동에 대하여 보험수가를 청구할 수 있는 근거가 마련되었다(장수미 외, 2021).

한편, 의료보험제도의 확대 실시로 의료 수요와 공급이 급격히 증가하며 의료의 질이 낮아질 것이라는 우려가 확산되었다. 이에 1981년 종합병원을 대상으로 하는 '병원표준화 심사제도'가 도입되었는데, 의료사회복지부서의 편성 여부, 업무규정, 직원의 수와 자격, 교육과 훈련, 실천 내용, 연간 예산 등이 병원 평가 항목에 포함되었다. 종합병원 이상 의료기관에서 의료사회복지사를 채용해야 할 필요성이 증가하였으며, 병원 내 사회복지사 활동에

대한 인식이 제고되었다(장수미 외, 2021).

(4) 활성화기: 1989년부터 1999년까지

> **의료접근성**
> 환자가 의료서비스를 이용해야 할 때 얼마나 손쉽게 이용할 수 있는지의 정도

1989년 의료보험제도의 대상이 전 국민으로 확대되자 국민들의 의료접근성이 획기적으로 높아졌다. 이와 함께 현대아산병원, 삼성병원과 같이 대기업이 참여한 대형병원들이 등장하였는데, 이들 병원은 개원 시부터 최소 3~4인으로 구성된 사회복지 부서를 정규부서로 두었다. 대형병원의 의료사회복지사들은 환자의 심리사회적 사정을 평가하고, 치료비를 지원하는 기존의 역할뿐 아니라 자원봉사자 관리, 후원 개발, 병원 행정업무 등 다양한 역할을 수행하였다. 특히 의료보험이 확대되면서 더 이상 경제적 어려움 때문에 치료를 받지 못하는 사람이 없을 것이라는 핑크빛 전망과 달리 의료보험의 본인부담금 제도로 인해 여전히 상당수의 사람이 경제적 형편 때문에 치료를 받지 못했다. 이에 의료사회복지사들은 사회복지공동모금회, 한국복지재단, 한국심장재단, 한국실명예방재단, 백혈병 어린이 후원회 등 민간 후원 기관 및 〈KBS 사랑의 리퀘스트〉, 〈MBC 지금은 라디오시대〉 등 방송모금활동을 통해 환자를 지원할 수 있는 방안을 모색하였다(장수미 외, 2021).

의료사회복지사 활동에 대한 법적, 제도적 기준도 확대되었다. 1992년 의료보험 요양급여 기준 및 진료 수가 기준(골수이식 실시기관 인정 등 기준-인력·시설 및 장비 기준 제3항 제3호)에 "훈련된 간호사, 사회복지사, 영양사, 기타 필요 인력이 상근하여야 한다."고 규정함으로써 골수이식 과정에 사회복지사의 참여가 제도화되었다. 1994년 재활의학적 사회사업 수가가 인정되었으며, 1999년 제정된 「장기등 이식에 관한 법률 시행령」 제17조(장기이식 의료기관의 요건)에서도 장기이식 의료기관으로 지정을 받고자 하는 의료기관은 사회복지사를 두도록 규정하였다(강홍구, 2007).

1995년 「정신보건법」 시행으로 병원 정신과 영역의 사회복지사로 활동하기 위해서는 별도의 정신건강사회복지사 자격을 소유해야 하게 되었다. 이를 계기로 1997년 대한의료사회복지사협회에서 정신건강사회복지사협회가 독립하였다. 이 시기는 다양한 영역에서 의료사회복지사들의 전문 임상 활동이 발전한 시기라고 할 수 있다. 정신과 외에도 병원 내 여러 임상과에 따라 전문가로서 환자 및 보호자 상담, 치료 프로그램 개발 및 진행을 담당하였는데, 소아 및 성인 당뇨병, 뇌졸중, 말기암, 말기신부전, 화상 등의 영역에서 활약하였다(장수미 외, 2021).

(5) 다양화/전문화: 2000년 이후

2000년대 이후부터 현재까지 의료사회복지는 병원을 중심으로 그 전문성이 더욱 강화되고 다양한 임상영역에서 보다 세분화된 역할을 수행하고 있다. 구체적으로, 응급의학과의 자살기도 환자, 화상 환자나 절단 환자, 당뇨병 환자, 심장질환자, 심장이식 환자, 뇌성마비와 뇌손상 환자, 백혈병 환자, 신부전 환자 등을 대상으로 개입한다. 또한 2018년 「호스피스·완화의료 및 임종과정에 있는 환자의 연명의료결정에 관한 법률」 시행 이후 호스피스팀의 일원으로 참여하며, 환자 및 가족의 연명의료 결정을 지원하는 업무도 수행하고 있다. 한편, 의료사회복지 영역이 지역사회로까지 확장되고 있다. 특히 최근 지역사회통합돌봄(커뮤니티 케어) 제도가 도입되면서 병원과 지역사회를 잇는 의료사회복지사의 가교 역할이 더 중요해지고 있다(김연수 외, 2022; 장수미 외, 2021).

> **연명의료**
> 임종과정에 있는 환자에게 할 수 있는 심폐소생술, 혈액투석, 항암제 투여, 인공호흡기 착용 등 치료효과 없이 임종하기까지의 기간만 연장하는 의학적 시술

우리나라 의료사회복지는 2018년 전문사회복지사제도가 도입되고, 2020년부터 의료사회복지사의 자격이 국가 자격으로 전환됨에 따라 또 한 번 큰 변화를 맞이하였다. 의료사회복지의 필요성이 사회적으로 인정받았으며, 앞으로 질병 및 건강과 관련된 인간의 심리사회적 어려움를 해결하는 전문직으로서 더 큰 역할을 수행해야 할 것이다(김연수 외, 2022).

4. 의료사회복지의 개념

의료사회복지란 '의료'와 '사회복지'가 합쳐진 말로, 단순하게 살펴보면 의료현장에서 행해지는 사회복지실천으로 이해할 수 있다. 의료현장에서 이루어지기에 인간의 질병 및 건강에 관심을 두며, 사회복지실천이기에 단순한 시혜나 자선활동이 아닌 사회복지학의 지식, 기술, 가치에 기반한 전문적 활동이다.

실제로 사회복지사전(The Social Work Dictionary)은 의료사회복지를 "건강을 증진하고, 질병을 예방하며, 신체적으로 아픈 환자와 가족들이 질병에 관련된 사회적 및 심리적 문제를 해결하도록 돕기 위하여 병원과 다른 건강 보호 세팅에서 수행되는 사회복지실천"으로 정의하고 있다(Barker, 1995: 이효순 외, 2016에서 재인용). 비슷한 맥락에서 대한의료사회복지사협회도 의료사회복지사를 "의료기관에서 사회복지사가 진료팀의 일원이 되어 효과적인 진단과 치료에 지장을 주는 환자의 사회적·경제적·심리적 문제를 해결하기 위해, 환

자 및 가족 상담과 진료비 지원, 지역사회 자원연결 등의 사회복지 전문기술로 환자와 그 가족을 돕고 나아가 정상적인 사회복귀를 지원하며, 병원에서 지역사회 요구도를 반영한 사회공헌활동, 기부금 모금 및 기부자 관리 등의 공익적 활동을 계획 및 관리하여 환자 및 지역사회 의료복지증진에 이바지하는 역할을 하는 보건의료 영역의 전문사회복지사"로 소개하고 있다(대한의료사회복지사협회, 2024). 그런데 앞서 의료사회복지의 역사에서 살펴본 것처럼 의료사회복지의 개념은 시대와 상황에 따라 그 의미가 변화해 왔다. 역사적으로 의료사회복지를 정의한 우리나라 학자들의 정의를 모아 보면 〈표 1-1〉과 같다.

〈표 1-1〉 의료사회복지의 개념

학자	정의
김복순 (1968)	사회사업의 한 분야로서 의료시설 내에서 전문기술을 가진 사회복지사가 사회복지의 입장에서 의료의 목적을 달성하는 데 협력하는 것으로서, 질병의 원인이 될 수 있고 치료의 효과를 더디게 할 수도 있는 환자의 사회적, 정신적 및 경제적인 문제를 만족하게 해결 또는 조정할 수 있도록 하고 환자가 퇴원 후에도 정상적인 사회기능을 하도록 환자뿐만 아니라 환자의 가족까지 돕는 활동
장인협 (1981)	의료 및 보건기관 등에 있어서 의료팀의 일부분으로서 사회과학의 입장에서 의사의 진단을 도와주며, 한편으로는 질병의 치료, 예방, 갱생의 장해요소인 환자 자신이나 그 가족의 경제적, 정신적 혹은 사회적 제 문제를 만족하게 해결 또는 조정해 나갈 수 있도록 개인과 집단을 원조하는 과정
김규수 (2001)	미시적 차원의 의료사회복지란, 의료기관에서 치료팀의 일원으로서 사회복지의 전문적인 방법을 활용하여 심리적·사회적·경제적 문제가 질병 치료와 그 회복에 악순환을 주지 않도록 문제를 해결해 주거나 조정하여 환자 및 가족을 돕는 전문적인 활동. 거시적 차원의 의료사회복지란, 질병의 예방과 건강 증진 및 향상을 위해 보건 및 의료 영역에서 사회복지조사, 사회복지정책 및 행정 등의 방법을 통하여 보건의료 욕구 측정과 의료서비스 전달체계를 평가하고 그 개선과 활용을 용이하게 하며, 의료의 질 향상은 물론 의료보호와 의료부조의 확대 및 질적 향상을 기여하는 데 참여하는 사회복지의 한 과정
강흥구 (2007)	질병을 가진 환자와 그 가족, 지역사회를 대상으로 의료진 및 관련자와 공동 협의하에 그들의 심리·사회적, 정서적, 환경적 문제를 해결하도록 돕고, 입원 시뿐만 아니라 입원 전과 퇴원 후에도 사회적 기능을 원활히 수행할 수 있도록 질병의 예방과 회복, 사후관리에 이르는 연속적 과정에서 개인에 대한 접근뿐 아니라 의료제도와 정책 차원의 접근을 통하여 의료사회복지의 목적을 달성하도록 돕는 사회복지의 전문적 실천 활동
엄태완 (2023)	사회복지의 관점과 실천방법을 적용하여 병원을 포함한 의료기관 및 지역사회 보건의료기관의 전문직으로서 질병이나 건강과 관련된 심리적, 사회적, 경제적, 문화적 요인을 사정하고 개입하여 환자와 가족의 치료 및 회복을 돕거나, 사회구성원 모두의 질병을 예방하고 건강을 보호, 증진하며, 실천적·정책적 활동을 수행하는 사회복지의 한 분야

이러한 의료사회복지의 정의들을 종합하면, 몇 가지 특징적인 점을 확인할 수 있다.

첫째, 의료사회복지는 생심리사회적 관점(Bio-Psycho-Social Perspective)에서 질병과 건강을 이해한다. 질병과 건강의 문제는 일차적으로는 환자 본인이 경험하지만, 장단기적으로 환자 본인뿐만 아니라 개인, 가족, 나아가 지역사회에도 영향을 미치며, 환자의 가족 및 지역사회 역시 질병의 치료와 회복에 영향을 준다. 효과적인 의료사회복지실천을 위해서는 질병과 건강의 문제를 생심리사회적 관점에서 이해할 필요가 있으며, 따라서 의료사회복지실천 역시 개인뿐만 아니라 가족과 지역사회 모두를 대상으로 한다.

> **생심리사회적 관점**
> 질병과 건강을 이해할 때, 인간의 신체적, 심리적, 사회환경적 요인의 영향을 종합적으로 고려하는 관점

둘째, 의료사회복지는 질병의 발병 이후뿐 아니라 질병의 예방 및 건강 증진에도 관심을 둔다. 과거 의료사회복지실천이 병원을 중심으로 의료진의 진단 및 치료 활동 원조에 중점을 두었다면, 현재 의료사회복지실천은 질병의 예방 및 건강 증진을 위한 활동까지 포함한다. 즉, 의료사회복지의 개념이 협의의 의료사회복지에서 광의의 의료사회복지로 확대되고 있는 것이다. 이에 따라 의료사회복지의 실천 현장도 다양해지고 있다. 병원과 같은 2차 치료기관뿐 아니라 보건소, 학교 등 지역사회의 다양한 1차 예방기관 및 3차 재활기관까지 의료사회복지의 현장으로 확대되고 있으며, 나아가 건강 증진을 위한 여러 가지 정책 입안 활동을 하는 국회, 보건복지부, 건강보험공단, 연구소 등 정책 및 행정기관도 넓은 의미의 의료사회복지현장으로 간주할 수 있다.

셋째, 다학제적 접근을 취한다. 초창기부터 의료사회복지사는 타 전문직과 팀을 이루어 함께 일해 왔으며, 현대에 들어 다학제적 실천이 보건의료 영역 전반에 확산되며 이러한 경향은 더욱 심화되고 있다. 타 전문직과 함께 일하기 위해서는 무엇보다 사회복지사로서 전문역량을 갖추는 것이 필요하다. 구체적으로, 심리사회적 사정, 관계 형성 기술, 개인·가족·집단대상 실천기술, 지역사회 자원개발, 교육, 연구, 행정, 정책제안 및 평가 기술 등을 갖추고 있어야 하며, 이 외에도 의사소통기술 등 팀 협력을 증진하기 위한 기술을 갖추어야 한다.

> **다학제적 접근**
> 의사, 간호사, 사회복지사, 영양사, 약사, 치료사 등 서로 다른 영역의 전문가들이 환자의 전인적 돌봄을 위해 한자리에 모여 서로 협력하는 접근

종합하면, 의료사회복지란 일차적으로 환자 및 환자 가족의 생·심리·사회·경제적 어려움을 해결하고, 이차적으로 사람들의 질병 예방 및 건강 증진에 힘쓰며, 궁극적으로 인간의 복지 증진에 기여하기 위해 미시적 차원, 거시적 차원 모두에서 타 전문직과 협력하여 행해지는 전문적 사회복지실천으로 정의할 수 있다.

정리해 봅시다

1. 건강과 질병의 개념 변화

인간에게 있어서 질병(疾病)이란 유기체의 신체적 기능이 단지 비정상적으로 된 상태, 즉 부상이나 장애에 그치는 것이 아니라 넓은 의미에서는 극도의 고통을 비롯해 정신적 스트레스, 사회적 상황에서의 사회적인 문제 및 제도상의 모순이나 결함과도 관련되어 있고 죽음까지도 포함한다.

2. 질병에 대한 정서적 반응

스트레인과 그로스맨이 제시한 질병에 대한 정서적 반응을 살펴보면, 정서적 기능이 유아적인 단계로 바뀌는 퇴행, 질병에 관한 생각을 지우려 하거나 피하려고 하는 부정, 주관적인 두려움의 경험인 불안, 분노, 슬픔 등이 있다.

3. 의료사회복지의 역사 및 필요성

의료사회복지사의 활동은 의료기술의 발달, 의료보장체계의 변화, 당시 시대적 상황의 영향을 받으며 끊임없이 변모하였다. 과거 병원을 중심으로 의사의 치료 효과를 높이기 위한 보조 활동에서, 현재는 많은 사회복지사가 질병의 예방 및 건강 증진을 위한 독자적인 활동에도 힘쓰고 있으며, 병원을 넘어 지역사회 전반에서 활동 영역을 구축하고 있다.

4. 의료사회복지의 개념

의료사회복지란, 일차적으로 환자 및 환자 가족의 생·심리·사회·경제적 어려움을 해결하고, 이차적으로 사람들의 질병 예방 및 건강 증진에 힘쓰며, 궁극적으로 인간의 복지 증진에 기여하기 위해 미시적 차원, 거시적 차원 모두에서 타 전문직과 협력하여 행해지는 전문적 사회복지실천으로 정의할 수 있다.

생각해 봅시다

1. 건강은 사회 및 주변 환경과 밀접한 관련이 있으므로 건강의 결정요인에 대하여 생각해 봅시다.

2. 대부분의 환자는 질병에 대해 다양한 정서적 반응을 경험하게 되는데 그 정서적 반응에 대하여 생각해 봅시다.

3. 최근 우리나라 의료 및 건강보험제도의 주요 변화 한 가지를 찾아보고, 이 변화가 의료사회복지실천에 미치는 영향에 대해 생각해 봅시다.

4. 의료사회복지사가 활동하고 있는 여러 현장 중 한 곳을 선정하여, 의료사회복지의 개념이 구체적으로 어떻게 실현되고 있는지 생각해 봅시다.

 **참고문헌**

강흥구(2007). 의료사회복지실천론(2판). 학현사.
강희정(2024). 2024년 보건의료 정책 전망과 과제. 보건복지포럼, 2024(1), 9-23.
권자영, 김린아, 김학령, 박소연, 최권호(2022). 의료사회복지론. 양서원.
김연수, 김경희, 김진숙, 최명민(2022). 의료사회복지론. 신정.
맹광호(2015). 건강과 질병의 사회학: '건강에 대한 사회적 책임'과 '건강불평등'의 윤리문제를 중심으로. 인격주의 생명윤리, 5(1), 3-25.
박종기(1979). 한국의 보건재정과 의료보험. 한국사회과학연구, 14(1), 31.
엄태완(2023). 의료사회복지론. 공동체.
유수현, 김창곤, 김원철(2013). 의료사회사업론. 양서원.
윤현숙, 김연옥, 황숙연(2011). 의료사회사업론. 나남.
이광재(2005). 의료사회사업원론(제2판). 인간과 복지.
이승훈(2022). 코로나19 이후 한국경제의 양극화 심화와 과제. Korea Institute of Public Administration. *Spring, 40*, 38-47.
이원진(2023). 코로나19의 경제적 충격과 사회통합 인식. 보건복지포럼, 제323호.
이효순, 권지현, 양정빈, 천덕희, 추정인, 한수연(2016). 의료사회복지론. 학지사.
장수미, 이영선, 이인정, 임정원, 최경애, 한인영(2021). 의료사회복지론. 학지사.
최천송(1980). 의료보장의 단계적 발전모형 구축을 위한 조사연구. 한국보건사회연구원 전신기관보고서(사회보장심의위원회).
한국복지연구회(1985). 교회사회복지사업의 실태 및 욕구에 관한 연구.
한달선(2009). 건강, 의료, 사회: 사회 의학 에세이. 한국문화사.
한인영, 최현미, 장수미(2007). 의료사회복지실천론. 학지사.
한인영, 최현미, 장수미, 임정원, 이인정, 이영선(2013). 의료현장과 사회복지실천. 학지사.

Bracht, N. (1978). Social work in illness prevention and health promotion. *Social Work in Health Care: Its Past and Future*, 181-182.
Cole, S. A., & Bird, J. (2002). 의학면담(김대현 역). 학지사.
Dziegielewski, S. F., & Holliman, D. C. (2001). Managed care and social work: Practice implications in an era of change. *J. Soc. & Soc. Welfare, 28*, 125.
Gehlert, S., & Browne, T. (Ed.). (2015). 보건사회복지(송인한 외 공역). 박영사.
Germain, C. B. (1984). *Social work practice in health care*. The Free Press.
Gehlert, S., & Browne, T. (Eds.). (2019). *Handbook of health social work*. John Wiley & Sons.
Griffith, K. N., & Bor, J. H. (2020). Changes in health care access, behaviors, and self-reported health among low-income US adults through the fourth year of the Affordable Care Act. *Medical Care,*

58(6), 574-578.

Moy, E., & Freeman, W. (2014). Federal investments to eliminate racial/ethnic health-care disparities. *Public Health Rep, 129*(Suppl 2), 62-70. doi:10.1177/0033354914 1291S212. 2023. 12. 10.

Obama, B. (2016). United States health care reform: Progress to date and next steps. *JAMA, 316*(5), 525-532.

Ruth, B. J., & Marshall, J. W. (2017). A history of social work in public health. *American Journal of Public Health, 107*(S3), S236-S242.

Snoke, P. S., & Weinerman, E. R. (1965). Comprehensive care programs in university medical centers. *Journal of Medical Education, 40*(7), 625-657.

Sommers, B. D., Gunja, M. Z., Finegold, K., & Musco, T. (2015). Changes in self-reported insurance coverage, access to care, and health under the affordable care act. *JAMA, 314*(4), 366-374.

Strain, J. J., & Grossman, S. (1975). Psychological reactions to medical illness and hospitalization. In J. J. Strain & S. Grossman (Eds.), *Psychological care of the medically ill: A primer in liaison psychiatry*. Appleton-Century-Crofts.

WHO Commission on Social Determinants of Health. (2008). "Closing the Gap in a Generation": Health Equity Through Action on the Social Determinants of Health.

Wikman, A., Marklund, S., & Alexanderson, K. (2005). Illness, disease, and sickness absence: An empirical test of differences between concepts of ill health. *Journal of Epidemiology & Community Health, 59*, 450-454.

대한의료사회복지사협회 https://kamsw.or.kr

제 2 장

인간의 삶과 건강의 문제

📁 학습개요

이 장에서는 앞서 살펴본 건강의 개념을 바탕으로 의료사회복지실천의 근거가 되는 지식 및 이론에 대해 알아본다. 구체적으로, 인간의 생애주기에 따른 주요 건강문제를 살펴보고, 장애와 건강의 관계를 이해한다. 또한 질병으로 인한 개인과 가족의 경험 및 건강과 관련된 주요 이론들을 정리하고, 이를 바탕으로 효과적인 의료사회복지실천의 방향을 모색한다.

📖 학습목표

1. 생애주기별 발달 특성과 이에 따른 주요 건강문제를 이해한다.
2. 건강의 연속선상에서 장애를 이해한다.
3. 질병 경험에 따른 환자와 가족의 심리적 반응을 이해한다.
4. 건강과 관련된 미시적, 거시적 이론을 이해한다.

1. 생애주기별 건강문제

국민건강증진종합계획
2002년부터 국민건강증진법에 따라 우리나라 국민의 질병을 사전에 예방하고 건강을 증진하기 위해 수립하는 10년 단위의 중장기 계획

건강권
최선의 건강상태를 유지할 권리로, 국가의 보건 및 의료서비스를 제공할 의무의 근거가 됨

인간의 건강은 단순히 태어나는 순간 유전적 요인에 의해 결정되는 것이 아니라 태아기부터 경험하는 다양한 사회적, 경제적, 심리적, 환경적 요인들의 영향이 축적되어 끊임없이 변화한다. 따라서 국민의 건강증진을 도모하는 의료사회복지실천가는 생애주기 관점에서 건강을 바라보고, 각 단계에 맞는 건강증진 전략을 수립할 줄 알아야 한다. 실제로 우리 정부는 제5차 국민건강증진종합계획(HP2030)을 통해 출생부터 노년까지 전 생애주기에 걸친 건강권 보장을 목표로 하고 있다(보건복지부, 한국건강증진개발원, 2022). 이 절에서는 인간의 삶을 태내기 및 영아기, 유아기, 아동기, 청소년기, 성인기, 노년기로 나누고, 각 생애주기에 따른 특성 및 주요 건강문제를 살펴본다.

1) 태내기 및 영아기

태내기는 수정이 이루어진 후부터 출산에 이르는 40주까지의 시기를 의미하며, 영아기는 출생 후부터 만 1세까지의 시기를 의미한다(Newman & Newman, 2017). 이 시기는 신체적, 정서적 발달 및 건강상태에 모체의 영향이 크기 때문에 태아나 신생아의 건강증진을 위해 모자 건강의 관점에서 접근하는 것이 중요하다.

태내 발달은 배란기, 배아기, 태아기의 세 단계로 구분되는데, 수정 후 약 2~8주 사이에 해당하는 배아기에 이미 주요 신체 기관과 조직, 신경 대부분이 형성된다(Newman & Newman, 2017). 따라서 임신 초기부터 모체의 질병이나 영양결핍, 약물 등에 민감하게 영향을 받을 수 있으며, 임신부의 건강 및 영양상태, 정서상태, 질병, 흡연, 음주 및 환경적인 요인들에 대한 관심이 필요하다. 이 시기는 무엇보다 태아의 조산 및 유산 방지 노력을 통해 건강한 출산을 돕는 것이 중요하다. 2021년 우리나라 출생전후기 사망률(임신 28주 이상 태아 사망 및 생후 7일 미만 신생아 사망)은 2.7명으로 OECD 평균 출생전후기 사망률인 5.5명의 절반 수준이며, 일본(2.1명), 에스토니아(2.3명) 다음으로 낮다(통계청, 2022b). 그러나 일반적으로 출생전후기 사망에는 모의 연령이 중요하고, 우리나라 임신부의 연령은 점차 증가하는 경향이 있으므로 지속적인 정책적 지원이 요구된다. 실제로 우리나라에는 임

신부의 건강한 임신 및 출산을 위한 많은 정책 및 사회서비스가 존재한다. 대표적으로 임신출산진료비지원사업을 들 수 있는데, 소득 수준과 관계없이 임신이 확인된 건강보험가입자 또는 피부양자를 대상으로 진료비를 지원함으로써 정기검진 및 각종 산전후검사 부담을 완화하여, 건강한 태아를 분만할 수 있도록 하고 있다.

영아기는 신체적 발달이 특히 활발하게 이루어지는 시기이다. 체중은 생후 12개월경 출생 시의 3배 이상 증가하며, 감각 및 두뇌, 운동 기능의 발달로 출생 시 반사행동의 빈도는 점점 줄어들고, 의도적인 행동을 수행할 수 있게 된다. 영아기에는 인지 및 언어, 정서발달이 본격적으로 시작되는 시기로, 충분한 영양공급뿐 아니라 적절한 인지 자극이 필요하다. 특히 주 양육자와의 애착관계 형성이 중요한데, 영아기의 애착관계 형성은 이후 시기의 인지, 정서, 성격발달뿐만 아니라 성인기 이후 대인관계에도 영향을 미친다(Newman & Newman, 2017). 우리나라는 필수예방접종 및 영유아 건강검진 사업을 통해 영아들의 건강하고 안전한 발달을 지원하고 있다. 특히 이 시기 주요 사망원인 중 하나인 영아돌연사증후군 예방을 위해 영유아 건강검진 시 주 양육자를 대상으로 안전교육을 실시하고 있으며, 양육 과정에서 아동학대 혹은 방임이 일어나지 않도록 예방 및 신고체계를 강화하고 있다.

2) 유아기

일반적으로 유아기는 만 1세부터 초등학교 입학 전인 만 6세까지를 의미한다. 이 시기는 이전 시기인 영아기에 비해서는 성장과 발달이 다소 둔화하나 여전히 여러 영역에서 꾸준한 성장과 발달이 이루어지는 시기이다. 유아가 신체적, 인지적, 사회정서적, 도덕적으로 잘 발달할 수 있도록 적절한 훈육과 다양한 영역에서의 학습기회를 제공하는 것이 중요하다(Newman & Newman, 2017).

이 시기의 건강과 관련해서는 무엇보다 안전이 중요하다. 대근육 및 소근육 발달로 기존에 수행할 수 없었던 활동을 수행할 수 있게 되며, 활동반경이 넓어지고, 외출이 증가하며 교통사고, 추락의 위험성도 증가한다. 질병 예방을 위한 예방접종의 중요성도 여전한데, 유아기 면역체계는 충분히 성숙하지 못하였기에 감염병에 취약하며, 결핵, B형간염, 디프테리아, 파상풍, 백일해, 폴리오, 홍역, 수두 등 대부분의 감염병 예방접종이 이 시기에 이루어진다. 이 시기 유아는 아직 자신을 스스로 돌볼 능력이 없기 때문에 아동학대의 위험이 여전히 크다. 따라서 의료현장의 사회복지사는 아동이 위생문제가 있거나 계절에 맞지 않는 옷을 입지는 않는지, 멍이나 상처, 과도한 분노나 공격성이 있지 않은지 면밀히 관찰하고 적극적으로 개입하는 태도가 요구된다(김연수 외, 2022).

3) 아동기

아동기는 일반적으로 초등학교 생활을 하는 6세부터 12세에 해당하는 시기를 의미한다(Newman & Newman, 2017). 이 시기는 이후 성인기에 영향을 미치는 대부분의 생활습관 및 건강 행동을 습득하는 시기로, 영양, 운동, 비만, 흡연과 관련된 건강한 생활습관을 형성하는 것이 중요하다.

이 시기 아동은 학교에 다니며, 부모 이외에 교사, 또래 집단 등 다양한 사람들과 교류하고, 이를 통해 집단 규범 및 사회적 기술을 습득하는 등 사회적 측면의 성장을 이룬다(Newman & Newman, 2017). 그러나 어떤 아동은 이 시기 소아암과 같은 질병을 경험하기도 하는데, 특히 오랜 기간 병원 생활이 필요한 큰 질병을 경험하면, 사회적 교류 기회의 축소, 부모의 과잉보호 등으로 인해 사회적으로 충분히 발달하지 못하고 미숙한 행동을 하는 경우가 있다. 따라서 의료사회복지사는 질병을 경험하는 아동의 치료뿐 아니라, 치료 이후의 삶까지 고려하여, 아동이 질병에도 불구하고 건강한 심리사회적 발달을 이룰 수 있도록 세심하게 살펴야 한다. 실제로 우리나라 주요 3차 의료기관들에는 병원학교를 설립하여 환아들이 치료 중에도 학습 및 사회적 교류를 이어 나갈 수 있도록 하고 있으며, 의료현장의 사회복지사들은 부모교육 및 아동심리상담 프로그램을 제공한다.

4) 청소년기

청소년기는 13세부터 성인기 이전까지의 시기로, 급격한 신체적·성적 성숙을 경험한다(Newman & Newman, 2017). 신체적으로는 성인기와 비슷한 정도로 성숙하기에 안전사고, 감염병 등 신체 건강과 관련된 위험은 비교적 낮아지지만, 정신건강과 관련한 관심은 더욱 필요한 시기이다.

실제로 우리나라 10대 사망원인 1위는 고의적 자해(자살)이다. 선행연구에 따르면, 청소년기의 자살은 이 시기 청소년들의 급격한 신체적, 정서적, 인지적 발달 및 적응상의 어려움과 관련이 있으며, 따라서 성인기 자살과 달리 사전 계획 없이 충동적으로 시도되는 경향이 있다. 성인들이 삶에 대한 의지를 완전히 포기하고 정신과적 어려움으로 자살을 시도한다면, 청소년들은 자신의 괴로움을 극단적인 방법으로 표현하는 수단으로 자살을 시도하는 것이다. 따라서 평소에 비교적 잘 적응하는 것으로 보이는 청소년들도 자살을 생각하거나 시도할 수 있으며, 모든 청소년을 대상으로 하는 자살 예방 노력이 필요하다(김순규, 2008; 홍나미, 정영순, 1999; Brent, 1987).

5) 성인기

　성인기는 2~30대에 해당하는 초기성인기와 4~50대에 해당하는 중년기로 나누어 볼 수 있다. 특히 초기성인기 중 19~34세에 해당하는 시기는 최근 성인이행기(Emerging Adulthood)로 불리며, 청소년기와 성인기 사이의 과도기적인 성격을 보이는 시기로 이해되곤 한다(Arnett, 2000). 신체적, 인지적으로 완전히 성숙하며, 법적으로는 성인에 해당하지만, 많은 청년이 자신이 아직 성인이 아니라고 생각하며, 여전히 정체성 확립, 직업 탐색 등에 많은 시간을 보내고, 방황하기도 한다(Arnett, Žukauskienė, & Sugimura, 2014). 이에 청소년기와 마찬가지로 초기성인기 건강을 위해서는 정신건강에 대한 관심이 중요하다. 실제로 초기성인기는 대부분의 주요 정신질환이 발현되기 시작하는 시기로, 이 시기 조기개입 및 치료를 통해 정신질환을 예방하고 치료 효과를 높여 정신질환의 부정적 영향을 최소화해야 한다.

　중년기 이후부터는 신체적으로 서서히 쇠퇴하기 시작한다. 40대 이후 우리나라 사망원인 1위는 암이며, 뇌혈관 질환, 심장 질환, 간 질환 등이 주요 사망원인으로 등장하기 시작한다. 그런데 이러한 중년기 질환은 대부분 건강한 생활습관 유지로 어느 정도 예방이 가능하여, 중년기 성인을 대상으로 하는 다양한 건강 관련 교육 및 건강 유지 프로그램이 유용하다. 우리나라는 보건소를 중심으로 비만관리, 금연, 갱년기 건강교실 등의 프로그램 운영을 통해 중년기 건강증진을 위해 노력하고 있다. 한편, 여전히 고의적 자해(자살)은 중년기 사망 원인 2위로 높다. 사회적인 역할 변화, 자녀의 결혼 및 취업과 같은 독립을 바라보며, 상실감을 처음으로 경험하게 되기도 하고, 반대로 자녀의 늦은 독립과 부모 부양 지속으로 이중돌봄의 부담을 느끼기도 한다. 우울증 등 중년기 정신건강과 관련하여 지속적인 노력이 필요하다.

6) 노년기

생애주기상 마지막 단계인 노년기는 노화로 인해 신체기능이 떨어지고, 이와 함께 인지적, 정서적, 사회적 변화를 경험하는 단계이다. 일반적으로 65세 이상을 노년기로 이해하나, 건강수명의 증가로 노년기를 전기노년기(65세 이상 75세 미만)와 후기노년기(75세 이상) 혹은 연소노인(65세 이상 75세 미만), 고령노인(75세 이상 85세 미만), 초고령노인(85세 이상)으로 구분하기도 한다(김혜경, 성준모, 2014; 이인정, 2017). 노인들은 하나 이상의 질환을 동시에 가지고 있는 경우가 많은데, 대개 만성질환이거나 퇴행성 질환인 경우가 많다.

(단위: 인구 10만 명당 명, %)

	0세	1~9세	10~19세	20~29세	30~39세	40~49세	50~59세	60~69세	70~79세	80세 이상
1위	출생전후기에 기원한 특정 병태 116.7 (48.5%)	악성 신생물 1.6 (18.0%)	고의적 자해 (자살) 6.5 (41.1%)	고의적 자해 (자살) 21.7 (54.4%)	고의적 자해 (자살) 27.1 (39.4%)	악성 신생물 39.8 (28.3%)	악성 신생물 113.0 (36.6%)	악성 신생물 270.6 (42.4%)	악성 신생물 677.5 (35.7%)	악성 신생물 1375.6 (17.6%)
2위	선천 기형 변형 및 염색체 이상 41.1 (17.1%)	운수 사고 0.7 (8.0%)	악성 신생물 2.2 (14.0%)	악성 신생물 4.1 (10.2%)	악성 신생물 13.2 (19.1%)	고의적 자해 (자살) 29.2 (20.8%)	고의적 자해 (자살) 30.5 (9.9%)	심장 질환 55.9 (8.8%)	심장 질환 186.8 (9.9%)	심장 질환 971.5 (12.4%)
3위	영아돌연사 증후군 21.4 (8.9%)	가해 (타살) 0.6 (7.3%)	운수 사고 2.0 (12.9%)	운수 사고 3.8 (9.4%)	심장 질환 4.1 (6.0%)	간 질환 11.5 (8.2%)	심장 질환 26.2 (8.5%)	뇌혈관 질환 38.9 (6.1%)	뇌혈관 질환 142.9 (7.5%)	폐렴 819.2 (10.5%)
4위	가해 (타살) 6.1 (2.5%)	추락 0.6 (6.4%)	심장 질환 0.5 (3.4%)	심장 질환 1.5 (3.8%)	간 질환 3.4 (4.9%)	심장 질환 11.2 (8.0%)	간 질환 24.3 (7.9%)	고의적 자해 (자살) 30.1 (4.7%)	폐렴 127.7 (6.7%)	뇌혈관 질환 624.8 (8.0%)
5위	패혈증 1.8 (0.7%)	선천 기형 변형 및 염색체 이상 0.5 (6.1%)	익사 사고 0.3 (2.1%)	뇌혈관 질환 0.5 (1.3%)	운수 사고 3.2 (4.6%)	뇌혈관 질환 7.5 (5.3%)	뇌혈관 질환 17.7 (5.7%)	간 질환 24.8 (3.9%)	당뇨병 62.6 (3.3%)	알츠하이머병 340.9 (4.4%)

* 연령별 사망원인 구성비=(해당 연령의 사망원인별 사망자 수/해당 연령의 총 사망자 수)×100

[그림 2-1] 연령별 5대 사망원인 사망률 및 구성비

출처: 통계청(2022).

한편, 치매는 노년기 핵심 건강문제이다. 치매란 "정상적으로 생활해 오던 사람이 후천적으로 다양한 원인으로 인해 기억, 언어, 판단력 등의 여러 영역의 인지기능이 떨어져서 일상생활에 상당한 지장이 나타나는 상태"(대한노인정신의학회, 2023)로 65세 이상 노인 10명 중 1명은 치매를 앓고 있는 것으로 추정된다(건강보험관리공단, 2019). 치매는 사회적으로도 큰 부담이 되며, 돌봄을 제공하는 가족에게도 본인에게도 부담이 된다. 이에 우리나라는 전국에 치매안심센터를 설치하고, 이를 중심으로 치매통합서비스 제공, 장기요양서비스 확대, 의료지원 강화, 치매 친화적 환경조성 등 종합적인 치매 지원 체계를 구축해 왔다.

2. 장애와 건강의 문제

장애와 건강은 밀접한 관계가 있다. 선천적 혹은 후천적 질환 및 사고는 장애의 주요 원인이며, 장애가 있는 사람의 건강 수준은 그렇지 않은 사람에 비해 낮은 것으로 나타난다. 의료현장에서 일하는 사회복지사는 질병으로 인해 중도에 장애를 경험하게 되는 환자의 적응을 돕는 한편, 장애를 가진 환자들이 필요한 의료서비스를 원활하게 이용하여, 건강한 삶을 유지할 수 있도록 하여야 한다. 이 절에서는 장애와 건강의 관계를 장애의 개념 변화를 통해 알아보고, 장애 환자들의 의료서비스 이용 및 건강 수준 격차에 대해 논의한다.

1) 장애의 개념

우리나라 「장애인복지법」 제2조는 장애인을 "신체적, 정신적 장애로 인하여 장기간에 걸쳐 일상생활 또는 사회생활에 상당한 제약을 받는 자"로 정의한다. 이와 유사하게 「산업재해보상보험법」은 장해등급판정요령에서 "장해란 부상 또는 질병에 대하여 충분한 치료를 했으나 완전 회복이 안 되고 신체에 남은 영구적인 정신적 또는 육체적 훼손 상태로 인하여 생기는 노동력의 손실 또는 감소(감퇴)를 말함"이라고 규정한다. 즉, 다소 차이는 있으나 우리나라 법률상의 장애 혹은 장해는 부상 또는 질병으로 인해 오랜 기간 경험하는 기능상의 제약을 의미한다고 할 수 있다.

장애의 개념은 시대에 따라 변화해 왔다. 장애 개념 정의의 노력은 1960년대 나기(Nagi) 모델에서 처음 찾을 수 있는데, 나기 모델은 신체의 병리적 상태, 즉 질병(pathology)이 손상(impairment)을 유발하고, 손상이 기능 제한(functional limitation)을 가져오며, 기능 제한이 만성적으로 이어질 때 장애(disablement)가 된다고 설명하였다. 이러한 장애의 개념은 세계보건기구의 장애 개념 형성에 많은 영향을 주어, 1980년 국제장애분류체계(International Classification of Impairment, Disability, and Handicap: ICIDH)의 토대가 되었다(나은우, 정한영, 2009).

ICIDH는 손상(impairment), 장애(disability), 사회적 불리(handicap)의 세 차원으로 장애를 설명한다. 여기서 손상이란, 질병, 상해, 선천적 기형 등으로 인해 만성적 또는 영구적으로 나타나는 심리적·생리적·해부학적 구조나 기능의 손실을 의미하며, 장애는 손상으로 인해 일상생활 속에서 여러 가지 활동을 수행하는 능력의 제한이나 결여를 의미한다. 마지막으로 사회적 불리는 손상이나 장애로 인해 사회적 역할 수행이 제한되는 것을 의미하는데, 즉 ICIDH는 질병으로 인한 신체적 차원의 손상이 개인적 차원의 장애를 유발하고, 나아가 사회적 차원의 사회적 불리로 이어지는 현상을 장애로 이해한 것이다(나은우, 정한영, 2009).

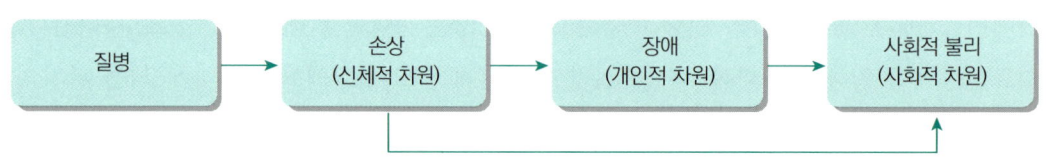

[그림 2-2] ICIDH에 따른 장애의 개념

출처: WHO (1980).

이러한 장애분류체계는 장애를 사회적 차원까지 확대하여 이해하였다는 점에서는 긍정적이지만, 장애를 질병에서 시작하여, 손상, 기능장애, 사회적 불리로 이어지는 인과적인 관계로 설정하였다는 점에서 비판을 받았다. 질병이 항상 손상으로 이어지지 않고, 손상이 항상 기능장애나 사회적 불리를 가져오지도 않으며, 때론 기능장애나 사회적 불리가 오히려 손상을 가져오기도 하는데, ICIDH는 이를 간과한 것이다.

이에 세계보건기구는 보다 포괄적으로 장애를 정의하고자 1997년 ICIDH-2를 제시하였으며, 이는 2001년 국제기능장애건강분류(International Classification of Functioning, Disability and Health: ICF)로 이어진다. ICF는 기존 장애분류체계에 비해서 세 가지 특징을 지닌다. 첫째, 기존의 손상, 기능장애, 사회적 불리라는 용어 대신 신체기능 및 구조(body functions & structure), 활동(activities), 참여(participation)의 세 차원에서 장애를 정의함으로써 보다 긍정적인 용어를 사용하고자 하였다. 둘째, 신체기능 및 구조의 손상, 활동상의 장애, 참여 제한이 인과적으로 이어지는 것이 아니라, 상호작용하는 것으로 개념화하였다. 셋째, 이 과정에서 상황적 요인의 영향을 고려하였다. 여기서 상황적 요인은 개인적, 환경적 차원의 요인이 모두 포함되는데, 개인적 요인은 기능에 영향을 미치는 내적 요인, 환경적 요인은 기능에 영향을 미치는 외적 요인을 의미한다. 즉, 기능구조의 손상, 활동상의 제약, 사회참여의 제한이 질병이 아닌 상황적 요인으로 인해 발생할 수도 있다고 본 것이다(배화옥, 임채영, 2020).

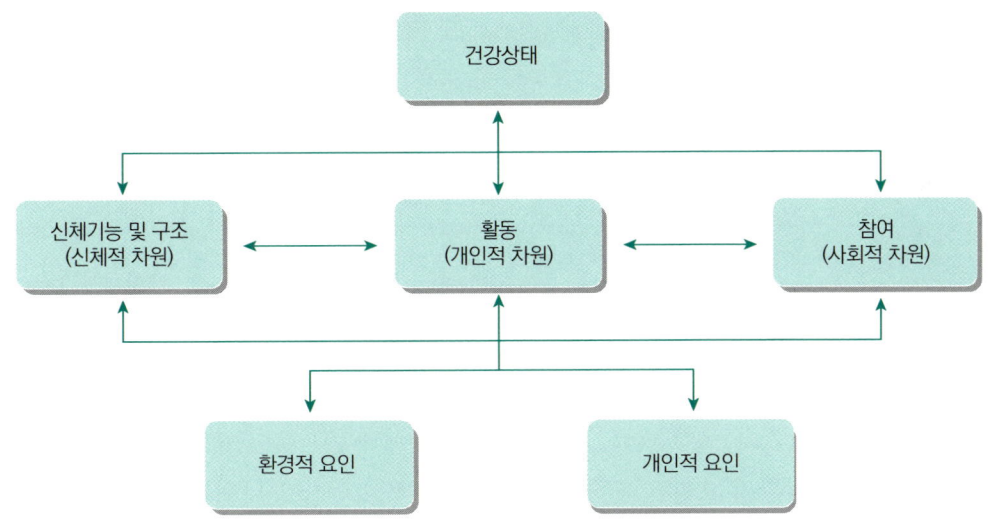

[그림 2-3] ICF에 따른 장애의 개념

출처: WHO (2001).

〈표 2-1〉은 ICF가 정의한 장애의 개념을 좀 더 구체적으로 살펴본 것이다. ICF 체계는 크게 두 영역으로 나뉘는데, 첫 번째 영역은 기능과 장애, 두 번째 영역은 상황적 요인이다. 첫 번째 영역인 기능과 장애 영역은 다시 신체기능과 구조, 활동과 참여로 나뉘는데, 여기서 신체기능이란 신체의 생리적, 심리적 기능을 의미하며, 신체구조란 장기, 사지 등 신체의 해부학적 부분을 의미한다. 활동과 참여는 주어진 과업을 수행하고, 여러 생활 영역에 참여하는 것을 의미한다. 종합하면, 기능과 장애 영역에서 장애란 신체기능 및 구조가 통합을 이루지 못하고, 심각한 변형 혹은 손실이 있어 손상을 경험하거나, 주어진 과업 및 활동을 수행하는 데 어려움을 경험하고, 이와 관련하여 활동제한 및 참여제약을 경험하는 것이다(임종호 외, 2022).

〈표 2-1〉 ICF가 정의한 장애의 개념

구성요소	영역 1: 기능과 장애		영역 2: 상황적 요인	
	신체기능과 구조	활동과 참여	환경적 요인	개인적 요인
영역	신체기능 신체구조	생활영역 (과업, 행동 등)	기능과 장애에 영향을 미치는 외적 영향력	기능과 장애에 영향을 미치는 내적 영향력
구성물	신체기능의 변화 (생리학적 측면) 신체구조의 변화 (해부학적 측면)	표준환경에서의 과업수행능력, 현재 환경에서의 과업수행능력	물리적·사회적·인지적 측면에서 촉진 또는 방해하는 힘	개별적 특성에 의한 영향
긍정적 측면	기능과 구조의 통합	활동과 참여	촉진요인	해당사항 없음
	기능			
부정적 측면	손상	활동제한, 참여제약	장벽/방해물	해당사항 없음
	장애			

출처: WHO (2001); 임종호 외(2022)에서 재인용.

두 번째 영역인 상황적 요인은 환경적 요인과 개인적 요인으로 나뉘는데, 환경적 요인은 사람이 살고, 생활을 영위하는 모든 물리적, 사회적, 심리적 환경을 의미하고, 개인적 요인은 성별, 인종, 연령과 같은 개인적 특성을 말한다. 즉, ICF체계에 따르면, 신체기능과 구조, 활동, 참여의 다양한 영역상의 어려움으로 인해 장애를 경험할 수 있으며, 이러한 장애의 경험은 질병과 같은 개인의 건강상태뿐만 아니라 개인적, 환경적 요인과 같은 상황적 맥락과의 상호작용 결과이다. ICF체계는 장애에 대한 포괄적인 관점을 반영한다. 1998년 세계보건기구는 건강을 단순히 질병이나 장애가 없는 상태가 아니라 신체적, 정신적, 사회적, 영적 안녕으로 정의하였는데, 이러한 건강에 대한 포괄적인 관점을 반영하여, 장애 역시 개인의 신체적, 정신적 손상의 유무와 상관없이, 개인적, 환경적 요인에 의해 유발될 수 있는, 신체기능과 구조, 활동, 참여에의 제약을 모두 총칭(umbrella term)하도록 한 것이다(임종호 외, 2022).

2) 장애인과 비장애인의 건강 및 의료이용 격차

장애인은 비장애인에 비해 건강상태가 좋지 않고, 만성질환을 가지고 있는 경우가 더 많다. 김수진(2021)에 따르면, 우리나라 국민 중 본인의 건강상태가 나쁘다고 인식한 사람의 비율은 2018년 기준 11.15%였는데, 장애인의 경우 42.17%로 나타났다. 만성질환 유병률 역시 장애인이 더 높게 나타났는데, 2018년 기준 만성질환을 보유한 사람의 비율은 비장애인인 경우 38.57%였지만, 장애인의 경우 78.32%로 나타났다. 정신건강 지표 역시 장애인과 비장애인 간의 격차를 보여 준다. 2018년 조사에 따르면, 우울 증상 경험률은 비장애인 8.27%, 장애인이 22.94%로 나타났으며, 지난 1년간 자살을 생각한 적이 있는 비율은 비장애인이 1.60%, 장애인은 4.29%였다.

> **유병률**
> 어느 한 시점에 특정 인구 집단 중 특정 질병을 가지고 있는 인구의 비율

〈표 2-2〉 주관적 건강 수준 및 만성질환 유병률 (단위: %, %포인트)

구분		2011	2012	2013	2014	2015	2016	2017	2018
주관적 건강 나쁨									
전체 (18세 이상)	비장애인	9.46	10.47	10.78	9.23	9.24	8.76	8.95	11.15
	장애인	44.92	44.52	43.89	40.99	39.69	41.31	38.13	42.17
	격차	35.46	34.05	33.11	31.76	30.45	32.55	29.17	31.02
만성질환 있음									
전체 (18세 이상)	비장애인	34.50	36.46	39.50	35.89	37.95	41.39	41.45	38.57
	장애인	74.16	75.14	78.61	77.30	77.41	79.67	77.77	78.32
	격차	39.66	38.68	39.10	41.41	39.46	38.28	36.31	39.75

주: 격차는 장애인 수치에서 비장애인 수치를 차감한 값. 한국보건사회연구원, 서울대학교 사회복지연구소. (2020). 한국복지패널 7~14차 자료를 가중치를 이용하여 분석한 결과임.
출처: 오욱찬, 김수진, 김현경, 이원진, 오다은(2020), pp. 215-216의 〈표 5-8〉과 〈표 5-9〉를 재구성함.

이러한 장애인과 비장애인의 건강 격차의 원인은 의료이용의 격차에서 찾아볼 수 있다. 장애인은 건강검진을 받는 비율이 낮게 나타나는데, 구체적으로 비장애인의 건강검진 수검률은 2011년 46.44%에서 2018년 48.10%로 소폭 증가한 반면, 장애인은 2011년 45.93%에

서 2018년 43.07%로 오히려 소폭 감소하였다(김수진, 2021).

미충족 의료
대상자가 원하거나 의료전문가에 의해 의료서비스가 필요하다고 판단되었음에도 불구하고 의료서비스를 이용하지 못하는 상태

장애인과 비장애인 간의 미충족 의료 경험률 차이도 보고된다. 미충족 의료란, 대상자가 원하거나 의료전문가에 의해 의료서비스가 필요하다고 판단되었음에도 불구하고, 의료서비스를 이용하지 못하는 상태로 정의된다(신영전, 2015). 이러한 미충족 의료 경험률은 2011년 기준 비장애인 13.47%, 장애인 16.62%로 장애인의 미충족 의료 경험률이 3.15%포인트 높았다. 2018년에는 두 집단 모두에게서 미충족 의료 경험률이 감소하였는데, 비장애인 10.53%, 장애인 15.14%로 나타나, 그 차이는 오히려 더 벌어진 것으로 나타난다(김수진, 2021). 미충족 의료 경험을 원인별로 나누어서 살펴보면, 경제적 이유(비용이 부담스러워서)로 인한 미충족 의료 경험률의 격차는 2011년 4.68%포인트에서 2018년 3.11%포인트로 감소하였으나, 이동상의 제약으로 인한 미충족 의료 경험률의 격차는 2011년 2.26%포인트에서 2018년 5.23%포인트로 증가하였다. 즉, 장애인 인구의 미충족 의료는 '거동이 불편해서'와 같은 이동상의 제약으로 인한 것일 가능성이 크며, 이러한 미충족 의료가 장애인의 건강 유지에 어려움으로 작용하는 것이다.

3. 질병으로 인한 개인과 가족의 영향

질병은 해당 질병을 경험하는 개인의 삶에 큰 영향을 줄 뿐 아니라 그 개인이 속한 가족에게도 중대한 영향을 미친다. 대개의 경우 질병은 환자 및 가족에게 충격 혹은 스트레스 사건으로 다가오지만, 적응을 통해 오히려 외상 후 성장의 경험을 하는 계기가 되기도 한다. 환자의 건강 회복 및 지역사회 복귀를 지원하는 의료현장의 사회복지사는 질병에 대한 환자 및 가족의 정서적 반응뿐 아니라 적응과정에 대한 이해가 필요하다. 적응을 촉진하는 요소 및 방해하는 요소에 대한 이해를 바탕으로 환자 및 가족의 적응을 도와야 하기 때문이다.

1) 질병에 대한 정서적 반응

질병에 대한 정서적 반응과 관련하여 가장 대표적인 설명 중 하나는 엘리자베스 퀴블러-로스(Elisabeth Kübler-Ross)의 상실 및 애도의 과정이다. 퀴블러-로스는 암 말기 환자들을

대상으로 이들의 질병 수용 과정을 탐구하여, 많은 환자가 충격과 부정, 분노, 타협, 우울, 적응 또는 수용의 다섯 단계를 거친다는 것을 밝혀내었다. 이러한 설명은 그동안 부정적인 반응으로만 여겨졌던 부정, 분노, 우울 등의 감정적 반응을 자연스러운 것으로 이해하고, 결국 잘 적응할 수 있는 사람들도 초기에는 적응상의 어려움을 경험할 수 있다는 사실을 일깨워 주었다. 그러나 이러한 반응에는 개인 차이가 있을 수 있으며, 따라서 모든 사람이 같은 순서로 모든 단계를 거치지 않을 수도 있다는 것 또한 이해해야 한다(Gehlert & Browne, 2019).

의료현장의 사회복지사는 환자들이 질병과 관련하여 두려움을 경험할 수 있으며, 이러한 두려움이 자연스러운 것이고, 필요하다면 숨기기보다는 적극 표현할 필요가 있음을 이해해야 한다. 또한 상담을 통해 환자가 두려움을 가지는 대상을 정확하게 파악할 필요가 있다. 예를 들어, 환자가 수술이 두렵다고 표현한다면 수술로 인한 통증에 두려움이 있는지, 수술 이후 삶의 변화를 두려워하는지 정확하게 파악하는 것은 이후 상담 및 계획 수립에 도움이 된다. 질병이 낙인과 관련되어 있는 경우, 두려움이 더욱 클 수 있다. 예를 들어, 전염성이 있는 질병에 걸렸거나, HIV 감염, 정신질환의 경우, 환자들은 자신에게 결함이 있다고 인식하거나 이후 발생할 사회적 불이익이 두려워 치료를 거부할 수 있다. 죽음에 대한 두려움은 특히 더 주목할 필요가 있다. 죽음에 대한 두려움은 대개 연결점을 잃는 것에 대한 두려움일 때가 있는데, 환자가 이에 대해 충분히 표현할 수 있도록 적극적으로 경청하는 것이 중요하다(Cassell, 2012).

> **낙인**
> 한 사회의 대다수 사람에게 고정관념, 편견 및 차별을 불러일으키는 특성

2) 질병과 장애에 대한 심리사회적 적응모델

스트레스와 적응과정에 대한 이해는 여러 원조 전문직(helping professionals)의 오랜 관심사였다. 라자러스(Lazarus)와 포크만(Folkman)의 스트레스 대처 모델을 시작으로, 인간의 여러 적응 과정에 대한 관심이 이어졌으며, 특별히 질병 및 장애 경험과 관련된 적응과정에 집중한 이론 및 연구도 다수 존재한다.

리브나(Livneh)에 따르면, 갑작스럽게 만성질환이나 장애를 경험하는 환자는 일련의 적응과정을 거치는데, 이 적응과정을 어떻게 보내느냐에 따라 이후 환자의 삶의 질이 달라진다(Livneh, 2001; Livneh, 2022). 그런데 이러한 적응과정은 모든 환자가 동일하게 경험하는 것이 아니며, 만성질환 및 장애를 경험하게 된 원인 및 상황적인 특성, 즉 선행요인에 따라

차이를 보인다. 개별 환자별로 다른 선행요인이 환자의 적응과정에 영향을 미치고, 이 적응 과정에 따라 이후 삶의 질이 결정된다는 것이다([그림 2-4] 참조).

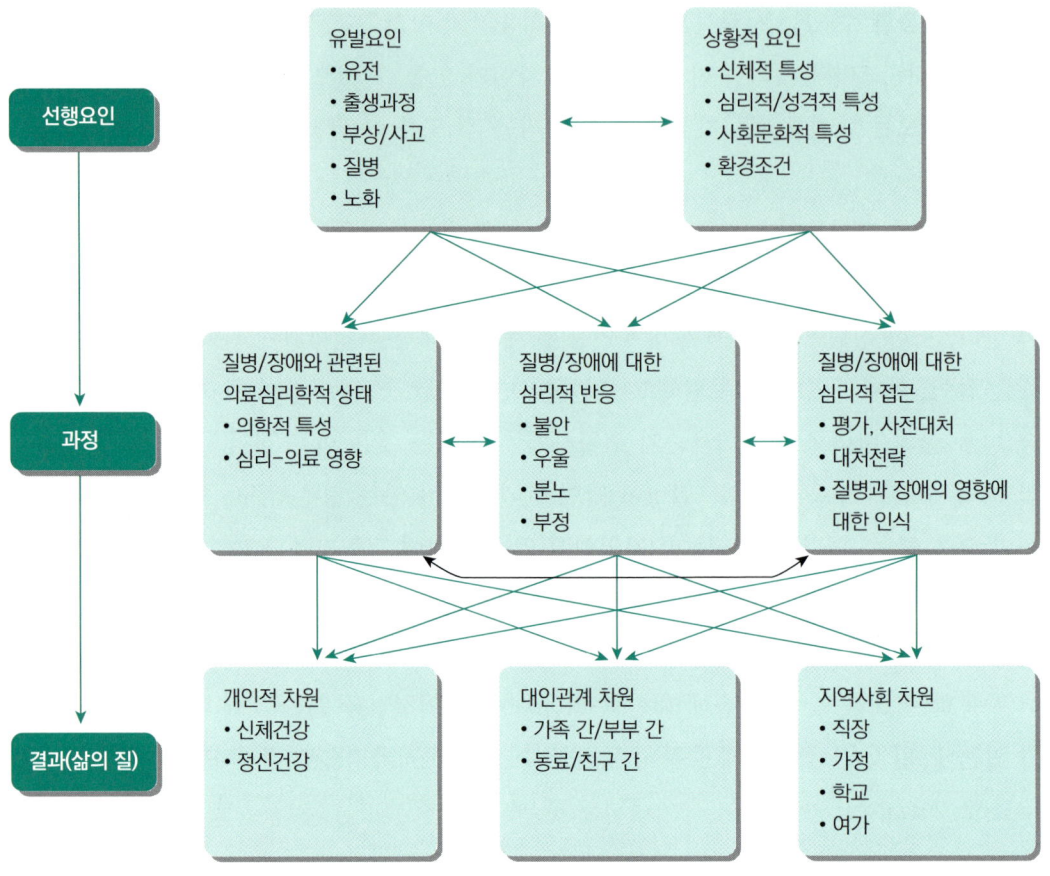

[그림 2-4] 질병과 장애에 대한 심리사회적 적응모델

출처: Livneh (2022).

그런데 선행요인, 과정 그리고 그 결과로서의 삶의 질 모두 다차원적인 특성이 있어, 효과적인 의료사회복지실천을 위해서는 각 영역의 하위 차원을 모두 고려하여야 한다. 우선, 적응에 영향을 미치는 선행요인을 자세히 살펴보면, 유발요인과 상황적 요인으로 나눌 수 있다. 유발요인이란 질병 및 장애를 경험하게 된 원인이 유전인지, 출생과정의 문제인지, 부상/사고인지, 질병인지, 노화인지를 의미한다. 상황적 요인이란 환자의 적응과정에 영향을 미치는 신체적, 심리·성격적, 사회문화적 특성 및 환경조건을 말하는데, 예를 들면

가족생활주기
인간이 결혼으로 가족을 형성하고 경험하는 출산, 양육, 자녀독립 등의 연속적 단계

환자의 성별, 나이, 인종, 건강상태, 환자의 개인적, 사회적 정체성, 인지·정서·도덕 발달 단계, 가족생활주기, 사회경제적 지위 등을 포함한다. 중요한 것은 이러한 유발요인과 상황적 요인이 서로 영향을 주고받는다는 점으로, 예컨대 낮은 사회경제적 지위에 있는 사람이 부상 및 사고위험에 더 많이 노출되며, 반대로 질병 및 노화에 따라 심리/성격적 특성이 변화하기도 한다(Livneh, 2022).

질병 및 장애 적응 과정도 선행요인과 마찬가지로 환자의 질병 및 장애와 관련된 의료심리학적 상태, 심리적 반응, 그리고 이에 대한 환자의 심리적 접근이 서로 영향을 주고받는다. 일차적으로 만성질환이나 장애를 갑작스럽게 경험하면 환자는 불안, 우울, 분노, 부정 등의 심리적 반응을 보이는데, 이러한 반응은 환자가 생각하는 의료적 상태에 따라 변화하고, 환자가 평소 혹은 증상 발현 이후 이러한 상황을 평가하고, 받아들이며, 대처하는 방식에 따라서도 변화한다. 예를 들면, 경험하는 질병 및 장애의 치명도, 사망 가능성, 기능 제한의 정도, 이동 제한의 정도, 질병 및 장애의 진행 과정 및 속도, 예후, 증상의 기간, 심각도, 통증의 유무 및 정도, 피로감 유무, 증상의 노출 정도, 치료 부작용, 치료법 및 그 치료법을 따르는 것이 얼마나 어려운지, 미래에 대한 불확실성, 예측 및 통제 정도, 낙인감의 정도가 환자가 질병이나 장애를 받아들이는 방식에 영향을 준다. 또한 환자의 심리적인 사고방식, 예를 들면 방어기제의 사용, 인지구조, 대처방식 등이 질병 및 장애 경험의 충격을 오히려 더 심화시키거나 약화하기도 한다(Livneh, 2022).

질병 및 장애의 적응 결과로서 삶의 질 역시 다차원적으로 평가되어야 한다. 구체적으로, 개인적 차원, 대인관계 차원, 지역사회 차원의 세 가지 영역에서 평가되어야 하는데, 이렇게 삶의 질을 다차원적으로 살펴봄으로써 환자가 얼마나 잘 적응하고 있는지 판단할 때 환자의 적응이 한두 가지 측면에 고착되지 않았는지 두루 살필 수 있다.

3) 질병 및 장애에 대한 가족의 경험 및 탄력성모델

가족이란 정서적 친밀감을 공유하고, 공동의 목적이나 결속감이 있는, 혈연이나 결혼으로 이루어진 두 명 이상의 집단이다(Whall, 1986). 이러한 가족은 여러 가지 기능을 수행하는데, 애정의 기능, 친척 관계 유지 기능, 자녀의 사회화 및 교육 기능, 정서적 지지 및 안식처의 기능, 경제적 협력 기능, 그리고 종교와 도덕적 기능이 그것이다(유수현 외, 2017). 그런데 가족성원 중 한 사람의 질병 및 장애 경험은 이러한 가족 기능의 수행을 어렵게 한다. 일반적으로, 질병의 발생은 가족 간 의사소통 및 분위기를 변화시키며, 가족 개별 성원 또는 가족 전체의 역할 수행을 저해하고, 이에 따라 가족 체계 유지를 어렵게 하기도 한다. 가족들은 우울과 슬픔을 경험할 수 있으며, 불안이나 죄의식, 죽음에 대한 공포, 사회적 고립 등의 심리 정서적 고통을 환자와 함께 경험한다(윤현숙, 김연옥, 황숙연, 2011).

그러나 앞서 살펴본 개인의 적응모델과 마찬가지로, 모든 가족이 환자의 질병 및 장애에 부적응하는 것은 아니다. 맥큐빈(McCubbin)의 가족탄력성 모델에 따르면, 어떤 가족은 위기 상황에서 더 탄력적으로 적응하고 대처한다. 탄력성(resiliency)이란 스트레스 혹은 재난 상황에서 개별성원 및 가족 전체가 보여 주는 긍정적인 행동 유형 및 기능 수행능력을 의미하며, 가족성원들의 웰빙을 보장하고, 가족을 가족으로서 유지할 수 있게 함으로써 가족의 회복에 도움을 준다(McCubbin & McCubbin, 1996, p. 5).

> **탄력성**
> 스트레스 혹은 재난 상황에서 개별성원 및 가족 전체가 보여 주는 긍정적인 행동 유형 및 기능수행능력

맥큐빈의 가족탄력성 모델에는 몇 가지 가정이 있다. 첫째, 스트레스와 어려움은 가족생활 주기상 당연히 경험하는 것이다. 둘째, 가족은 스트레스 및 위기 상황에서 가족의 회복을 위한 장점 및 능력을 이미 갖추고 있다. 셋째, 가족은 스트레스 및 위기 상황에서 다양한 지역사회 자원을 활용하여 문제를 해결한다. 넷째, 가족은 결국 스트레스 및 위기를 극복하고, 가족이 가족으로서 앞으로 나아가기 위한 가족의 의미, 목적, 공유된 관점을 정비할 것이다. 다섯째, 가족은 그 변화가 아무리 힘들지라도 결국 스트레스 및 위기 상황으로부터 회복되고, 균형을 찾고, 다시 조화를 이룰 것이다(McCubbin et al., 2002).

자녀의 질병과 같은 스트레스 및 위기 상황에서 가족의 적응은 '조정'과 '적응'이라는 두 단계로 이루어진다. 조정 국면에서 가족들은 기존의 가족 기능, 자원, 평가, 대처기제, 문제해결 능력을 바탕으로 최소한의 변화만 가해서 문제를 해결하려고 한다. 이러한 조정이 문제를 해결하기 충분하지 않을 때, 가족은 위기를 맞고, 이는 곧 '적응' 국면으로 넘어가게 한다. 단, 이때 위기는 꼭 부정적인 용어만은 아니며, 그저 가족의 해체 혹은 변화를 필요로 하는 사건일 뿐이다. 예를 들어, 자녀가 중대한 질병을 경험하는 경우, 부모는 직장생활 및 가정생활에서의 큰 변화를 불가피하게 겪으며, 이는 가족의 취약성을 증가시킨다. 그러나 가족이 기존의 긍정적 가족 기능 경험, 사회적 지지자원 등 탄력성 요인을 가지고 있는 경우, 새로운 적응 유형 및 문제해결 능력을 가지게 된다. 세상을 바라보는 가족의 관점 및 시각도 변화하는데, 기존의 가족 신념 및 목표, 가치는 스트레스 및 위기 상황을 경험하며 수정되기도 한다(McCubbin et al., 2002).

4. 건강에 관한 여러 가지 이론 및 관점

이론은 의료사회복지실천 전략 수립 및 개입의 근거가 된다. 이에 그동안 많은 학자가 건강증진과 관련된 개인의 행동을 이해하기 위해 노력하였으며, 그 결과로 건강증진모형, 합리적 행위이론 및 계획된 행위이론, 건강신념모형, 행동모형 등 다양한 이론이 제시되었다. 이 절에서는 건강을 바라보는 거시적 관점으로서 WHO의 건강의 사회적 결정요인을 우선 소개하고, 건강 행동 및 의료서비스 이용에 관한 두 이론, 베커(Becker)의 건강신념모형과 갤버그-앤더슨(Gelberg-Andersen)의 취약계층 행동모형을 살펴본다.

1) 건강의 사회적 결정요인

우리의 건강 상태는 저마다 다양하다. 개인에 따라 주관적으로 느끼는 건강 수준이 다르고, 국가 및 지역별로 기대수명 및 주요 질병의 유병률이 다르다. 과거에는 이러한 건강상의 차이를 유전적이거나, 개인의 건강 행동 때문으로 이해했다. 즉, 개인이 아프거나 병에 걸리면, 원래 허약한 체질이라거나, 과도한 음주 및 흡연 등으로 건강이 나빠진 것이라고 보았다. 그러나 1990년대 이후, 각종 질병의 이환, 조기 사망 등이 사회경제적 취약계층에 집중된다는 사실이 알려졌고, 이러한 개인 간, 집단 간, 건강상의 차이가 실제로는 불필요하고, 예방 가능하며, 불공평하다

이환
특정한 질병에 걸린 상태

는 것에 많은 사람이 공감하였다(WHO, 2010). 이에 2008년 WHO는 건강의 사회적 결정요인 위원회를 설립하고, 관련된 논의를 종합하여 [그림 2-5]와 같은 건강의 사회적 결정요인 개념틀을 제시하였다.

[그림 2-5]를 자세히 살펴보면, 개인의 건강상의 차이는 크게 두 가지 차원, 구조적 결정요인과 중재적 요인의 영향을 받는다는 것을 알 수 있다. 이 중 중재적 요인은 오랜 기간 개인의 건강에 영향을 미치는 요인으로 주목받았던 행동 및 생물학적 요인(유전, 생활습관 등), 심리사회적 요인(스트레스, 사회적 지지 등), 물질적 환경(주거 및 노동환경, 영양 등)과 의료보장체계로 구성된다. 주목할 점은, 이러한 중재적 요인의 형성에 구조적 결정요인이 영향을 미친다는 점이다. 중재적 요인의 형성에 영향을 미치는 구조적 결정요인은 사회계층, 성별, 인종, 교육수준 및 직업, 소득 등의 사회경제적 지위를 의미하는데, 이 역시 보다 근본적인 사회경제적/정치적 맥락에 바탕을 두고 있다. 국가 및 지방자치단체의 조직체계 및

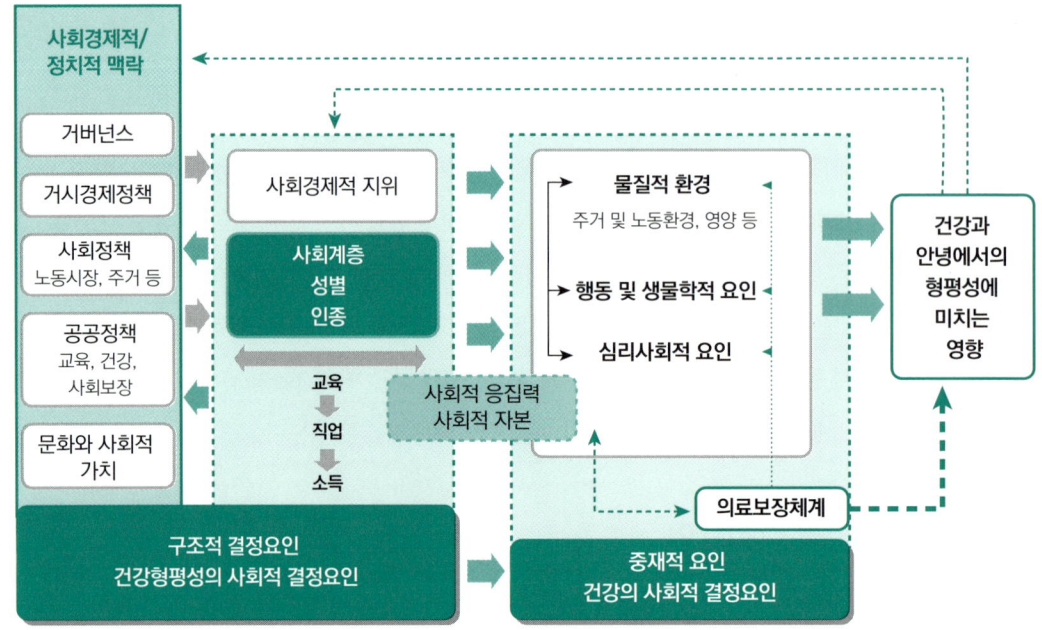

[그림 2-5] 건강의 사회적 결정요인

출처: WHO (2010).

활동방식(거버넌스), 거시경제정책, 사회정책, 공공정책, 문화와 사회적 가치 등이 개인의 사회경제적 지위 형성에 영향을 주고, 이는 중재적 요인의 형성에 영향을 미치며, 결국 우리의 건강 수준을 결정한다(김태훈, 2016).

그러나 이러한 영향 관계의 방향은 일방적이지 않다. 사회경제적/정치적 맥락은 사회경제적 지위와 서로 직접적으로 영향을 주고 받으며, 의료보장체계 역시 여러 중재요인과 상호작용하고, 그 결과로서의 건강 수준 역시 다시 원인이 되어, 구조적 결정요인에 영향을 미친다. 즉, 개인의 건강에는 '사람들이 성장하고 살아가고 일하고 늙어 가는 모든 환경'이 영향을 주며, 따라서 개인의 건강증진을 목적으로 하는 의료사회복지실천은 단편적이고 일차원적인 접근이 아닌 총체적이고 광범위한 접근이 요구된다.

2) 건강신념모델

과학기술 및 의학의 발달로 인간의 건강한 삶을 위한 많은 구체적인 실천방법이 밝혀졌다. 예를 들면, 건강한 식습관, 규칙적인 운동과 수면, 예방접종, 위생관리, 금연 및 금주를 하면 건강하게 오래 살 수 있다는 것을 이미 많은 사람이 알고 있다. 그러나 우리 모두가 그러한 삶의 방식을 유지하는 것은 아니다. 왜 그럴까? 건강신념모델에 따르면, 인간의 건강 행동은 건강과 건강 행동에 대한 우리의 믿음, 즉 신념에 따라 결정된다. 사람들은 본인이 특정 질병에 걸릴 가능성이 얼마나 큰지(취약성 인식), 해당 질병에 걸린다면 부정적 결과는 얼마나 심각한지(심각성 인식), 해당 질병을 예방하거나 치료하기 위한 건강 행동이 얼마나 효과적인지(유익 인식), 그리고 그 건강 행동을 실제로 수행하는 것이 얼마나 힘든지(장애요인 인식)를 복합적으로 평가하여 건강 행동 수행 여부를 결정한다(Becker, 1974). 따라서 사람들의 건강증진행위를 촉진하고자 하는 의료사회복지실천가는 건강 행동에 대한 사람들의 신념을 중요하게 다루어야 한다.

그런데 이러한 질병 및 건강 행동에 대한 인식 외에 건강 행동을 촉발할 수 있는 내적/외적 요인(행동계기), 건강 행동을 실제로 수행할 수 있다는 자신감(자기효능감)도 건강 행동 수행에 중요한 요소이다(Rosenstock, Strecher, & Becker, 1988). 예를 들어, 건강검진을 한 번도 받아 본 적이 없는 사람이 주변에 암으로 사망한 사람을 목격하고(행동계기), 건강검진을 받고 싶어 하게 될 수 있지만, 스스로 건강검진을 위한 절차를 알아보고, 준비할 수 없다고 평가하면(자기효능감), 결국 건강검진을 받지 않기도 한다. 따라서 질병과 건강 행동에 관한 사람들의 신념 변화에 더해 행동계기를 마련해 주고, 자기효능감을 높이는 접근법이 요구된다. 〈표 2-3〉은 건강신념모델의 주요개념 및 정의, 각 요소에 기반한 개입전략을 나타낸 것이다.

〈표 2-3〉 건강신념모델의 주요 개념 및 각 요소에 기반한 개입전략

개념	정의	개입전략의 예시
취약성 인식 (Perceived Susceptibility)	질병을 경험할 가능성에 대한 인식/신념	질병의 실제 위험 정도를 정확하게 인식하도록 질환별 위험집단 및 위험수준을 구체적으로 정의하고, 개인의 특성이나 행동에 따른 위험수준에 관한 정보 제공
심각성 인식 (Perceived Severity)	질병의 심각성에 대한 인식/신념	질병의 위험 정도 및 심각성에 대한 정보를 구체적이고 정확하게 전달하여, 질병의 심각성에 대해 정확하게 인지할 수 있도록 개입
유익 인식 (Perceived Benefits)	특정 건강 행동이 질병을 경험할 가능성 혹은 질병의 부정적 영향을 낮추는 정도에 관한 인식/신념	건강 행동의 유익한 효과를 이해할 수 있도록 정보 제공

개념	정의	개입전략의 예시
장애요인 인식 (Perceived Barriers)	해당 건강 행동의 수행과 관련된 장애요인(예: 실질적 혹은 심리적 비용)에 대한 인식/신념	건강 행동의 수행과 관련된 실질적 비용 감소 전략, 심리적 장애물을 낮추기 위한 인식 개선활동
행동계기 (Cues to Action)	건강 행동 수행을 촉발할 수 있는 내적/외적 요인	심리적·사회적 차원의 인식개선 사업 및 집단행동 프로그램
자기효능감 (Self-Efficacy)	건강 행동을 실제로 수행할 수 있다는 자신감	건강 행동을 수행할 수 있다고 판단하도록 불안감 감소, 시연, 단계적 목표설정 등 다양한 전략 활용

출처: 김연수 외(2022)에서 발췌 후 수정.

3) 앤더슨 취약계층 행동모델

앤더슨의 의료서비스 행동모델은 사람들이 의료기관을 이용하게 되는 과정을 구체화한 이론이다. 적절한 의료서비스 이용은 건강 유지에 필수적이지만 모든 사람이 예방접종 및 치료가 필요할 때 바로 의료기관을 이용하지 않는다. 앤더슨에 따르면, 사람들의 의료서비스 이용에는 개인의 고유한 특성인 선행요인(predisposing factors), 의료서비스 이용을 가능하게 하는 가능요인(enabling factors), 서비스 이용에 대해 개인이 느끼는 주관적 필요성 정도를 의미하는 욕구요인(need factors)이 영향을 미친다(Andersen, 1995).

오랜 기간 동안 의료서비스 이용의 유형 분석 연구에 영향을 준 앤더슨 모델은 지속적으로 발전하여 왔으며, 의료사회복지실천과 관련하여 특히 주목할 만한 앤더슨 모델의 확장은 취약계층의 특성을 반영하여 이들의 의료서비스 이용을 체계화한 갤버그-앤더슨 모델이다. 갤버그와 앤더슨에 따르면, 이민자 및 소수인종, 아동 및 청소년, 정신질환자, 만성질환자, 장애인, 노인, 노숙인 등 취약집단에 속하는 사람들은 의료서비스 이용과 관련하여 독특한 어려움을 경험하며, 이들의 의료서비스 이용을 이해하기 위해서는 고유한 특성을 먼저 이해해야 한다. 구체적으로, 취약계층에 속하는 사람들은 그들의 높은 유병률과 사망률에도 불구하고, 주치의가 없고, 정기검진을 받지 않으며, 낙인에 대한 우려로 의료서비스 이용을 오히려 회피하기도 하는데, 취약계층의 의료서비스 이용을 촉진하기 위해서는 반드시 이러한 점을 반영하여 개입 전략을 수립해야 한다(Gelberg, Andersen, & Leake, 2000).

취약계층 행동모형은 기존 앤더슨 행동모형의 전통적 부분 및 취약계층 고유의 특성과 관련된 부분으로 나뉜다. 특히 이 취약계층 부분이 기존 앤더슨 모델에서 확장된 부분으로, 대부분 취약계층이 경험하는 사회구조적 측면의 불평등과 관련된 내용을 담고 있다. 구체적인 내용을 나타내면 [그림 2-6]과 같다.

[그림 2-6] 취약계층 행동모형

출처: Gelberg et al. (2000).

정리해 봅시다

1. 생애주기별 건강문제

인간의 건강은 태내기부터 경험하는 다양한 사회적, 경제적, 심리적, 환경적 요인들의 영향으로 끊임없이 변화한다. 국민의 건강증진을 도모하는 의료사회복지실천가는 생애주기 관점에서 건강을 바라보고, 각 단계에 맞는 건강증진 전략을 수립할 줄 알아야 한다. 태내기 및 영아기는 신체적, 정서적 발달 및 건강상태에 모체의 영향이 크기 때문에 태아나 신생아의 건강증진을 위해 모자 건강의 관점에서 접근하는 것이 중요하다. 유아기에는 안전한 양육환경 조성이, 아동기에는 건강한 생활습관 형성이 중요하며, 청소년기 이후부터 정신건강 관련 관심이 특히 더 중요해진다. 생애주기상 마지막 단계인 노년기는 노화로 인해 신체기능이 떨어지고, 이와 함께 인지적, 정서적, 사회적 변화를 경험할 수 있는 단계로, 치매 예방 및 이와 관련된 가족의 돌봄 부담 완화를 위한 국가적 관심과 노력이 요구된다.

2. 장애와 건강의 문제

장애란 부상 또는 질병으로 인해 오랜 기간 경험하는 개인적 혹은 사회적 차원의 어려움으로 정의할 수 있다. 선천적 혹은 후천적 질환 및 사고는 장애의 주요 원인이며, 장애가 있는 사람의 건강 수준은 그렇지 않은 사람에 비해 낮은 것으로 나타나기에 장애와 건강은 밀접한 관련이 있다. 의료현장에서 일하는 사회복지사는 질병으로 인해 중도에 장애를 경험하게 되는 환자의 적응을 돕는 한편, 장애를 가진 환자들이 필요한 의료서비스를 원활하게 이용하여, 건강한 삶을 유지할 수 있도록 하여야 한다.

3. 질병으로 인한 개인과 가족의 영향

갑작스럽게 만성질환이나 장애를 경험하는 환자는 일련의 적응과정을 거치는데, 이 과정을 어떻게 보내느냐에 따라 이후 환자의 삶의 질이 달라진다. 그런데 이러한 적응과정은 모든 환자가 동일하게 경험하는 것은 아니며, 만성질환 및 장애를 경험하게 된 원인 및 상황적인 특성, 즉 선행요인에 따라 차이를 보인다. 질병은 환자가 속한 가족에게도 중대한 영향을 미친다. 일반적으로, 질병의 발생은 가족 간 의사소통 및 분위기를 변화시키며, 가족 개별성원 또는 가족 전체의 역할 수행을 저해하고, 이에 따라 가족 체계 유지를 어렵게 하기도 한다. 그러나 모든 가족이 환자의 질병 및 장애에 부적응하는 것은 아니며, 어떤 가족은 위기 상황에서 더 탄력적으로 적응하고 대처한다.

4. 건강에 관한 여러 가지 이론 및 관점

의료사회복지사는 이론을 바탕으로 실천 전략 및 개입 방향을 모색한다. 건강을 바라보는 주요 관점으로서 건강의 사회적 결정요인은 인간의 건강에 사람들이 성장하고 살아가고 일하고 늙어 가는 모든 환경이 영향을 준다는 관점으로, 건강증진을 위한 총체적이고 광범위한 접근의 필요성을 강조한다. 또한 건강신념모델은 개인의 건강증진 행위를 촉진하기 위해 건강과 건강 행동에 대한 우리의 믿음, 즉 신념의 중요성을 보여 준다. 마지막으로 갤버그-앤더슨의 취약계층 행동모델은 이민자 및 소수인종, 아동 및 청소년, 정신질환자, 만성질환자, 장애인, 노인, 노숙인 등 취약계층의 의료서비스 이용을 이해하기 위해서는 이들의 고유한 특성에 대한 이해가 선행되어야 함을 설명한다.

생각해 봅시다

1. 인간의 생애주기 중 우리 국민의 건강증진을 위해 우선적으로 개입해야 하는 시기가 있다면 어느 시기라고 생각하는지 밝히고, 그 이유를 생각해 봅시다.

2. 장애의 개념이 ICIDH에서 ICF 모델로 변화함에 따라 의료사회복지실천의 초점이 어떻게 달라져 왔는지 혹은 달라져야 하는지 생각해 봅시다.

3. 갑자기 교통사고로 척수손상을 진단받은 환자를 대상으로 질병과 장애에 대한 심리사회적 적응모델에 따른 의료사회복지 개입전략을 생각해 봅시다.

4. 의료사회복지사가 건강의 사회적 결정요인, 건강신념모델, 앤더슨의 취약계층 행동모델을 이해해야 하는 이유에 대해 생각해 봅시다.

참고문헌

건강보험관리공단(2019). 숫자로 보는 건강: 치매사회가 온다. 건강 iN.
김수진(2021). 장애인과 비장애인의 보건의료 및 건강수준 격차와 시사점. 보건복지포럼(2021. 4.), 49-61.
김순규(2008). 청소년 자살에 영향을 미치는 위험 요인과 보호요인: 보호요인의 매개효과를 중심으로. 정신건강과 사회복지, 29, 66-93.
김연수, 김경희, 김진숙, 최명민(2022). 의료사회복지론. 신정.
김태훈(2016). 지역의 소득불평등 수준이 건강결과에 미치는 영향: 청장년층의 만성질환 유병을 중심으로. 서울대학교 대학원 석사학위논문.
김혜경, 성준모(2014). 노년기 우울에 영향을 미치는 종단적 요인: 전기·후기 노인의 비교를 중심으로. 노인복지연구, 66, 427-449.
나은우, 정한영(2009). 장애의 개념과 분류. 대한의사협회지, 52(6), 537-544.
대한노인정신의학회(2023). 치매. https://www.kagp.or.kr:8009/ko/4
배화옥, 임채영(2020). 장애와 사회복지. 학지사.
보건복지부, 한국건강증진개발원(2022). 제5차 국민건강증진종합계획.
신영전(2015). 미충족 의료서비스 현황과 정책과제. 의료정책포럼, 12(4), 71-77.
오욱찬, 김수진, 김현경, 이원진, 오다은(2020). 한국 장애인의 다중격차와 사회정책의 대응. 한국보건사회연구원.
유수현, 김창곤, 김원철(2017). 의료사회사업론. 양서원.
윤현숙, 김연옥, 황숙연(2011). 의료사회사업론. 나남.
이인정(2017). 연소노인, 고령노인, 초고령노인의 우울 수준 및 우울 관련요인 비교: 일상적인 근심의 영향에 대한 심리사회적 자원의 조절효과를 중심으로. 한국사회복지교육, 38, 1-24.
임종호, 이영미, 이은미(2022). 장애인복지론. 학지사.
통계청(2022a). 2021년 사망원인통계 결과.
통계청(2022b). 2021년 영아사망·모성사망·출생전후기사망통계.
홍나미, 정영순(1999). 청소년 자살생각 영향요인 분석. 한국사회복지학, (37), 449-473.

Andersen, R. M. (1995). Revisiting the behavioral model and access to medical care: Does it matter? *Journal of Health and Social Behavior*, 1-10.

Arnett, J. J. (2000). Emerging adulthood: A theory of development from the late teens through the twenties. *American Psychologist, 55*(5), 469.

Arnett, J. J., Žukauskienė, R., & Sugimura, K. (2014). The new life stage of emerging adulthood at ages 18-29 years: Implications for mental health. *The Lancet Psychiatry, 1*(7), 569-576.

Becker, M. H. (1974). The health belief model and sick role behavior. *Health Education Monographs, 2*(4), 409-419.

Brent, D. A. (1987). Correlates of the medical lethality of suicide attempts in children and adolescents. *Journal of the American Academy of Child & Adolescent Psychiatry, 26*(1), 87-91.

Cassell, E. J. (2012). *The nature of healing: The modern practice of medicine*. Oxford University Press.

Gehlert, S., & Browne, T. (2019). *Handbook of health social work*. Wiley.

Gelberg, L., Andersen, R. M., & Leake, B. D. (2000). The behavioral model for vulnerable populations: Application to medical care use and outcomes for homeless people. *Health Services Research, 34*(6), 1273-1302. https://www.nhis.or.kr/magazin/149/html/style/pdf/sub1.pdf

Livneh, H. (2001). Psychosocial adaptation to chronic illness and disability: A conceptual framework. *Rehabilitation Counseling Bulletin, 44*(3), 151-160.

Livneh, H. (2022). Psychosocial adaptation to chronic illness and disability: An updated and expanded conceptual framework. *Rehabilitation Counseling Bulletin, 65*(3), 171-184.

McCubbin, M., & McCubbin, H. (1996). Resiliency in families: A conceptual model of family adjustment and adaptation in response to stress and crisis. In H. McCubbin, A. Thompson, & M. McCubbin (Eds.), *Family assessment: Resiliency, coping and adaptation—inventories for research and practice* (pp. 1-64). University of Wisconsin System.

McCubbin, M., Balling, K., Possin, P., Frierdich, S., & Bryne, B. (2002). Family resiliency in childhood cancer. *Family Relations, 51*(2), 103-111.

Newman, B. M., & Newman, P. R. (2017). *Development through life: A psychosocial approach*. Cengage.

Rosenstock, I. M., Strecher, V. J., & Becker, M. H. (1988). Social learning theory and the health belief model. *Health Education Quarterly, 15*(2), 175-183.

Whall, A. L. (1986). The family as the unit of care in nursing: A historical review. *Public Health Nursing, 3*(4), 240-249.

WHO (2001). ICF: International classification of functioning, disability and health. Geneva: Author.

WHO (2010). A Conceptual framework for action on the social determinants of health.

제3장

의료사회복지실천 현장의 이해와 직무

📂 학습개요

근래에 건강보호영역에서의 의료서비스가 치료에서의 보건 개념으로 확장되면서 바람직한 치료에 대한 개념도 변화되기 시작하였다. 바람직한 치료 관점에 맞추어 의료사회복지실천 서비스에도 많은 변화가 나타났다. 의료는 단순히 예방책이나 질병의 조기발견, 조기치료에 대한 치료영역의 확대만을 의미하는 것이 아니라 심신의 기능회복과 함께 사회복귀를 위한 원조활동까지도 포함한다. 그러므로 포괄적·전인적 접근이 중심이 되는 의료사회복지는 어느 실천영역보다 중심이 되는 분야로서 자리를 구축하고 있는 것이 현실이다. 그러므로 변화에 따른 의료사회복지의 실천 현장 및 의료사회복지사의 기능과 역할, 직무에 대하여 살펴보고자 한다. 또한 의료서비스는 다양한 전문직의 조합체로서 팀 접근이 강조되므로 팀 협력과 의료서비스의 질을 평가하고 그 문제점을 개선하기 위하여 의료사회복지실천에서의 질관리에 대하여 알아보고자 한다.

📖 학습목표

1. 의료사회복지실천 현장에 대하여 이해한다.
2. 의료사회복지사의 기능 및 역할에 대하여 알아본다.
3. 의료사회복지사의 직무와 다학제팀 협력에 대하여 이해한다.
4. 의료사회복지실천 현장에서 의료사회복지실천 과정을 적용시켜 본다.
5. 의료사회복지실천에서의 질관리에 대하여 파악한다.

1. 의료사회복지실천 현장

1) 의료기관 중심의 실천 현장

우리나라에서 의료사회복지실천은 대부분 의료기관에서 이루어지고 있다. 「의료법」에 따라 의료기관은 의원급 의료기관, 조산원, 병원급 의료기관으로 구분하고, 병원급 의료기관은 다시 병원, 치과병원, 한방병원, 요양병원, 정신병원, 종합병원으로 구분한다. 종합병원은 진료과목과 전문의 수에 따라 300병상 이상 종합병원과 300병상 미만 종합병원으로 나뉘고, 「의료법」에서 정한 일정 요건을 갖춘 종합병원 중에서 중증질환에 대하여 난이도가 높은 의료행위를 전문적으로 하는 상급종합병원을 지정하고 있다.

의료기관을 이렇게 병원 종별로 구분할 때 의원급 호스피스 기관 몇 곳을 제외하면 의료사회복지실천은 대부분 병원급 이상 의료기관에서 이루어지고 있다. 특히 2018년 추진된 지역사회 통합돌봄 정책으로 2019년부터 요양병원에 환자지원팀을 설치하고 퇴원환자 지역사회 연계활동에 대해 건강보험 요양급여수가를 인정하면서 요양병원도 의료사회복지실천 현장으로서 자리매김하는 계기가 되었다.

2019년부터 2021년까지 지역사회 통합돌봄 1차 시범사업 추진과정에서 보건소나 지역사회 내 1차 의료기관에서 의료사회복지사의 역할 필요성이 논의되었으나 제도적인 뒷받침은 이루어지지 못했다. 그러나 2024년 재택의료 강화 등 공급체계 개선을 위해서 정부가 추진하고 있는 '장기요양 재택의료센터 시범사업'에서 장기요양 재가 수급자를 대상으로 포괄평가 후 통합 사례관리를 제공하기 위한 팀 구성원에 사회복지사를 포함하고 있고, 시범사업을 거쳐 250개 지자체로 재택의료센터 설치가 확대될 경우 의료사회복지실천 분야는 1차 의료기관으로도 확대될 가능성이 있다.

2) 전문영역별 세분화

2000년대 이전 우리나라 의료사회복지 분야는 크게 정신의료사회사업, 재활의료사회사업, 일반의료사회사업, 지역사회보건사업으로 구분하였다. 의료환경과 사회환경에 따라 가변적이고 동태적인 성격을 가진 의료사회복지실천은 우리나라에서도 점차 대상이 확대되고 전문영역별로 세분화되었다.

정신의료사회사업 분야는 1995년 「정신보건법」이 제정되어 정신건강사회복지사(전, 정신보건사회복지사) 자격제도가 도입되었고, 전문분야로 자리매김하면서 정신의료기관뿐만 아니라 정신건강사회복지시설로 실천영역이 확대되었다. 재활의료사회사업 분야는 주로 종합병원 재활의학과에서 이루어지던 활동이 2017년 「장애인 건강권 및 의료접근성 보장에 관한 법률」(약칭 「장애인건강권법」)이 시행된 후 회복기 재활의료기관 중심으로 확대되었고, 2024년 기준 전국 52개 (회복기)재활의료기관에서 전문적인 활동이 이루어지고 있다. 사회복지사를 포함한 다학제 팀 접근을 필수로 하는 재활의료가 회복기 재활의료기관, 재활형 요양병원 중심으로 확대되고 있어 재활의료사회사업 분야 또한 지속적으로 확대될 것으로 기대된다.

일반의료사회사업 분야는 정신의료와 재활의료 분야를 제외한 모든 진료 분야를 포함하기 때문에 매우 광범위하다. 의료적 상황에 따라 중증질환, 심뇌혈관질환, 희귀·난치성질환, 만성질환, 말기질환, 감염성 질환, 그 외 외상, 장기이식 등으로 세분화되었고 그에 따른 의료사회복지실천도 전문화되면서 확대 중이다. 한편, 사회적 상황으로 인해 보건의료서비스에 대한 접근성이 낮은 독거노인, 장애인, 학대나 폭력피해자, 가출청소년, 미혼모, 노숙인, 미등록 외국인근로자, 다문화가족, 난민과 같은 취약계층이나 저소득 가구원에게 긴급한 치료가 필요한 경우는 질병의 중증도와 관련 없이 누구든지 의료사회복지실천 대상이 될 수 있고, 이들을 위한 위기개입 등 전문적인 실천이 확대되고 있다.

2014년 송파 세 모녀 사건 이후로도 질병으로 인하여 일을 하지 못하고 생계가 어려워져 삶을 포기하는 사례가 계속해서 보고되자 2022년 11월 정부는 '복지사각지대 발굴·지원체계 개선대책'을 발표하였는데 질병으로 인한 가구의 위기 상황을 가장 먼저 확인할 수 있는 의료기관에서부터 위기가구를 발견하여 지자체로 연계할 수 있도록 의료기관에 있는 의료사회복지사를 활용하여 민·관 협력 발굴체계를 구축하겠다고 하였다. 대책 발표 이후 실천 현장에서는 위기가구 발굴과 지원을 위한 지자체의 협력 요청이 늘어나고 있다.

新 복지사각지대
전통적 복지대상(노인·장애인·아동 등)은 아니나 경제·인구·사회구조 변화 등 새로운 사회적 위험으로 복지지원이 필요한 취약계층

지역사회 보건사업 분야는 다른 세 가지 분야와 달리 의료사회복지실천체계를 지역사회로 보고 거시적인 접근이 필요한 분야이다. 사회복지 발전의 역사와 의료사회복지의 발전 단계에서 지역사회를 기반으로 한 공중보건 활동이 의료사회복지실천의 중요한 계기가 되었던 것처럼 지역사회 보건문제에 대한 의료사회복지사의 관심이 필요한 분야이다. 하지만 환자와 가족을 대상으로 하는 실천 활동만으로도 의료사회복지사 인력이 부족하기 때

문에 지역사회 보건문제에까지 관심을 가지기에는 역부족이다.

2010년 이후 공공보건의료사업을 수행하는 공공보건의료기관을 중심으로 지역사회 필수보건의료 문제를 해결하기 위해 다양한 사업을 추진하고 있는데 정부가 2019년부터 시행하고 있는 공공보건의료 협력체계 구축사업이 대표적이다. 그 외에도 지역거점 병원들을 중심으로 암생존자, 호흡기 질환자, 어린이, 자살시도자, 고위험산모·신생아, 심뇌혈관질환자 등을 대상으로 미충족 보건의료서비스를 해결하기 위해 다양한 사업을 수행하고 있고 이 과정에서 의료사회복지사 역할의 필요성이 높아지고 있다.

3) 의료사회복지실천 분야별 활동 근거 확대

의료사회복지실천 분야의 확대는 법과 제도적 근거에 의해서도 확인할 수 있는데 자세한 내용은 〈표 3-1〉과 같다. 1973년 「의료법 시행규칙」에 의료기관에서 사회복지사의 활동 근거가 마련된 이후 의료사회복지 분야에 따라 인력 기준이나 건강보험 행위 수가 기준이 점차 확대된 것을 알 수 있다. 의료사회복지실천 분야가 세분화되고 전문화되어 가는 과정에서 제도적 근거를 확대해 가고 있으나 의료사회복지서비스가 특정 대상에게만이 아니라 환자와 가족에게 보편적으로 제공될 수 있도록 병상당 인력기준을 마련하는 것이 필요하다.

〈표 3-1〉 법과 제도에 근거한 의료사회복지실천 분야 확대

	인력기준 마련
의료법 (1973)	의료법 시행규칙 제38조 제2항의6(의료인 등의 정원) 종합병원에는 사회복지사업법의 규정에 의한 사회복지사자격증을 가진 자 중에서 환자의 갱생, 재활과 사회복귀를 위한 상담 및 지도업무를 담당하는 요원을 1인 이상 둔다.
장기이식 (2000)	장기등 이식에 관한 법률 시행령 제25조(이식의료기관의 지정기준) 법 제25조 제2항에 따라 이식의료기관으로 지정받으려는 의료기관이 갖추어야 할 시설·장비·인력 등은 별표 4와 같다. [별표 4] 이식의료기관의 시설·장비·인력 등 2-가-3) 장기등의 적출·이식을 위한 상담·연락 업무 등을 담당하는 간호사와 사회복지사를 각각 1명 이상 두어야 한다.
호스피스· 완화의료 (2017)	호스피스·완화의료 및 임종과정에 있는 환자의 연명의료결정에 관한 법률 시행규칙 제20조(호스피스전문기관의 지정) ① 법 제25조 제1항에 따른 호스피스전문기관의 지정기준은 별표 2와 같다. [별표 2] 호스피스 전문기관의 지정기준 1-가·나·다-3) 사회복지사: 1급 사회복지사 1명 이상

	건강보험수가 인정(건강보험 행위 급여 · 비급여 목록표 및 급여 상대가치점수)
정신의료 (1977)	제1편 제8장 정신요법료[산정지침] (3) 정신의학적 사회사업(아-11)은 사회복지사가 직접 실시한 경우에만 산정한다.
재활의료 (1994)	제1편 제7장 제3절 전문재활치료료 산정지침 재활사회사업은 재활의학적 치료목적으로 사회복지사가 직접 실시한 경우에 한하여 산정한다.
호스피스 · 완화의료 (2017)	제4편 제2부 입원형 호스피스 제1장 호스피스 급여 목록 · 상대가치점수 및 산정지침 7-나. 전담 사회복지사 확보수준에 따른 정액수가 가산 (1) 호스피스병동 입원환자에 대한 사회복지사 업무를 전담하는 사회복지사 1명 이상 상근하는 경우 산정한다. 제4편 제4부 자문형 호스피스 제1장 호스피스 급여 목록 · 상대가치점수 및 산정지침 1-가. 자문형 호스피스팀(의사, 전담간호사, 사회복지사)이 호스피스대상환자에게 전인적 돌봄 상담을 행하는 경우에 한하여 산정한다.
연명의료 중단등 결정 (2018)	제4편 제5부 연명의료중단등결정 제1장 연명의료중단등결정 급여 목록 · 상대가치점수 및 산정지침 1. 연명의료중단등결정 가.「연명의료결정법」제14조에 따라 의료기관윤리위원회(공용, 위탁 포함)를 운영하는 요양기관에 소속된 의사, 간호사, 1급 사회복지사 중 1명 이상이 국립연명의료관리기관 주관의 연명의료결정제도 교육(의료기관 기본교육과 심화교육)을 수료한 경우에 한하여 산정한다. 2. 말기환자등 상담료(연-1)는「연명의료결정법」제2조에 따른 말기환자 등에게 연명의료중단등결정과 관련된 제도 안내 및 상담 등을 의사(또는 의사의 지도 감독하에 간호사 또는 1급 사회복지사)가 제공하는 경우에 산정한다.

요양병원
지역사회
연계
(2019)
	제3편 제3부 요양병원 행위 급여목록 · 상대가치점수 및 산정지침
	 4-아. 필요인력 확보에 따른 별도 보상제
	  (1) 직접 분기 당해 요양기관에 약사가 상근하고, 의무기록사, 방사선사, 임상병리사, 물리치료사, 사회복지사 중 상근자가 1명 이상인 직종이 4개인 경우, 일당 1,710원을 별도 산정한다.
	  요양병원 지역사회 연계료: 환자지원팀(상근하는 의사, 간호사, 사회복지사 각 1인 및 기타 환자지원에 필요한 인력으로 구성)을 설치하여 운영하는 경우에 산정한다.

퇴원계획 (2019)	재활의료기관 수가 시범사업 지침 3. 수가 산정지침 가-4) 통합계획관리료: '통합퇴원관리료-다. 퇴원계획'은 퇴원 전 1회에 한하여 퇴원 후 관리를 위한 목표 및 계획을 세우고, 개인별 맞춤 계획을 환자(보호자)에게 설명 및 교육을 실시한 경우에 산정한다. 계획 수립 시 재활의학과 전문의, 사회복지사는 반드시 참여토록 하며, 참여인원은 5인 이상이어야 한다.

퇴원계획 (2020)	급성기 환자 퇴원지원 및 지역사회 연계활동 시범사업 지침 4-다. 서비스 수행 인력 2) 필요인력 및 자격: 시범기관에 소속된 재활의학과·신경과·신경외과 전문의, 정규직 전일제 간호사, 1급 사회복지사 1인 이상

2. 의료사회복지실천의 기능과 역할

근래에 다양하고 복잡한 사회적 관계에서의 스트레스로 인한 사회적 질병, 치료보다는 관리를 필요로 하는 질환, 사고, 자연재해 및 인간관계에서의 상대적 빈곤감으로 오는 정신적·심리적 개선에 대한 욕구 및 의료환경이 변화하는 추세로 인해 의료사회복지는 그 중요성이 점차 커지면서 역할 범위와 기능이 확대되고 있다. 또한 의료환경은 정신질환, 신장질환, 폐질환, 뇌졸중, 화상 등 장기질환을 앓고 있는 환자들과 가족에 대한 포괄적이고 지속적인 서비스인 사례관리의 역할이 중요해졌다. 또한 각종 갑작스러운 사고, 삶을 포기하는 독거노인 및 성인들의 자살, 암, 코로나로 인한 갑작스러운 사망, 죽음을 예측할 수 있는 질병 등을 가진 환자들의 심리적 불안과 상실감, 애도 등에 대하여 환자와 가족들을 위한 위기개입과 호스피스 그리고 가정폭력 및 아동학대 피해자들에 대한 응급서비스 등이 필요하게 되었다(한인영 외, 2013).

최근 우리나라는 노인인구 수가 급격히 증가하여 2023년 65세 이상 고령인구는 우리나라 인구의 18.4%로, 향후 계속 증가하여 2025년에는 20.6%로 초고령사회에 진입할 전망이다(통계청, 2023). 그래서 정부는 건강하고 행복한 노후대책을 위해서 커뮤니티 케어 정책을 발표했다. 커뮤니티 케어 정책이란 불필요한 입원이나 시설을 이용하는 것을 지양하고 본인이 살고 있는 지역과 집에서 돌봄을 받는 재가 기반 의료-돌봄 서비스이다. 2024년 2월에는 의료, 요양 등 지역돌봄의 통합지원에 관한 법률로서 제정되고 본격화되면서 대상자를 노인 및 장애인도 포괄하고 있는데 이 일은 대상자 발굴에서부터 퇴원 환자들의 의료돌봄 서비스 연계와 사후관리까지 의료사회복지사의 개입이 필요한 부분이므로 의료사회복지사의 역할이 더욱 중요하게 여겨지는 시점이다. 또한 2000년 이후 지역격차 발생을 최소화하고 지역 공동체 기반의 건강관리 체계를 강화하기 위하여 공공보건의료서비스도 실시하고 있다. 공공보건의료서비스는 병원과 지역사회가 연계하여 지역사회의 의료급여환자, 취약계층 및 아동과 모성, 장애인, 정신질환자들에게 감염병, 응급진료, 질병예방 등과 건강증진에 관련된 보건의료를 제공하고 있는 의료서비스이다. 이러한 사업을 추진하기 위해서는 공공의료기관이 직간접 서비스를 제공하게 되는데 이 과정에서 의료사회복지사의 역할의 필요성이 부각되고 있다.

더불어 해외시장의 개방으로 양질의 의료서비스에 대한 국민들의 요구가 다양해지고 병원 평가제도가 도입되면서 의료기관들의 진료 외에도 의료서비스에 대한 효율적인 활용과 균형적인 서비스 분배가 절실히 요구됨으로써 의료사회복지사의 역할이 더욱더 비중을 차지하게 되었다. 그러므로 급변하는 의료 및 사회 환경 변화에 대처하기 위하여 의료사회복지실천 현장 및 의료사회복지사의 기능, 역할, 직무 및 의료서비스 실천 과정에 대하여 구체적으로 살펴보고 의료 사회복지실천에서의 질관리를 파악하고자 한다.

1) 의료서비스 영역에 따른 기능

의료사회복지의 영역에 따른 기능을 일곱 가지 분야별 영역으로 나누어 볼 수 있는데, 바로 자선진료서비스, 일반의료서비스, 재활의료서비스, 정신의료서비스, 지역사회 공공의료서비스, 퇴원계획서비스, 기타 의료사회복지서비스이다.

(1) 자선진료서비스

자선진료서비스란 사회 경제적으로 어려운 환자들에게 무료 또는 저렴한 의료서비스를 제공하는 것이다. 경제적인 측면에서 문제를 지니고 있는 외래 및 입원환자들을 대상으로 진료비와 관련된 재원을 연결하는 역할이 의료사회사업 서비스 활동이다. 또한 자선진료는 전통적으로 국내외에서 의료사회복지 초기 때부터 개입하기 시작하였던 분야로 현재 국내 병원에서도 활성화되어 있다. 요즘 자체 자선진료 예산이 없는 병원에서는 외부 후원기금, 방송매체 또는 사회 재원단체 연결을 통해 환자의 진료비 문제를 해소하는데, 의료사회복지사가 지대한 역할을 하고 있다. 따라서 병원의 이념과 설립 목적, 정책적인 측면에서 자선진료라는 명목으로 기초생활 수급대상자를 비롯해 진료비 해결이 어렵다고 판단되는 환자들을 대상으로 진료비 지원서비스 활동을 펼치고 있다. 물론 각 병원에서 진료비 지원액수의 규모나 대상자 선정원칙들을 마련하여 적용하고 있기는 하나, 실제적인 측면에서는 의료사회복지사의 상담내용 및 그 소견이 높게 작용하고 있기 때문에 이 분야에서 일하는 의료사회복지사의 가치철학이 매우 큰 비중을 차지한다고도 할 것이다.

(2) 일반의료서비스

일반의료서비스란 재활의학과와 정신건강의학과를 제외한 신체적인 질병과 관련된 질환에 대한 개입활동이다. 구체적으로는 당뇨 집단 프로그램, 아동·부부 학대 문제, 「장기등 이식에 관한 법률」에 의한 장기 기증 및 이식 관련 문제, 임종환자를 위한 호스피스 활동, 미혼모 등 입양과 관련된 문제, 포괄적이면서도 다양한 문제 등에 대한 상담, 개입활동으로서 지속적으로 확대되어 가고 있는 의료사회복지실천 활동이다. 특히 장기이식, 학대문제, 호스피스 활동은 이미 법적인 뒷받침 속에서 이루어지고 있거나 제도적인 프로그램으로 발전하여 의료사회복지의 한 분야로서 정착되고 있다.

(3) 재활의료서비스

재활의료서비스란 재활의학과에서 치료받고 있는 환자들을 포함하여 재활(rehabilitation) 이라는 목표를 갖고 있는 환자와 가족들에 대한 개입활동이다. 재활의 특성상 단기치료보다는 장기적인 측면에서 치료를 요하는 경우가 많기 때문에 환자의 특성을 이해하고 개입하는 것이 바람직하다. 구체적으로는 심리사회적 상담, 퇴원계획, 의료재활, 직업재활, 사회복귀 등에 관심을 갖고 개입한다. 병원마다 다르기는 하나 주로 대학병원과 재활병원을 중심으로 재활의료 치료팀이 구성되어 활동한다. 질환별로 살펴보면, 척수손상, 절단, 뇌졸중, 뇌손상, 뇌성마비, 사지(부전)마비, 화상 환자, 신장, 심장(내부장애) 등이 있다. 현재 의료사회복지사가 활동하고 있는 병원으로는 대학병원, 재활전문치료병원, 재활요양기관 등을 들 수 있다. 의료사회복지사의 역할은 개별적인 상담활동을 비롯하여 집단 프로그램 운영(자조집단 등), 교육활동, 가족상담, 재활과 관련된 사회 자원 연계, 정보 제공 활동 참여 등 다양하다.

(4) 정신의료서비스

의료사회복지사 중에 정신의료 현장에서 일하는 사회복지사를 정신보건사회복지사라고 명칭하며 정신의학적인 문제를 안고 있는 환자에 대하여 개별적인 상담, 집단 프로그램 운영 및 관리, 가족상담, 정신의료팀의 일원으로 활동을 한다. 정신의료서비스 현장은 대학병원 정신과, 정신과 전문병원, 치매 및 알코올중독치료전문병원, 중독관리통합지원센터, 사회복귀시설, 정신요양시설, 정신보건센터, 자살예방센터 등이다. 정신의학적 문제를 안고 있는 환자들은 특성상 재발률이 높기 때문에 반복하여 장기 입원하는 경우도 많으며, 주요 질환별로 살펴보면 조현병(정신분열증), 우울증, 양극성 장애, 인격장애, 알코올 및 약물 장애, 지적장애, 치매 등이다. 정신보건사회복지사는 환자 개인뿐만 아니라 가족, 지역사회 등과 협력하여 정신건강 증진을 위한 다양한 역할을 수행한다. 이러한 역할에는 정신건강 교육, 예방 프로그램 개발, 정책 자문 등이 포함된다.

(5) 지역사회 공공의료서비스

최근 지역사회 공공의료서비스가 이슈화되고 있으며 의료사회복지사들의 활약이 두드러지고 있다. 지역사회 공공의료서비스 활동은 지역사회 내에서 지역주민들의 보건 향상을 위한 의료활동으로서 지역사회 내에 취약층을 발견하여 질병의 조기발견, 예방, 치료, 교육을 통한 상호작용을 의미한다. 지역사회 주민들의 보건 향상을 위한 주민 건강교육, 특정질환 진료비 지원사업, 가정간호 사업 및 지역주민을 위한 무료이동 진료활동, 지역사회 내 의료복지 자원체계 활용 등을 포함한다고 볼 수 있다. 마케팅의 일환으로 이념실천 및 정책적인 측면에서 각 병원마다 지역사회를 고려한 프로그램을 운영하는데 의료사회복지사가 개입한다. 또한 지역사회 관공서, 보건소, 의료기관, 각종 사회복지 상담기관, 종합사회복지관 등과 함께 의료사회복지서비스를 제공하는 기관들이 증가하고 의료사회복지사의 상당수가 개입하고 있다.

서울대 병원의 지역사회 공공의료서비스 예는 〈표 3-2〉와 같다.

〈표 3-2〉 서울대 병원 지역사회 공공의료서비스

「공공보건의료에 관한 법률」 제7조에 의거 국내외 취약계층을 위한 다양한 지원사업 및 체계를 구축하여 의료접근성을 향상하는 역할을 수행하고 있습니다.
① 상급종합병원 진료가 필요함에도 경제적 이유로 치료받지 못하는 저소득 중증질환자를 위한 '징검다리사업', ② 저소득 중증질환 외국인 환자의 치료유지 및 외국인 지원기관과 상급종합병원 간 진료의뢰체계 구축을 위한 '외국인 의료비 지원사업', ③ 신청주의적 복지서비스 한계를 극복하기 위해 전산 스크리닝 시스템을 통해 선제적으로 환자 상담을 진행하는 '스크리닝사업', ④ 수혈 및 탈감작 치료 등으로 전혈 및 혈액성분제 재료비가 고액 발생하는 환자를 지원하는 '헌혈증 지원사업', ⑤ 자체 지지체계가 부족한 환자에게 입원 생활에 필요한 물품을 지원하는 '물품지원사업', ⑥ 지역 내 상급종합병원이자 공공보건의료기관의 역할을 수행하고 지역사회 실무자 간 네트워크 형성을 위한 '종로구사회보장협의체', ⑦ 사회경제적으로 복합적 어려움에 처한 취약계층 환자의 건강권 수호를 위한 '취약계층 통합돌봄 위원회', ⑧ 아동학대 사례 대응체계 구축 및 운영, 아동학대 전담의료기관 운영 관련 '아동보호위원회' 등의 업무를 수행하고 있습니다.

출처: 서울대 병원 의료사회복지팀 홈페이지.

(6) 퇴원계획서비스

의료사회복지사는 심리사회적 문제와 경제적 문제해결, 퇴원계획 등 다양한 업무를 수행하는데, 특히 퇴원계획에 있어 환자를 사정하고 퇴원계획 과정 자체를 수행하는 데 중요한 역할을 한다(Globerman et al., 2002; Mizrahi & Berger, 2001; 임정원 외, 2019 재인용).

2018년 정부가 '지역사회 통합돌봄 기본계획(커뮤니티 케어)'을 발표하면서 돌봄이 필요한 사람의 지역사회 정착 지원을 위한 의료사회복지사들의 지역연계로서 역할이 특히 중요해졌고, 특히 장기적이고 다복합적인 개입이 필요한 암 환자를 위한 퇴원계획의 중요성은 더욱 부각되고 있다. 의료사회복지사의 퇴원계획은 주로 취약계층을 대상으로 이루어지는데, 크게 의료적 상황에 따른 취약계층(중증 암 환자, 희귀난치성 질환자 등 4대 중증 질환자, 미숙아, 만성질환자, 응급 환자 등), 사회적 상황에 따른 취약계층(독거노인, 노숙자, 학대 및 폭력 피해자, 외국인 근로자, 다문화 가정, 미혼모, 자살 시도자 등), 경제적 상황에 따른 취약계층(의료급여수급자, 차상위계층 등)에 대한 퇴원계획 접근이 추가되고 있다(대한의료사회복지사협회 2017; 박아경 외, 2021 재인용; 임정원, 김민영, 2017 재인용). 의료사회복지사는 환자의 퇴원계획을 함께 수립하기 위해 환자 및 가족과의 면담을 통해 퇴원계획에 대한 욕구를 파악하고 정보를 제공하는 역할을 수행할 수 있다. 또한 의료진과의 회의를 통해 환자의 신체적, 심리적, 재활적 측면 등에 대해 소통한다. 뿐만 아니라 환자에게 필요한 자원연계를 위해서는 병원과 지역사회 기관 간의 협력을 이루어 낸다. 이처럼 퇴원계획을 수립함에 있어 의료사회복지사는 의사, 진료협력센터, 간호사 등 의료진과의 소통 및 협력관계의 중요성을 깨닫고 다학제적 팀 접근에 기반한 퇴원계획을 수립할 수 있다(임정원 외, 2019; 박아경 외, 2021 재인용). 퇴원계획에서 의료사회복지사는 환자를 사정하고 퇴원계획 과정을 수행하는 데 중요한 역할을 한다. 병원 내 환자의 문제해결뿐 아니라 퇴원 이후 지역사회복귀 문제와 서비스 연계와 같은 돌봄의 연속성을 고려한다는 점에서 보건과 복지의 연계를 강화하는 데 기여하고 있는 것으로 나타났다(박아경 외, 2021; 최권호, 2015 재인용; Pecukonis et al., 2003).

(7) 기타 의료사회복지서비스

의료사회복지서비스 역할은 앞에서 제시한 여섯 가지 분야 외에도 다양하다.

의료사회복지사는 지역사회 주민들의 보건의료에 대한 관심과 사회봉사활동의 참여 기회를 확대시키려는 측면에서 이루어지는 자원봉사활동 프로그램과 각종 의료건강교육에 참여하기도 하며, 요즘은 의료의 질 향상 도모에 직접 개입하기도 한다. 또한 의료 협력을 통한 병원 경쟁력 강화를 위해 의료협력센터 또는 협력병원 네트워크에 참여하기도 하며, 고객만족 및 고충처리와 관련된 활동 등에 협력적으로 관계하기도 한다. 한편, 고위험 환자(high risk patients group)들에 대한 개입에 관심을 갖고 참여하는 병원이 늘어나면서 의료사회복지사의 영역도 확대되고 있다.

2) 의료사회복지사의 주요 역할

의료사회복지사의 역할에 대한 접근방법은 다르지만 의료사회복지사는 치료자, 원조자, 조정자로서의 역할을 수행한다.

(1) 심리사회적 치료자의 역할

사회복지사는 개별상담서비스를 통하여 갑작스러운 질환 및 장애 발생으로 인한 환자와 가족의 심리사회적 변화에 대해 사정하고 치료 및 장애에 대한 적응을 돕는 활동을 계획한다. 이 상담 자료는 또한 의료진이 환자의 상황을 이해하고 환자 고유의 생활에 알맞은 재활치료계획을 수립하는 데에도 도움이 된다. 사회복지사가 장애를 가진 환자들에게 심리적 지지를 제공함으로써 재활치료의 동기를 강화하고, 가족의 적극적인 협조를 유도하며, 자원연결을 통해 지역사회 내에서 장애를 가지고 보다 잘 적응할 수 있도록 돕는 것이 개별상담서비스의 목적이다. 또한 질병 및 신체적 장애로 인해 나타날 수 있는 우울, 불안, 좌절과 같은 심리적 어려움이 있는 환자에게는 자신의 상태와 치료과정에 빨리 적응할 수 있도록 심리사회적 상담을 제공하고, 환자보호에 대한 부담을 갖고 있는 가족들은 소진(burn-out)되거나 가족갈등이 심화될 수 있으므로 정서적 지지와 아울러 질병과 이에 따른 환자들의 반응을 이해하고 적절히 보호할 수 있도록 교육을 실시한다. 그러므로 사회복지사는 집단치료, 가족치료, 위기개입 등의 방법을 동원하여 클라이언트가 갖는 심리사회적 문제를 해결할 수 있다. 심리사회 치료자로서의 역할을 삼성병원 임상활동 내에서의 의료사회복지사의 역할로 소개하고자 한다(〈표 3-3〉 참조).

〈표 3-3〉 임상활동

재활의학과, 소아과, 내과(장기이식, 암, 당뇨), 외과 등을 비롯한 다양한 진료과의 환자와 가족을 대상으로 질병에 수반되는 심리·사회적 문제의 해결을 도모하고 퇴원 후의 지역사회적응을 원조하기 위한 개별상담, 집단상담, 가족상담, 질병관리교육 등을 실시하며, 장기이식인 모임, 성인 및 소아 당뇨환자 모임, 소아암 환자 부모모임 등의 다양한 자조모임을 지원하고 있습니다. 한편, 환자의 적응력 향상을 위해 장기이식 멘토링 프로그램, 유방암 멘토링 프로그램, 위암 멘토링 프로그램, 조혈모세포 이식 멘토링 프로그램을 실시하고 있습니다.
진료비 지원을 통해 원활한 진료가 이루어질 수 있도록 지원하여 환자의 건강회복과 지역사회복귀를 돕고 있습니다.

출처: 삼성병원 의료사회복지팀 홈페이지.

(2) 원조자의 역할

의료사회복지사는 치료활동에 있어서 의료의 수요자, 공급자와 양측에 협력하는 데 필요한 자원을 연계하거나 각종 지원 활동을 한다. 구체적 활동 유형으로는 퇴원계획 참여, 정보제공자의 의뢰, 경제적 원조 또는 처리, 사회복귀 원조, 치료의 연속성 제공, 환자의 권리보호, 의사에 대해 환자의 필요한 정보 제공, 병실생활에 대한 적응 지원, 치료에 필요한 자원 동원 등으로 환자가 치료에 적극적으로 임할 수 있도록 하고 치료계획상 비의료적 요소에 의한 장애를 제거함으로써 의료가 안정적으로 이루어지도록 원조하는 역할을 한다(강흥구, 2014). 원조자로서의 역할을 삼성병원의 의료사회복지사의 역할로 소개하고자 한다(〈표 3-4〉 참조).

〈표 3-4〉 원조자의 역할

1) 산부인과에서 의뢰된 미혼부모일 경우 신생아 출생 배경, 양육 여건 및 의지 및 문제상황을 종합적으로 파악하여, 신생아가 정상적이고 안정적인 환경 내에서 성장하기 어렵다고 평가될 경우, 관련 입양전문기관과 신속히 연계하여 입양절차에 따라 입양조치 한다.

2) 위원회 활동: 아동, 노인, 장애인, 성폭력 피해자 등 취약계층에 대한 의뢰일 경우 의사, 사회복지사 등으로 구성된 학대환자보호위원회(舊 아동보호위원회)를 운영하고 보호자, 이웃, 병원, 학교, 청소년 쉼터, 경찰, 검찰, 법원 등이 서로 협력하는 가운데 효과적으로 이루어질 수 있도록 지원하는 원조자의 역할을 한다.

출처: 삼성병원 의료사회복지팀 홈페이지.

(3) 서비스 조정자의 역할

의료사회복지사는 의료자원과 사회 자원이 효율적으로 활용되도록 서비스를 조정하는 역할을 한다. 구체적으로는 병원 직원에 대한 사회복지 사례자문, 병원에 대한 지역사회의 자원체계관리, 지역사회 보건계획 수립에 참여, 병원시설의 편의와 융통성 검토, 타 전문직 간의 조정자 기능으로 병원 운영 및 환자 치료가 보다 원활해질 수 있도록 돕는 것을 말한다. 서비스 조정자의 역할을 삼성병원과 일산병원의 예로 소개한다(〈표 3-5〉 참조).

〈표 3-5〉 서비스 조정자의 역할

1) 사회공헌활동
　공익성을 기반으로 그룹의 나눔경영과 기업의 사회적 책무 수행을 위해서 의료 낙후 지역에 대한 무료 순회진료, 저소득층 환자의 의료서비스 수혜증진을 위한 원내외 환자 대상 자선진료, 수술비 지원사업 등 지역사회와 연계한 다양한 사회공헌활동을 적극적으로 수행하고 있다. 그 외에도 국내외 재난지역 의료지원단 파견, 중증장애인 보호시설 자선진료, 가정폭력 피해자 무료진료 등 생명을 다루는 병원의 특성을 반영한 차별화된 사회공헌활동을 시행하고 있다.

2) 재활지원사업
　재활지원사업은 장애인에 대한 재활 의료서비스의 제공은 물론, 장애인과 그 가족 및 지역사회 주민 등을 대상으로 장애 관련 교육 실시, 지역사회와 연계한 사업추진으로 효과 극대화, 지역사회의 인적, 물적 자원을 최대한 활용하여 재활서비스 추진 및 사회참여 증진을 도모한다.

3) 대민지원사업
　대민지원사업은 진료권 내 의료취약계층의 건강과 복지향상을 도모하고 지역사회 공공병원 역할 수행, 대규모 재난, 재해 구호를 위한 국제적 노력에 적극 동참함과 동시에 국민건강보험 및 유관기관과 연계하는 의료봉사를 수행하여 지역사회 건강증진 연계발전에 기여한다.

4) 고객 만족도 조사
　진료 시 불편사항 점검, 진료 시 행정절차, 시설 및 치료자들의 불만사항 등을 조사하여 개선하도록 노력한다.

출처: 삼성병원 의료사회복지팀, 일산병원 사회복지팀 홈페이지.

(4) 교육 및 연구조사자의 역할

병원에서의 사례회의(conference)와 수련(training)을 통해 교육받고 연구를 하며 의료사회복지사 수련지도, 정신보건사회복지사 수련지도와 방학 중 실습지도를 통해 의료사회복지에 관심이 있는 대상자들에게 실무를 경험할 수 있는 기회를 제공한다.

3. 의료사회복지사의 직무 및 팀 접근

1) 의료사회복지사의 직무

의료사회복지는 사회복지실천 역사에서 가장 먼저 전문성을 인정받은 분야 중 하나이다. 의료조직에서 의료서비스가 강조되고 타 전문직의 역할 비중이 상대적으로 높은 데 반해, 의료사회복지 업무는 다양하지만 체계적이거나 구체화되어 있지 않아서 각 병원의 특성에 의해서 업무를 하게 되는 경우가 종종 있었다. 그래서 확고한 정체성의 바탕 위에서 시대 변화에 따라 조직에서 기대하는 역할을 수행하고 과업 수행의 사명을 확고히 하기 위해 직무를 표준화하는 작업이 필요하였다(최명민, 2002).

의료사회복지사의 직무란 의료사회복지사가 책임을 지고 담당하는 업무를 말한다. 의료사회복지사란 의료현장에서 근무하는 사회복지사로서, 1973년 「의료법 시행규칙」 제38조 제6항이 제정된 이래 종합병원을 중심으로 질병을 가진 환자와 가족, 지역사회를 대상으로 질병의 예방과 회복, 사례관리 등의 서비스를 제공하면서 보건의료 영역에서 사회복지의 역할을 수행하고 있다(장수미, 임정원 외, 2021). 2018년 11월에는 「사회복지사업법」 개정 법안이 국회를 통과하면서 의료 영역에서 활동하고 있는 사회복지사의 전문성을 바탕으로 의료사회복지사가 국가 자격이 되는 중요한 전환점이 되기도 하였다(대한의료사회복지사협회, 2017).

의료사회복지사가 수행해야 하는 직무를 명시하는 것은 책임성을 분명하게 하고 전문직 간의 업무 협조를 촉진한다는 점에서 유익하다. 의료사회복지사의 표준화된 직무에 대한 논의는 1980년대부터 대한의료사회복지사협회를 중심으로 이루어져 왔고, 현재는 임상, 행정, 교육 및 연구조사라는 3대 직무 차원에서 7개 직무 하위차원과, 하위차원에 따른 총 33가지 의료사회복지사 직무를 제시하고 있다(대한의료사회복지사협회, 2021). 특히 임상과 관련해서는 5개의 직무, 즉 심리사회적·정신적 문제해결, 경제적 문제해결, 지역사회 자원연결, 사회 복귀 및 재활문제해결, 팀 접근 직무를 의료사회복지사의 주요 임상 직무로 표준화하고 있다. 이와 같은 표준화된 직무 작업은 사회복지사의 평가 및 수가 확대 인정, 직무만족도, 역할기대 등을 위해서도 매우 중요한 부분이다(강흥구, 2014; 장수미, 임정원 외, 2021). 의료사회복지사의 직무는 사회 및 의료환경의 변화에 따라 직무와 역할 규정에 변화 대응을 요구하고 있다. 그뿐만 아니라 사회복지 패러다임의 변화와도 상당한 관련성이 있다. 1970년대부터 1990년대 말까지 의료사회복지사의 가장 중요한 역할은 심리사회적·정신적 문제해결이었다. 그러나 코로나19 이후 경제적 문제해결이 가장 중요한 것으로 알려져 있다. 또한 IMF 외환위기로 인해 2000년대에는 경제적 문제해결이 가장 중요한 역할로 나타나면서 패러다임의 전환이 일어났다(강흥구, 2014; 장수미, 임정원 외, 2021; 최권호, 2015). 앞에서 언급했듯이 2008년에 「노인장기요양보험법」이 시행되어, 요양병원 등 장기요양기관에서 의료사회복지사의 업무가 확대되었으며, 또한 2018년 정부에서 지역사회 통합돌봄 정책(보건복지부, 2020)을 제시하면서 특히 퇴원환자 재가 복귀를 위한 보건의료와 돌봄 서비스 등의 퇴원계획 및 지역사회 연계 등이 중요한 의료사회복지사의 역할로 대두되고 있다. 최근 의료현장에서는 팀 접근을 통해 특정 환자인 암, 호스피스, 화상, 재활, 정신보건 등에 개입하면서 중요한 역할을 담당하는 전문직으로 자리 잡아 가고 있는 상황이다(장수미, 임정원 외, 2021). 이 외에 최근 인공지능, ICT, IoT 등 4차 산업 혁명의 도래와 함께 사회 전반에 많은 변화가 생기면서, 의료현장에서도 ICT 및 IoT 등 첨단기술의 적용에 높은 관심을 갖고 있다(장수미, 임정원 외, 2021 재인용).

의료사회복지의 직무는 기본적으로는 병원의 규모와 그 특수성에 따라 기능이 다양하다. 보건 및 예방사업·치료·재활과정에 맞추어 사회복지의 활동이 본질적인 면과 특수성의 면으로 나눌 수 있다. 그 정도에 따라 1차적 기능, 2차적 기능, 본질적 기능 등으로 나누어 볼 수도 있다.

이러한 직무에 대해 미국사회복지사협회(NASW)에서 의료사회복지사들에게 기대하는 네 개의 기능은 ① 직간접 서비스를 모두 제공해야 하고, ② 사회복지사의 서비스를 필요로 하는 클라이언트를 찾아 나서야 하고, ③ 클라이언트의 권리와 욕구의 보호를 1차적인 의무로 삼고, ④ 개별 클라이언트만이 아니라 가족 및 집단과 지역사회에 대해서도 서비스를 제공해야 한다는 것이다(Cowles, 2000: 유수현 외, 2014에서 재인용).

또한 영국의 의료사회복지사협회에서는 의료사회복지 기능을 환자 개인에 대한 사회복지서비스의 제공, 지역사회 활동(community work), 교육활동, 의학, 간호학, 사회사업(복지)학의 학생에 대한 교육과 훈련, 조사연구 활동 등으로 규정하고 있다.

종합적으로 의료사회복지사의 직무는 대략 다음과 같다.

첫째, 임상업무는 서비스 유형에 따라 직접서비스와 간접서비스로 구분할 수 있다. 직접서비스는 개별 클라이언트, 집단, 가족을 대상으로 하며, 상담과 교육의 형태로 제공된다. 또한 질병의 치료와 생활관리 등의 심리사회적 문제, 진료비를 포함한 경제적 문제, 지역사회복귀나 타 기관으로의 이송 등 퇴원계획문제, 지역사회 자원 연결문제, 재활문제의 해결

고위험 가구
질병의 중증도나 치료의 시급성이 높아 치료가 필요하지만 취약한 사회경제적 상황으로 인해 급성적인 위기 상황을 경험하게 되는 환자 또는 가족을 포함한 환자 가구

을 돕기 위한 것이다. 간접서비스는 클라이언트를 직접 대면하지 않으면서 수행되는 업무로 팀 협력활동인 회진, 고위험 환자 발굴, 타 부서와의 사례관리, 자원의 개발과 관리, 집단 프로그램의 개발, 관리, 평가, 슈퍼비전, 클라이언트를 위한 옹호활동 등을 포함한다.

둘째, 행정업무에는 보고서 및 업무일지 작성, 사회복지 운영에 관한 회의 참석, 부서 직원의 지휘감독, 기관의 행정 및 경영에 관계된 회의 참석 등이 포함된다.

셋째, 교육업무에는 실습생 및 수련생 지도, 신규직원 교육, 전문성 제고를 위한 교육 참가, 의료사회복지 조사 및 연구 활동 등이 포함된다.

우리나라의 대한의료사회복지사협회에서 마련한 표준화된 직무내용은 〈표 3-6〉과 같다.

〈표 3-6〉 의료사회복지사의 표준 직무

직무차원	직무하위차원		직무내용
사회사업 임상	심리, 사회, 정신적 문제해결 직무차원	1	심리, 사회적 문제의 원인 조사 및 사정
		2	치료계획에 의한 환자의 개별 치료
		3	내원객의 욕구에 의한 환자의 개별 상담
		4	치료계획에 의한 환자의 가족치료
		5	내원객의 요구에 의한 환자의 가족상담
		6	집단치료
		7	집단 활동 지도
		8	환자와 환자 가족의 교육
		9	환자와 환자 가족에게 질병에 대한 정보 제공
	경제적 문제해결 직무차원	10	사회보장 및 법적 제도에 대한 정보 제공과 지원
		11	병원의 자원을 이용한 진료비 지원
		12	후원자, 후원 단체 연결을 통한 병원 외적자원과의 연결
	지역사회 자원 연결 직무차원	13	지역사회의 새로운 자원 개발 및 정보망 조성
		14	수집된 기존 지역사회의 자원체계에 대한 정보 제공
		15	지역사회 자원과 연결
	사회복귀 및 재활 문제해결 직무차원	16	퇴원계획 상담
		17	추가치료 및 자가치료 지원(가정방문, 외래상담 등)
		18	직업 재활 상담 지도
		19	회복상태 및 사회적응도 평가
		20	사회생활 훈련 지도

직무차원	직무하위차원		직무내용
사회사업 임상	팀 접근 직무차원	21	회진 참여
		22	타 부서와의 사례회의
		23	병원 경영에 어려움을 줄 수 있는 고위험 환자의 조기 발견
		24	질병에 의한 고위험 환자의 조기 발견
		25	사례 분석 평가
행정	사회사업 부서의 순수행정 직무차원	26	보고서 및 업무 일지의 기록
		27	사회복지 부서의 운영에 관한 회의
		28	부서 직원의 지휘 및 감독
		29	병원(기관)의 행정 및 경영에 관계된 회의
교육 및 연구조사	교육 및 연구조사 직무차원	30	실습생 및 수련생 지도
		31	신규직원 교육
		32	전문성 제고를 위한 교육참여(임상연구회의, 저널클럽)
		33	의료사회사업 연구 및 조사활동

출처: 대한의료사회복지사협회(2017).

2) 팀 접근에 대한 이해

환자 가족의 질병극복과 삶의 질 향상을 통해 의료현장의 목적을 달성하기 위해서는 효과적인 팀 접근이 필요하다. 다학제 진료는 여러 분야의 전문가들이 한자리에 모여 환자를 진료하고, 의견을 모아 가장 적절한 진단 및 치료계획을 결정하는 방법이다. 우리나라는 통합진료의 측면을 의미한다. 다학제 진료는 주로 진행암, 당뇨병, 심장병과 같은 만성 질환과 노인환자의 관리에 집중되어 있고 대개 여러 형태의 개입이 필요한 복잡한 의학적 상태의 치료에 종종 사용된다. 종양내과, 일반내과, 외과, 영상의학과, 방사선종양학과 등 모두 한 병원의 다른 분과 전문의가 다학제 치료를 실시하는 데 비해, 미국, 영국, 독일 등의 경우 대개 의사, 간호사를 비롯하여 사회복지사, 물리치료사, 작업치료사, 영양사 및 기타 의료 전문가가 팀 구성에 포함될 수 있다. 또한 환자는 물론 보호자, 연계되는 지역공무원까지 한자리에 모여 가장 좋은 치료방법을 고민하는 경우도 있다. 이는 각 환자의 실제적 필요와 상황을 고려하여 보다 포괄적이고 개인 맞춤의 치료계획을 가능하게 한다는 의미에서 큰 장점을 가지고 있다. 의료 행위를 할 수 없는 다양한 직업군의 전문가들이 환자의 치료계획에 동참해서 의견을 제시한다는 것은 환자에게 제공되는 전반적인 의료적 서비스를 향상시키고 삶의 질과 환자의 욕구를 충족시키는 결과를 얻을 수 있다(Germain, 1984).

(1) 다학문적 팀

다학문적 팀(multidisciplinary teams)은 환자에 대한 의학적인 전문의견과 합법적인 책임 때문에 의사가 팀의 지도자(leader)를 맡으며 위계질서가 있다. 다학문적 팀은 의사의 책임과 지도하에 다른 전문가의 역할과 기능들이 조정되며, 그에 따라 필요한 전문가들이 선택되어 팀이 구성된다. 다학문적 팀의 특징은 질병(illness) 중심이며, 의료인에서 점차 종교지도자까지 확대시켜 팀원으로 포함시킬 수 있다.

(2) 다학제간 팀

다학제간 팀(interdisciplinary teams)은 각기 다른 기술(skill)을 가진 다양한 전문가가 모두 같은 문제를 해결하기 위해 상호의존적인 지식과 기술을 전제로 하는 문제해결이나 과정달성 과정을 말한다. 위계가 뚜렷하지 않으며 질병(illness) 중심이 아닐 수도 있다. 다학제간 팀의 특징으로는 문제에 따라 심리사회문화적인(biopsychosocial-cultural) 접근방법을 사용하며, 팀원으로 의료인, 지역주민, 경찰서장, 변호사, 교사까지도 포함될 수 있다.

3) 다학제 및 다학문적 팀의 협력관계를 실천하기 위해 거치는 과정

(1) 역할분리

'역할분리(role separation)'는 협력단계의 초기 과정으로 각 분야가 자기의 익숙한 기능과 역할에 따라 움직이는 경향이 있어 협력관계를 위한 노력은 추상적이고 이론적인 수준에 머무는 과정이다. 이 과정에서 상호협조가 이루어지기보다는 각 전문가들이 경직된 상태로 각자의 역할과 기능에 경쟁심을 갖고 접근하게 된다.

(2) 지나친 기대와 실망

'지나친 기대와 실망(overestimation and disappointment)'은 각 전문가들이 협력해 나가면서 팀의 목적을 달성하기가 얼마나 어려운지를 알게 되는 과정이다. 이 과정에서는 서로에게 답을 구하려고 하면서 역할을 미루는 경향이 나타난다. 따라서 다른 사람의 지식과 기술을 과대평가하기도 하고 그 목적을 성취하는 데 요구되는 임무들의 복잡함을 과도하게 단순화시키기도 한다. 이러한 과정에서 각자의 영역에 대해서 분노와 실망감을 갖게 된다.

(3) 현실적인 평가

'현실적인 평가(realistic appraisal)'는 각각의 전문가들이 공통된 팀의 목적을 달성하기 위해서 서로에 대한 기대를 실제적으로 하게 되는 과정이다. 이 과정에서는 각 영역이 다른 쪽의 공유된 목표를 달성하기 위하여 어떻게 기여할 수 있는지 알아 가게 되면서 현실적인 평가를 한다. 이러한 과정에서 자기 영역의 우월성에 대한 증명이 이루어지기보다는 전문직 간의 유연한 경계와 기본적인 신뢰감(basic trust)이 형성된다.

(4) 적응, 순응, 화해

'적응, 순응, 화해(accommodation)'는 협력의 과정에서 서로의 차이점을 인식하고 말로 나타내고 만족할 만한 적응이 이루어지는 과정이다. 전문가들이 서로 편하게 일을 할 수 있는 과정으로서 통합적인 협동관계로의 발전이 더욱 명확해지며, 각 전문가들의 설명은 상호보완적이 되어 만족스러운 적응이 시작된다.

(5) 역할의 통합

'역할의 통합(integration of role)'은 협력적 과정에서 각자의 분야별 특수화에 기초하여 환자의 환경을 바라보기보다는 환자-환경 간 관계의 전체적이며 체계적인 관점을 고려하여 팀 접근을 이행하는 과정이다. 이 과정에서 다른 전문가들의 관점을 수용하게 되며, 개방된 풍토로 환자에게 적절한 높은 질의 치료적 서비스가 이루어진다. 팀 내의 전문가들은 다른 전문직의 가치, 철학, 교육, 지식과 기술을 수용하고 존중하고 이해하는 능력이 생긴다.

의료현장은 의료사회복지서비스가 주가 되는 세팅이 아니므로 다른 전문직에 비해 수적인 면에서 소수이기에 다학제적 팀원 간 갈등이 있을 때 부당하거나 동의할 수 없는 상황에 직면할 수 있다. 팀워크를 저해하는 요인으로는 목표가 불명확하거나 역할 기대가 불명확하거나 모호하여 누가 무엇을 해야 할지 명확치 않을 때, 팀 내 전문가들의 가치관 차이나 인격적 갈등, 전문적 지위, 성, 나이, 교육 정도, 인종 및 사회계급의 차이 등으로 좌우될 때, 그리고 의사결정이 민주적이지 않을 때 방해하는 요인으로 나타날 수 있다. 모든 팀원이 동의하지 않거나 그들 사이의 우선순위가 다를 때도 팀워크를 방해하는 요인이 나타나게 된다.

따라서 의료사회복지사는 팀 접근을 저해하는 요인을 검토하고 효과적인 팀워크가 이루어질 수 있도록 노력을 기울여야 한다. 의료사회복지사의 정체성 확립과 전문능력 증진, 의료사회복지사의 역할에 대한 팀 구성원의 인식 증진, 갈등이나 자극에 성숙하게 대처하기, 팀 구성원들과 공식적, 비공식적인 인간관계 형성이 매우 중요하다(장수미, 임정원 외, 2021).

4. 의료사회복지실천 과정

클라이언트의 문제와 욕구는 다양하며, 단 한 번의 개입으로 욕구와 문제를 해결할 수는 없다. 따라서 이를 변화시키기 위해서는 단계적 접근이 필요하다. 사회복지실천 과정은 학자에 따라 사용하는 용어와 각 단계별 세분화의 정도 차이가 있으나, 공통적으로 각 시기별로 수행해야 할 과업을 제시하고 있다. 의료사회복지실천의 경우도 마찬가지로 사회복지사가 관여하는 환자와 가족의 심리·사회적 기능 향상을 위해서는 각 단계마다 수행해야 할 과업이 있으며, 그 과업을 적절히 수행해야 한다.

의료사회복지실천 과정을 초기 단계, 중간 단계, 종료 단계로 구분하여 살펴보고자 한다.

1) 초기 단계

초기 단계는 의료사회복지사가 처음으로 환자와 가족을 만나 접수하고 긍정적 원조관계를 수립하면서 관련된 정보와 자료를 수집·사정하며 개입 목표와 계획을 세우는 단계이다. 초기 단계는 접수와 관계형성, 자료수집 및 사정, 목표설정 및 계약의 과정으로 각각 살펴보고자 한다.

(1) 접수와 관계형성

① 환자와 가족의 초기 접촉 유형

환자와 가족의 초기 접촉 유형은 협의 진료 의뢰(consultation request), 지역사회기관의 의뢰(referral), 스크리닝(preliminary screening) 또는 아웃리치(out-reach), 환자와 가족의 요청

(voluntary visiting)에 의해서이다. 환자와 가족의 초기 접촉 유형에 대해서 각각 살펴보기로 한다.

- **협의 진료 의뢰**: 협의 진료 의뢰는 의료진이 사회복지사의 원조가 필요한 사례라고 판단하여 병원의 공식적 의뢰체계를 통해 사례를 의뢰하는 경우이다.
- **지역사회기관의 의뢰**: 지역사회를 기반으로 한 사회복지서비스 제공이 일반화되면서, 지역사회복지기관으로부터 환자의 의뢰가 이루어지는 경우이다.
- **스크리닝과 아웃리치**
  - **스크리닝 제도**: 입원 시스템 혹은 환자의 정보화 시스템과 연계하여 의료사회복지서비스에 대한 요건을 미리 정하고, 그 기준에 부합하는 환자가 입원 또는 의료시설을 이용하는 경우에 자동으로 사회복지서비스에 연계하도록 하는 제도이다. 따라서 스크리닝 제도는 의료사회복지사의 조기 개입을 통한 업무의 효율성과 효과성을 담보하는 제도라 할 수 있다.
  - **아웃리치**: 의료사회복지서비스가 필요함에도 서비스 제공을 받지 못하는 클라이언트를 적극적으로 발굴하여 적절한 서비스를 받도록 하는 제도이다. 아웃리치는 무료검진 프로그램이나 지역사회봉사활동 등을 통하여 가능하며, 이 기능이 활성화될 때 소외된 클라이언트의 권익이 옹호될 것이다.

② 접수의 개념

접수(intake)는 문제를 가진 사람이 전문가의 도움을 받고자 사회복지사를 찾아왔을 때 사회복지사가 그의 문제와 욕구를 확인하여 그것이 기관의 정책과 서비스를 받을 자격 요건을 갖추었는지의 여부를 결정하는 과정이다. 클라이언트가 사회복지사와 관계형성을 이루어 자료수집 및 사정 단계를 거치는 사회복지실천 과정인 서비스가 시작된다.

③ 관계형성

기관에서 서비스 제공이 가능한 사례인 경우, 공식적으로 등록하고 의료사회복지사는 클라이언트와 전문적 관계를 수립해야 한다. 이 시기는 환자와 가족의 욕구충족과 문제해결을 위해 본격적으로 원조관계나 치료관계를 수립해 나가는 단계이다.

의료사회복지사는 민감성(sensitivity)을 가지고 감정이입(empathy) 자세를 견지함으로써 긍정적인 친화 관계(rapport)를 수립해야 한다. 클라이언트에 대한 수용과 온화한 태도, 진실성은 라포 형성에 기여할 것이며, 이 과정을 통하여 클라이언트가 자신의 문제를 보다 주체적으로 참여하도록 원조해야 한다.

④ 접수과정

접수는 원조과정의 가장 초기에 이루어진다. 기관에 따라 접수만을 전문적으로 담당하는 사회복지사를 인테이크 사회복지사(intake worker)라고 한다. 접수과정은 세 가지의 구체적인 활동과 결정을 수반한다.

- 클라이언트의 문제와 욕구를 분명하게 확인한다.
- 문제 확인 후에 클라이언트와 사회복지사는 원조의 목적을 분명히 한다.
- 클라이언트 욕구가 기관의 자원과 정책에 부합되는지의 여부를 판단한다.

⑤ 접수 및 관계형성 과정

접수 및 관계형성 과정은 [그림 3-1]과 같다.

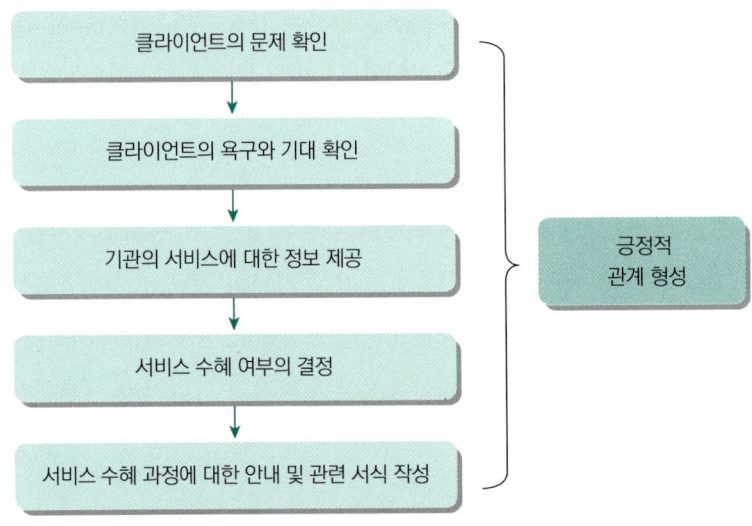

[그림 3-1] 접수 및 관계형성 과정

⑥ 초기면접지

초기면접지(intake sheet)는 접수내용을 기록하는 양식이다. 기관에 따라서 클라이언트가 주어진 양식에 맞추어 빈칸을 기록하기도 하지만 대부분은 사회복지사가 접수면접을 한 후 기록한다. 따라서 클라이언트의 인구학적 배경, 도움을 요청하는 문제 및 문제의 성격, 서비스 수혜자격과 관련된 경제적·사회적·가족적 상황, 타 기관으로부터 받은 서비스가 있었는가에 대한 클라이언트 정보가 필요하다. 접수 목적은 클라이언트의 문제가 무엇인지, 문제를 기관에서 도와줄 수 있는지, 타 기관에 의뢰해야 하는지를 결정하기 위함이다.

⑦ 접수 단계의 지침

- 클라이언트가 가지는 두려움, 긴장감 혹은 양가감정을 완화시키고 비자발적인 클라이언트가 동기를 가질 수 있도록 도와야 한다.
- 클라이언트의 문제가 기관에서 다룰 수 있는 문제인지 판단하여 서비스 제공 여부를 결정한다. 만약 기관에서 다루기 적합하지 않은 문제일 경우에는 타 기관으로 의뢰를 결정한다.
- 클라이언트에 대해 한 번에 판단하려 하지 말고, 선입관에 의한 판단이 되지 않도록 평상심을 가지도록 노력한다.
- 클라이언트를 유형화해서는 안 된다. 예를 들어, 비행, 부부폭력, 학습부진 등의 문제유형에 따라, '그런 클라이언트는 보통 ……할 것이다.'라는 식의 정형화가 해당된다.

(2) 자료수집 및 사정

① 자료수집

✔ 자료수집의 개념

'자료수집'은 정보를 모으는 일(information gathering)로 환자와 가족의 욕구와 문제에 관한 객관적 자료를 확보하는 활동이다.

✔ 자료수집의 특성

접수 단계 이후 사회복지사는 클라이언트의 문제 및 욕구를 확인하기 위하여 다양한 출처의 자료를 수집하고, 수집된 자료를 근거로 문제나 욕구를 명확히 하려는 사정 과정을 가진다.

자료수집은 사정을 위해 먼저 수행되기도 하지만 사정을 진행하면서 추가적으로 수집하기도 한다. 따라서 자료수집과 사정은 순환적으로 일어난다.

✔ 자료의 수집 영역

의료사회복지사의 자료수집 영역은 다음과 같다.

- 접수 단계에서 파악한 클라이언트에 대한 기본적인 정보

    클라이언트의 이름, 성별, 나이, 결혼관계, 주소, 전화번호, 직업, 취미, 종교 등 클라이언트의 인적사항과 클라이언트의 가족사항 및 주거사항 등

- 문제에 관한 기본 정보
    - 클라이언트의 문제와 욕구, 문제에 영향을 미친 요인 등
    - 클라이언트의 현재 상황과 클라이언트가 기관에 오기 전까지의 상황, 과거에 이와 비슷한 문제에 대해 대처했던 방법 등

- 병력
    - 의료사회복지의 특성상 환자의 질병상태에 대한 자료를 우선적으로 수집
    - 진단명, 합병증 유무, 이전의 건강상태와 유전적 요인이나 다른 가족의 질환여부 등
    - 질병에 대한 환자와 가족의 반응 등

- 개인력
    - 클라이언트가 살아온 역사
    - 생활주기에 따라 영유아기, 아동기, 청소년기, 청년기, 성인기, 노년기 등으로 구분하여 의미 있는 생활사건, 클라이언트의 생활력, 경험 및 감정, 사회적 관계 등

- 클라이언트의 기능 수준
    - 클라이언트의 신체적 기능, 정서적 기능, 사회적 기능, 지적 기능 등
    - 클라이언트의 능력과 관련된 문제해결 능력, 대인관계 능력, 업무능력 등
    - 클라이언트의 잠재능력, 전반적인 기능 수준 등

- 가족력
    - 클라이언트 가족성원의 이름, 나이, 직업, 교육 정도, 종교 등 기본적 사항, 가족성원의 건강상태, 생활력 및 문제들 등
    - 가족성원의 역할, 의사소통 양식과 상호작용의 패턴, 가족성원 간의 친밀도, 가족성원의 역학관계와 희생양 등

- 경제적 상황
    - 환자와 가족의 주요 소득원과 재산상태 등
    - 진료비 부담능력, 보험가입 유무, 다른 가용 자원 여부 등

- 클라이언트의 자원
    - 클라이언트가 생활 속에서 활용할 수 있는 서비스나 공식적·비공식적 자원의 이용 및 적절성, 문제점 등

- 클라이언트의 환경
    - 사람 및 문제를 둘러싸고 있는 환경에 대한 정보 등
    - 클라이언트를 둘러싼 환경 특성, 친밀한 관계 및 이웃과 지역사회에 대한 정보, 사회적 관계망, 주요 사회제도 및 서비스 프로그램에 대한 수혜 경험, 차별 및 소외 경험 등
    - 클라이언트와 클라이언트를 둘러싼 환경 속에 있는 한계 및 동기 등

- 클라이언트의 강점 및 한계
    - 문제해결을 위한 클라이언트의 강점, 한계 등

✓ 자료수집의 정보출처

의료사회복지 영역에서 클라이언트의 상황을 파악하는 중요 자료원은 다음과 같다.

- 의무기록
    - 입원 기록지를 통하여 입원일, 입원 사유, 주 호소 내용, 입원 경로, 현재의 신체상태 및 의료적 상태, 건강보험의 적용 여부, 가족관계 등
    - 경과 기록지를 통하여 과거력, 치료계획, 예후, 수술여부 등

- 간호 기록지를 통하여 병실생활 정도, 기타 재원 중 문제점 등

- **다른 전문가의 의견**
    - 환자의 치료와 관련된 다른 의료진과의 의견 교환을 통해 환자의 상황에 대한 객관적 정보 습득

- **입원 보증 등의 행정 기록**
    - 입원서약서나 원무행정에 필요한 관계 서류를 통하여 거주지, 보증인 관계, 보험 적용 여부, 입원의 특이사유(산재 또는 교통사고, 자살, 약물중독) 등

- **클라이언트의 이야기 및 비언어적 행동**
    - 클라이언트가 직접 말로 한 이야기는 가장 중요한 일차적 정보, 즉 클라이언트의 문제, 그의 감정, 문제를 해결하기 위한 개인적 자원, 문제해결 노력, 문제의 역사 및 원인에 대한 의견 등이다. 클라이언트의 진술은 주관적일 수 있으므로 본인의 편견이나 감정에 의한 왜곡이 있는지 주의해야 하며, 사실 확인이 필요한 경우 의료사회복지사는 클라이언트와 면담 후에 확인해 볼 필요가 있다.
    - 클라이언트의 비언어적 행동을 통해서라도 감정과 생각을 표현하므로 클라이언트가 보이는 비언어적 행동(클라이언트의 몸짓, 얼굴표정, 목소리의 크기나 고저, 계절에 맞는 옷차림과 위생상태, 정서표현의 적절성 등)에 주목하여 정보를 획득할 수 있다.

- **클라이언트와 관련된 사람들로부터 수집한 정보**
    - 클라이언트의 가족, 이웃, 친구, 친척, 교사, 직장동료나 상사 등과 면접을 통해 얻은 자료이다.
    - 클라이언트와 관련된 사람들로부터 수집한 정보를 이용할 때에는 클라이언트의 동의를 얻어야 하며, 주변인으로부터 얻어진 정보들이 일관성이 있는지에 대해서 주목해야 한다.

- **각종 검사결과와 기록**
    - 클라이언트가 기관을 방문하여 접수면접 전에 주요 문제에 대해 작성한 초기면접지나 접수면접지 같은 양식 등

- 의사, 사회복지사, 심리학자, 교사 및 사회기관, 행정기관 등에서 얻은 자료
  예 심리검사 결과, 신체검사 결과, 학교생활기록부, 의무기록 등
- 전문가에게 받은 성격검사(자아존중감, MMPI, 간이정신진단검사, 사회성숙도, 자아개념검사 등) 및 지능검사 정보는 클라이언트가 자기보고식으로 응답한 결과를 전문가가 해석한 것이므로 매우 중요하다.

- **중요한 사람과의 상호작용 관찰과 가정방문**
  - 부부면접 또는 가족면접 시 클라이언트가 중요한 사람들과 어떻게 상호작용하는지를 관찰한다.

- **클라이언트와 직접 상호작용하면서 느끼는 사회복지사의 개인적 경험**
  - 클라이언트와 사회복지사 자신의 상호작용 패턴으로 클라이언트가 대개 제3자와 상호작용하는 유형을 짐작할 수 있게 해 주며, 의료사회복지사 자신의 감정 자체도 문제행동을 이해하는 데 실마리를 제공해 줄 수 있다.

- **기타**
  - 클라이언트 사례와 관련된 신문자료, 투서 또는 소문 등

② 사정

✔ 사정의 개념

사정(assessment)은 수집된 정보에 근거하여 클라이언트의 문제 및 욕구의 성격과 원인을 규명하고 클라이언트의 문제에 대해 전문적인 평가를 내리는 실천 활동이다. 따라서 사정은 개입과정 전체에서 가장 핵심적인 부분이며, 문제를 판단하고 클라이언트와 치료자가 개입을 위한 표적문제를 결정하고 개입목표를 설정할 수 있도록 돕는 것이다.

사정과 진단의 차이는 〈표 3-7〉과 같다.

〈표 3-7〉 사정과 진단의 차이

사정(assessment)	진단(diagnosis)
• 사회복지실천 분야에서 사용하는 용어	• 의료모델에서 사용하는 용어
• 문제뿐만 아니라 클라이언트의 강점과 자원도 파악	• 개인이나 가족, 집단에 질병이나 역기능적인 문제가 있는 것으로 보고 무엇이 문제인가, 즉 문제에 초점

✔ 사정 단계의 과제

사정 단계의 과제는 문제의 발견, 정보/자료수집, 문제형성(문제규정, 문제정의)으로 나누어 살펴본다.

- **문제의 발견**
    - 클라이언트가 제시한 문제에 초점을 두고 시작하여 탐색해 나간다.
    - 클라이언트가 제시한 문제는 바로 클라이언트가 가장 시급하게 느끼고 있는 문제이며, 그것 때문에 도움을 요청하는 경우가 많다.
    - 클라이언트가 제시하는 문제보다 더 본질적인 문제가 있을 수 있다. 따라서 제시된 문제를 곧바로 '문제'라고 단정하지 말고 더 깊이 탐색해야 한다.

- **정보/자료수집**
    - 자료수집과 사정은 동시적이며 순환적인 과정이므로 문제를 심층적으로 이해하기 위해서 사정 단계에서도 자료나 정보를 지속적으로 수집한다.

- **문제형성(문제규정, 문제정의)**
    - 문제형성(formulation of problem)이란 수집한 정보를 분석하여 사회복지사가 전문적 시각에서 문제를 판단하는 과정이다.
    - 클라이언트가 호소하는 문제와 충족되지 못한 욕구, 욕구충족을 방해하는 요인들을 고려하여 문제를 규정한다. 이때 '충족되지 못한 욕구가 무엇인가?'라고 질문하는 것이 중요하다.

> **욕구**
> 인간이나 사회체계가 주어진 상황에서 합리적 기대에 맞게 기능하는 데 반드시 필요한 것

⟨표 3-8⟩ 클라이언트의 욕구 차원별 사정 요소

구분	범주	문제 유형
의료적 측면	의학적 요인	• 질병의 정도와 합병증 유무 • 의료진과의 협조 정도 • 환자와 가족의 질환에 대한 인식 수준
	생활관리 수준	• 질병의 예방 활동이나 질환을 관리하기 위한 활동
심리사회적 측면	심리적 요인	• 질병으로 인한 심리·정서적 요인
	사회적 요인	• 가족의 역할 • 대인관계의 역할 • 직업과 관련된 역할
	환경적 요인	• 경제 기본 욕구 체계 • 자발적 모임 체계

출처: 강흥구(2017), p. 132.

✔ 심리사회적 사정 시 고려 요소

의료사회복지사는 취합된 환자와 가족의 정보를 기반으로 하여 환자의 의료적·심리적·사회적 기능상태, 클라이언트의 장점과 약점, 클라이언트의 지원체계를 집중적으로 규명하고, PIE분류체계[1]를 활용해야 한다.

✔ 사정 도구

• 개인차원의 사정 도구
  - 사회적 관계망 그리드(=격자, 표, social support network grid)
    사회적 관계망 그리드는 클라이언트의 사회적 관계망을 사정하는 도구이다. 사회적 관계망은 클라이언트의 사회적 관계망에 있는 중요한 사람이나 체계로부터 받는 지지의 종류와 정도, 원조의 방향, 접촉 빈도 등을 평가하는 사정 도구이다.

---

[1] 의료사회복지에서의 사정은 대상자의 상황적 맥락과 생태학적 요인에 대한 포괄적인 이해가 전제되어야 하며, 의료적 욕구 외에 심리사회적 욕구, 환경적 욕구 등이 종합적으로 파악되어야 한다. 이러한 관점을 종합적으로 반영하고 있는 것이 1983년 만들어진 PIE분류체계이다.

성명	생활 영역	물질 지지	정서 지지	정보· 조언	비판	도움 방향	친밀도	접촉 빈도	알고 지낸 기간
	1. 가족 2. 친척 3. 직장/학교 4. 조직 5. 친구 6. 이웃 7. 전문가 8. 기타	1. 가끔 제공 2. 자주 제공 3. 항상 제공	1. 가끔 제공 2. 자주 제공 3. 항상 제공	1. 가끔 제공 2. 자주 제공 3. 항상 제공	1. 가끔 제공 2. 자주 제공 3. 항상 제공	1. 양방향 2. 내가 그에게 3. 그가 나에게	1. 양방향 2. 내가 그에게 3. 그가 나에게	0. 보지 못함 1. 1년 몇 번 2. 1달 한 번 3. 1주일 한 번 4. 매일	1. 1년 미만 2. 1~5년 3. 5년 이상
1									
2									
3									
4									
5									

[그림 3-2] 사회적 관계망 그리드의 예

출처: 길귀숙 외(2018), p. 294.

- 생활력 도표(life history grid)

클라이언트의 생애 동안 발생한 사건이나 문제가 변화해 가는 과정을 사정하는 도구이다. 생활력 도표는 클라이언트의 삶에서 일어난 중요한 사건을 시간의 흐름에 따라 시계열적·연대기적으로 작성하므로 특정 발달단계의 생활경험을 이해하는 데 도움이 된다.

연도	연령	지역	가족	학교	건강	활동	문제
2000	1	경기도 안산	아버지 28 어머니 26		8개월 조산아로 태어남		선천성 심장 기형
2001	2	경기도 성남시					화상
2003	4	울산	동생 1				남동생 출생
2005	6	울산		어린이집 다님			심한 분리불안
2006	7	대구	어머니 가출				
2009	10	대구		성적 부진	다리 골절	축구	병원 입원
2011	12	대구	아버지 재혼	가출			청소년 쉼터

[그림 3-3] 생활력 도표의 예

출처: 생각의 마을(2018), p. 263.

- 가족차원의 사정 도구
  - 가계도(genogram)
    ▸ 가계도는 2~3세대에 걸친 가족관계를 도표로 제시하여 복잡한 가족패턴을 한눈에 볼 수 있도록 한 가족 사정 도구이다. 가계도는 각 구성원이 한 세대에서 다음 세대까지 생물학적, 법적, 정서적으로 어떻게 관련되는지 도표로 묘사하는 것으로 가족들 스스로가 세대 간 반복되는 관계유형을 찾고, 그것에 대한 통찰력을 갖게 한다.
    ▸ 가계도를 통해 알 수 있는 내용
      • 인구사회학적 특징: 성별, 나이, 출생, 사망, 종교, 직업 등
      • 가족구조, 동거가족 현황, 가족 및 가족성원의 관계: 부모·자녀관계, 친자식, 입양 혹은 위탁자녀 등 법적 관계, 친밀·소원·밀착·갈등 등
      • 세대 간 반복되는 정서적·행동적 유형: 융합, 알코올중독, 장애, 질병 등
      • 결혼관계: 결혼, 동거, 별거, 이혼, 재혼, 이혼 후 재결합 등
      • 가족의 문제와 가족 문제의 주요 요인 및 가족패턴 등

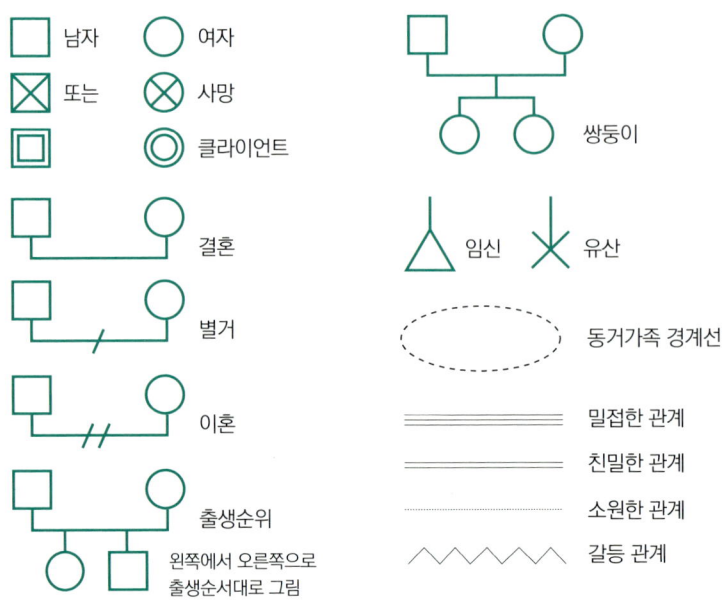

[그림 3-4] 가계도 작성 시 사용되는 기호

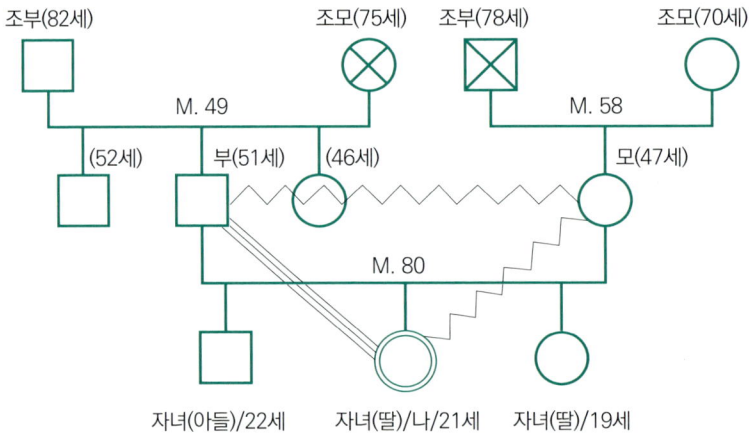

[그림 3-5] 가계도 작성의 예

출처: 길귀숙 외(2018), p. 290.

- 생활주기표(life cycle matrix)
  ▸ 클라이언트의 생활주기와 가족성원의 발달단계별 과업을 표로 작성한 사정 도구로 가족 내 개별 가족원의 발달단계와 과업, 위기 등을 비교해 볼 수 있다.

▸ 생활주기표를 분석하면 어떤 과업이 달성되어야 하고, 어떤 발달위기가 해결되어야 할 것인지 인식할 수 있다.

가족성원	발달단계 및 연령별 과업								
	0~1	2~4	5~7	8~12	13~17	18~22	23~40	41~60	60~
아버지								×	
어머니								×	
클라이언트			×						
동생		×							

[그림 3-6] 가족생활주기표의 예

출처: 생각의 마을(2018), p. 264.

- 생태도(eco-map)

앤 하트만(Ann Hartman)이 '환경 속의 인간' 관점을 도입하여 개인과 가족의 자원, 가족과 외부 환경 간의 상호작용을 묘사한 가족 사정 도구로 개인이나 가족 등 클라이언트와 클라이언트를 둘러싼 환경체계 간 관계를 표현함으로써 클라이언트에게 유용한 자원이나 환경, 스트레스 요인, 자원 흐름의 방향 등을 알 수 있다. 여기서 원은 자원의 크기, 선은 관계의 정도를 알 수 있다.

- 가족조각(family sculpting)
  ▸ '가족조각'은 경험적 가족치료에서 사용된 기법으로 가족원들이 공간적으로 스스로 위치하여 가족관계를 몸으로 표현하여 가족의 상호작용 양상을 나타냄으로써 가족의 이해를 돕는 기법이다. 가족구조나 기능을 살펴보는 사정 도구이지만 치료적 개입기법으로 사용되기도 한다.
  ▸ 가족조각은 역기능적 가족 연합을 보여 주고 관계를 재조정해야 함을 인식시켜 준다. 즉, 가족성원은 가족 내 개인의 위치, 입장, 감정, 생각 등을 표현하고 다른 가족원의 조각을 보는 과정에서 통찰력, 이해, 공감, 동정, 후회, 사과 등의 감정을 경험할 수 있다.

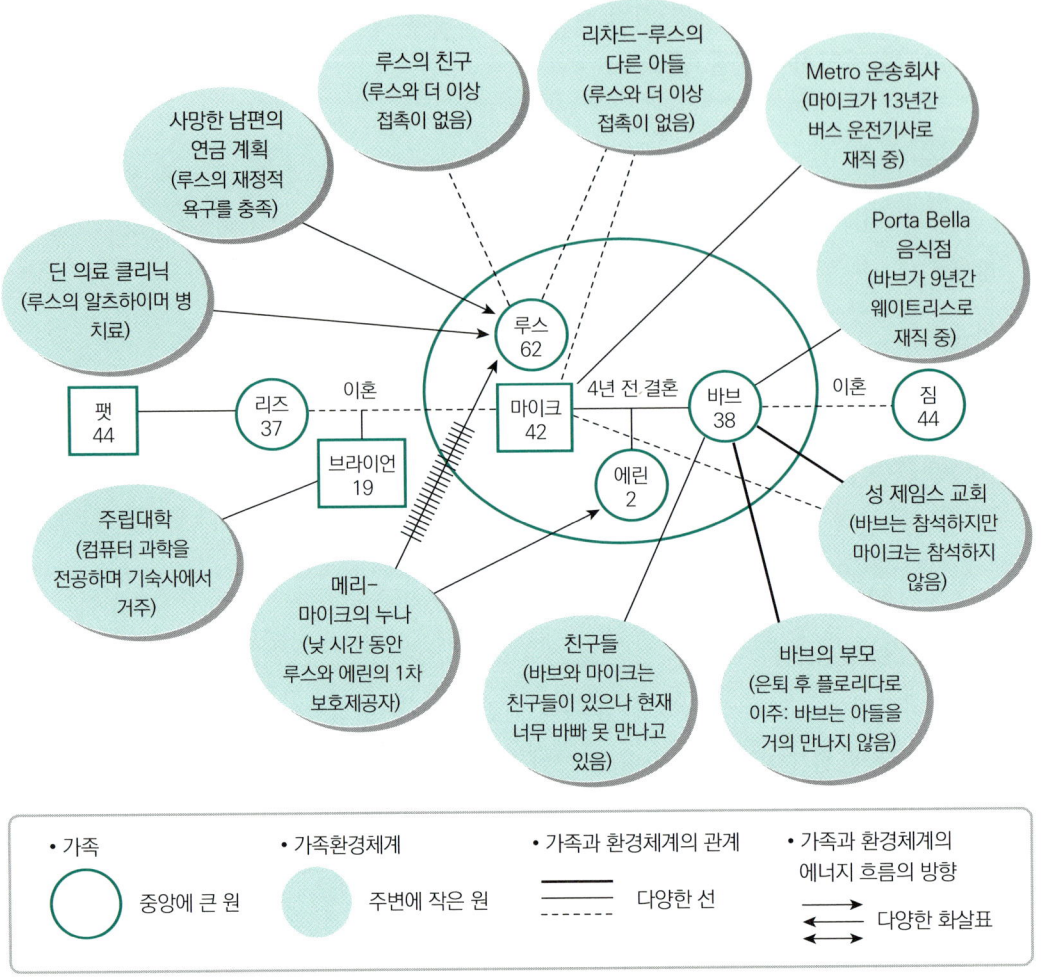

[그림 3-7] 생태도의 예

출처: 길귀숙 외(2018), p. 291.

- **집단차원의 사정 도구**
  - 사회도(=소시오그램, sociogram)
    - '사회도'는 모레노와 제닝스(Moreno & Jennings, 1950)가 개발한 것으로 상징을 사용하여 집단성원의 대인관계, 집단성원 간 사회관계를 측정하는 집단 사정 도구이다. 사회도는 집단 내 성원들 간의 질적인 관계를 파악하기 위한 도구로 집단성원들의 수용, 거부 과정을 평가할 수 있다. 특히 집단성원들 간의 상호작용을 도식화하여 구성원의 지위, 구성원 간의 관계, 하위집단을 파악하는 데 유용하다.

- 사회도를 통해 알 수 있는 내용
  - 집단성원의 성별
  - 집단성원 간 선호도와 무관심, 배척 여부와 방향(일방, 상호)
  - 하위집단 형성 여부, 소외된 성원, 삼각관계 형성 여부

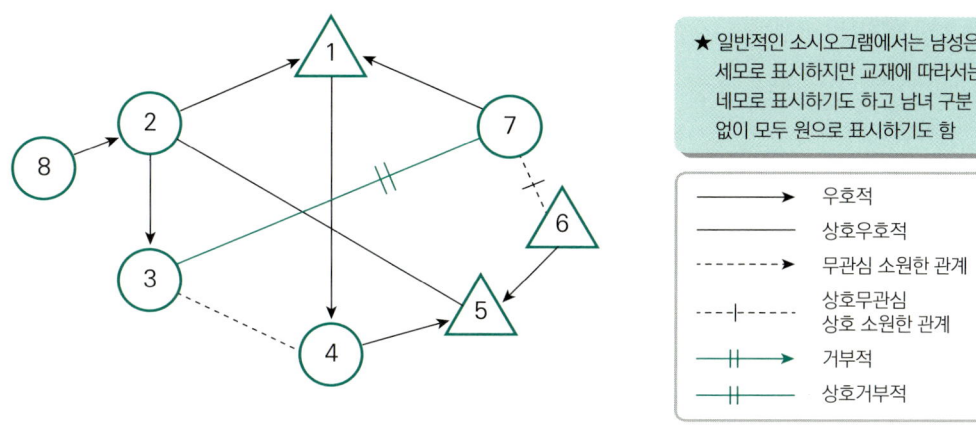

[그림 3-8] 사회도의 예

출처: 길귀숙 외(2018), p. 293.

(3) 목표설정 및 계약

사정(assessment)을 마친 후 수집된 자료를 근거로 사회복지사와 클라이언트가 상호합의하에 목표를 구체화시키고 이를 달성하기 위한 계획수립을 한다. 그리고 의료사회복지사와 클라이언트는 표적문제를 선정하고, 개입목표를 설정하며, 계약을 공식화한다.

계약수립 과정 5단계를 살펴보면 다음과 같다.

① 1단계: 클라이언트와 함께하기

클라이언트의 욕구와 기대를 명료화하기 위하여 클라이언트와 대화를 나누는 것으로 클라이언트를 모든 과정에 참여시킴으로써 동기화하고 클라이언트의 자기결정권을 존중해야 한다.

② 2단계: 문제의 우선순위 정하기(=표적문제 선정)

클라이언트는 자신에게 문제가 있다는 것을 인정해야 한다. 이때 '문제'는 이해 가능한 말

로 분명하게 규정하고, 문제에 대한 대처는 현실적으로 가능한 것이어야 한다. 의료사회복지사와 클라이언트는 문제의 우선순위를 정하고 우선적으로 해결할 문제(표적문제)를 선정하고 합의해야 한다. 개입목표를 설정하기 전에 표적문제 선정이 이루어져야 한다.

[그림 3-9] 표적문제 선정과 개입목표 설정 간의 순서

③ 3단계: 목적 설정하기

'목적'은 개입의 필요성, 즉 왜 개입을 해야 하는지를 분명하게 해 준다. 명료하게 진술된 목적은 개입의 성공 여부를 평가하기 수월하게 해 준다.

④ 4단계: 목적을 목표로 구체화하기

'목적'은 '목표'보다 광범위하고 추상적인 개념으로서 목표들을 달성함으로써 목적이 이루어질 수 있다. 목적이 설정되고 나면 목적 달성 여부를 측정할 수 있는 형태인 '목표'로 구체화한다. '목표'에는 누가, 언제, 무엇을 수행할 것인지 달성 정도를 어떻게 측정할 것인지를 구체화하여 표현한다.

- 개입목표 설정의 지침(Hepworth & Larsen, 1986)
  - 목표는 클라이언트가 추구하는 바람직한 결과와 관련
  - 목표는 명백하고 측정 가능한 용어로 정의
  - 목표는 실행 가능한 것
  - 목표는 사회복지사의 기술과 지식에 상응
  - 목표는 가능할 때마다 성장을 강조하는 긍정적 용어로 진술
  - 중요한 조건에 관한 동의는 피하여야 함
  - 목표는 기관의 기능과 일치

- SMART 형식에 따른 개입목표 설정(Boyle & Hull, 2006)
  - 구체성(Specific)
  - 측정 가능성(Measurable)
    > 예) 체중감량: 75kg에서 60kg으로 줄이고 6개월간 유지하기
  - 성취 가능성(Achievable)
  - 현실성(Realistic)
  - 시기적절성(Timely)

⑤ 5단계: 계약의 공식화

개입목표가 정해지고, 실행계획이 협의되면 계약(contracting)의 단계로 진입한다. 계약을 하는 것은 클라이언트로 하여금 자신의 문제해결과정에 적극적으로 참여하도록 하기 위함으로 사회복지사와 클라이언트 간에 개입과정에 관해서 합의를 이루는 것을 말한다. 여기서 계약 내용으로는 목적, 목표, 개입 기간, 역할, 시간 등이 포함된다.

2) 중간 단계

중간 단계는 계약된 목표 달성을 위해 클라이언트 또는 환경에 변화를 가져오기 위한 개입활동이 본격적으로 이루어지는 시기이다. 이 단계에서 의료사회복지사는 설정된 문제해결을 위한 계획을 실행하면서, 문제해결과정이 잘 진행되고 있는지를 점검(monitoring)해야 한다. 점검결과 목표 달성이 불가하거나 실행계획을 변경해야 할 경우, 목표의 수정과 실행계획의 변화를 꾀해야 한다.

중간 단계는 크게 개입 실행, 점검으로 나누어서 각각 살펴보고자 한다.

(1) 개입 실행

개입(intervention)은 사회복지사와 클라이언트가 계약 시 상호 합의하여 결정한 문제를 해결하기 위하여 구체적 행동을 실천하는 것이다.

① 개입 실행 단계의 특징

의료사회복지사와 클라이언트가 계약에 동의하면 개입 실행 단계로 접어든다. 개입 실행 단계는 의료사회복지사와 클라이언트가 합의하여 결정한 문제(표적문제)를 해결하기 위한

계획(목표와 계약)을 실천하는 단계이다. 개입 실행 단계에서는 의료사회복지사가 클라이언트의 변화과정을 관찰하고, 이전 단계에서 설정된 목표가 제대로 달성되고 있는지 점검하는 것이 중요하다.

② 개입 실행 단계에서 의료사회복지사의 역할

개입 실행 단계에서 의료사회복지사는 다양한 역할을 수행할 수 있다. 크게 중개자(broker), 조력자(enabler), 교사(teacher), 중재자(mediater), 옹호자(advocate)로 나누어 살펴보면 다음과 같다.

- **중개자**

클라이언트 차원에서의 직접적 개입이나 의뢰를 통해서 클라이언트가 필요로 하는 자원과 서비스를 연결하는 역할이다.

> 예) 거동이 불편한 노인환자에게 병원에 동행할 자원봉사자를 연결해 주는 경우

- **조력자**

클라이언트 스스로 문제해결능력이나 대처능력을 키우고 자원을 찾을 수 있도록 원조하는 역할이다.

> 예) 부모-자녀관계에 갈등을 겪는 중학생 자녀를 둔 클라이언트에게 자녀와의 관계를 분명히 인식하고, 자녀와의 관계를 개선할 수 있는 대안을 모색하도록 원조하기, 개인의 강점을 찾을 수 있게 지지하기

- **교사**

클라이언트의 사회적 기능이나 문제해결능력이 향상될 수 있도록 교육적인 프로그램이나 정보를 제공하며, 적응기술을 익히도록 클라이언트를 가르치는 역할

> 예) ▸ 당뇨병 환자를 위한 당뇨교실에서 교육적 내용을 제공하기
> ▸ 또래들로부터 괴롭힘을 당하는 아동을 대상으로 자신의 주장을 효과적으로 전달할 수 있는 자기주장훈련 실시하기

- **중재자**

미시(micro), 중범위(mezzo), 거시체계(macro) 사이의 논쟁이나 갈등을 해결하는 역할

예 치료에 불만이 있는 환자의 경우 주치의와의 갈등관계를 해결하기

- **옹호자**

필요한 자원이나 서비스를 찾거나 이러한 자원 확보에 어려움을 겪는 클라이언트를 위해 클라이언트 개인이나 가족의 권리를 옹호하고 정책변화를 모색하기 위한 활동을 수행하는 역할

예 차별받는 환자나 장애인의 권리를 확보하기 위한 법적 대응 활동

③ 개입 실행 단계의 개입방법

개입방법은 직접적 개입과 간접적 개입으로 나뉘며, 클라이언트의 문제 상황에 따라 개입방법은 달라진다.

〈표 3-9〉 개입 실행 단계의 직접적 개입과 간접적 개입

직접적 개입	간접적 개입
• 클라이언트와 직접 관계하여 변화를 추구	• 클라이언트를 둘러싼 환경을 변화시킴으로써 클라이언트의 문제를 해결
• 클라이언트를 직접 변화시켜서 클라이언트의 문제를 해결	• 사회적 지지체계 개발
• 정서 · 인지적으로 개입하는 기술	• 서비스 조정에 관련된 활동
• 행동변화 기술	• 프로그램 계획과 개발
• 정보 제공, 가족치료, 교육, 상담 등	• 환경조정(조작), 자원개발, 옹호 등

(2) 점검

점검(monitoring)은 개입의 전개과정이 설정된 목표에 비추어 올바로 수행되고 있는지를 확인하는 과정이다. 의료사회복지사의 개입 전에 맺은 계약은 문제의 우선순위, 목표, 의료사회복지사와 클라이언트의 개입활동 등이 구체적으로 포함된다. 그러나 계약의 내용은 개입이 진전되는 과정에서 클라이언트 자신이나 주변 환경의 변화에 따라 달라질 수 있는데, 이러한 변화에 적절히 대처하기 위해서는 진행과정에 대한 계속적인 점검과 평가가 필요하다. 따라서 의료사회복지사의 점검에 의해 계획된 개입활동의 지속 또는 변경 여부가 결정된다.

3) 종료 단계

종료 단계는 원조활동의 효과를 평가하고 서비스를 종결지으며, 사후 관리와 종결 기록을 하는 시기로 필요한 경우 다른 병원이나 요양원, 사회복지기관으로 의뢰(종결, 이송과 의뢰)하는 단계이다.

(1) 퇴원계획과 종결

① 퇴원계획

✓ 퇴원계획의 개념

퇴원계획(discharge planning)은 한 환경에서 다른 환경으로의 환자 이전(transition)을 용이하게 해 주는 모든 활동이다(Germain, 1984). 또한 퇴원계획은 여러 전문직이 관여하여 병원으로부터 지역사회로 환자를 효율적으로 이전함으로써 환자의 삶의 질을 강화하는 복잡한 심리·사회 활동이다.

✓ 퇴원계획의 필요성 및 특징

질병의 양태가 복잡, 만성화되고, 병원을 이용하는 환자와 가족의 욕구가 증대되면서 퇴원계획의 필요성이 강조되고 있다. 예를 들어, 추가적 치료와 보호가 필요한 만성질환자나 장애환자의 경우에는 준비된 퇴원이 필요하다. 최근 들어 의료의 사회적 책임성 증가와 의료서비스의 효율적 배분 및 병원 경영상의 문제를 해결하기 위한 차원에서 퇴원계획의 중요성이 강조되고 있다.

퇴원계획은 환자와 보호자, 의료진의 요구를 잘 조화시키는 작업으로 초기부터 관계 설정이 중요하다. 대안 없이 병동을 청소(cleaning bed)하는 과정이 퇴원계획이 되어서는 안 되며, 의료진과 병원의 요구만 충족되어서도 안 된다. 장기적으로 환자와 가족의 독립성이 고양되고, 치료나 수준의 연속성이 보장되어야 하는 것이 퇴원계획의 특징이다.

② 전원과 의뢰

퇴원계획 과정의 일부로 다른 의료적 치료가 필요한 경우 타 병원으로의 전원과 의뢰가 필요하다. 의료사회복지사는 적절하게 기관을 연계시키기 위해 환자의 의료적 상황과 욕구에 대한 정확한 사정에 근거하여 활용 가능한 기관에 대한 정보를 습득하여야 한다.

의뢰나 전원을 하는 경우 클라이언트가 거부되었다는 느낌이나 불안감을 갖지 않도록 배려해야 하며 클라이언트의 자기결정권이 존중되어야 한다.

③ 종결

✔ 종결의 개념

종결(termination)은 의료사회복지사의 개입활동을 계획에 따라 마무리하는 것으로 사회복지사와 클라이이언트 간 관계를 공식적으로 끝내는 것이다.

✔ 종결의 특징

종결은 목적을 성취한 클라이언트의 경우, 의료사회복지사와의 활동을 통해 어려운 문제가 해결되었다는 것을 의미한다. 또한 종결은 앞으로 클라이언트가 스스로 문제를 대처해 나가야 한다는 것을 의미하기도 한다. 따라서 클라이언트는 독립적으로 일을 해결해야 한다는 불안과 긴장을 느낄 수 있고, 동시에 새로운 시작을 한다는 설렘도 느끼는 양가감정을 경험하게 된다. 즉, 클라이언트가 상실과 이별에 직면하면서 다양하고 복잡한 감정과 태도를 보이기 때문에 의료사회복지사는 이에 민감하게 반응하고 기술적으로 접근하는 것이 필요하다.

✔ 종결 단계의 과업

① 적절한 종결 시기 결정하기
② 정서적 반응 다루기
③ 효과의 유지와 강화
④ 의뢰
⑤ 평가

✔ 종결기법

• 종결 알리기

마지막 회합 얼마 전에 종결을 준비하는 조치를 취한다. 이는 종결시간이 처음부터 정해져 있으면 그 날짜를 클라이언트에게 회상시킬 수 있기 때문이다. 목표가 성취되었다면 사회복지사와 클라이언트가 상호 합의하여 종결 날짜를 결정한다. 그 이유는 때로 클라이언트가 종결 날짜를 잊어버리거나 무력감의 표현, 의존적 행동, 새로운 문제와 욕구의 제시, 주제를 회피하는 등의 반응을 보이기도 하기 때문이다.

- **클라이언트의 간접적 표현(부정적 행동)에 직접적으로 반응하기**

  종결이 거절의 형태로 받아들여질 때 클라이언트는 다음과 같은 반응을 보인다.
  - 노여움 같은 부정적인 감정을 간접적으로 표시하여 적대적인 코멘트나 질문을 한다.
    예 퇴출되셨나요?
  - 부적절하고 파괴적인 행동, 약속을 어기거나 늦는 행동을 한다.
  - 어떤 클라이언트는 자신이 무가치하다고 느낀다. 이때 의료사회복지사는 클라이언트가 표현하는 노여움을 비방어적으로(즉, 당연히 그럴 수 있다고) 받아들이고, 간접적으로 표현된 감정을 직접적으로 표현하도록 고무해야 한다.

- **종결에 대한 감정을 함께 공유하기**

  그동안의 관계의 의미를 서로 감사히 표현하고, 헤어져야 한다는 사실에 대한 아쉬운 감정을 공유한다. 이때 의료사회복지사는 종결에 대한 자신의 감정을 파악하고 있어야 이러한 과정을 잘 통제할 수 있다.

- **클라이언트의 성취 인정과 평가 시행하기**

  그동안 성취한 것을 식별하고 다음 단계를 계획한다.
  - 초기에 합의한 바 있던 목표와 과제를 회상시키고 성취한 것을 다시 한번 인식시켜 클라이언트의 자존감과 능력을 확고히 한다.
  - 어떤 점이 효과적이지 못했는지, 왜 그랬는지도 함께 살펴본다.
  - 후속조치의 필요 여부도 결정한다.

④ 퇴원 후 사후관리

✔ **사후관리의 개념**

사후관리(follow-up)는 종결 후 일정기간(1~6개월)이 지나서 클라이언트가 잘 적응하고 있는지 변화의 유지 정도를 점검하는 활동이다. 사후관리의 방법으로는 전화 확인, 면담 등이 있다.

> ✓ 사후관리에서 의료사회복지사의 역할

- 변화유지 전략

  클라이언트는 종결 후 계속 진보하며, 의료사회복지사는 그런 이득에 대한 확신을 갖고 클라이언트에게 계속 노력하도록 독려할 수 있어야 한다.

- 변화의 지속성 평가

  의료사회복지사는 원조관계의 일시적인 영향 이상으로 얻은 것을 클라이언트가 유지하는지 측정할 수 있어야 한다.

- 종결의 충격을 최소화

  의료사회복지사가 지속적으로 관심을 갖고 있다는 것을 클라이언트에게 보여 줌으로써 클라이언트가 종결의 충격을 최소화할 수 있게 한다.

- 의료사회복지사의 노력을 평가

  의료사회복지사가 클라이언트에게 가장 도움이 된 것과 그렇지 않은 것을 평가할 수 있어야 한다.

(2) 평가

① 평가의 개념

'평가(evaluation)'란 목표의 달성 정도를 평가하고 목표를 성취하기 위해 사용된 수단의 적합성을 심사하는 과정이다. 종결에는 개입활동 전반에 걸친 마지막 평가가 병행된다. 평가는 개입의 전 과정에서 지속적으로 시행되지만 특히 개입이 끝날 때 더욱 중요하다. 그 이유는 종결 단계에서의 평가는 일어나도록 기대했던 일들이 정말로 일어났는지를 보는 것이기 때문이다.

② 의료사회복지실천 평가의 개념

'의료사회복지실천 평가'는 의료사회복지실천 활동이 효과적, 효율적이었는지 판단하고, 의료사회복지실천 과정에서 어떠한 일들이 발생했으며 그러한 일들이 결과에 어떠한 영향을 미쳤는지 조사하는 활동이다. 평가는 의료사회복지실천의 전 과정에서 계속적으로 일어나는 일로서 의료사회복지실천의 목적과 목표의 달성 정도를 결정하며, 동시에 목적과 목표를 성취하기 위해 사용된 수단의 적합성을 심사하는 과정이라 할 수 있다.

③ 의료사회복지실천 평가의 목적

의료사회복지사와 사회복지 기관의 책무성을 수행하는 것이다.

④ 의료사회복지실천 평가의 중요성

의료사회복지실천 평가의 중요성은 다음과 같다.

- 의료사회복지실천의 효과성 측정
- 의료사회복지실천의 효율성 측정
- 자원의 사용에 대한 책임성 입증
- 클라이언트에 대한 책임성 이행
- 실천과정에 대한 모니터
- 의료사회복지사의 능력 향상

⑤ 평가의 도구

의료사회복지실천 평가의 도구는 다음과 같다.

- 클라이언트가 말하는 내용에 근거한 평가
- 클라이언트와 관련된 다른 사람으로부터의 정보
- 병원 및 기관기록, 학교 등으로부터의 객관적인 정보
- 표준화된 질문지 혹은 척도
- 의료사회복지사의 직접적 관찰
- 생리적 지표

⑥ 평가의 유형과 평가방법

평가의 유형과 평가방법은 크게 평가차원에 따른 분류와 평가목적에 따른 분류로 나누어서 살펴볼 수 있다.

✓ 평가차원에 따른 분류

- **결과 평가**(성과 평가, outcome evaluation)

  설정했던 목표들이 얼마나 달성되었는가를 평가하는 것으로 결과 평가로 주로 사용하고 있는 방법은 다음과 같다.

  - 일반적 진전 평가: 일반적 진전(general progress)을 사정하기 위해서는 클라이언트 각자가 성취해야 할 진전 정도에 관하여 클라이언트의 의견을 유도해 내고, 동의했던 목표를 참조하여 평가하는 것이다. 의료사회복지사는 클라이언트에게 척도를 사용하여 목표 달성의 정도를 질문한다.
  - 사전-사후 비교 평가: 사전-사후(pretest-posttest) 비교 평가는 개인이나 집단에 대한 결과 평가로서 문제나 표적행동의 빈도를 측정할 수 있다면 최근의 측정치에 기초선을 비교하는 객관적 방법이다.
  - 통제집단과 실험집단의 비교 평가: 통제집단과 실험집단의 비교 평가(the before-after control group design)는 실험집단과 통제집단의 차이를 전·후 비교하여 그 차이를 변화로 측정하는 것이다.

    예 실험집단 - 자기주장 프로그램을 실시 ○
    통제집단 - 자기주장 프로그램 실시 ×
    ☞ 자기주장 프로그램을 실시하기 전에 실험집단과 통제집단의 자기주장 척도 수준을 조사하고, 실시한 후에 다시 두 집단의 척도를 조사하여 그 차이로 개입의 결과(변화)를 본다.

- **과정 평가**

  과정 평가(process evaluation)는 의료사회복지실천 과정을 분석하기 위해 평가하는 것으로 성과평가에서 간과하기 쉬운 프로그램의 준비, 진행, 종결과정에서 환경적인 요인과 관련성을 프로그램의 과정에 따라 분석하는 기법이다. 특히 원조과정에 대한 클라이언트의 인식을 포함한다는 것이 특징이다.

- **프로그램 평가**

  프로그램 평가(program evaluation)는 프로그램이 의도된 결과를 달성하고 측정 가능한 영향을 성취할 수 있는 정도를 사정하는 것이다.

- 단일사례설계: 단일사례설계(single subject design)는 클라이언트의 특정 문제나 표적 변화를 관찰하기 위하여 개입 전, 개입과정, 개입 후에 걸쳐 반복적으로 측정하여 개입의 효과성을 평가한다.
- 과제달성 척도
- 목표달성 척도
- 클라이언트 만족도 조사
- 사회복지사 평가(실무자 평가)

✓ 평가목적에 따른 분류

- **형성 평가**

  형성 평가(formative evaluation)는 사회복지실천과정에 초점을 두고, 주기적으로 진전 상황을 평가한다. 형성 평가는 개입과정에 대한 평가이며, 결과 평가 방법은 아니다.

- **총괄 평가**

  총괄 평가(summative evaluation)는 활동이 종결되었을 때, 그 활동의 결과로서 산출된 성과와 효율성에 대하여 종합적인 가치판단을 하는 행위이다.

- **통합 평가**

  통합 평가는 형성 평가와 총괄 평가를 통합한 평가이다.

(3) 기록

기록(recording)은 클라이언트의 상황을 확인, 기술, 사정하고 서비스의 목적과 활동을 비롯한 서비스 전달과정을 나타내며, 클라이언트에 대한 개입의 효과 여부를 평가하는 것을 포함한다.

① 의료사회복지영역에서 기록의 활용 용도

- 의료사회복지실천의 내용과 방향 이해
- 효과적인 서비스 제공과 질적인 서비스 제공의 근거
- 사례의 지속성 유지
- 의사소통의 근거

- 교육훈련의 자료로 사용
- 조사와 평가의 근거 자료

② 의료사회복지기록의 구성요소

- **의뢰 경위 및 의뢰자**: 의뢰자, 의뢰한 기관, 의뢰사유, 면담목적, 상담 등록일
- **일반적 정보**: 의료적 상태 및 정보, 환자의 개인력·가족력·사회력·경제력, 환자의 심리상태
- **문제**: 의료적 문제, 심리·사회적 문제
- 의료사회복지 사정 및 개입 목표, 개입 계획
- 의료사회복지사의 상담과정 및 개입 활동
    - 환자와 가족과의 상담 내용
    - 의료진 및 지역사회기관과의 팀워크 내용
    - 의무기록을 검토한 내용
    - 병실 방문, 전화 접촉 등 사회복지사가 활동한 제반 내용
- 사후 지도 내용
    - 외래진료 과정에서의 사후 지도
    - 서신, 전화, 가정 방문을 통한 사후 지도
- 의뢰 기록 또는 퇴원 기록
- 종결 기록

③ 의료사회복지영역에서 활용되는 기록의 유형

의료사회복지영역에서 활용되는 기록의 유형은 이야기체 기록, 과정 기록, 문제중심 기록이 대표적이며 구체적인 내용은 다음과 같다.

✔ 이야기체 기록(narrative recording)

의료사회복지사가 클라이언트 및 그 상황이나 서비스에 대해 이야기를 풀어 가듯이 서술체로 기록하는 방법이다. 사회복지 실무에서 가장 보편적인 기록형태로 효과적인 기록이 되기 위해서는 적절한 정보선택과 명확한 조직이 필요하다. 주제별 혹은 시간 흐름별로 중요한 내용을 기록하는 방식이다. 이야기체 기록의 장점은 융통성과 포괄성이다. 단점은 의료사회복지사의 재량에 많이 의존하여, 구조화되어 있지 않은 경우 초점이 모호해진다는

것이다.

✓ 과정 기록(process recording)

의료사회복지사와 클라이언트가 면담하는 동안 일어나는 모든 것을 대화형태 그대로 기록하는 것이다. 과정 기록의 장점은 의료사회복지사 스스로 자신이 수행한 상담 실천과정과 결정한 내용들을 분석하고 그 내용을 개념화하여 조직할 수 있으며 교육 및 지도감독 시에 매우 유용하게 사용된다는 점이다. 단점은 시간과 비용이 많이 소모된다는 것이다.

✓ 문제중심 기록

현재 제시되고 있는 문제중심으로 구성되며, 문제 영역을 규명하고, 사정하고, 각 문제에 대하여 무엇을 할 것인지에 대한 계획을 기록하는 것이다. 문제중심 기록의 네 가지 요소는 기본적 자료, 문제 목록, 초기 개입 계획, 활동과정의 기록이다.

〈표 3-10〉 문제중심 기록의 구성요소

S	Subjective information (주관적 정보)	환자 또는 보호자가 제공하는 정보 자기의 상황과 문제에 대해 어떻게 생각하고 느끼는지에 대한 주관적 정보
O	Objective information (객관적 정보)	클라이언트의 행동이나 외모에 대한 사회복지사의 관찰, 사실적 자료와 같은 객관적 정보
A	Assessment (평가)	주관적·객관적 정보를 기반으로 하여 사정, 견해, 해석, 분석을 기술
P	Plan(계획)	확인된 문제에 대해 무엇을 할 것인지 그 계획을 기술

• 장점
  - 여러 전문직 간의 의사소통 촉진
  - 문제에 초점을 맞춘 상황 진행
  - 질 높은 기록 검토

• 단점
  - 단순한 문제 사정 부분

- 생·의학적 관심에 초점을 맞춤
- 서비스 전단의 복잡성을 간과

• **문제중심 기록의 예시**

> S: "외박을 다녀왔는데, 절반은 성공이고 절반은 실패인 것 같다. 동생에 대해 이전보다 잘 배려한 것은 성공이고, 어울리던 친구와 다시 전화 통화를 한 것은 실패이다. 동생에 대한 부분에 있어서는 성격이 많이 변한 것 같다고 부모님이 얘기하였다. 친구에게 전화한 것은 내가 참아야 하는데 조절을 잘 못했다. 오랜만에 집에 가서 그런지 흥분이 되어 밤에 잠이 잘 오지 않았다. 흥분해서 그런 부분이 있다고 아버지께 얘기하고 싶었는데 하지는 못했다. 대신 어머니가 이야기해 주셨다."
>
> O: 치료자와 시선 접촉 잘되고 차분한 태도임
> A: 아버지와의 관계에서 아직까지 자기의사표현을 효율적으로 전달하지 못하고 있음
> P: - 가족치료적 접근 필요
>   - 사회기술훈련 시 의사표현 부분 강화

• **기록과 클라이언트의 사생활 보호**

사적 정보는 비밀보장이 되어야 한다. 조사 평가 수행에 필수적인 경우가 아닌 한 클라이언트의 사적 정보를 캐지 않아야 한다. 그러나 클라이언트나 다른 사람에게 예상되는 심각하고 긴급한 위험을 방지하거나 법적 요구가 있는 경우는 예외적인 상황이 된다.

5. 의료사회복지실천에서의 질관리

1) 의료의 질 개념

근래에 와서 의료서비스의 질은 보건의료시스템에서 가장 중요한 이슈로 대두되고 있다. 일반적으로, 의료의 질은 의료와 보건의료시스템이라는 두 가지 개념 및 그와 관련된 활동을 포함한 형태로 정의된다. 따라서 의료의 질이란 국민에게 제공된 의료서비스가 기대하

는 건강결과(outcome)를 가져올 가능성을 높이고, 최신 경향의 전문적인 지식에 지속적으로 부합하는 정도를 의미한다고 정의되기도 한다(건강보험심사평가원, 2014; 임지혜, 2015).

의료의 질은 보건의료시스템의 구조적 틀 내에서 모든 수준의 성과를 전체적으로 보여 줄 수 있는 가장 핵심적인 요소이다. 그래서 의료서비스의 질 지표는 환자의 총체적 진료 결과에 영향을 미치는 진료의 구조, 과정, 결과의 질을 모니터링, 평가, 개선하는 가이드로 사용되는 척도의 개념으로도 쓰인다(김철규 외, 2006). 즉, 의료의 질 지표는 성과 및 결과 측정을 위한 도구이므로, 환자의 유형 또는 건강 결과와 관련하여 발생 가능한 성과를 설명할 수 있어야 한다(Mainz, 2003; 임지혜 2015).

환자 안전과 의료의 질 향상을 위해 지표로 표시되는 의료기관 인증제에 대해서 알아보도록 하겠다.

2) 의료기관 인증제

'의료기관 인증제도'는 1917년 미국외과학회에서 병원 표준화 프로그램을 수립한 후 1951년 병원인증독립기구인 Joint Commission on Accreditation of Hospital을 조직한 것이 시초이며, 미국을 시작으로 호주, 캐나다, 영국 등 전 세계적으로 확산되었다. 세계 주요 국가의 경우 이미 오래전부터 의료기관에 대한 평가 및 인증을 담당하는 정부 혹은 민간 기구들을 운영하고 있는데, 미국의 The Joint Commission(TJC), 호주의 Australian Council on Healthcare Standards(ACHS), 캐나다의 Accreditation Canada(AC) 등이 대표적이다.

이들 기구들은 환자 안전 보장 및 의료의 질 향상이라는 목표하에 운영되고 있으며, 의료기관 인증이 의료기관의 장기적이고 긍정적인 변화를 촉진하여, 질 높은 의료와 안전한 의료를 소비자에게 제공하도록 하는 것을 궁극적인 목적으로 하고 있다(구홍모, 2018).

국내의 '의료기관 인증제도'는 보건복지부에서 2009년 6월에 여러 가지 문제점으로 인해 '의료기관 평가제도'를 '의료기관 인증제도'로 명칭을 전환하였고, 「의료법」 제58조에 따르면 '의료의 질과 환자 안전의 수준을 높이기 위하여 병원급 의료기관에 대한 인증'을 하는 것이라고 명시되어 있다. 즉, 환자 안전과 의료의 질 향상을 위해 의료기관이 자발적으로 노력하도록 유도하는 제도라고 볼 수 있다. 인증받은 의료기관은 환자에게 양질의 의료서비스를 제공한다는 것을 증명하게 되는 것이다. 급성기병원(상급종합병원, 종합병원 및 병원)은 자율적으로 신청할 수 있으며, 요양병원과 정신병원은 의무적으로 인증을 신청하여야 한다. 자율인증과 의무인증 모두 4년 주기이며, 매년 의료기관에서 자체적으로 중간자체조사를 시행하고, 인증 후 24개월에서 36개월 사이에 중간현장조사를 시행함으로써 의료기관의 지속적인 질관리를 유도하고 있다. 이에 우리나라의 의료기관 인증제도에 대한 평가는 긍정적이라고 알려졌다. 환자 안전과 의료 질 향상 활동에 실질적인 도움이 되어 의료진 중심의 의료문화에서 환자와 보호자 중심의 의료문화로 전환시켰다는 평가를 2012년 국제의료질향상학회(ISQua)에서 인증받았다. 이를 통해 우리나라의 의료기관 인증제가 국제적인 수준을 갖추게 되었다는 것을 알 수 있다(구홍모, 2018).

3) 의료사회복지의 질관리와 의료사회복지사 직무의 표준 지표

급변하는 의료환경에 대처하기 위해 환자와 가족의 심리·사회적 측면을 담당하는 사회사업분야에도 질 높은 서비스의 제공이 요청되고 있다. 우리나라의 의료사회사업은 1950년대 후반 도입되어 그동안 많은 발전이 있었지만, 의료사회사업의 표준, 기준조차 없는 상황에서 업무가 수행되어 왔다. 의료사회사업의 표준, 기준의 부재는 업무 수행에 대한 평가를 어렵게 하고, 사회사업서비스의 질 보장을 어렵게 하는 요인이 되었다. 표준화된 업무수행이 이루어지지 않음으로써 의료사회사업의 정체성(identity)에 대한 혼란이 가중되었으며, 의료사회사업이 전문직으로 인정받지 못하는 하나의 원인으로 작용하게 되었다. 그 결과 의료기관 인증제에서도 의료사회복지사의 다양한 직무 중 연명의료의 자기 존중 결정에 관한 영역 부문만 차지하고 있다.

이에 대한의료사회복지사협회에서는 2003년 의료사회사업의 직무 표준화와 관련된 연구를 시행하였다. 의료분야의 질에 대한 접근에서 일반적으로 활용되고 있는 도나베디안(Donabedian, 1980)의 질 평가 모형을 이용하여 의료사회복지사의 직무표준 지표를 만들었다. 구조-과정-결과를 비롯하여 임상분야 및 의료서비스의 질을 구성하는 요소(안전성, 효과성, 환자중심성 등) 등 다양한 분류기준의 모형을 참조하여 업무에 대한 문헌연구, 현황파악, 인식조사 등을 통해, 의료사회사업의 표준, 기준, 지표를 개발하였다.

직무 표준화란 인본조직(human service organization) 또는 서비스 영역에서는 직무 표준 혹은 표준 직무의 개념을 사용한다. 일반적으로 업무를 중심으로 관련된 사람들에게 편익을 증진하기 위해서 기술, 기법, 경험 등을 근거로 기준을 만들고 그것을 운영하는 것으로서, 구체적으로는 업무를 단순화하고 제도화함으로써 업무를 보다 간편하게 수행하여 능률을 높이려는 것이다(김원중, 1989). 지표(indicator)는 일반적으로 질적 수준이나 목표달성 정도를 나타내는 측정 가능한 변수나 특성을 말한다. 기준을 달성하기 위한 구체적이고 객관적으로 측정 가능한 의료사회복지사의 활동을 말한다(강흥구, 이상진, 박미경, 2003).

의료사회복지서비스의 직무 표준화란 의료사회복지 조직을 통하여 제공하는 서비스의 질을 의미하므로 이 지표들은 현재 「병원표준화심사」나 「의료기관서비스평가」와 연계되었고, 의료사회사업의 전문성 질 보장도구로 활용되고 있다(강흥구, 2017). 그러나 아직도 의료사회복지 직무에는 더 보충할 과제가 남아 있다. 현재 우리나라는 노인 및 장애자, 정신질환자들을 시설에서 나오게 해서 본인의 집이나 그룹홈 등에서 살게 하는 커뮤니티 케어인 의료 돌봄 서비스를 이행하고 있는 상황이다. 이에 병원에서의 취약층 발굴, 퇴원과 지역사회 연계, 자원발굴 등의 업무 비중이 중요해지고 있고 그런 관계로 의료사회복지사들의 역할이 확대되고 있는 실정이다. 그러므로 차후에는 퇴원과 지역사회연계 등의 매뉴얼 개발이나 직무 표준화 개발이 절대적으로 필요할 것으로 보인다.

의료사회사업의 직무는 앞에서 언급했듯이 심리·사회·정신적 문제해결 직무, 경제적 문제해결 직무, 사회복지 및 재활 문제해결 직무, 지역사회 자원과 연결 직무, 행정사무, 교육 연구 및 직무, 기타 직무로 구분하며(김규수, 1985; 유수현, 1978), 김기환(1997)은 의료사회사업의 핵심 직무를 심리·사회·정신적 문제, 경제적 문제, 지역사회 자원연결, 사회 복귀 및 재활문제, 팀워크 활동, 사회사업부서의 순수행정 업무, 교육 및 연구조사 업무로 분류하고 있다.

〈표 3-11〉 의료사회사업의 표준, 기준, 지표 목록

표준 1. 의료사회사업업무는 문서화된 규정에 의해 실시되어야 한다.	
기준	지표
1-1. 의료사회사업의 근거가 기관의 정관 또는 규정집 등에 명시되어야 한다.	① 의료사회사업의 직제 규정이 있다. ② 의료사회사업부문의 정원이 책정되어 있다. ③ 의료사회사업업무의 분장이 되어 있다.
1-2. 의료사회사업업무는 직무매뉴얼에 의해 수행되어야 한다.	① 직무매뉴얼에는 의료사회사업의 개입 대상이 제시되어 있다. ② 직무매뉴얼에는 사회복지사의 서비스 내용이 제시되어 있다. ③ 직무매뉴얼에는 사회복지사의 역할이 기술되어 있다.

표준 2. 의료사회사업업무는 독립적인 구조를 갖추어 실시되어야 한다.	
기준	지표
2-1. 의료사회사업부서는 자율적인 업무수행에 필요한 독립적인 구조를 갖추어야 한다.	① 사회사업부서는 적절한 단위 이상으로 운영되고 있다. ② 사회사업부서는 진료나 진료지원부문에 편제되어 있다. ③ 사회사업부문의 예산이 별도로 편성되어 있다. ④ 사회사업 업무는 1급 이상의 사회복지사에 의해 수행되고 있다. ⑤ 사회사업 업무 수행에 필요한 적정한 수의 사회복지사가 근무하고 있다.

표준 3. 의료사회사업업무는 유자격자에 의해 시행되어야 한다.	
기준	지표
3-1. 의료사회사업업무는 책임 있는 사회복지사에 의해 지도·감독되어야 한다.	① 사회사업부서의 책임자는 사회복지사 1급 자격증을 소지하고 있다. ② 사회사업부서의 책임자는 사회복지 석사학위 이상의 학력을 소지하고 있다. ③ 사회사업부서의 책임자는 의료사회사업업무 경력이 5년 이상이다.

표준 4. 사회복지사는 적절한 훈련과 교육, 슈퍼비전을 받아야 한다.	
기준	지표
4-1. 사회복지사는 책임 있는 서비스를 제공하기 위해 적절한 훈련과 교육을 받아야 한다.	① 사회복지사의 교육계획이 수립되어 있다. ② 사회복지사의 훈련계획이 수립되어 있다. ③ 외부교육에 참가한다. ④ 외부교육 참가 시는 교육비 지원이 이루어진다. ⑤ 협회에서 주관하는 자격유지에 필요한 교육에 참석한다.
4-2. 사회복지사는 업무의 적절성 유지와 전문성 향상을 위해 슈퍼비전을 받아야 한다.	① 사회복지사의 슈퍼비전은 정기적으로 이루어진다. ② 슈퍼비전은 협회가 인정한 슈퍼바이저에 의해 시행된다.

 **정리해 봅시다**

1. 일반 의료사회복지사의 역할

일반의료사회복지는 재활의학과와 정신건강의학과를 제외한 신체적인 질병과 관련된 질환에 대한 개입활동이다. 구체적인 개입 내용으로는 당뇨 집단 프로그램, 아동·부부 학대 문제, 「장기등 이식에 관한 법률」에 의한 장기 기증 및 이식 관련 문제, 임종환자를 위한 호스피스 활동, 미혼모 등 입양과 관련된 문제, 포괄적이면서도 다양한 문제 등에 대한 상담, 개입활동으로서 지속적으로 확대되어 가고 있는 의료사회복지실천 활동 등이 있다. 의료사회복지사는 치료자, 원조자, 조정자로서의 역할을 수행한다.

2. 다학제 진료

다학제 진료는 여러 분야의 전문가들이 한자리에 모여 환자를 진료하고, 의견을 모아 가장 적절한 진단 및 치료계획을 결정하는 방법이다. 우리나라는 통합진료라는 측면을 의미한다. 다학제 진료는 주로 진행암, 당뇨병, 심장병과 같은 만성 질환과 노인환자의 관리에 집중되어 있고 대개 여러 형태의 개입이 필요한 복잡한 의학적 상태의 치료에 종종 사용된다.

3. 의료사회복지실천 과정 초기 단계

초기 단계는 의료사회복지사가 처음으로 환자와 가족을 만나 접수하고 긍정적 원조관계를 수립하면서 관련된 정보와 자료를 수집·사정하며 개입 목표와 계획을 세우는 단계이다.

4. 의료사회복지실천 과정 중간 단계

중간 단계는 계약된 목표 달성을 위해 클라이언트 또는 환경에 변화를 가져오기 위한 개입활동이 본격적으로 이루어지는 시기이다. 이 단계에서 의료사회복지사는 설정된 문제해결을 위한 계획을 실행하면서, 문제해결과정이 잘 진행되고 있는지를 점검(monitoring)해야 한다. 점검결과 목표 달성이 불가하거나 실행계획을 변경해야 할 경우, 목표의 수정과 실행계획의 변화를 꾀해야 한다.

5. 의료사회복지실천 과정 종료 단계

종료 단계는 원조활동의 효과를 평가하고 서비스를 종결지으며, 사후 관리와 종결 기록을 하는 시기로 필요한 경우 다른 병원이나 요양원, 사회복지기관으로 의뢰(종결, 이송과 의뢰)를 하는 단계이다.

생각해 봅시다

1. 우리나라 의료사회복지실천 현장은 주로 의료기관이다. 점차 병원과 지역사회 연계가 중요해지고 재가서비스가 확대되고 있는 시점에서 1차 의료 세팅의 의료사회복지사는 어떤 역할을 할 수 있는지 생각해 봅시다.

2. 병원의 규모나 목적에 따라 의료사회복지사의 역할이 조금씩 다를 수 있습니다. 2차 의료기관인 종합병원에서 의료사회복지사의 기능 및 주요 역할에 대하여 생각해 봅시다.

3. 3차 의료 기관인 요양병원이나 재활병원 안에서 의료사회복지사의 직무에 대하여 생각해 봅시다.

4. 의료사회복지실천 과정의 중간 단계에서 개입 실행, 점검과 종료 단계에서 퇴원계획과 종결, 평가, 기록은 어떻게 해야 할지 생각해 봅시다.

참고문헌

강홍구(2014). 의료사회복지실천론(제3판). 정민사.

강홍구(2017). 의료사회복지론. 정민사.

강홍구, 이상진, 박미경(2003). 의료사회사업의 표준, 기준, 지표 개발에 관한 연구. 대한의료사회복지사협회.

건강보험심사평가원(2014). 2013 요양급여 적정성 평가결과 종합보고서. 건강보험심사평가원.

건강보험심사평가원(2022). 급성기환자 퇴원지원 및 지역사회 연계활동 시범사업 지침.

건강보험심사평가원(2023). 건강보험요양급여비용.

구홍모(2018). 의료기관 인증제와 의료 질 평가. 병원신문 승인 2018. 3. 5., 병원신문(http://www.khanews.com).

길귀숙, 강희숙, 오영훈, 오하나, 유진희, 제미자, 현영렬(2018). 사회복지실천론. 양서원.

김규수(1985). 우리나라 의료사회사업의 현황과 방안. 사회복지연구, 13, 83-114.

김기환(1997). 의료사회사업가의 직무표준화를 위한 연구. 대한의료사회사업가협회.

김원중(1989). 표준화의 문제점과 대책. 품질경영학회지, 창간호, 22-36.

김철규, 박춘선, 김연숙, 신숙연, 김동숙, 김남순(2006). 임상 지표 개발 방법 표준화. 건강보험심사평가원 AHRQ 홈페이지. http://www.ahrq.gov.

대한의료사회복지사협회(2017). 보건의료영역의 복지향상을 위한 의료사회복지사의 역할. 보도자료. 2017년 6월 27일 수정.

보건복지부(2022a). 복지 사각지대 발굴·지원체계 개선대책.

보건복지부(2022b). 조혈모세포이식의 요양급여에 관한 기준.

보건복지부(2023a). 재활의료기관 수가 3단계 시범사업 지침.

보건복지부(2023b). 재활의료기관 지정 및 운영 등에 관한 고시.

보건복지부(2024a). 공공보건의료 협력체계 구축 사업안내.

보건복지부(2024b). 장기요양 재택의료센터 시범사업 지침.

보건복지부(2024c). 지속가능한 진료체계 확립을 위한 상급종합병원 구조전환 방향.

박아경, 이채민, 정소영(2021). 건강의 사회적 결정요인을 적용한 암환자 퇴원 계획. 의료사회복지 가이드북. 국립암센터.

생각의 마을(2018). 사회복지실천론. 공동체.

엄명용 외(2000). 사회복지실천의 이해. 학지사.

유수현(1978). 종합병원 내 의료사회사업가의 전문적 지위에 관한 연구. 숭실대학교 대학원 석사학위논문.

임정원, 김민영(2017). 의료사회복지사의 직무 실태와 활동 수가 현황. 한국사회복지조사연구, 54, 167-194.

임정원, 장수미, 유조안, 김민영(2019). 종합병원 의료사회복지사의 퇴원 계획 모델 개발과 수가 적용방안. 한국사회복지학회 한국사회복지학, 71(4), 31-65.

임지혜(2015). 외국의 임상질 지표관리 및 질 측정 개념 틀. HIRA 정책동향, 9(1).

장수미, 이영선, 이인정, 임정원, 최경애, 한인영(2021). 의료사회복지론. 학지사.

장수미, 임정원, 이인정, 이영선, 최경애(2021). 코로나19 상황에서 의료사회복지사의 비대면 서비스 경험. 한국사회복지행정학, 23(3), 81-111.

최권호(2015). 보건사회복지 개념과 역할 재구성: 병원을 넘어. 비판과 대안을 위한 사회복지학회. 비판사회정책, 49, 368-403.

최명민(2002). 사회복지사 셀프-임파워먼트 프로그램의 개발 및 효과성 연구: 정신 보건 사회복지사를 중심으로. 이화여자대학교 대학원 박사학위논문.

추정인(2022). 의료사회복지론. 배론원격평생교육원.

통계청(2023). 고령자 통계. 통계청 2023. 9. 26. 보도자료.

한인영, 최현미, 장수미(2009). 의료사회복지실천론. 학지사.

한인영, 최현미, 장수미(2013). 의료사회복지실천론. 학지사.

Boyle, S. W., & Hull, G. H. (2006). *Direct practice in social work*. Pearson Education, Inc.

Cowles, L. (2000). *Social work in the health field, a care perspective*. The Haworth Social Work Practices Press.

Donabedian, A. (1980). *The definition of quality and approaches to its assessment*. Health Administration Press.

Germain, C. B. (1984). *Social work practice in health care: An ecological perspective*. The Free Press.

Globerman, J., White, J., & McDonal, G. (2002). Social work in restructuring hospitals: Program management five years later. *Health and Social Work, 27*, 274-284.

Hepworth, D., & Larsen, J. A. (1986). *Direct social work practice* (2nd ed.). The Dorsey Press.

Mainz, J. (2003). Defining and classifying clinical indicators for quality improvement. *International Journal of Quality in Health Care, 15*(6), 523-530.

Mizrahi, T., & Berger, C. S. (2001). Effect of a changing health care environment on social work leaders: Obstacles and opportunities in hospital social work. *Social Work, 46*(2), 170-182.

Pecukonis, E. V., Cornelius, L., & Parrish, M. (2003). The future of health social work. *Social Work in Health Care, 37*(3), 1-15.

Zastrow, C. H. (1999). *The practice of social work*. Brooks/Cole Publishing Company.

법제처 www.moleg.go.kr
법제처 국가법령정보센터 https://www.law.go.kr/

제 4 장

의료사회복지실천모델

📂 학습개요
이 장에서는 의료사회복지실천 현장에서 다양하게 적용할 수 있는 의료사회복지실천모델인 위기개입모델, 인지행동모델, 문제해결모델, 역량강화모델, 동기강화상담모델을 소개하고자 한다.

📖 학습목표
1. 주요 의료사회복지실천모델의 개요, 기본 개념, 개입과정 및 기법을 이해할 수 있다.
2. 각 의료사회복지실천모델의 사례를 이해하고 개입과정을 습득할 수 있다.
3. 학습한 의료사회복지모델을 의료사회복지실천 현장에 적용할 수 있다.

1. 위기개입모델

1) 개요

위기개입모델(crisis intervention model)이란 위기에 처해 있는 사람들을 대상으로 즉각적인 개입을 통해 단기간 내에 전문적인 도움을 제공하는 실천모델이다(설진화, 2013).

위기개입모델의 발전 계기는 1942년 493명의 목숨을 앗아 간 보스턴 코코넛 그로브 나이트클럽 대형화재 사건 이후이다. 정신의학자인 린더만(Lindermann)이 생존자들의 심리적 증상에 대한 연구 논문을 발표하여 애도자가 상실을 받아들이고 해결하기 위해서는 일련의 단계가 있음을 밝히면서 비탄에 잠긴 정상적인 반응행동이 6주 이상 지속되면 전문가의 개입이 반드시 요구된다고 규명하였다.

'위기'란 고통스러운 인생경험에 대한 주관적 반응으로, 이것이 개인에게 영향을 미쳐 대처능력과 일상생활기능에 심각한 손상을 가져오는 상태로 정의된다(Bard & Ellison, 1974). 그리고 위기는 상황 자체가 아닌 상황에 대한 개인의 지각이나 반응을 의미한다.

'위기 상황'은 개인이 기존에 가지고 있는 대처방식으로는 당면한 문제를 해결할 수 없는 상태와 당황, 위험, 곤경, 자포자기, 무감각, 무력감, 절박감, 곤란 등을 경험하는 정신적 고통이다(Parad & Parad, 1990).

> **터널시각**: 심리적 또는 인지적 맥락에서 터널시각은 더 광범위하거나 대안적인 관점을 무시하고 제한된 범위의 관점이나 특정 목표 또는 작업에 주의나 생각을 집중하는 상황을 나타냄. 이로 인해 중요한 정보가 누락되거나, 잘못된 의사 결정이 이루어지거나, 잠재적인 결과에 대한 인식이 부족해질 수 있음

위기에 처한 사람들의 환경은 위기를 극복하는 데 많은 영향을 미치며, 위기의 영향을 받을 때에는 즉각적이고 전문적인 도움이 필요한 것으로 보고 있다(Brammer, 1985). 위기에 처한 사람은 두려움, 긴장, 혼란을 경험하면서 일상적인 대처방법으로는 상황을 조정하거나 대처할 수 없다고 느끼며 다양한 측면을 보지 못하는 터널시각(tunnel vision)을 갖고 있기 때문에 위기해결에 필요한 자신의 강점을 스스로 인지하지 못한다. 그러므로 사회복지사는 강점관점에 입각한 위기개입으로 클라이언트의 자원을 발견하고 사용할 수 있도록 해야 한다.

2) 기본 개념

위기개입모델을 이해하기 위해 위기의 구성요소, 위기의 유형, 위기개입의 기본 원칙에 대해서 각각 살펴보고자 한다.

(1) 위기의 구성요소

프란스(France, 1990)는 위기가 다음의 다섯 가지 구성요소로 이루어져 있다고 설명하고 있다.

- **특정 사건**: 위기는 통상적인 문제해결 기술로는 해결할 수 없는 특정 사건으로 촉발된다. 특정 사건이란 상황에 대처하는 능력의 결여나 파괴적인 여러 사건 그리고 일련의 스트레스 상황이 축적된 결과이다.
- **대처할 수 없다는 인식**: 모든 사람은 자신의 삶에서 어떤 시기에 대처할 수 없다고 느끼는 위기에 처할 수 있다.
- **스트레스 상황에 대한 다른 반응**: 사람에 따라 스트레스 상황에 다르게 반응하는 것으로 어떤 사람에게는 스트레스로 받아들여지는 상황이 다른 사람에게는 스트레스로 여겨지지 않을 수 있다. 이는 위기가 개인의 불안수준, 대처기술 그리고 상황 해석에 따라 개인적이고 주관적이라는 것을 의미한다.
- **짧은 지속기간**: 위기는 단순히 개인이 강한 스트레스를 견딜 수 없다는 사실에서 기인하는 반면, 긴장은 문제가 해결되지 않더라도 곧 사라진다. 때때로 위기는 개인이 고양된 수준의 강한 스트레스를 피하기 위하여 문제를 해결하고자 하는 과도한 동기 때문에 생길 수도 있다.
- **적응과 부적응의 위기반응**: 위기반응에는 적응과 부적응의 두 유형이 있다. 적응은 개인이 새로운 대처기술이나 문제해결기술을 배우는 것을 말한다. 반면에 부적응은 개인이 점차적으로 비조직화되거나 방어적으로 되는 것을 의미한다.

(2) 위기의 유형

위기 상태를 유발시키는 특성에 따라 발달적 위기, 상황적 위기, 환경적 위기, 실존적 위기로 구분한다(장수미 외, 2010; James & Gilliland, 2008).

① 발달적 위기

인간이 성장하고 발달해 나가는 가운데 발생하는 사건으로 아이의 출생, 대학 졸업, 중년기의 변화, 은퇴 등이 있다. 인간발달과정에서 발생하는 사건은 정상적인 발달과정으로도 볼 수 있으나, 각 사건에 대한 반응은 개인마다 다르므로 개인 각각의 독특한 방법으로 사정하고 개입하여야 한다.

② 상황적 위기

예견하거나 통제할 수 없는 드물고 이례적인 사건인 교통사고, 유괴, 강간, 갑작스러운 질병, 죽음과 같은 위기를 말한다. 상황적 위기는 누구에게나 일어날 수 있는 갑작스럽고 충격적인 사건으로 개인과 그 가족의 삶을 와해시키는 경우가 많다.

③ 환경적 위기

태풍, 홍수, 지진, 화산 폭발, 눈보라, 산불 같은 자연재해, 기름 유출이나 전염병과 같은 인재, 전쟁이나 테러와 같은 정치적 사건일 수도 있으며, 갑작스러운 경제위기일 수도 있다.

④ 실존적 위기

인간에게 요구되는 책임감, 독립성, 자유 등이 충족되지 않을 때 삶의 이슈에 동반되는 갈등이나 불안과 관련된 위기이다. 예를 들어, 40대 중반의 남성이 더 이상 회사에서 영향력이 없음을 깨달으면서 발생하는 위기일 수 있다. 그리고 독신을 선택하고 부모님을 모시며 살아온 여성이 60세에 이르러서야 자신의 선택을 후회하면서 결혼을 하여 행복한 가정을 꾸리지 못했다는 것에 허무감과 위기를 느낄 수 있다.

(3) 위기개입의 기본 원칙

위기개입을 하기 위해서는 다음과 같은 기본 원칙을 지켜야 한다(Puryer, 1979).

① 신속한 개입

시간 제한적인 본질 때문에 즉각적인 개입이 필요하며, 위기 상태로 들어간 때부터 6주 이내에 해결해야 한다.

② 행동지향성

위기개입의 기술은 적극적이며, 클라이언트의 행동에 초점을 두어야 한다. 위기에 처한 사람은 고착되는 경향이 있고, 효과적이지 않은 행동을 하기 때문에 사회복지사의 역할은 실천계획에 따라 클라이언트의 행동기술에 초점을 두어야 한다.

③ 제한된 목표

위기개입의 최소한의 목표는 파멸의 예방, 위급한 증상의 완화, 위기 이전 상태로 돌아가는 것이다. 즉, 자살, 타살, 가족해체 등을 예방하는 데 그 목표를 둔다.

④ 희망과 기대

절망하는 클라이언트에게 위기를 극복할 수 있다는 희망을 주는 것이 중요하다.

⑤ 지지

위기에 처한 클라이언트에게 실질적인 정보를 제공하고, 정서적으로 지지하며, 클라이언트의 사회적 지지체계를 개발하고 형성하도록 돕는 것이다. 사회복지사는 초기에는 필요한 만큼 클라이언트에게 지지를 많이 해 주지만 가능한 한 빠른 시일 내에 지지를 감소시키거나 지나치게 또는 장기적으로 의존하지 않도록 하는 것이 중요하다.

⑥ 초점적 문제해결

신속하게 위기 상황을 유발한 문제를 파악하면서 클라이언트가 현실에 직면하도록 돕는다.

⑦ 건전한 자기상의 확립

위기가 해결되지 않으면 클라이언트는 자신을 실패자로 인식하는 경향이 있다. 그러므로 클라이언트와 신뢰관계를 조성하여 클라이언트가 건전한 자기상(self-image)을 확립하도록 원조한다.

⑧ 자립

클라이언트의 자신감 회복을 위해 효과적으로 대처할 수 있도록 지원하고, 클라이언트의 자립성을 촉진시키는 가장 기본적인 방법은 클라이언트가 할 수 있는 일은 스스로 하도록 지지해 주는 것이다.

3) 개입과정 및 기법

(1) 개입목표

라포포트(Rapoport, 1970)는 위기해결을 위한 위기개입의 목표를 여섯 가지로 제시하고, 이것을 2단계의 치료목표로 나누었다(설진화, 2013에서 재인용). 처음의 네 개는 최소한 달성해야 하는 기본 목표이며, 다음의 두 개의 목표는 상황이나 기회, 클라이언트의 성격 등을 고려하면서 달성하는 추가 목표이다.

① 1단계의 치료목표: 기본 목표

- 증상 완화
- 위기 이전의 수준으로 기능 회복
- 불균형 상태를 야기한 위기촉진 요인들의 이해
- 클라이언트나 가족이 지역사회 자원을 통해 얻을 수 있는 치료방법 모색

② 2단계의 치료목표: 추가 목표

- 현재의 스트레스를 과거의 경험이나 갈등 상황과 연결
- 즉각적인 위기 상황을 넘어서는 유용하고 새로운 적응 및 대처반응을 파악하고 발전시키도록 기술을 가르침

(2) 개입과정

다양한 위기개입모델은 크게 위기를 사정하고, 문제를 경감시키고, 대안적인 대처방법을 고안하는 세 단계로 이루어진다. 그중 로버츠(Roberts)의 강점관점에 입각한 7단계 위기개입과정은 다음과 같다(장수미 외, 2010; Roberts, 2005).

① 1단계: 치명성과 정신건강 상태 사정하기

클라이언트에 대해 생심리학적 측면에 대한 포괄적이며 철저한 사정과 위기사건에 대한 사정이 이루어지는 단계이다. 자살, 타살, 폭력의 위험성에 대한 사정이 신속히 이루어지고, 의료적 상황에도 관심을 가지며, 긍정적·부정적 대처전략과 약물 및 알코올 사용에 대해서도 살펴본다. 초기 사정에서는 적응유연성(resilience)과 보호 요인, 내적·외적 대처방식 및 자원, 확대 가족의 도움과 비공식적 관계망의 도움도 알아본다.

위기개입의 도움이 필요한 클라이언트들은 사회적으로 고립되어 있는 경향이 있어 문제의 해결과 회복에 누가 가장 도움이 되는 사람인지 인식하지 못한다. 그러므로 사회복지사는 클라이언트에게 가장 많은 도움을 줄 수 있는 사람을 개입에 동원함으로써 클라이언트의 적응유연성을 촉진시킬 수 있다.

② 2단계: 관계 형성하기, 클라이언트 관여시키기

대체로 1단계와 동시에 이루어지며, 라포(rapport)를 신속하게 형성하고 치료적 관계를 수립하는 단계이다. 클라이언트에 대한 존중과 수용을 보여 줌으로써 사회복지사가 클라이언트에게 진심으로 관심이 있고 이해하고 있음을 전달하는 것이 중요하다. 비심판적 태도를 유지하여 사회복지사의 개인적인 가치나 판단 기준이 드러나지 않도록 주의해야 한다. 그리고 침착한 태도를 유지하고 상황을 통제할 수 있는 능력은 위기개입의 핵심 기술이다.

③ 3단계: 주요 문제 확인하기

개방형 질문을 사용하여 클라이언트의 이슈가 무엇인지, 위기의 촉발요인은 무엇인지 등과 같은 클라이언트 자신의 문제를 본인의 언어로 표현하도록 한다. 이러한 방법을 통하여 사회복지사와 클라이언트는 문제의 본질에 대해 중요한 통찰력을 가질 수 있다.

2단계와 3단계에서는 해결중심모델의 예외질문과 대처질문 등을 사용하여, 과거에 효과적이었던 클라이언트의 대처기술을 확인할 수 있도록 강점과 자원을 찾아낼 수 있다. 그리고 클라이언트가 자신의 단점(문제, 역기능, 실패 등)이 아닌 강점에 관심을 두는 사람을 더 편안하게 느끼기 때문에 사회복지사가 클라이언트의 강점과 자원을 찾는 것은 라포와 신뢰 형성에도 도움이 된다.

④ 4단계: 감정 다루기

적절한 반응과 지지를 통해 적극적으로 경청하고 있다는 것을 보여 줌으로써 감정을 효과적으로 다룰 수 있다. 감정 다루기의 효과적인 기술에는 반영, 재진술, 정당화 등이 있다.

⑤ 5단계: 대안적 대처방법 탐색하기

클라이언트가 갖고 있었던 위기 이전의 성공적 대처기술을 알아보고, 현재의 클라이언트가 가진 강점을 찾음으로써 문제해결을 위한 대안적인 방법들을 모색할 수 있다. 이러한 목표는 사회복지사와 클라이언트의 협력적인 작업을 통해 가장 이상적으로 달성될 수 있다.

⑥ 6단계: 활동계획 수립하기

5단계에서 탐색된 대처방법을 실행할 구체적인 활동계획을 수립한다. 이때 사회복지사는 한 걸음 물러나 클라이언트가 역량을 강화할 수 있도록 도와 활동계획을 주도적으로 실행할 수 있게 지지하는 역할을 한다.

⑦ 7단계: 종결 및 사후 관리하기

사회복지사는 클라이언트의 위기가 해결되었다는 확신이 들더라도, 위기 상황이 재현되거나 대처능력이 약화될 수 있는 가능성을 고려하여 지속적인 사후관리를 해야 한다. 사후관리는 대면접촉 혹은 전화로 이루어진다.

(3) 개입기법

위기개입에서 사회복지사가 클라이언트에게 활용할 개입기법은 다음과 같다(원요한, 2007).

① 경청

적극적인 경청을 통하여 클라이언트의 감정을 파악하고 인정해 준다.

② 위기강도의 사정

위기가 어느 정도인지 파악하고, 위기가 너무 크고 통제하기 어렵다고 느껴지면 위기에 처한 사람을 전문 상담가에게 의뢰할 필요가 있다.

③ 강점 확인

위기개입과정에서 사회복지사는 클라이언트에게 역량이 있다는 점을 강조하고, 다만 현재 일시적으로 어려운 상황에 놓여 있는 것임을 전달한다.

④ 정상화

사회복지사는 클라이언트에게 그들의 위기가 정신질환이나 병리의 징후가 아니라 누구나 경험할 수 있는 것임을 강조한다.

⑤ 방향 제시하기

사회복지사는 개입의 초기에는 다소 지시적으로 할 수 있으나, 클라이언트가 안정감과 자신감을 회복함에 따라 스스로 문제를 해결할 수 있도록 격려해야 한다.

⑥ 문제해결

클라이언트가 문제를 해결할 수 있는 능력을 갖도록 한다.

⑦ 도움의 적절성 결정

클라이언트의 원래 위기에 개입하는 도중에 또 다른 위기가 발생할 경우 사회복지사는 자신이 이 위기에 개입하는 것이 적절한지를 사정한 후 경우에 따라 다른 사회복지사나 기관에 위탁해야 한다.

⑧ 사후관리

위기개입 이후 내담자와 자주 접촉을 시도하여 적절한 사후관리를 제공한다.

4) 적용 사례

교통사고로 남편을 잃은 여성 A가 심각한 우울증과 불안감에 시달리고 있다. 의료사회복지사는 클라이언트인 여성 A의 정서적 안정과 삶의 질 개선을 개입목표로 두고 그녀의 감정을 이해하고 표현할 수 있도록 도와주었으며, 클라이언트가 현실적인 목표를 설정하고 긍정적인 행동을 할 수 있도록 개입하였다. 의료사회복지사의 구체적인 개입과정은 다음과 같다.

- **상황평가 및 감정이해**: 클라이언트의 우울증과 불안감을 이해하고, 감정 상태를 평가한다.
- **감정표현 지원**: 클라이언트가 자신의 감정을 표현하고 이해할 수 있도록 도와준다. 이는 감정의 부정적인 영향을 줄이고 자기 이해를 돕는 데 중요하다.
- **목표설정 및 긍정적 행동촉진**: 클라이언트와 함께 현실적인 목표를 설정하고, 클라이언트가 긍정적인 행동을 할 수 있게 지원하여 위기 상황에서 벗어나 정서적 안정을 찾는 데 도움을 준다.

2. 인지행동모델

1) 개요

> **정신분석 이론**은 무의식에 대한 연구와 관련된 일련의 이론과 치료 기법으로, 20세기 초 지그문트 프로이트(Sigmund Freud)에 의해 확립되었으며 무의식적인 심리적 과정이 감정, 생각, 행동을 형성한다는 전제에 기초하고 있음

인지행동모델(cognitive behavior model)은 정신분석 이론의 한계를 지적하고 이를 반대하면서 제시된 모든 형태의 행동은 어떤 자극에 대한 학습된 반응의 결과라는 스키너의 행동주의 이론에서 전개되었다. 행동주의 이론과 인지적 이론의 접목은 '인지행동모델'이라는 용어를 탄생시키게 되었다.

인지행동모델은 1960년대 초에 벡(Beck)을 통해 임상적 성과를 보이면서 그 활용도를 인정받게 되었고, 엘리스(Ellis)가 잘못된 신념을 반박하고 합리적 신념으로 바꾸는 합리정서행동 모델을 제시하면서 구체적인 실천이론으로 정립되었다.

인지행동모델의 인간관을 보면, 인간은 외부 자극에 수동적으로 반응하는 존재가 아니다. 또한 인간은 심리내적인 힘에 의해 결정되는 존재가 아니고, 인간의 행동은 개인과 환경 간 상호작용의 결과이다. 그리고 인지행동모델의 개입 목적은 문제의 원인이 되는 비합리적 신념이나 왜곡된 사고를 확인 및 점검하고 재평가해서 수정할 수 있도록 원조하는 것이다.

인지행동모델은 구조화된 접근과 체계적인 개입과정으로 인해 클라이언트와 사회복지사 모두에게 쉽게 받아들여지는 모델이며, 지금-여기에 초점을 맞추고, 단기적으로 개입하면서 제한적이고 구체적인 목표를 정하여 사례에 대한 적용 가능성이 높은 모델이다(권진숙, 김정진, 전석균, 성진모, 2014; 장수미 외, 2010).

2) 기본 개념

인지행동모델을 이해하기 위해 가장 널리 알려진 모델인 벡(Beck)의 인지모델, 엘리스(Ellis)의 합리정서행동모델을 중심으로 기본 개념들을 살펴보고자 한다.

(1) 벡의 인지모델

벡은 문제의 원인을 인지 왜곡 및 오류로 보고, 감정이나 행동은 사건이나 상황 자체가 결정하는 것이 아니라 그것에 대한 해석이나 평가에 달려 있다고 가정하였다.

벡은 이전 경험이 역기능적 가정을 형성하고, 어떤 주요 사건이 발생하였을 경우 역기능적 가정이 활성화되어 부정적 사고, 부정적 감정, 부정적 행동이 활성화된다고 하였다. 벡의 인지모델 틀은 [그림 4-1]과 같다.

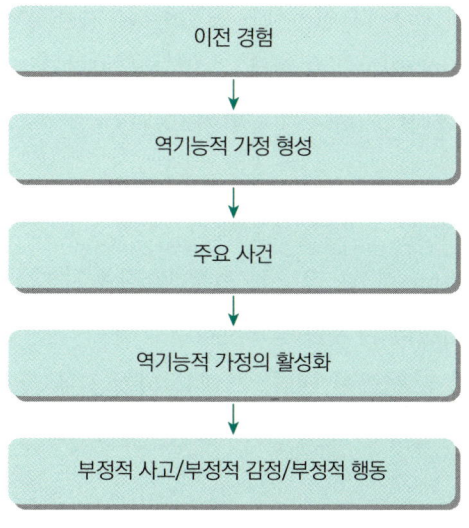

[그림 4-1] 벡의 인지모델 틀

벡의 인지모델의 주요 개념인 도식, 심리적인 문제를 야기하는 자동적 사고와 인지적 왜곡에 대해서 살펴보면 다음과 같다.

① 도식

도식(혹은 스키마, schema)은 정보를 받아들이고 조직화하는 인지구조로서 인간의 사고, 감정, 행동을 결정짓는다. 도식은 핵심신념을 수반하는 '정신 내의 인지구조'로서 정보처리와 행동을 지배하는 구체적 규칙과 신념이다. 여기서 핵심신념은 세계, 타인, 자신, 미래에 대한 자신의 견해를 반영한다.

개인이 현실을 구조화하는 방식은 정서적인 상태를 결정한다. 즉, 정서와 인지 간의 상호관계가 존재하는데, 정서와 인지는 서로를 강화하여 감정적·인지적 손상을 악화시킨다.

즉, 정서적으로 장애가 있는 사람은 인지적 오류의 도식을 갖게 되는데, 그 도식에 따라 정보를 처리하므로 현실을 왜곡하게 되고 장애가 더욱 심해진다.

② 자동적 사고

자동적 사고(automatic thought)는 구체적인 상황에서 자동적으로 떠오르는 생각이나 영상을 말한다. 예를 들어, 다른 사람이 나의 말에 대꾸를 하지 않을 시 '나를 무시하나? 나를 만만하게 보나?' 등의 생각이 떠오르는 것으로 상황이나 사건에 대한 즉각적인 해석, 어떤 의도나 의지 없이 자발적으로 나타나는 사고를 말한다. 자동적 사고는 자신의 경험으로부터 형성되며 신념체계 형성에 영향을 미친다. 그리고 심리적 장애를 가진 사람의 경우 자동적 사고가 왜곡되거나, 극단적이거나 부정확할 수 있다.

③ 인지적 왜곡

인지적 왜곡(cognitive distortion)은 그릇된 가정 및 잘못된 개념화로 이끄는 생각의 체계적 오류라고 할 수 있다. 인지적 왜곡은 정보처리가 부정확하거나 비효과적일 때 나타나며, 비논리적 추론을 자동적으로 만들어 낸다. 그래서 이것을 '부정적 사고'라고 한다. 인지적 왜곡에는 과잉일반화, 이분법적 사고, 임의적 추론, 선택적 추상화, 극대화와 극소화, 개인화가 있다.

- **과잉일반화**(over generalization): 한두 차례의 경험이나 증거에 비추어 모든 상황에서 그러할 것이라고 과도하게 일반화하여 결론을 맺는 오류를 말한다. 예를 들어, 여자 친구에게 한 차례 데이트를 거절당한 후, '나는 여자와의 관계에서 분명히 어떤 문제가 있어. 여자들이 나 같은 사람을 좋아할 리 없어.'라고 생각하는 것이다.
- **이분법적 사고**(dichotomous thinking): 흑백논리(black-or-white thinking) 또는 실무율적 사고(all-or-nothing thinking)라고도 불린다. 완벽주의(perfectionism)의 기저에서 흔히 발견되는 사고의 오류이다. 예를 들어, 크게 성공하지 못하면 완전한 실패라고 생각하는 것이다.
- **임의적 추론**(arbitrary inference): 적절한 증거가 부족하거나 부적절함에도 불구하고 결론에 도달하는 것이다. 예를 들어, 의사가 고개를 갸우뚱하는 것을 보고 '내가 유방암에 걸렸구나!'라고 결론을 내리고 좌절하는 경우이다.
- **선택적 추상화**(selective abstraction): 사건의 일부 세부사항만을 기초로 결론을 내리고, 전

체 맥락 중의 중요한 부분을 간과하는 것이다. 예를 들어, 부부가 '저녁 외출이 즐거웠는지는 문제가 안 돼. 우리가 15분간 다투었던 게 중요해.'라고 하는 것이다.

- **극대화와 극소화**(magnification & minimization): 어떤 사건의 중요성이나 정도를 왜곡하여 평가하는 오류이다. 그것의 실제 중요성과 무관하게 사건이나 경험을 과대평가하거나 과소평가한다. 극대화의 예로, 낙제 점수를 받은 후 '내 인생은 이제 끝이다.'라고 생각하는 것을 들 수 있다. 극소화의 예로, '내가 지금 이 자리에 오르는 데에는 30년이 걸렸지만, 누구라도 이 정도는 할 수 있어.'가 있다.
- **개인화**(personalization): 전혀 상관없는 사건을 근거 없이, 자신과 관련짓는 것이다. 예를 들어, '만일 내가 어머니와 함께 집에 있었더라면, 어머니는 심장마비 같은 걸 일으키지는 않았을 거야.'라고 하는 것이다.

(2) 엘리스의 합리정서행동모델

엘리스(Ellis)의 합리정서행동모델은 인간의 적응문제가 합리적 사고방식의 유무에 의하여 크게 좌우된다고 보는 관점이다. 이 모델은 개인의 이성적인 생각 내지 인지적이고 지성적인 사고과정을 강조한다. 이 모델의 접근은 어떤 사건이 클라이언트의 정서적 혼란이나 고민의 원인이 되는 것이 아니라, 그 사건을 클라이언트가 어떻게 해석하고 받아들이느냐가 감정을 좌우한다고 본다.

엘리스의 합리정서행동모델은 'ABCDE 이론'이라고도 한다. 비합리적인 신념의 네 가지 차원(이현림, 2008)과 ABCDE 이론(권진숙 외, 2014)에 대해서 살펴보면 다음과 같다.

① 당위적 사고

'반드시 ~해야 한다'는 사고로 강한 요구가 포함된 경직된 사고를 말한다. 예를 들면, '세상은 반드시 공평해야 하며, 정의는 반드시 승리해야 한다.'와 같은 경우이다.

② 과장

과장화 또는 재앙화라고 한다. 예를 들면, '~하면 끔찍하다' 또는 '~하면 큰일이다' 등의 표현으로 나타난다.

③ 자기비하

자신이나 타인, 또는 상황에 대한 극도의 비하, 파멸적 사고를 의미한다. 예를 들면, '~하면(~한 것을 보니) 나는 무가치한 사람이다.'라는 표현으로 나타난다.

④ 부족한 인내심

부정적 사고를 갖고 있는 클라이언트가 원하는 것이 주어지지 않을 때 좌절하여 그 상황을 견디지 못하는 경우이다.

엘리스의 합리정서행동모델을 ABCDE 이론이라고도 하는데, ABCDE 이론의 틀은 [그림 4-2]와 같다.

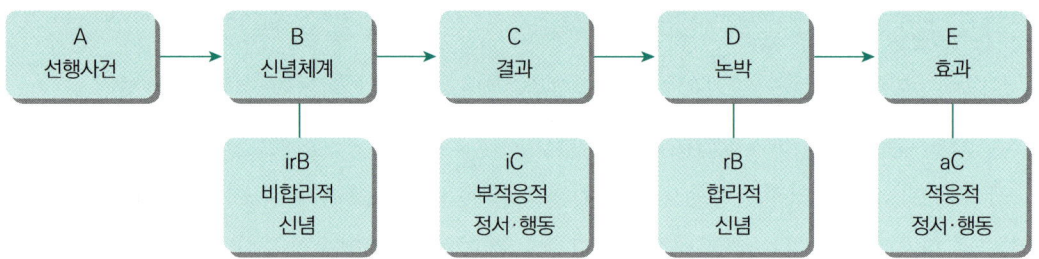

[그림 4-2] ABCDE 이론의 틀

- A(선행사건: activating event): 개인에게 혼란을 야기하는 어떤 선행사건이다.
- B(신념체계: belief system): 어떤 사건이나 행위 등과 같은 환경적 자극에 대해서 각 개인이 갖는 태도로서, 개인의 신념체계 또는 사고방식을 가리킨다. 신념체계에는 합리적 신념(rational beliefs: rB)과 비합리적 신념(irrational beliefs: irB)이 있다. 합리적 신념은 우리가 바라는 어떤 목표를 달성하는 데 도움을 주는 사고방식이다. 비합리적 신념은 그와 반대되는 것으로 사태나 행위를 아주 수치스럽고 끔찍스러운 현상으로 해석하여 자기를 징벌하고 자포자기하거나 세상을 원망하는 사람들이 가지는 사고방식이다.
- C(결과: consequence): 선행사건에 접했을 때 생겨나는 비합리적인 태도 내지 사고방식으로 그 사건을 해석함으로써 느끼게 되는 정서적 결과를 말한다.
- D(논박: dispute): 자신이 가지고 있는 비합리적인 신념이나 사고에 대해서 도전해 보고 과연 그것이 합리적인지를 검토하는 것이다.
- E(효과: emotional consequence): 비합리적인 신념을 철저하게 논박함으로써 합리적인 신념을 갖게 된 다음에 느끼게 되는 자기수용적 태도와 긍정적인 감정의 결과나 효과이다.

3) 개입과정 및 기법

(1) 개입목표

인지행동모델의 개입목적은 부정적 감정의 근원이 되는 비합리적 신념을 밝혀내고 도전함으로써 재구조화하는 것이다. 즉, 개인이 가지고 있는 비합리적 신념이나 인지적 오류, 자기패배적인 사고를 변화하게 함으로써 클라이언트의 감정이나 행동을 수정하게 하는 것이다. 그러므로 인지행동모델의 개입목표는 클라이언트가 당면한 문제를 해결하고, 역기능적 사고와 행동을 수정하는 것이다.

(2) 개입과정

인지행동모델의 개입기간은 일반적으로 3개월에서 6개월까지로 단기치료모델로 간주될 수 있다. 치료기간이 단기이기 때문에 그 효과도 단기적일 수밖에 없는 문제가 발생하므로 이를 보완하기 위해서 필요시 인지행동모델의 전 과정 또는 부분적인 내용을 반복하여 개입하기도 한다. 다음은 인지행동모델의 다섯 가지 개입단계이다(권진숙 외, 2014).

① 1단계

인지행동모델의 기본 철학 및 논리를 클라이언트가 믿도록 설명하고 설득한다.

② 2단계

클라이언트의 자기보고와 상담가의 관찰을 통해 비합리적인 신념을 발견하고 규명한다.

③ 3단계

클라이언트의 비합리적인 신념에 대한 상담가의 직접적인 논박 및 합리적인 신념을 예를 들어 설명해 준다.

④ 4단계

자신이 동의한 비합리적인 신념을 합리적인 신념으로 바꾸기 위한 인지적 연습을 반복한다.

⑤ 5단계

합리적 사고와 행동반응을 개발하고 이를 일반화시켜 일반적으로 적용하기 위한 행동적 연습을 한다.

(3) 개입기법

인지행동모델의 개입기법으로는 인지치료와 행동수정을 활용한 여러 기법이 있으며, 이는 인지적 기법, 정서적 기법, 행동적 기법의 세 가지 유형으로 구분할 수 있다.

① 인지적 기법

- **질문하기**: 문답식 방법의 사용으로 클라이언트의 사고를 변화시키는 데 가장 많이 사용하는 기법이다. 즉, 자동적 사고에 대한 현실적 검증을 위한 언어적 기법이다. 일련의 '소크라테스식 질문'을 통해 클라이언트로 하여금 자신의 자동적 사고가 현실적으로 타당한지를 평가하고 좀 더 현실적인 생각을 갖도록 만드는 방법이다.
- **구체적 상황 다루기**: 인지적 문제가 발생하는 구체적 상황을 다루어서 문제의 원인을 알 수 있는 기법이다.
- **인지 재구조화**: 클라이언트가 자신의 기능에 부정적 영향을 미치는 역기능적 사고와 관념을 인식할 수 있도록 돕고, 이를 현실에 맞는 신념과 행동으로 대치하여 기능을 향상시킬 수 있도록 하는 기법이다.
- **비합리적인 신념에 대한 논박**: 클라이언트 자신의 비합리적인 신념이 약화될 때까지 일정 시간 동안 대표적인 비합리적인 신념을 논박하도록 하는 기법이다.
- **인지적 과제부여**: 클라이언트의 내면화된 자기언어의 일부인 '반드시 ~할 것이다(should)'나 '반드시 ~해야 한다(must)'를 제거할 수 있도록 인지적 과제를 부여하는 기법이다.
- **새로운 진술문의 사용**: 클라이언트가 절대적인 '~해야 한다(should, must)'를 절대적이지 않은 '~하면 좋겠다(preferable)'로 대치함으로써, 보다 합리적인 사고로 자신을 진술하는 법을 배울 수 있는 기법이다.
- **독서 및 시청각 자료 기법**: 책과 시청각 자료를 활용하여 올바른 정보의 획득과 객관적 인식의 변화를 가능하게 하는 기법이다.

② 정서적 기법

- **심상법(imagination)**: 현실적 혹은 이상적 사상을 마음속으로 영상화하는 기법을 말한다. 즉, 불안이라는 증상이 일어났을 때 그와 반대되는 상황을 상상하는 등의 심상을 통하

여 불안을 극복하는 방법이다.
- **무조건적으로 수용하기**: 클라이언트의 어떤 말이나 행동을 무조건적으로 수용하는 기법이다.
- **수치감 대면연습**: 주위 사람들이 어떻게 생각할지에 대한 두려움 때문에 못하는 것을 실제로 행동해 보도록 하는 훈련기법이다.
- **이완, 명상, 호흡**: 불안한 클라이언트에게 점진적 이완, 명상, 심호흡 등을 활용하여 긴장된 근육을 이완시키고 산란한 마음과 불안한 정서를 안정시키고 통제력을 가질 수 있도록 하는 기법이다.
- **유머**: 클라이언트에게 혼란을 일으키는 어떤 생각을 줄이기 위해 치료자가 유머를 사용하는 기법이다.

③ 행동적 기법

- **역할연기**: 클라이언트의 관심이 되는 특정 상황을 그가 있는 자리에서 재현하도록 요청하는 행동기법으로 발생한 사건을 치료자가 더 잘 이해하는 데 도움이 된다.
- **행동시연**: 흔히 치료자가 시범을 보이고 클라이언트가 이를 모방하여 어떤 역할을 시험적으로 해 보도록 함으로써 인간관계의 형성과 유지에 필요한 태도나 행동특징을 습득할 수 있도록 하는 행동수정기법이다.
- **체계적 둔감화**: 클라이언트에게 가장 덜 위협적인 상황까지 상황들을 순서대로 제시하면서, 불안자극과 불안반응 간의 연결이 없어질 때까지 불안을 일으키는 자극을 반복적으로 이완 상태와 짝짓는 기법이다.
- **과제부여**: 과제 혹은 숙제는 클라이언트가 자신의 문제에 대한 인식을 향상시킬 뿐만 아니라 새로운 행동을 획득하거나 과거의 반응을 제거할 수 있도록 도움을 주는 기법으로 클라이언트의 적극적 협조와 참여를 기반으로 한다.
- **사회기술훈련**: 클라이언트가 사회적 어려움을 겪고 있을 때 정상적인 사회적 기능을 하도록 돕는다.
- **자기주장훈련**: 클라이언트에게 자신의 생각이나 의견을 표현할 수 있도록 한다.

4) 적용 사례

의료사회복지사뿐만 아니라 임상현장에서 일하는 사회복지사들이 많이 활용하는 모델이 인지행동모델이다. 인지행동모델이 우울증, 가족폭력과 학대, 분노, 알코올과 약물을 포함한 다양한 행동적 문제를 위한 치료적 접근법으로 폭넓게 활용되고 있는 상황(권진숙 외, 2014)에서 여성 신장이식환자의 스트레스 관리집단 프로그램 적용 사례(추정인, 1999, 2003)를 살펴보면 다음과 같다.

신장이식환자는 이식 후에도 재발의 가능성과 거부반응, 약물 부작용으로 인한 불안이 심하다. 또한 면역억제제의 장기간 복용으로 신기능장애, 고혈압, 당뇨병, 위장장애, 감염, 치육비후, 다모증, 외모 변화 등의 부작용이 생길 수 있기 때문에 정기적인 진료와 검사, 식이요법 등 건강관리와 생활조절에 따른 스트레스 상황에 처하게 된다. 특히 여성 신장이식환자들은 이식 후 외모 변화, 성(sex), 임신과 출산, 결혼생활에서 역할 수행상의 문제나 비합리적인 신념으로 많은 불안과 스트레스 상황에 처하게 된다. 따라서 여성 신장이식환자를 대상으로 비합리적인 질병에 대한 태도를 변화시켜 스트레스 상황에 잘 대처할 수 있도록 엘리스의 합리정서행동모델을 적용한 집단 프로그램을 주 2회 150분씩 10회 실시하고, 인지행동기법인 인지 재구성, 교육, 이완훈련을 활용하였다. 그 결과 집단 프로그램은 여성 신장이식환자들의 비합리적인 질병태도와 스트레스 관리에 긍정적인 영향을 미치는 것으로 나타났다.

여성 신장이식환자를 대상으로 실시한 인지행동 프로그램의 내용은 〈표 4-1〉과 같다.

〈표 4-1〉 여성 신장이식환자 인지행동모델: 스트레스 대처 프로그램

회기	내용	담당
1	• 프로그램에 대한 소개 • 사전검사 • 집단성원 소개 및 관계형성	의료사회복지사
2	• 점진적 근육이완 훈련 • 스트레스 유발요인과 반응에 대한 결과 분석	운동치료사 의료사회복지사
3	• 근육이완과 에어로빅 훈련 • 교육-신장이식환자의 건강관리	의료사회복지사 이식코디네이터
4	• 호흡법과 명상훈련 • 교육-여성 신장이식환자의 성과 임신	의료사회복지사 산부인과 의사
5	• 에어로빅과 호흡법 훈련 • 인지 재구성-사고와 느낌 구분하기 • 정서의 A-B-C-D-E 이해하기	의료사회복지사

회기	내용	담당
6	• 근육이완과 명상 훈련 • 인지 재구성-비합리적 신념을 합리적 신념으로 전환 • 부정적 사고를 긍정적 사고로 전환	의료사회복지사
7	• 에어로빅과 호흡법 훈련 • 인지 재구성-인지왜곡 바로잡기	의료사회복지사
8	• 근육이완과 명상 훈련 • 인지 재구성-자동화된 사고 밝히기	의료사회복지사
9	• 에어로빅과 호흡법 훈련 • 스트레스 대처 성공 사례담 나누기	의료사회복지사 신장이식환자
10	• 종합평가 및 사후검사 • 종결파티	의료사회복지사

3. 문제해결모델

1) 개요

문제해결모델은 펄먼(Helen Harris Perlman, 1905~2004)이 기초를 만들고, 1970년대 미국을 중심으로 체계론적 관점에 영향을 받은 콤튼(Compton)과 갤러웨이(Galaway)에 의해 발전되어 사회복지실천의 중요한 모델로 자리 잡게 되었다. 이 모델은 에릭슨(Erikson)의 자아심리학, 존 듀이(John Dewey)의 실용주의 철학, 역할이론, 개별사회사업(casework) 이론, 사회심리학, 문화인류학 등에서 영향을 받았다. 특히 존 듀이(John Dewey)는 문제해결을 '반성적 사고(reflective thinking)'로 보고, 문제해결을 위한 네 가지 중심 요소를 다음과 같이 제시하였다.

> **반성적 사고**
> 인간이 외부 환경이나 자신의 행위를 판단하고 결정하게 만드는 인지적 과정을 의미함

① 문제를 인식하고 표현하는 것
② 해결을 이끄는 사실들을 수집하는 것
③ 제기된 각 해결방안을 시험하는 것
④ 어떤 행동을 취할지 결정하는 것

존 듀이의 사상과 철학적 개념을 사회복지 이론에 접목한 최초의 학자가 펄먼이다 (Perlman, 1986). 펄먼은 클라이언트의 어려움이 문제에 있는 것이 아니라 문제를 해결하는 태도에 있다고 보았다. 문제해결능력에 기초하여 인간은 환경으로부터 정보를 얻고, 이 정보들을 활용하여 다양한 욕구를 충족시킬 수 있다. 펄먼은 인간의 삶 자체가 지속적인 문제해결 과정이라고 전제하면서 사회복지실천의 변화 표적을 '문제'로 제시하였다. 다시 말해서 클라이언트가 자신의 문제를 올바르게 평가하고 판단할 수 있도록 문제를 인식하게 하고, 주어진 문제를 해결할 수 있는 능력을 향상시켜 주는 과정을 사회복지실천으로 보았다 (장인협, 1989; 홍성례 외, 2014).

2) 기본 개념

문제해결
장애물을 규명하고 분석하여 해결하는 인지적 과정으로 문제해결에 필요한 다양한 해결 방법 중 최선을 선택하는 것을 의미함

문제해결은 장애물을 규명하고 분석하여 해결하는 인지적 과정으로 문제해결에 필요한 다양한 방법 중 최선을 선택하는 것을 의미한다. 이 모델의 기본 가설은 모든 인간 생활이 문제해결 과정이며, 문제를 해결하지 못하는 것은 동기와 능력, 그리고 기회의 부족에서 기인한다는 점에 기초하고 있다. 이러한 문제해결은 클라이언트의 문제해결 및 대처 능력을 증진하기 위한 모델로 의료사회복지현장에서 환자의 욕구 파악, 의사결정, 권익옹호, 자원 연계 등 모든 개입과정에서 활용할 수 있다. 클라이언트가 삶의 과정에서 발생하는 다양한 문제를 해결하도록 돕기 위해서는 먼저 클라이언트가 문제라고 인식한 것에서 출발해야 한다. 그런 후에 클라이언트와 함께 사회복지사는 자신의 전문적 지식과 기술을 활용하여 문제를 해결할 수 있다. 펄먼은 1930년대 이후 사회사업 분야에 프로이트의 정신분석학이 도입되면서 개인의 심리 역동적인 면에 초점을 두고 자아심리학과 존 듀이의 문제해결 원칙, 역할이론에 기반한 문제해결모델을 발전시켜 왔다. 펄먼은 개인이 문제해결에 실패하는 것은 개인의 정신적인 결함이나 병리보다는 자신의 문제에 대처할 만한 능력이 부족하기 때문이라고 보았다. 즉, 문제를 해결하는 수단으로서 자신의 동기, 적절한 능력, 기회 등이 부재하기 때문에 문제대처에 무력한 것으로 본 것이다. 펄먼은 사회복지실천의 구성요소로 문제(problem), 문제를 가진 개인(person), 문제해결에 필요한 장소(place), 문제해결 과정(process), 제공물(provision), 그리고 전문가(professional)로 보았다.

(1) 문제해결모델의 개념

펄먼(1986)은 문제해결 과정은 단순히 인지적인 과정이 아니고 클라이언트와의 좋은 관계가 문제해결 과정과 연계되어 있다고 강조한다. 또한 관계는 상호 문제해결 과정에서 발생하는 사회복지사와 클라이언트 상호 간의 노력의 산물이라고 설명한다. 이러한 문제해결모델은 개인, 집단, 가족, 조직, 지역사회와 같은 모든 수준의 클라이언트에게 적용할 수 있다.

- **문제(problem)**: 개인의 심리적인 원인과 환경과의 상호작용에 의해 나타나는 사회적 기능 수행상의 문제들로 과거의 경험에 의해서 발생할 뿐만 아니라 새로운 문제의 원인이 됨
- **사람(person)**: 사람은 과거의 무의식에 의해 지배되는 존재가 아니라 자아의 의지에 따라 항상 변화하고 발전하는 개방된 체계로서 자기에게 주어진 역할과 당면하고 있는 문제에 영향을 받는 존재임
- **기관(place)**: 문제해결에 필요한 자원과 기능을 가지는 공식적인 조직과 사회복지사의 원조가 이루어지는 비공식적 조직을 모두 포함하며 사회복지실천은 기관의 역할 내에서 제공해야 함
- **과정(process)**: 문제해결을 위해 클라이언트의 참여와 협조를 강조하며 상황에 따라 문제를 재사정하고 수행하는 지속적인 원조 과정임
- **제공물(provision)**: 클라이언트의 물질적 욕구, 지지관계망 확보 욕구 등을 충족시키는 데 필요한 제반 서비스 및 기회들을 클라이언트의 생활환경 가운데서 적극적으로 찾아내어 클라이언트가 이용할 수 있도록 만드는 모든 활동임
- **전문가(professional)**: 조정을 위해 개입하는 사회복지사는 사회복지실천 활동에 있어 하나의 개별적 주체로서 전문가를 의미함

(2) 문제해결모델의 주요 특징

문제해결모델은 펄먼(1957)의 『Social Casework: A Problem-Solving Process』에서 처음 제시되었고, 그녀는 케이스워크(casework)가 본질적으로 문제해결 과정이라고 정의하였다. 1926년 미네소타 대학교 영문학과를 우등으로 졸업한 펄먼은 자신이 여성이며 유대인이라는 이유로 취업에 실패하자, 시카고 유대인 사회서비스국(Chicago Jewish Social Service Bureau)에서 케이스워커로 활동하게 된다. 이후, 다양한 영역에서 왕성한 활동을 전개한

펄먼은 New York School of Social Work에서 장학금을 받고 입학한 후 사회사업 이론 및 방법 연구에 몰입한다. 1943년 컬럼비아 대학교에서 석사학위를 받은 그녀는 1945년 시카고 대학원 사회사업학과의 교수가 된다. 그녀는 1957년에 『Social Casework: A Problem-Solving Process』를 집필하고 98세로 사망할 때까지 강의, 연구 및 저서 활동에 헌신한다. 펄먼의 철학과 사고는 프로이트 혹은 진단주의 학파에 뿌리를 두고 있으나 기능주의 학파에 매력을 느껴 두 학파의 독특성을 조합하려고 노력하였다. 구체적으로, 연구, 진단, 치료의 과학적인 과정에 정신역동이론을 적용하였고, 기능주의 학파에서는 클라이언트의 현재 문제를 작은 부분으로 나누고, 클라이언트를 동기화시키며 클라이언트 자신의 성장 잠재력을 높이기 위해 지지적 관계를 발전시키는 점을 강조하였다(Perlman, 1986).

(3) 문제해결모델의 기본 원칙

문제해결모델의 주요 원칙은 다음과 같다(장인협, 1989, pp. 81-88).

① 개인이 문제해결에 실패하는 것은 개인의 정신적인 결함이나 병리 때문이 아니라 문제를 해결해 나가는 태도가 잘못되었기 때문이다. 문제가 클라이언트의 인성에서 비롯되는 것이 아니라 일상생활에서 경험하는 다양한 것에서 비롯되는 것이라고 본다.
② 개입 목적은 클라이언트의 문제해결능력을 회복시키는 것이다.
③ 클라이언트에 대한 입장을 살펴보면, 클라이언트 자신이 문제해결자이며, 클라이언트의 자아가 중요한 역할을 하는 것으로 본다.
④ 개입에서 사회복지사의 역할은 변화를 위해 클라이언트의 동기를 개방시키고 활력을 주며 방향성을 제시하는 것이다. 문제에 대처하기 위해 클라이언트의 정신, 정서, 행동적 능력을 개방시키고 반복적으로 훈련시킨다. 문제의 경감 또는 해결에 필요한 자원을 클라이언트가 이용할 수 있도록 원조한다.
⑤ 개입과정은 문제해결의 과정으로, 개인과 환경 간의 상호작용에 초점을 두고 개입한다.

콤튼과 갤러웨이(Compton & Galaway, 1989)는 문제의 원인, 성질, 위치, 의미에 관하여 어떠한 가정도 하지 않으며 문제란 기능의 손상이나 성격의 기능장애에서 발생하는 것이 아니라 환자체계 내에 존재하거나 환자체계와 관계하는 다른 체계 내에 존재하는 것, 또는 사회적 자원의 부족과 이러한 요소들 간의 상호관계에서 발생하는 것으로 정리하고 있다. 그리하여 클라이언트가 직면하는 주요 문제는 환자 자신과 다른 사람의 행동에 대한 인식의 부족에서 생기는 문제, 역할 수행의 곤란, 특히 역할의 전환 문제와 역할기능의 상실 문제, 혹은 사회적 자원과 사회 조직망의 부족에서 생기는 문제 등으로 인식했다.

3) 개입과정 및 기법

최근 문제해결모델은 사회복지사와 클라이언트 간의 협력과 파트너십을 모든 단계에서 강조하고 있지만 펄먼의 모델에서는 사정과 치료계획 수립에서 사회사업가의 주된 책임을 좀 더 강조하고 있다(Compton & Galaway, 1999).

펄먼의 문제해결 과정은 다음과 같이 제1국면, 제2국면, 제3국면으로 나뉘며, 각 단계의 주요 특징은 다음과 같다.

- ❶ **제1국면**: 서비스 신청자와 사회복지사 간에 이루어지는 최초의 대화이며, 무엇이 문제인가를 확인하는 단계이다.
  - 사회복지사와 신청자가 당면한 문제의 본질, 문제의 의의 등 이 기관에 찾아오게 된 의식적인 동기 및 목적, 기관의 실질적인 성격 및 문제해결 방법 등을 서로가 탐지하여 일치된 이해가 성립되면 신청자는 '자기결정'에 따라 계약을 맺고 클라이언트의 역할로 이전된다.
  - 초기의 문제는 항상 이중적이며, 개인이 기관과의 관계에 있어 활발한 동반자가 되는 것이 첫 과제가 된다.
  - 초기의 활동 내용은 '조사'가 핵심인데, 문제의 의의, 기관에서 얻고자 하는 해결책과 모델, 클라이언트와 그의 문제에 관한 기관의 문제해결 방법과 실질적인 기관의 특성을 상호 간 파악하는 과정이다.

- ❷ **제2국면**: 이 단계는 자아의 선택, 통합, 중재, 판단, 평가의 기능을 훈련하는 단계이다. 즉, 사실을 기초로 문제해결을 지향하도록 사회복지사는 클라이언트를 경청하고 관찰하여 사실과 경험에 관한 자료를 수집한다.
  - 클라이언트가 표현하고 예측하며 가정하는 관계를 발견하며, 방법과 수단을 고려하여 원인과 자원을 생각하도록 이끈다.
  - 제2국면의 핵심적인 사회복지사의 과업은 진단이라고 할 수 있다. 진단은 처음부터 끝까지 시행되는 과정이며, 이러한 계속적인 진단은 지속적인 치료를 포함하고 있

다고 할 수 있기에 제2국면만의 과업은 아니다.
- 사회복지사는 클라이언트에게 효과적인 도움을 주기 위해 세 종류(역동적 진단, 임상적 진단, 원인론적 또는 발생적 진단)의 진단을 한다.

❸ **제3국면**: 이 단계는 예측되는 행위와 반응을 모두 재연하여 사고함으로써 클라이언트가 행동에 옮길 수 있도록 준비한다.
- 내적 변화와 외적인 행동을 유도하는 선택과 결정을 짓는 것이 과제이고, 그 선택과 결정은 문제해결에 영향을 미친다.
- 문제해결모델의 목적은 클라이언트의 '문제해결 능력' 향상이다.
- 개입의 목표는 클라이언트와 사회복지사가 그들의 당면 문제로서 확인한 특수한 문제에 대한 해결책으로 인정한 것으로 제한한다.
- 개입의 첫 목표는 사회복지사가 희망하는 목표가 무엇이며 방향이 어딘가를 함께 고려하며 전진할 때 문제해결이 이루어진다.

펄먼에 이어 콤튼과 갤러웨이(Compton & Galaway, 1994)는 문제해결모델의 과정을 접촉 단계(Contact Phase), 계약 단계(Contract Phase), 행동 단계(Acion Phase)로 구분하고, 각 단계의 특성을 다음과 같이 설명하고 있다.

❶ **접촉 단계(Contact Phase)**: 접촉 단계에서는 개입해야 하는 문제의 결정, 목표의 명확화, 서비스 한계의 명시, 클라이언트에게 질문한 내용의 명확화, 적절한 관계의 발전, 서약, 자료수집 등의 과업을 진행한다. 이러한 과업은 클라이언트의 적극적인 참여가 필요한 내용으로 사회복지사는 초기 면접 시 클라이언트의 희망과 어려운 점이 무엇인지, 환자가 생각하는 기회와 사회복지사가 제공할 수 있는 기회, 환자 체계 내외의 요인들에 관한 정보를 수집한다. 문제를 정의할 때는 부분화(partialization)를 통해 구체적인 목표로 기술하는 것이 필요하다.

접촉 단계의 과업 정리하기!

- 초기접촉, 다루어야 할 문제의 결정, 목표의 명확화, 서비스 한계의 명확화, 클라이언트 체계에서 질문할 것을 명확화, 적절한 관계의 발전, 공동으로 할 것의 서약, 자료수집 등 8가지의 기본적인 과업이 있음
- 문제를 정의하는 데 중요한 부분은 부분화를 하는 것임
- 접촉 단계에서는 초기 면접 시 클라이언트의 희망과 불편의 균형, 클라이언트가 생각하는 기회와 사회복지사가 제공할 수 있는 기회, 클라이언트 체계 내의 요인과 체계의 관계 요인들의 정보를 수집하는 것이 바람직함

접촉 단계에서는 변화매개체계, 자원 및 가능한 표적체계와 행동체계에 대한 이해와 자기인식에 기초하여 환자체계 또는 잠재적인 환자체계를 위해 사회복지사 자신을 이용할 수 있는 능력이 필요하다. 구체적인 기술은 다음과 같이 요약할 수 있다.

- 귀로 듣고 눈으로는 신체적 언어를 관찰할 뿐만 아니라 제3의 귀로 경청
- 감정이입, 진실함, 신뢰성 존중 및 지지적인 의사소통
- 명료화, 의역, 지각점검, 초점을 맞춤, 질문하기, 성찰, 알림, 요약, 직면, 해석, 확신, 재확신 등과 같은 기술 사용
- 기록, 자료 및 문서화된 증거 등을 포함하는 자료수집방법 사용
- 적절한 정보수집을 안내하는 이론적인 지식 활용

❷ **계약 단계(Contract Phase)**: 접촉 단계에서 문제와 과업이 규정되면 사정, 평가와 제공될 서비스를 계약하는 단계에 들어간다. 서비스의 계약은 사회복지사와 환자가 함께 다룰 문제의 정의, 목표설정, 개입계획을 협상하는 것이며 환자의 목표를 설정하면 환자의 강점을 반영하여 계획을 세운다.

- 사정 평가와 제공될 서비스를 계약하는 단계
- 사회복지사의 문제 지향적인 태도를 막기 위해 클라이언트의 강점을 체계적으로 검토하여 개입계획을 세움

- 이 모델에서 진단이란 클라이언트의 투입이 없는 전문가 판단에 의한 라벨을 붙이는 과정이므로 사회복지실천에서는 진단과 다르게 사정을 하는 과정으로 이해해야 한다.

다음으로 계약 단계에서는 앞에서 언급한 기술뿐만 아니라, 수집된 자료에 의미를 부여하고 분석하기 위해 인간체계의 성장, 발달, 기능, 역기능, 상호작용에 관한 기초이론을 사용하는 능력이 요구된다.

- 유용한 행동을 제시할 수 있도록 자료의 우선순위를 정하고 조직하는 능력과 문제, 목표, 활용 가능한 자원에 관한 지식
- 가능한 성공과 대가를 예측하여 일련의 대안적 계획을 세울 수 있는 능력
- 대안 중에 하나를 선택하기 위해 스스로 판단하고 환자를 참여시키는 능력
- 취해야 할 행동을 진술하기 위하여 앞의 모든 것을 종합하는 능력

❸ **행동 단계(Action Phase)**: 행동 단계는 사정과 서비스의 계약이 이루어진 이후부터 목표 확인, 개입, 종결까지의 과정이 포함된다. 이 단계에서는 개입과 과업, 이용할 자원과 서비스, 역할 명료화 등을 포함한다.

- 사정과 계약이 이루어진 직후부터 시작되며, 목표가 확인되고 개입이 진행되어 종결 과정이 시작될 때까지 계속됨
- 개인과 과업, 이용할 자원과 서비스, 사용할 방법, 그리고 누가 무엇을 언제하는가를 구체화함
- 사회복지사의 다섯 가지 역할(중개자, 대변자, 측면적 지원자, 교사, 중재자)을 통해 설정된 목표를 클라이언트가 성취할 수 있도록 모든 능력, 기술, 지식을 실제로 활용하게 된다.

행동 단계에서 사용할 수 있는 기술은 다음과 같다.

- 접촉 단계와 계약 단계에서 열거된 모든 기술
- 계획을 수행하는 데 필요한 제 역할들에 적절한 사회사업 방법을 사용하는 기술
- 평가하는 기술
- 종결하고 헤어지는 데 필요한 기술

⟨표 4-2⟩ 콤튼과 갤러웨이의 문제해결모델 실천과정 및 과업

접촉 단계	**1. 문제의 규명과 정의** ① 환자체계가 본 문제 ② 환자체계가 상호작용하는 다른 체계에 의해 정의된 문제 ③ 사회사업가가 본 문제 ④ 개입해야 하는 문제(다룰 문제, 사회사업가가 환자와 함께 시작하는 곳) **2. 목표 규명** ① 환자가 문제를 어떻게 해결하기를 원하는가?(단기목표, 장기목표) ② 환자는 문제해결을 위해 무엇이 필요하다고 생각하는가? ③ 환자는 문제해결 수단인 병원으로부터 무엇을 추구하고 기대하는가? ④ 문제결과에 대한 사회사업가의 목표는 무엇인가? ⑤ 사회사업가는 목표를 달성하기 위해 서비스 체계가 환자에게 무엇을 제공해야 한다고 생각하는가? **3. 초기계약** ① 현실과 서비스 경계의 명료화 ② 함께 일하는 본질에 대해 이야기함 ③ 환자체계의 권리, 기대, 자율성을 확신하고, 사회사업가에게 개입할 권리를 승인하는 방법으로 탐색과 사정을 계속하거나 계약함 **4. 탐색과 조사** ① 동기부여(불편함, 희망) ② 기회 ③ 환자의 능력
계약 단계	**5. 조정과 평가** ① 규명된 문제와 환자체계 욕구 간의 관련 여부 ② 문제에 영향을 주는 요인들을 규명하기 위한 상황 분석 ③ 계속적인 욕구, 결핍 혹은 어려움에 영향을 주는 요인들을 고려 ④ 가장 중요한 요인을 규명하고 그들의 상호관계를 정의, 함께 일할 사람을 선정 ⑤ 유용한 자원, 강점 및 동기를 규명 ⑥ 사회사업 전문직의 지식 체계로부터 일반화된 원칙 및 개념을 적절히 선택하여 사용 ⑦ 지식과 경험에 의한 사고, 문제해결 목표에 대한 전문적 판단에 의해 사실들을 체계화

계약 단계	6. 행동계획 설정	
		① 실행 가능한 목표를 고려하여 목표설정
		② 대안고려-가능한 대가-가능한 결과
		③ 적절한 서비스 방법을 결정
		④ 변화노력에 초점을 맞춤
		⑤ 사회사업가의 역할 결정
		⑥ 계획을 방해할 수 있는 체계 내의 영향을 고려
		⑦ 사회사업가의 지식 및 기술, 계획실행에 필요한 시기를 고려
	7. 예후	
		① 사회사업가는 계획을 성공하는 데 대해 어떤 자신감을 가지는가?
행동 단계	8. 계획수행	
		① 개입과 과업, 이용할 자원과 서비스, 사용할 방법, 누가 무엇을 연계하는가를 구체화
	9. 결론	
		① 환자와 과업의 성취 및 과정의 의미를 평가
		② 결과와 헤어짐에 대하여 대처하도록 함
		③ 얻은 것을 유지시킴
	10. 평가	
		① 과정을 계속하는가?
		② 목적이 달성되었는가?
		③ 방법이 적절히 사용되었는가?

문제해결모델에 대한 몇 가지 한계점이 지적되고 있다. 첫째, 문제의 '해결'은 이루어지기 어렵다. 사회복지사와 클라이언트는 불확실성 속에서 자신의 문제를 다루고 있기 때문에 문제의 경감과 관리에 대한 희망을 가질 수는 있어도 문제 '해결'에 이르는 것은 현실적이지 않다는 비판이 제기된다(Schon, 1983). 둘째, 문제해결은 단지 사고의 한 유형일 뿐이다. 문제해결 형태의 상호작용에 고착되는 것은 클라이언트가 자유롭게 자신의 이야기를 전개하는 능력을 제한할 수 있다. 셋째, 문제해결모델은 중상층 백인 문화의 특성을 반영하기 때문에 다른 문화권의 클라이언트에게 적용하는 데 제한이 있다(Gambrill, 1999).

4) 적용 사례

척수손상으로 인한 중도장애는 대상자의 삶에 큰 영향을 미친다. 따라서 입원 기간뿐만 아니라 지역사회 복귀 후 장기적인 재활 과정에서 이들의 신체적, 심리적, 사회적 욕구를 파악하고 필요한 서비스를 제공해야 한다. 특히 장애 초기 단계에서는 당사자들이 불안, 우울, 자살 충동 등과 같은 심리적 위기 상황을 경험할 수 있으므로 개별상담을 통해 위험요인들을 파악해야 한다. 이 외에도 급성기 입원 치료 기간뿐만 아니라 장기적인 재활 과정에서 자신의 장애를 수용하고, 지역사회 복귀를 돕는 다양한 정보를 제공해야 한다. 척수장애로 입원한 환자에게 의료사회복지사가 문제해결중심모델을 토대로 서비스를 제공한 사례를 소개하면 다음과 같다.

I. 접촉 단계

① 비자발적으로 상담에 참여한 경우는 치료진의 의뢰 사유를 파악하고, 계약에 앞서 의료사회복지사가 어떤 일을 도울 수 있을지를 명확하게 밝혀 도움을 줄 수 있는 범위를 구체화하는 것이 중요하다.

② 또한 현재 상황에서 척수장애인이 느끼는 주요 문제가 무엇이고, 당사자는 이 문제를 어떻게 해결하기를 바라는지 생각해 보는 기회를 제공한다. 동시에 당사자의 주요 문제에 대한 다차원적인 정보를 수집한다.

II. 계약 단계

① 대상자의 심리 적응 상태를 파악한다.

② 장애 발생 후 ADL, IADL 신체기능 정도를 측정하고, 재활동기에 영향을 주는 자원을 탐색한 후 치료목표를 설정한다. 이때, 목표는 현실적이고 측정 가능한 것이어야 한다.

③ 대상자의 강점, 약점 및 주변 자원을 분석하고, 단기 및 장기목표를 설정하며 이 과정에서 의료사회복지사와 지원 체계들의 역할을 구체화한다.

III. 행동 단계

① 행동 단계에서는 의료사회복지사와 척수장애인이 함께 설정한 문제를 해결해 나간다. 또한 의료사회복지사는 대상자의 심리적 문제의 상담가, 재활에 관한 정보 제공자, 대상자를 타 기관의 프로그램과 자원으로 연계해 주는 매개자, 그리고 공공기관에 도움을 요청하는 옹호자의 역할을 수행할 수 있다.

② 집단프로그램의 형태로는 같은 어려움을 공유할 수 있는 자조모임, 가족들에게 재활과 일상생활 복귀를 위한 정보를 제공, 가족(주 케어자)의 스트레스를 경감시킬 수 있는 지지모임 등이 있다.

③ 자조모임 구성 시 활동 내용을 정하는 일을 돕고, 모임의 장소제공, 경제적 후원 연결 등의 구체적 서비스를 지원한다. 퇴원한 척수장애인의 모임은 자조모임 형태로 진행되는 경우가 많으므로 의료사회복지사는 자원제공자, 모임 전체의 관리자, 옹호자의 역할에 관한 지식과 기술을 습득한다.

출처: 김희성(1995).

4. 역량강화모델

1) 개요

인보관 운동
산업혁명 이후 대량의 빈곤과 생활격차 현상이 심화됨에 따라 이를 해결하기 위해 인보관 운동이 대두되었음. 인보관 운동은 빈곤이 개인의 문제라기보다는 사회문제이며 빈곤의 해결은 자선의 형태나 개인적 접근보다는 사회적 환경의 변화가 필요하다는 입장임

역량강화모델은 1970년대에 생태체계관점에 근거한 강점지향 혹은 해결중심접근의 중요성이 대두되면서 체스탕, 솔로몬, 핀더허그 등의 학자에 의해 1970년대 중반에 개발되었다. 역량강화모델은 일반사회복지실천에서 오랫동안 존재해 왔던 강점 중심의 실천모델이라고 할 수 있다. 그리고 1800년대 말 인보관 운동을 역량강화(임파워먼트) 모델의 토대로 볼 수 있다.

사회복지 분야에서 역량강화에 대한 연구는 주로 장애인, 노인, 빈곤가족 등 클라이언트를 중심으로 이루어지고 있으며 이들의 역량을 강화하기 위한 연구들이 대부분이다. 소외되고 권리를 박탈당한 클라이언트들의 집단을 대상으로 문제해결능력을 증가시키고, 자신의 환경에 대한 통제력을 갖도록 자원, 서비스, 기회, 정보 등을 연결시키는 것이다. 따라서 개인과 환경 간의 상호작용에서 발생하는 부조화, 불균형을 해결하려는 한 방법으로 역량강화를 사회복지 개입방법으로 활용하고 있다(김용민, 2009).

여기서는 역량강화모델의 기본 개념과 철학, 실천과정 그리고 주요 기술들을 살펴보고자 한다.

2) 기본 개념

역량강화(empowerment)라는 용어는 권한부여, 권한위임, 세력화, 능력고취, 역량강화 등 다양하게 사용된다. 역량강화의 개념은 적용되는 차원에 따라 구조적인 변화에 초점을 두는 거시적 차원, 개인의 힘이나 통제력이 증대되었다고 느끼는 사실에 중점을 두고 있는 미시적 차원으로 나눌 수 있다. 역량강화 실천의 목적은 개인, 가족, 집단, 지역사회가 자체의 역량 또는 힘을 획득할 수 있는 능력을 개발하기 위해 노력하는 과정을 도와주는 것이다.

(1) 역량강화모델의 기본 철학

역량강화모델은 내담자를 문제중심이 아니라 강점중심으로 봄으로써 내담자의 잠재력 및 자원을 인정하고, 내담자가 건강한 삶을 결정할 수 있도록 권한 또는 힘을 부여한다. 역량강화모델은 내담자가 독특한 존재이며, 다양성을 가지고 있다는 것을 인정하고 존중하면서 내담자의 결점보다는 강점에 초점을 두고 가능한 모든 자원을 활용하여 내담자의 역량을 실현해 나가도록 도움을 준다. 따라서 역량강화모델을 지향하는 사회복지사는 다음과 같은 가정을 가져야 한다.

- 인간은 성장과 변화를 이끌어 내는 자원과 역량을 이미 가지고 있다.
- 내담자 체계는 변화를 이끌어 내는 자원과 역량을 이미 가지고 있다.
- 새로운 자원을 구축하기 위해서는 현재의 강점을 기반으로 상호작용하고 협력해야 한다.
- 변화는 미래에 대한 희망과 가능성을 기반으로 한다.
- 자신의 상황을 잘 알고, 선택이 주어진다면 자신의 상황을 해결하는 데 가장 적절한 해결을 할 수 있다고 확신한다.
- 결점보다는 체계 사이의 상호 교류 안에서 관심이 되는 이슈와 도전을 중시한다.

(2) 사회복지실천을 위한 주요 개념

① 역량강화모델의 강점관점 활용

- 클라이언트를 독특한 존재로서 다양성을 인정하고 존중하면서 문제중심으로 보는 것이 아니라 강점관점(strength perspective)으로 봄으로써 클라이언트의 회복력을 전제로 하여 클라이언트가 스스로 삶을 결정할 수 있도록 능력을 부여하는 것을 말한다.

- 강점관점은 인간의 존엄성과 사회 정의(social justice)라고 하는 사회복지의 기본 가치와 맥을 같이한다.
- 강점관점은 병리(pathology)관점과 다른 핵심적인 변화양상을 가진다.

병리중심과 강점중심을 비교하면 〈표 4-3〉과 같다.

〈표 4-3〉 병리중심과 강점중심 비교

구분	병리중심	강점중심
개인 규정	'사례', 즉 진단에 따른 증상을 가진 자	독특한 존재, 즉 강점 및 기질, 재능, 자원을 가진 자
치료의 초점	문제	가능성
클라이언트의 진술	전문가에 의해 재해석되어 진단에 활용	그 사람을 알아 가고 평가하는 중요한 방법 중의 하나
사회복지사	클라이언트의 진술에 회의적	클라이언트의 진술을 인정
어린 시절의 상처	성인기의 병리를 예측할 수 있는 전조	개인을 약하게 할 수도 있고 강하게 할 수도 있음
치료 핵심	실무자에 의해 고안된 치료계획	개인, 가족, 지역사회의 참여
클라이언트 삶의 전문가	사회복지사	개인, 가족, 지역사회
개인적 발전	병리에 의해 제한	항상 개방되어 있음
변화를 위한 자원	전문가의 지식과 기술	개인, 가족, 지역사회의 장점, 능력, 적응기술
돕는 목적	행동, 감정, 사고, 관계의 부정적인 개인적·사회적 결과와 증상의 영향 감소	그 사람의 삶에 함께하며 가치를 확고히 하는 것

② 주요 개념

역량강화모델을 이해하기 위해서는 강점관점, 권한부여 과정, 역량강화에 대한 충분한 이해가 있어야 하며 이들은 서로 분리된 것이 아니라 연속적인 일련의 과정으로 상호 밀접한 연관성을 갖는다(양옥경, 2001).

✓ 권한부여

권한부여는 클라이언트의 상황을 환경 안에서 이해하며, 자원과 강점을 찾고자 하는 것이다. 병리학적 진단 기준에 의해서가 아니라 전인적 관점에서 클라이언트를 바라보고자 한다. 클라이언트는 변화과정의 파트너이며, 함께 계획하는 자이고 사회복지사는 다양한 사회체계 수준의 해결해야 할 이슈를 가진 일반 실천가(generalist)이다. 결점에 대해 진단하기보다는 강점을 강조하며, 취약성을 파악하기보다는 권한부여를 기반으로 탄력성을 높이고, 문제를 없애려고 하기보다는 해결책을 찾아내는 데 역점을 둔다.

✓ 협력과 파트너십

클라이언트는 경험과 역량을 가진 원조과정의 파트너이다. 클라이언트를 돕는 과정의 파트너로 보는 것은 클라이언트를 특징과 잠재력을 가진 인간 및 자원으로 인식한다는 것으로 클라이언트의 참여를 중시하고 변화노력의 전 과정에서 클라이언트의 자기결정권을 강조한다는 것이다. 클라이언트는 전문가적 파트너로서 변화과정에 능동적 참여자이며, 자신이 처한 환경과 능력을 잘 알고 있는 사람으로 간주된다. 파트너십의 강조는 변화책임에 대한 사회복지사의 부담을 완화시키며, 클라이언트를 소비자로 인식한다.

✓ 역량

역량(competence)이란 인간체계의 구성원을 돌보는 기능을 수행할 수 있으며, 다른 체계와 효율적으로 상호작용하고, 사회적·물리적 환경의 자원체계에 기여할 수 있는 능력을 말한다.

개인의 문제를 클라이언트 체계의 결점으로 보기보다는 개인적 역량과 환경적 요구 사이의 불일치로 인하여 발생한다고 본다. 자원에 대한 정확한 사정과 활용이 매우 중요하며, 자원과 기회에의 접근 증가, 강점 확장, 역량강화 자체가 권한부여이다.

3) 개입과정 및 기법

사회복지사는 역량강화모델을 실천하기 위해 역량강화를 모든 실천과정에 적용해야 한다. 일반적으로 역량강화 접근은 대화 단계, 발견 단계, 발달 단계를 거치며 일련의 방법과 활동을 실시한다(양옥경 외, 2005, pp. 479-484).

(1) 역량강화 실천 단계

① 대화 단계

역량강화 관계를 발전시키는 단계로, 클라이언트가 기존에 갖고 있는 역량 및 자원을 구체화하는 단계를 뜻한다.

② 발견 단계

사정과 계획의 단계로, 클라이언트가 모르고 있는 자원을 탐색하는 단계이다.

③ 발달 단계

실행 및 변화를 안정화하는 단계로, 클라이언트 체계가 아직 활용하지 않은 부가적인 자원, 역량을 사정하고 확립하는 단계이다.

(2) 역량강화 방법과 활동

대화 단계, 발견 단계, 발달 단계를 거치며 일련의 방법과 활동을 다음과 같이 실시한다.

① 파트너십의 형성

클라이언트의 특권을 인식하고 클라이언트와의 관계를 역량강화하기 시작한다.

② 파트너십의 명료화

클라이언트의 경험을 확인하고 도덕적인 상황을 사정한다. 그리고 업무 특성을 추가하고 목표를 정한다.

③ 방향 설정

동기부여를 촉진하는 관계를 결정하고 관련 자원에 대한 탐색을 안내한다.

④ 강점 정의

사회기능, 도전상황에 대한 대처기술, 문화적 정체성과 역경에 대한 극복능력을 사정한다.

⑤ 자원능력 분석

환경과 클라이언트 사이의 자원을 탐색한다.

⑥ 해결책 구성

행동계획을 수립한다.

⑦ 동맹관계 구축

가능한 동맹관계를 역량강화한다.

⑧ 기획 확장

프로그램 개발, 지역사회 조직화, 사회행동 등 새로운 기회와 자원을 개발한다.

⑨ 성공인식

목표달성도를 인식하고 활동에 대해 정보를 제공함으로써 변화노력의 성공에 대해 평가한다.

⑩ 성과 통합

성공을 축하하며 긍정적인 변화를 안정화시키는 방법으로 변화과정을 마무리한다.

4) 적용 사례

의료사회복지실천 영역에서 역량강화모델은 구제척으로 정신장애인을 포함한 만성질환자군, 정신장애나 행동장애를 가진 정서장애아동이나 역기능 가정에 활용될 수 있으며, 집단의 경우에는 백혈병 환자 부모회, 소아당뇨 부모모임, 이식인 모임 등의 자조집단에 활용될 수 있다(강흥구, 2017).

장수미(2002) 등은 중년기 여성의 발달 단계적 특성 및 당뇨병관리의 어려움을 인식하고, 중년기 여성 당뇨병 환자를 대상으로 임파워먼트 모델에 기반한 집단프로그램을 개발하였다. 이 프로그램은 총 12세션으로 구성되어 있으며 당뇨병 환자의 자기효능감, 사회적 지지, 문제해결능력, 당뇨관리와 의사결정에 대한 책임을 강화하는 접근을 한다.

5. 동기강화상담모델

1) 개요

동기강화상담
동기강화상담은 내담자의 변화동기를 이끌고, 그 변화 동기를 강화시키는 것을 목적으로 하는 협동적이고 인간중심적이면서 안내적인 대화방식임

동기강화상담(Motivational Interviewing: 이하 MI)은 임상심리학자인 밀러(William R. Miller)와 롤닉(Stephen Rollnick)에 의해 발전된 상담 접근법이다. MI라는 용어는 밀러가 1983년 『Journal Behavioural and Cognitive Psychotherapy』에서 발표하면서 처음 제시되었다. 이후, 밀러와 롤닉이 동기강화상담의 기초 개념과 치료과정을 정교화시키면서 그 토대를 형성했다. 동기강화상담은 내담자의 변화동기를 이끌어 내고, 그 변화동기를 강화시키는 것을 목적으로 하는 협동적이고 인간중심적이며 안내적인 대화방식이다(Miller & Rollnick, 2002).

이 상담기법은 알코올 치료 분야에서의 실무적 경험에서 발전된 치료 모형으로, 재활치료과정에서 저항적이고, 방어적이며, 부인(denial)하는 내담자들에게 대처할 수 있는 치료적 기법으로 생겨났다. 알코올, 마약, 도박 등과 같은 중독 재활 분야에서 반복적 재발은 가장 큰 임상적인 관심사이다. 중독 재활치료에서 전문가인 상담가는 자신의 일방적인 판단에 기초하여 클라이언트의 문제행동을 변화시키는 것이 아니라 클라이언트 스스로 자신의 변화를 선택하고 결정할 수 있도록 안내하는 역할을 해야 한다(신성만, 권정옥, 손명자, 2006).

동기강화상담은 이 외에도 인터넷 중독 및 도박, 섭식장애, 불안장애, 만성적 질병 관리, 외상후 스트레스 장애, 자살, 조현병 대상자의 상담 치료에 활용되고 있다(신성만, 권정옥, 2008; 이지혜, 2012). 동기강화상담의 유용성은 이 기법이 내담자의 변화에 대한 저항 문제를 다루는 데 유용하고, 학습이 용이하며 단기간의 개입에도 그 효과성이 나타난다는 점이다.

2) 기본 개념

(1) 동기강화상담의 주요 용어

밀러와 롤닉(Miller & Rollnick, 2002)이 제시한 동기강화상담의 주요 개념들을 정리하면 다음과 같다.

① 내적 동기

동기(motivation)는 목적 지향적이고 의도적이며 긍정적인 힘으로 클라이언트의 행동을 변화시키고, 변화된 행동을 유지할 수 있도록 돕는 힘의 원천이다. 이러한 동기는 크게 외적 동기와 내적 동기로 나누어 볼 수 있다. 먼저, 내적 동기는 변화에 대한 외적 압력이나 보상과 같은 외적 요인이 아닌 내적 불일치감을 인식하고, 이를 스스로 개선하려고 하는 자기 동기적 요소이다. 그리고 외적 동기는 설득, 달램, 압력, 강요 등과 같은 외적 요인에서 오는 동기를 의미한다. 때로는 외적 동기가 상담의 시작과 유지에 유용하지만 본질적이고 영속적인 변화를 가져오는 데는 내담자 자신의 내적 동기가 더욱 중요하다(신수경, 조성희, 2017).

② 변화동기: 변화의지, 능력, 준비

동기는 특정 행동을 변화시키고자 하는 자발성이며, 개인이 현재 가지고 있는 동기의 강도가 높을수록 습관적인 부적응 행동을 변화시킬 확률이 높아진다. 밀러와 롤닉(Miller & Rollnick, 2002)은 동기요인 없이는 어떠한 욕구도 존재하지 않는다고 강조하면서, 동기에는 '변화의 중요성과 관련된 의지, 변화의 자신감인 능력, 변화에 대한 준비'의 세 가지 요소가 포함된다고 하였다. 또한 변화의 중요성을 인식하고 변화에 대한 자신감이 있다고 해서 변화가 시작되기에 충분한 것은 아니라고 말한다. 즉, 변화동기는 세 가지 차원(준비, 의지, 능력)이 서로 얽혀 있다.

- **변화의지**: 얼마나 변화를 원하고 열망하는가, 혹은 변화의욕을 얼마나 가지고 있는가를 의미함. 즉, 변화의 중요성(importance)을 지각함
- **능력**: 능력은 변화에 대한 자신감(confidence)을 말하며 변화를 이끌어 낼 수 있다고 자신이 느끼는 정도를 의미함
- **준비**: 대부분은 변화에 대한 중요성과 자신감이 어느 정도 있을 때 변화를 준비하기 때문에 내담자는 변화중요성과 변화자신감으로 자신의 동기화된 정도를 드러낸다. 따라서 변화중요성과 변화자신감이 높을수록 변화준비가 높다고 판단함

③ 양가감정

양가감정(ambivalence)은 라틴어인 'ambo(both)'와 'valentia(strength)'라는 의미를 담고 있다. 이는 어떤 현상이나 사람에 대해 두 가지 상반된 감정을 동시에 갖는 것을 말한다. 누구나 양가감정을 가질 수 있으나

> **양가감정**
> 어떤 현상이나 사람에 대해 두 가지 상반된 감정을 동시에 갖는 것을 말함

중독치료 과정에 있는 클라이언트는 취약한 심리적 상태로 인해 더욱 가중된 양가감정을 갖는다. 예를 들면, 알코올중독 치료를 받는 클라이언트는 술을 끊고 싶은 욕구도 있으나 술에 대한 갈망을 동시에 갖는다. 치료과정에서 경험하는 양가감정은 자연스러운 현상이며 상담가는 경청, 수용, 상호 협동적 관계를 통해 클라이언트가 스스로 자신의 양가감정을 탐색하고, 수용하며 해소할 수 있도록 돕는 것이 필요하다.

(2) 동기강화상담의 주요 특성

동기강화상담은 내담자의 관점에 초점을 두는 의사소통 방법의 하나이다. 누구나 자신의 문제를 해결하고자 하는 욕구가 있다. 상담가는 내담자의 이러한 변화에 대한 욕구, 능력, 이유, 필요 등을 선별할 수 있는 능력이 있어야 한다. 동기강화상담의 목표가 내담자에게 내재된 변화동기를 끌어내는 것이기 때문에 양가감정을 탐색하고 해결하는 것이 중요한 과업이다. 그러나 내담자의 가치관과 신념에 맞지 않는 변화를 강요하지는 않음으로써 내담자 스스로가 자신의 일을 선택하고 결정할 수 있는 자유권과 능력을 존중하고 촉진시킨다(신성만, 2013). 이 때문에 동기강화상담에서 상담가의 역할은 클라이언트와 상호 동등한 관계로 설득이나 논쟁보다는 내담자를 지지해야 한다. 또한 지혜, 통찰, 현실감 등에 관한 정보를 가르쳐 주는 듯한 교훈적인 어조가 아닌 협동정신과 일치하는 어조를 사용한다. 다시 말해 동기강화상담에서 상담가의 위치는 동기를 주입하지 않고 내담자의 느낌, 관점, 인생목표, 가치관 등을 탐색하여 내담자의 이면에 내재된 변화동기를 끌어내는 역할을 하게 된다.

강호엽과 조성희(2017)는 동기강화상담의 주요 특징을 다음과 같이 정리하고 있다.

동기강화상담의 주요 특징

- 동기강화상담은 로저스의 인간중심 상담에 뿌리를 두고 있다.
  - 예 칼 로저스(Carl Rogers)의 정확한 공감이나 반영적 경청의 치료적 기술 등
- 동기강화상담은 내담자의 변화 혹은 행동 변화라는 구체적이고 명확한 초점을 둔 방향지향적인 특성을 갖는다.
- 상담가의 의사소통 스타일이 상담의 효과성을 결정한다.
- 상담가와 내담자의 인격적 만남을 강조하고, 두 사람의 의사소통이 변화를 초래한다고 강조한다.

> • 내담자의 어린 시절이나 내적 갈등보다는 내담자의 구체적인 변화에 초점을 둔다. 따라서 변화를 유도하는 외적 동기보다는 변화의 내적 동기를 끌어내는 데 주력한다.

　이 모델에서는 클라이언트마다 변화의 준비 정도가 다르기 때문에 환자의 개별적 상황을 고려하여 치료적 개입을 해야 한다는 철학에 기초하고 있다. 개인에 따라서 치료의 결과가 상이할 수 있으나 상담과 관련된 전문 지식은 클라이언트의 동기를 끌어내고 성취된 변화를 유지하기에 역부족일 수 있다. 이런 점에서 MI는 클라이언트가 치료에 대한 불신을 해소하고 특정 문제행동의 변화를 이끌어 낼 수 있다는 확신감을 갖도록 돕는다. 동시에 MI는 문제해결에 참여하는 상담가와 클라이언트를 협력적 관계로 본다. 동기강화상담을 성공적으로 이끌기 위해서 상담가는 명확한 목표설정과 함께 목표 달성을 위한 구체적인 전략과 기술을 갖고 있어야 한다. 예를 들어, 상담가는 치료과정에서 개방적 질문, 경청, 단언적이고 반복적인 대화기술 등을 사용해야 한다. 또한 내담자의 말에 경청하며 긍정적인 치료 성과들을 강조함으로써 동기를 더욱 강화할 수 있다.

　동기강화상담은 클라이언트가 자신의 양가감정을 탐색하도록 돕고 그것을 해결함으로써 행동 변화를 이끌어 내는 지시적(directive)인 상담 기법이다. 여기서 지시적이란 단어는 집중적이고 방향 지향적이라는 의미를 내포하고 있다. 비지시적인 상담 기법과 비교하여 동기강화상담모델은 좀 더 목표에 초점을 두고 있어, 비지시적인 치료적 탐색 안에서 클라이언트가 변화하도록 이끄는 전통적인 칼 로저스의 클라이언트 중심 치료(Rogerian client-centered therapy)와는 차이점이 있다. 즉, 동기강화상담은 변화를 주도하는 역할의 중심을 내담자에게 두는 내담자 중심의 방법이며, 의식적으로는 지시적인 방법을 사용한다는 점에서 로저스와 다르다. 또한 동기강화상담에서 양가감정의 탐색과 해결은 가장 핵심적인 목표이며, 상담가는 의도적으로 이러한 목적을 달성하기 위해 지시적인 접근을 한다.

(3) 동기강화상담모델의 기본 원칙

　동기강화상담의 기본적 원리는 다음과 같이 '공감 표현하기', '불일치감 만들기', '저항과 함께 구르기', '자기효능감 지지하기'로 구성되어 있다(Miller & Rollnick, 2002). 이러한 원리는 공감을 표현하는 구체적인 전략으로서 동기강화상담은 로저스의 내담자 중심적 치료의 지지적이고 공감적인 상담 스타일과 맥락을 같이하고 있다.

① 공감 표현하기

'공감 표현하기'는 로저스가 말한 반영적 경청과 공감적 이해를 바탕으로 하고 있다. 공감은 상담의 전 과정에서 이용되며 내담자의 관점, 감정, 삶에 대한 생각, 그리고 행동을 이해하고자 노력하는 대화 방법이다. 이때, 상담가는 내담자의 경험과 사고의 틀로 생각하면서 내담자의 판단과 관점을 이해하며 반응한다(정구철, 2013). 내담자를 있는 그대로 수용할 때 내담자는 스스로 변화하고자 하는 의지를 갖게 되므로 상담가의 수용과 존중의 태도는 치료적 협력관계를 견고하게 하고 내담자의 변화를 촉진하는 기능을 할 수 있다.

② 불일치감 만들기

앞서 언급한 것과 같이, 동기강화상담은 내담자의 양가감정을 해결하기 위해 의도적이고 지시적으로 이루어진다. 내담자는 변화를 원하는 심리와 그렇지 않은 양가적 감정으로 고민하고 이러한 불일치감(discrepancy)을 해소하기 위해 상담을 시도한다. 불일치감 만들기 원리는 내담자가 갖고 있는 신념과 가치가 무엇인지 질문함으로써 현재 자신의 상황과 신념, 가치 간의 차이를 스스로 알아차릴 수 있도록 돕는 것이다. 따라서 동기강화상담에서는 양가감정의 갈등을 이용하여 변하지 않으려고 버티는 힘을 이겨 낼 수 있을 때까지 불일치감을 더욱 자극한다(정구철, 2013). 이처럼 상담가의 역할은 내담자의 생각, 행동, 가치관 사이의 불일치감을 더욱 만들어 내기 위해서 내담자 스스로가 이를 발견할 수 있도록 질문하는 것이다. 이때 상담가의 판단과 비판이 내담자의 변화를 위한 동기를 방해할 수 있다는 점에 유의해야 한다.

③ 저항과 함께 구르기

상담과정에서 내담자의 저항은 일반적이며 동기강화상담에서의 저항은 내담자의 양가감정의 산물이라고 볼 수 있다. 특히 저항은 내담자가 비자발적인 상담을 받거나 자존감이 낮은 경우 더욱 흔하게 발생한다. 중요한 점은 내담자의 저항을 방임하는 경우 변화 가능성이 낮아져 상담의 결과를 담보하기 어렵다는 것이다. 이런 면에서 저항과 함께 구르기 원칙은 내담자가 저항하거나 자신의 행동을 정당화시키려고 할 때, 그것을 반박하거나 직면하지 않고 상담가의 반응을 바꾸라는 것이다. 즉, 문제해결 과정에서 내담자가 주저하고 혼란스러워하는 것을 자연스러운 것으로 이해하여 내담자가 상담가에게 어떠한 질문을 할 경우, 상담가가 내담자에게 문제를 다시 생각해 보게 함으로써 내담자의 저항에 직접 맞서지 않고 내담자의 저항과 함께 구르거나 흘러가도록 하는 원리를 일컫는다. 정리하자면, 내담자의 저항에 직접 맞서지 말고 내담자가 저항하는 방향으로 함께 움직여 주는 것이다(정구철, 2013). 저항과 함께 구르기의 원리에서 내담자를 존중하는 원칙을 확인할 수 있다. 이는 상담가의 역할은 새로운 관점을 강요하는 것이 아니라 저항에 사용하는 에너지의 방향을 긍정적으로 변화시킴으로써 내담자가 자신을 바라보는 과정을 격려하고 공감하는 것이기 때문이다.

④ 자기효능감 지지하기

자기효능감(self-efficacy)은 개인이 어떤 결과를 얻고자 할 때, 행동을 성공적으로 수행해 낼 수 있다는 자신의 능력에 대한 판단과 신념을 의미한다. 즉, 특정 과제를 성공적으로 수행할 수 있다는 자신의 능력에 대한 자신감이다(Bandura, 1977). 이와 같은 자기효능감은 동기를 구성하는 핵심 요인이자 치료 효과를 예측하는 유용한 기준이 된다(정구철, 2013). 내담자 자신이 스스로에 대한 최고의 전문가라는 점, 내담자 안에 변화를 위한 동기가 이미 내재되어 있다는 점, 변화 결과에 대해서 내담자 자신이 책임진다는 것은 동기강화상담의 기본 신념이다(정구철, 2013). 그러므로 우선은 내담자 스스로가 자신의 문제를 인지하고 스스로 변화에 대한 가능성을 느껴야 하고, 이후 상담가는 내담자가 변화할 수 있다는 믿음을 보여 줄 때, 상담의 결실을 도출할 수 있다.

> **자기효능감**
> 개인이 어떤 결과를 얻고자 할 때, 행동을 성공적으로 수행해 낼 수 있다는 자신의 능력에 대한 판단과 신념

〈표 4-4〉 동기강화상담의 네 가지 기본 원리

	기본 원리	내용
1	공감 표현하기	• 수용을 해 주면 변화가 촉진된다. • 노련한 반영 경청이 필수적이다. • 내담자가 양가감정을 느끼는 것은 정상이다.
2	불일치감 만들기	• 상담가가 아닌 내담자가 변화 대화를 해야 한다. • 변화동기는 현재의 행동과 개인의 중요한 가치관 사이에 불일치감을 느낄 때 생기게 된다.
3	저항과 함께 구르기	• 변화에 대한 논쟁을 피하라. • 저항에 직접적으로 맞서면 안 된다. • 새로운 관점은 강요가 아닌 유도되어야 한다. • 내담자가 해답과 해결책의 중요 자원이다. • 저항은 반응을 바꾸라는 신호이다.

	기본 원리	내용
4	자기효능감 지지하기	• 개인의 변화 자신감이 중요한 동기요인이다. • 변화를 선택, 이행하는 책임은 내담자에게 있다. • 사람의 변화능력에 대한 상담가의 믿음이 내담자에게 자기 예언 충족이 된다.

출처: 신성만, 권정옥(2008), p. 75.

이상을 요약하면, 동기강화상담에서 중요한 원칙은, 첫째, 내담자의 양가감정을 탐색하여 해결하여야 하고, 둘째, 내담자 중심의 상담 기술을 사용하며, 셋째, 상담은 특정한 방향성을 가지고 진행해 나가야 한다는 것이다(Miller & Rollnick, 2002: 신성만, 권정옥, 2008에서 재인용). 결국, 상담가는 클라이언트의 양가감정을 어떻게 탐색하여 해소하고, 어떤 방식으로 상담을 진행해야 하는지에 대한 전략을 사전에 숙지해야 한다.

3) 개입과정 및 기법

(1) 동기강화상담모델의 개입과정

밀러와 롤닉은 동기강화상담의 과정을 다음과 같이 ① 관계 형성하기, ② 초점 맞추기, ③ 변화동기 유발하기, ④ 계획하기 단계로 설명하고 있다(강호엽, 조성희, 2017, pp. 29-33에서 재인용).

① 관계 형성하기

상담을 시작하는 내담자와 클라이언트가 대화에 몰입하면서 상호 교류하고 공감하는 과정을 말한다. 관계 형성(engaging)은 동기강화상담의 토대가 되는 단계로 이 과정을 간과하면 내담자의 저항을 줄이는 데 상담가가 어려움을 경험할 수 있다.

② 초점 맞추기

초점 맞추기(focusing)는 구체적인 목표 행동과 관련된 특정 행동 변화가 언급되는 과정으로 내담자가 나아가야 하는 방향을 제시한다. 이 단계에서 내담자와 상담가의 가치관이 충돌할 수 있으므로 상담가는 평형을 유지하면서 대화를 이끈다.

③ 변화동기 유발하기

변화동기 유발하기(evoking) 단계에서는 내담자의 행동 변화에 대해 많은 이야기를 하게 된다. 그러므로 이 단계에서 동기강화상담의 핵심 기술들이 가장 많이 활용될 수 있다. 내담자의 변화 대화의 활용 빈도가 높아지고, 반대로 유지 대화의 빈도가 감소하면서 내담자의 변화의 필요성과 자신감 수준이 최대한 상승할 수 있다. 결국 내담자는 자신의 실천을 결의하고 변화에 대한 강도 높은 결심을 한다.

④ 계획하기

계획하기(planning)는 동기강화상담 과정에서 꼭 필요한 단계는 아니다. 그 이유는 내담자의 변화동기가 유발되고 행동실천을 결단하는 지점에 이르면 상담이 종료되더라도 행동을 실천할 가능성이 매우 높아지기 때문이다.

(2) 동기강화상담모델의 개입 기술

변화의 대화를 이끌어 내기 위한 동기강화상담의 기술은 OARS(Open question, Affirming, Reflecting, Summarizing)로 요약된다. OARS는 내담자의 양가감정을 탐색하고, 변화하고자 하는 동기를 유발시키는 것을 도와주는 동기강화상담의 주요 기술들이다(신성만, 2013).

① 열린 질문하기

열린 질문하기(open question)는 대답이 '예', '아니요'로 끝나지 않는 질문을 의미한다. 내담자의 생각과 의견을 이해하고 주어진 상황에 대해 그의 느낌을 이끌어 내는 데 도움을 준다. 내담자가 대화를 주도적으로 끌어가게 하려면 열린 질문을 하는 것이 중요하다. 열린 질문하기는 어떤 특정 반응만을 요구하지 않기 때문에 대화를 촉진한다. 또한 중립적인 방법으로 부가적인 정보를 끌어내는 도구이며, 상담가가 성급한 판단을 하지 않도록 돕는다. 주의할 점은 질문을 세 가지 이상 연속적으로 하여 내담자에게 부담을 주는 일이 없도록 하고, 질문에 대한 내담자의 답변에 상담가는 반드시 반영적인 경청을 해 주는 것이 좋다.

> **예시)**
> 오늘 무슨 일로 오셨습니까?
> 과거에는 인생의 중요한 고비를 어떻게 넘기셨나요?

주사 맞는 것을 중단하고자 하는 가장 중요한 이유는 무엇입니까?

② 인정해 주기

내담자를 진심으로 인정(affirmation)해 줄 때 내담자의 자기효능감이 증진된다. 상담가가 내담자를 말로 직접적으로 인정해 주면 내담자와의 라포 형성에도 도움이 된다. 예를 들면, "그거 좋은 생각입니다.", "정신력과 의지가 강한 사람이군요." 등과 같은 말로 내담자의 경험이나 생각을 지지한다.

> **예시)**
> 그런 어려움을 잘 견뎌 오신 걸 보니 내공이 상당히 강하신 것 같습니다.
> 그거 참 좋은 생각입니다. 저라도 그 엄청난 스트레스를 견디기 어려웠을 겁니다.

③ 반영하기

반영하기(reflection)는 내담자의 대화 속에 담겨 있는 의미를 생각하고 추측해 보는 기술로 동기강화상담에서 가장 중요하면서 어려운 기술 중 하나이다. 반영적 경청은 상담가가 내담자의 말을 정확하게 듣고 이해하여 그 의미를 재진술하는 도전적인 기술로, 내담자가 말한 내용과 과정을 상담가가 통합하는 것이다. 다시 말해서 내담자가 말한 내용의 의미를 정확하게 명료화하고, 가능성이 가장 높은 의미를 추측하여 언급해 주는 것이 필요하다. 예를 들면, 다음과 같이 상담가가 내담자의 말에 반응할 때, 높은 강도의 표현("어머니 때문에 화가 많이 나셨군요.")보다는 낮은 강도의 표현("어머니 때문에 약간 속이 상하셨군요.")이 안전하다.

> **예시)**
> 내담자: 제가 아이를 키우는 방식에 대해 잔소리하는 어머니가 싫어요.
> 상담가: 어머니 때문에 약간 속이 상하셨군요.
> 내담자: 네. 항상 저를 보고 고치라고 지적하고 비난하시니 짜증이 나요.

④ 요약하기

요약하기(summarizing)는 내담자가 표현한 것의 핵심을 정리하여 다시 전달해 주는 것이다. 말 전체를 연결하고, 지금까지의 내용들을 강화하기 위해 사용하며 상담가가 내담자의 말을 주의 깊게 경청하고 있다는 것을 보여 줄 수 있다. 요약하기는 수집요약(collecting summary), 연결요약(linking summary), 전환요약(transitional summary) 등 세 가지 방법이 있다.

- **수집요약**: 정보를 모은 후에 그것을 다시 내담자에게 돌려줌
- **연결요약**: 내담자의 앞 회기와 현재의 말을 연결함(양가감정의 명료화)
- **전환요약**: 회기 내에서 방향을 선택하거나 변화시키기 위해 사용함

⑤ 변화대화 끌어내기

'변화대화 끌어내기'는 동기강화상담 고유의 핵심 기법으로 변화에 대한 욕망, 능력, 이유, 필요성 등에 대해 내담자가 이야기하는 것을 말한다(Miller & Rollnick, 2002). 변화대화를 하는 것 자체도 중요하지만, 더 중요한 것은 내담자 쪽에서 변화대화를 하도록 만드는 것이다. 상담가의 역할은 내담자가 스스로 자신의 의지를 표현하도록 이끄는 것이다. 내담자가 변화대화를 많이 하도록 돕기 위해 상담가는 공감 반영을 적절하게 사용한다.

변화대화를 끌어내는 데 사용되는 구체적인 기술과 예시는 다음과 같다(신성만, 권정옥, 2008; 신성만, 2013; 정구철, 2013; Miller & Rollinick, 2002).

- **유발적 질문하기**: 유발적 질문하기는 열린 질문을 이용하여 내담자에게 직접 질문을 함으로써 내담자 스스로 자신의 생각과 고민 등을 깊이 생각해 보도록 하기 위한 것이다.

> **예시)**
> "당신은 상황이 어떻게 달라졌으면 하나요?"
> "만약 당신이 달라진다면 상황이 어떻게 좋아질까요?"
> "만약 변화하기로 결심했다면, 당신이 그것을 할 수 있다고 생각하게 만든 것은 무엇이었나요?"

- **중요성 척도 사용하기**: 내담자가 생각하는 변화의 중요성을 척도를 이용하여 파악한다.

> **예시)**
> "만약 당신이 변화하기로 결정했다면 당신이 변화할 수 있다는 확신은 어느 정도인지 1부터 10까지 점수로 표시하세요."

- **결정저울 탐색하기**: 내담자의 문제행동이 지속되는 경우 얻게 되는 이득과 대가, 그리고 변화를 시도했을 때 발생하는 이득과 대가를 각각 비교하여 성찰할 수 있도록 질문한다.

> **예시)**
> 지속적인 음주를 할 경우 이득(기분이 편해진다)과 대가(가정와해, 건강문제, 경제적 어려움, 실직의 가능성)를 작성하고, 금주할 경우 얻을 수 있는 이득(가족갈등 해소, 신체적 건강 회복, 재취업)과 대가(쾌락의 상실, 스트레스를 풀 방법이 제한됨) 등을 각각 목록화한다.

- **정교화하기**: 내담자가 변화하고자 하는 이유를 제시하면, 그 이유를 좀 더 구체적으로 이야기하도록 질문한다.

> **예시)**
> "당신은 그때가 좋았다고 말했는데, 당신과 배우자가 잘 지냈던 시간에 대해 말해 주세요. 특별히 무슨 일이 있었죠?"

- **극단적 질문하기**: 내담자가 변화를 거부하는 것처럼 보일 때, 변화를 통해 일어날 수 있는 극단적 상황을 상상하도록 유도한다.

> **예시)**
> "일어날 수 있는 최악의 상황은 무엇입니까?"
> "당신이 기대하는 완벽한 결과는 무엇입니까?"

- **과거 회상하기**: 내담자의 현재 문제가 발생하기 이전의 상황을 회상하도록 하여 현재의 상태와 비교해 보도록 질문한다.

> **예시)**
> "과거에 잘 지냈던 때를 기억합니까? 무엇이 변했나요?"
> "10년 또는 20년 전과 지금의 차이점은 무엇인가요?"
> "당신이 고등학교를 졸업했을 때는 어떤 사람이 되고 싶었나요?"

- **미래 예상하기**: 변화된 미래를 상상해 보도록 하여 변화 후에 나타나는 상황에 대해 대답하도록 질문한다.

> **예시)**
> "만약 아무것도 바뀌지 않는다면 5년 뒤에 어떤 일이 생길까요?"
> "가까운 미래에 당신은 무엇을 희망합니까?"

- **목표와 가치관 탐색하기**: 내담자의 삶에 가장 중요한 것이 무엇인지 질문한다.

> **예시)**
> "당신은 어떤 것을 중요하게 여깁니까? 당신의 음주는 그것과 어떻게 관련이 있습니까?"
> "당신의 인생에서 무엇을 꼭 성취하고자 합니까?"

4) 적용 사례

알코올사용장애에서 동기강화치료의 초기 단계는 음주 행동을 변화시키고자 하는 환자의 동기를 발전시키는 데 중점을 둔다. 재활치료를 시작하는 환자마다 변화에 대한 동기 정도가 다를 것이다. 이 때문에 치료 초기에는 환자의 동기 수준을 탐색하고, 변화에 대한 결심을 명료화하는 것이 중요하다. 반면, 타자의 권유나 법적 권고로 강제로 치료에 임하게 된 전숙고 단계의 환자인 경우는 치료에 대해 저항을 보일 수도 있다. 대부분의 환자는 숙고 단계에서 치료 과정에 들어온다. 이들은 이미 변화하기 위한 행동을 시도해 봤지만 실패했던 경험이 있으므로 변화에 대한 동기를 강화하는 작업이 선행되어야 한다. 요약하면, 동기강화치료는 변화에 대한 동기의 강력한 기반을 건설하고(단계 1), 변화에 대한 환자의 약속을 얻는 과정(단계 2)이다. 특히 중독치료 영역에서 동기강화치료가 강조되는 이유는, 첫째, 중독치료의 목표가 행동의 변화이고, 둘째, 이 변화의 핵심이 행동변화를 위한 동기에 있으며, 셋째, 동기강화치료를 통해 변화동기를 더욱 강화시킬 수 있기 때문이다.

단계 1
단계 1은 결정 저울 등의 기법을 통해 동기 균형을 탐색하는 것이다. 저울의 한쪽이 현재 상황(즉, 이전과 같은 형태로 음주를 계속할 경우)을 나타낸다면, 다른 쪽은 변화한 상황을 의미한다. 음주의 긍정적인 이득과 변화의 결과에 대한 두려움, 음주 행동의 변화에 대한 이득을 인식하는 것과 변화하지 않음으로써 생기는 결과에 대한 두려움(즉, 변화에 대한 양가감정)을 모두 인식할 수 있다. 상담가의 과제는 환자가 변화를 지지하는 쪽으로 무게추를 옮기도록 돕는 것이다.

단계 2
단계 2는 충분한 동기가 존재하는 경우, 환자의 변화에 대한 약속을 공고히 하는 것이다. 특히 언제 행동으로 옮길지를 구체화하는 것이 중요하다. 마치 시장에서 고객이 설득되어 '거래가 성사되는 순간'을 간파하는 것처럼, 행동변화 단계 모델 내에서 숙고의 균형이 변화의 상위 단계로 기울어지고, 환자는 행동에 대한 준비가 되어, 행동 결정 단계로 넘어가는 시점을 간파해야 한다. 만일 행동 단계로의 이동이 너무 오래 지연된다면, 결정 단계는 상실될 수 있다. 그러므로 균형이 변화로 기울어지기 시작하는 순간부터 환자가 결심을 굳히도록 도와주어야 한다.

이러한 알코올사용장애 클라이언트의 동기강화치료에서 상담가는 〈표 4-5〉와 같은 구체적인 기술을 적용할 수 있다.

〈표 4-5〉 알코올사용장애 동기강화치료과정의 기술

기술	설명
피드백 제시하기	• 첫 회기는 항상 환자의 치료 전 평가에 대한 피드백이 수반됨 • 피드백 동안 환자의 반응을 면밀히 관찰하는 것이 중요함 • 환자가 피드백에 대하여 응답할 시간을 줘야 함

기술	설명
저항 다루기	• 환자의 저항은 치료자의 문제일 수 있음 • 저항을 정면으로 직면시킬 경우 치료자의 반응(논쟁, 비동의, 판단, 비평 등)은 환자로부터 저항을 심화시킴 • 단순히 반영하기, 확대하여 반영하기, 양면성 반영하기, 논점 바꾸기가 저항을 다루는 데 효과적임
재구조화	• 환자가 새로운 견해나 관점으로 자신의 문제를 조사하도록 초청하는 전략임 • 환자와 중요한 타인에게 음주 행동을 다루기 위한 동기를 이끌어 내도록 돕는 데 사용될 수 있음 • 재구조화를 적용할 때 음주에 대한 환자의 관점, 단어, 자각을 이용하는 것이 중요함
계획 논의하기	• 환자로부터 변화에 대한 아이디어와 궁극적으로 환자가 음주에 대해 무엇을 할지에 관한 계획을 이끌어 내는 것임 • "그렇게 한다면 이에 대해 어떻게 생각하세요? 무엇이 도움이 될까요?"와 같은 추가적인 질문이 계획을 논의하는 데 도움이 됨
행동의 결과 비교하기	• 환자에게 이전처럼 음주를 계속한다면 그 결과가 어떨지를 예측하도록 요청하는 것임 • 변화하지 않아서 생길 수 있는 부정적 결과 목록 및 변화로 인해 예상되는 긍정적 결과 목록을 작성함 • 환자가 변화에 대해 무엇을 두려워하는지를 논의함
금주 강조하기	• 치료 기간 동안 어느 지점에서 단주에 대한 근거가 주어져야 함 • 치료자는 목표를 강압하거나 강제하는 것으로 보이는 의사소통을 피하고 단지 환자에게 권해야 함 • 환자가 단주를 결정한다면 치료자는 절제에 대한 추가적인 조언을 해야 함
자유로운 선택의 의사소통	• 환자에게 치료 동안 끊임없이 전달되어야 하는 중요한 메시지는 선택에 대한 책임과 자유임 • 이 주제에 대해 자주 상기시켜야 함
정보와 조언	• 치료자는 환자가 묻는 질문에 대해 구체적인 정보를 제공해야 함 • 제공한 정보에 대해 환자의 반응을 나중에 묻는 것은 치료에 도움이 됨 • 환자가 조언 요청을 할 경우, 몇 가지 주의사항을 제외하고 치료자의 관점을 제공하는 것은 적절함 • 환자의 질문에 대한 답을 모르는 경우, 찾아보고 다음에 알려 주겠다는 식으로 대답하는 것이 적절함

출처: 이상규(2019), p. 176.

정리해 봅시다

1. 위기개입모델

위기개입모델은 위기에 처해 있는 사람들을 대상으로 즉각적인 개입을 통해 단기간 내에 전문적인 도움을 제공하는 실천모델이다. 위기의 구성요소로서 ① 특정 사건, ② 대처할 수 없다는 인식, ③ 스트레스 상황에 대한 다른 반응, ④ 짧은 지속기간, ⑤ 적응과 부적응의 위기반응이 있다.

2. 인지행동모델

인간의 감정과 행동은 사고와 밀접하게 연결되고 있다는 점을 강조한 인지행동모델은 인간이 생각하고 느끼고 행동하는 것이 상호 관련된다는 전제하에, 정보처리과정에 주목하는 인지이론과 사회학습을 근간으로 하는 행동이론을 절충적으로 적용한 것이다.

- 벡(Beck)의 인지모델: 벡은 문제의 원인을 인지 왜곡 및 오류로 보고, 감정이나 행동을 결정하는 것은 사건이나 상황 자체가 아니라 그것에 대한 해석이나 평가에 달려 있다고 가정하였다.
- 엘리스(Ellis)의 합리정서행동모델: ABCDE 이론이라고도 하며, 인간의 적응문제가 합리적 사고방식의 유무에 의하여 크게 좌우된다고 보는 관점이다.

3. 문제해결모델

3-1. 문제해결은 클라이언트의 문제해결 및 대처 능력을 증진하기 위한 모델로, 모든 인간 생활이 문제해결 과정이며, 문제를 해결하지 못하는 것은 동기와 능력, 그리고 기회의 부족에서 기인한다는 점에 기초한다.

3-2. 문제해결모델의 개입 목적은 클라이언트의 문제해결 능력을 회복시키는 것으로, 클라이언트 자신이 문제해결자이며, 클라이언트의 자아가 중요한 역할을 한다. 사회복지사는 클라이언트의 동기를 개방시키고 방향성을 제시하며, 문제해결에 필요한 자원을 클라이언트가 이용할 수 있도록 원조한다.

4. 역량강화모델

역량강화모델은 내담자가 독특한 존재이며, 다양성을 가지고 있다는 것을 인정하고 존중하면서 내담자의 결점보다는 강점에 초점을 두고 가능한 모든 자원을 활용하여 내담자의 역량을 실현해 나가도록 도움을 준다.

5. 동기강화상담모델

5-1. 동기강화상담은 내담자의 변화동기를 이끌어 내고, 그 변화동기를 강화시키는 것을 목적으로 하는 협동적이고 인간중심적이며 안내적 대화방식으로, 알코올 치료 분야에서 발전된 상담 기법이다.

5-2. 동기강화상담에서 상담가는 클라이언트와 상호 동등한 관계로서 동기를 주입하지 않고 내담자의 느낌, 관점, 인생목표, 가치관 등을 탐색하여 내담자의 이면에 내재된 변화동기를 끌어내는 역할을 한다.

생각해 봅시다

1. 의료사회복지실천에서 위기개입모델, 인지행동모델을 주로 어떤 대상자들에게 어떻게 적용할 수 있을지 생각해 봅시다.

2. 의료사회복지실천에서 역량강화모델을 주로 어떤 대상자들에게 어떻게 적용할 수 있을지 생각해 봅시다.

3. 동기강화상담모델의 주요 특징은 무엇인지 생각해 봅시다.

4. 동기강화상담모델을 적용할 수 있는 사례는 어떤 것이 있는지 생각해 봅시다.

 **참고문헌**

강호엽, 조성희(2017). 자살예방현장에서의 동기면담. 학지사.

강흥구(2017). 의료사회복지론. 정민사.

권진숙, 김정진, 전석균, 성진모(2014). 정신보건사회복지론(제3판). 공동체.

길귀숙, 강희숙, 김상곤, 오영훈, 오하나, 유진희, 제미자, 현영렬(2018). 사회복지실천론. 양서원.

길귀숙, 강희숙, 김상곤, 오영훈, 유용식, 이재호, 임승희, 천덕희, 헌영렬(2015). 사회복지실천기술론. 양서원.

김용민(2009). 종합사회복지관 시설종사자의 직무만족에 관한 연구: 임파워먼트 매개효과 중심으로. 호남대학교 복지행정대학원 석사학위논문.

김희성(1995). 척수장애인의 재활을 위한 사회사업 프로그램 개발에 관한 연구: 문제해결모델을 중심으로. 서울여자대학교 대학원 석사학위논문.

설진화(2013). 사회복지실천기술의 이해. 양서원.

신성만(2013). 동기강화상담 워크숍. 한국가족사회복지학회.

신성만, 권정옥(2008). 알코올 중독자를 위한 동기강화 상담. 한국알코올과학지, 9(1), 69-84.

신수경, 조성희(2017). 알기 쉬운 동기면담. 학지사.

양옥경(2005). 사회복지실천론. 나남출판사.

양정남, 이유리, 박순희(2014). 사회복지실천기술론. 양서원.

원요한(2007). 사회복지실천기술론. 학현사.

이상규(2019). 알코올 사용장애의 동기강화치료와 인지행동치료. *Journal of Korean Neuropsychiatric Association*, 58(3), 173-181.

이윤로, 홍영수(2005). 의료사회사업론(개정판). 학지사.

이지혜(2012). 동기강화 인터넷 중독 예방프로그램이 저소득층 청소년의 인터넷 중독, 자기통제력, 우울/불안, 지각된 스트레스에 미치는 효과. 한동대학교 대학원 석사학위논문.

이현림(2008). 상담이론과 실제. 양서원.

이효순, 권지현, 양정빈, 천덕희, 추정인, 한수연(2016). 의료사회복지론. 학지사.

장수미, 최정숙, 김연수, 송자경(2002). 중년기 여성당뇨병환자의 자기관리를 위한 프로그램 개발연구. 이화사회복지연구, 1, 137-169.

장수미, 최정숙, 박형원, 김주현, 홍현미라, 이혜경, 이영선, 한인영(2010). 사회복지실천기술론. 학지사.

장인협(1989). 사회사업실천방법(상·하). 서울대학교 출판부.

정구철(2013). 보호관찰 대상자의 중독적 행동교정을 위한 동기강화상담. 한국보호관찰학회 학술대회, 2013(3), 119-149.

추정인(1999). 여성 신장이식환자의 스트레스 대처를 위한 집단 프로그램 적용에 관한 연구-인지행동모델을 중심으로-. 이화여자대학교 사회복지대학원 석사학위논문.

추정인(2003). 여성신장이식환자의 스트레스 관리 집단 프로그램. 의료와 사회복지, 2, 154-179.

한인영, 최현미, 장수미(2009). 의료사회복지실천론. 학지사.

홍성례, 양정빈, 이무영, 김소진, 장연정(2014). 사회복지실천기술론. 교문사.

Bandura, A. (1977). Self-efficacy: Toward a unifying theory of behavioral change. *Psychological Review*, *84*(2), 191.

Bard, M., & Ellison, K. (1974). Crisis intervention and inverstigation of forcible rape. *Police Cheif*, *41*(5), 68-74.

Brammer, L. M. (1985). *The helping relationship: Process and skills* (3rd ed.). Prentice Hall.

Compton, B. R., & Galaway, B. (1989). *Social work processes*.

Compton, B. R., & Galaway, B. (1994). *Social work processes* (5th ed.). Boorks.

Compton, B. R., & Galaway, B. (1999). *Social work processes* (6th ed.). Pacific Grove, Brooks/Cole.

France, K. (1990). *Crisis intervention: A handbook of immediate person-to-person help* (2nd ed.). Charles C. Thomas.

Gambrill, E. (1999). Evidence-based practice: An alternative to authority-based practice. *Families in Society*, *80*, 341-350.

James, R., & Gilliland, R. (2008). 위기개입(개정판). 한인영, 장수미, 최정숙, 박형원, 이소래, 이혜경 역. 나눔의집. (원전은 2006년에 출판).

Miller, W. R., & Rollnick, S. (2006). *Motivation Interviewing: Preparing people to change addictive behavior*. The Guilford Press. 신성만, 권정옥, 손명자(역). 동기강화상담(제2판). 시그마프레스. (원전은 2002년에 출판).

Parad, H. J., & Parad, L. G. (1990). Crisis intervention: An introductory overview. In H. J. Parad & L. G. Parad (Eds.), *Crisis intervention book 2: The practitioner's sourcebook for brief therapy* (pp. 3-68). Family Service America.

Perlman, H. H. (1957). *Social casework: A problem-solving process* (Vol. 10). University of Chicago press.

Perlman, H. H. (1986). The problem-solving model. In F. J. Turner (Ed.), *Social work treatment: Interlocking theoretical approaches* (3rd ed., pp. 245-266). Free Press.

Puryer, D. A. (1979). *Helping people in crisis*. Jossey-Bass.

Roberts, A. R. (2005). *Crisis intervention handbook: Assessmemt, treatment, and research* (3rd ed.). Oxford University Press.

Schon, D. A. (1983). *The reflective practitioner*. Basic Books.

제 2 부

의료사회복지실천과 관련된 주요 이슈

제5장 • 우리나라 보건의료정책과 제도
제6장 • 의료사회복지실천에서 생명의료윤리와 의사소통 기술
제7장 • 의료사회복지실천과 지역사회

현장 중심
의료사회복지론

제 5 장

우리나라 보건의료정책과 제도

📁 학습개요

이 장에서는 의료사회복지사 활동 영역의 근간이 되는 대표적 사회보험제도인 국민건강보험제도, 의료급여제도, 노인장기요양보험제도 사회서비스 및 기타 관련법 등에 대해 학습해 보고자한다. 사회보험제도는 모든 사회 구성원이 인간다운 기본 생활을 영위하고 소득재분배를 위한 중요한 장치이다. 다학문적 팀워크를 중심으로 진행되는 2차 세팅인 의료현장에서 사회복지사들이 전문적 역량을 발휘하기 위해서는 임상적 기술뿐만 아니라 현장을 아우르는 주요 정책에 대한 지식을 함양해야 한다. 따라서 각 제도의 목적 및 주요 특징, 급여유형 및 신청 방법 등에 대해 구체적으로 살펴보겠다.

📖 학습목표

1. 우리나라의 의료전달체계에 대해 이해한다.
2. 국민건강보험제도의 도입 배경, 적용 대상, 재원 및 급여유형에 대해 학습한다.
3. 의료급여제도를 이해하기 위해 「국민기초생활보장법」을 살펴보고, 의료급여의 의의, 이용 절차 및 수급 자격, 그리고 구체적인 서비스 유형을 이해한다.
4. 노인장기요양보험제도의 도입 배경, 재원, 급여유형과 신청방법 등에 대해 학습한다.
5. 사회서비스의 특징과 유형, 이용절차 등에 대해 학습한다.
6. 의료사회복지사 활동의 법적 근거가 되는 추가적인 주요 법률과 제도에 대해 학습한다.

1. 의료전달체계의 이해

의료전달체계(health care delivery system)란 의료체계와 의료자원의 효율적 운영을 통해 의료서비스를 필요로 하는 국민 모두가 적시에 적정인에 의해 적소에서 적정진료를 이용할 수 있도록 만든 제도를 의미한다(대한예방의학회, 2002, p. 616). 또한 세계보건기구(WHO)는 의료전달체계 성립에 대해 의료의 지역화가 합리적으로 이루어진 상태를 말하는 것으로 합리적인 지역화의 요건으로는 진료권의 설정, 필요한 의료자원의 공급, 의료기관 간 기능의 분담과 연계, 그리고 환자이송 및 의뢰체계의 수립이라고 정의하고 있다(WHO, 2008, p. 10).

한국 의료전달체계의 필요성은 1989년 전 국민 의료보험 도입과 함께 공론화되었다. 1984년 두 개 지역에서 환자의뢰제도가 시범적으로 운영되었고, 1989년 전국적으로 확대되었는데 당시에는 행정구역과 생활권에 따라 진료권을 설정하였다. 이런 과정을 거쳐 1차·2차·3차 의료기관으로 분류되면서 기능 분담도 시도하였다. 그러나 1998년 지역 간 공급 불균형에 따른 불평등을 해소하기 위한 규제개혁 차원에서 진료권의 개념이 폐지되면서 실패하였고, 이후 현재까지 의료기관 종별 기능과 역할이 중복되면서 의료자원을 효율적으로 활용하지 못한다는 비판이 제기되고 있다(김계현, 이정찬, 서경화, 김석영, 이진석, 2015).

「의료법」제3조는 의료기관을 '의료인이 공중(公衆) 또는 특정 다수인을 위하여 의료·조산의 업(이하 "의료업"이라 한다)을 하는 곳'이라고 규정한다. 의료기관은 다음과 같이 의원급 의료기관, 병원급 의료기관, 그리고 조산원으로 구분된다.

❶ **의원급 의료기관**: 의사, 치과의사 또는 한의사가 주로 외래환자를 대상으로 각각 그 의료행위를 하는 의료기관[의원, 치과의원, 한의원 등]
❷ **조산원**: 조산사가 조산과 임산부 및 신생아를 대상으로 보건활동과 교육·상담을 하는 의료기관
❸ **병원급 의료기관**: 의사, 치과의사 또는 한의사가 주로 입원환자를 대상으로 의료행위를 하는 의료기관[병원, 치과병원, 한방병원, 요양병원(「장애인복지법」제58조 제1항 제4호에 따른 의료재활시설로서 제3조의2의 요건을 갖춘 의료기관 포함), 정신병원, 종합병원 등]

또한 「의료법」에서는 상급종합병원과 전문병원을 구분하고 있다. 동법 제3조의4는 종합병원 중에서 중증질환에 대하여 난이도가 높은 의료행위를 전문적으로 하는 종합병원을 상급종합병원으로 지정한다고 명시하고 있는데, 해당 조건으로는 20개 이상의 진료과목을 갖추고 각 진료과목마다 전속하는 전문의를 둘 것, 전문의를 수련하는 기관일 것, 보건복지부령이 정하는 인력·시설·장비를 갖출 것, 질병군별 환자구성 비율이 보건복지부령으로 정하는 기준에 해당할 것을 규정하고 있다. 특히 2011년 6월부터 시행된 '의료기관의 종류별 표준업무규정(보건복지부 고시 제2011-69호)'에서는 의원, 병원과 종합병원, 상급종합병원을 구분하여 각각의 표준 업무를 규정하고 권장 질환을 예시하고 있다.

2. 의료사회복지현장과 관련된 정책 및 제도의 이해

한국의 「사회보장기본법」은 모든 국민이 다양한 사회적 위험으로부터 벗어나 행복하고 인간다운 생활을 향유할 수 있도록 자립을 지원하며, 사회참여·자아실현에 필요한 제도와 여건을 조성하여 사회통합과 행복한 복지사회를 실현하는 것을 기본 이념으로 한다. 사회적 위험은 출산, 양육, 실업, 노령, 장애, 질병, 빈곤 및 사망 등을 말하며 이러한 위험으로부터 국민을 보호하기 위한 사회보장의 체계는 사회보험, 공공부조, 그리고 사회서비스로 구성된다. 이 중 사회보험제도는 국민에게 발생하는 사회적 위험을 보험의 방식으로 대처함으로써 국민의 건강과 소득을 보장하는 제도를 의미하며 국민연금, 건강보험, 고용보험, 산업재해보상보험, 노인장기요양보험제도가 이에 해당한다.

다음으로, 공공부조(公共扶助)란 국가와 지방자치단체의 책임하에 생활 유지 능력이 없거나 생활이 어려운 국민의 최저생활을 보장하고 자립을 지원하는 제도를 말한다. 종래에는 '공적부조'라는 용어를 사용하였으나, 「사회보장기본법」이 제정(1995년 12월 30일, 법률 제5134호)된 후부터 '공공부조'라는 용어를 사용하였다. 공공부조의 가장 큰 특징은 기여금을 지불하지 않는다는 것으로, 가입자들이 지불한 기여금에 의한 소득·서비스를 보장하는 제도인 사회보험과는 구별된다.

사회서비스는 국가·지방자치단체 및 민간부문의 도움이 필요한 모든 국민에게 복지, 보건의료, 교육, 고용, 주거, 문화, 환경 등의 분야에서 인간다운 생활을 보장하고 상담, 재활, 돌봄, 정보의 제공, 관련 시설의 이용, 역량 개발, 사회참여 지원 등을 통하여 국민의 삶의 질이 향상되도록 지원하는 제도를 지칭한다.

사회보장제도의 구성 체계

① **사회보험제도**: 국민에게 발생하는 사회적 위험을 보험의 방식으로 대처함으로써 국민의 건강과 소득을 보장하는 제도(국민연금, 건강보험, 고용보험, 산업재해보상보험, 노인장기요양보험제도)
② **공공부조**: 국가와 지방자치단체의 책임하에 생활 유지 능력이 없거나 생활이 어려운 국민의 최저생활을 보장하고 자립을 지원
③ **사회서비스**: 국가·지방자치단체 및 민간부문의 도움이 필요한 모든 국민에게 복지, 보건의료, 교육, 고용, 주거, 문화, 환경 등의 분야에서 인간다운 생활을 보장하고 상담, 재활, 돌봄, 정보의 제공, 관련 시설의 이용, 역량 개발, 사회참여 지원 등 제공

사회보험제도는 기본적으로 미래에 직면할 수 있는 사회적 위험에 대비하기 위해 평소 경제활동을 통하여 소득이 있을 때 그 소득의 일부를 강제로 갹출하여 사전에 대비하는 제도로 공공부조와는 차이점이 있다. 좀 더 구체적으로 사회보험제도와 공공부조의 차이점을 살펴보면, 사회보험은 국민에게 발생하는 사회적 위험을 보험방식으로 대처함으로써 국민건강과 소득을 보장하고 있지만 공공부조는 보험료 부담 능력이 없는 상태를 구제하기 위한 최소한의 생존 보장을 위한 제도이다. 즉, 공공부조가 사후적으로 빈곤의 문제를 해결하는 사회안전망(social safety net)의 역할을 한다면, 사회보험제도는 사람들이 빈곤상태가 되지 않도록 예방하는 제도라고 할 수 있다. 우리나라 「사회보장법」 제3조 제5항에서도 '평생사회안전망' 개념을 강조하고 있다. 이는 생애주기에 걸쳐 보편적으로 충족되어야 하는 기본욕구와 특정한 사회위험에 의하여 발생하는 특수욕구를 동시에 고려하여 소득·서비스를 보장하는 맞춤형 사회보장제도를 의미한다. 이 장에서는 여러 사회보험제도 가운데 의료사회복지실천의 근거가 되는 국민건강보험제도, 의료급여, 노인장기요양보험제도를 살펴보고, 사회서비스 및 기타 관련법 등을 학습한다.

〈표 5-1〉 공공부조와 사회보험제도의 비교

구분	공공부조	사회보험
제도 내용	저소득층의 최저생활 보장	사회위험에 대한 연대적 대응
지급 대상	선별주의	보편주의
적용 원리	무차별 평등주의	비례원리에 따른 형평주의
자격 요건	소득 및 자산 조사	기여금의 납부
재원	일반조세	보험료 및 국고
급여 수준	최저생활 보장	사회적 적정성
수급권의 성격	희박한 권리성	강한 권리성

출처: 국민건강보험공단 홈페이지.

1) 국민건강보험제도

국민건강보험제도는 1977년 7월 1일 500인 이상 사업장의 근로자에게 의료보험을 강제 적용하면서 시작되었다. 1989년 전 국민을 대상으로 의료보험이 실시될 정도로 단시일 내에 정착되었고, 2000년 7월 1일부터 「국민건강보험법」으로 개정되어 오늘에 이르고 있다. 2022년도 기준 전체 진료비 중 건강보험에서 지급된 진료비의 비율은 65.7%로 분석되었다(국민건강보험공단, 2022). OECD 국가 중 노르웨이, 덴마크, 스웨덴 등의 유럽 국가와 일본은 80% 중반을 기록하고 있어 앞으로 건강보험제도의 보장성을 강화하기 위한 정부의 다각적인 노력이 필요하다.

> **건강보험 보장률**
> 환자가 내야 하는 의료비용 중 보험을 통해 얼마까지 보장되는지를 비율(%)로 나타낸 것으로, 보장률 수치가 높을수록 환자 본인이 부담하는 의료비는 적어짐

(1) 법적 근거

① 헌법

「대한민국 헌법」은 제34조 제1항 및 제2항에서 국민의 인간다운 생활을 할 권리와 이를 실현하기 위한 국가의 사회복지 증진 의무를 규정해 놓음으로써 사회보장제도의 법적 근간이 된다.

② 사회보장기본법

사회보장에 관한 기본법인 「사회보장기본법」 제3조에 보면, "사회보장"이란 출산, 양육, 실업, 노령, 장애, 질병, 빈곤 및 사망 등의 사회적 위험으로부터 모든 국민을 보호하고 국민 삶의 질을 향상시키는 데 필요한 소득·서비스를 보장하는 사회보험, 공공부조, 사회서비스를 말한다고 명시되어 있다.

③ 국민건강보험법

「국민건강보험법」은 국민의 질병·부상에 대한 예방·진단·치료·재활과 출산·사망 및 건강증진에 대하여 보험급여를 실시함으로써 국민건강을 향상시키고 사회보장을 증진함을 목적으로 한다. 이 법은 의료보험제도의 통합 운영에 따라 종전의 「의료보험법」과 「국민의료보험법」을 대체하여 제정되었다.

(2) 의의

질병이나 부상으로 인해 발생한 고액의 진료비로 인해 가계에 과도한 부담이 되는 것을 방지하기 위해 제정된 제도로, 국민들이 평소에 보험료를 내고 보험자인 국민건강보험공단이 이를 관리·운영하다가 필요시 보험급여를 제공하는 사회보장제도이다. 건강보험의 운영은 재정과 관리를 담당하는 건강보험공단을 통해 중앙집중관리 방식으로 운영된다. 건강보험심사평가원은 요양기관으로부터 청구된 요양급여 비용을 심사하고 그 적정성을 평가하는 역할을 담당한다. 우리나라의 진료비 지불방식은 행위별 수가제를 기본으로 하면서 포괄수가제의 적용도 점차 확대하고 있다.

행위별 수가제와 포괄수가제

행위별 수가제(Fee-For-Service: FFS)
- 환자에게 제공되는 모든 의료서비스를 항목별로 계산하여 진료비를 책정
- 진료의 다양성이라는 장점도 있지만 과잉진료로 의료비가 증가할 가능성이 있음

포괄수가제(Diagnosis Related Group: DRG)
환자에게 제공되는 의료서비스의 유형이나 양과 관계없이 어떤 질병의 진료를 위해 입원했는지에 따라 미리 책정된 일정액의 진료비를 의료기관에 지급하는 제도로, 두 가지 유형으로

나눔
① 환자 사례당 정해진 진료비를 지급하는 방식
② 수백 개의 질병군으로 사례를 분류하여 질병군에 따라 정액 수가를 지급하는 방식

(3) 연혁

1963년 11월 「사회보장에 관한 법률」과 12월 6일 「의료보험법」이 제정되고, 1970년 근로자, 공무원, 군인 등을 대상으로 하는 강제보험인 「의료보험법」이 제정되었으나 시행되지 못하였다. 이후 1977년 7월 1일부터 500인 이상 사업장 근로자와 공업 단지 근로자에게 강제 적용되는 의료보험제도가 실시되었다. 1979년 7월에는 300인 이상 사업장으로 의료보험이 확대 적용되었으며, 1979년 1월부터 공무원 및 교직원 의료보험이 실시되었다. 1980년대 이르러 정부는 전 국민 의료보험 실시를 위한 준비에 착수하고, 의료보험의 다른 한 축인 지역의료보험제도를 준비하였다. 직장의료보험은 이후 1981년 1월에 100인 이상 사업장 근로자, 1982년 12월에 16인 이상 사업장 근로자 등으로 적용범위를 확대하다가, 1988년 7월에 5인 이상 사업장 근로자까지 확대 적용하게 되었다. 한편, 지역의료보험은 1988년 1월 농어촌 지역에 의료보험을 먼저 실시하고, 1989년 7월에 도시 지역까지 확대 적용되었다.

이로써 우리나라는 의료보험 실시 12년 만에 전 국민 의료보험을 달성하게 되었고, 그동안 병원 이용 시에만 적용되던 의료보험급여가 1989년 10월 1일부터 약국에도 적용되었다. 1997년 12월 31일 「국민의료보험법」이 제정되어 1998년 10월 1일부터 그동안 다수 보험자 방식(조합주의)의 의료보험제도에서 통합주의 방식으로 변경되면서, 공무원 및 사립학교 교원공단과 227개 지역의료보험조합이 통합되었다. 2000년 7월 의료보험조직이 완전 통합(국민의료보험관리공단 및 139개 직장조합 통합)되어 국민건강보험공단 및 건강보험심사평가원 업무가 개시되었다. 2003년 7월에는 직장·지역 가입자의 재정이 통합되어 운영되었고, 2008년 7월 1일 노인장기요양보험이 실시되었다.

〈표 5-2〉 국민건강보험제도 연혁

연도	주요 연혁
2011. 1.	• 사회보험 징수통합(건강보험, 국민연금, 고용보험, 산재보험)
2003. 7.	• 직장재정과 지역재정 통합(실질적인 건강보험 통합)
2000. 7.	• 국민의료보험관리공단과 직장의료보험조합(139개) 통합 • 국민건강보험공단 출범(의료보험 완전통합)
1999. 2.	• 「국민건강보험법」 제정
1998. 10.	• 지역의료보험조합과 공무원·사립학교 교직원공단 통합 • 국민의료보험관리공단 출범
1997. 12.	• 「국민의료보험법」 제정
1989. 7.	• 도시지역의료보험 실시 > 전 국민 의료보험 실현
1988. 7.	• 5인 이상 사업장 의료보험 적용 확대
1988. 1.	• 농어촌 지역의료보험 확대 실시
1981. 1.	• 100인 이상 사업장 의료보험 적용 확대
1979. 1.	• 공무원 및 사립학교 교직원 의료보험 실시
1977. 7.	• 500인 이상 사업장 근로자 의료보험 실시
1963. 12.	• 「의료보험법」 제정

출처: 국민건강보험공단 홈페이지.

(4) 주요 내용

건강보험 사업은 보건복지부장관이 관장하며, 건강보험의 보험자는 국민건강보험공단이다.

① 적용대상

국민건강보험제도의 적용 대상은 「국민기초생활보장법」의 의료급여 수급권자 또는 유공자와 같은 의료보호 대상자를 제외한 국내에 거주하는 국민으로, 가입자 또는 피부양자이다. 건강보험의 가입자는 직장가입자와 지역가입자로 구분되는데, 모든 사업장의 근로자 및 사용자와 공무원 및 교직원은 직장가입자가 되며, 직장가

피부양자
직장가입자의 배우자, 직장가입자의 직계존속(배우자의 직계존속 포함), 직장가입자의 직계비속(배우자의 직계비속 포함)과 그 배우자, 직장가입자의 형제, 자매의 어느 하나에 해당하는 사람 중 직장가입자에게 주로 생계를 의존하는 사람으로서 소득 및 재산이 보건복지부령으로 정하는 기준 이하에 해당하는 사람을 의미함. 직계란 직접적인 혈연, 친자관계를 말함

입자 및 피부양자를 제외한 농어촌 주민, 도시 자영업자 등은 지역가입자가 된다. 이 외의 외국인과 재외국민은 보건복지부령에 의해 체류자격이 있으면 지역가입자가 될 수 있다.

② 재원

건강보험제도의 재원은 가입자 및 사용자로부터 징수한 보험료와 국고보조금 및 국민건강증진기금(담배부담금) 등 정부지원금으로 한다. 직장가입자는 사용자와 근로자가 각각 50%씩 부담하고, 지역가입자는 세대별로 부과한다. 특히 지역가입자의 보험료는 소득, 재산(전·월세, 자동차 포함), 세대원의 성별과 연령 등을 부과 대상 기준으로 하고 있다. 건강보험료율은 인구고령화에 따른 노인의료비증가, 지속적인 건강보험 보장성 확대, 의료수가 인상 등으로 해마다 인상되고 있다.

> **직장가입자**
> 모든 사업장의 근로자 및 사용자와 공무원 및 교직원(예외 있음)
>
> **지역가입자**
> 가입자 중 직장가입자와 그 피부양자를 제외한 가입자

* **직장가입자 건강보험료율**
  - 보수월액보험료(월): 보수월액 × 보험료율(7.09%)(2023년 기준)
    ※ 근로자와 사용자가 각각 50%씩 부담
  - 소득월액보험료(월): 소득월액 × 7.09%(2023년 기준)
    ※ 소득월액 = (연간 보수외소득 − 2,000만 원) / 12개월 × 소득평가율

* **지역가입자 월 보험료**: 보험료 부과점수 × 부과점수당 금액
  ※ 부과점수당 금액: 205.3원(2022년) → 208.4원(2023년 기준)
  ※ 부과점수: 소득, 재산(전·월세 포함), 자동차, 생활수준 및 경제활동 참가율 참작

> **보수월액**
> 월평균보수를 의미하며, 연간 보수총액을 근무월수로 나눈 것
>
> **소득월액**
> 보수 외의 소득을 기준으로 하며, 이자소득, 배당소득, 사업소득, 근로소득, 연금소득, 기타소득을 평가하여 모두 더한 금액을 12로 나누어 산정

③ 급여유형

건강보험제도의 급여는 현물급여와 현금급여로 나뉘며, 현물급여를 원칙으로 하되 필요한 경우 현금으로 급여를 제공할 수 있다. 현물급여에는 요양급여 및 건강검진이 있고, 현금급여에는 요양비, 장애인보장구 급여비 등이 포함된다.

> **현물급여**
> 요양기관(병, 의원 등)으로부터 본인이 직접 제공받는 의료서비스
>
> **현금급여**
> 가입자 및 피부양자의 신청에 의하여 공단에서 현금으로 지급하는 것

✓ 요양급여(현물급여)

가입자 및 피부양자의 질병, 부상, 출산 등에 대하여 ① 진찰·검사, ② 약제·치료 재료의 지급, ③ 처치·수술 기타의 치료, ④ 예방·재활, ⑤ 입원, ⑥ 간호, ⑦ 이송 등에 소요되는 직접적인 서비스를 말한다. 요양급여를 받는 사람은 그 비용의 일부를 본인이 부담한다.

✓ 건강검진(현물급여)

건강검진은 질병의 조기 발견과 그에 따른 요양급여를 지급하기 위해 가입자 및 피부양자에 대하여 사무직은 2년에 1회, 비사무직은 1년에 1회 무료로 실시한다. 국가건강검진 일반건강검진은 지역세대주, 직장가입자 및 만 20세 이상 세대원과 피부양자, 의료수급권자가 해당한다.

✓ 요양비(현금급여)

요양비는 가입자 및 피부양자가 긴급한 경우, 기타 부득이한 이유로 요양기관 이외의 장소에서 의료서비스를 받거나 출산할 때 그 요양급여에 상당하는 금액을 가입자나 피부양자에게 지급하는 것을 말한다.

✓ 장애인보장구 급여비(현금급여)

장애인보장구 급여비는 「장애인복지법」에 근거해 지급되는 현금급여로, 장애 등록을 한 가입자나 피부양자가 보장구를 구입할 때, 구입금액의 일부를 현금급여로 지급하는 것을 말한다.

2) 의료급여제도

> **경상의료비**
> 보건의료서비스와 재화 소비를 위한 국민 전체의 1년간의 지출 총액을 의미함. 경상의료비는 재원별로 정부의무가입제도(정부, 의무가입에 의해 지출된 보건의료비)와 민간의료비(임의가입, 가계직접부담에 의해 지출된 보건의료비)로 구분됨

의료는 인간이 질병으로부터 벗어나 안정된 삶을 영위하기 위한 필수 수단이다. 그러나 소득수준, 직업, 경제적 상황, 교육수준 등과 같은 사회경제적 위치에 따라 의료서비스의 접근성에 차이가 생기고 있다. 한국의 GDP 대비 경상의료비는 1970년 2.6%에서 1980년 3.5%, 1990년 3.7%, 2000년 3.9%, 2010년 5.8%, 그리고 2022년 9.7%로 빠르게 증가해 왔다(지

표누리). 이처럼 지속적으로 의료비 지출이 증가하는 것은 인구의 고령화, 생활 수준의 향상, 의료기술의 발전 등에 기인하고 있다. 하지만 사회경제적 지위에 따른 의료서비스 접근성은 날로 격차가 커져 취약계층의 경우 의료사각지대에 놓여 있어 질병의 치료 시기를 놓치는 일이 많다. 이러한 건강불평등 문제를 해소하기 위해 정부는 의료취약계층에게 의료급여를 제공하고 있다. 이 절에서는 의료급여제도의 근간이 되는 국민기초생활보장제도에 대해 설명하고, 의료급여의 대상, 이용 절차 및 서비스 유형을 구체적으로 알아보겠다.

(1) 법적 근거: 국민기초생활보장제도

국민기초생활보장제도는 국가와 지방자치단체의 책임으로 생활유지능력이 없거나 생활이 어려운 국민에게 필요한 급여를 제공하여, 이들의 최저생활을 보장하고 자활을 조성하는 것을 목적으로 하고 있다. 〈표 5-3〉과 같이 국민기초생활보장제도 안에서 제공되는 급여 종류는 총 일곱 가지로, 의료급여는 수급자가 건강을 유지하는 데 필요한 각종 검사 및 치료 등을 지급하고 있다.

〈표 5-3〉 국민기초생활보장제도의 급여 종류

급여 종류	주요 내용
생계급여	생계를 유지하도록 수급자에게 의복, 음식물 및 연료비와 그 밖에 일상생활에 기본적으로 필요한 금품을 지급
주거급여	수급자에게 주거 안정에 필요한 임차료, 수선유지비, 그 밖의 수급품을 지급(국토교통부 주관)
의료급여	수급자가 건강한 생활을 유지하는 데 필요한 각종 검사 및 치료 등을 지급(의료급여법으로 규정)
교육급여	수급자에게 입학금, 수업료, 학용품비, 기타 수급품 지원(교육부 주관)
해산급여	생계급여, 주거급여, 의료급여 중 하나 이상의 급여를 받는 수급자에게 조산, 분만 전과 분만 후의 필요한 조치와 보호를 실시
장제급여	생계급여, 주거급여, 의료급여 중 하나 이상의 급여를 받는 수급자가 사망한 경우, 사체의 검안, 운반, 화장 또는 매장, 그 밖의 장제조치를 함
자활급여	수급자의 자활을 돕기 위하여 실시하는 급여 (자활에 필요한 금품의 지급 또는 대여, 기능습득 지원, 취업 정보 제공, 근로기회 제공, 시설 및 장비 대여, 창업교육, 기능훈련 및 기술·경영 지도 등 창업지원, 자산형성 지원 등)

(2) 의의

의료급여는 생활유지 능력이 없거나 생활이 어려운 저소득 국민의 의료문제를 국가가 보장하는 공공부조제도로 국민 의료보장의 중요한 수단이 되는 사회보장제도이다. 건강보험제도와 달리 의료급여는 생활이 어려운 사람에게 국민보건의 향상과 사회복지의 증진에 이바지함을 목적으로 한다.

(3) 연혁

우리나라는 1961년 12월 30일「생활보호법」을 제정함으로써 의료보호에 관한 규정이 만들어졌지만 시행령의 미비로 구체적인 사업은 시행하지 못했다. 1970년대 들어 빈부격차가 심화되어 계층 간 의료수혜 불평등으로 의료보장제도의 필요성이 표출되었다. 이에 1976년 10월에 생활보호자를 대상으로 국공립의료기관에서 무료의료 급여사업을 실시하였으며, 1977년 12월 취약계층에게 국가재정에서 기본적인 의료혜택을 제공하는 「의료보호법」이 최초로 탄생하였다. 2001년 10월에는 종전의「의료보호법」을「의료급여법」으로 전면 개정하여 의료급여 수급기간의 폐지, 예방과 재활에 대한 의료급여 시행 등의 미비점을 개선하였다. 2007년 7월에는 1종 수급권자의 외래진료 시 본인부담제 및 선택 의료급여 기관제를 실시하였으며, 그 외에도 여러 차례 개정을 거쳤다. 가장 최근인 2014년 7월에는 심판청구의 공정성 및 객관성, 전문성을 확보하고 국민의 권익보호증진을 향상시키기 위해 개정되었다.

(4) 주요 내용

① 대상자

> **수급권자**
> 「의료급여법」에 따라 의료급여를 받을 수 있는 자격을 가진 자

의료급여제도의 수급자는 1종 수급권자와 2종 수급권자로 나뉜다. 먼저, 1종 수급권자는 국민기초생활보장 수급권자(근로무능력가구와 암 환자와 중증 화상 환자만 해당되는 희귀성 난치질환 및 중증질환 등록자, 시설수급자)와 행려환자, 그리고 타법적용자가 해당된다. 2종 수급권자는 국민기초생활수급권자 중 1종 수급대상이 아닌 자가 해당된다.

〈표 5-4〉 의료급여 수급권자 유형

구분	대상
1종 수급권자	• 국민기초생활보장 수급자: 근로무능력가구, 시설수급자 • 타법적용자: 이재민, 의상자 및 의사자의 유족, 입양아동(18세 미만), 국가유공자, 국가무형문화재보유자, 북한이탈주민, 5·18민주화운동 관련자, 노숙인 • 등록 결핵질환자, 희귀·중증난치질환자, 중증질환자 • 행려환자
2종 수급권자	• 국민기초생활보장수급자 중 1종 수급권자 기준에 해당되지 않는 자

의료급여기관은 「의료법」 및 「약사법」 등에서 정하는 의료기관 및 약국을 의미한다. 구체적으로, 1차 의료급여기관(의원, 보건소, 보건지소, 보건진료소, 보건의료원), 2차 의료급여기관(병원, 종합병원), 그리고 3차 의료급여기관(상급종합병원)이 있다. 의료급여기관을 이용할 때 의료급여수급권자의 본인부담률은 〈표 5-5〉와 같다.

의료급여기관
수급권자에 대한 진료, 조제, 투약 등을 담당하는 의료기관 및 약국 등

〈표 5-5〉 의료급여기관 이용 시 의료급여수급권자의 본인부담률

구분		1차 (의원)	2차 (병원, 종합병원)	3차 (상급종합병원)	약국	PET 등
1종	입원	무료	무료	무료	-	무료
	외래	1,000원	1,500원	2,000원	500원	5%
2종	입원	10%	10%	10%	-	10%
	외래	1,000원	15%	15%	500원	15%

※ 경증질환 약국 약제비 본인부담률 3% 적용
※ 비급여는 전액본인부담, 선별급여는 항목별로 30~90% 본인부담
출처: 보건복지부, 건강보험심사평가원(2019).

그러나 1차 의료급여기관의 의료급여의뢰서 없이 2차 또는 3차 의료급여기관의 응급실을 이용하는 경우, 응급증상 또는 이에 준하는 증상에 해당되지 않으면 의료급여 단계별 절차(1차 → 2차 → 3차) 위반으로 의료비 전액(응급의료관리료, 진찰료, 검사비 등)을 환자가 부담해야 한다(관련근거: 「응급의료 수가기준」 및 「의료급여법 시행규칙」 별표 1의2). 단, 「응급의료

에 관한 법률」제2조 제1호에 해당하는 응급환자인 경우에는 의료급여의뢰서 없이 응급실과 외래진료 모두 의료급여 혜택을 받을 수 있다. 본인부담금을 면제받는 상황은 〈표 5-6〉과 같다.

〈표 5-6〉 본인부담금 면제 상황 예시

구분	대상자
1종	• 18세 미만인 자, 20세 이하인 자로 중·고등학교에 재학 중인 자 • 임산부, 가정간호를 받고 있는 자가 외래를 이용하는 경우 • 선택의료급여기관 이용자(조건부 연장승인자, 자발적 참여자) • 응급환자인 선택의료급여기관 이용자 • 장애인보조기기를 지급받는 선택의료급여기관 이용자 • 행려환자 • 노숙인 진료시설을 이용하는 노숙인 • 응급·분만으로 노숙인 진료시설 이외의 의료급여기관을 이용하는 노숙인 • 노숙인 진료시설에서 의뢰되어 제3차 의료급여기관을 이용하는 노숙인 • (구)등록 희귀난치성환자(2013. 9. 30. 이전 적용 수급권자) • 등록 결핵질환, 희귀·중증난치질환자, 중증질환자
2종	• 입원 본인부담 면제자: 자연분만, 제왕절개분만, 6세 미만 아동, 심장 및 뇌혈관질환자, 중증외상환자인 중증환자 • 외래 본인부담 면제자: 심장 및 뇌혈관질환자인 중증환자
식대 면제	• 행려환자, 자연분만, 6세 미만 아동
CT, MRI, PET 면제	• 심장, 뇌혈관질환자, 중증외상환자인 중증환자

* 관련 근거: 「의료급여법 시행령」 제13조, 동법 「시행령」 별표 1, 동법 「시행규칙」 제19조의4

② 이용절차

의료급여 이용절차는 크게 3단계로 나뉜다. 의료급여 수급권자는 먼저 제1차 의료급여기관(의원급)에 의료급여를 신청하여야 하며, 진료 중에 다른 의료급여기관의 진료가 필요한 경우에는 진료담당의사의 진료의견이 기재된 '의료급여의뢰서'를 발급받아 제2차 또는 제3차 의료급여기관에 제출해야 한다. 의료급여의뢰서는 발급받은 날부터 7일(공휴일 제외) 이내에 제2차 또는 제3차 의료급여기관에 제출해야 하고, 의료급여를 의뢰받은 의료급여기관은 수급권자의 상태가 호전되는 때에 '의료급여회송서'를 수급권자에게 발급하여 회송할 수 있게 한다.

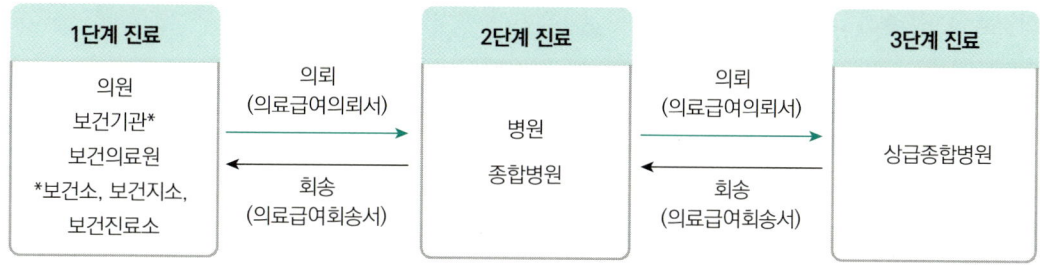

[그림 5-1] 의료급여 이용절차

3) 노인장기요양보험제도

최근 저출산·고령화 문제가 심각한 사회문제로 대두되었다. 과거 천연자원이 부족한 우리에게는 산아제한으로 인구밀도를 줄이는 것이 잘사는 사회가 되기 위한 최상의 방법이라 생각했으나, 이제는 반대로 세계 최고 저출산으로 인해 출산 장려를 위한 여러 방침을 내놓는 시대로 변하였다. 아울러 OECD 선진 복지국가들처럼 우리 사회는 압축적인 고령화로 장기요양이 필요한 노인들이 크게 증가하고 있지만, 더 이상 가족이 홀로 고령의 부모를 보호할 수는 없게 되었다.

이에 정부에서는 저소득층 노인 위주로 선별적으로 시행하던 노인요양서비스를 2008년 7월부터 소득수준과 상관없이 보편적 서비스로 제공하기 위해 노인장기요양보험제도를 도입하였다. 이는 노인들의 삶뿐만 아니라 복지정책에 커다란 영향을 주는 중요한 정책의 하나로 평가될 수 있다. 이 절에서는 해당 제도가 어떠한 목적을 가지고 운영되며 특징이 무엇인지, 서비스 이용방법과 재원의 흐름은 어떻게 되는지, 그리고 앞으로의 과제에 대하여 자세히 알아보고자 한다.

(1) 도입 배경

인구 고령화 현상이 급속히 진행되면서 노화로 발생하는 치매환자의 수도 증가하고 있다. 노인의 치매 유병률은 2020년 10.29%, 2030년 10.56%, 2040년 12.71%, 2050년 16.09%로 갈수록 급증할 것으로 예측되고 있다(중앙치매센터, 2022). 우리나라가 고령사회로 변화됨과 동시에 가족은 노인 부양보다는 자녀 양육에 치중하는 쪽으로 의식의 변화하였으며, 대가족에서 핵가족 구조의 전환으로 노인에 대한 가족의 부양기능 약화되었다. 또한 만성 퇴행성질환이나 노인성 치매, 중풍 등으로 인한 유병기간의 장기화로 인해 노인의 의료수요 급증이 나타나고 있다.

(2) 의의

노인장기요양보험은 고령, 노인성 질병 등의 사유로 일상생활을 혼자서 수행하기 어려운 노인 등에게 신체활동 또는 가사활동 지원 등의 장기요양급여를 제공하여 노후의 건강증진 및 생활안정을 도모하고 그 가족의 부담을 덜어 줌으로써 국민의 삶의 질을 향상하도록 함을 목적으로 시행되고 있다. 우리나라의 노인장기요양보험제도는 건강보험제도와 별개의 제도로 도입·운영되고 있는 한편, 제도 운영의 효율성을 도모하기 위하여 보험자 및 관리운영기관을 국민건강보험공단으로 일원화하고 있다.

(3) 연혁

노인장기요양보험제도는 2007년 10월 1일부터 1단계, 2008년 7월 1일부터 2단계 사업이 시작되었다. 국민건강보험제도는 질환의 진단, 입원 및 외래 치료, 재활 치료 등을 목적으로 주로 병, 의원 및 약국에서 제공되는 서비스를 급여대상으로 하지만, 노인장기요양보험은 치매, 중풍 등 노인성 질환으로 인하여 혼자 힘으로 일상생활을 영위하기 어려운 대상자에게 요양시설이나 재가 장기요양기관을 통해 신체활동 또는 가사지원 등의 서비스를 제공한다는 점에서 큰 차이가 있다.

(4) 주요 내용

① 대상자

소득수준과 상관없이 노인장기요양보험 가입자와 그 피부양자, 의료급여수급권자로서 '65세 이상인 자' 또는 '65세 미만이지만 노인성 질병을 가진 자'로 거동이 불편하거나 치매 등으로 인지가 저하되어 혼자서 일상생활을 수행하기 어렵다고 인정되는 사람이다. 노인성 질병은 치매, 뇌혈관성질환, 파킨슨병 등 대통령령으로 정하는 질병이다(〈표 5-7〉 참조).

- 노인장기요양보험의 보험자는 국민건강보험공단이다.
- 노인장기요양보험의 가입자는 국내에 거주하는 국민, 국내에 체류하는 재외국민 또는 외국인으로서 대통령령으로 정하는 사람이다.

〈표 5-7〉 노인성 질병의 종류

구분	질병명	질병코드
한국표준질병·사인분류	가. 알츠하이머병에서의 치매	F00*
	나. 혈관성 치매	F01
	다. 달리 분류된 기타 질환에서의 치매	F02*
	라. 상세불명의 치매	F03
	마. 알츠하이머병	G30
	바. 지주막하출혈	I60
	사. 뇌내출혈	I61
	아. 기타 비외상성 두개내출혈	I62
	자. 뇌경색증	I63
	차. 출혈 또는 경색증으로 명시되지 않은 뇌졸중	I64
	카. 뇌경색증을 유발하지 않은 뇌전동맥의 폐쇄 및 협착	I65
	타. 뇌경색증을 유발하지 않은 대뇌동맥의 폐쇄 및 협착	I66
	파. 기타 뇌혈관질환	I67
	하. 달리 분류된 질환에서의 뇌혈관장애	I68*
	거. 뇌혈관질환의 후유증	I69
	너. 파킨슨병	G20
	더. 이차성 파킨슨증	G21
	러. 달리 분류된 질환에서의 파킨슨증	G22*
	머. 기저핵의 기타 퇴행성 질환	G23
	버. 중풍후유증	U23.4
	서. 진전(震顫)	R25.1
	어. 척수성 근위축 및 관련 증후군	G12
	저. 달리 분류된 질환에서의 일차적으로 중추신경계통에 영향을 주는 계통성 위축	G13*
	처. 다발경화증	G35

비고
1. 질병명 및 질병코드는 「통계법」 제22조에 따라 고시된 한국표준질병·사인분류에 따른다.
2. 진전은 보건복지부장관이 정하여 고시하는 범위로 한다.

노인장기요양보험법

제7조(장기요양보험)
① 장기요양보험사업은 보건복지부장관이 관장한다.
② 장기요양보험사업의 보험자는 공단으로 한다.
③ 장기요양보험의 가입자(이하 "장기요양보험가입자"라 한다)는 「국민건강보험법」 제5조 및 제109조에 따른 가입자로 한다.

제12조(장기요양인정의 신청자격) 장기요양인정을 신청할 수 있는 자는 노인 등으로서 다음 각 호의 어느 하나에 해당하는 자격을 갖추어야 한다.
1. 장기요양보험가입자 또는 그 피부양자
2. 「의료급여법」 제3조 제1항에 따른 수급권자(이하 "의료급여수급권자"라 한다)

② 재원

노인장기요양보험제도의 재원은 보험료, 국가지원, 그리고 본인부담금으로 구성된다.

✓ 보험료

- 건강보험료를 내는 사람(직장가입자, 지역가입자)은 장기요양보험료를 내야 하며, 장기요양보험료는 건강보험료율 대비 장기요양보험료율(2024년 건보료대비 장기요양보험료율은 12.95%)의 비율을 곱하여 산정한다.
- 국민건강보험공단은 장기요양보험료와 건강보험료를 통합하여 징수하고, 징수 후 장기요양보험료와 건강보험료는 각각 독립회계로 관리한다.

✓ 국가지원

- 국가는 보험료 예상 수입액의 20%를 국고에서 부담한다.
- 국가와 지방자치단체는 의료급여수급권자의 장기요양급여비용, 의사소견서 발급비용, 방문간호지시서 발급비용 중 공단이 부담하여야 할 비용 및 관리운영비의 전액을 부담한다.

✓ 본인부담금

- 급여 대상자가 시설급여를 이용하면 20%, 재가급여를 이용하면 15%를 각각 본인이 부담한다.
- 저소득층, 의료급여수급권자 등은 법정 본인부담금의 40~60%를 경감하여 준다.
- 국민기초생활수급권자는 본인부담금이 없다.
- ※ 단, 비급여 항목은 전액을 본인이 부담한다.

③ 이용절차

노인장기요양보험 서비스를 제공받기 위해서는 먼저 장기요양인정을 받아야 한다. 이는 전국 공단지사에서 이루어지고 있다. 신청 방법은 각 공단지사에 직접 방문하거나, 우편 또는 팩스나 인터넷으로 간편하게 신청할 수 있다. 노인장기요양보험은 장기요양보험가입자 및 그 피부양자, 의료급여수급권자가 신청할 수 있으며 65세 이상 또는 65세 미만으로 노인성 질병을 가진 자가 서비스를 이용할 수 있다.

✓ 장기요양인정 신청

- 65세 이상 노인 또는 65세 미만 노인성 질환 대상자가 공단에 의사 또는 한의사가 발급하는 소견서를 첨부하여 장기요양인정 신청서를 제출한다.
- 장기요양급여를 받고자 하는 자가 신체적·정신적인 사유로 직접 수행할 수 없을 때, 본인의 가족이나 친족 또는 이해관계인, 관할 지역 사회복지전담공무원, 치매안심센터의 장(치매환자인 경우에 한정), 시장·군수·구청장이 지정하는 자 등이 대리 신청할 수 있다.

✓ 방문 조사

- 소정의 교육을 이수한 공단 직원(사회복지사, 간호사 등)이 신청인의 거주지를 방문하여 신청인의 심신상태, 신청인에게 필요한 장기요양급여의 종류 및 내용 등을 조사한다.

✓ 등급판정

- 공단은 방문조사가 완료된 때, 조사결과서, 신청서, 의사소견서, 그 밖에 심의에 필요한 자료를 등급판정위원회에 제출한다.

- 등급판정위원회는 심의에 필요한 자료를 검토하여 신청인이 자격 요건을 충족하고, 6개월 이상 동안 혼자서 일상생활을 수행하기 어렵다고 인정하는 경우, 대통령령으로 정하는 등급판정기준에 따라 수급자로 판정한다. 등급판정위원회는 장기요양인정 및 등급판정 등을 심의하기 위하여 공단에 두는 회의 기구이다. 시·군·구 단위로 설치되며, 위원장 1인을 포함하여 15인[1]의 위원으로 구성된다.
- 등급판정은 신청인이 신청서를 제출한 날부터 30일 이내에 완료한다. 다만, 정밀조사가 필요한 경우 등 부득이한 사유가 있는 경우에는 30일 이내의 범위에서 연장할 수 있다.

장기요양인정 신청부터 등급판정까지의 진행절차는 [그림 5-2]와 같다.

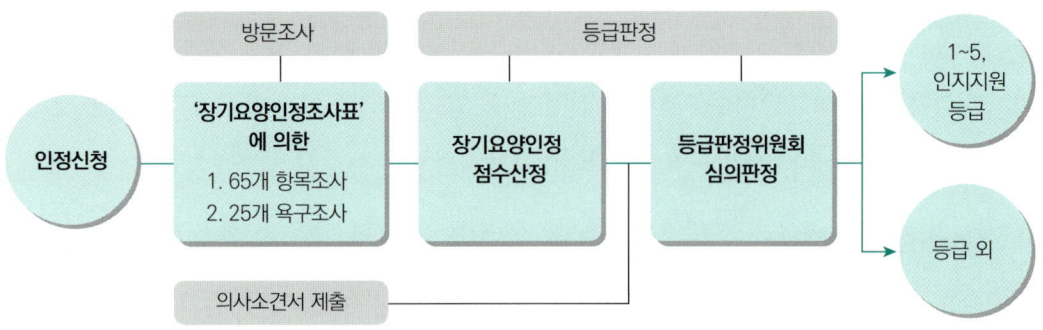

[그림 5-2] 노인장기요양인정 신청 및 판정절차

또한 각 등급별 대상자의 상태와 장기요양인정 점수를 요약하면 〈표 5-8〉과 같다.

〈표 5-8〉 등급별 판정결과표

등급	상태	장기요양인정 점수
장기요양 1등급	심신의 기능상태 장애로 일상생활에서 전적으로 다른 사람의 도움이 필요한 자	95점 이상

---

1) 「의료법」에 따른 의료인, 「사회복지사업법」에 따른 사회복지사, 시·군·구 소속 공무원, 그 밖에 법학 또는 장기요양에 관한 학식과 경험이 풍부한 자로 구성됨(의사 또는 한의사는 1인 이상 각각 필수 포함)

등급	상태	장기요양인정 점수
장기요양 2등급	심신의 기능상태 장애로 일상생활에서 상당 부분 다른 사람의 도움이 필요한 자	75점 이상 95점 미만
장기요양 3등급	심신의 기능상태 장애로 일상생활에서 부분적으로 다른 사람의 도움이 필요한 자	60점 이상 75점 미만
장기요양 4등급	심신의 기능상태 장애로 일상생활에서 일정 부분 다른 사람의 도움이 필요한 자	51점 이상 60점 미만
장기요양 5등급	치매(제2조에 따른 노인성 질병에 해당하는 치매로 한정한다) 환자	45점 이상 51점 미만
장기요양 인지지원등급	치매(제2조에 따른 노인성 질병에 해당하는 치매로 한정한다) 환자	45점 미만

출처: 「노인장기요양보험법 시행령」 제7조(등급판정기준 등).

✓ 판정 결과 통보

- 공단은 장기요양등급, 장기요양인정유효기간, 장기요양급여의 종류 및 내용 등이 담긴 장기요양인정서와 장기요양급여를 원활히 이용할 수 있도록 등급별 월한도액 범위 안에서 작성된 개인별장기요양이용계획서를 수급자에게 송부한다.
- 장기요양인정의 유효기간은 갱신 결과, 심신상태 등에 따라 최소 1년 이상~최대 4년 6개월까지 산정된다.

〈표 5-9〉 장기요양 유효기간 산정

- 유효기간을 갱신할 때 갱신 직전 등급과 같은 등급으로 판정을 받는 경우
  - 1등급의 경우: 4년
  - 2등급부터 4등급까지의 경우: 3년
  - 5등급 및 인지지원등급의 경우: 2년
- 등급판정위원회는 장기요양 신청인의 심신상태 등을 고려하여 장기요양인정 유효기간을 6개월의 범위에서 늘리거나 줄일 수 있음

출처: 「노인장기요양보험법 시행령」 제8조(장기요양인정 유효기간)

수급자는 장기요양급여를 받으려면 장기요양기관에 장기요양인정서와 개인별장기요양이용계획서를 제시하고, 장기요양기관은 수급자가 제시한 장기요양인정서와 개인별장기요양이용계획서를 바탕으로 장기요양급여제공계획서를 작성하여 수급자의 동의를 받는다. 장기요양인정서와 개인별장기요양이용계획서의 내용과 서식은 다음과 같다.

* **장기요양인정서의 내용**

대상자의 기본인적사항과 장기요양등급, 유효기간, 이용할 수 있는 급여의 종류와 내용, 대상자가 장기요양서비스를 제공받을 때 필요한 안내 사항 등

* **개인별장기요양이용계획서의 내용**

대상자의 등급에 따라 이용할 수 있는 한도액과 본인부담률
국민건강보험공단에서 제시하는 급여의 종류와 횟수 및 비용이 기재

■ 노인장기요양보험법 시행규칙 [별지 제6호 서식] <개정 2022. 6. 23.>

발급번호:　　　　　　　　　　　　　　　　　　　발행일:

장기요양인정서

성명		생년월일	
장기요양 인정번호		장기요양등급	
유효기간		장기요양급여의 종류 및 내용	
장기요양등급 판정위원회 의견			

관리지사		전화번호	
주소		홈페이지	www.longtermcare.or.kr

국민건강보험공단 이사장　[직인]

수급자 안내사항

1. 수급자가 장기요양급여를 받기 위해서는 장기요양기관에 장기요양인정서를 제시하여야 합니다.
2. 「노인장기요양보험법」 제40조 제2항에 따라 「의료급여법」 제3조 제1항 제1호에 따른 의료급여를 받는 사람은 본인부담금이 면제되고, 「노인장기요양보험법」 제40조 제4항 각 호의 어느 하나에 해당하는 사람은 본인부담금이 100분의 60의 범위에서 보건복지부장관이 정하여 고시하는 바에 따라 감경됩니다.
3. 장기요양급여는 월 한도액 범위 내에서 이용이 가능하며, 이를 초과하는 비용 및 비급여비용은 본인이 전액 부담합니다.
4. 장기요양보험료를 6회 이상 납부하지 아니하면 장기요양급여를 받을 수 없습니다.
5. 장기요양인정 등급판정결과에 대해 이의가 있는 경우 통보를 받은 날로부터 90일 이내에 공단에 증명서류를 첨부하여 심사청구할 수 있습니다.
6. 장기요양인정의 갱신신청을 하려는 경우에는 유효기간이 끝나기 90일 전부터 30일 전까지의 기간 동안에 공단에 신청해야 합니다.
7. 장기요양급여의 종류 및 내용이 "가족요양비"인 경우 「노인장기요양보험법」 제27조의2 및 같은 법 시행규칙 제21조의3에 따라 지급계좌를 특별현금급여수급계좌로 신청·변경 할 수 있습니다.
8. 「노인장기요양보험법」 제15조 제4항에 따라 거짓이나 그 밖의 부정한 방법 등으로 장기요양인정을 받은 것으로 의심되는 경우 공단은 인정조사를 실시하여 다시 등급판정을 할 수 있습니다.

210mm × 297mm[백상지 80g/㎡]

■ 노인장기요양보험법 시행규칙 [별지 제7호 서식] 〈개정 2021. 6. 30.〉

장기요양인정번호 L0000000000 - (이용계획서번호)

개인별장기요양이용계획서

본 서식은 수급자가 장기요양급여를 원활히 이용할 수 있도록 발급하는 이용계획서로 장기요양기관과 급여계약 체결 시 제시하시기 바랍니다.

성명				생년월일	
장기요양등급		등급		인정유효기간	
재가급여(월 한도액)		1개월당	원	재가	%
시설급여	노인요양시설	일반	1일당	원	본인부담률(%) ※ 발급일 기준	
		치매전담실 가형	1일당	원		
		치매전담실 나형	1일당	원		
	노인요양공동생활가정	일반	1일당	원	시설	%
		치매전담형	1일당	원		

장기요양 필요영역	장기요양 욕구	장기요양 목표	장기요양 필요내용

수급자 희망급여	
유의사항	

장기요양 이용계획 및 비용   (급여비용 기준일: 0000-00-00)

급여종류	횟수		장기요양급여비용	본인부담금
	주	회	원	원
	월	회	원	원
	합계		원	원
복지용구				

☎ 000-0000-0000   지사   담당자

년   월   일

국민건강보험공단 이사장 [직인]

④ 급여유형

재가급여는 가정에서 생활하며 장기요양기관이 운영하는 방문요양, 방문목욕, 방문간호, 주·야간보호, 단기보호, 기타재가급여(복지용구)를 통해 신체활동 및 심신기능의 유지·향상을 위한 서비스를 제공받는다. 세부적인 재가급여 종류와 내용은 〈표 5-10〉과 같다.

〈표 5-10〉 재가급여의 종류 및 내용

급여의 종류	내용
방문요양	장기요양요원이 수급자의 가정 등을 방문하여 신체활동 및 가사활동 등을 지원
방문목욕	장기요양요원이 목욕설비를 갖춘 장비를 이용하여 수급자의 가정 등을 방문하여 목욕을 제공
방문간호	장기요양요원인 간호사 등이 의사, 한의사 또는 치과의사의 지시서(방문간호지시서)에 따라 수급자의 가정 등을 방문하여 간호, 진료의 보조, 요양에 관한 상담 또는 구강위생 등을 제공
주·야간보호	수급자를 하루 중 일정한 시간 동안 장기요양기관에 보호하여 신체활동 지원 및 심신기능의 유지, 향상을 위한 교육 훈련 등을 제공
단기보호	수급자를 보건복지부령으로 판정하는 범위 안에서 일정 기간 동안 장기요양기관에 보호하여 신체활동 지원 및 심신기능의 유지, 향상을 위한 교육 훈련 등을 제공
기타 재가급여	수급자의 일상생활·신체활동 지원 및 인지기능의 유지, 향상에 필요한 용구를 제공하거나 가정을 방문하여 재활에 관한 지원 등을 제공하는 장기요양급여로서 대통령령으로 정하는 것

다음으로, 시설급여는 장기요양기관에 장기간 입소한 수급자에게 신체활동 지원 및 심신기능의 유지·향상을 위한 교육·훈련 등을 제공하는 장기요양급여로 노인요양시설, 노인요양공동생활가정에서 제공된다. 시설급여는 노인요양시설과 노인요양공동생활가정에서 제공된다.

이 밖에도 장기요양보험제도에서 특별현금급여가 제공되는데 가족요양비, 특례요양비, 요양병원간병비가 포함된다. 먼저, 가족요양비는 도서·벽지 등 장기요양기관이 현저히 부족한 지역, 천재지변, 수급자의 신체·정신 또는 성격상의 사유 등으로 인해 가족 등으로부터 방문요양에 상당한 장기요양급여를 받은 경우 지급되는 현금급여를 말한다. 특례요양비는 수급자가 장기요양기관이 아닌 노인요양시설 등의 기관 또는 시설에서 재가급여 또는 시설급여에 상당한 장기요양급여를 받은 경우 수급자에게 지급되는 현금급여를 말한

〈표 5-11〉 시설급여의 종류 및 내용

급여의 종류	내용
노인요양시설	치매·중풍 등 노인성질환 등으로 심신에 상당한 장애가 발생하여 도움을 필요로 하는 노인을 입소시켜 급식·요양과 그 밖에 일상생활에 필요한 편의를 제공함을 목적으로 하는 시설이다. (10인 이상)
노인요양 공동생활가정	치매·중풍 등 노인성질환 등으로 심신에 상당한 장애가 발생하여 도움을 필요로 하는 노인에게 가정과 같은 주거여건과 급식·요양, 그 밖에 일상생활에 필요한 편의를 제공함을 목적으로 하는 시설이다. (9인 이하)

출처: 「노인장기요양보험법」 제23조(장기요양급여의 종류), 「노인복지법」 제34조 제1항 제1, 2호.

다. 그리고 요양병원간병비수급자가 요양병원에 입원했을 때, 장기요양에 사용되는 비용의 일부가 지급되는 현금급여를 말한다.

4) 사회서비스

사회서비스(social service)라는 용어는 사회복지서비스(social welfare service), 대인사회서비스(personal service, human service), 사회적 보호(social care), 사회적 지원(social assistance) 등으로 혼용되어 왔다(조현승, 하봉찬, 2008).

「사회보장기본법」(제3조 제4항)에 의하면 사회서비스는 국가·지방자치단체 및 민간부문

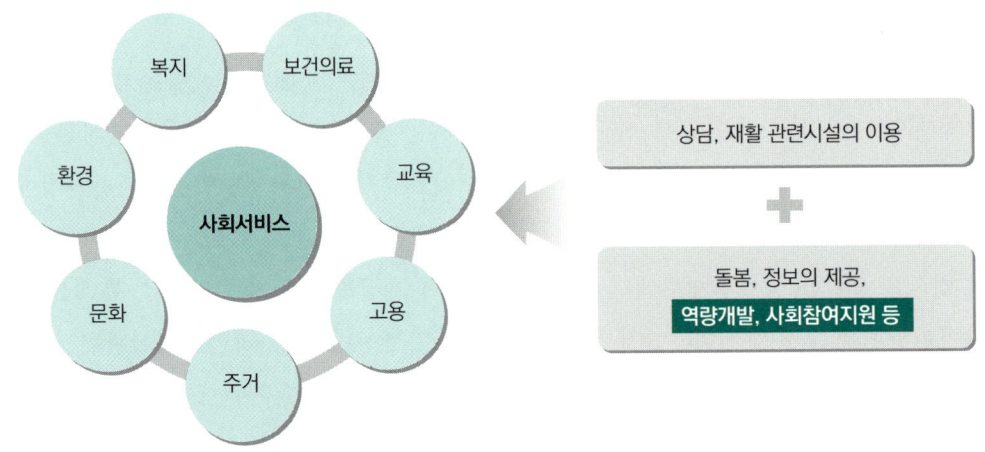

[그림 5-3] 사회서비스의 목적과 연계 영역

출처: 사회서비스전자바우처(www.socialservice.or.kr).

의 도움이 필요한 모든 국민에게 복지, 보건의료, 교육, 고용, 주거, 문화, 환경 등의 분야에서 인간다운 생활을 보장하고 상담, 재활, 돌봄, 정보의 제공, 관련 시설의 이용, 역량 개발, 사회참여 지원 등을 통하여 국민의 삶의 질이 향상되도록 지원하는 제도를 말한다. 즉, 개인 또는 사회 전체의 복지증진 및 삶의 질 향상을 위해 사회적으로 제공되는 서비스를 지칭하며, 공공행정(일반행정, 환경, 안전), 사회복지(보육, 아동, 장애인, 노인 보호), 보건의료(간병, 간호), 교육(방과 후 활동, 특수 교육), 문화(도서관, 박물관, 미술관 등 문화시설 운영)를 포괄하는 개념이라고 볼 수 있다.

최근 정부는 제1차 사회서비스 기본계획('24~'28)을 통해 다음과 같이 3대 분야 9대 추진과제를 공표하고, 사회서비스를 계속해서 확충하고자 하는 의지를 표명하였다.

사회서비스 정책 추진 방향[제1차 사회서비스 기본계획('24~'28)]

체계도

비전	약자부터 촘촘하게, 지속가능한 복지국가
목표	국민 누구나 필요할 때 누리는 질 높은 사회서비스
추진전략	사회서비스 고도화/복지-고용-성장 선순환

3대 분야 9대 추진과제

다양한 서비스 확충	질 높은 서비스 제공	공급혁신 기반 조성
新수요 대응 서비스 강화 전 국민 서비스 확대 융합서비스 확충	품질 관리 강화 규제 합리화 공급자 성장 지원	기술개발 및 사업화 촉진 복지기술 활용 확산 제도적 기반 강화

출처: 보건복지부(www.mohw.go.kr).

사회서비스 사업은 크게 ① 지역사회서비스, ② 가사·간병방문지원사업, ③ 청년사회서비스사업단, ④ 청년마음건강지원사업, ⑤ 긴급돌봄지원사업 등으로 나뉜다. 각 사업의 특성과 대상자, 그리고 서비스 내용은 다음과 같다.

(1) 지역사회서비스

국민의 행복한 삶을 위해 아동·노인·장애인 등 계층별 특성을 고려한 돌봄, 재활, 사회참여 등 생애주기별 욕구와 지역 특성을 반영한 다양한 서비스를 제공하는 사업이다. 다음은 지역사회서비스 유형과 세부 내용이다.

〈표 5-12〉 지역사회서비스 유형(표준모델)

구분	서비스 내용	대상	소득기준
아동·청소년정서 발달지원서비스	아동·청소년의 정서·행동적 문제 해결을 위하여 음악 교육 이론 및 실기와 정서순화 프로그램 제공	만 7~18세 정서행동 문제 우려아동·청소년	기준중위소득 140% 이하
아동·청소년 심리지원서비스	정서행동 위험 아동·청소년에 대한 언어, 놀이, 상담, 음악·미술치료 등 조기개입서비스 지원	만 18세 이하 문제행동 위험군 아동·청소년	기준중위소득 160% 이하
노인 맞춤형 운동 서비스	고령자 건강상태 점검 및 점검결과에 따른 수중 또는 유산소 운동 처방·지도를 통한 건강 증진	만 65세 이상(장기요양등급 외 판정자)	기준중위소득 140% 이하
장애인·노인을 위한 돌봄여행 서비스	노인·장애인에게 전문 돌봄 인력이 동반하는 여행 서비스 제공	등록장애인(또는 상이등급자), 만 65세 이상	기준중위소득 140% 이하
장애인 보조기기 렌탈 서비스	장애아동의 성장 단계에 적합한 맞춤형 보조기기 렌탈 서비스	만 24세 이하 장애 아동·청소년	소득기준 없음
시각장애인 안마 서비스	근골격계·신경계·순환계 질환 등의 증상개선을 위해 시각장애인의 안마, 마사지, 지압 및 자극요법 제공	근골격계·신경계·순환계질환이 있는 만 60세 이상, 지체, 뇌병변 등록장애인	기준중위소득 140% 이하 또는 기초연금수급자
정신건강 토탈케어 서비스	정신질환의 증상과 기능수준 및 욕구에 따라 필요한 프로그램을 선별 또는 혼합하여 제공, 여건에 따라 부가서비스 병행	정신장애인 또는 정신건강의학과 치료가 필요한 자	기준중위소득 140% 이하
자살위험군 예방서비스	자살고위험군에 대한 조기 선별검사 및 사례관리 서비스 제공	자살위험검사에 의한 자살위험군 해당자	기준중위소득 140% 이하 또는 기초연금수급자
아동·청소년 비전형성 지원 서비스	아동·청소년에 자기에 대한 긍정적 인식과 미래비전을 형성하기 위해 리더십 형성 프로그램 및 체험 학습 등 지원	만 7~15세	기준중위소득 140% 이하

구분	서비스 내용	대상	소득기준
장애인·산모 등 건강취약계층 운동서비스	장애인·산모 등 건강취약계층의 신체활동지원을 통해 의료비 절감, 건강증진	장애인, 산모(임신 3개월 이상)	기준중위소득 140% 이하
비만아동 건강관리 서비스	경도 이상 비만과 부모에게 건강교육, 운동처방 및 운동지도 등을 통한 체질개선 및 질병 예방	만 5~12세 경도 이상 비만 아동	소득기준 없음
성인 심리지원 서비스	성인의 심리정서 지원, 건강한사회 구성원 역할 촉진	만 35세 이상 진단서, 소견서를 제출한 자	기준중위소득 140% 이하
보완대체의사소통 기기 활용 중재서비스	기기를 활용하여 장애인의 의사소통 능력 증진 및 사회활동 참여 지원	만 24세 미만 지적, 뇌병변, 자폐성 장애인	기준중위소득 170% 이하

출처: 보건복지부(www.mohw.go.kr).

(2) 가사·간병방문지원사업

이 사업은 일상생활과 사회활동이 어려운 저소득층에게 가사·간병 서비스를 지원함으로써 취약계층의 생활 안정을 도모하기 위한 사업이다. 또한 가사·간병방문 업무를 수행하는 인력을 양성함으로써 사회적 일자리 창출에도 긍정적인 효과를 가져온다. 이 사업의 지원 대상은 만 65세 미만의 기준중위소득 70% 이하 계층 중 다음 내용에서 제시되고 있는 요건을 충족하면서 가사·간병 서비스가 필요한 사람이다. 구체적인 서비스 내용은 신체수발 지원(세면, 식사 등 보조 등), 신변활동 지원(체위변경, 간단한 재활운동 보조 등), 가사 지원(청소, 식사준비 등), 일상생활 지원(외출동행, 말벗, 생활상담 등)을 포함한다.

1. 장애정도가 심한 장애인
2. 6개월 이상 치료를 요하는 중증질환자
   (보건복지부장관이 고시한 중증질환 상병 해당자로, 최근 3개월 이내 발행된 진단서 또는 소견서 첨부)
3. 희귀난치성 질환자
   (보건복지부장관이 고시한 희귀난치성 질환 상병 해당자로, 진단서 또는 소견서 첨부, 단 '행복e음'을 통해 산정특례 등록 여부 확인이 가능한 경우에는 관련 자료로 대체 가능)

4. 소년소녀가정, 조손가정, 한부모가정(법정보호세대)

   * 이 경우 서비스 대상자는 자녀·손자녀가 됨
5. 만 65세 미만의 의료급여수급자 중 장기입원 사례관리 퇴원자
6. 기타 시·군·구청장이 예산의 범위 내에서 장애정도가 심하지 않은 장애인, 질환 및 부상으로 인한 장기치료자 등 가사·간병 서비스가 필요하다고 인정하는 자

(3) 청년사회서비스사업단

이 사업의 목적은 지역별로 청년사회서비스사업단을 구성하여 지역 청년이 주체가 되어 사회서비스를 제공함으로써 청년의 사회활동 참여 기회를 보장하고 지역주민의 삶의 질을 높이기 위함이다. 서비스의 대상자는 초등돌봄의 경우 초등학생을 둔 보호자, 일상 돌봄이 필요한 청년·중장년(19~64세), 그리고 가족돌봄청년(13~39세)을 포함한다. 전체적인 사업 내용은 다음과 같다.

* **일상돌봄**: 일상생활에 돌봄이 필요한 청년 및 19~64세 중장년과 13~39세 가족돌봄청년에게 맞춤형 사회서비스 통합제공
* **심리지원**: 아동·청소년 심리지원, 청년 마음건강지원 등 전문 심리상담 서비스 제공
* **초등돌봄**: 맞벌이, 한부모 가정 등 초등학생을 둔 보호자 대상으로 돌봄 서비스 지원

(4) 청년마음건강지원사업

청년에게 필요한 심리·정서적 서비스를 제공함으로써 이들의 건강을 증진하고 사회적 역할을 원활하게 수행할 수 있도록 지원하는 사업이다. 대상자는 만 19세 이상~34세 이하 청년이다. 사업의 우선지원 1순위 대상자는 자립준비청년과 보호연장아동이다. 다음 순위는 정신건강복지센터에서 연계 의뢰한 대상자로 사전·사후검사(90분) 각 1회, 전문심리상담서비스 제공(1:1 원칙, 50분) 주 1회(총 8회), 그리고 종결상담 1회 등을 제공한다.

(5) 긴급돌봄지원사업

이 사업은 주 돌봄자의 갑작스러운 부재(사망, 입원 등), 질병, 부상 등으로 짧은 기간 동안 일상생활 영역에서 도움이 필요한 대상자에게 관련 서비스를 제공한다. 대상자는 위기 상

황이 발생했으나 타 공공 서비스로부터 돌봄을 받기 어려운 만 19세 이상의 국민이다. 구체적인 서비스 영역과 내용은 〈표 5-13〉과 같다.

〈표 5-13〉 긴급돌봄지원사업의 서비스 내용

구분	서비스 내용
재가 돌봄	목욕 등 신체청결, 옷 갈아입히기 등 몸단장 식사도움, 체위변경 등 신체 수발지원 및 건강지원
가사 지원	• 청소, 설거지, 식사 준비 등 가정 내 일상생활을 위한 가정환경 마련 • 청소: 가구 내 방, 거실, 주방, 화장실 한정 청소 및 쓰레기 배출과 주거 공간 내부 정리 • 세탁: 세탁 및 세탁물 수거(다림질 제외) • 식사준비: 식재료 준비와 설거지, 밥하기, 기본 국과 반찬 하기 등
이동 지원	장보기, 은행 방문 등 외출 시 동행하여 이동 지원 및 업무보조 등 제공

사회서비스를 이용한 당사자는 서비스 제공자에게 이용권을 제시해야 한다. 「사회서비스 이용 및 이용권 관리에 관한 법률」(약칭: 「사회서비스이용권법」)에 따르면 사회서비스이용권이란 "그 명칭 또는 형태와 상관없이 사회서비스 이용자가 사회서비스 제공자에게 제시하여 일정한 사회서비스를 제공받을 수 있도록 그 사회서비스의 수량 또는 그에 상응하는 금액이 기재(전자적 또는 자기적 방법에 의한 기록 포함)된 증표"이다. 최근 들어 사회서비스 이용권은 전자바우처 형태로 지급되고 있다. 전자바우처(e-바우처)는 사회서비스 이용권을 전자적 또는 자기적 방법으로 신용카드, 체크카드, 실물카드 등에 기록한 이용권을 의미한다. 이 방식은 공급자 중심으로 이루어진 기존의 사회복지서비스가 수혜자의 선택권을 제한시켜 시장 창출에 한계가 있다는 문제의식에서 시작되었다. 수요자 중심의 직접적 지원 방식으로 바우처(서비스 이용권) 제도가 도입되면서 서비스 공급기관의 허위·부당 청구 등 도덕적 해이를 최소화할 수 있게 되었다. 즉, 자금흐름의 투명성, 업무 효율성 확보를 위해 전자바우처를 적용하면서 사회서비스제도가 안착하고 있다. 국내 바우처 사업의 추진 경과를 요약하면 다음과 같다.

바우처사업 추진경과

- 2007년 장애인활동보조(장애인활동지원), 지역사회서비스투자사업 시행
- 2008년 산모신생아건강관리, 가사간병방문지원사업, 임신출산진료비지원사업 시행
- 2009년 발달재활서비스 시행
- 2010년 언어발달지원사업 시행
- 2011년 사회서비스 이용 및 이용권에 관한 법률 제정(2011. 8. 4.)
- 2012년 차세대 전자바우처 운영체계로 전환(2012. 7.), 4개 사업 지정제에서 등록제로 전환(2012. 8.)
  ※ 6대 사회서비스 바우처 사업 전체를 금융기관 위탁방식에서 결제승인 카드발급, 단말기 관리기능을 사회보장정보원이 일괄 수행하는 '차세대 전자바우처 운영체계'로 전면 전환
- 2014년 노인돌봄(단기가사), 발달장애인부모심리상담서비스 시행
- 2015년 국가바우처 운영체계 도입(국민행복카드 출시)

    서비스 이용을 원하는 사람은 [그림 5-4]와 같이, 해당 읍·면·동에 신청하고, 시·군·구는 신청자의 소득 및 욕구조사를 실시한 후 이용자로 선정한다. 대상자는 금융기관을 통해 국민행복카드를 발급받고, 서비스를 제공하는 기관은 일정 요건을 갖춘 후, 시·군·구에 사회서비스 제공 기관으로 등록한 후에 서비스를 제공한다. 그런 다음에 이용자는 자신이 원하는 지역사회 제공 기관을 선택하여 계약을 체결하고, 서비스를 제공받은 후에 바우처 방식으로 결제를 한다. [그림 5-4]는 전자바우처의 운영흐름도를 설명하고 있다.

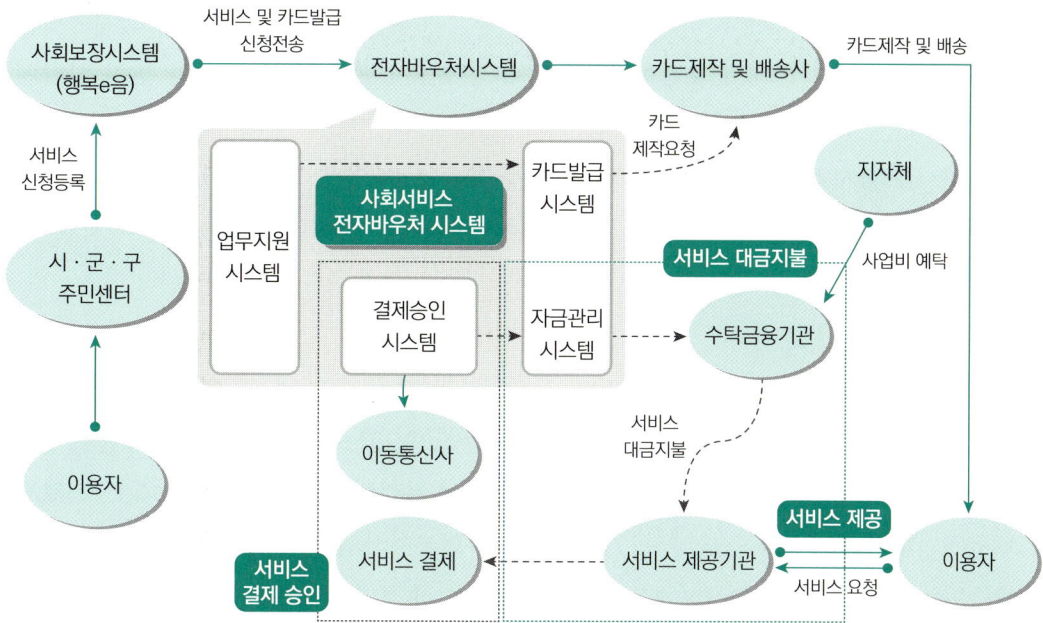

[그림 5-4] 전자바우처 운영흐름도

출처: 보건복지부(2024b), p. 14.

3. 의료사회복지활동의 법적 근거

앞에서 살펴본 사회보험제도 이외에 의료사회복지실천의 토대가 되는 기타 제도와 법률에 대해서 살펴보겠다.

1) 사회복지사업법

1970년 제정된 「사회복지사업법」은 그간 여러 번의 개정을 진행해 왔다. 이 법은 사회복지사업에 관한 기본적 사항을 규정하여 사회복지를 필요로 하는 사람에 대하여 인간의 존엄성과 인간다운 생활을 할 권리를 보장하고 사회복지의 전문성을 높이며, 사회복지사업의 공정·투명·적정을 도모하고, 지역사회복지의 체계를 구축하고 사회복지서비스의 질을 높여 사회복지의 증진에 이바지함을 목적으로 한다. 2018년 12월 11일에 개정된 「사회복지사업법」 제11조 제3항에서는 "사회복지사 1급 자격은 국가시험에 합격한 사람에게 부여하고, 정신건강사회복지사·의료사회복지사·학교사회복지사의 자격은 1급 사회복지사의 자격이 있는 사람 중에서 보건복지부령으로 정하는 수련기관에서 수련을 받은 사람에게 부여한다."라고 규정하고 있다. 이후, 2020년 12월 11일 「사회복지사업법 시행규칙」이 개정되면서 의료사회복지사가 법적 국가자격을 취득할 수 있게 되었다. 이와 같은 변화는 의료현장에서 활동하는 사회복지사들의 전문성과 정체성을 공고히 하는 전환점이 되었다.

2) 의료법 시행규칙

「의료법」은 모든 국민이 수준 높은 의료 혜택을 받을 수 있도록 국민의료에 필요한 사항을 규정함으로써 국민의 건강을 보호하고 증진하는 데에 목적이 있다(「의료법」 제1조). 「의료법 시행규칙」 제38조 제6항(의료인 등의 정원)에는 「사회복지사업법」에 따른 사회복지사 자격을 가진 자 중에서 환자의 갱생·재활과 사회복귀를 위한 상담 및 지도 업무를 담당하는 요원을 1명 이상 둔다고 명시하고 있어 의료사회복지사 채용의 중요한 법적 근거가 되고 있다.

3) 정신건강증진 및 정신질환자 복지서비스 지원에 관한 법률

1995년 12월 30일 제정된 「정신보건법」은 2017년 대폭 개정되었다. 개정된 「정신건강증진 및 정신질환자 복지서비스 지원에 관한 법률(이하: 정신건강복지법)」은 정신질환의 예방·치료, 정신질환자의 재활·복지·권리보장과 정신건강 친화적인 환경 조성에 필요한 사항을 규정함으로써 국민의 정신건강증진 및 정신질환자의 인간다운 삶을 영위하는 데 이바지함을 목적으로 한다. 이 법의 제3조에서는 정신질환자란 망상, 환각, 사고(思考)나 기분의 장애 등으로 인하여 독립적으로 일상생활을 영위하는 데 중대한 제약이 있는 사람을 의미한다고 정의하고 있다. 정신질환자를 대상으로 제공되는 정신건강증진사업은 정신건강 관련 교육·상담, 정신질환의 예방·치료, 정신질환자의 재활, 정신건강에 영향을 미치는 사회복지·교육·주거·근로 환경의 개선 등과 같은 다양한 사업을 포함한다.

「정신건강복지법」 제17조에서는 보건복지부장관은 정신건강 분야에 관한 전문지식과 기술을 갖추고 보건복지부령으로 정하는 수련기관에서 수련을 받은 사람에게 정신건강전문요원의 자격을 줄 수 있다고 규정하고 있다. 정신건강전문요원은 그 전문 분야에 따라 정신건강임상심리사, 정신건강간호사, 정신건강사회복지사 및 정신건강작업치료사로 구분된다. 「정신보건법」이 「정신건강증진 및 정신질환자 복지서비스 지원에 관한 법률」로 개정되면서 2017년부터 '정신보건사회복지사'의 명칭이 '정신건강사회복지사'로 변경되었고, 다음과 같이 1급과 2급으로 구분된다.

> **∗ 정신건강사회복지사 1급: 가 혹은 나로 취득 가능**
>
> 가. 사회복지학 또는 사회사업학에 대한 석사학위 이상을 소지한 사람으로서 보건복지부장관이 지정한 수련기관에서 3년(2급 자격 취득을 위한 기간은 포함하지 않음) 이상 수련을 마친 경우에 해당
> 나. 2급 정신건강사회복지사 자격을 취득한 후, 정신건강증진시설, 보건소 또는 국가나 지방자치단체로부터 정신건강증진사업을 위탁받은 기관이나 단체에서 5년 이상 근무한 경우에 해당(단순 행정업무 등 보건복지부장관이 정하는 업무는 제외)
>
> **∗ 정신건강사회복지사 2급**
>
> 「사회복지사업법」 제11조 제2항에 따른 사회복지사 1급 자격을 소지한 사람으로서 보건복지부에 등록된 수련기관에서 1년 이상 수련을 마친 경우에 해당

정신건강사회복지사 자격을 취득하기 위해서는 사회복지사 1급 소지자가 보건복지부령으로 정하는 수련기관에서 1년 동안 1,000시간의 수련을 받고 보건복지부장관에게서 정신건강사회복지사 자격증을 교부받아야 한다. 정신건강사회복지사의 주요 업무는 다음과 같다.

> **∗ 공통업무**
>
> 가. 정신재활시설의 운영
> 나. 정신질환자 등의 재활훈련, 생활훈련 및 직업훈련의 실시 및 지도
> 다. 정신질환자 등과 그 가족의 권익보장을 위한 활동 지원
> 라. 법 제44조 제1항에 따른 진단 및 보호의 신청
> 마. 정신질환자 등에 대한 개인별 지원계획의 수립 및 지원
> 바. 정신질환 예방 및 정신건강복지에 관한 조사 및 연구
> 사. 정신질환자 등의 사회적응 및 재활을 위한 활동
> 아. 정신건강증진사업 등의 사업 수행 및 교육
> 자. 그 밖에 제1호부터 제8호까지의 규정에 준하는 사항으로 보건복지부장관이 정하는 정신건강증진 활동

> * 정신건강사회복지사 고유 업무
>
> 가. 정신질환자 등에 대한 사회서비스 지원 등에 대한 조사
> 나. 정신질환자 등과 그 가족에 대한 사회복지서비스 지원에 대한 상담 및 안내

의료수가
의료서비스를 제공하고 환자와 보험공단에서 받는 비용의 합

정신건강사회복지사가 직접 실시한 정신의학적 사회사업(psychiatric social work) 활동은 의료수가로 산정되는데 구체적인 행위명은 개인력조사, 사회사업지도, 사회조사, 가정방문이 있다. 또한 집단정신치료는 지지표현적 집단정신치료, 정신치료극이 포함되며, 작업 및 오락요법, 정신의학적 재활요법, 정신의학적 응급처치 등을 포함한다. 각 내용별 수가 코드는 〈표 5-14〉와 같다.

〈표 5-14〉 정신건강사회복지사 업무에 대한 수가 코드

행위명		수가 코드
정신의학적 사회사업	개인력조사	NN111
	사회사업지도	NN112
	사회조사	NN113
	가정방문	NN114
집단정신치료	지지표현적 집단정신치료	NN021
	정신치료극	NN023
작업 및 오락요법		NN040
정신의학적 재활요법		NN090
정신의학적 응급처치		NN100

4) 호스피스·완화의료 및 임종과정에 있는 환자의 연명의료결정에 관한 법률

「호스피스·완화의료 및 임종과정에 있는 환자의 연명의료결정에 관한 법률」(이하:「연명의료결정법」)은 2016년 2월 3일에 제정되었다. 이 법은 호스피스·완화의료와 임종과정에 있는 환자의 연명의료와 연명의료중단 등 결정 및 그 이행에 필요한 사항을 규정함으로써

환자의 최선의 이익을 보장하고 자기결정을 존중하여 인간으로서의 존엄과 가치를 보호하는 것을 목적으로 하고 있다.

호스피스·완화의료는 말기환자로 진단을 받은 환자 또는 임종과정에 있는 환자 및 그 가족에게 통증과 증상의 완화 등을 포함한 신체적, 심리사회적, 영적 영역에 대한 종합적인 평가와 치료를 목적으로 제공하는 의료를 지칭한다. 또한 연명의료는 임종과정에 있는 환자에게 하는 심폐소생술, 혈액 투석, 항암제 투여, 인공호흡기 착용 및 그 밖에 대통령령으로 정하는 의학적 시술로서 치료효과 없이 임종과정의 기간만을 연장하는 것을 말한다.

「연명의료결정법」은 환자의 인간으로서의 존엄과 가치를 보장하고, 최선의 치료를 받되 자신이 앓고 있는 상병(傷病)의 상태와 예후 및 향후 본인에게 시행될 의료행위에 대하여 분명히 알고 스스로 결정할 권리가 있음을 강조하고 있다.

호스피스전문기관은 입원형, 가정형, 자문형으로 구분되는데 필수 인력으로 사회복지사 1급 자격을 소지한 1명 이상을 규정하고 있어 호스피스 완화의료 영역에서 사회복지사의 전문성과 역할이 중요하다. 호스피스병동 입원환자에 대한 사회복지사 업무를 전담하는 사회복지사 1명 이상이 상근하는 경우에 수가를 산정한다.

〈표 5-15〉는 자문형 호스피스 시범사업의 제공 기관별 수가를 정리한 것이다.

✔ **가정형(시범)**

사회복지사 방문료(방문당) 49,900원

〈표 5-15〉 자문형 호스피스 시범사업

자문형 호스피스 시범 수가(2018년 기준)								
구분	돌봄상담료 초회		돌봄상담료 재회		임종관리료		임종실료	
요양기관	점수	금액(원)	점수	금액(원)	점수	금액(원)	점수	금액(원)
상급종합병원	1325.14	97,400	892.29	65,580	990.59	72,810	3388.59	249,060
종합병원	1325.14	97,400	892.29	65,580	990.59	72,810	2722.39	200,010
병원	1325.14	97,400	892.29	65,580	990.59	72,810	2187.32	160,770
의원	1246.77	101,490	839.52	68,340	932	76,860	1628.85	132,590

5) 장기등 이식에 관한 법률

장기 이식	• 장기등 이식에 관한 법률 시행령 제25조(이식의료기관의 지정기준) 법 제25조 제2항에 따라 이식의료기관으로 지정받으려는 의료기관이 갖추어야 할 시설·장비·인력 등은 별표 4와 같다. (장기등의 적출·이식을 위한 상담·연락 업무 등을 담당하는 간호사와 **사회복지사**를 각각 1명 이상 두어야 한다.)
장기 이식법 시행령 골수이식	• 조혈모세포이식의 요양급여에 관한 기준 제3조(실시기관의 인력·시설 및 장비 등 기준) 제1항 ① 실시기관에는 다음 각 호의 인력이 상근하여야 한다. 3. 간호사, **사회복지사**, 영양사, 조혈모세포의 냉동처리를 전담할 수 있는 전담 인력 등 조혈모세포이식에 필요한 인력

1999년 2월 8일에 제정된 이 법은 장기등의 기증에 관한 사항과 사람의 장기등을 다른 사람의 장기등의 기능회복을 위하여 적출(摘出)하고, 이식(移植)하는 데 필요한 사항을 규정하여 장기등의 적출 및 이식을 적정하게 하고 국민보건을 향상시키는 데 이바지하는 것을 목적으로 한다.

제2조 기본이념에서는 장기등의 적출 및 이식은 인도적 정신에 기초하고, 장기등을 기증하려는 사람의 의사는 자발적인 것이어야 하며, 장기등을 이식받을 기회는 장기등의 이식이 필요한 모든 사람에게 공평하게 주어져야 한다고 강조하고 있다. 또한 장기등의 적출 및 이식은 윤리적으로 타당하고 의학적으로 인정된 방법으로 이루어져야 한다.

「장기이식법 시행령」제25조(이식의료기관의 지정기준) 제2항은 이식의료기관으로 지정받기 위해 의료기관이 필수적으로 갖추어야 할 시설·장비·인력 등을 규정하고 있는데, 이 안에 인력의 내용을 살펴보면, 사회복지사 1명 이상을 두도록 명시하고 있다. 의료사회복지사의 주요 역할은, 첫째, 장기이식수술 예정자(기증자, 이식대상자)를 대상으로 장기이식에 대한 전반적인 이해를 돕고, 이식에 필요한 안정된 심리적인 상태와 환경을 조성한다. 둘째, 가족들을 대상으로 환자와의 관계 유지, 의사소통, 스트레스 관리, 이식과 관련된 사회복지 정보 등에 대한 교육과 상담을 실시한다. 이 외에도 의료적, 심리사회적 재활의 가능성과 가족들의 지지는 충분하나 이식비용 마련에 어려움이 있을 경우에는 외부 후원기관과 연결하거나, 원내 자선예산을 활용할 수 있는지에 대해서 검토를 한다(삼성서울병원, www.smc.or.kr).

이식을 희망하는 환자가 이식 적합 여부를 평가하기 위해 신장내과 또는 소화기내과 주치의로부터 장기이식 담당 의료사회복지사에게 상담이 의뢰된 후, 장기이식 담당 의료사회복지사와의 상담이 제공된다. 이때 의료사회복지사는 상담 평가를 실시하는데 이는 기증자의 순수한 기증의사를 확인하여, 기증자와 수혜자 간의 이식 수술이 원만하게 진행되기 위한 필수적인 절차이다. 의료사회복지사가 상담 평가를 실시해야 하는 목적은 다음과 같다.

❶ 기증 예정자의 자기 결정권 보호
❷ 불법적인 장기 매매 예방
❸ 이식 수술 전·후에 나타나는 불안감 감소 및 심리·사회 적응능력 강화

상담 평가를 실시할 때, 의료사회복지사는 다음과 같은 내용을 반드시 검토해야 한다.

❶ 수혜자(환자)의 심리사회, 경제적 상담
❷ 기증자에 대한 심리사회 상담 및 기증 동기, 기증자의 정신건강 상태 확인
❸ 기증자 보호자의 기증 동의 확인
❹ 기증자와 수혜자의 관계 확인. 가족인 경우 가족관계 증명서(제적등본 포함)로 기증자와 수혜자 간의 관계를 확인
❺ 수혜자의 이식 후 생활을 돕기 위한 프로그램 연결
❻ 수혜자와 기증자의 관계 확인 작업
- **친족의 경우 친족의 범위**(배우자, 혈족 및 인척) **혈족**: 자기의 직계존속과 직계비속을 직계혈족, 자기의 형제자매와 형제자매의 직계비속, 직계존속의 형제자매 및 그 형제자매의 직계비속을 방계혈족
- **인척의 범위**: 혈족의 배우자, 배우자의 혈족, 배우자의 혈족의 배우자
- 그러나 기증자의 나이가 만 16세 미만인 미성년일 때는 배우자·직계존비속·형제자매 또는 4촌 이내의 친족에게만 기증이 가능하고, 부모 양쪽 모두의 동의가 필요함

타인의 경우 최소 3회 이상의 상담이 필요하며, 대면 상담을 원칙이므로, 직접 내원해야 한다.

❶ **기증자와 수혜자 상담**: 상호 간의 관계, 기증 의사 등
❷ **기증자의 보호자 상담**: 기증자의 보호자로서 기증에 대한 동의 여부 확인(최소 1명 이상)
❸ **관계 확인자 상담**: 기증자, 수혜자와 밀접한 관계에 있고, 이해 관계가 없는 제3자(최소 2명 이상)로부터 기증자의 기증 의사 및 순수한 관계를 확인

[그림 5-5]는 상담 평가 절차를 도식한 것이다.

[그림 5-5] 상담 평가 절차(삼성서울병원 사례)

출처: http://www.samsunghospital.com/dept/main/index.do?DP_CODE=SWK&MENU_ID=002007006

「장기등 이식에 관한 법률」제12조에 의한 장기등의 기증에 관한 동의를 한 날(동의를 한 시점이 포함된 날의 0시)부터 적출까지 발생한 비용 중 「장기이식법」제16조 및 제19조에 따른 뇌사판정의료기관 또는 뇌사판정대상자 관리전문기관으로 이송비(인건비 포함), 장기기증 상담 및 코디네이터 관리비, 뇌사판정비, 공여자와 수혜자 간의 HLA교차시험 검사비, 급여기준을 초과하여 전액본인부담 또는 비급여 진료비 일체(행위, 약제, 치료재료) 등을 포함한다.

6) 공공보건의료에 관한 법률

2000년 1월 제정된 이 법은 공공보건의료의 기본적인 사항을 정하여 국민에게 양질의 공공보건의료를 효과적으로 제공함으로써 국민보건의 향상에 이바지함을 목적으로 한다. 이 법이 제정되기 이전에 국내에서 공공의료 이슈는 사회적 관심을 받지 못하였다. 그러던 중 노무현 정부가 공공보건의료를 보건의료공급의 30% 수준으로 확충할 것을 공약으로 제시하면서 논의가 시작되었다. 노무현 대통령은 고령화 및 미래사회위원회를 대통령 직속 위원회로 구성하고 2004년 9월, 이 위원회의 국정보고서에서 공공의료 확충을 통한 보건의료체계의 개편을 의료정책의 큰 틀로 제시하면서 공공의료정책이 구체화되었다(이규식, 2017).

공공보건의료란 국가, 지방자치단체 및 보건의료기관이 지역·계층·분야에 관계없이 국민의 보편적인 의료 이용을 보장하고 건강을 보호·증진하는 모든 활동을 말한다. 특히 공공보건의료사업은 ① 보건의료 공급이 원활하지 못한 지역이나 분야, ② 보건의료 보장이 취약한 계층에 대한 의료 공급에 관한 사업, ③ 발생 규모, 심각성 등의 사유로 국가와 지방자치단체의 대응이 필요한 감염병과 비감염병의 예방 및 관리, 재난으로 인한 환자의 진료 등 관리, 건강 증진, 보건교육에 관한 사업 등을 포함한다.

「공공보건의료법」 제7조(공공보건의료기관의 의무)에 따라 공공보건의료기관은 다음에 해당하는 보건의료를 우선적으로 제공하여야 한다.

❶ 의료급여환자 등 취약계층에 대한 보건의료
❷ 아동과 모성, 장애인, 정신질환, 응급진료 등 수익성이 낮아 공급이 부족한 보건의료
❸ 재난 및 감염병 등 신속한 대응이 필요한 공공보건의료
❹ 질병 예방과 건강 증진에 관련된 보건의료
❺ 교육·훈련 및 인력 지원을 통한 지역적 균형을 확보하기 위한 보건의료

다음은 급성기환자 퇴원지원 및 지역사회 연계활동 시범사업의 내용을 요약한 것이다.

✔ 급성기환자 퇴원지원 및 지역사회 연계활동 시범사업

가. 시범사업 기간: 2020. 12. 28. ~ 2025. 12. 31.
- 시범사업 시작일로부터 3년으로 하되, 사업 성과에 따라 필요시 단축 또는 연장 가능

나. 정신건강의학과, 재활의학과, 장기이식 등의 한정된 분야에만 상담수가가 인정되었으나 급성기 환자 퇴원 지원 및 지역사회 연계활동 시범사업의 통합평가 II 및 지역사회 연계 관리 시 사회복지사의 활동에 따른 수가를 인정받을 수 있게 됨

분류		산정횟수	단가(원)
통합평가료	통합평가료 I (의료적 평가)	1회	28,420
	통합평가료 II (사회·경제적 평가)	1회	21,930
통합퇴원계획관리료(다학적팀회의)		1회	77,460
지역사회연계료	지역사회연계관리료 I (기관내활동)	1회 (중복불가)	27,460
	지역사회연계관리료 II (현장방문활동)		54,020
사후관리료	퇴원환자 재택관리료	퇴원 전 1회	29,240
	의료기관 간 환자관리료(비협약)	월 1회 최대 6개월 (중복불가)	10,090
	의료기관 간 환자관리료(협약)		13,120

다. 서비스 내용

❶ 통합평가 및 퇴원계획

- (선별평가) 입원 초기 병동 간호사 또는 환자지원팀이 환자(보호자)를 대상으로 선별평가표를 활용하여 사회·경제적 지원 여부 평가
- (통합평가료 I) 퇴원 시점에 환자지원팀 의사가 대상 환자의 의료적 기능상태 등을 종합적으로 평가
- (통합평가료 II) 선별평가 결과 사회·경제적 지원이 필요한 경우 환자지원팀이 환자의 경제적, 심리사회적 상태 등을 심층 상담하고 종합적으로 평가
- (통합퇴원계획관리료) 통합평가 I 실시 후 환자지원팀 의사 판단에 따라 퇴원 후 의료기관 연계, 재택관리가 필요한 경우 다학제적 팀회의*를 통해 통합퇴원계획을 수립

> * 전문의 2인, 간호사, 사회복지사, 물리·작업치료사 등 최소 4인 이상으로 구성·운영

❷ 지역사회 연계활동

- (지역사회연계관리료 I) 통합평가 II 실시 후 환자지원팀이 필요한 지역사회 자원 및 서비스 정보를 수집하고, 유선 등으로 확인·신청하는 등 연계활동을 수행하고 환자

(보호자)에게 정보 제공
- (지역사회연계관리료 II) 통합평가 II 실시 후 환자지원팀이 지역사회 자원 및 서비스 연계를 위하여 환자(보호자)와 함께 지역사회 기관* 현장방문

> * 보건소, 지역장애인보건의료센터, 지자체(케어안내창구), 복지기관 등

❸ **퇴원 후 사후관리**
- (퇴원환자 재택관리료) 퇴원계획에 따라 자택으로 퇴원한 환자에게 전화 또는 문자 등을 활용하여 환자상태를 주기적으로 점검하고 질병 및 투약 교육 등 지속적인 관리
- (의료기관 간 환자관리료) 퇴원계획에 따라 연계 의료기관으로 입원한 환자를 대상으로 급성기 의료기관 환자지원팀과 연계 의료기관의 담당 의료진이 주기적 환자 상태 공유

　의료사각지대의 문제에 적극 대응하고 양질의 의료서비스를 제공하기 위해서는 보건의료환경의 변화를 예측하고, 이에 기초한 효율적인 공공보건의료체계를 구축하는 것이 우선적으로 필요하다. 결론적으로, 저소득층에 대한 의료비 지원은 사회·경제적 여건 변화와 국가적 재정 능력을 감안하여 신중하게 접근하되 공공보건의료서비스의 확충을 통한 지원에 중점을 두는 것이 바람직할 것이다. 첫째는 의료취약지에 대한 의료접근성을 강화하는 방안이고, 둘째는 의료사각지대에 대한 안전망을 강화하는 방안이다. 셋째는 공공보건의료기관의 경쟁력을 강화하는 방안을 마련하는 것이고, 넷째는 이러한 공공보건의료 강화를 위한 정책과제를 실행할 수 있는 전략과 재원조달 방안을 마련하는 것이다(오영호, 2013).

 **정리해 봅시다**

1. 의료전달체계

의료체계와 의료자원의 효율적 운영을 통해 의료서비스를 필요로 하는 국민 모두가 적시에 적정인에 의해 적소에서 적정진료를 이용할 수 있도록 만든 제도이다.

2. 한국의 사회보장체계

모든 국민이 다양한 사회적 위험으로부터 벗어나 행복하고 인간다운 생활을 향유할 수 있도록 지원하며, 사회보험, 공공부조, 그리고 사회서비스 세 가지 체계로 구성된다. 사회보험제도는 국민에게 발생하는 사회적 위험을 보험의 방식으로 대처하는 것으로, 국민연금, 건강보험, 고용보험, 산업재해보상보험, 노인장기요양보험제도가 있다. 공공부조는 생활 유지 능력이 없거나 생활이 어려운 국민의 최저생활을 보장하고 자립을 지원하는 제도를 말한다. 사회서비스는 국가·지방자치단체 및 민간부문의 도움이 필요한 모든 국민에게 복지, 보건의료, 교육, 고용, 주거, 문화, 환경 등의 분야에서 인간다운 생활을 보장하고 상담, 재활, 돌봄, 정보의 제공, 관련 시설의 이용, 역량 개발, 사회참여 지원 등을 통하여 국민의 삶의 질이 향상되도록 지원하는 제도를 지칭한다.

3. 국민건강보험

국민들이 평소에 보험료를 내고 보험자인 국민건강보험공단이 관리·운영하다가 필요시 보험급여를 제공함으로써 국민 상호 간 위험을 분담하고 필요한 의료서비스를 받을 수 있도록 하는 사회보장제도이다.

4. 국민기초생활보장제도

- 생활이 어려운 사람에게 필요한 급여를 실시하여 이들의 최저생활을 보장하고 자활을 돕는다.
- 국민기초생활보장제도에서 제공되는 급여는 총 일곱 가지이며, 생계급여, 주거급여, 의료급여, 교육급여, 해산급여, 장제급여, 자활급여가 있다.

5. 노인장기요양보험

고령, 노인성 질병 등의 사유로 일상생활을 혼자서 수행하기 어려운 노인 등에게 신체활동 또는 가사활동 지원 등의 장기요양급여를 제공하여 노후의 건강증진 및 생활안정을 도모하고 그 가족의 부담을 덜어 줌으로써 국민의 삶의 질을 향상하도록 함을 목적으로 한다.

생각해 봅시다

1. 우리나라 국민건강보험제도의 주요 특징을 생각해 봅시다.

2. 의료사회복지사의 활동 근거가 되는 주요 법률을 생각해 봅시다.

3. 의료급여 1종 대상자는 누구인지 생각해 봅시다.

4. 노인장기요양보험제도의 이용 대상자는 누구인지 생각해 봅시다.

 **참고문헌**

국민건강보험공단(2022). 2022년도 건강보험환자 진료비 실태조사. https://www.nhis.or.kr.
김계현, 이정찬, 서경화, 김석영, 이진석(2015). 의료전달체계 현황 분석 및 개선방안. 의료정책연구소.
대한예방의학회(2002). 예방의학과 공중보건학. 계축문화사.
보건복지부, 건강보험심사평가원(2019). 알기쉬운 의료급여제도.
보건복지부(2024a). 요양보호사+양성+표준교재(2023년+개정판), p. 58.
보건복지부(2024b). 지역사회서비스 투자 사업 안내.
오영호(2013). 우리나라 공공보건의료의 문제점과 정책방향. 보건복지포럼, 2013(6), 62-82.
이규식(2017). 공공의료의 올바른 정의와 발전방향. 대한공공의학회지, 1(1), 79-97.
중앙치매센터(2022). 2022 중앙치매센터 연차보고서.
조현승, 하봉찬(2008). 사회서비스 산업의 수용 공급 전망 및 산업화 방안.

WHO(2008). Primary Health Care - now more than ever.

국민건강보험공단 www.nhis.or.kr
노인장기요양보험 www.longtermcare.or.kr
법제처 www.moleg.go.kr
보건복지부 www.mw.go.kr.
삼성 서울병원 www.smc.or.kr

제 6 장

의료사회복지실천에서 생명의료윤리와 의사소통 기술

📁 학습개요

의료기관에서 환자는 매우 취약할 수 있으므로 의료진은 환자 및 환자 가족과 소통하며 회복과 치료에 도움을 주어야 한다. 하지만 때로 긴박한 의료결정 과정에서 의료진과 환자, 환자 가족은 생명의료윤리와 환자 권리에 대하여 서로 다르게 이해하여 중요한 치료 시기를 놓치거나 불필요한 치료를 받으면서 임종하는 상황을 직면하게 된다.

의료기관에서 종사하는 사회복지사는 환자의 자율성을 존중하면서도 환자에게 최선의 이익이 돌아갈 수 있도록 생명의료윤리와 환자의 권리를 이해하여야 한다. 특히 의료진과 환자, 환자 가족이 함께하는 의사결정 과정에서 사회복지사는 의료진의 전문성을 이해하는 것은 물론 환자와 환자 가족이 추구하는 삶의 가치와 복지를 반영하여 삶의 질을 높일 수 있도록 의사소통 기술을 갖추어야 한다.

📖 학습목표

1. 의료기관의 생명의료윤리와 환자의 권리를 이해한다.
2. 의료진, 환자, 환자 가족이 함께하는 의사결정의 중요성을 이해한다.
3. 의료진, 환자, 환자 가족과의 의사소통 기술의 중요성을 이해한다.

1. 의료기관의 생명의료윤리와 환자의 권리

> 「의료법」에서 **의료기관**이란 의료인이 공중(公衆) 또는 특정 다수인을 위하여 의료·조산의 업(이하 "의료업"이라 한다)을 하는 곳으로 의원급의료기관, 조산원, 병원급의료기관으로 분류함

한국에서 지금의 의료기관 형태를 갖춘 서양의학의 역사는 1885년 국립병원 제중원의 설립과 1899년 근대 의사 양성을 위한 의학교 설립으로부터 시작되었다. 이후 식민지 시대, 분단과 전쟁, 가난과 독재 등 여러 어려움 속에서도 한국 의료가 세계적 의료 강국의 수준으로 발전할 수 있었던 것은 정부가 의료기관과 의료인에 대하여 지속적인 지원과 감독을 해 온 노력의 결과이다.

「의료법」은 정부가 제도적으로 의료인과 의료기관을 지원하고 감독할 수 있도록 규정하는 법으로 동 법의 목적은 '모든 국민이 수준 높은 의료 혜택을 받을 수 있도록 하는 것'이다. 이 법은 1951년 처음 제정되었으며, 제정 당시에는 「국민의료법」이었지만 1962년 전면 개정을 거쳤으며, 법명도 「의료법」으로 바꾸었다. 2000년에 제정된 「보건의료기본법」은 의료기관의 범위를 확대하였으며, '보건의료서비스'를 국민의 건강을 보호·증진하기 위하여 보건의료인이 행하는 모든 활동으로 정의하여 의료행위의 내용과 대상을 확장하였다. 동 법의 제1조(목적)는 "이 법은 보건의료에 관한 국민의 권리·의무와 국가 및 지방자치단체의 책임을 정하고 보건의료의 수요와 공급에 관한 기본적인 사항을 규정함으로써 보건의료의 발전과 국민의 보건 및 복지의 증진에 이바지하는 것을 목적으로 한다."로 정의하고 있다.

1) 생명의료윤리와 환자의 '자율성 존중의 원칙'

> **생명의료윤리**란 과학과 윤리, 관습과 법의 경계에서 재생산, 죽음, 의학 연구에서 발생하는 윤리적 쟁점(보조생식기술, 재생산, 장기이식, 안락사, 연명의료, 의학 연구에서의 임상시험 등)은 물론 첨단 과학 기술의 발전으로 인한 유전상담, 건강정보관련 빅데이터 사용에서의 윤리 문제를 포함함

의료기술의 발달로 의학은 단순히 죽어 가는 생명을 살리는 학문을 넘어 인간의 생사에 적극적으로 개입하는, 즉 생명을 '연장'하고 '통제'할 수 있는 의료윤리의 실천 현장이 되었다. 구영모(2023)는 의학의 발전으로 의료인은 물론 의료기관도 의료윤리와 생명윤리에 대한 전문적인 지식을 갖추고, 모든 의료 과정에서 환자의 삶과 죽음에 영향을 미칠 수 있는 다양한 윤리적 문제에 대하여 지속적으로 고민하고 논의해야 한다고 주장하였다. 생명의료윤리 분야 중 가장 어려운 주제는 환자의 '자율성'에 대한 가치 판단 기준이다. 최경석(2019)은 비챔(Beauchamp)과 칠드리스(Childress)가 분류한 생명윤리의 기본 네 가지 원칙인 '자

율성 존중의 원칙', '선행의 원칙', '악행 금지의 원칙', 그리고 '정의의 원칙' 중에서 특히 '자율성 존중의 원칙'이 의료기관에서 발생하는 대부분의 윤리 문제를 해결하는 데 결정적인 역할로 작용한다고 하였다.

하지만 개인의 '자율성 존중'에 대한 개념과 개인의 '자유를 존중'한다는 개념은 서로 다르다. 의료기관이 환자의 삶과 죽음에 직접적인 영향을 미칠 수 있는 중대한 의료결정 과정에서 환자의 '자유를 존중'하여 내린 결정과 환자의 '자율성 존중'에 따른 결정을 구분하여 이해하여야 한다. 특히 환자가 본인의 자율성에 근거하여 의료결정을 하였어도 현실적으로 또는 제도적으로 자율적 판단이 가능했는지 확인하여야 한다. 피터 비에리(Peter Bieri)는 개인의 자율성을 존중한 결정이란 단지 제한된 정보에 근거하여 일방향적으로 의사소통하여 결정하는 것이 아니라 적극적으로 정보를 요구하고, 양방향적인 의사소통을 통해 주도적으로 결정하는 것이라고 설명했다. 그러므로 의료결정 과정에서 환자의 자율성을 존중한 결정이란 환자의 판단을 방해할 수 있는 외부 압력이 없는 상황에서 내적 독립성에 따라 자유롭게 결정하며, 본인의 이익이 우선될 수 있도록 주도적으로 참여하여 자유롭게 결정하는 것을 의미한다.

병원에서 임종하는 환자의 수가 증가하면서, 일반 병동보다 중환자실에 입원한 환자와 환자 가족은 생명에 직접적인 영향을 줄 수 있는 의사결정을 내려야 하며, 환자의 자율성 존중이라는 의료윤리 갈등에 더 자주 노출되기도 한다. 중환자실을 이용하는 환자의 대부분은 장기 부전 상태 혹은 임종기에 있는 환자여서 본인의 의사를 표현할 수 없으며, 자연스럽게 본인의 생명에 중요한 의료결정에도 직접 참여하기 어렵다. 하지만 환자가 의사결정에 참여할 수 있는 상황에서도 전문적 의료 지식이 부족하여 의사소통이 어려울 수 있다. 2016년에 제정된「호스피스·완화의료 및 임종과정에 있는 환자의 연명의료결정에 관한 법률」(이후「연명의료결정법」)에 따라 연명의료와 같은 민감한 결정이 필요한 경우 환자와 환자 가족, 의료진 모두 환자의 자율성 존중의 윤리적 갈등을 경험하게 된다. 무엇보다 환자의 죽음이 임박하거나 절대 회복을 기대할 수 없는 상황에서 신속하게 연명의료결정을 하지 못하게 되어 응급실에서 무의미한 연명의료 혹은 불필요한 검사를 받으면서 사망하는 상황에서 더욱 그렇다.

> **연명의료**란 임종 과정에 있는 환자에게 하는 심폐소생술, 혈액 투석, 항암제 투여, 인공호흡기 착용 및 그 밖에 대통령령으로 정하는 의학적 시술로서 치료 효과 없이 임종 과정의 기간만을 연장하는 것임. 대통령령으로 정하는 의학적 시술이란 체외 생명 유지술, 수혈, 혈압상승제 투여 그 밖의 의학적 시술임

최근 중환자실 의료진의 새로운 의료윤리 문제는 환자의 생명에 직접적인 영향을 줄 수 있는 연명의료결정에서의 갈등 문제이다. 그동안 중환자실 의료진의 윤리적 갈등은 주로

제한적인 정부의 의료 자원과 환자와 환자 가족의 경제적 부담으로 인하여 환자는 원하지만 생명유지에 필수적인 치료나 장기이식 순서를 미루어야 하는 상황에서 발생하였다. 하지만 최근 말기 환자의 존엄한 삶을 위하여 연명의료를 유보하거나 중단을 결정해야 하는 상황에서 환자가 원하여도 환자 가족의 반대로 연명의료를 결정하지 못하는 윤리적 갈등이 발생하고 있다. 고윤석(2023)은 이처럼 환자의 생명에 직접적인 영향을 미칠 수 있는 민감한 의사결정 과정에서 발생하는 윤리적 문제는 의료인 개인의 경험이나 의료 지식, 환자와 환자 가족을 생각하는 선한 사마리아인의 마음만으로 해결할 수 있는 일은 아니라고 주장하였으며, 정부의 적극적인 지원이 필요하다고 하였다.

2) 환자의 자기결정권리

「의료법」 제1조의3, 제1항은 환자의 권리와 의무에 대하여 정의하고 있으며, 〈표 6-1〉은 「의료법」 시행규칙에 근거한 법정 서식을 정리한 것으로, 각 의료기관은 의무적으로 환자가 쉽게 볼 수 있는 곳에 본 내용을 게시하여야 한다. 「의료법」에서 정한 환자의 권리는 진료받을 권리, 알 권리 및 자기결정권, 비밀을 보호받을 권리, 상담 조정을 신청할 권리 등이다. 환자의 의무로는 의료인에 대한 신뢰와 존중의 의무, 부정한 방법으로 진료받지 않을 의무가 있다. '환자의 알 권리 및 자기결정권'이란 환자가 담당 의사, 간호사 등으로부터 본인의 질병 상태, 치료방법, 부작용의 예상 결과 및 진료 비용에 관하여 충분한 설명을 듣고 자세히 물어볼 수 있으며, 이에 관한 동의 여부를 결정할 수 있는 권리를 의미한다. 「보건의료기본법」에서도 환자의 자기결정권리에 대하여 규정하고 있다. 동법 제12조(보건의료서비스에 관한 자기결정권)는 모든 국민이 보건의료인으로부터 자신의 질병에 대한 치료방법, 의학적 연구 대상 여부, 장기이식(臟器移植) 여부 등에 관하여 충분한 설명을 들은 후 이에 관한 동의 여부를 결정할 권리를 가져야 한다고 명시하였다.

〈표 6-1〉 환자의 권리와 의무

환자의 권리	환자의 의무
진료받을 권리	**의료인에 대한 신뢰, 존중 의무**
환자는 자신의 건강보호와 증진을 위하여 적절한 보건의료서비스를 받을 권리를 갖고, 성별, 나이, 종교, 신분 및 경제적 사정 등을 이유로 건강에 관한 권리를 침해받지 아니하며, 의료인은 정당한 사유 없이 진료를 거부하지 못한다.	환자는 자신의 건강 관련 정보를 의료인에게 정확히 알리고, 의료인의 치료계획을 신뢰하고 존중하여야 한다.
알 권리 및 자기결정권	**부정한 방법으로 진료받지 않을 의무**
환자는 담당 의사, 간호사 등으로부터 질병 상태, 치료방법, 부작용 등 예상 결과 및 진료 비용에 관하여 충분한 설명을 듣고 자세히 물어볼 수 있으며, 이에 관한 동의 여부를 결정할 권리를 가진다.	환자는 진료 전에 본인의 신분을 밝혀야 하고, 다른 사람의 명의로 진료를 받는 등 거짓이나 부정한 방법으로 진료를 받지 아니한다.
비밀을 보호받을 권리	
환자는 진료와 관련된 신체상·건강상의 비밀과 사생활의 비밀을 침해받지 아니하며, 의료인과 의료기관은 환자의 동의를 받거나 범죄 수사 등 법률에서 정한 경우 외에는 비밀을 누설, 발표하지 못한다.	
상담 조정을 신청할 권리	
환자는 의료서비스 관련 분쟁이 발생한 경우, 한국의료분쟁조정중재원 등에 상담 및 조정 신청을 할 수 있다.	

출처:「의료법 시행규칙」(환자의 권리와 의무, 제1조의3 제1항 관련)

　생명의료윤리 측면에서 환자의 '알 권리 및 자기결정권'의 범위는 단지 환자가 의료진으로부터 본인의 치료방법이나 목표에 대하여 알 권리를 행사할 수 있다는 것을 의미하는 것은 아니다. 오히려 연명의료결정 등 생사에 관한 결정이 필요한 상황에서 환자가 적극적으로 의사의 설명을 요구할 수 있으며, 사전돌봄계획을 함께 세울 수 있는 권리가 있음을 의미한다. 한국에서는 2008년, 연명의료결정에서 환자의 자기결정권리의 중요성을 보여 주는 '김 할머니 사건'을 계기로 제도화에 대한 논의가 확산되어,「연명의료결정법」을 제정하면서, 말기 및 임종 환자가 의료진에게 연명의료 유보와 중단을 결정하기 위하여 본인의 병세에 관한 정확한 정보와 상담을 요구할 수 있게 되었다.

「연명의료결정법」에서는 환자의 알 권리 및 자기결정권을 보장해 주기 위하여 환자의 의사결정 능력 여부는 물론 결정의 범위를 정하고 있으며, 의사결정이 어려운 환자의 경우 환자 가족이 환자의 의사를 추정하여 결정할 수 있도록 하였다. [그림 6-1]은 「연명의료결정법」에서 연명의료 유보 또는 중단을 결정하는 절차를 보여 주고 있다. 의료인은 말기 환자의 자율성을 존중하는 차원에서 환자 본인의 의사를 확인하여야 하며, 연명의료에 대한 의사를 사전에 밝혀둔 사전연명의료의향서나 연명의료계획서가 있는지 확인하여야 한다. 하지만 환자의 의사를 직접 확인하기 어려운 상황이면 의료진은 환자 가족으로부터 환자의 의사를 추정하는 절차를 거쳐야 한다. 우선 환자 가족 2인이 환자의 평소 연명의료에 대한 의사에 대해 동일하게 진술하는 경우 담당 의사와 해당 분야 전문의의 확인으로 절차를 이행할 수 있지만, 만약 환자 가족의 진술이 같지 않다면 환자 가족 전원의 합의를 확인하여야만 절차를 이행할 수 있다. 또한 환자가 미성년자일 때, 의료진은 친권자에게 환자의 의사를 추정하여 결정할 수 있도록 하였다.

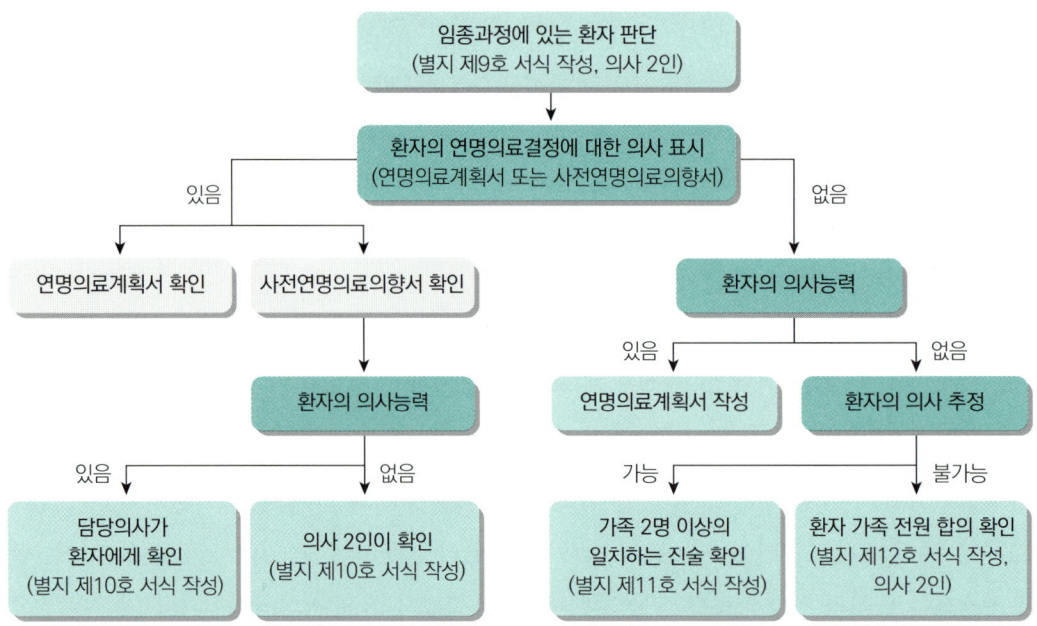

[그림 6-1] 연명의료중단 및 보류 결정과 이행에 대한 절차

출처: 국립연명의료관리기관 홈페이지.

2. 의료진, 환자, 환자 가족과 '함께하는 의사결정'

1) 환자의 의료결정과 사전돌봄계획

의학적 의사결정이란 의료환경에서 의료진과 환자가 치료의 목표와 방법을 결정하는 과정이다. 하지만 오랫동안 의료기관에서의 의료결정은 환자의 의사를 존중하고 함께하는 결정이기보다는 의료진의 온정적 간섭주의 혹은 전문성에 기반한 일방적으로 결정하는 경향이 일반적이었다. 최근 의료진과 환자가 함께하는 의사결정의 중요성에 높은 관심을 보이기 시작하였으며, 환자의 자율성을 최대한 보장해 주어야 한다는 목소리도 높아지기 시작했다. 지난 20여 년, 한국과 외국의 '함께하는 의사결정'을 주제어로 하는 연구를 분석한 결과(최지연, 2022), '함께하는 의사결정'이란 치료계획을 수립하는 과정에서 의료진과 환자의 합의된 의사결정으로 정의하고 있다. 이와 같은 합의된 의사결정을 위하여 의료진은 환자가 능동적으로 참여할 수 있도록 파트너십을 유지하며, 환자의 이해를 높이기 위하여 순환적 정보 교류와 반복적인 수렴과정을 거쳐야 한다고 설명하였다.

사전돌봄계획이란 '함께하는 의사결정'의 확장된 개념으로 의료진과 환자가 동등하고 양방향적인 관계 안에서 치료목표를 결정하는 계획이다. 특히 말기 환자와 의료진은 환자의 의사를 최대한 반영하여 치료목표를 정하기 위해 임종이 임박하기 이전에 환자의 치료와 돌봄을 포함한 생애말기 계획을 수립하고 준비하여야 한다. 말기 환자를 치료하는 의료진은 환자와 환자 가족으로부터 여명, 즉 임종 전 생존 기간이 얼마나 남았는지 자주 질문을 받는다. 의료진은 일반적으로 환자의 질환인 암, 심장과 폐 기능 상실, 노쇠와 치매 등 질환에 따라 생존 기간을 예측하고 있다. [그림 6-2]는 캐플란과 마이어(Kaplan & Meier)의 생존곡선 모델로 환자의 질환 특성에 따라 발병부터 사망까지의 진행 과정과 기간을 보여 주고 있다. 암 질환의 경우 말기 진단을 받은 후에도 일정 기간 신체기능과 인지 상태를 유지하다가 갑자기 기능이 저하되면서 사망하지만, 노쇠와 치매 질환의 경우 병세가 느리게 진행되고, 임종 증상도 뚜렷하게 발현되지 않아 천천히 사망에 이르기도 한다. 그러므로 의료진은 노쇠와 치매를 앓고 있는 말기 환자의 임종 시기를 예측하기 어려우며, 특히 예측 정확도가 매우 낮다.

하지만 최근 연구에 의하면(Orlovic et al., 2023) 환자의 질환적 특성만이 아니라 의료진이 예측을 언제 하였는지에 따라서도 예측 정확도가 달라질 수 있다고 한다. [그림 6-3]은 캐플란과 마이어의 생존 곡선 모델에 근거하여 환자의 질환과 의료진의 예측 시점이 예측 정확도에 미치는 영향을 비교하여 설명하고 있다. 연구 결과에 의하면 노쇠와 치매를 앓고 있는 환자의 경우 암, 심장이나 폐기능 상실 환자와 비교해 임종 증상이 뚜렷하지 않지만 좀 더 일찍 여명 기간을 예측한다면 정확도가 높아질 수 있다고 한다. 구체적으로 의료진의 예측 정확도는 예측을 시작한 시점이 며칠 전(3%) 혹은 몇 주 전(13%)보다는 몇 달 전(28%), 몇 년 전(56%)에 시작하였을 때 거의 두 배 이상 높았다. 그러므로 노쇠와 치매를 앓고 있는 노인환자의 의료진은 말기보다는 좀 더 일찍부터 환자의 임종 시점을 예측하고, 환자와 환자 가족의 의견을 모아 생애말기 사전돌봄계획을 준비하여야 한다.

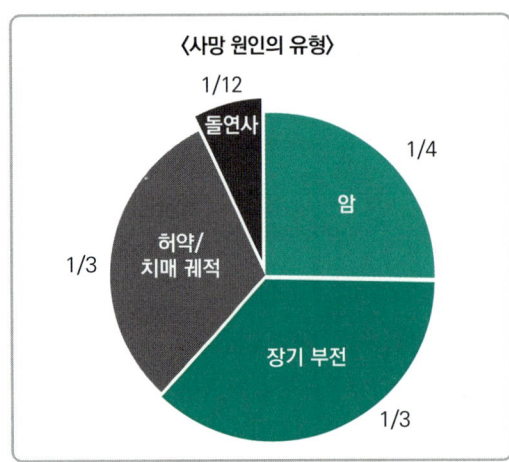
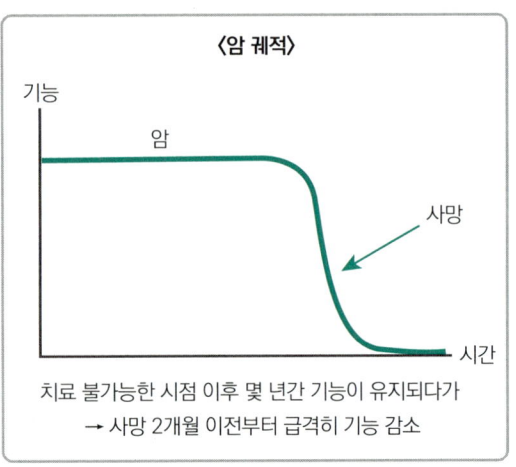
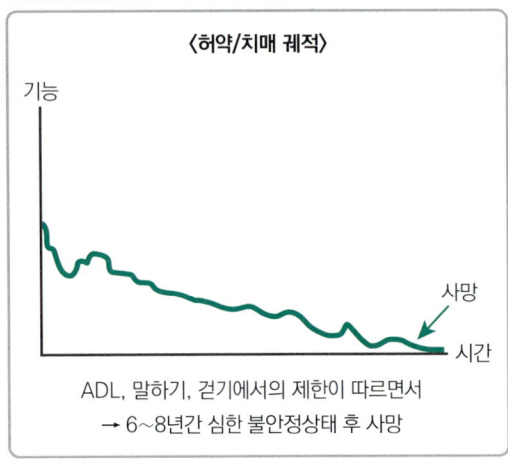
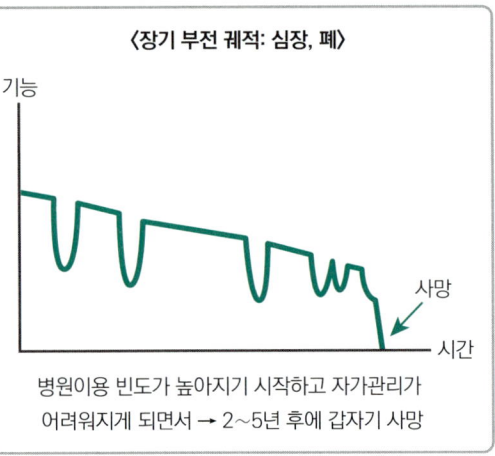

[그림 6-2] 캐플란과 마이어의 생존 곡선 모델에 근거한 생애말기의 다양성

출처: Royal college of general practitioners, Gold standard framework(GSF) Prognostic indicators, version 2.25, 2006.

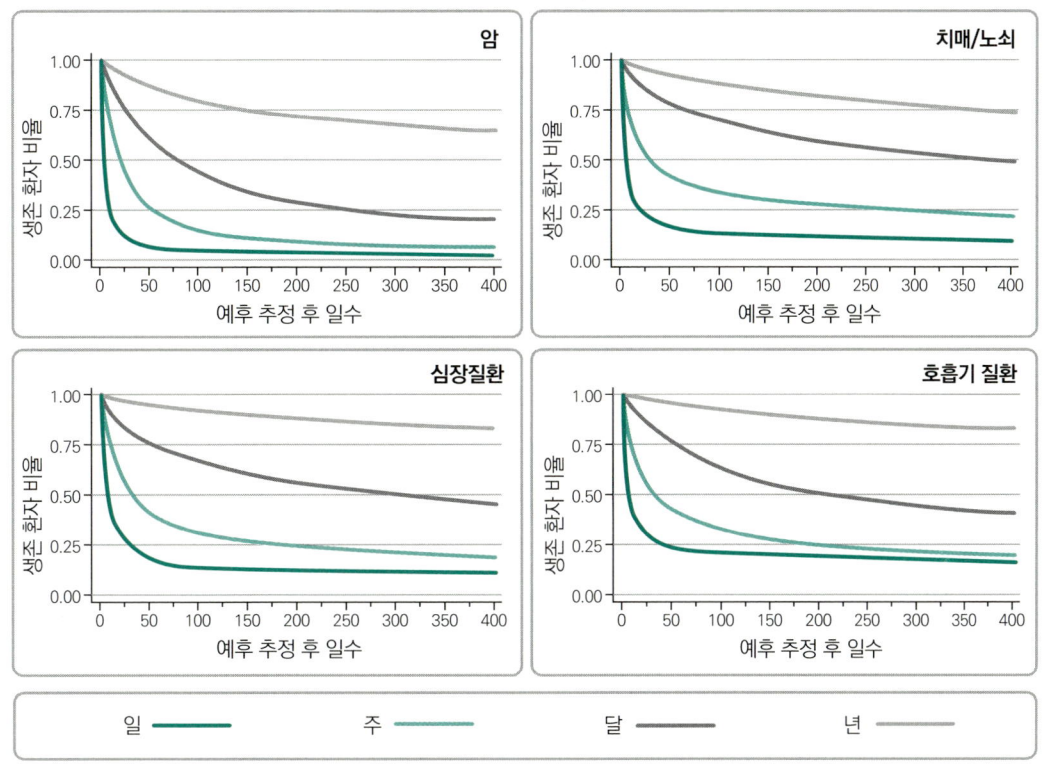

[그림 6-3] 예측 시점 및 질환에 따른 생존 기간 예측 정확도

출처: Orlovic et al. (2023).

2) 말기 환자의 연명의료결정계획

「연명의료결정법」은 환자의 자율성을 보장하는 법적 근거로 의미를 갖지만, 무엇보다 의료진이 의학적으로 환자의 최선의 이익은 물론 윤리적으로 옳고 바람직한 의료행위를 할 수 있다는 점에서도 시사하는 바가 크다. 이 법으로 의료진은 환자가 19세 이상 성인으로 사전에 법적 서식인 사전연명의료의향서를 작성하게 되면 임종기의 연명의료 의료행위를 중단하는 과정에서 면책을 받을 수 있게 되었다. 또한 환자와 환자 가족도 의료진으로부터 병세를 확인하여 연명의료계획에 대한 논의를 시작할 수 있게 되었다.

실제로 류재한, 박진령, 서민정(2023)은 「연명의료결정법」 제도 이후 실시된 연구의 키워드를 분석한 결과, 사전돌봄계획, 환자의 자기결정권 등 새로운 단어들을 발견하였다. 연구자들에 따르면 분석 대상 연구를 크게 윤리·법제 관련 분야와 건강과학 관련 분야로 분류하여 분석한 결과 전자의 경우 '연명의료중단및유보'와 '연명의료결정법', '자기결정권', '자율성', '생명권', '인간 가치와 존엄'에 대한 단어를 가장 많이 사용하였다. 특히 자기결정권을 갖지 못하는 그룹의 다양한 취약함을 표현하는 단어들, 예를 들어 '의사결정능력이 없는 환자'와 '대리 결정', '추정적의사', '성년후견', '가족 결정' 등 대리 결정과 관련된 단어와 '안락사', '의사조력자살', '조력 존엄사', '안락사 및 조력 심사원' 등 안락사 관련 단어들이 중요한 관심사로 떠올랐다. 또한 후자의 연구들에서는 연명의료제도 수행 시 법적 형식에 해당하는 '사전연명의료의향서'와 '연명의료계획서'와 같은 서식에 관한 단어와 연명의료결정제도의 활용을 높이는 방안으로 사전돌봄계획에 대한 '태도', '지식', '인식', '작성 의도'에 대한 단어가 많았다.

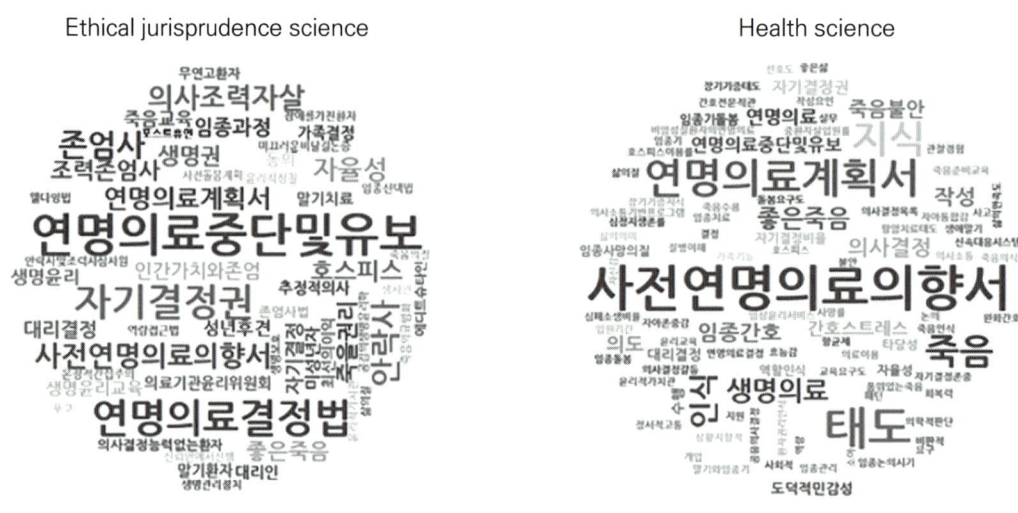

[그림 6-4] 연명의료결정법 제정 이후 연구 키워드

이와 같은 '함께하는 의사결정'의 중요성이 주목받게 되면서, 의료계와 의료윤리학계는 의료인의 직업윤리(professionalism), 진실성, 의사다움(professional integrity)에 관한 논의와 교육의 중요성을 강화해야 한다고 주장하고 있다. 동 법에서는 모든 의료기관이 윤리위원회[1]를 운영하는 것은 물론 위원회 위원들이 의료윤리에 따라 판단할 수 있도록 전문 교육의 지원을 규정하기도 하였다. 문재영, 안희준(2019)은 구체적으로 윤리위원회를 운영하는 의료기관과 정부는 의료인에게 필요한 임상윤리원칙을 정리하여 '윤리 자문 사례집' 편찬

---

[1] 「호스피스 완화의료 및 임종과정에 있는 환자의 연명의료결정에 관한 법률」에 따라 연명의료중단 결정 및 이행에 관한 업무를 수행하려는 의료기관은 의료기관윤리위원회를 설치 운영하여야 함. https://www.ncc.re.kr/main.ncc?uri=ncc_mclp02

은 물론 의료기관윤리위원회 협의체를 조직하여 교육과 훈련 프로그램을 개발하여야 하며, 특히 정부 기관에 관련 학문과 연구 증진을 위한 연구기금을 요청하고, 지원을 받을 수 있도록 노력해야 한다고 하였다.

3) '함께하는 의사결정'에서 사회복지사의 의사소통 기술

미국 사회복지사협회(National Association of Social Work: NASW)는 사회복지사가 서비스 대상자의 자율성을 존중하고 스스로 결정할 수 있도록 옹호하여야 함을 강조하고 있으며, 윤리 강령 안에 윤리 지침으로 그 내용을 자세하게 설명하고 있다. 그러므로 의료기관에서 종사하는 사회복지사는 환자의 자율성을 존중하고, 본인의 가치를 반영하여 의료결정을 할 수 있도록 지원하고 옹호할 수 있어야 한다. 구체적으로 의료기관의 사회복지사는 의료결정 과정에서 윤리 지침에 따라, 첫째, 환자가 자기결정권을 행사할 수 있도록 격려하고, 의료진과 의사소통할 수 있도록 하며, 둘째, 환자 스스로 치료방법을 선택할 수 있도록 필요한 정보와 교육을 제공할 수 있어야 한다. 그리고 마지막으로, 의료진, 환자, 그리고 환자 가족들 사이에서 발생하는 갈등을 조정하고 중재할 수 있어야 한다.

한국에서도 의료기관에서 종사하는 사회복지사는 한국사회복지사협회(2024)의 윤리 지침에 따라 환자의 자기결정권리를 옹호하고 보호하는 역할을 담당해야 한다. 하지만 현실적으로 의료기관에서 종사하는 사회복지사는 의료진과 환자, 환자 가족이 '함께하는 의사결정' 혹은 사전돌봄계획 회의에 참여할 기회가 많지 않다. 여러 이유 중에 우선 제도적으로 사회복지사는 「의료법」에서 정의하는 의료인이 아니므로 의료기관에서 의료팀의 팀원으로 함께 의료결정에 참여하지 못하고 있기 때문이다. 실제로 동 법의 시행규칙, 제38조(의료인 등의 정원) 제6항에 "종합병원에는 「사회복지사업법」에서 사회복지사 자격을 가진 자가 환자의 갱생·재활과 사회복귀를 위하여 상담 및 지도 업무를 담당할 수 있도록 1명 이상의 요원을 둔다."라고 명시되어 있지만, 일반적으로 모든 의료기관에서 의료팀으로 일할 기회가 많지 않은 것이 사실이다. 제도적으로 사회복지사가 의료기관 혹은 의료시설에서 의료팀으로 일할 수 있도록 규정하고 있는 법은 「정신건강증진 및 정신질환자 복지서비스 지원에 관한 법률」이다. 동 법은 1997년 「정신보건법」으로 제정되면서 제17조(정신건강전문요원의 자격 등)에서 정신건강사회복지사를 의료팀의 전문요원으로 규정하고 있다.

제도적 여건을 마련하지는 못했지만, 때로 의료기관의 사회복지사는 중환자실 생애말기 돌봄의 다학제팀으로 환자와 환자 가족과의 의료결정에 참여하기도 한다. 대한중환자의학회는 '연명의료중단 및 임종기 돌봄 권고안'을 발표하면서, 의사, 간호사, 사회복지사를 다학제팀의 일원으로 규정하였다. 권고안에서는 다학제팀이 함께 환자 중심의 생애말기돌봄(End-of-life care) 서비스를 제공하여야 환자와 환자 가족의 '죽음의 질'에 대한 만족도를 높일 수 있으며, 사별 슬픔 치유에도 도움을 줄 수 있다고 하였다. 무엇보다 중환자실의 특성을 고려하여 다학제팀이 함께 참여하는 임종 돌봄 프로토콜을 개발하여야 하며, 다학제팀의 참여와 포괄적 평가 서비스를 제공할 수 있도록 제도적 여건을 마련하는 일이 시급하다고 제안하였다. 또한 최근 대한중환자의학회와 한국의료윤리학회가 제작한 '모의 의료기관 윤리위원회' 자료 영상에서는 사회복지사가 다학제팀의 팀원으로 모의 회의에 참여하였다. '모의 의료기관윤리위원회'는 의사, 간호사, 사회복지사가 중환자실에서 발생하는 갈등 사례를 업무 모형에 근거하여 실제 위원회의 회의 방식으로 진행하였으며, 현재 유튜브에 공개되었다. 본 회의 과정에서 사회복지사는 환자의 자율성을 존중하고 옹호하는 역할을 담당하며, 가치를 반영할 수 있도록 환자 가족과 사전 회의를 통해 의견을 조율하고, 환자의 결정에 따라 치료를 진행할 수 있도록 사회 자원을 연결하고 정보를 제공하는 역할을 담당하였다(청년의사, https://www.docdocdoc.co.kr/news/articleView.html?idxno=2013732http://www.docdocdoc.co.kr).

제도적으로 사회복지사가 호스피스팀의 필수인력으로 의사, 간호사와 함께 환자와 환자 가족의 의료결정에 함께 참여할 수 있게 된 것은 2016년 「연명의료결정법」이 제정되면서부터이다. 또한 의료기관 사회복지사는 의료기관 윤리위원회에서 간사의 업무를 담당할 수 있게 되었다. 의료기관의 윤리위원회는 위원과 간사를 두고 운영되며, 환자의 연명의료 유보 및 중단에 관한 결정과 이행 과정에서 발생하는 다양한 갈등 사례가 발생하는 경우 의료진에게 윤리적 판단의 근거를 제공하고 지원하는 업무를 담당하고 있다. 하지만 최지연, 장승경, 김장아, 이일학(2019)의 연구에 의하면, 윤리위원회를 운영하는 의료기관 중 76.2%만이 전담 간사를 두고 있으며, 간호직(54.0%), 행정직(14.3%), 사회복지직(7.9%)의 순이었다. 간사의 업무 내용은 일반적으로 상담, 심의, 교육, 홍보, 행정지원 등 위원회 업무 전반을 지원하는 일이지만 행정업무(39.7%) 비중이 매우 높았다.

의료기관의 사회복지사가 중환자실의 다학제 팀으로, 의료기관의 윤리위원회 간사로 또한 호스피스 의료팀으로 환자와 환자 가족, 의료인과 '함께하는 의사결정'에 참여하면서 환자의 자기결정권리를 옹호하고 신속하게 의료결정을 할 수 있도록 하는 업무를 수행하려면 전문적인 의사소통 기술이 필요하다. 일반적으로 환자의 의료결정 과정에서 담당 의사는 의사소통 촉진자로서 의료진 사이의 수평적 의사소통을 활성화하고, 명확하게 의견을 종합하여 의료결정을 촉진하는 역할을 담당한다.

한수연(2019a)은 「연명의료결정법」이 연명의료 등 중요한 의료결정에 참여할 수 있는 환자의 전제 조건으로 의사결정 능력 보유 여부를 판단하도록 하고 있지만, 환자가 주도적으로 참여하기에는 제한점이 많다고 지적하였다. 그러므로 사회복지사가 의료현장, 특히 말기 환자의 연명의료결정 과정에서 발생하는 다양한 갈등 사례를 통해 직면하는 윤리적 갈등을 최소화하려면 환자와 때로는 환자 가족과 긴밀한 의사소통을 통해 환자의 가치를 반영할 수 있도록 노력하며, 동시에 의료인과 명확하게 소통하기 위하여 의료 전문 지식을 바탕으로 숙련된 의사소통 기술을 훈련받아야 한다고 주장하였다. 특히 윤리위원회의 간사 업무를 담당하는 사회복지사도 문제 사례의 갈등을 해결하고 윤리적 판단 기준을 마련하기 위하여 전문적 지식과 훈련이 필요하다.

사회복지사는 호스피스 의료팀으로 말기 환자나 환자 가족을 대상으로 호스피스 서비스를 제공할 수 있다. 특히 환자 가족은 호스피스 의료팀의 의사, 간호사, 사회복지사로부터 서로 다른 주제의 내용으로 상담을 기대하고 있으며, 사회복지사에게는 임종을 앞두고 의료결정 외에 일반적으로 준비하고 결정해야 하는 데 필요한 정보를 요구하였다(한수연, 2019b, 2020, 2022). 한편, 노인병원의 사회복지사도 노인환자의 연명의료 및 호스피스를 결정하는 과정에서 사전돌봄계획, 연명의료결정 등에 참여하여 상담을 제공하고 있으며, 업무 내용과 지침이 기관마다 달라 현재 국립연명의료기관에서 실시하는 의료기관 대상자 교육을 심화, 확대하여 운영해야 한다고 했다(박진노 외, 2022).

 **정리해 봅시다**

1. 의료기관에 종사하는 사회복지사는 의료기관의 시설 및 운영을 이해하고, 의료인과의 전문적 소통과 환자와 가족의 갱생, 재활, 사회복귀를 위한 개인 상담과 지도는 물론 사회 자원을 포함한 제도와 정책을 이해하여야 한다. 무엇보다 병원에서 임종하는 환자의 수가 증가하면서, 생명에 직접적인 영향을 줄 수 있는 의사결정을 내려야 하는 상황에서 환자의 자율성 존중이라는 의료윤리 갈등에 자주 노출되기도 한다.

2. 의료기관 사회복지사는 의사, 간호사 등 의료팀 안에서 환자와 환자 가족과 '함께하는 의사결정'에 참여하기 위하여 업무에 필요한 경험과 훈련을 통해 의료팀의 일원으로 전문적인 역할을 감당할 수 있어야 한다. 특히 말기 환자의 사전돌봄계획 회의에서 발생하는 윤리적 갈등을 최소화하려면 환자와 때로는 환자 가족과 긴밀한 의사소통을 통해 환자의 가치를 정확하게 반영할 수 있도록 노력하며, 동시에 의료인과 정확하게 소통하기 위하여 의료 전문 지식을 바탕으로 숙련된 의사소통 기술을 훈련받아야만 한다.

 생각해 봅시다

1. 생명의료윤리에 대한 의사 및 의료진의 관심이 증가하고, 또한 교육과 훈련의 필요성도 제기되고 있습니다. 생명의료윤리에 대한 중요성이 커지는 이유는 무엇인지 생각해 봅시다.

2. 의료기관에서 환자의 자기결정을 존중하여야 하는 것은 의료기관의 의무입니다. 하지만 환자가 주도적으로 본인의 의료결정에 참여하는 일은 쉽지 않습니다. 그 이유는 무엇인지 생각해 봅시다.

3. 의료기관의 중환자실을 이용하는 환자 중에는 치료가 불가능하거나, 회복이 어려운 환자도 있으며, 임종하는 상황도 자주 발생하므로 연명의료에 대한 정보를 제공하고 작성을 돕는 일은 중요합니다. 연명의료란 무엇이며, 어떤 종류가 있는지 생각해 봅시다.

4. 치료과정에서 의료진과 환자가 '함께하는 의사결정'은 가장 바람직한 의사소통 모델이기도 합니다. 의료기관의 사회복지사가 '함께하는 의사결정'에 참여하는 경우 중요한 의사소통 기술은 무엇인지 생각해 봅시다.

참고문헌

고윤석(2023). 생애말기 의료결정을 둘러싼 개념들. 죽음학 교실. 허원북스.

구영모(2023). 생명의료윤리란 무엇인가. 생명윤리(4판). 동녘.

류재한, 박진령, 서민정(2023). 연명의료결정제도 연구 동향 분석: 주제범위 문헌고찰. 한국의료윤리학회지, 26(3), 169-183.

문재영, 안희준(2019). 연명의료결정법과 환자 자율성 증진에 관한 문제 제기: 미국 환자가지결정권 제정 이후 논쟁 분석. 한국의료윤리학회지, 22(2), 161-173.

박진노 외(2022). 요양병원의 연명의료결정제도 참여 확산을 위한 조사 분석. 보건복지부, 대한요양병원협회.

최경석(2019). 생명의료윤리에서의 '자율성'에 대한 비판적 고찰. 한국의료윤리학회지, 14(1), 13-27.

최지연(2022). 함께하는 의사결정의 구성요소에 관한 통합적 문헌고찰. 한국의료윤리학회지, 25(1), 59-79.

최지연, 장승경, 김정아, 이일학(2019). 연명의료결정법과 의료기관윤리위원회: 현황, 경험과 문제점. 한국의료윤리학회지, 22(3), 209-233.

피터 비에리(2007). 자기결정의 삶은 어떤 모습일까. 무항심 옮김. 은행나무.

한수연(2019a). "Social workers' dilemma in patients' rights on end-of-life care and decision-making under the new act in South Korea" The Routledge Handbook of Social Work Ethics and Values (2019) Stephen M. Marson & Robert E. McKinney, Routoedge London and NY. Ch. 22.

한수연(2019b). 호스피스 팀의 호스피스 및 연명의료결정참여 경험에 대한 사례연구. 보건사회연구, 39(1), 453-484.

Han, S. K., & Eo, Y. (2022). Patients' dying process from the point of view of family and hospice team: A qualitative exploration of family member and hospice team experiences. *Journal of Death and Dying, 47*(2), 263-292.

Orlovic, M., & Droney, J. (2023). Accuracy of clinical predictions of prognosis at the end-of-life: Evidence from routinely collected data in urgent care records. *BMC Palliative Care, 51*. https://bmcpalliatcare.biomedcentral.com/articles/10.1186/s12904-023-01155-y

국립연명의료관리기관, '연명의료 유보 및 중단 절차도'. https://www.lst.go.kr/half/procedure.do

대한중환자의학회, '연명의료 중단 및 임종기 돌봄 권고안', 2018. https://www.ksccm.org/modules/setting/subPageManager/user/core/view/67/stopprolongation/inc/data/ethics_Stop_prolongation.pdf

미국사회복지사협회. NASW Code of Ethic: Ethical Standards, '1. Social Workers' Ethical Responsibilities to Clients'. https://www.socialworkers.org/About/Ethics/Code-of-Ethics/Code-of-Ethics-English/Social-Workers-Ethical-Responsibilities-to-Clients

보건의료기본법. https://www.law.go.kr/%EB%B2%95%EB%A0%B9/%EB%B3%B4%EA%B1%B4%EC%9D%98%EB%A3%8C%EA%B8%B0%EB%B3%B8%EB%B2%95

연명의료결정법. https://www.law.go.kr/LSW//lsInfoP.do?lsiSeq=251195&lsId=001788&chrClsCd=010202&urlMode=lsEfInfoR&viewCls=thdCmpNewScP&ancYnChk=0#

청년의사. "실제 같은 '모의 심의' 영상으로 함께 고민하는 연명의료 중단". https://www.docdocdoc.co.kr/news/articleView.html?idxno=2013732http://www.docdocdoc.co.kr

한국사회복지사협회. 윤리강령: 클라이언트에 대한 윤리 기준. https://www.welfare.net/welfare/cm/cntnts/cntntsView.do?mi=1036&cntntsId=1044

환자의 권리와 의무, 법제처 국가법령정보센터, 의료법시행규칙. https://www.law.go.kr/lsBylSc.do?menuId=9&subMenuId=55&tabMenuId=261&query=%ED%99%98%EC%9E%90%EC%9D%98%20%EA%B6%8C%EB%A6%AC%EC%99%80%20%EC%9D%98%EB%AC%B4

제7장

의료사회복지실천과 지역사회

📁 학습개요

보건복지부는 2018년 3월 돌봄을 필요로 하는 노인, 장애인, 정신질환자, 노숙인들이 자택이나 그룹홈 등 지역사회에 거주하면서 개개인의 욕구에 맞는 서비스인 보건의료, 복지, 장기요양, 주거, 생활지원 등을 제공받고 지역사회와 함께 어울려 살면서 자아실현과 활동을 할 수 있도록 지원하는 취약층 돌봄 체계인 '커뮤니티 케어'를 발표하였다. 이에 지역사회통합돌봄인 커뮤니티 케어에 대해서 학습하고 그와 관련된 지역사회 내 사례관리, 퇴원계획과 지역사회 자원연계에 대하여 이해해 보고자 한다.

📖 학습목표

1. 지역사회통합돌봄(커뮤니티 케어)에 대해서 파악한다.
2. 지역사회 내 사례관리에 대해서 이해한다.
3. 퇴원계획과 지역사회 자원연계에 대하여 알아본다.

1. 지역사회통합돌봄의 이해

최근 인구 고령화와 저출산, 가족구조의 변화, 인구학적, 사회경제적 다양한 변화로 사회적 적응에 취약하고 사각지대에 놓인 노인과 장애인 등을 위한 사회적 돌봄(social care) 서비스가 점차적으로 확대되어 가고 있는 추세이다. 더불어 사회적 돌봄 서비스는 사람들의 욕구에 맞추어야 하는 높은 수준의 돌봄 서비스를 요구하는 시기에 접어들었다(CQC, 2018, p. 42). 그 이유는 서비스 접근의 어려움, 돌봄의 질, 건강문제, 정신적인 박탈감 등 과거보다 더 복잡하고 다양한 사람들의 높은 수준에 부응하기 위해서는 서비스의 다양함이 필요하기 때문이다. 보건복지부는 2018년 3월 돌봄(care)을 필요로 하는 노인, 장애인, 정신질환자, 노숙인들이 자택이나 그룹홈 등 지역사회(community)에 거주하면서 개개인의 욕구에 맞는 서비스인 보건의료, 복지, 장기요양, 주거, 생활지원 등을 제공받고 지역사회와 함께 어울려 살면서 자아실현과 활동을 할 수 있도록 지원하는 취약층 돌봄 체계인 '커뮤니티 케어'를 발표하였다.

1) 커뮤니티 케어의 개념

커뮤니티 케어(community care)라는 용어는 광범위하게 사용되어 한마디로 정확하게 의미를 전달하기는 어렵다. 그래서 사회학적, 정치학적, 경제학적 관점에서 커뮤니티 케어에 대한 개념이 다양한 방법으로 표현되어 왔다. 그렇지만 그것 모두의 기본 철학은 인간본성에 대한 희망적인 관점을 가지고 있다는 점이다(박정선, 2018; 이효순, 2019; Jones et al., 1983).

커뮤니티 케어는 커뮤니티(community)와 케어(care)를 '지역사회 돌봄'이라는 우리말로 표현하지 않고 영문 원어 표현을 그대로 사용한 것이다. 그것에 대한 함축적인 이유를 살펴보고자 한다. 우리말로 지역사회라고 번역되는 커뮤니티라는 단어는 서구사회 보건복지서비스의 단계별 혁신 과정에서 세 가지 의미를 가지게 되었다. 첫째는 분리된 대형시설에서 살던 사람들이 일반사람들이 사는 동네로 장소를 옮겨서 살아야 한다는 '공간으로서의 지역사회(in the community)'의 의미이다. 둘째는 시설에서 지역사회로 옮겨 온 사람들이 지역사회 공간에서 잘 지내도록 돕는 것이다. 셋째는 시설에 살던 사람이 사회통합이라는 목표로 지방정부가 제공하는 서비스를 이용하면서 지역사회공간으로 이주해서 살게 되는 것이다. 그러나 이것은 정부가 책임지고 제공하는 서비스만으로는 진정한 통합이 이루어지지 않는다는 사실을 확인하면서 지역사회의 지원이 없는 '고립된 자립'이 아니라 자연적인 지원(natural support)과 함께 '상호 의존하는 자립'이 강조되면서 '다양한 주체의 참여를 강조하는 지역사회(by the community)'의 의미이다(김용득, 2018).

또한 보건복지서비스를 제공하는 역할의 책임을 중앙정부에서 지방정부로 이전하는 것이 효과적이라는 생각으로 추진된 지방정부로의 권한 이양(decentralization)의 의미이다. 즉, 정치적 관리측면에서 정부의 소극적 개입의 행위를 정당화하기 위하여 국가의 부담을 개인에게 전가하여 정부 역할을 축소하고 공공지출을 줄이는 데 사용하기도 한다는 뜻이다(박정선, 2018).

케어라는 의미는 돌봄, 수발 등의 의미로 서구사회에서 포괄적인 맥락에서 사용되기도 하였으나, 특정적 의미로 사용되기도 한다. 특정적인 의미로는 크게 세 가지 뜻을 가진다. 첫째는 가장 흔히 사용되는 의미로서 일상적인 활동을 돕는 돌봄 또는 수발을 지칭하는 의미이다. 둘째는 의료적 측면을 중심으로 치료, 간호 등의 활동을 지칭하는 의미이다. 셋째는 관심, 지원, 지지 등을 위한 사회복지서비스 활동의 의미이다.

커뮤니티의 세 가지 의미와 케어가 가지는 세 가지 뜻을 적용하면 커뮤니티 케어는 〈표 7-1〉과 같이 아홉 가지 활동 또는 지향을 의미하게 된다(김용득, 2018).

〈표 7-1〉 커뮤니티 케어의 의미

커뮤니티 케어	공간으로서의 지역사회 (in the community)	지방으로 권한 이양 (decentralization)	주체로서의 지역사회 (by the community)
돌봄, 수발	지역사회 돌봄	돌봄의 분권화	지역사회의 돌봄 참여
치료, 간호	지역사회 치료	의료의 분권화	치료적인 지역사회
관심, 지원	지역사회 복지서비스	복지서비스의 분권화	지지적인 지역사회

커뮤니티 케어는 사회복지학에서는 지역사회보호라는 개념으로 오래전부터 사용해 왔고 커뮤니티 케어를 정의하는 방법은 여러 가지가 있다. 이를 종합해 보면 커뮤니티 케어는 노인, 장애인, 정신질환자 등의 대상자가 지역사회에서 분리된 병원이나 시설과 같은 곳에 살지 않고, 최대한 자기가 살던 집과 지역사회에서 생활할 수 있도록 돌봄을 제공하는 등의 실질적인 여건을 조성하는 것으로 정의할 수 있다. 노인을 예로 들면, 요양병원이나 요양원에서 살지 않고 최대한 노인이 살던 집이나 집 같은(homelike) 돌봄을 제공하는 그룹홈 등에서 생활을 하도록 지향하는 것이 커뮤니티 케어의 목적이다(전용호, 2019).

2) 커뮤니티 케어의 도입 배경

커뮤니티 케어가 먼저 시작된 것은 서구의 복지국가들이다. 병원과 시설이 가지고 있는 구조적인 폐쇄성으로 인해 대상자에 대한 학대와 과잉의료 행위 등이 발생하면서 인권 침해 문제가 끊이지 않았고, 자립적인 삶을 요구하는 장애인 단체들이 시설을 벗어나서 자유롭고 독립적인 삶을 살아갈 수 있는 여건을 만들어 줄 것을 강력히 요구한 노력의 결과이다. 당시 서구 복지국가 입장에서도 시설에 노인, 장애인, 아동, 정신질환자 등을 수용하는 것은 보건의료와 복지 재정의 지속적인 증가로 큰 부담이 되므로 집과 지역사회에서 서비스를 제공하면서 생활하는 것이 바람직하다고 판단했던 것이다(전용호, 2019).

그런 이유로 서구 국가들은 다소 시기의 차이는 있지만, 1970년대부터 1990년대에 걸쳐서 탈시설(de-institutionalization)과 정상화(normalization) 운동을 통해서 대형 수용병동 또는 대형시설은 거의 사라졌고 '공간으로서의 지역사회'를 거의 마무리한 단계에 있으며, 대형시설에 살던 사람들은 자신의 주거공간이나 케어홈(care home), 너싱홈(nursing home) 등의 소규모 거주서비스 장소에서 살고 있었다.

대표적으로 영국에서는 커뮤니티 케어가 보건복지서비스의 지향을 표현하는 용어이면서 동시에 성인 취약계층을 지원하는 제도의 명칭으로 사용되고 있다. 영국은 1991년 커뮤니티 케어법을 제정하여 돌봄 체계를 시설보호에서 지역사회 중심으로 재편하였다. 또한 미국에서도 취약계층이 자신의 집에 거주할 권리를 인정한 1999년 대법원 판결 이후에 연방정부는 주정부가 시설입소 대신에 지역사회기반 서비스를 우선적으로 제공하도록 하는 다양한 조치를 시행하였다. 일본에서도 2000년에 시행한 개호보험 제도를 2005년에 개혁하면서 예방 중심의 시스템을 강화하였고, 시설급여를 축소하고 재가급여를 확대하는 개혁을 실시하였다(김용득, 2018).

우리나라에서도 2018년부터 커뮤니티 케어가 강조되는 이유는 서구의 경험과 일정 부분 비슷하다고 할 수 있다. 장애인 단체가 보건복지부장관을 만나면서 그 필요성을 제기했고 보건복지부가 적극적으로 받아들이면서 중요한 국정과제로 부상하였다. 정부 입장에서도 앞으로 급증할 노인을 비롯해서 장애인과 정신장애인 등에게 시설 중심의 서비스 제공으로는 재정 부담을 감당할 수 없다고 판단하고, 재가와 지역사회 중심의 서비스 제공 체계를 새롭게 구축해서 미래의 요구와 변화에 적극적으로 대응하겠다는 것이다. 특히 현재 집에서 이용할 수 있는 돌봄 서비스가 취약하고 서비스 질이 나쁘기 때문에 어쩔 수 없이 병원이나 시설을 이용하는 '사회적 입원'을 줄이고 높은 비용 지출을 최소화하는 것이 필요하기 때문이다(전용호, 2019).

3) 커뮤니티 케어 정책의 주요 내용과 추진 방향

정부는 2025년 초고령사회 진입을 앞두고 돌봄 필요가 있는 지역주민의 욕구에 맞춘 보건의료-복지-요양-주거서비스 등을 효과적으로 연계 제공하기 위한 지역단위 돌봄안전망 구축이 필요하다는 것을 깨닫게 되었다. 그래서 보건복지부는 2018년도 한국형 커뮤니티 케어 모델 개발을 위한 정부부처, 전문가 간 논의가 매우 적극적으로 추진되어 2019년부터 2년간의 선도사업을 통해 지역에서 다양한 모델을 운영·실험하였다. 이를 통해 필요한 모델을 발굴하는 기반을 마련한 후 2026년 보편적으로 확대하기 위한 중장기적인 로드맵을

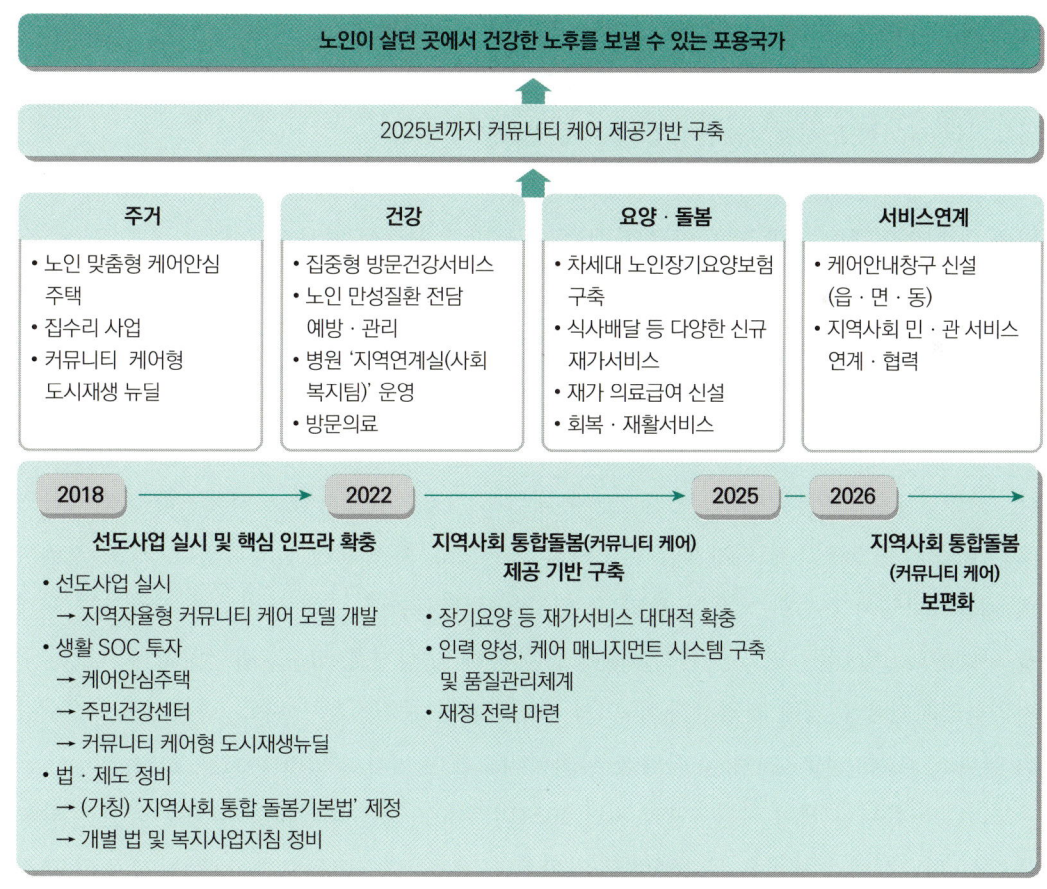

[그림 7-1] 지역사회 통합돌봄 추진 로드맵

출처: 보건복지부(2018. 11.).

제시하였다(보건복지부, 2018; 유애정, 박현경, 2022).

돌봄 모델은 지역사회의 역할이 강조되는데, 이는 지역주민과 사회복지, 보건의료 등의 각 단체, 기관, 전문가와 협업하여 지역역량을 강화하는 장기사업으로 중앙정부 중심의 정책 전개가 아닌 지역에서 책임감을 갖고 자율적으로 추진할 수 있도록 요구되었다. 즉, 부처 간 칸막이, 법률관계 등의 문제로 통합적 서비스 제공을 위한 정책시도가 부재하여 지역사회 통합돌봄 선도사업을 통해 불필요한 사회적 입원대상자에 대한 지역사회로의 전환이 필요한 상황을 반영한 것이라고 볼 수 있다(이용갑 외, 2020).

커뮤니티 케어인 지역사회 통합돌봄 추진경과를 살펴보면 앞서 제시한 보건복지부의 노인 부문 지역사회 통합돌봄 추진 로드맵에서는 읍·면·동에 케어안내창구를 신설하고 시·군·구 지역케어 회의를 운영하되, 주거-건강-요양·돌봄 서비스의 유기적인 연계제공을 위한 주요 핵심사업들을 추진하겠다는 내용을 포함하고 있다. 핵심추진 내용은 다음과 같다.

첫째, 안정적인 주거기반 지원을 위해 노인맞춤형 케어안심주택 확충, 집수리사업 실시, 커뮤니티 케어형 도시재생뉴딜사업 실시 등을 제시하였다.

둘째, 건강지원에서는 집중형 방문건강 서비스 제공, 노인만성질환 전담 관리 및 예방, 병원 내 지역연계실 운영, 방문의료 확대 등의 서비스 확충이 제시되었다.

셋째, 요양·돌봄 서비스 제공을 위해서 차세대 노인장기요양보험 구축, 식사배달 등 다양한 신규 재가서비스 확충, 재가 의료급여 신설, 회복·재활서비스 도입 등이 포함되었다.

보건복지부는 선도사업 수행을 통해 지역실정에 맞는 서비스를 발굴하여 인프라를 구축·확대해 나가는 목적하에 2019년 5월부터 지역사회 통합돌봄 선도사업을 추진하고 있다. 2019년 4월 노인, 장애인, 정신질환자 대상으로 1차 선도사업 지자체 8곳을 선정하였고, 9월 추가로 노인 8개 지자체를 선도사업 지역으로 총 16개를 선정하였다. 당초 지역사회 통합사회에서 건강한 노후를 보낼 수 있도록 의료·돌봄 관련 서비스를 제공하는 체계를 구축한다. 또, 읍·면·동 통합지원창구를 통해 대상자를 접수·발굴하고 시·군·구 지역사례회의를 운영해 지역사회 계속 거주에 필요한 주거지원 서비스, 방문의료·건강관리 서비스, 이동·식사 지원 등 다양한 사회서비스를 지원하고 있다(손효정, 2023).

그러나 커뮤니티 케어 시행 5년이 지난 2023년 전문가들은 대상자들의 거주 공간은 확충했지만, 의료서비스 제공은 부족했다고 지적한다. 특히 전문 요양보호사, 간병인 등이 가정에 방문하는 '재택 돌봄'이 잘 시행되지 않았다고 꼽힌다. 재택 돌봄은 가족 돌봄 부담 경감, 요양 병원 및 시설 부족 문제 해소 등의 이점이 있다. 이에 따라 윤석열 정부는 의료 서비스

강화에 중점을 둬 계획을 개편했으며 '지역사회 통합돌봄'을 '노인·의료 돌봄 통합지원 시범사업'으로 명칭을 바꾸었고, 보건복지부는 시범사업 12개 지역을 선정했다. 광주광역시 서구·북구, 대전광역시 대덕구·유성구, 경기도 부천시·안산시, 충청북도 진천군, 충청남도 천안시, 전라북도 전주시, 전라남도 여수시, 경상북도 의성군, 경상남도 김해시이다. 선정된 12개 지역은 2024년 7월부터 2025년까지 75세 이상 노인들이 지역사회에서 건강한 노후를 보낼 수 있도록 의료·돌봄 관련 서비스를 제공하는 체계를 구축하여 시행하고 있다. 또, 읍·면·동 통합지원창구를 통해 대상자를 접수·발굴하고 시·군·구 지역사례회의를 운영해 지역사회에서 계속 거주에 필요한 주거지원 서비스, 방문의료·건강관리 서비스, 이동·식사 지원 등 다양한 사회서비스를 지원할 계획이다. 2023년 8월에는 '제3차 장기요양기본계획(2023~2027)'이 발표됐으며 집에서도 돌봄과 의료서비스를 받을 수 있도록 장기요양서비스를 강화하려는 계획이다. 야간·주말, 일시적 돌봄 등이 필요할 때에 방문 요양 서비스를 제공하는 수시방문 서비스를 도입하고, 통합재가서비스를 확대한다는 계획을 가지고 있다(손효정, 2023).

4) 커뮤니티 케어 정책의 평가

지역사회 통합돌봄 선도사업의 추진은 지역 내 돌봄욕구가 있는 대상자의 주요 생활문제가 무엇인지 보다 심층적으로 살펴볼 수 있었고, 공적제도권 내에 포함되지 못하는 돌봄욕구에 대하여 다양한 서비스 내용이 개발되었다는 부분에서 매우 의미 있는 시도였다고 평가할 수 있다. 또한 지역사회 통합돌봄 선도사업에서 지역사회 내 읍·면·동 통합돌봄 안내창구, 시·군·구 지역케어회의 등이 대상자에 대한 다양한 서비스 제공을 위해 유기적으로 운영되고, 사회복지, 보건의료서비스 간의 통합적 제공이 이용자(user) 중심, 사람(person) 중심으로 재편하여 복지혼합(welfare mix)의 흐름 속에서 민·관 협력체계 구축을 위한 시도가 이루어졌다(유애정, 박현경, 2022)고 하는 것은 매우 긍정적인 신호로 보인다.

지역사회 통합돌봄 선도사업을 2021년 4월까지의 관련 데이터를 토대로 효과성을 분석해 보았는데 결과는 통합돌봄 선도사업 대상자의 전반적인 주관적 삶의 질, 사회적 안정감 개선, 보호자의 부양부담이 일부 완화된 것으로 나타났다. 특히 퇴원환자의 경우 대조군에 비해 1인당 재가일수가 증가하는 등의 일부 긍정적 효과가 나타나기도 했다(정현진 외, 2022). 이것은 병원이나 시설을 이용하는 '사회적 입원'보다는 본인집이나 그룹홈, 너싱홈 등의 지역사회에 머무르겠다는 것으로 매우 고무적인 일이다.

지역사회 통합돌봄 선도사업의 운영과정에서 여러 가지 긍정적인 측면도 있지만 분명히 개선해야 할 것들은 바로잡고, 더욱 확대해 나가야 할 것들은 적극적으로 제도화해 나가는 노력이 향후 우리에게 주요한 작업이라고 보인다. 이에 2019년부터 2022년까지 지역사회 통합돌봄 선도사업의 운영과정에서 개선해야 할 것들과 확대해야 할 것들을 알아보겠다.

첫째, 선도사업 운영과정에서 일선 현장관계자가 느낀 어려움은 대상자 발굴과정에 있었다. 누구를 대상으로, 어떻게 그들의 욕구 및 상태를 파악하여, 맞춤형으로 서비스가 제공될 수 있도록 기반을 마련할 것인가에 대한 것이었으며 이것은 계속적인 논의를 거칠 필요가 있다. 따라서 효과적으로 통합돌봄 대상자를 발굴하기 위해서는 전담인력의 적극적인 배치도 필요하겠지만, 기존의 발굴방식을 내방상담과 함께 건보공단의 빅데이터(건강검진기록, 장기요양인정조사 결과 등)를 활용하여 선제적으로 지원이 필요한 대상자를 발췌함으로써 지자체 내에서 지속적으로 관리할 수 있도록 유도하는 지원방안에 대한 고민도 함께 이루어질 필요가 있다(유애정, 박현경, 2022).

둘째, 지역주민의 보편적인 돌봄욕구에 대응하기 위해서는 여전히 제도권의 보장범위가 넓지 않다는 것을 확인할 수 있었다. 즉, 필요에 따라 이용할 수 있는 보건의료-요양-복지-주거서비스의 대상자 범위도 여전히 제한적이고 기존 인프라도 부족해 향후 커뮤니티를 기반으로 한 다양한 서비스 유형의 개발, 서비스 양 확대 등의 지속적인 인프라 구축이 이루어져야 한다는 근거를 마련할 수 있었다. 이를 위해서는 건강보험, 노인장기요양보험, 노인보건복지서비스인 제도 안에 있는 기존 서비스(사업) 간 기능 재조정 등의 전체적인 인프라 설계가 필요하다는 주장도 함께 제시되었다(유애정, 박현경, 2022). 예를 들어, 노인대상 지역사회 통합돌봄을 구현함에 있어 찾아가는 밀착형 의료서비스, 주기적인 건강관리 등의 서비스 제공이 인프라 부족으로 인하여 미흡했다는 부분이 지적되고 있다. 이를 위해서는 전문적인 재택의료서비스 제공을 위해 다직종 팀 운영이 가능하도록 적절한 수가설계, 관련 제도적 기반 확보 등의 적극적인 노력이 필요하다고 보인다.

셋째, 그 무엇보다도 선도사업에 참여한 대부분의 지자체가 책임성을 갖고 지역 내 돌봄욕구에 종합적으로 대응하기 위한 총괄기획적 역할이 필요하다는 의식이 획기적으로 향상되었고, 다양한 분야의 전문가와 관계자 간 협의과정을 거치면서 그 경험들이 축적되는 과정을 거치고 있다. 이와 함께, 지역 내 돌봄안전망을 구축하기 위해서는 지자체의 노력뿐만 아니라 관련 공공기관(건보공단, LH 등) 간 협업체계가 원만히 이루어져야 하는 필요성도 함께 대두되었다(유애정, 박현경, 2022). 그 이유는 지역사회 통합돌봄 구현을 위해서는 주거지원서비스 확충이 보다 적극적으로 추진될 필요가 있기 때문이다. 결국에는 주거환경을 개선하기 위한 서비스와 돌봄기능이 장착된 주택유형을 개발·보급하는 노력이 뒷받침되어야 할 것으로 보인다.

마지막으로, 지역사회 통합돌봄의 제도화를 통해 우리 사회의 문화가 되기 위해서는 지역주민의 자발적 참여에 따른 돌봄네트워크 구축, 돌봄공동체 형성이 이루어져야 한다. 그렇게 하기 위해서는 중앙정부와 지자체가 보다 적극적으로 지역사회 통합돌봄을 구현할 수 있도록 법적 기반을 마련해야 한다. 지역사회 통합돌봄의 궁극적인 취지 및 목적, 관련 제도와의 적합성, 지역사회통합돌봄법안에서 필수적으로 담아야 할 기본 요소들을 적절히 포함하여 근거기반을 마련하고, 관련 법안의 제·개정도 함께 검토되어야 한다.

2. 지역사회 내 사례관리

2000년대 이후 전반적인 사회복지 수요가 폭발적으로 증가하고, 이용자의 욕구도 점차 복잡하고 다양해짐에 따라, 그동안 민간영역에서 주로 제공되던 사례관리가 공공영역으로 확대되었다. 대표적인 공공영역 사례관리로는 읍·면·동과 희망복지지원단의 통합사례관리, 자활사례관리, 노인돌봄기본서비스, 취약계층아동 통합서비스지원(드림스타트), 의료급여사례관리, 방문건강관리, 중독관리 및 정신건강 사례관리 등이 있다. 의료사회복지 실천 영역에도 지역사회 기반 사례관리 서비스의 중요성이 점차 증가하고 있으며, 공공·민간 영역에서 이루어지는 사례관리의 주체 및 주요 자원으로 의료사회복지사가 참여하는 경우가 많다. 이 절에서는 사례관리란 무엇인지, 사례관리의 목적과 구성요소를 중심으로 살펴보고, 의료사회복지실천 현장과 밀접한 통합사례관리에 대해 자세히 알아본다.

1) 사례관리의 이해

사례관리란 "복합적이고 다양한 욕구가 있는 클라이언트와 그 가족의 사회적 기능 회복을 돕는 통합적 실천방법"(한국사례관리학회, 2016, p. 1)으로 공공 및 민간 실천 현장에서 광범위하게 사용된다(김성천 외, 2020). 1970년대 미국의 탈시설화 운동 이후 본

> **사례관리**
> 복합적이고 다양한 욕구가 있는 클라이언트와 그 가족의 사회적 기능 회복을 돕는 통합적 실천방법

격적으로 등장하게 된 사례관리는 사실 클라이언트의 욕구충족 및 문제해결뿐만 아니라 비용조절을 통한 효율성 증대라는 다소 상반된 목적을 동시에 가지고 있다. 사례관리의 목적을 자세히 살펴보면 다음과 같다(전혜성 외, 2021).

(1) 사례관리의 목적

① 대상자의 욕구충족 및 문제해결

탈시설화 이후 지역사회에서 생활하게 된 사례관리 대상자들은 복합적이고 다양한 욕구를 가지고 있는 경우가 많았다. 어느 한 기관의 서비스를 통해 대상자가 가진 복잡한 욕구 및 문제를 해결하는 것이 어려웠으며, 따라서 다양한 기관의 서비스를 연계·조정함으로써 대상자의 욕구 및 문제를 해결하는 사례관리가 대두되었다(전혜성 외, 2021).

② 대상자의 역량 및 사회적 기능 강화

사례관리의 또 다른 중요한 목적은 대상자가 궁극적으로는 자신의 욕구를 스스로 충족시키고, 문제를 해결하는, 건강한 사회의 구성원으로 성장하고 자립할 수 있도록 이들의 사회적 기능을 증진하는 것이다. 욕구 및 문제의 종류에 따라 다소 장기간 사례관리를 지속할 수는 있지만, 기본적으로 사례관리는 시간 제한적이며, 이를 위해서는 대상자의 역량강화가 중요하다(전혜성 외, 2021).

③ 통합적 서비스 제공과 비용 효과성

복잡하고 다양한 욕구를 가진 인구는 점점 증가하는 경향이 있으나, 이들의 욕구를 충족하고 문제를 해결하기 위한 자원은 제한되어 있다. 따라서 사례관리는 제한된 자원으로 서비스 목적을 달성하는 비용-효과성 측면도 중요하게 고려해야 하며, 이를 위해 사례관리에서는 제공되는 서비스에 대한 모니터링, 지속적인 조정, 점검이 중요하다(전혜성 외, 2021).

④ 포괄적 서비스의 연속적 제공

사례관리의 마지막 목적은 포괄적 서비스의 연속적 제공이다. 서비스 제공의 연속성은 횡단적 차원과 종단적 차원으로 나눌 수 있는데, 횡단적 연속성은 대상자의 다양한 욕구를 충족하기 위해 포괄적인 서비스를 제공하는 것이며, 종단적 연속성은 시간의 경과에 따라 이용자의 욕구에 맞는 서비스를 지속적으로 제공하는 것을 의미한다(Woodside & AcClam,

2006: 김성천 외, 2020에서 재인용). 최근 사례관리는 단기간에 달성할 수 있는 구체적인 목표설정 및 개입 중심으로 변화하는 경향이 있어(김성천 외, 2020), 이 과정에서 서비스 공백이 발생하지 않도록 해야 한다.

(2) 사례관리의 구성요소

사례관리를 이해하기 위해서는 사례관리의 구성요소에 대한 이해가 필요하다. 사례관리 구성요소는 학자들 간에 조금씩 차이가 있으나 한국사례관리학회에 따르면, 대상자, 사례관리자, 자원, 운영체계, 과정으로 이루어진다(김성천 외, 2020).

① 대상자

사례관리의 대상자는 대부분 복합적이고 만성적인 어려움을 가지고 있는 클라이언트로, 일반적인 사회복지현장의 사례관리 대상자로는 저소득층, 노인, 장애인, 아동, 다문화가구 등이 있다(김성천 외, 2020).

② 사례관리자

사례관리자는 다양한 역할을 수행한다. 사례관리자의 역할 및 기능은 직접적 개입 수준과 간접적 개입 수준으로 나누어 살펴볼 수 있다(Moxley, 1989). 직접적 개입이란 대상자에게 직접 영향을 행사하는 것으로, 교육자, 상담가, 안내자, 협력자, 진행자, 정보 제공자, 조력자 등의 역할이 해당한다. 간접적 개입이란 대상자뿐만 아니라 환경에 영향을 행사하는 것으로, 주로 자원개발, 환경조정 및 연계 등의 역할이 해당한다. 구체적으로 중개자, 의뢰자, 조정자, 옹호자, 사회적 지지망 구축자 등의 역할을 수행한다. 직접적 개입과 간접적 개입은 고정적인 것이 아니며, 사례관리가 진행됨에 따라 상황과 여건에 맞게 역동적으로 변화한다(전혜성 외, 2021).

③ 자원

자원이란 사회복지대상자의 욕구를 충족시키거나, 이들의 문제를 해결해 주는 수단을 의미한다. 이러한 자원은 공식적 자원과 비공식적 자원으로 나눌 수 있다. 공식적 자원은 국가기관, 지방자치단체, 공공법인, 민간기관과 시설, 공식협의체, 사회단체 등 공식적인 조직을 갖추고, 이 조직체계를 통해 대상자에게 서비스를 제공

공식적 자원
국가기관, 지방자치단체, 공공법인, 민간기관과 시설, 공식협의체, 사회단체 등 공식적인 조직을 갖추고, 이 조직체계를 통해 대상자에게 서비스를 제공하는 기관

> **비공식적 자원**
> 가족, 친척, 친구, 이웃, 동료, 종교단체, 자원봉사자 등 명확하게 제도적인 형태로 운영되지 않는 개인이나 조직을 의미

하는 기관들을 의미한다. 비공식적 자원은 가족, 친척, 친구, 이웃, 동료, 종교단체, 자원봉사자 등 명확하게 제도적인 형태로 운영되지 않는 개인이나 조직을 의미한다. 한편, 대상자의 내적 자원도 중요하다. 지능, 신체적 강점, 건강 상태, 긍정적 성향, 개인의 경험, 영성 등 다양한 내적 자원 역시 개입의 주요 자원이다(김성천 외, 2020).

④ 운영체계

운영체계란 사례관리를 수행하기 위한 시스템을 의미한다. 앞서 언급한 바와 같이 사례관리는 만성적이고 복합적인 욕구를 지닌 클라이언트를 대상으로 하기에 사례관리자 한 사람이 수행하기에는 어려움이 있다. 따라서 많은 사례관리기관이 가능하면 팀을 이루어 서비스를 제공하고, 기관 외부의 사람들과도 함께 협력체계를 구축하여 서비스를 제공하는데, 이를 운영체계라고 할 수 있다(김성천 외, 2020).

⑤ 과정

사례관리 과정은 목적을 달성하기 위한 일련의 과정으로, 일반적으로 초기 단계, 사정 단계, 계획 단계, 실행 및 점검 단계, 평가 및 종결 단계로 이루어진다. 사례관리 과정에서 특징적인 점은 이러한 과정이 순환적으로 이루어진다는 점이다. 실행과정에서 새로운 문제가 발견되면 개입의 방향이 수정될 수 있으며, 정기적인 점검 및 평가를 통해 개입계획을 수정하기도 한다(김성천 외, 2020).

2) 읍·면·동 및 시·군·구의 통합사례관리

과거 공공영역에서 제한적으로 이루어지던 공공사례관리는 2012년 희망복지지원단이 구축되며 통합사례관리라는 용어로 불리게 되었다. 통합사례관리란 지역 내 공공·민간 자원에 대한 체계적인 관리·지원체계를 토대로, 복합적이고 다양한 욕구를 가진 대상자에게 복지·보건·고용·주거·교육·신용·법률 등 필요한 서비스를 통합적으로 연계·제공하고, 이를 지속적으로 상담·모니터링해 나가는 사업을 의미한다. 통합사례관리의 목표는 지역주민의 다양한 욕구에 맞춤형 서비스를 연계하고 제공하여, 지역주민의 삶을 안정적으로 지원함과 동시에 복지제도의 효과성과 효율성을 향상시키고자 하는 것이다(보건복지부, 2021). 통합사례관리 대상자는 많은 경우 질병, 장애와 같은 건강 관련 어려움을 가

지고 있어 의료사회복지사가 통합사례관리 담당자와 긴밀하게 협력하는 경우가 많다. 따라서 의료사회복지사는 통합사례관리에 대해 이해하고 있어야 한다.

(1) 대상자

통합사례관리 대상자는 원칙적으로 지역사회 내 모든 위기 가구이나, 특히 다음의 경우 중점적으로 발굴하여 개입한다(김성천 외, 2020).

- 통합사례관리를 통해 탈빈곤·자활 지원 가능 가구(기초생활수급자 중 특히 신규수급자 및 기초수급탈락자 등)
- 차상위 빈곤가구, 특히 긴급지원 대상가구 및 국민기초생활수급자 자격 탈락 가구 중 통합사례관리를 통해 빈곤예방 지원 가능 가구
- 지자체 복지사각지대 조사를 통해 발굴된 위기가구 중 통합사례관리가 필요한 가구 (1인가구, 돌봄위기가구, 저소득 한부모 및 청소년 한부모 가구, 휴·폐업자, 실직자, 자살고위험군 등)

(2) 인력

통합사례관리 업무는 공무원이나 통합사례관리사에 의해 수행된다. 공무원의 경우 직렬이나 직급, 경력 등에 대한 공식적인 자격 요건은 없으나, 통합사례관리사의 자격 및 업무와 관련하여서는 사회복지사, 정신건강사회복지사, 간호사 중 일정 요건을 갖추면 활동할 수 있는 것으로「사회보장급여법 시행규칙」제7조의2에서 규정하고 있다(김성천 외, 2020).

통합사례관리사 자격기준

- 사회복지사 1급 자격증을 취득한 후 사회복지 분야 근무경력이 2년 이상인 사람
- 사회복지사 2급 자격증을 취득한 후 사회복지 분야 근무경력이 4년 이상인 사람
- 정신건강사회복지사 2급 이상 자격을 취득한 후 사회복지 분야 또는 보건 분야 근무경력이 2년 이상인 사람
- 간호사 면허증을 취득한 후 사회복지 분야 또는 보건 분야 근무경력이 2년 이상인 사람

(3) 운영체계

통합사례관리는 [그림 7-2]에 나타난 바와 같이 다양한 공공 및 민간 자원과의 밀접한 관계 속에서 이루어진다. 읍·면·동의 경우는 찾아가는 보건복지팀이, 시·군·구의 경우 희망복지지원단에서 통합사례관리를 담당하는데, 주로 읍·면·동의 경우 대상자에 대한 접수 및 초기상담 등 게이트키퍼의 역할을 수행하며, 일부의 경우 직접 사례관리를 진행하기도 한다. 희망복지지원단은 고난도 사례를 대상으로 통합사례관리를 제공하며, 지역 내 공식적, 비공식적 자원관리, 읍·면·동 복지사업 지원 및 관리, 지역보호체계 운영을 통한 지역복지 컨트롤타워로서의 역할을 수행한다.

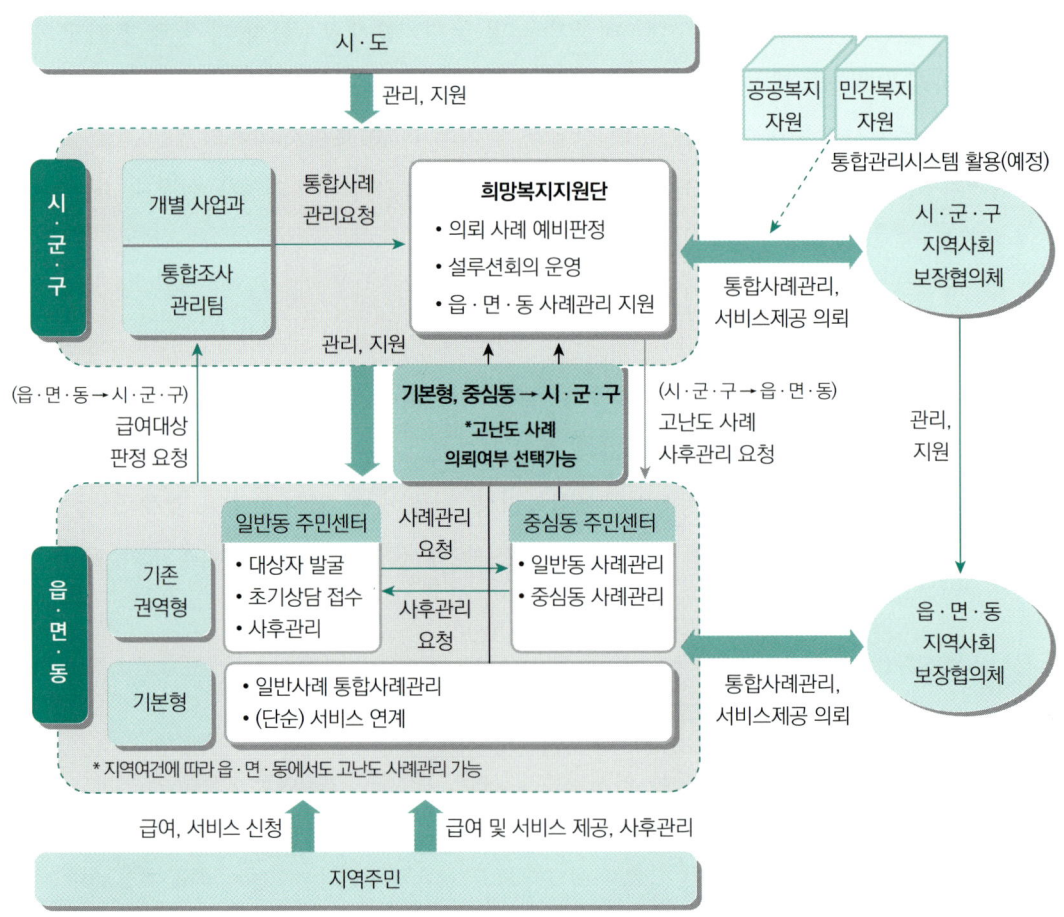

[그림 7-2] 통합사례관리 운영체계

출처: 보건복지부(2021).

(4) 통합사례관리의 과정

통합사례관리 과정은 일반적인 사례관리의 과정과 크게 다르지 않으나, 대상자 발굴, 초기상담(읍·면·동), 대상자 접수, 욕구 및 위기도 조사, 사례회의 개최, 대상자 구분 및 선정, 서비스 제공계획 수립, 서비스 제공 및 점검, 종결, 사후관리(읍·면·동)의 10단계로 좀 더 세분화되어 있다(김성천 외, 2020; 보건복지부, 2021).

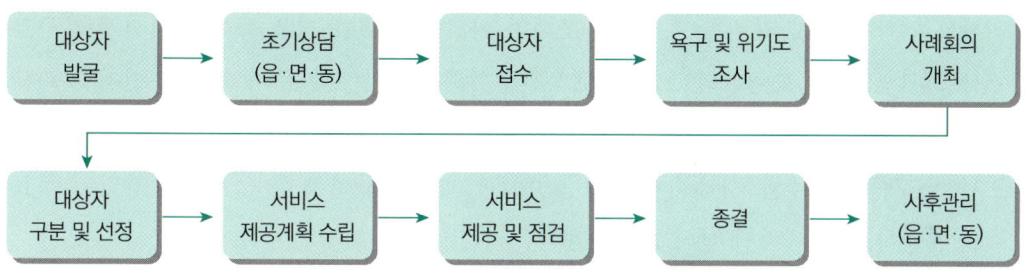

[그림 7-3] 통합사례관리 과정

출처: 보건복지부(2021).

❶ **대상자 발굴**: 복지욕구를 가지고 읍·면·동에 직접 방문한 지역주민 혹은 유관기관 및 이웃 등 사례발굴체계 구축을 통해 사례를 발굴한다.

❷ **초기상담**: 발굴된 사례를 대상으로 내방 혹은 방문하여 초기상담을 실시한다. 초기상담지를 활용하여 주요 욕구영역별로 대상자의 욕구를 파악하고, 그 결과에 따라 통합사례관리 대상자 혹은 단순서비스 연계 대상자로 구분한다.

❸ **대상자 접수**: 초기상담 후 통합사례관리가 필요하다고 판단된 가구를 욕구에 따라 시·군·구 희망복지지원단으로 의뢰하거나, 읍·면·동 찾아가는 보건복지팀에서 접수하는 단계이다. 대상자 여부를 판단할 때 초기상담을 근거로 판단하되, 부족한 정보는 없는지 추가로 확인하고, 필요하다면 의뢰자와 전화, 면접 등 추가적인 정보를 수집할 수 있다.

❹ **욕구 및 위기도 조사**: 접수된 통합사례관리 대상가구의 욕구별 현상 및 원인을 파악하고, 사례관리 가구와 서비스 연계 가구로 구분한다. 욕구 및 위기도 조사는 향후 개입 방향을 설정하는 데 필요한 근거자료가 되므로, 구체적으로 수집하는 것이 중요하다.

❺ **사례회의 개최**: 사례회의는 대상자의 선정, 종결 시 필수로 진행해야 하며, 서비스 제공 계획 수립 및 점검을 위해 필요시 수시로 실시할 수 있다.

❻ **대상자 구분 및 선정**: 사례회의 결과를 바탕으로 대상자 가구를 사례관리 가구와 서비스 연계가구, 미선정 가구로 구분하는 단계이다. 사례관리가구는 대상가구의 특성 및 가용자원을 고려하여 판단했을 때 개입기간이 1개월 이상으로 예상되는 가구가 해당된다. 이에 비해 개입기간이 1개월 미만으로 예상되거나, 개입기간과 상관없이 서비스 제공이 단순 서비스 연계 성격인 경우 서비스 연계 가구로 분류한다(예: 1개월 이상의 단순 도시락 배달 서비스만 필요한 가구). 또한 통합사례관리 사업이 불필요한 경우, 대상자 연락두절 및 거부 등으로 욕구조사가 완료되지 못한 경우 등에는 미선정 가구로 분류한다. 한편, 드림스타트, 아동보호전문기관, 노인보호전문기관 등에 먼저 의뢰해야 하는 경우, 타사례관리사업 의뢰로 분류한다.

❼ **서비스 제공계획 수립**: 사례회의 결과를 토대로 대상가구에 대한 구체적인 장단기 목표를 설정하고, 구체적인 서비스 제공계획을 수립한다.

❽ **서비스 제공 및 점검**: 대상 가구에게 서비스 제공계획에 따른 서비스를 제공하고, 이행상황 및 대상가구의 환경, 욕구변화 등을 주기적으로 점검하고 파악하는 단계이다. 점검은 대상자 및 서비스 제공기관 차원 모두를 대상으로 이루어지는데, 대상자에 대한 점검은 대상자의 변화 정도, 대상자의 상황 변화에 따른 욕구 재사정 필요 여부, 서비스 참여 여부, 만족도, 서비스 제공방법의 적절성 등을 대상으로 이루어진다. 서비스 제공기관에 대한 점검은 서비스 제공계획과 실제 내용의 일치 여부, 기관 간 연계 협력의 원활성 등을 대상으로 이루어진다.

❾ **종결**: 사례관리의 개입목표가 달성되었거나, 거부 등의 사유로 더 이상 개입이 불가능할 경우 서비스를 종결한다. 사례회의를 통해 이루어지며, 종결심사에서 서비스 제공계획에 따른 목표달성 정도, 변화 정도, 사후관리계획 등에 대한 정리가 필요하다. 대상자에게 종결에 대해 안내해야 한다.

❿ **사후관리**: 통합사례관리 종결 이후 일정 기간 동안 읍·면·동에서 사후관리를 실시한다. 대상가구의 변화를 모니터링하고, 새로운 문제나 욕구가 발생할 경우 재개입 필요성 등을 판단하여, 위기 상황의 재발을 예방하는 것이 목적이다.

3. 퇴원계획과 지역사회 자원연계

1) 퇴원계획의 이해

퇴원은 입원해서 치료받은 병원을 떠나 다른 곳으로 이전하는 경우를 모두 포함하는데 입원 전 생활하던 집으로 가는 경우, 병원이나 요양시설로 전원하는 경우가 있다. 환자의 치료과정을 급성기-회복기-유지기로 나누어 볼 때, 급성기 치료를 하는 상급종합병원이나 종합병원, 회복기 재활치료를 하는 재활전문병원, 유지기 치료를 하는 요양병원까지 치료가 끝난 대부분의 환자는 퇴원하게 된다. 핵가족화, 노령인구 증가, 1인 가구 증가 등 함께 사는 가족구성원 수는 적어지고 혼자서 생활하는 가구 비율이 늘어나면서 치료 후에도 지속적으로 타인의 돌봄이 필요한 환자들은 이전에 생활하던 집으로 돌아가는 퇴원 과정에 어려움을 경험한다. 돌봐 줄 가족구성원이 없거나 있더라도 지속적인 돌봄이 어려운 환자들에게 퇴원 후 건강의 유지·관리를 위한 치료와 돌봄의 연속성 측면에서 퇴원계획이 점점 중요해지고 있다.

강흥구(2004)에 따르면, 미국에서 퇴원계획은 1905년 매사추세츠병원에서 사회사업이 시작된 이래 줄곧 강조되었다. 또한 1965년 medicare, medicaid 제도가 시행되어 국가 재정 지출 부담이 증가하자 이를 해소하기 위해서 도입한 포괄수가제가 퇴원계획을 강조하게 된 계기가 되었다. 이후 퇴원계획은 의료사회복지사들이 수행하는 업무 중 중요한 업무로 자리매김하였다.

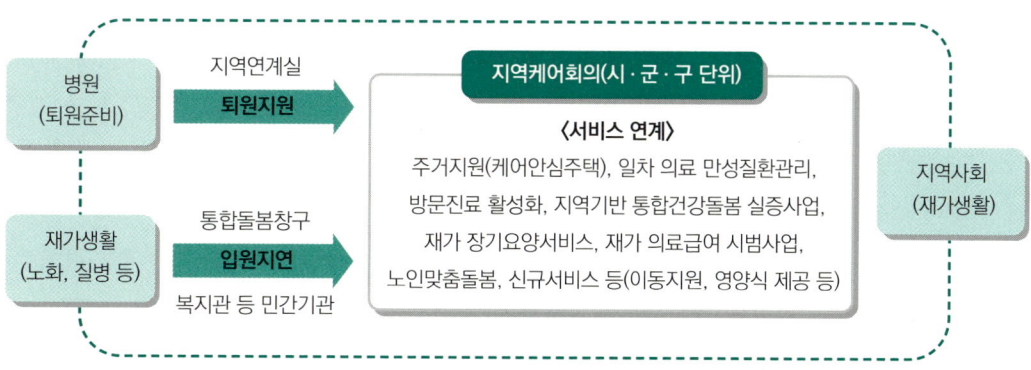

[그림 7-4] 지역사회 통합돌봄 노인환자 지역사회 연계 모형

국내에서는 1990년대 황숙연(1994), 박은주(1995), 정현주(1997), 임승규(1997), 서소라(1999) 등이 의료사회복지 분야에서 퇴원계획에 대해 연구하기 시작하였다. 2018년 지역사회 통합돌봄 정책이 추진되어 공공병원을 중심으로 퇴원환자 지역사회 연계 과정에서 퇴원지원을 위한 의료사회복지사의 역할이 강조되기 시작하면서 의료사회복지 분야에서 퇴원계획에 관한 활발한 연구들이 보고되고 있다.

(1) 퇴원계획의 정의

> **퇴원계획**
> 한 환경에서 다른 환경으로 환자의 이전을 용이하게 해 주는 모든 활동으로서 환자와 가족을 도와 퇴원 후 보호계획을 개발할 수 있도록 해 주는 병원 차원의 팀 접근 과정

미국병원협회(1984)는 퇴원계획(discharge planning)이란 '한 환경에서 다른 환경으로 환자의 이전을 용이하게 해 주는 모든 활동으로서 환자와 가족을 도와 퇴원 후 보호계획을 개발할 수 있도록 해 주는 병원 차원의 팀 접근 과정'이라고 정의하였다. 환자가 병원으로부터 지역사회로 돌아가서도 권고된 치료가 잘 이루어지도록 함으로써 환자의 의료적 욕구를 충족시켜 주고, 불필요한 의료비를 경감시켜 주며, 퇴원 이후 환자의 안정된 사회복귀를 돕는 활동이라 할 수 있다. 이 과정에서 의료사회복지사는 장기적이고 복합적인 욕구를 갖는 환자에게 퇴원계획 전문가로서 집 혹은 타 의료기관으로의 이전을 촉진하고, 지역사회 내의 다른 사회복지서비스가 필요한 경우 통합사례관리가 되도록 환자와 가족을 의뢰한다(최현정, 2019).

(2) 퇴원계획의 필요성

최경애(2019)는 환자와 가족이 퇴원을 직면하게 되면 '치료비를 아직 준비하지 못했다. 생활비 마련이 어렵다', '퇴원 후에 재발하거나 악화될 것 같아서 불안하다', '치료가 끝난 것 같지 않은데 퇴원하라고 하니 도저히 이해할 수도 없고 불쾌하다', '이 상태로 퇴원하면 어떻게 살아가야 하나, 한숨만 나오고 막막하다', '집에 가면 돌봐 줄 사람도 없고, 혼자 지낼 자신도 없는데 어떻게 해야 하나?', '퇴원 후 갈 곳이 없다. 우리집은 엘리베이터도 없는 빌라인데 어떻게 퇴원을 하나?' 등의 반응을 보인다고 하였다.

병원 경영의 측면에서 신속한 퇴원이 강조되다 보면 환자와 가족의 권익이 보장되지 못하는 문제가 발생할 수 있기 때문에 퇴원계획 과정이 윤리적이고 환자와 가족의 삶의 질을 보장하는 방향으로 수립될 수 있도록 해야 한다.

또한 의료적 측면에서 볼 때 치료와 건강 유지를 위해서는 환자의 입원치료뿐만 아니라, 퇴원 후에도 지속적인 건강관리가 가능하도록 적절한 거주지 마련과 돌봄 계획을 수립하

는 것이 중요하다. 입원치료를 통해 질병의 급성적인 측면의 문제를 해결했다고 하더라도 퇴원 후에 건강관리가 이루어지지 않는다면 치료의 효과가 저하되고 재발로 인해 불필요한 재입원을 하기도 한다. 퇴원 후에도 기본적인 생계유지뿐만 아니라 돌봄, 일상생활수행, 생활습관관리, 위험요인관리, 약물복용 등이 가능하도록 미리 준비하는 것이 중요하다.

의료사회복지사는 생리-심리-사회적 측면에서 환자가 무엇 때문에 퇴원에 어려움을 겪고 있는지 문제를 사정하고 다양한 자원을 탐색하고 조정하여 퇴원을 저해하는 문제를 해결하거나 완화할 수 있도록 퇴원계획을 수립해야 한다.

(3) 퇴원계획의 목적과 원칙

서소라(2001)는 사회복지사가 관여하는 퇴원계획의 목적은 '환자의 권익 보호와 삶의 질 보장, 안전하고 효과적인 퇴원 과정 지원, 퇴원 후 치료적 환경 조성, 환자와 가족의 원만한 사회복귀 원조, 병원의 병상 가동률 증대에 기여'라고 하였다. 또한 다음과 같은 퇴원계획의 원칙을 제시하였다.

❶ 퇴원계획의 과정과 결과는 윤리적이어야 하며 환자의 삶의 질을 보장해 주는 것이어야 한다.
❷ 치료 초기부터 퇴원계획을 위한 사전 준비를 시작하여야 한다.
❸ 퇴원계획 과정은 치료진과 팀 접근을 통해 이루어져야 한다.
❹ 환자와 가족에 대한 자기결정권의 원칙이 지켜지도록 해야 한다.
❺ 환자와 가족의 주된 의사결정자를 포함하여 진행해야 한다.
❻ 사회복지사는 환자의 옹호자, 대변자, 조정자의 역할을 해야 한다.

퇴원이 임박해서 퇴원계획을 하게 될 경우, 준비가 미처 되지 않아 퇴원이 지연되는 경우가 발생하기도 한다. 담당의사의 일방적인 퇴원 결정은 환자의 지속적인 건강관리를 위해 퇴원 전 준비해야 하는 상황들을 충분히 고려하지 못할 수 있기 때문에 다학제적 측면에서 의견을 나누고 환자와 가족의 상황을 고려하여 퇴원계획을 함께 수립하여야 한다. 치료가 끝났다면 퇴원을 하는 것이 당연하지만 환자와 가족의 의사에 반하는 일방적인 퇴원 결정을 하기는 어렵기 때문에 환자와 가족의 의사를 확인하고 퇴원계획 과정에 반영하는 것이 매우 중요하다. 환자와 가족, 또는 가족구성원들 간의 퇴원계획에 대한 이해가 다를 수 있기 때문에 환자 가족 내에서 주된 의사결정자가 퇴원계획에 참여하는 것이 바람직하다.

때로는 가족이 없거나 환자 스스로 의사결정이 어려운 환자들이 있는데, 이러한 경우에 사회복지사는 환자나 가족을 대신해 퇴원계획 과정이 윤리적인지, 환자의 권익을 침해하는 것은 아닌지 등에 대해 환자를 옹호하며 대변하는 역할이 필요하다.

(4) 표준화된 퇴원계획 상담

황숙연(1994)의 연구에서 환자와 가족은 퇴원계획이 수립되기 시작하면서부터 종결되어 퇴원이 이루어지기까지 사회복지사를 환자와 가장 빈번하고 지속적으로 상호작용하는 공식적 지지망으로 생각한다고 하였다. 퇴원계획 과정에서 목적과 원칙이 잘 지켜질 수 있도록 의료사회복지사는 표준화된 도구를 활용하여 퇴원계획 상담을 진행하여야 한다.

한림대학교의료원 사회사업팀에서는 퇴원계획 사정 도구를 활용하여 문제를 평가하고 있는데 환자 측면과 가족 측면에서 고려해야 하는 것들로 구성되어 있다. 환자 측면에서는 환자의 질병에 대한 인식 정도, 현재 치료 내용과 향후 치료계획의 이해 정도, 치료에 대한 순응도, 퇴원에 대한 반응을 평가하고, 가족 측면에서는 가족의 지지 정도, 가족의 부양 부담, 가족 내 주 보호자 및 의사결정자, 재정적 상황 및 문제, 퇴원에 방해가 되는 문제를 평가하고 있다.

건강보험심사평가원(2020) '급성기 환자 퇴원지원 및 지역사회 연계활동 시범사업'에서는 다학제 팀 접근을 통한 통합평가를 바탕으로 퇴원계획을 수립하도록 하고 있고, 의료사회복지사가 '통합평가표Ⅱ 서식'[1]을 활용하여 사회경제적 문제를 확인하고 개입계획을 수립하도록 하고 있다. 객관화된 도구를 바탕으로 평가한 후 실제 퇴원계획을 수립할 때는 다음 사항들을 고려하여 필요한 경우 지역사회 자원을 연계하여야 한다.

먼저, 환자의 의료적 상태를 파악하여야 한다. 퇴원 후에도 지속적인 치료가 필요한지, 의식이 있는지, 보행은 가능한지, 스스로 배뇨나 배변은 가능한지, 병원 관련 감염 문제는 없는지, 퇴원 후에도 지속적으로 필요한 의료적 처치는 없는지(L-tube, suction, ventilator 등) 등을 확인하여 집으로 퇴원이 가능한지, 전원을 해야 하는지를 결정하도록 한다.

집으로 퇴원이 가능하다면 돌봄제공자(가족, 간병인, 기타)를 결정하고, 식이 문제, 욕창 관리, 호흡 관리, 기관절개 부위 관리, 투석 등 퇴원 후에도 지속적으로 요구되는 의료적 문제들을 해결할 수 있도록 가정간호, 방문간호, 재가요양보호 등 구체적으로 해결 가능한 계획을 세워야 한다. 뿐만 아니라 돌봄제공자가 간병 기술을 습득하는 등 기술적인 준비도 필

---

[1] 부록으로 첨부

요하다. 그 외에도 주거환경은 물리적 접근성과 유용성이 있는지, 개선이 필요한 곳은 없는지 점검하고, 필요한 복지용구를 준비하고, 퇴원 후에도 치료가 연속적으로 제공될 수 있도록 외래 진료 계획을 세우고, 이동수단을 확보하고, 예상 가능한 응급상황에 대한 대처 방법을 교육하여야 한다.

병원으로 전원을 하는 경우에는 환자의 의료적 상태에 따른 제반 시설을 보유하고 있는지, 희망하는 치료의 기대수준(3차병원, 2차병원, 요양병원, 재활병원)을 충족할 수 있는지, 환자나 가족의 거주지와 접근성이 좋은지, 시설이나 환경은 쾌적한지, 필요한 의료서비스를 제공할 수 있는 의료진은 확보되어 있는지, 간병은 어떤 형태로 제공되는지, 간병을 포함한 치료비용은 어느 정도인지 등을 확인하여 환자와 가족의 상황에 맞는 병원을 찾아 전원할 수 있도록 도와야 한다.

퇴원 후에는 적절한 모니터링과 평가 활동이 이루어져야 한다. 집중적인 모니터링이 필요한 환자군에 대해서는 문제 규정, 목표 설정, 기대하는 결과물 등 지표관리가 필요하기도 하다. 모니터링은 환자, 가족, 기관 담당자를 대상으로 전화, 대면, 문자 등 다양한 방법을 활용하여 가능하고, 모니터링을 통해 퇴원 시 해결하지 못한 문제가 지역사회 자원연계 후 어떻게 해결되었는지 확인해야 하며, 그렇게 제공되고 있는 서비스에 대해 얼마나 만족하고 있는지 등 연계된 서비스를 통한 건강의 유지·관리 상황, 삶의 질이나 서비스 만족도에 대한 평가가 가능하다.

2) 지역사회 자원연계

앞에서 살펴본 바와 같이 퇴원계획은 목적과 원칙을 가지고 환자나 가족이 퇴원 후에도 건강을 유지·관리할 수 있도록 도움으로써 궁극적으로 환자와 가족의 삶의 질 향상을 위한 것이어야 한다. 질병으로 장애가 남거나 돌봄이 필요한 환자의 퇴원지원을 위해서는 지역사회 자원연계가 매우 중요하다.

> **지역사회 자원**
> 인간의 다양한 생활상의 욕구충족과 문제해결을 목적으로 활용되는 각종 제도, 시설, 기관, 단체, 프로그램 및 사람들의 지식, 기술, 정보 등을 포함하는 인적, 물적, 그리고 정보 제 요소를 총칭함

(1) 자원의 개념 정의와 의의

자원(resources)의 사전적 정의는 '인간 생활 및 경제 생산에 이용되는 원료로서 광물, 산림, 수산물 따위를 통틀어 이르는 말', '인간 생활 및 경제 생산에 이용되는 노동력이나 기술 따위를 통틀어 이르는 말'이다. 사회복지자원(social welfare resources)은 인간의 사회

적 욕구를 충족하기 위한 자원을 의미한다. 인간에게 발생한 사회적 문제를 해결하기 위해 필요한 원료(물질적 요소)와 노동력이나 기술(서비스)을 사회복지자원이라고 정의할 수 있다. 따라서 '자원'이란 인간의 다양한 생활상의 욕구충족과 문제해결을 목적으로 활용되는 각종 제도, 시설, 기관, 단체, 프로그램 및 사람들의 지식, 기술, 정보 등을 포함하는 인적, 물적, 그리고 정보 제 요소를 총칭한다(Siporin, 1975; 정영철 외, 2011, p. 29; 정해식 외, 2014, p. 35에서 재인용).

(2) 자원의 유형과 범위

사회복지자원은 공급주체, 재원, 자원의 내용과 특성에 따라 분류할 수 있다.

먼저, 공급주체의 성격에 따라 공식적 자원과 비공식적 자원으로 구분할 수 있다. 공식적 자원이란 국가 및 지방자치단체가 주체가 되어 제도적으로 제공하는 급여와 서비스이며, 비공식적 자원이란 일정 규칙과 제한이 없이 친척, 친구, 이웃 등으로부터 제공되는 자원이다.

〈표 7-2〉 자원의 구분과 관련한 공공의 개입 이슈

유형 구분 기준	유형 구분	발굴·관리·활용 이슈
공급주체 (공식성 수준)	공식적 자원	• 공식적인 조직에서 발굴·활용 가능한 자원 • 비교적 큰 지역단위에서 발굴·활용할 수 있는 자원
	비공식적 자원	• 작은 단위로 자원관리 가능 • 공공의 관리가 부적절한 자원
재원 (공공성 수준)	공공자원	• 공공이 주도적 발굴과 관리 그리고 활용이 가능
	민간자원	• 공공은 민간의 자원발굴을 지원하거나 민간의 관리, 정보 공유, 그리고 연계를 통한 활용이 가능
자원 내용 (자원 형태)	현금	• 공공의 직접 발굴이 가장 어려운 자원 • 민간 및 매개조직(공공모금회 등)의 자원발굴을 지원 • 민간의 자원관리가 적절 • 민간으로 연계를 통하여 자원 활용이 타당
	현물	• 공공은 자원발굴에 협력 • 민간으로 의뢰하여 협력을 요청해야 하는 자원에 해당 • 공공의 요청에 부응할 의무가 약한 자원
	서비스	• 민간조직 중심으로 발굴된 자원 • 공공의 자원이 관여된 자원의 경우, 연계를 통하여 활용

출처: 정해식 외(2014), p. 37.

재원에 따라 공공자원과 민간자원으로 구분하기도 한다. 공공자원은 조세에 의해 정부(중앙정부 및 지방자치단체), 공기업, 공단 등 공공기관 및 단체가 지원해 주는 급여와 서비스를 의미하며, 민간자원은 공공체계를 거치지 않고 개인, 기업, 기관 등 민간으로부터 유입되는 후원, 기부금, 후원물품, 서비스(자원봉사활동 포함), 서비스 이용에 대한 대가 지불 등을 의미한다.

마지막으로 자원의 내용과 특성에 따라 인적 자원, 물적 자원, 정보 자원으로 분류할 수 있다. 인적 자원은 사회복지사, 심리학자, 의사, 가족, 친척, 자원봉사자 등 노동력, 현금, 현물 등을 얻을 수 있는 사람을 의미하며, 물적 자원은 정부보조금, 기업협찬금, 서비스이용료, 후원물품 등 현금, 현물, 서비스 등과 같은 경제적 가치를 내포하고 있는 직접적 자원을 의미한다. 정보 자원은 관련기관 및 단체 복지서비스 정보, 복지관련 학술정보 및 통계정보 등 유용한 정보로서 가치를 지닌 자원을 의미한다. 이 외에도 관련 법, 시행령, 시행규칙, 조례 등 제도화된 간접적 자원을 의미하는 사회제도적 자원도 있다(정해식 외, 2014).

(3) 지역사회 자원연계 수준

지역사회 자원을 이용할 때 자원을 발굴 또는 동원하는 방식은 크게 자원동원, 자원의 창조, 자원의 연결로 구분할 수 있다(Payne, 1986: 정해식 외, 2014, p. 41에서 재인용). 자원의 연결은 다른 자원과 적시에 연결되게 하는 것으로 자원의 연결을 위해서는 조직 간, 조직 내, 개인 간 협력이 필요하며 특정 사례를 위한 단기적 연계와 환경 조정을 위한 장기적 연계를 모두 고려할 수 있다.

지역사회 자원은 연계 수준에 따라 단순 연결, 서비스 연계, 집중적인 사례관리로 나눌 수 있다. 단순 연결은 의료사회복지사가 환자와 가족에게 자원에 대한 정보를 제공하거나 이용 안내를 하는 것으로 환자와 가족이 정보 제공이나 안내만을 통해서도 스스로 서비스 이용이 가능한 경우에 해당한다. 서비스 연계는 정보 제공과 이용 안내를 넘어 환자와 가족이 서비스를 받을 수 있도록 의료사회복지사가 직접 서비스 제공기관의 담당자와 협의하고 서비스 이용 신청절차를 도우며 결과를 확인하는 등 의료사회복지사의 직접적인 개입이 이루어지는 경우에 해당한다. 집중적인 사례관리는 환자와 가족에게 서비스 연계 후 서비스 전달이 잘 이루어지고 있는지 사례를 연계한 지역사회 기관 담당자와 함께 의료사회복지사가 일정 기간 복합적인 사례관리를 진행하는 경우에 해당한다.

```
┌─────────────────┐      ┌─────────────────┐      ┌─────────────────┐
│    단순 연결     │  →   │    서비스 연계    │  →   │  집중적인 사례관리 │
│ • 자원에 대한    │      │ • 정보 제공과    │      │ • 서비스 연계 후에 │
│   정보 제공, 이용 │      │   이용 안내를    │      │   서비스 전달이   │
│   안내           │      │   넘어 서비스를  │      │   잘 이루어지고   │
│                  │      │   받을 수 있도록 │      │   있는지 등 지역  │
│                  │      │   기관담당자와   │      │   사회와 함께 의료│
│                  │      │   협의, 신청절차 │      │   기관에서 일정   │
│                  │      │   진행 등        │      │   기간 복합적인   │
│                  │      │                  │      │   사례관리가 필요 │
│                  │      │                  │      │   한 경우         │
└─────────────────┘      └─────────────────┘      └─────────────────┘
```

[그림 7-5] 지역사회 자원연계 수준

(4) 복지자원 표준분류체계

> **복지자원 표준분류체계**
> 산재되어 있는 공공자원과 민간자원을 표준화 및 체계화한 것으로 지역사회 자원을 11개 대분류와 35개 중분류로 구분한 것

2011년 「사회보장법」 개정으로 사회보장체계의 패러다임이 기존의 '소득보장'에서 '서비스 보장'으로 변화하게 되었다. 보건복지부는 다양한 욕구를 가진 지역사회 주민들에게 자원의 연계·공유를 원활히 하기 위해서 지역단위 복지자원에 대한 분류체계를 표준화하여 '복지자원 표준분류체계'를 마련하였다. 복지자원 표준분류체계는 산재되어 있는 공공자원과 민간자원을 표준화 및 체계화하여 행복e음 시스템에 구현하려는 목적으로 2011년 한국보건사회연구원의 정책연구를 통해 만들어졌다.

보건복지부 희망복지지원단 업무안내에 수록된 복지자원 표준분류체계[2]는 2차 개정된 것으로 지역사회 자원을 11개 대분류와 35개 중분류로 나누고, 중분류는 다시 소분류로 나눈 후 소분류별 예시를 포함하고 있다. 의료사회복지사가 복지자원 표준분류체계를 활용하여 퇴원하는 환자에게 지역사회 자원연계를 원활히 하기 위해서는 대분류-중분류-소분류로 이어지는 복지서비스를 지역사회 내에서 제공하는 기관이 어디인지를 파악하고 있어야 한다. 그렇지 않으면 표준화된 분류체계를 활용하더라도 환자와 가족에게 필요한 자원을 연계하는 데 한계가 있다. 이를 위해서 해마다 변경되는 제도를 '복지로'를 통해 확인하고 지역의 '사회복지협의회' 시설 현황 정보를 활용하여 지역사회 관련기관에 대한 최신 정보를 업데이트하는 것이 중요하다.

보건복지부, 건강보험심사평가원(2020)의 '급성기 환자 퇴원지원 및 지역사회 연계활동

---

[2] 부록으로 첨부

시범사업'에서는 다학제 통합 퇴원계획을 수립하고 퇴원하는 환자에게 의료사회복지사가 지역사회 자원을 연계하며 '지역사회연계관리표 서식'[3]을 작성할 경우 건강보험 요양급여 수가를 지급하고 있다. 의료사회복지사 행위에 대해 건강보험 요양급여를 인정하고 있는 얼마 되지 않는 건강보험 요양급여수가 중 하나이다. 이는 퇴원계획을 통해 퇴원하는 환자에게 지역사회 자원을 연계하는 의료사회복지사의 역할이 점점 중요해지고 있음을 보여주는 것으로 퇴원계획과 지역사회 자원연계 과정에서 의료사회복지사의 역할 증대와 전문성 향상을 위해 노력할 필요가 있다.

---

[3] 부록으로 첨부

정리해 봅시다

1. 커뮤니티 케어의 정의

커뮤니티 케어는 노인, 장애인, 정신질환자 등의 대상자가 지역사회에서 분리된 병원이나 시설과 같은 곳에 살지 않고, 최대한 자기가 살던 집과 지역사회에서 생활할 수 있도록 돌봄을 제공하는 등의 실질적인 여건을 조성하는 것으로 정의할 수 있다.

2. 커뮤니티 케어인 지역사회 통합돌봄의 핵심 추진 내용

첫째, 안정적인 주거기반 지원을 위해 노인맞춤형 케어안심주택 확충, 집수리사업 실시, 커뮤니티 케어형 도시재생뉴딜사업 실시 등을 제시하였다.

둘째, 건강지원에서는 집중형 방문건강 서비스 제공, 노인만성질환 전담 관리 및 예방, 병원 내 지역연계실 운영, 방문의료 확대 등의 서비스 확충이 제시되었다.

셋째, 요양·돌봄 서비스 제공을 위해서 차세대 노인장기요양보험 구축, 식사배달 등 다양한 신규 재가서비스 확충, 재가 의료급여 신설, 회복·재활서비스 도입 등이 포함되었다.

3. 사례관리

복합적이고 다양한 욕구가 있는 클라이언트와 그 가족의 사회적 기능 회복을 돕는 통합적 실천방법으로 국내에서는 2000년대 이후 그 중요성이 대두되었다. 사례관리자는 교육자, 상담가, 안내자, 협력자, 진행자, 정보 제공자, 조력자와 같은 직접적 역할뿐 아니라 중개자, 의뢰자, 조정자, 옹호자, 사회적 지지망 구축자 등 간접적 역할을 수행한다. 현재 대표적인 사례관리로 공공기관에서 수행하는 통합사례관리가 있는데, 통합사례관리 대상자는 많은 경우 질병, 장애와 같은 건강 관련 어려움을 가지고 있어 의료사회복지사가 통합사례관리 담당자와 긴밀하게 협력하는 경우가 많다.

생각해 봅시다

1. 커뮤니티 케어에서 커뮤니티에 대한 여러 가지 의미에 대하여 생각해 봅시다.

2. 커뮤니티 케어에서 케어의 의미에 대하여 생각해 봅시다.

3. 읍·면·동 및 시·군·구의 통합사례관리에서 의료사회복지사는 구체적으로 어떤 역할을 수행하는지 생각해 봅시다.

4. 80세로 만성심부전 진단을 받은 독거노인 환자와 맞벌이로 55세에 뇌졸중 진단을 받고 우측 편마비를 갖게 된 환자에 대한 퇴원계획과 지역사회 자원연계 과정에서 고려해야 할 사항이 어떻게 다른지 생각해 봅시다.

 **참고문헌**

강흥구(2004). 의료사회복지론. 현학사.

김민아, 최권호, 지현경, 박가랑(2023). 퇴원환자 지역사회 연계사업 담당 공공의료기관 사회복지사의 역할과 어려움. 비판사회정책, 81, 145-195.

김성천, 김승용, 김연수, 김현수, 김혜성, 민소영, 박선영, 백은령, 양소남, 유명이, 유서구, 이기연, 정희경, 조현순, 최말옥, 최지선, 함철호(2020). 사례관리론: 개념, 기술, 실천역량 이해. 학지사.

김용득(2018). 커뮤니티 케어, 무엇을 어떻게 해야 할까? 월간복지동향, 8.

박은주(1995). 퇴원계획 활용을 위한 퇴원 반응 연구. 이화여자대학교 대학원 석사학위논문.

박정선(2018). 영국의 사회적 돌봄과 커뮤니티 케어의 역사적 변천과 복지의 혼합 경제, 사회복지법제학회 사회복지법제연구 제9권 제3호(통권 제13호).

보건복지부(2021). 2021 희망복지지원단 업무안내.

보건복지부, 건강보험심사평가원(2020). 급성기 환자 퇴원지원 및 지역사회 연계활동 시범사업 지침.

보건복지부, 건강보험심사평가원(2024). 급성기 환자 퇴원 지원 및 지역사회 연계활동 2단계 시범사업 지침.

보건복지부 커뮤니티케어추진단(2018). 지역사회 통합돌봄 추진 로드맵 보도자료, 보건복지부.

서소라(2001). 뇌졸중 환자 가족의 퇴원계획 만족도에 영향을 미치는 요인 연구. 숭실대학교 대학원 석사학위논문.

손효정(2023). 재택 돌봄 강화, 정부 '커뮤니티 케어' 뭐가 달라졌나. 브라보 마이 라이프의 헬스 9월 6일자 기사.

우국희(2006). 영국 재가노인보호서비스 공급확대를 위한 민간영리부문의 참여와 한국에의 시사점. 노인복지연구, 통권 32호, 223-245.

유애정, 박현경(2022). 지역사회 통합돌봄 추진현황과 향후 과제. 대한공공의학회지, Vol. 6.

이다희(2020). 급성 뇌졸중 환자 퇴원계획에서의 의료사회복지사 역할에 관한 연구: 커뮤티니 케어 관점을 중심으로. 연세대학교 행정대학원 석사학위논문.

이용갑, 정현진, 유애정, 박상희, 이기주, 최은희(2020). 지역사회 통합돌봄 모니터링 및 평가 연구(2차년도). 보건복지부, 국민건강보험공단.

이유진, 성희자(2022). 종합병원 의료사회복지사가 경험한 퇴원환자의 지역사회연계 활동. 사회과학 담론과 정책, 15(2).

이효순(2019). 영국 커뮤니티의 동향. 충청노인복지연구, 19.

임승규(1997). 효과적 퇴원계획을 위한 의료사회사업가의 개입방안. 대한병원협회지, 26(10), 38-47.

임정원, 장수미, 유조안, 김민영(2019). 종합병원 의료사회복지사의 퇴원계획 모델 개발과 수가 적용방안. 한국사회복지학회지, 17(4), 31-65.

장윤정 외(2022). 2019-2021 암환자 퇴원계획 수립과 적정관리 방안연구. 국립암센터 정책보고서 2022-01.

전용호(2019). 지역사회 통합 돌봄 커뮤니티 케어의 도입과 향후 과제. 현안과 정책, 267.

전혜성, 김정화, 홍나미, 강현주, 권자영, 정연수(2021). 현장 사례관리. 학지사.

정해식 외(2014). 복지자원 관리·운영 방안 연구. 보건복지부 한국보건복지정보개발원 한국보건사회연구원 정책보고서 2014-44.

정현주(1997). 신경외과 환자의 퇴원계획에 영향을 주는 가족보호부담에 관한 연구. 이화여자대학교 대학원 석사학위논문.

정현진, 유애정, 최재우, 김승희, 이기주, 최은희(2022). 지역사회 통합돌봄 모니터링 및 평가 연구(3차년도). 보건복지부, 국민건강보험공단.

최경애(2019). 병원 퇴원계획: 의료사회복지사의 역할. 한국가정간호학회 정책포럼.

최현정(2019). 멘토링 프로그램을 활용한 질환별 의료사회복지 실무 가이드북: 퇴원 계획 상담 및 지역사회 통합돌봄. 대한의료사회복지사협회, 230-241.

한국사례관리학회(2016). 사회복지 사례관리 표준 실천 지침.

황숙연(1994). 만성질환자에 대한 의료사회사업가의 퇴원계획에 관한 연구. 서울대학교 대학원 석사학위논문.

American Hospital Association (1984). Guideline on discharge planning. AHA.

Care Quality Commission(CQC) (2018). The state of health care and adult social care in England 2017/18.

Jones, K., Brown, J., & Bradshaw, J. (1983). *Issues in social policy*. Routledge & Kegan Paul.

Moxley, P. D. (1989). *The practice of case management*. Sage Publication.

<부록 1> 건강보험심사평가원 '급성기 환자 퇴원지원 및 지역사회 연계활동 시범사업_별지 제5호 서식'

[별지 제5호 서식]

통합평가표 II (사회·경제적 평가)

A. 일반정보

1.1 환자성명			1.2 생년월일	
1.3 성별	○ 남자	○ 여자	1.4 지역 구분	
2. 입원일자				
3. 평가일자			4. 평가자	
5. 읽고 쓰기가 가능합니까?	○ 가능		○ 불가능	○ 확인불가
6. 주민등록상의 가구원 수	(_____) 명			
7.1. 가구형태_주민등록기준	○ 1인 가구 ○ 기타 가구(_____)	○ 부부가구		○ 자녀동거가구
7.2. 가구형태_실제거주기준	○ 1인 가구 ○ 기타 가구(_____)	○ 부부가구		○ 자녀동거가구
8. 입원 전 거주지	○ 환자 본인 집 ○ 의료기관 ○ 장기요양시설 외 사회복지시설		○ 자녀/친인척/지인 등의 집 ○ 장기요양시설 ○ 기타(_____)	
9. 의료보장유형	○ 건강보험 ○ 건강보험 차상위 2종 ○ 의료급여 2종		○ 건강보험 차상위 1종 ○ 의료급여 1종 ○ 기타(_____)	

B. 경제적 상태

1. 현재 직업 유무	○ 현재 일을 하고 있음 ○ 과거에는 일을 하였으나 지금은 하지 않음 (사유) - ○ 정년퇴직 ○ 장애/질병으로 인한 휴직 ○ 장애/질병으로 인한 중도퇴직 ○ 해고 등으로 인한 실직 ○ 본인 스스로 퇴사 ○ 기타(_____) ○ 평생 일을 하지 않음

2. 주 수입원의 종류	□ 근로소득
	  - □ 노인일자리사업 □ 그 외
	□ 부동산 등 재산소득
	□ 사회보험
	  - □ 공적연금 □ 고용보험 □ 산재보험 □ 기타(_____)
	□ 정부보조금
	 - □ 국민기초생활보장급여
	   - □ 생계급여 □ 주거급여 □ 자활급여
	 - □ 장애수당 및 장애아동 부양수당
	□ 기초노령연금 □ 긴급복지지원금
	□ 잘 모름 □ 기타(_____)

3. 월 가구 소득	○ 50만 원 미만 ○ 50만 원~100만 원 미만 ○ 100만 원~200만 원 미만 ○ 200만 원 이상	
4. 가구의 현재 재산 규모	□ 동산(_____)원 □ 부동산(_____)원 □ 기타(_____)원	
5. 과거에 정부보조금을 받기 위해 주민자치센터나 복지관을 통해 신청을 의뢰하였던 적이 있습니까?	○ 아니요 ○ 예(○ 승인되어 수혜를 받고 있음 ○ 기각됨 ○ 신청 중)	
6. 병원비 보상을 받을 수 있는 민간보험이 있습니까?	○ 아니요	○ 예
7. 부양 의무자로부터 부양을 받을 수 있습니까?	○ 아니요	○ 예

C. 심리사회적 상태

1. 가족 교류(왕래) 정도	○ 전혀 없음 ○ 가끔(2개월에 한 번) ○ 보통(한 달에 한 번) ○ 자주 ○ 가족 없음
2. 친척/친구/이웃/지인 교류(왕래) 정도	○ 전혀 없음 ○ 가끔(2개월에 한 번) ○ 보통(한 달에 한 번) ○ 자주 ○ 친척/친구/이웃/지인 없음
3. 여가 및 사회활동참여	□ 경로당 □ 사회(노인)복지관 □ 동호회 □ 종교단체 □ 봉사단체 □ 지역단체 □ 기타(_____)
4. 가족과의 관계에 어려움이 있습니까?	○ 아니요 ○ 예(_____)
5. 도움을 받을 수 있는 지지체계가 있습니까?	○ 아니요 ○ 예 [○ 가족 ○ 가족 외(_____)]
6. 질병(장애)에 대한 환자의 이해 정도	○ 명확히 이해 ○ 일부 이해 ○ 이해 못함 ○ 해당 없음
7. 질병(장애)에 대한 환자의 수용 정도	○ 명확히 이해하고 수용 ○ 일부 이해 ○ 이해 못함 ○ 해당 없음
8. 질병(장애)에 대한 가족의 이해 정도	○ 명확히 이해 ○ 일부 이해 ○ 이해 못함 ○ 해당 없음
9. 사회복귀 후 다음의 역할 수행이 가능합니까?	□ 일상생활[○ 가능 ○ 불가능 ○ 기타(_____)] □ 가족역할[○ 가능 ○ 불가능 ○ 기타(_____)] □ 사회적 역할[○ 가능 ○ 불가능 ○ 기타(_____)]

D. 퇴원 관련 상태

1. 환자의 퇴원 고려 정도	○ 퇴원 희망 ○ 퇴원 거부(퇴원방해 요인) - □ 퇴원 후 거처 없음 □ 돌봄 제공자 부재 □ 병원비 □ 경제적 어려움 □ 식사 준비

	☐ 가족 간의 불화 ☐ 질병과 관련한 막연한 불안/두려움 ☐ 의료적 관리가 필요한 부분에 대한 대처 　　(호흡기, 욕창, 배뇨, 기관절개, 감염 등) ☐ 고립감/외로움 ☐ 기타 (＿＿＿＿) ○ 기타 (＿＿＿＿)
2. 가족의 퇴원 고려 정도	○ 퇴원 희망 ○ 퇴원 거부(퇴원방해 요인) 　- ☐ 퇴원 후 모실 곳이 없음　　☐ 돌봄 제공자 부재 　　☐ 병원비　　☐ 경제적 어려움　☐ 식사 준비 　　☐ 가족 간의 불화　☐ 질병과 관련한 막연한 불안/두려움 　　☐ 의료적 관리가 필요한 부분에 대한 대처 　　　　(호흡기, 욕창, 배뇨, 기관절개, 감염 등) 　　☐ 이동의 어려움　☐ 기타(＿＿＿＿) ○ 기타(＿＿＿＿)
3. 퇴원 후 거주지가 있습니까?	○ 아니요 ○ 예(퇴원 후 거주지) 　- ○ 환자 본인의 집　○ 자녀/친인척/지인 등의 집 　　○ 장기요양시설　○ 장기요양시설 외 사회복지시설 　　○ 기타(＿＿＿＿)
4. 일상생활이 불편한 경우, 거주하고 싶은 곳	○ 환자 본인 집　　○ 자녀/친인척/지인 등의 집 ○ 돌봄, 식사, 생활편의 서비스 등이 제공되는 장기요양시설을 포함한 사회복지시설 ○ 기타(＿＿＿＿)　　○ 해당 없음
5. 주택 임차료, 유지수선비 등 주거 안정비용 지원이 필요합니까?	○ 아니요　　　　○ 예　　　　○ 해당 없음
6. 치료 및 돌봄 주 의사결정자	○ 환자 본인　○ 가족(관계:＿＿＿＿)　○ 기타(관계:＿＿＿＿)
7. 입원 전 돌봄 제공자	☐ 환자 본인　☐ 가족(관계:＿＿＿＿)　☐ 유급 간병인 ☐ 요양보호사(노인장기요양보험 등)　☐ 기타(관계:＿＿＿＿)
8. 퇴원 후 돌봄 제공자	☐ 환자 본인　☐ 가족(관계:＿＿＿＿)　☐ 유급 간병인 ☐ 요양보호사(노인장기요양보험 등)　☐ 기타(관계:＿＿＿＿)
9. 주택소유 형태	○ 자가　○ 공공임대　○ 일반 전·월세　○ 기타(＿＿＿＿)
10.1. 주택 유형(가옥형태)	○ 아파트　　○ 빌라　　○ 단독주택 ○ 다세대주택　○ 기타(＿＿＿＿)
10.2. 주택 유형(진입형태)	☐ 엘리베이터　☐ 계단　☐ 경사로　☐ 난간　☐ 기타(＿＿＿)
11. 화장실 유형	○ 양변기　○ 화변기　○ 이동변기　○ 기타(＿＿＿＿)
12. 집으로 퇴원 시 주거환경 개선 지원이 필요합니까?	○ 아니요 ○ 예 (주거환경 개선 필요 부분) 　- ☐ 안전 관리[☐ 문턱　☐ 미끄럼방지　☐ 손잡이　☐ 기타(＿＿＿＿)]

	☐ 이동[☐ 계단 ☐ 문턱 ☐ 안전 바 ☐ 기타(_____)] ☐ 일상생활[☐ 화장실 ☐ 부엌 ☐ 거실 ☐ 침실 ☐ 기타(_____)] ☐ 기타(_____)
13. 퇴원 시 또는 퇴원 후 이동 시 도움 제공자 유무	○ 없음　　　　　○ 있음　　　　　○ 도움이 필요 없음
14. 이동수단	○ 자가용(○ 자가운전　○ 타인운전) ○ 대중교통(○ 자립 이용　○ 도움 필요) ○ 구급차　○ 교통약자 이동지원　○ 도보　○ 기타(_____)
15. 현재 사용 중인 재활보조기구 및 복지용구가 있습니까?	○ 아니요 ○ 예 　- ☐ 보행 보조기구　　　☐ 식이섭취 보조기구 　　☐ 보청기 및 청취증폭기　☐ 기타(_____)

E. 활용 가능 자원 파악

1. 장애정도	○ 해당 없음　　　　○ 신청이 필요하나 신청하지 못함 ○ 신청 중　　　　　○ 신청하였으나 인정 못 받음 ○ 장애정도 인정받음 　- 장애의 종류 　　☐ 지체장애　　☐ 뇌 병변장애　☐ 시각장애 　　☐ 청각장애　　☐ 언어장애 　　☐ 안면장애　　☐ 신장장애　　☐ 심장장애 　　☐ 간장애　　　☐ 호흡기장애 　　☐ 장루·요루장애 ☐ 간질장애　　☐ 정신지체장애 　　☐ 정신장애　　☐ 발달장애 　- 장애의 정도 　　○ 심한 장애인　○ 심하지 않은 장애인
2. 이용 중이거나 경험한 사회복지서비스가 있음	○ 아니요 ○ 예 　☐ 사례관리　　☐ 재가서비스　　☐ 노인돌봄 서비스 　☐ 가사간병서비스　☐ 방문보건서비스 　☐ 장애인활동보조서비스　　　☐ 기타(_____)

F. 사회·경제적 평가 결과 문제 요약

1. 경제적 문제		
① 병원비 마련에 어려움이 있습니까?	○ 아니요	○ 예
② 퇴원 후 생계유지에 어려움이 있습니까?	○ 아니요	○ 예
③ 퇴원 후 치료유지에 어려움이 있습니까?	○ 아니요	○ 예
2. 심리사회적 문제		
① 질병, 장애에 대한 이해가 부족합니까?	○ 아니요	○ 예
② 질병, 장애에 대한 수용이 어렵습니까?	○ 아니요	○ 예

③ 사회복귀에 어려움이 있습니까?	○ 아니요		○ 예
④ 사회적 지지체계가 부족합니까?	○ 아니요		○ 예
⑤ 가족기능에 문제가 있습니까?	○ 아니요		○ 예
3. 퇴원계획 문제 ① 퇴원 후 거주지 문제가 있습니까?	○ 아니요		○ 예
② 퇴원 필요성에 대한 인식이 부족합니까?	○ 아니요		○ 예
③ 퇴원 후 환자 돌봄에 문제가 있습니까?	○ 아니요		○ 예
④ 퇴원 후 주거환경에 문제가 있습니까?	○ 아니요		○ 예
⑤ 퇴원 또는 외래 치료 시 이동수단의 문제가 있습니까?	○ 아니요		○ 예
4. 지역사회 자원 연계 문제 ① 사회복지서비스 연계 필요합니까?	○ 아니요 ○ 예 　□ 일자리　□ 주거　□ 일상생활 　□ 신체건강 및 보건의료 　□ 정신건강 및 심리정서 　□ 보호 및 돌봄, 요양 　□ 안전 및 권익보장		

G. 개입계획 및 개입수준

1. 경제적 문제_심각성	○ 문제 없음 ○ 중간 정도	○ 심하지 않음 ○ 심함
2. 경제적 문제_개입수준	○ 해당 없음 ○ 서비스 연계	○ 단순 연계 ○ 집중사례관리
3. 심리사회적 문제_심각성	○ 문제 없음 ○ 중간 정도	○ 심하지 않음 ○ 심함
4. 심리사회적 문제_개입수준	○ 해당 없음 ○ 서비스 연계	○ 단순 연계 ○ 집중사례관리
5. 퇴원계획 문제_심각성	○ 문제 없음 ○ 중간 정도	○ 심하지 않음 ○ 심함
6. 퇴원계획 문제_개입수준	○ 해당 없음 ○ 서비스 연계	○ 단순 연계 ○ 집중사례관리
7. 지역사회 자원 연계 문제_심각성	○ 문제 없음 ○ 중간 정도	○ 심하지 않음 ○ 심함
8. 지역사회 자원 연계 문제_개입수준	○ 해당 없음 ○ 서비스 연계	○ 단순 연계 ○ 집중사례관리

〈부록 2〉 복지자원 표준분류체계 – 보건복지부 희망복지지원단 업무안내(2023년)

복지자원 표준분류체계
〈11개 대분류 35개 중분류〉

✔ **복지자원 표준분류표(대분류 11종, 중분류 35종)**

대분류	중분류	대분류	중분류
1. 경제 (현금중심) (8)	1-1. 일자리 관련 비용지원	5. 일상생활 (3)	5-1. 일상생활 유지·돌봄지원
	1-2. 주거 관련 비용지원		5-2. 시설보호
	1-3. 의료비 지원		5-3. 경제생활 지원
	1-4. 일상생활 관련 비용지원	6. 일자리(4)	6-1. 직업(유지)상담 및 알선
	1-5. 보호·돌봄·요양 관련 비용지원		6-2. 직업(유지)교육 및 훈련
	1-6. 보육 및 교육 관련 비용지원		6-3. 일자리사업지원
	1-7. 법률지원 관련 비용지원		6-4. 창업지원
	1-8. 문화·여가 관련 비용지원	7. 보육 및 교육(3)	7-1. 양육지원
2. 신체적 건강(5)	2-1. 건강증진		7-2. 학습지원
	2-2. 의약품·의약외품지원		7-3. 진로지도 및 상담
	2-3. 검진 및 선별검사	8. 관계	*욕구-자원 매칭을 위해 구성 (실제 분류 없음)
	2-4. 진단 및 치료		
	2-5. 재활	9. 안전(2)	9-1. 안전교육·점검
3. 정신적 건강(4)	3-1. 정신건강 증진		9-2. 학대·폭력피해지원
	3-2. 검진 및 선별검사	10. 법률 및 권익보장(2)	10-1. 인권교육
	3-3. 진단 및 치료		10-2. 법률상담
	3-4. 상담 및 정신건강 프로그램	11. 문화 및 여가(2)	11-1. 문화복지
4. 주거(2)	4-1. 주거환경관리		11-2. 평생교육
	4-2. 주거지 제공 및 이주 지원		

〈부록 3〉 건강보험심사평가원 '급성기 환자 퇴원지원 및 지역사회 연계활동 시범사업_별지 제7호 서식'

[별지 제7호 서식]

지역사회연계관리표 I (기관 내 활동)

A. 일반정보

1. 요양기관명		
2. 지역사회 연계기관	2.1 형태	○ 지자체(케어안내창구)　　　　　　○ 보건소 ○ 지역장애인보건의료센터　○ 복지기관　○ 기타(_____)
	2.2 기관명	
	2.3 지역 구분	
3. 기본사항	3.1 환자성명	
	3.2 생년월일	
	3.3 성별	○ 남자　　○ 여자
	3.4 장애등록	○ 해당 없음　　○ 유(○ 중증　○ 경중) ○ 진행 중　　○ 신청예정
	3.5 장기요양 등급	○ 해당 없음 ○ 신청(○ 신청예정　○ 진행 중　○ 신청완료: _____등급) ○ 기 등급자: _____등급　　○ 추후 재의뢰
	3.6 이동수단	☐ 자가용(○ 자가운전　○ 타인운전) ☐ 대중교통(○ 자립이용　○ 도움필요) ☐ 도보　☐ 구급차　☐ 교통약자 이동지원　☐ 기타(_____)
	3.7 기초생활수급 및 차상위	☐ 해당 없음　☐ 의료급여수급권자(☐ 1종　☐ 2종) ☐ 생계급여수급권자　☐ 주거급여수급권자　☐ 자활급여수급권자 ☐ 차상위
4. 가구 및 돌봄	4.1 돌봄 제공자	☐ 본인　　☐ 가족(관계: _____)　　☐ 유급 간병인 ☐ 요양보호사　☐ 기타(관계: _____)
	4.2 가구형태	○ 1인 가구　○ 부부가구　○ 자녀동거　○ 기타(_____)
5. 주거환경 개선 항목		☐ 해당 없음 ☐ 안전 관리[☐ 문턱　☐ 미끄럼방지　☐ 손잡이　☐ 기타(_____)] ☐ 이동[☐ 계단　☐ 문턱　☐ 안전 바　☐ 기타(_____)] ☐ 일상생활[☐ 화장실　☐ 부엌　☐ 거실　☐ 침실　☐ 기타(_____)] ☐ 기타(_____)

B. 건강정보	
1. 진단명	2. 발병일자
3. 인지검사 결과(MMSE) (선택)	(_____) / 30점
4. 동반질환	○ 해당 없음 □ 당뇨 □ 고혈압 □ 기타(_____)
5. 통증	○ 없음 ○ 있음(부위: _____ ○ 간헐적 ○ 지속적)
6. 욕창	○ 없음 ○ 있음(부위: _____ 단계: _____)
7. 보행능력	○ 완전자립 ○ 도움필요 ○ 걷지 못함
8. 보조기구	○ 도보 ○ 지팡이 ○ 보행기 ○ 휠체어 ○ 기타(_____)
9. 화장실 사용	○ 화장실 사용(○ 완전독립 ○ 도움필요) ○ 기저귀 사용 ○ 이동식변기 사용 ○ 기타(_____)
10. 식사 기능	○ 완전독립 ○ 도움필요 ○ 행위 발생 안 함
11. 연하장애	○ 없음 ○ 있음

C. 환자·보호자 요구사항		
1. 환자 요구사항		
2. 보호자 요구사항		
3. 희망 서비스 ※ 중복선택 가능	일자리	□ 직업상담 및 알선 □ 직업능력개발 및 직업교육 □ 창업지원 □ 자활 및 일자리사업 □ 직업유지 및 자립지원 □ 구직관련 비용지원
	주거	□ 주거환경개선 □ 거처마련 및 이주지원 □ 주거관련 비용지원
	일상생활	□ 가사지원 □ 식사(식품)지원 □ 활동(이동)지원 □ 생활용품 지원 □ 위생(이미용)지원 □ 일상생활관련 비용지원 □ 복합지원
	신체건강 및 보건의료	□ 검진, 진단 및 치료 □ 재활치료 □ 감염예방 및 건강관리 □ 의약품, 의약외품 및 보장구 지원 □ 보건의료관련 비용지원
	정신건강 및 심리정서	□ 정신건강교육 □ 심리검사 및 진단 □ 정서발달 및 치유지원 □ 정신, 심리상담 □ 정신질환자 치료 및 사회복귀 지원 □ 정신건강관련 비용지원
	보호 및 돌봄, 요양	□ 장기 시설보호 □ 단기 시설보호 □ 주야간 보호 □ 간병 및 돌봄 서비스 □ 장제서비스 □ 돌봄, 요양관련 비용지원
	안전 및 권익 보장	□ 안전 및 인권교육 □ 학대 및 폭력피해자 지원 □ 법률 및 재무상담 □ 법률지원관련 비용지원

D. 기타 사항	
추가 제공 서류	☐ 개인정보 제공 동의서　　☐ 기능평가결과　　☐ 기타(_____)

상기인을 귀 기관에 연계하오니 적극 협조 부탁드립니다.

연계일자:　　　년　　월　　일
연계 담당자: _____

상기 내용에 대해 충분히 설명을 들었고, 지역사회 연계 계획에 동의합니다.

환자(보호자) 성명: _____ (서명)

제3부

의료사회복지실천의 실제

제8장 • 주요 질환별 의료사회복지실천의 실제 I
제9장 • 주요 질환별 의료사회복지실천의 실제 II
제10장 • 주요 질환별 의료사회복지실천의 실제 III
제11장 • 이슈에 따른 의료사회복지실천 I
제12장 • 이슈에 따른 의료사회복지실천 II
제13장 • 의료사회복지실천의 전망과 과제

현장 중심
의료사회복지론

제 8 장

주요 질환별 의료사회복지실천의 실제 I

📁 학습개요

이 장에서는 갑작스러운 질병의 진단으로 급성적인 스트레스를 경험하게 되는 중증질환 중에서 성인암, 심뇌혈관질환, 희귀환의 특성을 이해하고, 그에 따른 의료사회복지서비스를 소개하고자 한다. 우리나라 전체 사망원인 1위를 차지하고 있는 암은 치료방법이 복잡하고 다양하며, 재발 위험이 커 환자와 가족의 경제적 부담뿐만 아니라 심리·사회적 어려움도 크다. 또한 생활습관과 밀접한 관련이 있는 심뇌혈관질환은 인구의 고령화와 식생활 습관의 변화에 따라 발생 빈도가 증가하고 있고, 발생 후 골든타임을 놓치면 심각한 장애를 초래하거나 사망에 이를 수 있어 환자와 가족의 심리·사회적 부담이 높다. 희귀질환은 질병의 희소성으로 진단 및 치료과정에서 겪는 어려움이 많고 평생을 가지고 살아가야 하는 질병 부담으로 인해 환자와 가족들의 어려움이 크다. 제8장에서는 이러한 질환의 특성을 이해하고 이에 따른 의료사회복지사의 개입 방법을 소개하고자 한다.

📖 학습목표

1. 암 질환과 환자의 특성을 이해하고 질병으로 인한 심리·사회적 영향, 환자와 가족에 대한 의료사회복지서비스를 이해한다.
2. 심뇌혈관질환과 환자의 특성을 이해하고 질병으로 인한 심리·사회적 영향, 환자와 가족에 대한 의료사회복지서비스를 이해한다.
3. 희귀질환과 환자의 특성을 이해하고 질병으로 인한 심리·사회적 영향, 환자와 가족에 대한 의료사회복지서비스를 이해한다.

1. 암 질환

1) 의료적 특성

(1) 정의

악성 종양
빠른 성장과 침윤성(파고들거나 퍼져 나감) 성장 및 체내 각 부위에 확산, 전이(원래 장소에서 떨어진 곳까지 이동함)하여 생명에 위험을 초래하는 종양

인간의 몸을 구성하고 있는 가장 작은 단위를 세포(cell)라고 부르는데, 세포는 세포 내 조절 기능에 의해 분열하며 성장하고 죽어 없어지기도 하면서 세포 수의 균형을 유지한다. 어떤 원인으로 세포가 손상을 받으면 치료를 받아 회복하여 정상적인 세포로 역할을 하게 되지만 회복이 안 된 경우 스스로 죽게 된다. 그러나 여러 가지 이유로 인해 세포의 유전자에 변화가 일어나면 비정상적으로 세포가 변하여 불완전하게 성숙하고, 과다하게 증식하게 되는데 이를 암(cancer)이라 정의할 수 있다. 또한 암은 주위 조직 및 장기에 침입하고 이들을 파괴할 뿐 아니라 다른 장기로 퍼져 갈 수 있는 특징이 있고, 억제가 안 되는 세포의 증식으로 정상적인 세포와 장기의 구조와 기능을 파괴하기 때문에 진단과 치료가 중요하다.

암은 악성 종양을 말하는데 악성 종양은 빠른 성장과 침윤성(파고들거나 퍼져 나감) 성장 및 체내 각 부위에 확산, 전이(원래 장소에서 떨어진 곳까지 이동함)하여 생명에 위험을 초래하는 종양이다.

(2) 암 발생률과 생존율

연령표준화 발생률
연령구조가 다른 지역별 또는 기간별 암 발생률을 비교하기 위해 각 연령군에 해당하는 표준인구의 비율을 가중치로 부여해 산출한 가중평균 발생률

보건복지부 중앙암등록본부 및 지역암등록본부에 등록된 자료에 따르면 2021년 우리나라의 암 연령표준화 발생률은 인구 10만 명당 526.7명이다. 우리나라 국민이 기대수명(83.6세)까지 생존할 경우 암에 걸릴 확률은 38.1%로 추정하고 있다. 2021년 가장 많이 발생한 암은 갑상선암이었고 대장암, 폐암, 위암, 유방암, 전립선암 순으로 많이 발생하는 것으로 나타났다.

최근 5년간(2017~2021년) 발생한 암 환자의 5년 상대 생존율은 72.1%로, 10명 중 7명 이상은 5년 이상 생존하는 것으로 추정된다. 1993년부터 1995년까지 자료와 비교했을 때 최근 5년간 암 환자의 5년 상대 생존율은 29.2%P 향상되었고, 모든 암의 5년 상대 생존율이

꾸준히 향상되고 있다.

치료 기술의 발전 등의 영향으로 암 생존율이 지속적으로 향상되면서 암 생존자 수가 증가하였고 암 생존자 증가에 따른 지지·관리체계 구축이 필요하게 됨에 따라 우리나라는 2016년 제3차 국가암관리 종합계획에 암 생존자 지원계획을 포함하였다. 이를 근거로 2017년부터 '암생존자통합지지 시범사업'이 추진되었다.

(3) 진단과 치료

암의 확진은 여러 가지 검사를 종합하여 진단한다. 의사의 진찰, 조직 검사, 세포 검사, 내시경 검사, 종양표지자 검사, 영상진단 검사, 핵의학 검사 등이 있다. 하나의 검사로 암이 확진되고 병기를 결정하는 방법은 아직 없으므로 암의 진단은 여러 검사를 복합적으로 실시하여 의사의 종합적 판단으로 결정된다.

암 치료의 주요 목적은 암으로 인한 구조적·기능적 손상을 회복시킴으로써 환자를 치유하는 것과 치유가 불가능한 경우 더 이상의 암의 진행을 막고 증상을 완화함으로써 수명을 연장하고 삶의 질을 높이는 것이다. 암 치료방법은 인터벤션(영상 유도하 시술) 치료, 수술 치료, 항암화학요법, 방사선 치료, 조혈모세포이식, 면역요법이 있다. 암 치료는 부작용이 생길 가능성이 크므로 치료의 효과를 최대화하고 부작용을 최소화하는 방법을 고려한다.

2) 질환으로 인한 심리·사회적 영향

수술, 항암치료, 방사선 치료 및 호르몬치료 등 고강도로 진행되는 치료 시기를 거치면서 대부분의 암 환자는 예전과는 다른 삶에 놓이게 된다. 암치료기간 혹은 직후 상당 기간은 식욕부진, 암성통증, 항암제 유도 오심구토 등으로 고통을 겪게 된다. 급성기 치료 후 암이 제거되었다고 하더라도 장기적인 후유증이 뒤따르기도 하고, 정기적으로 받게 되는 추적진료에 앞서 재발 혹은 전이에 대한 불안과 이에 따른 우울증상으로 쉽게 예전의 생활로 복귀하는 것이 어렵다(서홍관, 박종혁, 2013).

서홍관과 박종혁(2013)은 암 치료과정에서 환자는 심리적·신체적 문제, 직장 상실, 가족 내 혹은 사회적 역할의 변화, 경제적 부담과 같은 여러 문제에 직면하기 때문에 암 생존자의 의학적인 필요를 넘어 포괄적으로 평가함으로써 지지 및 재활 서비스가 더 적시에, 이용하기 쉬운 형태로 제공되도록 하는 것이 필요하다고 하였다. 또한 루치아니(Luciani) 등의 연구에서 암 생존자의 신체적, 사회적, 정서적, 식이영양, 정보, 심리적·영적 그리고 일상생활과 관련된 전반적인 미총족 요구를 파악하기 위해 시행된 초점집단면담(focus group interview) 결과를 〈표 8-1〉과 같이 소개하였다.

〈표 8-1〉 암 생존자의 필요(needs) 영역과 예시

	정의	증상과 필요의 예	
신체적 요구	신체적 안락과 고통으로부터의 자유, 최적의 영양, 일상생활 활동 수행 능력	통증, 피로, 무기력, 구토, 이동성, 림프부종, 식욕 저하, 탈모, 토혈, 기침, 갈증, 실금	수면장애, 체중 변화, 폐경이나 발기부전, 말하거나 음식을 삼키기 어려움
정보적 요구	두려움이나 혼동을 줄이기 위한 정보, 환자나 가족의 의사결정을 위한 정보, 기술 습득을 위한 정보 요구	암 치료 과정과 검사 결과, 부작용 관리 방법	보호자와의 의사소통, 치료 방법의 교육, 의사결정의 도움
감정적 요구	편안한 상태나 소속감, 이해에 대한 필요	두려움, 죄책감, 슬픔, 고통, 우울, 화, 포기, 좌절, 불안	동료와의 대화, 무능력함, 자기 비하, 고립
심리적 요구	질병과 그에 따른 상황에 대응하는 데 관련된 능력, 긍정적인 자기효능감에 대한 필요	삶의 양식의 변화, 성적인 문제, 인지능력의 저하, 상실감	감정조절의 어려움, 심한 우울, 불안·장애, 재발의 두려움, 외모의 변화
사회적 요구	가족, 공동체에서 관계와 관련된 요구	역할의 변화, 가족관계나 육아를 담당하는 데 어려움	사회적 관계, 대인관계에 관련된 문제
종교적· 영적 요구	삶의 목적과 의미에 대한 요구	종교적 믿음, 존재감, 삶의 의미 발견	개인적 가치 및 우선순위 선정
실제적 요구	일상생활 활동(가사일, 재정적 지원)에 대한 직접적인 지원으로 다른 사람에게 의지하지 않기 위한 도움	쇼핑, 이동, 육아, 병원 방문, 보조기	일상생활의 도움, 가족의 안심 및 스트레스, 재정적·법적 어려움, 고용 문제, 학업 문제, 가사의 어려움

이처럼 암 환자는 초기 치료를 마치더라도 완치 여부를 단정할 수 없는 복잡한 상태에 놓이면서 다양한 신체적, 심리적, 사회적 문제를 경험한다. 암 치료를 위해 직장을 그만두거나 소득을 상실하는 경우 기본적인 생계유지에 어려움이 생기기도 하고, 희귀·난치 암의 경우 항암제와 치료 기술이 건강보험 적용을 받지 못하는 경우가 많으므로 재정적 부담을 느끼게 된다. 치료가 종결된 후에도 다시 직장이나 사회로 복귀하기가 쉽지 않기 때문에 환자와 가족의 어려움도 증가한다.

암 환자의 심리·사회적 문제를 평가하고 상담할 때 의료사회복지사는 환자의 가족 발달 주기를 이해하고 암 진단이 가족역할 수행과 가족의 과업을 달성하는 과정에 어떠한 영향을 미치고 있는지 파악하고 상담하는 것이 중요하다. 환자는 가족 발달 주기에 따라 노부모일 수 있고, 어린 자녀를 둔 가장일 수 있고, 사춘기 자녀를 둔 부모일 수 있고, 배우자일 수 있고, 독거노인일 수 있고, 재혼 가족일 수 있으므로 환자와 가족이 처한 상황을 개인의 관점에서가 아니라, 가족의 관점에서 이해하고 접근하는 것이 매우 중요하다.

3) 환자와 가족에 대한 사회복지서비스

암은 조기에 발견하면 수술이나 항암치료만으로도 완치가 되어 5년 이상 생존하는 비율이 72% 정도이다. 그러나 조기에 발견하지 못하면 수술치료, 항암치료, 방사선 치료 등을 거치고도 재발하는 경우가 많고, 끝내 치료가 되지 않으면 호스피스 과정을 거쳐 사망에 이른다. 의료사회복지사는 이 과정에서 다양한 암 환자를 만나게 된다. 조기 발견으로 완치되는 환자, 재발하는 환자, 5년 이상 생존하는 암 생존자, 호스피스 환자 등 다양한 상황에 있는 환자들을 만나기 때문에 암 환자라고 하더라도 상황에 따라 다른 사회복지서비스를 제공하게 된다. 여기서는 치료과정이 종료되어 5년 이상 생존하는 암 생존자와 호스피스 환자에 관한 내용은 제외하고자 한다.

(1) 암 환자의 디스트레스 관리

암 환자라면 누구나 정신적인 고통을 겪는다. 그 괴로움의 원인은 신체적인 증상, 실생활 문제, 가정 문제, 정서적인 어려움 그리고 영적/종교적인 고민 등 다양하며, 여러 영역에서의 문제들이 복합적으로 작용한다. 가벼운 당혹감, 슬픔, 두려움과 같은 정상적인 감정 반응부터 시작해

> **디스트레스**
> 원인이나 정도와 상관없이 암 환자가 겪는 정신적인 고통을 통칭

서 우울, 불안, 공황, 사회적 고립, 실존적 위기와 같이 심리·사회적인 기능 손상을 일으키는 병적인 상태에 이르기까지 넓은 범위에 걸쳐 있다. 그 원인이 무엇이든, 정도가 얼마나 심하든 관계없이, 암 환자가 겪는 정신적인 고통을 디스트레스라고 통칭한다.

미국 국가종합암네트워크(National Comprehensive Cancer Network: NCCN)에서는 각종 암과 관련한 임상 진료지침을 제정하여 보급하고 있다. 1999년 정신종양학 전문가들로 구성된 위원회에서 NCCN 디스트레스 관리 진료지침을 최초로 개발하였고 매년 이를 갱신하고 있다. 우리나라에서는 보건복지부의 암정복추진연구개발사업의 지원으로 2009년 국립암

센터에서 '암 환자의 삶의 질 향상을 위한 디스트레스 관리 권고안'을 개발하여 국가암정보 센터를 통해 제공하였다.

2023년 국립암센터와 대한의료사회복지사협회는 의료사회복지사들이 암 환자 상담에 활용할 수 있도록 '암 환자와 디스트레스(의료사회복지사를 위한 안내서)'를 발간하여 평가도구와 활용 방법을 소개하였다.

(2) 디스트레스 위험요인과 주요 상담 내용

NCCN 디스트레스 평가도구[1]는 '디스트레스 온도계(The Distress Thermometer)'와 '42문항의 문제 목록'을 포함하고 있다. 디스트레스 온도계는 0점에서 10점까지 등급으로 표시하게 되어 있고, 문제 목록은 크게 신체적 걱정, 정서적 걱정, 사회적 걱정, 실생활 걱정, 영적 또는 종교적 걱정으로 나누어 점검하게 되어 있다. 디스트레스 상담은 환자들의 디스트레스가 인식되지 않고 치료되지 않는 상황을 방지하기 위한 것으로 암 환자의 디스트레스 위험요인과 취약한 시기를 고려해서 평가와 관리에 집중할 것을 권고하고 있다.

〈표 8-2〉 암 환자의 디스트레스 위험요인

디스트레스 위험요인	디스트레스 취약성이 높아질 수 있는 시기
• 정신과적 병력 또는 물질사용 장애 • 우울증 또는 자살 시도 경험 • 학대나 트라우마에 노출된 경험 • 인지장애 • 의사소통의 어려움: 다른 언어, 문맹, 장애 • 심각한 다른 질병 동반 • 사회적 문제: 가족/보호자와의 갈등, 부족한 사회적 지지, 사회적 고립, 독거, 경제적 문제, 의료 서비스 접근성이 떨어짐, 돌봐야 하는 어린 자녀, 어린 또는 젊은 나이, 성 기능 또는 가임력 보존, 이주민, 차별, 불안정한 주거	• 의심되는 증상이 생겼을 때 • 진단을 위한 검사를 진행할 때 • 진단 확인 • 진행성 암 진단 • 암의 유전성에 대해 알게 되었을 때 • 치료를 기다릴 때 • 증상으로 인한 부담감이 늘어날 때 • 치료 합병증이 나타날 때 • 병원에 입원 또는 퇴원할 때 • 치료방법이 바뀔 때 • 치료 효과가 없을 때 • 마지막 항암치료 • 검사 결과를 듣게 되는 외래 진료 • 암 생존자로의 전환 시기 • 암의 재발/진행 • 말기 돌봄이 필요한 상황으로 전환

출처: 김영애 외(2023).

---

[1] 부록으로 첨부

주요 상담 방법은 ① 디스트레스 스크리닝을 시행한 환자 중 디스트레스 온도계 점수가 특정 기준점 이상의 고위험군이거나 환자 또는 가족이 요청하는 경우 상담한다. ② 환자의 주 호소 문제를 파악하고, 어려움에 대해 환기할 수 있는 기회를 제공한다. ③ 적극적 경청, 공감, 지지 등 상담 기술을 활용해 상담한다. ④ 디스트레스 관리 방법, 가족의 역할 등을 설명하고 안내한다. ⑤ 디스트레스 문제에 대한 유용한 정보 및 자원을 제공한다. 또한 이와 관련된 진료과 또는 센터의 진료 필요성을 설명하고 안내한다. ⑥ 환자 담당 의료진에게 디스트레스 평가 결과와 상담 내용을 알리고 공유한다. ⑦ 지속적인 상담이 필요한 경우 의료사회복지사의 사정, 개입 계획에 따라서 후속 상담 또는 재평가를 시행한다.

(3) 퇴원계획 상담

암은 치료의 특성상 장기간에 걸쳐 외래에서 경과를 관찰하면서 입·퇴원을 반복한다. 암 생존자들은 증가하고 있지만, 암 치료를 마친 암 환자들은 이후 삶에 대한 관리의 부족으로 합병증, 재발 및 전이, 이차암 발생 등에 따른 위험과 정서적으로 불안 및 우울, 자살 생각, 디스트레스 같은 문제에 처해 있다. 암 치료 이후 가정 및 지역에서 충분한 관리를 받지 못하여 다른 병원이나 시설 중심으로 재가 서비스를 대체하고 있다(장윤정 외, 2022). 암은 입·퇴원을 반복하면서 장기간 치료를 받기 때문에 입원 시 치료뿐만 아니라, 퇴원 후에도 지속적인 건강관리와 사회복귀를 위한 준비가 이루어질 수 있도록 사회적 욕구를 확인하고 지역사회 자원을 연계하는 등 통합적인 퇴원계획이 필요하다.

2022년 국립암센터에서 수행한 '암 환자 퇴원계획 수립과 적정 관리 방안연구' 정책보고서에 의하면 암 환자의 퇴원계획 요구도는 신체적 증상, 자가관리의 어려움, 일상생활 활동의 어려움, 부족한 정보, 정신적 고통, 정책적 지원, 사회적 지지로 구분하였다. 퇴원계획 수립을 위한 전문가 역할로 의료사회복지사는 환자나 가족의 사회적 욕구 및 위험요인, 사회경제적 상황을 평가, 이용 가능한 사회복지서비스에 대한 정보 제공 및 연계, 심리·정서적 지지 상담 제공이라고 하였다.

박아경 등(2021)은 '건강의 사회적 결정 요인을 적용한 암 환자 퇴원계획 의료사회복지사용 가이드북'에서 국립암센터가 개발한 '국립암센터 퇴원계획팀 사회적 위험요인 평가도구'를 소개하였다. 여기서는 사회적 위험요인으로 재정, 음식, 교통, 주거, 사회적 고립, 사회적 지지, 정신건강, 고용, 건강정보 이해력, 돌봄부담, 폭력에 관련된 내용을 평가하고 공감적 상담 기술을 활용하여 퇴원계획 상담을 진행해야 한다고 하였다.

취약한 사회적 상황에 있는 암 환자들에게는 이런 도구를 활용하여 사회적 위험요인을 미리 확인하고 퇴원 전 위험요인을 해소할 수 있도록 지역사회 자원을 연계하는 것이 퇴원 후에도 지속적인 건강관리를 하는 데 도움이 될 수 있다.

의료사회복지사는 환자와 가족을 대상으로 심리·사회적 문제에 대해 상담하고, 필요시 암 환자 자조모임에 참여할 수 있도록 안내하며, 인적·물적·제도적 자원을 활용하여 암 환자의 치료과정을 도움으로써 궁극적으로는 치료 후 성공적인 사회복귀를 돕는 것이 중요하다.

2. 심뇌혈관질환

심뇌혈관질환은 우리나라 사망의 주요 원인으로 2022년 전체 사망원인의 18.5%를 차지한다. 2022년 심혈관질환의 사망률은 인구 10만 명당 65.8명이었고 뇌혈관질환의 사망률은 인구 10만 명당 49.6명이었다. 2016년 제정된 「심뇌혈관질환의 예방 및 관리에 관한 법률」에 따르면 심근경색 등 심혈관질환, 심장정지, 뇌졸중 등 뇌혈관질환 또는 그 선행 질환으로서 고혈압, 당뇨병, 이상지질혈증을 대상 질환으로 명시하고 있다.

여기서는 대표적인 심뇌혈관질환인 심근경색과 뇌졸중에 대해 살펴보고자 한다.

1) 심근경색

(1) 의료적 특성

① 심근경색의 개념과 위험요인

> **심근경색**
> 심장에 산소와 영양소를 공급하는 관상동맥이 갑자기 막혀서 심장 근육에 혈액을 공급하지 못하여 심장 근육 일부가 죽는 질환

심장은 우리 몸의 곳곳에 혈액을 보내 산소와 영양소를 공급하는 생명 유지 펌프 역할을 하는 근육 기관으로 주기적으로 수축과 이완을 반복한다. 심장이 펌프질하기 위해서는 우리 몸의 다른 장기들과 마찬가지로 산소와 영양소를 공급받아야 하는데 심장 근육에 산소와 영양소를 공급하는 혈관을 관상동맥이라고 한다.

심장에 산소와 영양소를 공급하는 관상동맥이 갑자기 막혀서 심장 근육에 혈액을 공급하지 못하여 심장 근육 일부가 죽는 질환이 심근경색증이고, 관상동맥이 죽상동맥경화로 좁아져 심장에 혈액 공급이 부족하게 되어 가슴 통증이 발생하는 질환이 협심증이다.

심근경색증의 위험요인은 크게 조절할 수 없는 요인과 조절할 수 있는 요인으로 구분할 수 있다. 조절할 수 있는 위험요인을 파악하여 생활습관을 바꾸고 약을 규칙적으로 먹으면서 적극적으로 관리하면 심근경색증 발생 위험을 낮출 수 있다.

〈표 8-3〉 심근경색증 위험요인

조절할 수 없는 위험요인	조절할 수 있는 위험요인
• 나이: 남자 45세 이상, 여자 55세 이상 • 성별: 남자가 여자보다 발병위험이 크나 60대 이후부터는 여자가 더 높음 • 가족력: 부모, 형제 중 심장질환이 있는 경우	• 고혈압, 당뇨병, 이상지질혈증 • 흡연, 비만, 신체 활동량 부족 • 스트레스

② 심근경색의 조기증상과 대처방법

심근경색증의 대표적인 증상은 가슴 통증이다. 대부분의 환자는 '죽을 것 같은' 매우 심한 가슴 통증을 느끼게 되는데 사람이 느낄 수 있는 가장 심한 통증이라고 표현한다. 그 외에도 식은땀, 구토, 현기증, 호흡곤란, 통증 확산(턱, 목, 등, 왼쪽 팔과 어깨) 증상이 나타날 수 있다. 노인이나 당뇨병 환자의 경우 심근경색증이 발생하여도 전형적인 가슴 통증이 없을 수도 있다.

심근경색증 조기증상이 나타나면 지체하지 말고 119에 전화하여 빨리 전문 치료병원으로 옮겨야 한다. 가슴 통증이 생긴 후 최대한 빨리 병원에 도착해야 하며 6시간 이내, 늦어도 12시간 이내에 치료를 받아야 심장 근육의 괴사를 막을 수 있다. 직접 운전을 해서 병원에 오거나 가족이 올 때까지 기다리지 말아야 한다. 의식이 혼미한 환자에게 물이나 약을 먹여서는 안 되고 야간이나 주말이라고 해서 외래 진료 시까지 기다려서는 안 된다.

③ 진단과 치료

심근경색증의 진단 검사는 심전도, 혈액검사(심근효소검사), 심초음파, 관상동맥조영술, 심장 CT 촬영 등이 있는데 일반적으로 환자의 증상에 따라 몇 가지 검사를 시행하고 그 결과를 종합하여 진단한다. 다른 검사에서 관상동맥질환의 가능성이 크거나, 심장 발작의 위험성이 높은 경우 관상동맥조영술(Coronary Angiography: CAG)을 시행한다. 관상동맥질환의 부위, 정도, 개수, 모양을 판정할 수 있을 뿐만 아니라 검사와 동시에 막힌 관상동맥을 뚫어 줄 수 있다는 점에서 매우 유용하다.

심근경색증의 치료목표는 막혀 있는 관상동맥을 최대한 빨리 재개통시켜 심장 근육 손상을 최소화하여 합병증을 예방하고 사망률을 감소시키는 것이다. 치료방법은 혈관이 좁아지거나 막힌 정도, 막힌 혈관의 개수, 혈관이 막힌 위치를 고려하여 선택하는데 혈전 용해제 정맥주사, 관상동맥중재술(Percutaneous Coronary Intervention: PCI), 관상동맥우회술(Coronary Artery Bypass Graft: CABG), 약물치료가 있다.

심근경색의 재발을 예방하기 위해서 고혈압, 당뇨병, 이상지질혈증 등을 조기에 발견하여 조절하고 일상생활에서 식이요법, 운동, 금주, 금연, 과도한 스트레스 줄이기 등 생활습관을 잘 관리하는 것이 중요하다.

(2) 질환으로 인한 심리·사회적 영향

심근경색은 갑작스럽게 발병하고 발병 시 생명과 직결되기 때문에 응급을 필요로 하는 경우가 많아 걱정과 불안 등 다양한 심리적 어려움을 겪게 된다. 재발 시에는 사망률이 4배 정도 높아지기 때문에 재발에 대한 높은 심리적 부담감을 느낄 수 있다. 퇴원하더라도 지속적으로 선행 질환과 위험요인을 관리하면서 건강한 생활습관을 유지해야 하지만 환자와 가족의 상황에 따라 생활습관 관리가 어려운 때도 있어 이에 대한 부담감을 호소하기도 한다. 또한 갑작스러운 발병으로 치료비를 미처 준비하지 못하는 경우도 있고, 여러 번 재발해서 시술을 받게 되면 치료비 마련의 부담이 높아지기도 한다.

관상동맥질환 재발환자의 건강 행위에는 자기효능감과 가족 지지가 중요한 영향을 미치고(박지현, 2023), 퇴원 후 간병인이 없는 경우보다 배우자, 자녀, 친구, 기타 돌봐 줄 간병인이 있는 경우에 환자가 치료지시이행을 더 잘하였다(정은선, 2019). 이러한 연구들은 환자의 생활습관 관리가 잘 이루어지려면 가족을 포함한 지지체계의 역할이 매우 중요하다는 것을 보여 준다. 질병으로 인한 환자의 심리·사회적인 영향들을 파악하여 조절할 수 있는 위험요인들을 관리함으로써 환자와 가족이 건강을 유지할 수 있도록 돕는 것이 필요하다.

(3) 환자와 가족에 대한 사회복지서비스

의료사회복지사는 환자나 가족 상담을 통해 심리적 안정을 도모하고 치료 순응도를 높이며 적절한 물적, 인적 자원을 연계하여 환자가 치료유지를 잘할 수 있도록 해야 한다. 또한 병의 재발 및 악화를 예방하기 위해서 생활습관 관리 및 스트레스 관리 등의 개입을 해야 한다. 의료사회복지사의 역할을 살펴보면 다음과 같다.

① 환자나 가족 상담

의료사회복지사는 질환에 대한 심리적 반응 및 치료 순응도 사정, 자가관리 행동 점검 및 방해요인과 강점 사정, 스트레스 정도 및 대처 기술, 성격유형, 사회적 지지체계, 경제적 어려움, 가족 지지체계, 지역사회 자원에 대한 평가를 통해 개입 계획을 수립하고 심리·사회적 상담을 시행한다.

환자의 심리 반응에 따른 상담을 통해 심리적 안정을 도모하고 치료 순응도를 높여 치료를 유지할 수 있도록 한다. 질병 악화 및 재발 방지를 위한 환자의 생활습관 개선 상담을 행동 변화 단계에 맞춰 실시하며, 스트레스 관리 방법도 상담한다. 가족 지지 강화를 위해 가족의 부양 부담, 의사소통 방식, 가족의 역할 등에 대한 가족상담을 시행한다.

② 팀 교육 참여

심혈관 환자와 가족을 위해 의료기관에서 심장내과 의사, 흉부외과 의사, 간호사, 영양사, 약사, 사회복지사 등으로 이루어진 전문가들이 팀 교육을 시행한다. 사회복지사는 일상생활관리, 심장장애 등록과 사회적 지원, 가족의 도움, 스트레스 관리, 심리적 반응과 생활습관 관리 등을 담당한다. 가령, 한림대학교 춘천성심병원 심장혈관센터에서는 매월 정기적으로 환자, 가족, 일반인을 대상으로 교육 프로그램을 운영하고 있고 의료사회복지사가 함께 교육에 참여한다.

③ 자원 연계

경제적인 어려움으로 치료를 결정하지 못하거나 치료 후에도 퇴원이 지연되는 경우 의료비 지원이 가능하도록 국가 및 민간단체 지원사업에 연계하고, 질병의 영향으로 가족의 생계유지에 어려움이 발생하지는 않았는지 확인하여 지자체에 생계지원을 요청한다. 지지체계가 미약한 경우 퇴원 후 생활습관 관리를 위해 돌봄이나 요양에 필요한 자원을 연계한다.

2) 뇌졸중

(1) 의료적 특성

① 뇌졸중의 개념과 위험요인

뇌는 우리 생명과 직결된 매우 중요하고 예민한 신체 기관이다. 뇌는 우리 몸의 움직임을

> **뇌졸중**
> 뇌에 혈액을 공급하는 혈관이 막히거나 터져서 뇌 손상이 발생하여, 신체적 및 정신 장애가 나타나는 질환

조절하고, 인지, 언어 능력, 학습, 기억 등의 정신 작용을 수행할 뿐만 아니라 체온과 혈압, 심장 박동이 유지되도록 한다.

뇌졸중은 뇌에 혈액을 공급하는 혈관이 막히거나 터져서 뇌 손상이 발생하여, 신체 및 정신장애가 나타나는 질환이다. 허혈성 뇌졸중(뇌경색)은 뇌혈관이 혈전(핏덩이) 때문에 막히거나 좁아져서 뇌에 충분한 혈액이 공급되지 않아 뇌조직이 손상되는 질환이다. 출혈성 뇌졸중(뇌출혈)은 뇌혈관이 터지면서 뇌로 혈액이 유출되어 뇌조직이 손상되는 질환으로 고혈압이나 뇌동맥류 등으로 약해진 혈관 벽이 파열되어 발생한다. 전체 뇌졸중 환자 중 뇌경색 환자가 70~80% 정도이고 뇌출혈 환자가 20~30% 정도로 뇌경색 환자가 더 많다.

뇌졸중은 일단 발생하면 사망 또는 심각한 장애를 유발할 수 있으므로 사전에 뇌졸중을 예방하는 것이 가장 중요하다. 뇌졸중의 대표적인 위험요인은 고혈압, 당뇨병, 심장병, 고지혈증, 흡연, 음주이다. 뇌졸중 중에서도 뇌경색의 위험요인은 크게 조절할 수 없는 요인과 조절할 수 있는 요인으로 구분할 수 있는데 조절할 수 있는 위험요인을 파악하여 생활습관을 바꾸고 약을 규칙적으로 먹으면서 적극적으로 관리하면 발생 위험을 낮출 수 있다.

〈표 8-4〉 뇌경색 위험요인

조절할 수 없는 위험요인	조절할 수 있는 위험요인
• 나이: 55세 이후에는 10년마다 뇌졸중 발병 위험이 2배씩 증가 • 성별: 남자가 여자보다 발병률이 높음 • 가족력: 부모가 뇌졸중이 있는 경우 • 과거력: 뇌졸중이나 일과성 뇌허혈발작 경험이 있는 경우	• 다른 질환이나 약물 복용: 고혈압, 당뇨병, 이상지질혈증, 심방세동(부정맥), 기타 심장질환, 목동맥 협착, 폐경 후 호르몬치료, 경구피임약 • 생활습관: 흡연, 비만, 식습관, 신체 활동량 부족, 스트레스

② 뇌졸중의 조기증상과 대처방법

뇌졸중 증상은 갑자기 발생한다. 뇌경색의 증상은 한쪽 마비, 언어장애, 시야장애, 어지럼증, 심한 두통이다. 뇌출혈은 뇌경색과 동일한 증상이 발생하고, 심한 두통 및 구토 증상이 동반되는 경우가 많다.

뇌졸중은 치료에 있어서 골든타임이 매우 중요하기 때문에 뇌졸중 증상이 발생하면 119에 전화하여 최대한 빨리 전문 치료병원에 도착해야 한다. 증상이 발생했다가 일시적으로 좋아지는 일도 있으나 뇌졸중이 다시 발생할 위험이 크므로 즉시 병원을 방문해야 한다.

③ 진단과 치료

뇌졸중의 증상만으로는 뇌경색과 뇌출혈을 구별할 수 없다. 진단 검사를 통해 신속하게 뇌경색과 뇌출혈을 감별하고 적절한 치료를 진행해야 한다.

뇌졸중이 의심되면 즉시 전산화 단층촬영(CT)을 진행하여 뇌경색과 뇌출혈을 구별하고, 자기공명영상촬영(MRI), 뇌혈관조영술, 문진, 신경학적 검사, 혈액·소변검사, 뇌척수액검사, 경동맥초음파 검사 등을 통해 병변의 위치, 크기를 확인한다.

뇌경색은 증상 발생 후 3~4.5시간 이내에 약물로 뇌혈관을 막고 있는 혈전을 녹여 막힌 혈관을 뚫어 주어야 한다. 약물치료나 시술로 막힌 뇌혈관을 재개통시킬 수 없는 경우에는 수술을 시행하기도 한다. 뇌출혈은 출혈의 위치와 양, 발생 원인, 환자의 상태 등을 고려하여 수술적 치료나 약물치료를 시행한다. 수술적 치료방법은 혈종제거술, 뇌감압술, 뇌동맥류 코일 결찰술, 뇌동맥류 코일술이 있다.

(2) 질환으로 인한 심리·사회적 영향

뇌졸중은 발생 부위에 따라 다양한 후유증이 남을 수 있다. 뇌졸중 환자의 73%는 재활이 필요하며, 9%는 사망하고 18%는 완전히 회복한다. 뇌졸중의 후유증은 언어장애, 운동마비, 균형장애, 정서·행동 변화, 인지장애, 연하장애, 편측무시, 감각장애 등이 있다. 후유증은 약물치료, 재활치료, 보조기 등으로 상당 부분 극복할 수 있지만, 수년에 걸쳐 호전되기도 하고 호전이 어려워 중등도 이상의 장애를 갖게 되는 경우도 많으므로 환자와 가족은 급성기 치료와 이후 회복기 재활치료 및 사회복귀 과정에서 다양한 심리·사회적 어려움을 경험한다.

중년층의 뇌졸중 발병률이 증가함에 따라 생산능력이 떨어지고 재정적 부담이 늘어나면서 뇌졸중 환자의 스트레스, 무력감, 굴욕감을 일으키고 결과적으로 치료에 부정적 영향을 미친다. 또한 뇌졸중 환자의 신체적 기능 저하와 심리·사회적 어려움은 질병 악화를 초래하고 재발을 촉진하는 원인이 될 수 있으며 삶의 질을 저하할 수 있다(Cheong, Kang, & Kang, 2021: 최혜지, 장희경, 2022에서 재인용). 급성기가 지난 뇌졸중 환자는 경제적 스트레스, 무력감, 수치심, 자기통제감의 저하, 역할상실과 자기정체성의 손상 등을 경험하게 되며, 건강관리가 소홀해지고 재활 이행과 치료 순응도가 높지 않은 것으로 보고되고 있다(Park & Ko, 2017: 최혜지, 장희경, 2022에서 재인용).

입원 중인 급성기 뇌졸중 환자 가족은 준비되지 않은 상태에서 장애가 있는 환자를 돌봐야 하고 시시각각 변화하는 환자 상태에 대한 계속된 긴장과 가족을 잃을지도 모른다는 불안과 슬픔을 경험한다. 또한 사회적 지지, 돌봄에 대한 지식, 자기효능감, 환자의 일상생활 동작 수행 능력에 따라 중등도의 부담감을 가지고 있다(임정순, 정복례, 2020).

만성적인 질환으로 가중된 스트레스가 심화하면 환자는 수동적인 자세를 갖고 내적 공허감을 느끼며 사회적 퇴행, 지나친 피해의식이나 감정적 사고를 갖게 되어 대인기피로 이어질 수 있다. 따라서 뇌졸중 발병 후에는 신체적 재활 못지않게 심리적 재활의 필요성이 높다.

(3) 환자와 가족에 대한 사회복지서비스

뇌졸중으로 인한 장애를 최소화하고 신체기능을 회복하여 가정과 사회로 복귀하고 삶의 질을 향상하기 위해서 뇌졸중 재활은 재활의학과 전문의, 신경과 전문의, 신경외과 전문의, 재활간호사, 물리치료사, 작업치료사, 언어치료사, 사회복지사 등 다양한 전문가가 함께한다.

뇌졸중 환자는 주로 재활의학과, 신경과, 신경외과 의사를 통해 의료사회복지사에게 의뢰되거나 급성기 병원의 경우 사회복지사가 스크리닝을 통해 심층 평가와 퇴원계획이 필요한지 선별(screening)하기도 한다. 이런 과정을 통해 심층 상담이 필요하다고 확인된 환자에게 의료사회복지서비스를 제공한다.

이주연 등(2002)은 뇌졸중 환자와 가족을 대상으로 진행되는 개입의 과정을 다음과 같이 단계별로 구분하였다.

① 사례접수 및 정보수집 단계

재활의학과, 신경과, 신경외과 주치의의 의뢰서(consult sheet)를 접수한 후, 환자의 입원부터 지금까지의 경과에 대해 전반적으로 파악한다. 입원기록(admission note)에 명시된 입원 상황, 치료 경과 등을 세밀히 분석하고, 환자의 주된 문제(chief complaints), 현재의 병력(present illness), 병력(medical history), 사회력(social history), 기능 수준(functional level), 진단(diagnosis), 치료목표 등을 구체적으로 탐색한다.

② 초기면담

초기면담에서는 의료사회복지사의 역할을 설명하고 지지적, 공감적 자세로 현재 환자가 당면하고 있는 고충을 이해한다. 또한 이 단계에서 의료사회복지사는 환자의 가족력과 환경, 교육 수준, 직업유형, 종교, 병력, 스트레스 대처방식, 사회력 등을 꼼꼼히 평가한다. 무엇보다 환자의 병식(insight) 정도를 파악하고 경제적 어려움은 어느 정도인지, 이를 해결할 자원이 있는지 등을 세밀히 검토한다. 마지막으로 퇴원계획을 설계한다.

③ 문제 사정과 개입 계획 세우기

지금까지 검토된 자료에 근거하여 심리·사회적 문제, 사회복귀와 재활 문제, 경제적 문제, 지역사회 자원 연결 문제 등을 종합적으로 사정하여 개입 계획을 작성한다.

④ 진행 단계

✔ 심리·사회적 부적응 문제

뇌졸중은 후유장애로 인해 장기적인 재활치료가 필요하다. 신체활동의 제한은 환자의 삶의 질을 저하시키며, 실제 장기적인 재활과정 중에 우울을 경험하는 환자가 상당히 많다. 이러한 심리적 위기는 가족들과의 관계를 악화시키는 직접적 요인이 되기도 한다. 따라서 뇌졸중 환자의 심리적 어려움을 돕기 위해 다음과 같은 개입 기술이 필요하다.

- 대인관계를 활성화한다.
- 환자의 강점을 강조하고 미래지향적 사고를 갖도록 한다.
- 뇌졸중 재발을 예방하기 위한 교육을 시행한다.
- 자신의 장애를 수용하도록 돕는다.

이 외에도 의료사회복지사는 환자의 심리·사회적 부적응 문제에 개입하는 과정에서 가족 중심의 프로그램을 제공할 수 있다. 환자의 직접적 부양자인 가족 구성원들을 중심으로 가족 모임, 자조 집단 프로그램 등을 통해 가족이 필요한 정서적 지지, 자원 연계, 정보교환을 도모할 수 있다.

✔ 사회복귀 및 재활과 관련된 이슈

환자는 치료 후 직장과 사회로 복귀하고자 하는 욕구가 강하다. 그러나 현실적으로 신체기능이 제한되어 이전 직장으로 복귀할 수 있는 확률은 낮은 편이다. 따라서 퇴원 전에 취업 정보를 제공, 구직활동을 지원할 수 있는 기관과의 연계 등을 통해 지역사회 복귀를 돕는 역할을 한다.

✔ 경제적 문제 지원 및 지역사회 자원연계

생계를 책임지고 있는 가장에게 뇌졸중과 같은 질병의 발생은 가족 전체에게 위기가 되므로 의료급여, 장애인 등록 후 장애 수당 지급, 긴급 지원 등 공적 영역의 경제적 지원체계에 대해 알려 준다. 가정으로 퇴원 후 화장실, 욕조, 방문 문턱에 램프, 안전 손잡이 설치 등을 도와주는 재단과 연결하여 무료 설치를 원조할 수 있다(장수미, 2012).

⑤ 퇴원준비와 종결

퇴원계획(discharge planning)은 환자가 입원하는 시점부터 시작되는 과정이다. 활동의 주요 목적은 재원 일의 예측뿐만 아니라 퇴원 후 건강관리에 필요한 환자의 욕구를 미리 파악하여 퇴원에 걸림돌이 되는 요인들을 해결하거나 완화하기 위한 것이다. 퇴원계획은 환자뿐만 아니라 가족, 기타 환경적 요인들까지도 고려하여 환자의 원활한 지역사회 적응과 치료유지를 돕는다. 이를 위해 의료사회복지사는 환자와 가족을 통해 퇴원 시 장애요인, 주변의 자원들에 대한 정보를 수집하고, 이를 바탕으로 퇴원계획을 수립하고 개입 계획에 따라 사례를 종결한다.

건강보험심사평가원 급성기 환자 퇴원 지원 및 연계 활동 시범사업(2020)은 뇌졸중을 포함한 뇌혈관질환 환자를 대상으로 하고 있는데 입원 초기부터 선별을 통해 사회복지서비스가 있어야 하는 환자를 발견하고 퇴원계획을 수립하여 환자가 퇴원 후에도 건강을 유지·관리할 수 있도록 돕는 것이 필요하다고 하였다.

이 과정에서 의료사회복지사는 〈표 8-5〉의 내용을 포함하여 심층 평가를 시행한다.

〈표 8-5〉 급성기 환자 퇴원 지원 및 연계 활동 시범사업-사회경제적 평가 내용

구분	세부 평가 항목
기본 정보	문해력, 가구형태, 가구원 수, 입원 전 거주지 등
경제적 상태	직업(질병으로 인한 영향), 주 소득원, 과거 사회복지서비스 신청 여부, 민간보험 가입 여부, 부양의무자 유무 등
심리·사회적 상태	가족이나 지지체계와의 교류 정도, 여가 및 사회활동 참여, 가족관계의 어려움, 질병에 대한 환자와 가족의 이해 정도, 수용 정도, 사회복귀 후 기대되는 역할 수행 정도 등
퇴원 관련 상태	환자와 가족의 퇴원에 대한 인식 및 수용 정도, 퇴원 결정을 방해하는 요인, 돌봄 및 치료과정에서 주된 의사결정자, 주거환경, 이동 수단, 필요한 재활보조기구나 복지 용구 등
활용 가능한 자원 파악	장애 등록 여부, 이용 가능한 사회서비스
지역사회 자원연계	일자리, 주거, 일상생활, 신체 건강 및 보건의료, 정신건강 및 심리 정서, 보호 및 돌봄·요양, 안전 및 권익보장

출처: 건강보험심사평가원(2020).

이러한 의료사회복지사의 역할은 지역사회 통합돌봄 정책 추진과 함께 2024년 2월 국회 본회의를 통과한 「의료·요양 등 지역 돌봄의 통합지원에 관한 법률」에서 '퇴원환자 등의 연계(제11조)'를 명시하고 있어 향후 더욱 강화될 것으로 기대된다.

3. 희귀질환

1) 의료적 특성

(1) 정의

「희귀질환관리법」 제2조에 따른 '희귀질환'이란 유병인구가 2만 명 이하이거나 진단이 어려워 유병인구를 알 수 없는 질환으로 보건복지부령으로 정한 절차와 기준에 따라 정한 질환이다. WHO에 따르면 세계적으로 약 5,500~8,000종의 희귀질환이 있는 것으로 알려져 있다. 2021년 질병관리청 자료에 따르면 우리나라는 매년 5만 명 이상의 희귀질환자가 발생하며, 2023년 기준 1,189개의 희귀질환 목록을 지정하여 공고하였다. 희귀질환의 경우 질환의 종류는 많으나 환자 수가 적고 정확한 정보를 구할 수 없는 어려움이 있으며 치료방법에 대한 과학적 근거가 불충분하다. 80% 이상이 유전적이거나 선천성 질환으로 어린 나이에 발병하며 대부분 치료제가 고가이거나 개발되어 있지 않기 때문에 치명적이거나 장애를 초래하며 경제적 부담이 큰 질환이다.

> **희귀질환**
> 「희귀질환관리법」 제2조에 따라 유병인구가 2만 명 이하이거나 진단이 어려워 유병인구를 알 수 없는 질환으로 보건복지부가 정한 질환

〈표 8-6〉 희귀질환의 세부 분류

희귀질환	유병인구가 2만 명 이하이거나 진단이 어려워 유병인구를 알 수 없는 질환
극 희귀질환	유병인구가 200명 이하로 유병률이 극히 낮거나 별도의 상병코드가 없는 질환
기타 염색체 이상 질환	질환명이 없는 새로운 염색체 이상 질환으로 별도의 상병코드가 없지만, 증상이 아닌 질환으로 규정할 수 있는 희귀질환

출처: 질병관리청 만성질환관리과(2024).

(2) 희귀질환의 지정 기준과 절차

희귀질환은 질병에 대한 유병인구 수(유병인구 2만 명 이하), 질환 진단에 대한 기술적 수준(특이적·독립적으로 진단이 가능한 질환), 질병에 대한 치료 가능성(중증도가 높고 완치가 어려운 질환), 질환의 진단 및 치료 등에 대한 사회경제적 비용 수준(진단 및 치료 등에 대한 본인 부담이 높은 질환), 그 밖에 질환의 원인, 특성 및 유형 등을 고려하여 질병관리청장이 필요하다고 인정하는 기준을 고려하여 지정한다.

지정 신청은 질병관리청 헬프라인 홈페이지 '희귀질환정보-희귀질환지정신청'을 통해 수시로 접수하고 있고, 신청 접수된 질환은 기초조사, 전문가 검토, 유관기관 협의, 세부 전문위원회 심의, 통계청 검토 등의 절차를 통해 최종 국가 희귀질환관리위원회 심의를 거쳐 지정된다.

2) 질환으로 인한 심리·사회적 영향

2018년 질병관리본부 정책연구에서 희귀질환을 진단받기까지 35%의 환자는 1년 이상 시간이 걸렸고, 그중에서도 10년 이상 시간이 걸린 환자도 6.1%나 된다고 확인되었다. 이런 환자들은 진단받기까지 병원을 여러 군데 전전하면서 잘못된 치료로 시간과 경제적 비용을 낭비한다.

희귀질환은 질환의 원인과 증상에 있어서 다양한 양상을 보이며, 발병 후 회복이 어렵고 평생에 걸쳐 장기적으로 치료를 받게 되어 정상적인 사회생활이 어려운 경우가 대부분이다. 뿐만 아니라 특이적인 치료 약이 없거나 있더라도 환자의 기대수명을 증가시키거나 삶의 질을 높인다는 보장이 없으며 치료제가 고가인 경우가 많아 질환자와 그 가족의 심리·사회적·경제적 부담이 매우 크다(장지영, 안윤진, 2021). 2021년 질병관리청이 실시한 '국내 희귀질환자의 삶의 질 예비 조사'에서도 희귀질환자의 삶의 질과 심리적 영역은 가장 높은 상관관계가 있다고 하였다.

국가는 진단이 어려울 뿐만 아니라 지속적인 치료가 필요한 경우가 많아 과중한 의료비 부담으로 가계의 사회·경제적 수준 저하가 우려되는 희귀질환자에 대해 건강보험 산정특례 제도를 통해 의료비의 본인부담률을 경감하고 있고, 산정특례 대상으로 등록된 희귀질환자 중에서도 일정한 소득 기준과 재산 기준을 충족하는 환자에 한해서는 건강보험 요양급여비용 중 본인부담금을 전액 지원하는 의료비 지원사업을 시행하고 있다. 이러한 의료비 지원사업은 환자와 그 가족의 사회경제적·심리적 안녕을 도모하고 국민건강 및 복지

수준을 높이기 위한 목적이 있지만, 진단부터 지속적인 치료를 위해 발생하는 의료 비용에 대한 환자와 가족의 부담은 여전히 높은 수준이다.

의료사회복지사가 희귀질환 환자와 가족을 돕기 위해서는 먼저 질환에 대해 이해하고 의료진의 치료계획을 확인하는 것이 중요하다. 환자와 가족의 치료 동기를 강화하고 치료를 유지하는 데 영향을 미치는 요인들을 파악하여 적절한 개입을 하는 것이 중요하다.

3) 환자와 가족에 대한 사회복지서비스

(1) 환자 및 가족 상담

희귀질환 환자와 가족을 상담할 때는 일반적인 내용 외에 다음과 같은 내용들을 포함하여야 하고 단기간의 개입 계획뿐만 아니라, 중대한 치료를 해야 하는 시기마다 어려움이 있을 때 의료사회복지사와 상의할 수 있도록 미리 알리는 것이 좋다.

① 확진받기까지 과정에 대한 정보 확인

희귀질환은 그 종류가 매우 다양하므로 확진을 받기까지 과정도 질병에 따라 매우 다양하고 진단을 받기까지 어떤 과정을 거쳤는지에 따라 환자의 치료 동기에 미치는 영향이 달라진다. 따라서 진단을 위한 노력, 오진 경험 등을 자세히 평가하여 이러한 과정이 치료에 대한 동기를 강화하는 방향으로 사용될 수 있도록 상담을 이끄는 것이 중요하다.

② 진단명의 산정특례 대상 질환 해당 여부

전 세계적으로 약 5,500~8,000여 종의 희귀질환이 있고, 2023년 기준 우리나라는 1,189개의 희귀질환을 산정특례 대상 질환으로 정하고 있다. 그러나 극 희귀질환으로 산정특례 적용을 받지 못하는 경우도 있고 너무 희귀하여서 연구조차 제대로 이루어지지 못하는 일도 있다. 이런 환자와 가족들은 국가로부터 치료과정에 아무런 도움을 받을 수 없으므로 경제적인 측면에 대한 정확한 평가를 통해 치료과정에 필요한 장기적인 재정 마련 계획을 세울 수 있도록 돕고 민간단체를 통한 지원방안을 적극적으로 고려할 필요가 있다.

③ 향후 치료계획 확인

희귀질환은 진단에 따라 매우 다른 치료과정을 가지기 때문에 진단받은 질환에 대한 향후 치료계획을 정확히 확인하여야 한다. 먼저, 치료의 목표가 무엇인지 확인해야 하는데 중

대한 치료를 통해 완치에 가까운 예후를 기대할 수 있는지, 완치를 기대하기는 어려우나 치료를 통해 현재 상태를 유지하는 것이 가능한지, 치료를 유지하더라도 결국은 병이 진행되어 회복할 수 없는 상태가 되는지 등이다. 이러한 치료목표에 따라 치료방법도 달라질 수 있는데 진단받은 즉시 입원하여 수술이나 중대한 치료를 할 것인지, 약물치료를 유지하면서 외래를 통해 경과를 관찰할 것인지, 약물치료를 위해 고가의 희귀의약품 사용이 필요한지, 아직 정확한 치료방법이 없어 시험적으로 사용되는 치료방법을 고려해야 하는지, 지속적인 재활치료가 필요한지 등이다. 이렇듯 치료목표와 치료방법이 매우 다양하므로 의료사회복지사가 개입하기 위해서는 의료진을 통해 정확한 치료계획을 확인하는 것이 매우 중요하다.

(2) 집단상담

희귀질환은 각기 질환마다 환자 숫자가 얼마 되지 않기 때문에 단일 의료기관에서 환자나 가족의 집단을 형성하여 교육이나 상담을 진행하기 어렵다. 그러나 희귀질환이라 하더라도 환자군이 형성되거나 의료기관의 의사가 특별히 어떤 질환에 대해 권위를 인정받아 환자들이 많이 내원하고 있다면 의료사회복지사는 의료진과 협의하여 환자를 위해 교육프로그램을 기획하고 자조집단을 운영할 수 있도록 도움을 주거나 의료기관 외부에서 운영되는 자조집단에 참여할 수 있도록 정보를 제공하는 것도 필요하다.

(3) 자원연계

① 보건소 희귀질환 의료비 지원사업 연계

희귀질환으로 산정특례가 등록되어 있다면 환자와 환자 가구의 소득과 재산 기준을 확인하여 보건소를 통해 의료비를 지원받을 수 있도록 안내하고, 지지체계가 미약한 경우 신청절차를 도울 수 있다. 희귀질환 의료비 지원사업은 의료비뿐만 아니라, 질환에 따라 간병비나 특수 식이 구입비, 보조기기 구입비, 인공호흡기 및 기침유발기 대여료를 지원한다.

② 민간단체 의료비 지원 또는 사회서비스 안내

산정특례 대상 질환으로 등록되어 보건소 지원을 받는다고 하더라도 치료과정에서 비급여 본인부담금 마련이 어려운 경우에는 희귀질환자를 지원하는 민간단체에 추가로 치료비 지원 신청을 할 수 있다. 또한 희귀질환으로 인해 장애가 발생했다면 이용 가능한 사회서비스를 안내하고 신청 절차를 도울 수 있다.

③ 거점센터 및 자조모임 연계

우리나라는 각 지역 희귀질환자들의 진료 네트워크를 강화하고, 질환 상담, 교육을 통한 지역사회 희귀질환자 관리서비스를 제공하기 위해 전국에 11개 '희귀질환 권역별 거점센터'를 지정하여 운영하고 있다. 거점센터를 통해 희귀질환에 대한 정보 공유, 유전 및 질환에 대한 상담실을 운영하고 있어 이에 대한 정보 제공과 질환에 따라 운영되고 있는 자조모임을 소개할 수 있다.

④ 쉼터 연계

희귀질환자 쉼터는 질병관리청 국민건강증진기금을 지원받아 (사)한국희귀질환연합회가 환자들에게 안정적인 치료환경을 조성하여 진료의 효율성을 높이기 위한 목적으로 운영하고 있다. 진료 및 검사 등을 목적으로 수도권(서울·인천·경기) 소재 의료기관을 이용하는 지방 거주 희귀·난치성질환 환자나 보호자에게 단기 숙박시설을 제공하며, 희귀·난치성질환과 관련하여 다양한 복지프로그램이나 자조모임을 운영하려고 하는 관련 단체에 프로그램실을 제공하고 있다.

정리해 봅시다

1. 암

여러 가지 이유로 인해 세포의 유전자에 변화가 일어나면 비정상적으로 세포가 변하여 불완전하게 성숙하고, 과다하게 증식하게 되는데 이를 암(cancer)이라 정의할 수 있다. 악성 종양은 빠른 성장과 침윤성(파고 들거나 퍼져 나감) 성장 및 체내 각 부위에 확산, 전이(원래 장소에서 떨어진 곳까지 이동함)하여 생명에 위험을 초래하는 종양이다.

2. 디스트레스

원인이나 정도와 상관없이 암 환자가 겪는 정신적인 고통을 통칭한다. 가벼운 당혹감, 슬픔, 두려움과 같은 정상적인 감정 반응에서부터 시작해서 우울, 불안, 공황, 사회적 고립, 실존적 위기와 같이 심리·사회적인 기능 손상을 일으키는 병적인 상태에 이르기까지 넓은 범위에 걸쳐 있다. 디스트레스 온도계를 사용하여 디스트레스 위험도를 확인하고, 신체적 걱정, 정서적 걱정, 사회적 걱정, 실생활 걱정, 영적 또는 종교적 걱정 등 문제 목록을 점검하는 것이 필요하다. 디스트레스 상담은 환자들의 디스트레스가 인식되지 않고 치료되지 않는 상황을 방지하기 위한 것으로 암 환자의 디스트레스 위험요인과 취약한 시기를 고려해서 평가와 관리에 집중해야 한다.

3. 심근경색

심장에 산소와 영양소를 공급하는 관상동맥이 갑자기 막혀서 심장 근육에 혈액을 공급하지 못하여 심장 근육 일부가 죽는 질환이다. 막혀 있는 관상동맥을 최대한 빨리 재개통시켜 심장 근육 손상을 최소화하여 합병증을 예방하고 사망률을 감소시키는 것이 치료목표이다. 재발을 예방하기 위해서 고혈압, 당뇨병, 이상지질혈증 등을 조기에 발견하여 조절하고 일상생활에서 식이요법, 운동, 금주, 금연, 과도한 스트레스 줄이기 등 생활습관을 잘 관리하는 것이 중요하다. 질병으로 인한 환자의 심리·사회적인 영향들을 파악하여 조절할 수 있는 위험요인들을 관리함으로써 환자와 가족이 건강을 유지할 수 있도록 돕는 것이 필요하다.

4. 뇌졸중

뇌졸중은 뇌에 혈액을 공급하는 혈관이 막히거나 터져서 뇌 손상이 발생하여, 신체 및 정신장애가 나타나는 질환이다. 뇌졸중으로 인한 장애를 최소화하고 신체기능을 회복하여 가정과 사회로 복귀하고 삶의 질을 향상하기 위해서 뇌졸중 재활은 재활의학과 전문의, 신경과 전문의, 신경외과 전문의, 재활간호사, 물리치료사, 작업치료사, 언어치료사, 사회복지사 등 다양한 전문가가 함께한다. 뇌졸중 환자는 주로 재활의학과, 신경과, 신경외과 의사를 통해 의료사회복지사에게 의뢰되거나 급성기 병원의 경우 사회복지사가 스크리닝을 통해 심층 평가와 퇴원계획이 필요한지 선별(screening)하기도 한다. 이런 과정을 통해 심층 상담이 필요하다고 확인된 환자에게 의료사회복지서비스를 제공한다.

5. 희귀질환

「희귀질환관리법」 제2조에 따른 '희귀질환'이란 유병인구가 2만 명 이하이거나 진단이 어려워 유병인구를 알 수 없는 질환으로 보건복지부령으로 정한 절차와 기준에 따라 정한 질환이다. 80% 이상이 유전적이거나 선천성 질환으로 어린 나이에 발병하며 대부분 치료제가 고가이거나 개발되어 있지 않기 때문에 치명적이거나 장애를 초래하며 경제적 부담이 큰 질환이다.

생각해 봅시다

1. 30세에 초기 유방암 진단을 받은 미혼 여성과 70세에 폐암 4기 진단을 받은 여성 환자에 대한 상담과 지원 과정에서 고려해야 할 사항이 어떻게 다른지 생각해 봅시다.

2. 갑작스럽게 쓰러져 뇌졸중 진단을 받고 좌측 편마비 진단을 받은 40대 남자 환자의 배우자에 대한 상담과 지원 과정에서 어떤 것을 고려해야 하는지 생각해 봅시다.

3. 중위소득 150% 이상 수준이지만 유전성 희귀질환으로 진단을 받은 7세 환아가 있는 가족에 대한 상담과 지원 과정에서 어떤 것을 고려해야 하는지 생각해 봅시다.

 **참고문헌**

건강보험심사평가원(2020), 급성기 환자 퇴원 지원 및 연계 활동 시범사업 지침.
김영애 외(2023) 암환자와 디스트레스(의료사회복지사를 위한 안내서). 국립암센터·대한의료사회복지사협회.
대한신경외과학회, 대한뇌혈관외과학회, 대한뇌혈관내치료의학회(2022). 알기 쉽게 설명하는 뇌혈관 질환(뇌졸중). 2-17.
박아경, 이채민, 정소연(2022). 건강의 사회적 결정요인을 적용한 암환자 퇴원계획 의료사회복지 가이드북. 국립암센터.
박지현(2023). 관상동맥질환 재발환자의 건강행위 영향 요인. 단국대학교 대학원 석사학위논문.
보건복지부(2016). 제3차 국가암관리종합계획(2016~2021).
보건복지부(2023). 희귀질환자 의료비 지원사업 안내.
서홍관, 박종혁(2013). 근거중심의 암생존자 관리. 국립암센터.
오창모(2024). 다양한 특성을 가진 희귀질환. 지역사회 건강과 질병, 88. 질병관리청 만성질환관리국 만성질환관리과.
이주연, 최경애, 김경아, 김민영, 조진희, 이주경, 김린아, 차문경(2002). 뇌졸중(임상시리즈 5). 나눔의집.
이혜진 외(2022). 제2차 심뇌혈관질환관리종합계획 수립을 위한 연구. 보건복지부·강원대학교병원.
임정순, 정복례(2018). 급성기 뇌졸중 입원환자 가족 간호제공자의 부담감 영향요인. 한국간호교육학회지, 24(2).
장수미(2012). 재활의료병동에서의 의료사회복지사의 역할과 팀 협력. 한국사회과학연구, 34(1), 124-140.
장윤정 외(2022). 암환자 퇴원계획 수립과 적정관리 방안연구. 국립암센터.
장지영, 안윤진(2021). 국내 희귀질환자 삶의 질 예비 조사. 주간 건강과 질병, 14(10). 질병관리청 만성질환관리국 희귀질환관리과.
정은선(2019). 관상동맥질환자의 자기효능감, 낙관성, 회복탄력성이 치료지시이행에 미치는 영향. 울산대학교 대학원 석사학위논문.
질병관리청 만성질환관리과(2024). 지역사회 건강과 질병 2024년 2월호, 88.
최혜지, 장희경(2022). 급성기 이후 뇌졸중 환자의 재활이행에 미치는 심리사회적 영향요인. 재활간호학회지, 25(2).
충남대학교병원 권역심뇌혈관질환센터(2023). 허혈성 뇌졸중(뇌경색) 바로알기.
통계청(2023). 2022년 사망원인통계 결과.

국가법령정보센터 http://www.law.go.kr
국가암정보센터 www.cancer.go.kr
한림대학교춘천성심병원 http://chuncheon.hallym.or.kr
희귀질환 헬프라인 https://helpline.kdca.go

〈부록〉

암 환자 디스트레스 평가도구
National Comprehensive Cancer Network (NCCN)

디스트레스 온도계 및 문제 목록
NCC Ver.7 (2023. 5.)

등록 번호:
환자: (/   )
입원/외래: ☐ 외래 ☐ 입원
과/주치의: (주치의   )

이름		생년월일		성별		나이	
작성일				담당 사회복지사			

1. 지난 일주일 동안 경험한 디스트레스의 정도를 가장 잘 표현하는 숫자에 표시해 주십시오.
2. 지난 일주일 동안 경험한 어려운 점에 대해 모두 표시해 주십시오.

1. 온도계

몹시 힘들다.

10
9
8
7
6
5
4
3
2
1

전혀 힘들지 않다.

2. 문제 목록 (※ 해당하는 문제 모두 표시)

신체적 문제
☐ 통증
☐ 수면
☐ 피로
☐ 흡연
☐ 약물/술 등 사용
☐ 기억력/집중력
☐ 성건강
☐ 식생활의 변화
☐ 신체적 능력 상실/변화

정서적 문제
☐ 걱정/불안
☐ 슬픔/우울
☐ 흥미/즐거움의 상실
☐ 상실감/상실과 관련된 슬픔
☐ 두려움
☐ 외로움
☐ 분노
☐ 외모의 변화
☐ 무가치하거나 짐이 되는 기분

실생활 문제
☐ 자신을 돌보기
☐ 타인을 돌보기
☐ 직장
☐ 학교
☐ 주거
☐ 경제적 어려움
☐ 보험
☐ 교통
☐ 육아
☐ 충분한 음식 섭취
☐ 병원이나 약국 이용이 어려움
☐ 치료 결정
☐ 사전돌봄계획

사회적 문제
☐ 배우자/동반자와의 관계
☐ 자녀들과의 관계
☐ 가족 구성원과의 관계
☐ 친구/동료와의 관계
☐ 의료팀과 의사소통
☐ 아이를 가질 수 있는 능력

영적/종교적 문제
☐ 의미/목적 의식
☐ 신앙/믿음의 변화
☐ 죽음/임종/사후세계
☐ 종교적 신념과 암 치료 사이의 갈등
☐ 신과의 관계(기도에 대한 응답 등)
☐ 종교적 의식 또는 식이 요구

문제 우선순위							
1순위		2순위		3순위		4순위	

제 9 장

주요 질환별 의료사회복지실천의 실제 Ⅱ

📂 학습개요

고혈압과 당뇨병은 전 세계적으로 심각한 만성질환으로 대두되고 있고, 관리가 제대로 이루어지지 못할 경우 만성콩팥병의 원인 질환으로 이어지기도 한다. 만성콩팥병 진단을 받으면 약물치료를 받기도 하지만 대부분의 경우 혈액투석을 하게 되고, 완치를 위해서는 신장이식을 해야 한다. 기이식은 생체이식과 뇌사자이식으로 나뉘는데, 이식을 위한 과정에서 의료사회복지사의 역할이 중요하다.

이 장에서는 진단 후 유병기간이 길어 만성질환에 이르고 평소 생활습관과 밀접한 관계를 갖게 되어 일상적인 관리를 필요로 하는 고혈압, 당뇨병, 만성콩팥병, 장기이식에 대한 의료사회복지사의 개입방법을 소개하고자 한다.

📖 학습목표

1. 고혈압 환자의 특성을 이해하고, 이를 의료사회복지실천에 적용할 수 있다.
2. 당뇨병 환자의 특성을 이해하고, 이를 의료사회복지실천에 적용할 수 있다.
3. 만성콩팥병 환자의 특성을 이해하고, 이를 의료사회복지실천에 적용할 수 있다.
4. 장기이식 환자의 특성을 이해하고, 이를 의료사회복지실천에 적용할 수 있다.

1. 고혈압

1) 의료적 특성

고혈압은 무언가 잘못되었음을 나타내는 명백한 증상이 없을 수 있기 때문에 흔히 '침묵의 살인자'라고 불린다. 혈압이 매우 높은 경우에는 두통, 숨가쁨, 코피 등의 증상이 나타날 수 있지만 이는 구체적이지 않으며 일반적으로 고혈압이 심각하거나 생명을 위협하는 단계에 도달할 때까지 발생하지 않는다.

(1) 고혈압의 종류
고혈압은 원인이 서로 다른 두 가지 유형으로 분류할 수 있다.

① 본태성(원발성) 고혈압
대부분의 고혈압은 식별 가능한 원인이 없이 수년에 걸쳐 점차적으로 발생하는 경향이 있다.

② 2차성 고혈압
기저 질환으로 인해 발생하며 갑자기 나타나는 경향이 있으며 원발성 고혈압보다 더 높은 혈압을 유발한다. 원인으로는 신장 질환, 부신 종양, 타고난 혈관의 특정 결함(선천성), 특정 약물의 사용 등이 있다. 그리고 비만, 신체 활동 부족, 흡연, 과도한 염분 섭취, 과소 칼륨 섭취, 음주, 스트레스 등 생활 방식 요인도 중요한 역할을 할 수 있다.

(2) 고혈압의 진단 기준
대한고혈압학회(2023)에서는 고혈압을 수축기 혈압(SBP) 140mmHg 이상, 확장기 혈압(DBP) 90mmHg 이상으로 정의하고 있다. 정상 혈압은 수축기 혈압(SBP) 120mmHg 미만과 확장기 혈압(DBP) 80mmHg 미만으로 정의한다.

(3) 고혈압의 치료 및 관리

① 고혈압의 치료
처방약과 건강한 생활 습관 변화가 모두 포함된다. 상태가 심각하지 않은 경우 의사는 약물을 처방하기 전에 생활 방식의 변화를 제안할 수 있다.

치료계획에는 다음이 포함될 수 있다.

- **생활 방식 변화**: 염분을 줄인 건강한 식단 섭취, 규칙적인 운동, 금연, 건강한 체중 유지 등
- **약물**: 혈압약에는 이뇨제, ACE 억제제, 앤지오텐신 II 수용체 차단제(ARB), 칼슘 채널 차단제, 베타 차단제 등 여러 종류가 있다.

② 고혈압의 관리

고혈압 관리는 평생의 의무이다. 주요 관리 전략은 다음과 같다.

- **정기 모니터링**: 가정에서 혈압 수치를 추적하고 의사와 정기적으로 검진을 받는다.
- **건강한 생활 방식**: 고혈압을 예방하고 관리하려면 건강한 생활 방식을 지속적으로 유지하는 것이 중요하다.
- **약물 준수**: 처방된 경우 의료 전문가의 지시에 따라 약을 복용하는 것이 중요하다.
- **스트레스 관리**: 스트레스는 혈압을 상승시킬 수 있으므로 긴장을 풀고 스트레스를 관리하는 방법을 찾는 것이 치료의 중요한 부분이다.

2) 질환으로 인한 심리사회적 영향

고혈압 환자의 심리사회적 특성은 개인의 심리적 상태뿐만 아니라 사회적 맥락, 이러한 측면이 건강과 어떻게 상호작용하는지를 포함하는 다양한 요인을 포함한다. 연구를 통해 고혈압 발병 및 관리에 중요한 역할을 하는 몇 가지 주요 심리사회적 요인이 확인되었다.

주목할 만한 연구 중 하나인 젊은 성인의 관상동맥 위험 발달(CARDIA) 연구에서는 시간의 긴급함/조급함(TUI)과 적대감이 고혈압 발병의 장기적인 위험에 미치는 영향을 강조했다. 이 연구에서는 15년의 추적 기간 동안 더 높은 수준의 TUI와 적대감이 고혈압 위험 증가와 유의미한 관련이 있음을 발견했다. 이는 이러한 심리사회적 요인의 수준이 높을수록 위험이 증가하는 용량-반응 관계를 시사한다(JAMA 네트워크). 또한 사회 경제적 지위, 스트레스 요인(인종 관련 스트레스 요인 포함), 감정 상태와 같은 심리사회적 요인이 고혈압 위험에 영향을 미친다는 사실을 뒷받침한다.

3) 고혈압 환자와 가족에 대한 사회복지서비스

의료사회복지서비스는 고혈압 환자와 그 가족을 지원하는 데 필수적인 역할을 한다. 의료사회복지사의 고혈압 환자에 대한 개입은 고혈압의 의학적 치료뿐만 아니라 상태 관리의 심리적, 사회적, 실제적 측면을 포괄하는 건강 관리에 대한 전체적인 접근 방식을 제공하는 데 있어서 중요한 역할을 한다. 의료사회복지사의 역할과 환자와 가족에 대한 의료사회복지서비스는 다음과 같다.

(1) 의료사회복지사의 역할

① 사정

의료사회복지사는 환자와 그 가족의 심리사회적 요구를 파악하기 위해 종합적인 사정을 한다. 여기에는 고혈압이 일상생활, 정신건강, 사회적 기능에 미치는 영향을 이해하는 것이 포함된다.

② 상담 및 정서적 지원

환자와 가족에게 상담을 제공하여 정서적 지원을 제공하고 고혈압과 같은 만성 질환과 관련된 스트레스, 불안 및 기타 정서적 어려움에 대처하도록 돕는다.

③ 교육 및 옹호

환자와 그 가족에게 고혈압 관리, 약물 준수, 생활 방식 변화, 정기 건강 검진의 중요성에 대해 교육하는 것이 핵심 역할이다. 또한 의료사회복지사는 의료 시스템과 지역사회 내에서 환자와 가족의 요구 사항을 옹호한다.

④ 자원 연계

의료사회복지사는 재정지원 및 약물지원 프로그램, 주택, 교통, 고혈압 관리에 권장되는 생활 방식 변화를 지원할 수 있는 지역사회 기반 서비스 이용 등 필요한 자원을 환자와 가족에게 연결한다.

⑤ 치료 조정 및 후속 조치

고혈압 환자가 포괄적이고 원활한 치료를 받을 수 있도록 다양한 의료서비스 제공자 및 서비스 간의 치료를 조정한다. 환자의 진행상황을 모니터링하고 새로운 요구 사항을 해결하려면 후속 조치가 필수적이다.

(2) 고혈압 환자와 가족에 대한 의료사회복지서비스

의료사회복지서비스 제공은 고혈압 환자와 그 가족의 포괄적인 요구를 해결하는 데 매우 중요하다. 건강의 사회적 결정 요인을 다루고 필요한 자원과 지원에 대한 접근을 촉진함으로써 고혈압 환자의 건강 결과와 삶의 질을 향상시키는 데 중요한 역할을 한다.

고혈압 환자와 가족에 대한 의료사회복지서비스는 다음과 같다.

① 지지 집단

환자가 고혈압 관리에 대한 경험과 전략을 공유할 수 있는 지지 집단(support group)을 지원하거나 추천한다.

② 건강교육 프로그램

환자에게 식이요법, 운동, 스트레스 관리, 고혈압 및 치료 옵션 이해에 대한 정보를 제공하는 건강 교육 프로그램을 제공하거나 연결한다.

③ 지원 프로그램

의료 비용 부담을 완화할 수 있는 보험 혜택, 약물지원 프로그램, 기타 금융 또는 사회 서비스를 탐색하고 이용할 수 있도록 환자를 돕는다.

④ 가정 건강 서비스

필요한 경우 가정 혈압 모니터링 지원, 간호사나 의료 종사자의 가정 방문 등 가정 건강 서비스를 주선한다.

⑤ 법률 지원

장애 청구 또는 의료권리 등 환자의 건강과 복지에 영향을 미칠 수 있는 법적 문제에 대한 지침을 제공한다.

2. 당뇨병

1) 의료적 특성

(1) 당뇨병과 원인

① 당뇨병이란

세계적으로 심각한 만성질병의 하나로 대두되고 있는 당뇨병은 사회적·경제적 수준의 향상과 더불어 발생률이 증가하는 것으로 알려진 대표적인 성인병 중의 하나이다. 2022년 보건복지부와 질병관리청이 발표한 자료에 따르면, 30세 이상 성인의 당뇨병 유병률은 14.8%로 보고되었다. 이는 우리나라 30세 이상 성인 10명 중 약 1.5명이 당뇨병을 앓고 있다는 의미하므로 당뇨병은 국민 건강을 위협하는 심각한 질병이다.

탄수화물이 위장에서 포도당으로 변한 후 혈액으로 흡수되어 세포 속으로 들어가기 위해서는 인슐린이 필요한데, 이때 인슐린이 부족하거나 기능을 하지 못하여 포도당이 세포에서 이용되지 못하고 혈액 속에 쌓이다가 소변으로 빠져나오는 병적인 상태를 당뇨병이라고 한다.

② 당뇨병의 원인

당뇨병은 유전적 원인(가족력)과 더불어 스트레스, 과식, 운동 부족, 비만, 약물 남용 등의 후천적인 환경적 원인이 결합하여 생긴다고 알려져 있다. 대부분의 당뇨병 환자는 초기 발병 시 증상이 없으며, 혈당이 많이 상승한 경우 다음(多飮), 다뇨(多尿), 다식(多食), 체중 감소, 피로감 등의 증상이 발생한다.

(2) 당뇨병의 종류

① 1형 당뇨병(인슐린 의존형 당뇨병)

우리나라 당뇨병의 2% 미만을 차지하며, 주로 소아에서 발병하기 때문에 소아당뇨병이라고 한다. 인슐린을 분비하는 췌장의 베타세포가 점차 손상되어 발생하는 당뇨병으로 인슐린이 점진적으로 감소하므로 평생 인슐린치료를 해야 한다.

② 2형 당뇨병(인슐린 비의존형 당뇨병)

우리나라 당뇨병의 대부분을 차지하며, 주로 성인에서 발병하기 때문에 성인당뇨병이라 한다. 인슐린이 만들어지기는 하지만 그 양이 부족하거나, 분비량은 충분하나 인슐린 저항의 증가로 결국 췌장기능 또한 떨어지게 된다. 40대 이후에 많이 발생하고, 반 이상의 환자가 과체중이거나 비만이므로 초기에 식사와 운동요법에 의해 체중을 감량하고 근육을 키워 당뇨병이 호전되는 경우가 있다.

③ 임신성 당뇨병

임신 중 당뇨병이 처음 발견되었거나 임신과 동시에 당 조절에 이상이 생긴 경우를 말하며, 임신과 관련된 다양한 호르몬의 영향으로 발생하게 된다. 임산부의 2~3%에서 발병하여 대부분 출산한 후 정상화된다. 임신 중에 혈당조절이 잘되지 않을 경우 거대아 출산 및 사망률의 가능성이 높으므로 일반 당뇨병 환자보다 엄격한 혈당조절이 필요하다.

(3) 당뇨병의 진단 및 합병증

① 당뇨병의 진단

당뇨병의 진단기준은 다음과 같다(대한당뇨병학회, 2023).

- **혈당검사**: 요당검사 결과 양성이 나오거나 당뇨병의 자각 증상 등으로 인해 당뇨병이 의심이 되는 경우는 혈당검사를 하게 된다. 당뇨병의 진단에 있어 혈당치의 기준은 공복 혈당치 126mg/dL 이상, 식후 2시간 혈당치 200mg/dL 이상을 기준으로 한다.
- **표준 포도당 부하검사**: 아침 공복 시에 혈액을 채취하고 포도당을 75g 경구 투여한 후 1시간, 2시간의 혈당을 측정한다.
- **당화혈색소 검사**: 지난 2~3개월간의 혈당 평균을 알아보는 검사로 6.5% 이상이면 당뇨병으로 진단된다.

② 합병증

- **급성합병증**: 혈당이 지나치게 높아지면 고혈당성 혼수, 케톤산혈증이 나타나고, 혈당이 지나치게 낮아지면 저혈당이 나타난다.
- **만성합병증**: 고혈당이 장기간 지속되면 동맥경화증, 고혈압, 뇌혈관 경색증, 당뇨병성 신

증, 당뇨병성 망막증, 각종 피부질환, 구강질환 등의 합병증이 나타날 수 있다. 만성합병증은 일단 발병하면 치료가 어렵기 때문에 예방을 하는 것이 최선의 방법이다.

(4) 당뇨병의 치료 및 관리

당뇨병 환자의 궁극적인 치료목적은 효과적인 당뇨관리를 통해 만성질환으로 인한 합병증 등을 예방함으로써 건강한 삶을 영위할 수 있도록 하는 것이다. 당뇨병은 치료라는 개념보다는 관리라는 개념이 더 중요하다. 따라서 효과적인 혈당조절을 위해서는 당뇨병 자가관리가 중요하며, 적절한 운동과 함께 절제된 식사, 규칙적인 약 복용 또는 인슐린 주사, 스트레스 관리, 자가 혈당 측정 등의 규칙적이고 절제된 생활습관이 필수적이다.

2) 질환으로 인한 심리사회적 영향

당뇨병은 신체질환뿐 아니라 심리사회적 적응의 어려움도 초래하는 만성질환이다. 당뇨병 진단을 처음 받은 후 환자가 진단에 대해 수용하고, 가족 지지도 좋은 경우 당뇨병 자가관리가 잘되어 더욱 건강한 생활을 유지할 수 있다. 그러나 진단을 받은 초기에는 당뇨병에 걸린 자체를 부정하거나 우울, 불안, 분노, 두려움 등의 감정을 갖게 되는 경우가 더 많으며, 이것이 오래 지속되면 당뇨병 자가관리를 방해하게 되어 혈당조절에 부정적인 영향을 미친다. 더욱이 가족 간에 갈등이 있거나, 가족이 환자의 당뇨병 관리에 무관심한 경우, 혹은 가족이 과잉보호를 하는 경우는 환자의 당뇨병 자가관리 의욕을 저하시켜 혈당조절에 부정적인 영향을 미치게 된다(김준영, 2005). 경제적 어려움은 당뇨병 자가관리를 방해하는 요인으로 빈곤한 환자는 어떤 음식이든지 간에 가격이 싼 것을 위주로 구입할 가능성이 있기 때문에 식이요법을 이행하기가 쉽지 않다. 또한 정기적인 병원방문이나 약물요법보다 민간요법에 관심을 갖게 된다(한인영 외, 2013).

최근에는 소아에서도 성인당뇨병이 발병하고 있어, 이러한 경우 소아당뇨병과 마찬가지로 성장·발달에 따른 심리적 문제와 학교생활 등에 초점을 맞추어 교육과 상담이 이루어져야 한다.

3) 당뇨병 환자와 가족에 대한 사회복지서비스

당뇨병 개입 의료사회복지사는 지식 전달을 위한 교육자로서의 역할뿐만 아니라 환자와 가족의 심리사회적 특성을 사정하고, 동기수준과 심리사회적 상황에 맞는 개입을 하는 전문 상담가로서의 역할도 함께 수행해야 한다. 의료사회복지사의 역할을 한림대학교의료원 사회사업팀의 개입영역 사례를 중심으로 살펴보기로 한다.

(1) 환자 및 가족 상담

① 문제사정

당뇨병 환자나 그 가족을 만났을 때 평소 환자의 당뇨병 관리를 위한 자가관리 활동을 평가하고 심리적 적응단계를 평가한다. 또한 가족에 대한 평가를 포함하여 환자의 당뇨병 관리에 영향을 미치는 심리사회적 문제를 사정한다.

- **평소 당뇨병 관리를 위한 행동 평가**: 당뇨약(인슐린), 식사, 운동, 혈당검사, 발검사, 흡연, 음주, 당뇨병 교육 참석 등
- **환자의 심리적 적응단계 평가**: 부정, 분노, 두려움, 우울, 수용
- **당뇨병 환자 가족에 대한 평가**: 가족만 열심인 형, 무관심형, 비난형, 관심은 있으나 무지한 형, 지지적인 형, 가계도 그리기 등

② 당뇨병 환자의 자가관리 평가를 통한 개입

환자의 당뇨병 관리 부족 문제가 당뇨병 관리 지식의 부족에서 오는 문제인지, 환자의 동기 부족 때문인지, 또는 심리사회적 문제가 당뇨병 자가관리에 영향을 미치고 있는지를 평가하여 적절한 개입을 한다.

- 세분화된 자기보호 기술 부족(무지) → 당뇨병 교육이 필요함
- 자가관리 기술 부족(동기 부족) → 동기부여를 위한 상담(후 당뇨병 교육 필요)
- 대응기술 부족(심리사회적 문제) → 심리사회적 문제 상담(후 당뇨병 관리 교육 필요)

③ 생활습관 계획

환자와 함께 더 나은 당뇨병 관리(혈당조절)를 위해 환자 자신의 생활습관에서 변화되어야 할 점이 있는가를 파악하고, 목표를 설정한 후 구체적인 행동계획을 위해 환자가 스스로 생활습관계획표를 작성하도록 도움으로써 변화동기가 행동으로 옮겨질 수 있도록 한다.

④ 가족상담

가족갈등이나 가족과의 관계로 인해 당뇨병 관리가 잘 되지 않을 경우 가족상담 또는 가족의 올바른 역할에 대한 가족교육을 실시한다.

(2) 집단상담

① 당뇨병 팀교육

지속적이고 반복적인 당뇨병 교육을 통해 당뇨병에 대한 정확한 정보를 전문 분야별로 제공하고, 당뇨병에서의 자기관리 의지 및 실천의 중요성을 강조한다. 의사는 당뇨병의 개요(원인, 진단, 합병증), 각 전문 분야별 당뇨병의 관리(식사요법: 영양사, 약물요법: 약사, 운동요법: 운동처방사, 생활요법: 사회복지사), 간호사는 인슐린주사법과 혈당관리법, 사회복지사는 당뇨병에 대한 심리적 적응, 생활습관의 개선방법, 스트레스 관리, 가족의 지지에 대해서 교육한다.

당뇨병 교육은 다학문적 팀에 의해 수행되는 것이 가장 효과적인 방법이며 당뇨병 교육자를 양성하고 전문적인 교육훈련을 실시하는 것이 중요하다. 이에 대한당뇨병학회에서는 의사, 간호사, 사회복지사, 영양사 등을 대상으로 당뇨병 교육자 자격제도를 운영하고 있다.

② 자조그룹 결성

미혼의 당뇨병 환자, 소아당뇨병 환자, 당뇨병 환자의 가족 등 특정한 집단의 필요와 욕구에 따라 자조그룹을 구성하고 운영할 수 있도록 지원한다.

③ 당뇨캠프

의사, 간호사, 영양사, 사회복지사 등 치료진이 미리 준비회의를 거쳐 캠프 진행과정을 준비·검토·진행·평가한다. 사회복지사는 당뇨병 자가관리에서 중요한 부분 중 하나인 정서적·심리적 측면에 초점을 맞추어 당뇨병과 당뇨병 자가관리의 필요성을 환자가 수용하도록 하고, 당뇨병과 관련된 스트레스를 다룬다. 캠프 기간 동안 사회복지사가 담당하는 프로그램으로 스트레스 관리, 역할극, 의사소통기술, 공감의 힘, MBTI 성격유형 검사와 타인이해, 웃음명상, 가족에게 쓰는 편지 등을 실시한다.

(3) 지역사회 자원 연결

필요할 경우 경제적 지원, 간병인 연결 및 장애인 정보 등을 포함한 지역사회 자원을 연결한다. 또한 당뇨병협회, 동우회 가입, 당뇨 관련 서적 및 인터넷 정보 등을 제공한다.

3. 만성콩팥병

1) 의료적 특성

(1) 만성콩팥병과 원인

① 만성콩팥병이란

콩팥(신장)은 하루에 약 200리터의 혈액을 깨끗하게 걸러 주기 때문에 '사람 몸의 정수기', '생명의 필터'라고 불리기도 한다. 콩팥이 기능을 적절히 수행하지 못하는 상태를 신부전이라고 하며, 신부전은 급성신부전(acute renal failure)과 만성신부전(chronic renal failure)으로 나뉜다. 급성신부전은 원인과 관계없이 콩팥 기능이 수 시간에서 수일 내로 갑자기 떨어져 정상적인 콩팥의 역할을 수행하는 능력이 감소된 상태를 말한다. 만성신부전은 '만성콩팥병'이란 용어로 대체되었는데, 다양한 원인에 의해서 콩팥 기능이 손상을 입은 후 회복되지 못한 채 계속 약화되어 정상 기능의 20~30% 이하가 된 것이다. 콩팥이 제대로 본래의 기능을 다하지 못하기 때문에 노폐물이 몸에 쌓이고 체내 수분, 전해질, 산염기 조절 기능에 이상이 오며, 호르몬 생산장애로 빈혈, 골질환, 고혈압이 생긴다(한림대학교 성심병원 홈페이지; 추정인, 1999).

만성콩팥병 환자는 신장기능이 10% 이하가 되면 말기신부전에 이르게 되어 신대체법인 투석이나 신장이식까지 받아야 하는 상태가 된다. 말기신부전 환자의 생존율은 평균 5년 정도인데, 암 환자의 평균 생존율보다 낮을 정도로 심각하다.

② 만성콩팥병의 원인

나이에 따라 다르지만 만성콩팥병의 3대 원인질환은 당뇨병, 고혈압, 만성사구체신염이다. 이는 만성콩팥병이 신장 자체로 인한 것보다는 전신질환의 합병증으로 발생하는 2차성이 대부분이라는 의미이다. 즉, 당뇨병과 고혈압만 잘 관리해도 만성콩팥병의 위험을 크게 줄일 수 있다.

(2) 만성콩팥병의 증상 및 진단

① 만성콩팥병의 증상

신장기능이 현저히 감소할 때까지 증상이 없는 경우가 대부분이므로 혈액검사에서 우연히 신장기능 저하를 발견하는 경우가 많다. 다만, 고혈압이 동반되는 경우가 많고, 부종이 나타날 수 있다. 신장기능의 저하가 심하면 중추신경, 소화기, 혈액계 등에 요독증상이 발생하고, 방치하면 사망에 이른다. 배설기능이 5% 이하인 요독 증상은 다양한데, 이는 피로, 가려움증, 식욕부진, 오심, 구토 등 소화기계통의 증상, 빈혈, 심장 및 혈관계통의 증상, 골격기관의 증상, 피부 증상, 내분비계통의 증상, 생식기관의 증상 등이다.

② 만성콩팥병의 진단

혈액검사, 소변검사, 신장초음파검사 등을 통해 진단할 수 있다. 말기신부전은 혈액검사를 통해 혈중 요소질소 농도(Blood Urea Nitrogen: BUN), 혈중 크레아틴 농도(Creatine: Cr)의 상승을 알 수 있으며, 이를 통해 사구체 여과율을 추정해 볼 수 있다.

(3) 만성콩팥병의 치료 및 관리

말기신부전과 같이 90% 이상 손상된 콩팥기능을 보완하여 환자가 삶을 영위하는 데 별 문제가 없도록 치료하는 것을 신대체법이라 부른다. 만성콩팥병의 대체요법에는 크게 투석치료와 신장이식방법이 있다. 만성콩팥병의 치료 및 관리를 살펴보면 다음과 같다.

① 약물요법 및 식이요법

신장의 기능이 나빠졌다 하더라도 말기신부전증에 이르기 전까지는 식이요법과 약물로 조절할 수 있다. 약물로 증상을 조절하고, 고혈압과 당뇨 등 질병에 영향을 미치는 질환을 치료한다. 또한 신부전으로 빈혈이 생기면 조혈 촉진제와 철분제를 사용하여 빈혈을 치료한다. 염분을 적게 섭취하고 단백질을 제한하는 것은 신장기능의 유지에 도움을 준다.

② 투석

투석요법은 삼투압, 확산, 정수압의 3원리에 따라 반투막을 통하여 혈액 중에 쌓인 노폐물을 걸러내는 방법으로 혈액투석(hemo dialysis)과 복막투석(peritoneal dialysis)이 있다.

혈액투석은 반투과막인 투석망을 통하여 체내의 노폐물을 제거하는 배설기능과 수분 및 염분, 전해질, 산, 염기 등의 평형을 유지하는 조절기능을 하는 체외투석법으로 인공신장의 역할을 담당한다. 이러한 혈액투석에는 혈액투석기계와 인공신장기가 필요하다. 또, 환자에게 두 개의 혈관주사를 놓아야 하기 때문에 동정맥류 혈관을 만들기 위한 외과적 수술이 반드시 필요하다. 혈액투석은 1일 4시간 정도로 1주일에 3회 전후로 정기적으로 실시해야 한다.

복막투석은 복강에 특별한 관을 삽입하여 깨끗한 투석액을 넣고 6시간가량 투석액이 머무르는 동안 몸 안의 불필요한 노폐물과 수분을 제거한 후 몸 밖으로 배출시키는 방법이다. 이러한 복막투석은 주로 집 안에서 1일 2~4회 정기적으로 배액하고 새로운 액과 교환하는 조작을 수동으로 하는 방법과 야간에 기계가 정해진 프로그램에 따라 자동적으로 2시간 정도의 간격으로 투석액을 교환하는 자동복막투석 방법이 있다. 투석환자들은 합병증 예방을 위해 식이제한을 해야 한다. 이는 단백질(고질소혈증 예방), 수분과 염분(고혈압, 심폐부종, 심부전 등 예방), 혈액투석환자의 고칼륨증(입술, 혀의 마비감, 근력저하, 사지저림감, 심정지 등의 증상)의 예방을 위해 과일, 생야채, 포타슘, 인(저칼슘증, 골연화증 예방) 등을 제한하는 것이다.

③ 신장이식

신장이식(kidney transplantation)은 기능을 거의 하지 못하는 신장을 대신해서 다른 건강한 사람의 신장을 제공받는 것이다. 신장이식에는 생체이식과 사체이식이 있다. 신장이식 전에는 여러 검사를 하여야 하는데 ABO혈액검사, 조직적합항원(Human Leukocyte Antigen: HLA) 검사, 세포독성항체 검사(cytotoxic antibody test) 등을 실시한다. 신장이식 수술 후 이식된 신장에 대한 거부반응으로 고열, 신장기능 감소, 소변량 감소, 이식부위 통증, 고혈압, 전신부종이 있을 수 있다. 이러한 거부반응을 줄이기 위해 투여하는 면역억제제는 수술 직후 다량 투여되다가 점차 용량이 줄어들지만 평생 복용해야 하고, 감염과 같은 여러 가지 부작용이 있으므로 세심한 관찰이 필요하다(삼성서울병원 홈페이지; 추정인, 1999).

2) 질환으로 인한 심리사회적 영향

(1) 만성콩팥병의 심리사회적 영향

만성콩팥병의 심리적인 영향을 말기신부전 환자와 가족의 심리적인 반응을 중심으로 살펴보면 다음과 같다(추정인, 2003b).

① 환자의 심리적인 반응

만성콩팥병 환자의 심리적 반응은 충격(shock), 부정(denial), 분노(anger), 우울(depression), 적응(adaptation)의 단계를 거친다. 이 단계는 순차적으로 거치거나 어떤 시점에서 후퇴되어 반복을 하는 경우도 있다.

- 충격: 처음에 만성콩팥병 또는 투석이나 이식을 해야 한다는 말을 듣게 되면 '충격'을 받는다. '나에게 왜 이런 일이 생겼는가?' 하고 받아들이기 어려우며, 치료방침을 따르라는 의사의 지시를 그대로 이행하기가 힘들다.
- 부정: 현재 자신의 상태를 받아들이지 못하는 반응으로서, 질병의 심각성을 인정하기가 어렵다. 종종 환자들은 실제 상황보다 좀 나은 상태라고 판단하기도 하고, 다시 기적과 같은 일이 생겨서 본래의 신장기능을 회복할 수 있다고 믿기도 한다. 이런 마음으로 종종 치료진의 지시를 시험하기 위해 음식 조절을 안 하고 약을 중단하기도 한다.
- 분노: 환자는 자신이 투석이나 이식을 해야 하는 '불공평한' 상황에 대해서 몹시 화를 낸다. 많은 환자가 이런 감정을 가지고 있지만, 특히 감정조절이 잘 안 되는 환자의 경우 분노조절의 어려움으로 가족들이나 치료진에게 화를 낼 수 있다. 이런 분노는 치료진 또는 가족과의 관계에 어려움을 줄 수 있다.
- 우울: 신장을 못 쓰게 되었다는 상실감에서 오는 반응으로 식욕감퇴, 성욕감퇴, 불면증 등이 올 수 있다. 그리고 발병 이전 생활양식으로부터의 변화, 투병생활에 대한 두려움, 신체·외모의 변화 및 죽음에 대한 인식 등이 우울증을 야기한다. 심한 경우 치료를 거부하는 행동을 보일 수 있기 때문에 이에 대한 부가적인 치료가 필요하다.
- 적응: 환자는 투석하는 기계가 내 생사를 좌우한다는 생각으로 투석기계를 마음으로 받아들이고, 각자 다른 성격을 가진 치료자들과 성격상의 마찰을 일으키지 않으며, 까다로운 식사 규제와 통증을 받아들인다. 이러한 단계가 되어야 생명유지는 물론 모든 일상생활을 종전처럼 계속해서 유지할 수 있다.

② 가족의 심리적인 반응

만성콩팥병 환자의 가족심리는 환자와 유사하며, 가족의 특징적인 심리적인 반응을 살펴보면 다음과 같다.

- **불안**: 가족은 환자와 가족에게 무슨 일이 일어났는지 충분히 알지 못한다고 느낄 수도 있고, 그것을 극복할 수 없다고 느낄 수도 있는데 이때 불안을 느끼게 된다.
- **우울**: 환자가 장기간 투석이 계속되면서 가족은 환자에 대한 걱정, 경제적 걱정, 가정생활 파탄 가능성에 대한 걱정, 신장이식을 둘러싼 갈등과 죄책감, 심신이 지침에 따라서 우울증을 경험한다.
- **분노**: 가족은 환자의 만성콩팥병이란 질병에 대해서뿐만 아니라 만성적인 의존 상태에 처한 환자가 보이는 병적 행동에 대해 분노한다.

(2) 만성콩팥병 환자와 가족의 심리사회적 문제

만성콩팥병 환자의 스트레스 요소로서 치료순응과 신장재활에 영향을 미치고 있는 심리사회적 문제들은 다음과 같다(추정인, 2006b).

① 심리적 문제

만성콩팥병 환자에게 심리적 문제가 생기는 이유는 다음과 같다. 즉, 완치가 불가능하다는 것과 투석을 중지하면 죽을 수밖에 없다는 사실, 기계에 몸과 생명을 맡기게 된 것이다. 그리고 투석환자의 경우 식사, 수분섭취의 제한, 감소되는 성교의 빈도 등으로 기본적 욕구가 파괴되고, 투석 후 신체 이미지(body image)의 변화, 활동의 제한 때문에 발생할 수 있는 실직, 직장생활 및 학업생활의 어려움 등으로 인한 사회적 위축과 낮은 자존감(low self-image)을 경험하게 된다. 또한 투석이나 이식 후 발생할 수 있는 응급상황과 이식수술이 이루어지지 못할 때의 절망감, 자신의 미래에 대한 불확실성과 죽음에 대한 두려움, 치료진과 가족들의 기대에 대처하는 자신의 능력에 대한 두려움 등으로 불안해하며, 기존의 역할에 대한 상실감을 경험함으로써 스트레스를 받게 된다. 특히 당뇨병성 말기신부전 환자는 엄격한 혈당관리와 혈압조절을 해야 하고, 당뇨병 식이요법과 더불어 신장질환 식이요법을 병행해야 하는 까다로운 관리가 요구되므로 많은 스트레스를 경험한다.

② 사회적 문제

혈액투석환자의 경우 대인관계나 사회생활을 하는 데 어려움이 큰데, 그 이유는 주 3회 병원을 방문하여 투석치료를 받아야 하며, 빈번한 입원치료로 인해서 실업과 직장 복귀가 어렵고, 기존에 해 오던 사회생활 유지가 어렵기 때문이다. 또한 신장질환으로 인한 외모의 변화 때문에 사회적으로 위축되고, 장기간 치료를 받음에 따라 대인관계를 유지하는 데 소홀하게 된다.

③ 경제적 문제

만성질환으로 치료를 받는 환자의 경우 경제적인 어려움이 있는 경우가 대부분이다. 특히 당뇨병성 말기신부전 환자는 이미 다른 당뇨병성 합병증들이 발병된 상태인 만성질환자이므로 치료비를 포함한 경제적인 부담이 크다. 이들은 투석치료와 장기이식을 하더라도 신장과 췌장을 동시에 이식해야 하므로 이식수술비 부담이 더욱더 크다.

④ 가족 문제

만성콩팥병 환자의 가족은 가족의 부담이 커지면 커질수록 가족 지지체계가 약화되고, 환자로 인한 불안과 우울, 환자에 대한 적개심이 생길 수 있으며, 계속되는 실패를 경험하면서 심리적으로 많은 좌절과 어려움을 겪게 된다. 가족의 문제 양상은 기존의 역할변동이나 역할상실에 따른 어려움, 환자와 배우자의 성문제, 지속적인 환자의 케어에 따른 가족 내 정서적 갈등, 장기 제공에 대한 가족의 부담감과 갈등으로 나타난다. 또한 장기간의 투병생활로 인한 부부갈등, 경제적인 어려움 등으로 인한 이혼 혹은 위장이혼 등이 있을 수 있다.

⑤ 성(sex) 문제

신부전과 만성질환은 신체적·정서적 변화를 일으켜 성생활에 영향을 줄 수 있다. 구체적인 예로, 환자들은 성적인 관심과 능력이 감소하고, 외형적인 모습의 변화(얼굴이 검어짐)로 열등감을 느끼게 될 수 있다. 특히 고혈압 치료약물은 성기능 저하에 영향을 주며, 스테로이드의 사용은 비만, 여드름, 원치 않는 모발의 성장을 일으킬 수 있으므로 환자를 매력적이지 않게 보이도록 할 수 있다. 투석환자 중 남자의 약 80%가 발기부전으로 진전되며, 여자는 성교 시 오르가슴을 느끼는 횟수가 떨어지는 것으로 보고되는 것은 만성콩팥병 환자의 성 문제가 심각함을 시사한다.

⑥ 장기수요의 불균형 문제

말기신부전 환자들의 신장이식에 대한 욕구에 비해 기증자가 적음에 따라 장기수요의 불균형이 초래되고 있다. 그러므로 이식을 원하는 환자들은 이식의 기회가 줄어드는 등 어려움에 처할 수밖에 없다. 특히 당뇨병성 말기신부전 환자인 경우 신장과 췌장을 동시에 이식해야 하므로 기증자의 희소성은 더욱 크다 할 수 있다.

3) 만성콩팥병 환자와 가족에 대한 사회복지서비스

미국 신장협회(National Kidney Foundation, 1996)에 따르면 '말기신부전 환자에게 있어서의 재활'이란 보다 건강한 상태가 되는 것, 보다 긍정적이고 적극적인 시각을 갖게 되는 것, 가족과 친구들과의 관계를 즐기게 되는 것, 자신이 가치 있다고 느끼는 것 등을 포함한다. 이때 가족, 친구, 지역사회, 치료진이 말기신부전 환자들의 재활에 도움을 줄 수 있으며, 말기신부전 환자들은 자신에게 적합한 지역사회 자원을 활용할 수 있어야 한다(추정인, 2006b에서 재인용).

미국 신장협회(1996)에서는 신장치료 다학문적 서비스팀으로서 신장 전문 사회복지사의 역할을 '신장병과 관련되어 가정, 집, 직장, 지역사회에서의 변화에 환자와 가족들이 대처하는 것을 돕는 상담, 프로그램 실시, 지역사회 자원 연결 서비스를 제공하는 것'이라고 제시하였다. 다음은 우리나라 실정에 맞는 의료사회복지사의 역할을 살펴보기로 한다(추정인, 2006b에서 재인용).

(1) 환자 및 가족 상담

① 포괄적인 상담

투병생활에 따른 심리적 어려움, 자신감의 상실, 사회적응의 어려움, 스트레스 해결 등에 대한 포괄적인 상담을 한다.

② 지지적인 상담

합병증이 발생했을 때, 이식수술이 좌절되었을 때, 이식 전후의 투병생활이 어려울 때, 합병증에 대한 두려움과 불안이 클 때, 개인적 갈등과 가족 내 갈등이 심화될 때, 재활계획을 실행에 옮길 때 지지적인 상담을 한다.

③ 위기상담

신장 합병증 진단을 받은 초기 단계의 환자, 투석을 준비하거나 투석을 시작한 환자와 가족에 대한 개입, 환자가 투석기계에 의존해야 하는 투병생활에 대한 부정(denial)의 심리상태를 긍정적인 방향으로 유도하기 위한 위기상담을 한다.

(2) 집단지도

만성콩팥병 관련 치료팀의 일원이 되어 투석치료 및 신장이식수술에 대한 이해와 인식을 갖게 하고, 투석치료 및 신장·췌장 이식수술 후에 환자의 대응능력을 강화하기 위해 정보를 제공하며 집단에 참석하는 성원들의 공감대 형성과 모델링을 통해서 환자나 가족이 겪고 있는 심리사회적·신체적 어려움을 극복할 수 있도록 돕는다. 그리고 집단활동을 통해서 타인이나 사회에 만성콩팥병 환자들의 대변인·옹호인 역할을 한다. 구체적인 예는 다음과 같다.

① 치료팀 관련 교육

- 급성신부전, 만성신부전, 말기신부전에 대한 이해와 치료법
- 투석 및 신장이식수술과 치료과정
- 이식 전후의 합병증
- 약물치료법
- 영양관리
- 건강관리
- 임신, 여행, 일상생활 관리

② 환자 및 가족 교육

- 환자가 겪고 있는 심리사회적·신체적 어려움에 대한 이해 교육
- 가족의 변화된 역할교육
- 환자 및 가족의 새로운 사회적응기술 교육

③ 자조모임 지원

투석환자, 신장·췌장이식환자, 만성콩팥병 환자와 가족을 대상으로 하는 자조모임 지원

④ 집단상담

투석환자 야유회, 신장이식환자 캠프, 환자와 가족을 위한 역할극, 스트레스 관리 프로그램 등

⑤ 만성콩팥병 환자를 위한 멘토링 프로그램 지원

투석을 앞둔 환자 혹은 투석을 시작하는 환자 대상의 한림대학교 강남성심병원 '동행'

⑥ 환자 인터넷 동우회 운영

만성콩팥병 환자, 투석환자, 신장이식환자를 위한 인터넷 동우회 운영지원

⑦ 사회복지정보 교육

만성콩팥병 환자가 알아야 할 사회복지 혜택 관련 정보는 다음과 같다(대한의료사회복지사협회, 2015).

- **말기신부전 진단을 받은 후 경제적 어려움 발생 시 도움받을 수 있는 의료비 지원제도**: 보건복지부 긴급지원제도, 중증질환 재난적 의료비 지원제도
- **투석치료가 시작된 후 산정특례 등록**: 희귀난치성질환으로 진단받은 건강보험의 요양급여 부분 본인부담률을 20%에서 10%로 경감하기 위해 만들어진 제도
- **신장장애인 등록**: 투석치료 시작일 기준 3개월 경과 시 신장장애 2급, 신장이식수술 이후 신장장애 5급
- **장애등급별 복지서비스 혜택**
- **희귀난치성질환자 의료비 지원**: 관할 보건소에서 의료비 부담이 많은 투석환자들에게 투석치료비와 합병증 치료비에 대한 요양급여 항목 중 본인부담금을 지원해 주는 제도
- **의료비 지원제도**: 보건복지부 긴급지원사업, 국민건강보험공단의 중증질환 재난적 의료비 한시적 지원사업
- **저소득층 사회복지 지원제도**: 거주지 읍·면·동 주민센터
- **중증장애인 연금, 경증장애수당**: 거주지 읍·면·동 주민센터
- **국민연금 내 장애연금**: 국민연금관리공단

(3) 지역사회 자원 연결

심리적·사회적·경제적으로 어려운 환자들을 위해 수술 전부터 지역사회 자원을 통하여 원조받을 수 있는 방안을 강구하며, 구체적인 예는 다음과 같다.

- 경제적으로 어려운 환자에 대한 공공기금 및 관련 단체의 원조 연결
- 가정간호서비스 중재
- 가정-병원 간의 이동보조 자원봉사자 연결
- 투석환자가 보호자가 없는 경우와 이식수술 후 입원 시 간병인이 필요한 경우 자원봉사

자 연결
- 지방에 연고를 두고 있는 환자가 수술 후 잦은 외래진료로 인해서 거처 마련이 안 되어 불편을 겪고 있는 경우 그들의 숙식문제를 해결할 수 있도록 지역사회 자원 연결

(4) 신장과 췌장 이식수술을 위한 개입

- 신장과 췌장 이식수술 예정자를 대상으로 이들의 이식에 대한 결정을 도와주고, 가족에게 충분한 이해를 도모하여 원활하게 이식이 진행될 수 있도록 좀 더 안정된 심리적·사회적·경제적 환경을 조성토록 지원한다.
- 장기기증자에 대한 적합성 평가와 보건복지부 국립장기조직혈액관리원(The National Institutes of Organ, Tissues and Blood Management)의 승인절차 관련 업무를 실행한다(「장기등 이식에 관한 법률 시행령」 제13조와 제17조 및 시행규칙 제5조 근거).
- 장기이식 수술 시 경제적으로 어려운 환자일 경우 외부 후원단체 원조 연결을 한다.

4. 장기이식

1) 의료적 특성

> **장기이식**
> 신체 장기가 질환으로 인해 기능을 상실하게 되어 다른 어떤 치료방법으로도 그 기능을 대치할 수 없을 때, 타인의 장기 전부 또는 일부분을 동일한 또는 각각 다른 사람의 신체에 옮겨 심는 것을 말함. 의료사회복지사가 주로 개입하는 장기이식으로는 신장이식, 간이식, 심장이식, 조혈모세포(골수)이식 등이 있음

우리나라의 장기이식은 1969년의 신장이식을 시작으로 하여 1988년에 뇌사자에게서 적출한 간이식이 성공하면서 뇌사자에 의한 장기이식이 사회적 관심을 불러일으켰고, 1992년에는 췌장 및 심장 이식에 성공하여 장기이식이 본격화되었다(추정인, 2005).

보건복지부 국립장기조직혈액관리원의 통계에 따른 2022년 우리나라 장기이식인은 5,508명(살아 있는 자 3,819명, 뇌사자 1,641명, 사후 48명)으로 해마다 많은 장기이식이 이루어지고 있다.

장기등 이식 추이는 2022년도 5,508건으로 전년 대비 7.7% 감소되었다. 이 중 뇌사이식 7.8% 감소, 사후이식 30.4% 감소, 생존시 이식 7.3% 감소되었다(2022년도 장기등 기증 및 통계연보, 보건복지부 국립장기조직혈액관리원, 2023. 12.).

연도별 장기이식 추이는 [그림 9-1]과 같다.

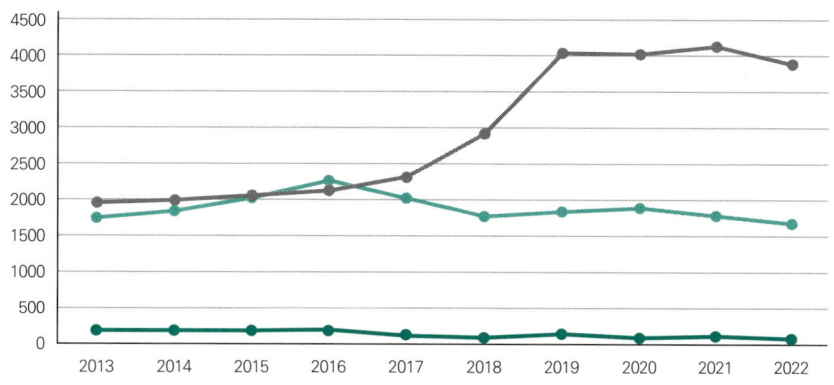

구분	2013	2014	2015	2016	2017	2018	2019	2020	2021	2022	전년대비 증감률
뇌사	1,737	1,827	2,003	2,344	1,992	1,768	1,845	1,889	1,779	1,641	▼ 7.8
사후	154	140	117	156	91	84	100	54	69	48	▼ 30.4
생존	1,930	1,969	2,009	2,218	2,344	2,932	4,019	3,987	4,121	3,819	▼ 7.3
계	3,821	3,936	4,129	4,718	4,427	4,784	5,964	5,930	5,969	5,508	▼ 7.7

[그림 9-1] 연도별 이식건수 추이

출처: 보건복지부 국립장기조직혈액관리원(2023. 12.).

연도별 장기이식자 장기별 평균 대기시간은 〈표 9-1〉의 결과에서 나타난 바와 같이 이식대기 시간이 평균 1,000일이 넘는 것으로 보아 수요가 공급에 비해 절대적으로 많음을 알 수 있다.

장기이식자의 대기시간
이식대기 등록일부터 이식일까지의 기간을 말함

〈표 9-1〉 장기별 이식자의 평균 대기시간

구분	2018	2019	2020	2021	2022
평균	1,219	1,228	1,296	1,289	1,399
신장	2,034	2,196	2,222	2,275	2,479
간장	175	160	132	201	187
췌장	1,230	1,263	1,391	1,601	1,855
심장	228	211	316	212	339
폐	147	234	238	215	265

출처: 보건복지부 국립장기조직혈액관리원(2023. 12.).

(1) 장기등이란

장기등이란 「장기등 이식에 관한 법률」 제4조에서 정의한 '사람의 내장이나, 그 밖에 손실되거나 정지된 기능을 회복하기 위하여 이식이 필요한 조직'으로서 신장, 간장, 췌장, 심장, 폐, 소장, 췌도, 안구, 골수, 말초혈, 손·팔, 발·다리 등이 해당된다(국립장기조직혈액관리원, 2024).

(2) 장기이식이란

장기이식(organ transplantation)은 환자의 장기가 손상되어 더 이상 제 기능을 하지 못해 기존의 치료법으로 회복이 어려워 생명을 잃을 수도 있는 상황에 놓인 각종 말기 질환자의 장기를 건강한 다른 사람의 장기로 대체·이식하여 그 기능을 회복시키는 의료행위로써 새 생명을 얻게 하는 치료법이다(국립장기조직혈액관리원, 2024). 즉, 장기이식이란 신체장기가 질환으로 인해 기능을 상실하게 되어 다른 어떤 치료방법으로도 그 기능을 대치할 수 없을 때, 타인의 장기 전부 또는 일부분을 동일한 또는 각각 다른 사람의 신체에 옮겨 심는 것을 말한다(추정인, 송효석, 조성상, 김후남, 서향순, 2002).

장기이식의 유형 중 의료사회복지사가 주로 개입하는 신장이식, 간이식, 심장이식, 조혈모세포이식(골수)을 중심으로 살펴보면 다음과 같다.

① 신장이식

신장이식(kidney transplantation)은 신장기능이 10% 이하가 되어 말기신부전 진단을 받은 환자에게 수술을 통하여 건강한 신장을 이식함으로써 정상적인 신장기능을 회복시켜 주는 신대체 방법이다. 신장이식은 기증받은 건강한 신장을 환자의 동맥, 정맥 및 방광에 연결하여 정상적으로 기능하도록 수술하는 치료방법이다. 신장이식의 종류는 다음과 같다.

- **동종이식**(allogeneic transplantation): 유전적으로 동일하지 않은 사람에게서 신장을 이식받는 것이다.
- **동계이식**(syngeneic or isogeneic transplantation): 유전적으로 동일한 사람 사이에 이루어지는 신장이식을 말한다. 예컨대, 일란성 쌍둥이 사이의 이식 등이 있다.

② 간이식

간이식(liver transplantation)은 말기 간질환 또는 간세포암 등 간질환에 대한 치료법으로 정상인의 간을 수술적으로 적출하여, 대상 환자에게 옮겨 붙여 간이 기능하게끔 하는 수술법이다. 간이식의 종류는 다음과 같다.

- **전 간이식**(orthotopic whole liver transplantation): 뇌사자의 간을 통째로 적출하여 옮겨 붙이는 수술법이다.
- **뇌사자 부분 간이식**: 분할 간이식(split liver transplantation: 하나의 간을 둘로 나누어 2명의 수혜자에게 각각 이식하는 수술법), 축소 간이식(reduced size liver transplantation: 기증된 간의 크기가 수혜자에게 큰 경우 일부 간을 절제하고 남은 간을 이식하는 수술법)이 있다.
- **생체 부분 간이식**(living donor liver transplantation): 생체 공여자의 간을 일부 절제하여 수혜자에게 이식하는 수술법이다.
- **보조 간이식**(auxiliary partial orthotopic liver transplantation): 수혜자의 간을 일부 또는 전부를 남겨 둔 채 이식 간의 일부 또는 전부를 수혜자에게 이식하는 수술법이다.

③ 심장이식

심장이식(heart transplantation)은 뇌사자의 심장을 제공받아 내과적·외과적 치료가 불가능한 1년 생존 가능성이 75% 미만인 말기심부전증 환자에게 이식해 주는 수술이다. 심장이식의 종류는 다음과 같다.

- **동소성 심장이식술**: 보편적인 심장이식술로 수혜자의 심장을 적출하고 그 자리(동소)에 공여자의 심장을 이식하는 것이다.
- **이소성 심장이식술**: 환자의 심장을 그대로 남겨 놓은 상태에서 그 옆의 정맥 및 동맥 문합을 통하여 심장을 이식하는 방법이다.

④ 조혈모세포(골수)이식

골수이식(Bone-Marrow Transplantation: BMT)은 골수에 이상이 발생한 백혈병이나 암 환자에게 건강한 다른 사람의 골수를 이식하여 병을 다스리고자 하는 치료법이다. 골수이식은 수술과 같은 외과적 치료방법이 아니라, 수혈과 같은 방법으로 피 대신 골수를 주입하는 것이다. 골수는 뼛속에 있는 스펀지와 같은 연한 조직으로 적혈구, 백혈구, 혈소판 등의 혈액성분과 면역체계의 여러 성분을 만들어 낸다. 정상인의 혈액 중 약 1% 정도에 해당되며, 모든 혈액세포를 만들어 내는 능력을 가진 어머니 세포로 골수에서 대량 생산되고 있는 세포를 통틀어서 조혈모세포(hemopoietic stem cell)라고 한다. 즉, 조혈모세포이식(Hematopoietic Stem Cell Transplantation: HSCT)이란 과거 골수를 활용하던 골수이식의 영역을 넘어서 말초혈액과 제대혈 내에 존재하는 모든 형태의 조혈모세포를 이식원으로 활용하여 이식하는 것을 의미한다. 조혈모세포이식의 종류는 다음과 같다.

- **동종조혈모세포이식**: 조혈모세포를 타인에게 받는 경우이다.
- **자가조혈모세포이식**: 조혈모세포를 자기 것으로 쓰는 경우이다.
- **동계조혈모세포이식**: 조혈모세포를 일란성 쌍생아에게 받는 경우이다.

(3) 장기기증이란

장기기증(organ donation)은 '다른 사람의 장기등의 기능회복을 위하여 대가 없이 자신의 특정한 장기등을 제공하는 행위'를 말한다. 장기기증은 뇌사기증, 사후기증, 살아 있는 자 간(間) 기증으로 구분된다.

2) 질환으로 인한 심리사회적 영향

장기이식환자의 주요 특성을 여섯 가지로 구분하여 살펴보면 다음과 같다(추정인 외, 2002; 추정인, 2006b).

(1) 신체적 특성

이식 후에도 체내에서 이식된 타인의 장기를 거부하는 반응을 억제하기 위하여 거부반응 약제를 계속 복용해야 한다. 이러한 면역억제제를 장기간 복용하면 신기능장애, 고혈압, 당뇨병, 위장장애, 감염, 치육비후, 다모증, 멍이 잘 들고 외모가 변화하는 것 등의 부작용이 생길 수 있다. 그렇기 때문에 정기적인 진료와 검사, 식이요법 등의 건강관리와 생활조절이 요구되는데, 이에 따른 스트레스가 많이 발생한다. 그리고 약 복용으로 인한 비만, 피부색의 침착, 다모증 등의 신체적 변화는 환자들에게 외모에 대한 스트레스를 갖게 하고, 특히 자기애적 성격을 가진 여성 환자는 받아들이기 어려운 고통을 경험하게 된다. 그러므로 이식환자들은 주기적인 운동과 함께 평생 복용하는 면역억제제의 감염위험성을 체크하기 위해 매일 체온, 맥박, 혈압, 체중 측정 습관을 가져야 한다.

(2) 심리적 특성

환자들은 이식 기회의 희소성으로 이식을 받기 전까지는 불안해한다. 이식 후 발생할 수 있는 응급상황과 자신의 미래에 대한 불확실성이 크며, 특히 심장이식환자들은 심장 이식 후 거부반응으로 인해 심장이 소실될 경우 아무런 대안이 없다는 점에서 사망에 대한 공포감이 클 수 있다. 그리고 이식환자들은 치료진과 가족들의 기대에 대처하는 자신의 능력에 대한 두려움 등으로 불안해하며, 이식 후에도 기존의 역할변동이나 역할 상실감 때문에 치료를 거부하거나 최악의 경우는 자살을 시도하기도 한다.

이식환자들은 남에게 나쁜 일을 해서 자신이 병이 들었다고 자책하는 경우도 있으며, 상실감을 느끼거나 화를 잘 내는 등의 특징을 갖고 있다. 또한 삶에 대한 시각(관점)이 변화하며, 가족에게 미안함을 느끼고, 자신감이 상실되고 아집이 커지는 양상을 보인다. 또한 타인의 장기를 자신의 장기로 동일화하는 과정에서 묘한 갈등을 느끼며, 이성의 장기를 받았을 경우 성적 역할의 혼란을 초래하기도 한다. 사체의 장기를 이식받은 경우는 죽은 사람에 대한 생각을 자주 하게 되며, '내가 살기 위해 운명적으로 그가 죽었다.'는 등의 죄책감에 시달릴 수 있다. 이식환자들은 이식 전후의 심리적 반응으로 부정 단계, 분노 단계, 타협 단계, 우울 단계, 수용 단계를 보인다. 골수이식환자는 자가이식의 경우 관해 후 합병증에 대한 근심이 제일 크며, 동종이식의 경우 생착가능성에 대한 근심이 크다.

(3) 가족적 특성

이식환자의 경우 환자 자신 못지않게 가족 역시 많은 스트레스를 경험하게 된다. 환자의 치료가 장기화되고, 수술 전후 경제적 압박이 심해짐에 따라 가족의 부담이 그만큼 커지고 가족 지지체계가 약화된다. 그리고 환자로 인한 불안, 우울, 환자에 대한 적개심이 생길 수 있으며, 계속되는 실패를 경험하면서 심리적으로 많은 좌절과 어려움을 겪게 된다. 기존의 역할변동이나 역할상실에 따른 어려움, 환자인 배우자와의 성문제(sexual problem), 지속적인 환자의 간호에 따른 가족 내 정서적 갈등, 환자에 대한 가족의 적대감과 죄의식, 의료비 지출 과다로 인한 경제적 부담의 증대, 환자의 이식수술에 대한 두려움과 기피, 장기 제공에 대한 가족의 부담감과 갈등도 있을 수 있다.

(4) 사회적 특성

이식 후에도 지속적인 치료와 잦은 응급치료 등으로 인해 실직을 하게 되거나 직장복귀가 어렵고, 기존에 해 오던 사회생활을 유지하는 데 어려움이 발생한다. 구체적으로 살펴보면, 노동능력의 상실, 교우관계의 소원함, 남과 관계 맺기를 꺼림, 피해의식이 나타나고 주위를 정리하는 양상을 보인다. 그리고 회복과 정기검진 등으로 한참 동안 일을 할 수 없게 되며, 감염 우려와 외모 변화에 따른 자신감 상실로 외출을 최소화하는 경향도 있다.

(5) 경제적 특성

이식 시 수술비 부담과 이식 후 평생 복용해야 하는 것에 따른 거부반응 및 약제비 부담, 정기적인 외래 검사와 잦은 입원으로 인한 환자의 의료비 지출 과다로 경제적인 부담이 증대한다. 그리고 수입이 단절될 수도 있어 치료비 마련과 생계유지가 어렵다.

(6) 기타

장기수요의 불균형으로 인해 우리나라는 뇌사(brain-death)가 법적으로 인정되었지만 장기이식 욕구에 비해 기증자가 적어서 장기이식을 해야 하는 환자들은 많은 어려움에 처해 있다.

3) 장기이식 환자와 가족에 대한 사회복지서비스

(1) 장기이식 업무에 대한 의료사회복지사 활동의 법적 근거

① 조혈모세포이식의 요양급여에 관한 기준 제3조(실시기관)

실시기관에는 다음 각 목의 인력이 상근하여야 한다.
  가. 혈액종양내과 또는 소아청소년 혈액종양 전문의
  나. 진단검사의학과, 병리과 및 방사선종양학과 전문의 각 1명
  다. 합병증이 발생된 경우 진료를 담당할 수 있는 과별 전문의
    - 감염내과 또는 소아청소년 감염 전문의 포함

② 장기등 이식에 관한 법률 제25조(장기이식의료기관), 시행령 제25조(이식의료기관의 지정기준)의 별표 4(이식의료기관의 시설·장비·인력 등)

- "장기등의 적출·이식을 위한 상담·연락업무 등을 하는 간호사와 사회복지사를 각각 1명 이상 두어야 한다."

  2000년 2월 9일부터 「장기등 이식에 관한 법률」이 시행됨으로써 뇌사가 합법화되었

고, 현재 국립장기조직혈액관리원에서 이식에 관한 전반적인 관리가 이루어지고 있다. 2001년 7월 1일부터 살아 있는 자의 장기이식대상자 승인 신청 시에는 반드시 사회복지사의 상담평가를 거친 뒤, 상담평가서와 함께 상담결과를 증명할 서류도 첨부되어야 하며, 순수기증자에 대한 상담 및 평가에 대한 법정 비급여로 상담료를 인정받고 있다. 또한 「장기등 이식에 관한 법률 시행규칙」(보건복지부령 제88호, 2011. 12. 7. 시행) 제10조 '뇌사판정 의료기관의 기준'에 사회복지사 1명의 인력을 갖추어야 한다고 명시되어 있다.

(2) 장기이식의 시기별 단계에 따른 사회복지사의 역할

마리 아만다 듀(2002)가 제기한 장기이식의 각 단계별 고려해야 할 사항을 바탕으로 의료사회복지사의 역할을 살펴보면 다음과 같다(추정인, 2005에서 재인용).

① 이식수술을 위한 평가 단계
- 과거의 생활습관과 행동 등에 대한 정확한 사정을 한다.
- 환자와 가족에게 이식과 관련된 유용한 정보를 제공한다.

② 이식수술을 기다리는 단계
- 이식에 대한 현실적인 기대감을 심어 주면서도 희망을 갖도록 지지한다.
- 가족 역동에 대한 정확한 사정과 적절한 개입을 한다.
- 환자와 가족이 걱정하는 내용에 대한 토론의 기회를 제공한다.
- 환자와의 지속적 연계를 위해 지역사회 자원과의 긴밀한 연계를 갖는다.

③ 이식수술 후의 회복 단계
- 적절한 퇴원계획을 준비한다.

④ 이식수술 후 1년까지의 단계
- 여러 가지 자원과 공식적·비공식적 지지체계를 연계한다.
- 의료적 순응도 향상과 문제예방을 통한 삶의 질 향상을 위한 교육을 한다.

⑤ 장기적인 적응의 단계
- 삶의 질 향상을 위한 지속적인 관심과 원조를 한다.

(3) 장기이식 사회복지사 개입활동 사례

앞에서 살펴본 장기이식의 시기별 단계와 장기이식환자 및 가족을 위한 실질적인 사회복지사 개입활동을 한림대학교의료원 강동성심병원 사회복지사의 개입활동 사례를 중심으로 정리하면 [그림 9-2]와 같다(추정인, 2005).

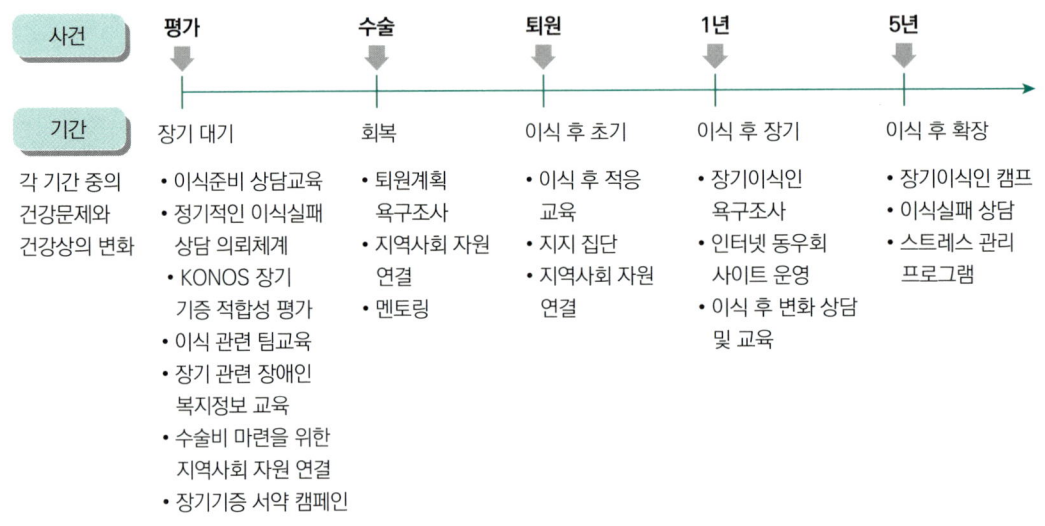

[그림 9-2] 장기이식 시기별 단계와 장기이식 환자와 가족을 위한 사회복지서비스

 **정리해 봅시다**

1. 고혈압

대한고혈압학회(2023)에서는 고혈압을 수축기 혈압(SBP) 140mmHg 이상, 확장기 혈압(DBP) 90mmHg 이상으로 정의하고 있다. 정상 혈압은 수축기 혈압(SBP) 120mmHg 미만과 확장기 혈압(DBP) 80mmHg 미만으로 정의한다.

의료사회복지서비스 제공은 고혈압 환자와 그 가족의 포괄적인 요구를 해결하는 데 매우 중요하다. 건강의 사회적 결정 요인을 다루고 필요한 자원과 지원에 대한 접근을 촉진함으로써 고혈압 환자의 건강 결과와 삶의 질을 향상시키는 데 중요한 역할을 한다.

고혈압 환자와 가족에 대한 의료사회복지서비스는 ① 지지 집단(support group), ② 건강교육 프로그램, ③ 지원 프로그램 실시, ④ 가정 건강 서비스, ⑤ 법률 지원 등이 있다.

2. 당뇨병

인슐린이 부족하거나 기능을 하지 못하게 될 경우 포도당이 세포에서 이용되지 못하고 혈액 속에 쌓이다가 소변으로 빠져나오는 병적인 상태를 당뇨병이라고 한다.

당뇨병의 종류는 1형 당뇨병(인슐린 의존형 당뇨병), 2형 당뇨병(인슐린 비의존형 당뇨병), 임신성 당뇨병으로 나뉜다.

혈당치의 기준이 공복 혈당치 126mg/dL 이상, 식후 2시간 혈당치 200mg/dL 이상일 때 당뇨병이라 한다. 급성합병증으로 고혈당성 혼수, 케톤산혈증, 저혈당이 나타난다. 그리고 만성합병증으로 동맥경화증, 고혈압, 뇌혈관 경색증, 당뇨병성 신증, 당뇨병성 망막증, 각종 피부질환, 구강질환 등의 합병증이 나타날 수 있다.

효과적인 혈당조절을 위해서는 당뇨병 자가관리가 중요하며 적절한 운동과 함께 절제된 식사, 규칙적인 약 복용 또는 인슐린 주사, 스트레스 관리, 자가 혈당 측정 등의 규칙적이고 절제된 생활습관이 필수적이다.

당뇨병 환자에 대한 의료사회복지사의 개입은 ① 환자 및 가족 상담, ② 당뇨병 팀교육, 자조그룹 결성, 당뇨캠프 등 집단상담, ③ 경제적 지원, 간병인 연결 및 장애인 정보 제공 등이다.

3. 만성콩팥병

만성콩팥병 환자는 신장기능이 10% 이하가 되면 말기신부전에 이르게 되어 신대체법인 투석이나 신장이식까지 받아야 하는 상태가 된다. 만성콩팥병의 3대 원인질환은 당뇨병, 고혈압, 만성사구체신염이다.

만성콩팥병의 대체요법에는 크게 투석치료와 신장이식방법이 있다.

- 만성콩팥병 환자와 가족의 심리사회적 문제: 만성콩팥병 환자의 스트레스 요소로서 치료순응과 신장재활에 영향을 미치고 있는 심리적·사회적·경제적·가족적·성(sex) 문제들과 장기수요의 불균형 문제 등이 있다.

만성콩팥병 환자에 대한 의료사회복지사의 개입으로는 ① 환자 및 가족 상담, ② 집단지도로 치료팀 관련 교육, 환자 및 가족 교육, 자조모임 지원, 집단상담, 환자 인터넷 동우회 운영, 사회복지정보 교육 등, ③ 심리적·사회적·경제적으로 어려운 환자들을 위해 수술 전부터 지역사회 자원을 통하여 원조받을 수 있는 방안을 강구 및 실행, ④ 이식수술에 대한 결정을 도와주고, 심리적·사회적·경제적 환경을 조성토록 지원, 장기기증자에 대한 적합성 평가 등이다.

4. 장기이식

- **장기이식의 시기별 단계에 따른 상황**: 5단계로 말기 장기질환을 앓고 있는 환자 자신이 잠재적인 이식대상자로 적합한지에 대해 평가를 받는 단계, 적합한 기증자의 장기를 기다리는 단계, 장기이식 수술 후 초기 입원 단계, 회복의 기간에 있어 중요한 의미를 갖는 수술 후 1년까지의 단계, 그리고 이후 최소 5년까지 등의 장기적인 적응 단계이다.

장기이식의 시기별 단계에 따른 사회복지사의 역할은 다음과 같다.

① **이식수술을 위한 평가 단계**: 사정 및 이식과 관련된 유용한 정보를 제공

② **이식수술을 기다리는 단계**: 이식에 대한 현실감과 지역사회 자원과의 연계

③ **이식수술 후의 회복 단계**: 적절한 퇴원계획 준비

④ **이식수술 후 1년까지의 단계**: 의료적 순응도 향상과 문제예방 교육

⑤ **장기적인 적응의 단계**: 삶의 질 향상을 위한 지속적인 관심과 원조

생각해 봅시다

1. 고혈압 환자에 대한 의료사회복지사의 개입은 고혈압의 의학적 치료뿐만 아니라 상태 관리의 심리적, 사회적, 실제적 측면을 포괄하는 건강 관리에 대한 전체적인 접근 방식을 제공하는 데 있어서 중요한 역할을 합니다. 그렇다면 고혈압 환자에 대한 의료사회복지사의 역할과 환자와 가족에 대한 의료사회복지서비스는 무엇일지 생각해 봅시다.

2. 세계적으로 심각한 만성질병의 하나로 대두되고 있는 당뇨병은 사회적·경제적 수준의 향상과 더불어 발생률이 증가하는 것으로 알려진 대표적인 성인병 중의 하나입니다. 그러면 당뇨병이란 어떤 질환이며 당뇨병 개입 의료사회복지사는 어떤 역할을 하는지에 대하여 생각해 봅시다.

3. 만성콩팥병은 어떤 질환이고, 만성콩팥병 환자에 대한 의료사회복지사의 역할과 개입방법은 무엇인지 생각해 봅시다.

4. 장기이식은 어떤 환자들이 하는 것이고, 장기이식 환자에 대한 의료사회복지사의 역할은 무엇인지 생각해 봅시다.

참고문헌

권지현(2023). 의료사회복지실천의 이해. 충남대학교병원 의예과 교육 자료집.

김준영(2005). 성인당뇨병 환자 및 가족을 위한 의료사회사업적 개입-한림대의료원 한강성심병원 사회복지과 교육을 중심으로-. 24차 대한의료사회복지사협회 workshop 자료집, 140-150.

대한의료사회복지사협회(2015). '만성콩팥병 환자'가 꼭 알아두어야 할 복지정보.

보건복지부(2012). 2012 보건복지통계연보.

보건복지부 국립장기조직혈액관리원(2023). 2022년도 장기등 기증 및 통계연보.

보건복지부 국립장기조직혈액관리원(2024). 2023년도 장기등 기증 및 통계연보.

이효순 외(2016). 의료사회복지론(pp. 210-244). 학지사.

추정인(1999). 여성 신장이식환자의 스트레스 대처를 위한 집단 프로그램 적용에 관한 연구-인지행동모델을 중심으로-. 이화여자대학교 사회복지대학원 석사학위논문.

추정인(2003a). 여성신장이식환자의 스트레스 관리 집단 프로그램. 의료와 사회복지, 2, 154-179.

추정인(2003b). 당뇨병성 신증 환자의 심리사회적 특성과 의료사회복지사. 월간당뇨, 159(0), 23-27.

추정인(2005). 장기이식 사회복지사 활동의 실제. 대한의료사회복지사협회 워크숍 자료집, 24, 237-255.

추정인(2006a). 당뇨병성 신장 합병증 환자의 심리사회적 특성과 재활-당뇨병성 말기신부전 환자를 中心으로-. 월간당뇨, 194(0), 66-69.

추정인(2006b). 당뇨병성 신장 합병증 환자의 심리사회적 특성과 재활Ⅱ-당뇨병성 말기신부전 환자를 中心으로-. 월간당뇨, 195(0), 64-67.

추정인(2006c). 당뇨병성 신장 합병증 환자의 심리사회적 특성과 재활Ⅲ-당뇨병성 말기신부전 환자를 中心으로-. 월간당뇨, 196(0), 64-67.

추정인, 송효석, 조성상, 김후남, 서향순(2002). 이식. 나눔의집.

한인영, 최현미, 장수미, 임정원, 이인정, 이영선(2013). 의료현장과 사회복지실천. 학지사.

Parad, H. J., & Parad, L. G. (1990). Crisis intervention: An introductory overview. In H. J. Parad & L. G. Parad (Eds.), *Crisis intervention book 2: The practitioner's sourcebook for brief therapy* (pp. 3-68). Family Service America.

국립장기조직혈액관리원 https://www.konos.go.kr
대한고혈압학회 https://www.koreanhypertension.org
대한당뇨병학회 http://www.diabetes.or.kr
대한의료사회복지사협회 http://www.kamsw.or.kr
보건복지부 https://www.mohw.go.kr/
삼성서울병원 http://www.samsunghospital.com
질병관리본부 장기이식관리센터 https://www.konos.go.kr
한림대학교 성심병원 http://hallym.hallym.or.kr

제10장

주요 질환별 의료사회복지실천의 실제 Ⅲ

📁 학습개요

이 장에서는 진단 후 사회복귀와 재활에 초점이 맞추어지는 척수손상, 치매, 정신건강 장애, 중독의 주요 증상과 함께 대표적인 심리사회적 특성을 학습해 본다. 또한 환자의 치료와 재활 과정에서 의료사회복지사의 역할은 무엇인지 소개하고자 한다.

척수손상은 척수신경의 손상으로 신체의 일부나 전신이 마비되어 독립적인 일상생활이 어렵다. 정신건강 장애는 복잡하고 다각적인 사회환경 내에서 현대를 살아감에 있어서 스트레스 상황 등 마음의 감기를 앓듯 정신질환 및 물질중독에 걸릴 확률이 높아진다. 또한 최근 마약중독이 갑자기 증가 추세를 보이고 있다. 그러나 적극적인 재활치료 및 치료를 한다면 장애를 극복할 수 있다. 이러한 과정에서 의료사회복지사의 역할을 알아보고자 한다. 한편, 우리나라의 인구고령화 현상으로 치매환자가 늘어나고 있어 환자와 가족의 욕구를 해결하기 위해 의료사회복지사가 어떤 역할과 개입을 해야 하는지 살펴보고자 한다.

📖 학습목표

1. 척수손상 환자의 특성을 이해하고 의료사회복지사의 역할에 대해 이해한다.
2. 치매환자의 특성을 이해하고 의료사회복지사의 역할에 대해 이해한다.
3. 정신건강 장애의 특성을 이해하고 의료사회복지사의 역할에 대해 이해한다.
4. 중독의 특성을 이해하고 의료사회복지사의 역할에 대해 이해한다.

1. 척수손상

1) 의료적 특성

척수(spinal cord)는 척추(spine)의 안쪽에 위치한 중추신경이다. 척수는 다리의 감각신호를 뇌에 전달하고, 뇌의 운동신호를 다리로 전달하는 기능을 한다. 척추는 위치에 따라서 경추(7개), 흉추(12개), 요추(5개), 천추(5개), 미추(4개)로 나뉘는데 천추와 미추는 하나로 붙어 있다. 척수는 위치에 따라서 목 부위를 경수, 가슴 부위를 흉수, 허리 부위를 요수, 그 아래를 천수라고 부른다.

'척수손상(spinal cord injury)'이라는 용어는 사고나 질병으로 인한 척수의 신경학적 손상을 말한다. 손상 부위 아래로 마비 및 감각 이상이 나타난다.

척수손상은 흔히 완전마비와 불완전마비로 심한 정도를 표현하지만 척수손상의 정도는 〈표 10-1〉과 같이 미국척수손상학회(American Spinal Injury Association: ASIA)의 프랑켈 척도(Frankel classification)로 A부터 E까지 5단계로 구분하고 있다.

> **척수손상**
> 사고나 질병으로 인한 척수의 신경학적 손상을 말함. 손상 부위 아래로 마비 및 감각 이상이 나타남

〈표 10-1〉 프랑켈 척도 5단계

	프랑켈 척도	손상 정도
A	완전손상(complete)	손상 척수 이하 부위의 운동 감각신경계의 완전한 손상
B	감각만 있음(sensory only)	운동신경계는 완전한 마비이며 손상 척수 이하 부위에 감각신경기능만 유지된 손상
C	운동기능은 있으나 쓰기 어려움(motor useless)	운동기능은 있으나 실질적으로는 사용하기 어려운 정동의 손상
D	운동기능이 사용 가능함(motor useful)	손상 척수 이하 부위의 운동기능도 유지된 손상
E	회복(recovery)	신경학적 증상이 없음(위약, 감각소실, 괄약근의 기능 장애는 없으나 비정상 반사는 있을 수 있음)

척수손상은 영구적인 보행장애와 배뇨·배변 장애, 성기능 장애, 호흡기계 문제 등 중복적인 장애 및 합병증을 동반하게 된다(한기명 외, 2021).

척수손상 후 운동기능은 느리지만 6개월까지는 회복이 진행되고 개인에 따라 차이는 있지만 보통 2년 정도를 회복을 기대할 수 있는 기간으로 본다. 척수손상의 위치와 정도가 결정되면 그에 따라 궁극적인 기능회복을 예측할 수 있으므로 환자들을 훈련하고 교육할 때 손상 부위에 따른 기대할 만한 기능회복을 목표로 삼는 것이 중요하다. 척수손상 환자에서 흔히 볼 수 있는 장골의 골절, 욕창, 기립성 저혈압, 경직, 외상성 척수공동증 등의 합병증도 중요하게 고려하면서 치료계획을 세워야 한다(한국재활간호학회, 2003). 치료계획 수립 시 척수손상 부위에 따른 기능회복 목표는 〈표 10-2〉를 참고할 수 있다.

재활치료 목표가 세워지면 적극적인 재활치료가 시작된다. 척수손상 환자는 급성기의 물리치료, 호흡기계 치료, 수동 운동치료, 능동 운동치료, 전기자극치료, 기능적 운동치료 등을 시행하고, 재활보조기구 사용방법, 일상생활동작 훈련, 휠체어 선택과 사용 방법에 대해 훈련을 받게 된다.

〈표 10-2〉 척수손상 부위에 따른 관련 증상과 가능한 목표

척수손상 수준	척수신경과 연결된 근육	근육의 역할	가능한 목표
C_{3-4}	목(흉쇄유돌근) 어깨(승모근) 횡격막	목을 대부분 조절함 어깨를 으쓱함	• 물을 마시고, 입이나 턱으로 전동휠체어를 조절함
C_5	어깨(삼각근) 팔(이두박근) 전박 손목	목을 정상적으로 조절함 어깨는 거의 정상적으로 조절함 전박을 회전함	• 보조기를 사용하여 스스로 음식을 먹음 • 머리를 빗고 칫솔질과 세수를 함 • 상의는 잘 입고, 하의를 입는 데 시간이 걸림
C_6	전박 전체 가슴 일부	손목을 구부림 손을 뒤집음 몸통 조절능력이 약함	• 침대에서 스스로 돌아누울 수 있음 • 바퀴손잡이를 잡고 휠체어를 밂 • 보조기를 사용하여 스스로 음식을 먹음 • 완전 혹은 약간의 보조로 휠체어에서 침대, 자동차, 화장실 등으로 이동할 수 있음 • 적응기구를 이용하여 방광/장 프로그램을 조절함 • 운전할 수 있음

척수손상 수준	척수신경과 연결된 근육	근육의 역할	가능한 목표
C_7	모든 팔(삼두박근 포함) 가슴 일부 손가락 일부	팔을 잘 조절함 약간의 손기능을 조절함 가슴 움직임이 훨씬 원활함	• 독립적으로 침대, 자동차, 화장실로 이동함 • 독립적으로 옷을 입음 • 독립적으로 음식을 먹음 • 휠체어를 밀 수 있음 • 독립적으로 목욕을 하고 자립보조기구를 사용함 • 운전할 수 있음
C_8-T_4	손 대부분의 가슴 모든 팔 몸통과 등 일부	1번 흉추-모든 팔과 손을 조절함 몸통 조절이 보다 원활함	• 마루를 포함하여 모든 이동이 가능함 • 휠체어를 잘 밀 수 있음 • 독립적으로 가사 활동을 함 • 장과 방광 관리를 독립적으로 함
T_5-T_{12}	가슴 전체 모든 호흡 (늑간근)	상체를 잘 조절함 몸통을 상당히 조절함	• 휠체어 사용이 원활함 • 위의 손상 수준보다 조절능력이 보다 원활함 • 12번째 흉추-어려움이 있지만 보행기와 장하지 부목을 사용하여 걸을 수 있음
L_1-L_5	하부 등을 모두 조절한다. 일부 다리는 조절한다(사두근)	둔부를 구부림 무릎을 똑바로 폄	• 독립적으로 모든 팔을 사용함 • 단하지 부목과 목발을 이용하고 걸을 수 있음 • 독립적으로 장과 방광 조절을 할 수 있음
S_1-S_5	모든 무릎 모든 발목 장 방광	둔부를 똑바로 폄 무릎을 구부림 발목을 잘 조절함 발가락을 세움	• 땅을 밀 수 있는 힘이 있으면 설 수 있음(적응기구 필요함) • 모든 방광과 장 활동이 독립적이고 성 기능의 손상이 있음

출처: 한국재활간호학회(2003).

2) 질환으로 인한 심리사회적 영향

대부분의 사람은 평범한 삶을 누리던 중 자신 또는 타인에 의한 갑작스러운 사고의 결과로, 또는 질환과 같은 자연 발생적인 원인에 의해 척수손상을 갖게 된다. 척수손상은 영구적인 신체적 변화를 일으키기 때문에 초기에는 신체적 기능 상실을 마치 삶의 전부를 잃어버린 것처럼 받아들이고 자신을 가치 없는 사람으로 생각하는 경향이 있다. 척수손상으로 인한 신체적인 기능의 변화와 통증은 환자로 하여금 슬픔, 비탄, 분노, 우울, 불안, 죄책감,

소외감 등 부정적인 감정을 경험하게 한다(한국척수장애인협회 외, 2017). 이러한 변화는 신체적 기능상실 후에 나타나는 정상적인 반응이며 시간이 지나면서 줄어든다. 척수손상 이후 삶에 적응하면서 환자는 사랑하는 사람이나 가족의 상실 이후 경험하는 일련의 비탄의 과정(부인, 외로움, 화, 타협, 우울, 수용)과 유사한 경험을 하기도 한다.

일반적으로 급격한 신체적 외상 후의 반응은 급성기, 수용기, 재활기의 3단계를 거친다. 급성기에는 병에 대한 강렬한 부인, 퇴행, 불안 및 두려움, 적개심, 상실, 비애 등의 감정이 나타난다. 이는 정상적인 반응이지만, 이러한 심리상태가 오래 지속되고 과장될 때는 자아기능이 약화되므로 지나친 의존과 퇴행, 다른 신체증상으로 나타날 수 있다. 수용기는 급성기의 심적 반응이 다소 완화되면서 자신에게 발생한 문제를 현실적으로 해결하려는 협상과정이 시작되는 시기이다. 재활기는 장기적인 계획을 세워 적응하는 시기로 장애를 가진 사람들의 활동을 회복시킴으로써 삶을 질적으로 향상시키며 책임감과 독립적인 사회적 기능을 유지하여 사회로 복귀하는 과정이다. 이러한 과정을 겪는 시기는 손상 위치와 정도, 병전 성격, 지적·경제적 수준 및 보상관계 등에 따라 차이가 있지만, 보통 급성기 3~6개월, 수용기 6개월~1년, 이후 재활기로 접어들게 된다(김동민 외, 2002, pp. 35-37).

재활치료의 궁극적인 목표는 환자의 잔존능력을 최대화하여 환자가 속한 사회 속에서 독립성을 최대화하는 것이다. 이를 위해서는 부정적인 감정을 적절하게 다루고 현실적으로 가능한 목표를 세우고 실천하면서 스스로에 대한 통제감과 만족감을 높이는 것이 중요하다. 의사, 간호사, 물리치료사, 작업치료사, 사회복지사, 영양사, 임상심리사 등 치료팀이 협력하여 환자의 심리적인 문제들을 고려하여 조기에 포괄적이고 집중적인 재활치료를 제공한다면 효과적인 재활치료를 기대할 수 있다(곽은희, 박창일, 1994).

〈표 10-3〉 부정적인 대처 방식과 긍정적인 대처 방식

부정적인 대처 방식	긍정적인 대처 방식
• 손상에 대한 소극적인 대처 • 부인, 철수, 회피(예: 의료진의 설명을 귀담아 듣지 않으려고 함) • 우울과 정서적 괴로움을 증가시킴 • 상황에 대한 통제력이 자신에게 있지 않다고 생각하게 만듦	• 손상에 대한 적극적인 대처 • 긍정적인 재해석(예: 손상을 하나의 도전 과제로 인식함) • 변화 가능한 요인들에 초점을 맞춤 • 시간 경과 이후 삶의 질이 높아지고 부정적인 감정들은 낮아짐 • 자신의 삶의 주체는 자기 자신임을 느끼게 함

출처: 한국척수장애인협회 외(2017).

심각한 척수손상 환자는 타인에게 전적인 돌봄을 의존하게 되는데 척수손상 환자를 돌보는 데 필요한 보호자 역할에 대한 교육과 지원은 매우 중요하다. 가족이나 보호자는 장기적으로 재정적 압박, 저하된 삶의 질, 건강과 정서적인 문제를 경험할 수 있으므로 이런 문제에 대처하고 변화된 삶에 적응할 수 있도록 적절한 교육이 필요하다. 지원 가능한 사회경제적 자원이 있다면 적극 활용할 수 있도록 돕는 것도 중요하다(한국척수장애인협회 외, 2017).

3) 사회복지사의 개입

척수손상 환자를 만나는 의료사회복지사는 재활치료팀의 일원으로서 환자에 대한 포괄적이고 전인적인 개입계획을 수립해야 한다. 환자의 재활을 위해 장애의 원인이 되거나 치료와 재활의 효과를 저해할 수 있는 심리사회적 문제들을 해결하거나 완화하는 것을 목표로 한다. 이를 위해 환자와 가족에 대한 개별 상담, 집단 프로그램 운영, 가족회의, 자원연계 등 다양한 개입 방법을 활용할 수 있다.

(1) 환자와 가족 상담

다음과 같은 내용을 평가하여 개입계획을 수립하고 상담과 지원을 통해 재활과정을 돕는다.

① 재정적인 자원(Financial Resources)

환자 가구의 재정적인 능력이 급성기 치료비용, 간병 비용, 재활보조기기(휠체어, 욕창 방지 방석, 이동식 경사로 등) 준비 비용 등 환자의 치료를 위한 의료적 비용과 환자와 가족의 기본적인 생계유지를 위한 생활 비용을 어느 정도 충족할 수 있는지 욕구와 자원의 일치 정도를 평가한다. 이를 위해서 환자와 가족의 소득, 재산, 사회보장, 그 외 정기적인 원조 프로그램을 확인한다. 자원이 불충분한 경우, 국가나 민간단체의 지원 프로그램을 통해 재정적인 도움을 받을 수 있도록 자원을 연계하여 문제를 완화한다.

② 주택(Housing)

척수손상 환자는 일정 기간 재활치료를 거쳐 집으로 돌아가게 되는데 이때 거주하게 되는 주택의 물리적인 유용성과 접근성은 환자의 사회복귀를 위해 매우 중요한 부분을 차지한다. 휠체어를 이용하여 주택으로의 출입이 가능한지, 경사로나 엘리베이터는 준비되어 있는지, 차량으로의 접근성은 어떤지, 실내에서는 휠체어 이동이 가능한지 등을 주거환경 평가서식[1]을 사용하여 평가한다. 주택의 유용성과 접근성 확보를 위해 주거환경을 개선하거나 장기적으로는 이사를 계획할 수 있다. 이를 위해 지역사회 내 정보를 제공하고 필요한 경우 재정 지원을 통해 주거환경 개선을 도울 수 있다.

③ 이동 수단(Transportation)

척수손상 환자는 퇴원을 하더라도 합병증의 예방과 지속적인 건강의 유지·관리를 위해 정기적으로 병원에 내원해야 하고, 일상생활에서도 휠체어를 타고 이동해야 하는 경우가 대부분이기 때문에 퇴원 시부터 이용 가능한 이송 수단을 확인하고 계획하여 이송 수단의 제약으로 인해 외래에 내원하지 못하거나 외부와 단절되는 일이 발생하지 않도록 하여야 한다. 신체적인 상태가 눕는차나 구급차를 이용해야 하는지, 자가용 승용차 이용이 가능한지, 대중교통 이용이 가능한지 등을 확인하고 필요한 경우에는 교통약자 이동지원 서비스를 등록해서 휠체어 탑승이 가능한 승합차량을 이용할 수 있도록 돕는 것도 계획하여야 한다.

④ 지역사회 거주(Community Placement)

척수손상이 심한 경우 돌봐 줄 가족이 없다면 퇴원 후 생활할 수 있는 거주지를 결정하는 데 어려움이 있다. 환자의 신체적인 상태와 적용하고 있는 의료기기 등을 고려하여 돌봄이 가능한 곳을 정해야 한다. 이런 경우 집, 전문재활시설, 요양병원, 요양시설 등 환자와 가족의 의사를 확인하여 적절한 거주지를 정할 수 있도록 정보를 제공하고 조정하는 역할이 필요하다.

⑤ 지지망(Support Network)

지지망은 재정적 부분을 제외한 환자의 치료와 재활, 사회복귀 과정에서 중요한 지지체계로서 책임 있는 역할을 수행할 수 있는 가족이나 중요한 타인(important person), 사회적 지지체계가 있는지, 역할의 수행 정도는 어느 정도인지 등을 파악하는 것이다. 환자의 의사결정 과정에 이런 지지망을 활용할 수 있도록 도와야 하고, 환자 스스로 의사결정 능력

---

[1] 2016년 국립재활원 사회복귀지원과에서 발간한 '주택개조지원사례집'에 있는 주거환경 평가서식. 〈부록〉에 첨부

이 부족하다면 환자의 치료와 재활, 사회복귀 과정에서 윤리적인 의사결정이 이루어질 수 있도록 의료사회복지사는 지지체계와 함께 옹호자로서 의사결정 과정에 참여하여 도와야 한다.

⑥ 후견, 법률 관련 문제들(Guardianship and Legal Issues)

갑작스러운 사고에 의해 척수손상이 발생한 경우는 치료 초기부터 사고와 관련된 법적인 문제들이 확인된다. 특히 교통사고나 산재사고로 인한 경우 자동차보험이나 산재보험에 대한 정확한 정보 제공이 필요하기도 하고, 사고로 인해 환자의 의사결정 능력이 저하되었다면 환자의 치료과정뿐만 아니라 법적인 권한을 행사해야 하는 모든 일에 대해 환자 대신 누가 의사결정을 대리할 것인가의 문제가 발생하기도 한다. 부양의무자 관계에 있는 가족 중 이런 역할을 할 수 있는 사람이 있는지, 법적으로 후견인을 지정하는 것이 필요한지 등을 확인하고 정확한 정보를 제공해야 한다.

⑦ 질병·장애에 대한 가족의 이해(Family Understanding of Disease & Disability)

질병이나 장애의 특성과 영향에 대한 가족의 이해 정도, 질병이나 장애에 대한 태도, 환경 속에서 경험한 장애로 인한 제한, 심리사회적인 반응, 예후에 관한 정보의 일치나 불일치의 문제는 급성기 치료뿐만 아니라 장기적으로 환자와 가족이 함께 사회복귀 계획을 세우는 과정에서 매우 중요하다. 이런 문제들에 대해 가족의 이해나 정보가 부족한 경우에는 불안감이 커질 수 있으므로 재활치료팀 모두가 정확한 정보를 가지고 환자와 가족에게 일치된 의견이 전달될 수 있도록 협력하는 것이 중요하다.

⑧ 가족 적응(Family Adaption)

가족구성원 중 한 사람의 갑작스러운 사고나 질병은 가족으로 하여금 위기를 경험하게 한다. 이런 위기는 가족의 대처자원, 가족발달주기에 따른 가족구성원의 역할 수행, 효과적이고 지속적인 의사소통, 가족역할의 융통성, 개성에 대한 포용력, 지지와 존중을 포함하는 장애에 대한 가족의 적응에 따라 대처가 달라질 수 있다. 의료사회복지사는 이런 상황을 정확히 사정하고 환자와 가족이 처한 위기 상황을 극복할 수 있도록 전문적인 상담을 진행하여야 한다.

(2) 집단 프로그램

의료사회복지사는 척수손상 환자와 가족을 위해 척수손상에 대한 이해, 치료와 합병증 예방, 장애인 등록 및 장애인 복지제도 안내, 영양상담 등 재활치료팀이 함께 참여하는 교육 프로그램을 계획하여 환자와 가족에게 정확한 정보를 제공하고 재활과 사회복귀를 도울 수 있다. 또한 환자의 정확한 의료적인 상황을 확인하여 환자와 가족이 함께 퇴원계획을 상의할 수 있도록 치료팀이 참여하는 가족회의를 주관하기도 한다.

(3) 자원연계

- 환자가 이용할 수 있는 장애인복지관 등 지역사회기관에 대한 정보 제공
- 척수장애인협회의 동료상담 프로그램 연계
- 장애인 직업재활 프로그램 연계
- 휠체어 등 보조기구 구입과 관련된 정보 제공 또는 장애인보조기기센터 연계
- 운전재활 프로그램 연계
- 치료비 및 주거환경 개선 지원 사업 연계

2. 치매

통계청의 '2023년 고령자 통계'에 의하면, 65세 이상의 고령인구 비중은 2025년에 20.6%에 달하고, 2050년에는 40%를 넘어설 것으로 전망되었다. 이처럼 급속한 고령화로 인해 국내 치매환자의 수도 함께 증가하는 추세이다. 실제 국내 만 60세 이상 추정 치매 유병률은 7.3%로 이 중 남성이 39.7%, 여성은 60.3%로 나타났다(중앙치매센터, 2022). 해마다 65세 이상 노인의 치매 유병률은 높아지고 있는데 주목할 점은 70세 미만의 초기 노령기 치매 유병률은 감소하는 반면에 80세 이상 후기 노령기의 치매 유병률은 증가한다는 점이다(중앙치매센터, 2019).

이에 정부는 2012년 「치매관리법」을 제정하여 치매의 예방, 치매환자에 대한 보호와 지원 및 치매퇴치를 위한 연구 등에 관한 정책을 종합적으로 수립·시행함으로써 치매로 인한 개인적 고통과 피해 및 사회적 부담을 줄이고 국민건강증진을 도모하고 있다(법제처, www.

> **치매**
> 퇴행성 뇌질환 또는 뇌혈관계 질환 등으로 인하여 기억력, 언어능력, 지남력(指南力), 판단력 및 수행능력 등의 기능이 저하됨으로써 일상생활에서 지장을 초래하는 후천적인 다발성 장애를 말함

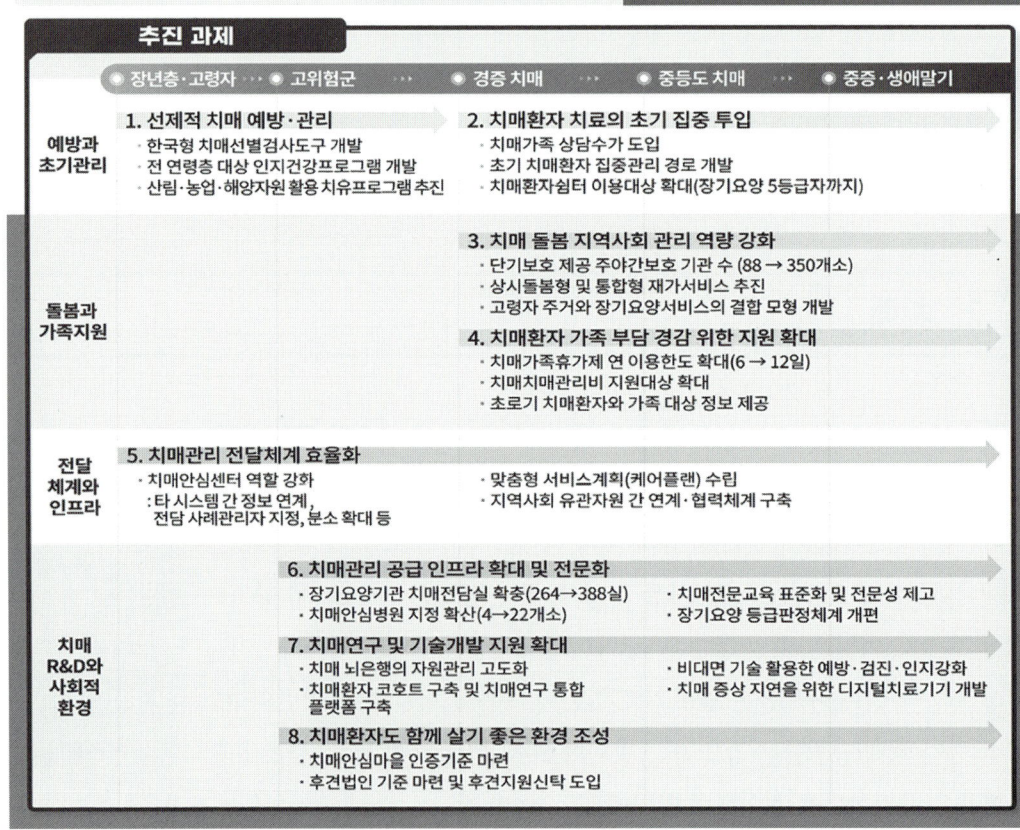

[그림 10-1] 치매관리종합계획의 주요 내용과 추진과제

출처: 보건복지부(2020. 9.), p. 59.

law.go.kr). 또한 치매 관리의 중요성을 널리 알리고 치매를 극복하기 위한 범국민적 공감대를 형성하기 위하여 매년 9월 21일을 치매극복의 날로 정하여 다양한 인식개선과 홍보사업을 전개하고 있다. 「치매관리법」에 근거하여 보건복지부장관은 국가치매관리위원회의 심의를 거쳐 5년마다 치매관리종합계획을 수립하고 있는데, 4차 치매관리종합계획('21~'25)의 주요 내용은 [그림 10-1]과 같다(보건복지부 홈페이지).

이 절에서는 치매 질환의 임상적 특징과 환자의 심리·사회적 특성을 이해하고, 치매환자와 가족의 욕구를 해결하기 위해 의료사회복지사가 어떤 역할과 개입을 하는지 살펴보고자 한다.

1) 치매의 의료적 특성

치매는 시간이 지날수록 기억력 저하를 포함하여 생각과 행동에 장애를 일으키는 뇌질환으로 'dementia'는 라틴어로 'demens 혹은 dement'에서 기원하며, '박탈 또는 상실'을 뜻하는 접두사 'de'와 정신을 의미하는 어근 'ment', 그리고 상태를 가리키는 접미사 'ia'로 이루어진 합성어이다. '정신이 부재한 상태(out of one's mind)'를 의미하는 치매는 서기 600년경 세비야 대주교 성 이시도르가 집필한 『어원학(Etymologies)』에 처음 기록되었다(디멘시아뉴스, www.dementianews.co.kr). 정리하면, 치매는 정상적으로 생활해 오던 사람이 다양한 원인으로 기억, 언어, 판단력 등의 영역에서 인지기능이 손상되어 일상생활에 지장이 나타나는 상태를 지칭한다. 정신장애 진단분류체계인 DSM-5-TR에 의하면, 치매는 뇌의 병변에 의해 기억력, 지남력, 추리력, 판단력 등의 인지기능 전반에 걸쳐 장애가 일어나는 정신장애로 인지장애라는 기본 증상 외에 일상생활을 방해할 정도로 심한 실인증, 실행증, 실어증, 수행기능의 장애가 최소한 한 가지 이상 동반되며, 이로 인해 사회적, 직업적 기능 수행에 장애가 초래되는 질환이다.

치매의 대표적인 유형에는 알츠하이머형 치매, 혈관성 치매, 파킨슨병에 의한 치매, 루이소체치매, 알코올성치매(코르사코프 증후군), 크로이츠펠트-야곱병에 의한 치매 등이 있다. 이 가운데 알츠하이머형 치매를 진단받은 환자의 수는 2019년 49만 5,117명으로 이 중 65세 이상의 수진자가 97% 이상을 차지하고 있어 조기진단과 체계적인 치료가 요구된다(건강보험심사평가원, 2021).

> **치매 유병률**
> 일반적인 의미에서 노인인구의 치매 유병률이란, 65세 이상(또는 60세 이상) 노인 인구 100명당 치매환자 수를 의미함

〈표 10-4〉 DSM-5의 치매 진단 기준

A. 여러 가지 인지 결핍이 발생하는데, 다음 중 A1을 포함한 두 가지로 나타남
　1. 기억장애(새로운 정보를 학습할 능력장애, 과거 학습한 정보를 회상하는 능력의 장애)
　2. 다음의 인지장애 중 하나(또는 그 이상)가 존재
　　a. 실어증(언어장애)
　　b. 실행증(운동기능이 정상인데도 운동 활동 수행 능력의 손상)
　　c. 실인증(감각기능이 정상인데도 대상을 인지하지 못함)
　　d. 실행기능(예: 기획, 구성, 배열, 요약)
B. 위의 장애가 사회적 및 직업적 기능의 심각한 장해를 초래하고 병전의 기능 수준보다 상당히 감퇴되어 있음
C. 장애가 섬망의 경과 중에는 나타난 것이 아님

치매는 기억력, 언어능력, 지남력, 시공간 파악 능력, 실행기능 등 전반적인 신체 및 인지 기능에 문제가 발생한다. 주요 문제를 정리하면 다음과 같다(보건복지부, 2023).

- **기억력 저하**: 수일 전 혹은 수주 전의 일에 대한 단기 기억력 저하가 먼저 생기고, 증상이 악화되면서 장기기억력도 손상된다.
- **언어능력 저하**: 언어 소통 능력이 저하되어 의사소통 시 적절한 단어가 떠오르지 않아 말문이 자주 막히고 말수가 현저하게 줄어든다. 타인의 이야기를 이해하는 능력이 저하되어 엉뚱하게 이해하거나 전혀 이해하지 못하는 경우가 많다.
- **지남력 저하**: 날짜와 시간에 대한 개념이 떨어져 날짜, 요일, 계절 등을 착각하고 실수한다. 오랫동안 지내던 집도 자신의 집이 아니라고 부인하고 가족의 얼굴을 보고 알아보지 못하기도 한다.

> **지남력**
> 시간, 장소, 사람에 대해 적절한 인식하는 능력을 의미함

- **시공간 파악 능력 저하**: 자주 다니던 곳에서도 길을 잃고 헤매게 되며 집 안에서 화장실과 안방을 구분하지 못하는 경우도 발생한다.
- **실행능력기능 저하**: 감각 및 운동기관에 문제가 없음에도 불구하고 목적성 있는 행동을 못하는 경우로, 운동화 끈을 매지 못하는 등 단계가 요구되는 일상적인 활동과 도구를 사용하는 일에 어려움을 느낀다. 치매가 진행됨에 따라 식사나 옷을 입는 등의 단순한 일도 어려워진다.

이 외에도 우울증, 망상과 의심, 환각과 착각, 초조해하는 성향과 공격성이 증가하며 수면장애도 나타난다.

2) 치매로 인한 심리사회적 특성

(1) 우울증

우울증은 치매환자의 40~50%에서 나타나는 흔한 증상으로, 말수가 줄고 의욕이 없으며 우울한 기분을 표현하기도 하고 식욕감소, 잠을 지나치게 많이 자거나 못 자는 등 수면 양상의 변화, 자살사고 등이 나타난다. 이러한 문제는 종종 치료나 식사 거부로 이어지기도 한다. 렁 등(Leung, Chan, Spector, & Wong, 2021)은 치매의 진행단계에 따라 다소 차이는 있지만 우울 발병률이 37%에서 41%로 나타난다고 보고하였다.

(2) 망상과 의심

기억력이 저하된 치매환자는 기억이 나지 않는 부분에 대해 의심을 많이 하는 경향이 있다. 의심이 심해져서 다른 사람의 설득이나 설명으로는 바로잡히지 않을 정도로 고착되어 있는 경우를 망상이라고 한다. 가장 흔한 망상은 누군가가 자신의 물건을 훔쳐갔다는 도둑망상이다.

(3) 환각과 착각

환각 중에는 실제로 없는 소리를 듣는 환청이나 실제로 없는 것을 보는 환시가 가장 흔하게 나타난다. 또한 환각과는 달리 실제로 존재하는 것을 다르게 인지하는 착각 또는 오인이 있을 수 있어, 거울에 비친 자신의 모습을 다른 사람처럼 대하거나, 베개를 아기인 것처럼 다루는 행동 등을 보인다.

(4) 초조함과 공격성

쉽게 불안해하거나 이유 없이 자꾸 서성거리고 한자리에 오래 앉아 있지 못하며 초조한 것처럼 행동한다. 초조 증상의 하나로 물건을 수집하거나 숨기기도 한다. 무의미해 보이는 부적절한 동작을 반복하거나, 동일한 문장, 질문, 불평 등을 되풀이하는 반복행동도 보인다. 또한 자주 화를 내기도 하는데 한번 화를 내면 걷잡을 수 없이 폭발적으로 나타나며 잠시 후에는 아무 일 없었다는 듯이 조용해진다. 이러한 증상은 신체적 통증, 급성 신체질환, 미숙한 돌봄 등이 원인이 된다. 요양보호사의 심한 피로로 인한 우울감, 졸림, 불안, 화남, 인내력 상실 등이 환자에게 영향을 줄 수도 있다.

(5) 수면장애

> **경도인지장애**
> 기억력, 언어능력, 지남력, 판단력 및 수행능력 등의 기능이 객관적인 검사에서 확인될 정도로 저하되어 있으나 일상생활을 수행하는 능력은 보존되어 있어 치매가 아닌 상태를 말함

치매환자는 얕은 잠을 자고 자주 깨며 밤에 배회하기도 한다. 그 여파로 낮잠을 지나치게 자며 이로 인해 낮과 밤이 뒤바뀌는 경우가 많다.

치매는 초기에 건망증으로 보일 수 있는 경도인지장애로 시작하여 분명한 인지장애로 인해 일상생활에 어려움이 생기는 단계로 서서히 진행하게 된다. 초기부터 말기에 이르기까지 치매 단계별 주요 특징과 증상을 요약하면 다음과 같다.

〈표 10-5〉 치매의 단계별 특징과 증상

단계	특징	증상
초기	일상생활에 있어 약간의 도움이 필요한 상태	• 새로운 것을 외우는 것이 어렵다. • 간혹 시간이 헷갈릴 때가 있다. • 말을 할 때 적절한 단어가 떠오르지 않는다. • 우울이나 짜증 또는 의심 등의 증상이 나타나기 시작한다.
중기	일상생활에 있어 상당한 도움이 필요한 상태	• 새로 외우는 것은 거의 불가능하고, 과거의 기억을 떠올리는 것도 어려움이 생긴다. • 시간 이외에 공간도 헷갈리기 시작한다. • 말을 하고 남의 말을 이해하는 데 어려움이 더 심해진다. • 환각, 망상, 불안, 초조, 배회 등의 정신행동증상이 심해진다.
말기	주변의 도움이 없이는 일상생활이 전혀 유지되기 어려운 상태	• 대부분의 기억이 소실된다. • 가족이나 가까운 사람들도 알아보지 못한다. • 언어 능력이 더 떨어져서 의미 있는 대화가 거의 불가능하다. • 정신행동증상은 오히려 점점 줄어든다. • 대소변 조절, 보행, 식사하기 등 기본적인 일상에 어려움이 생기고 마지막에는 와상 상태(누워서 거의 아무런 반응이 없는 상태)가 시작된다.

출처: 보건복지부(2023), p. 241.

치매환자가 약물치료를 꾸준히 받는 경우 증상이 호전되고, 악화되는 것을 지연시킬 수 있다. 치매환자는 뇌에서 아세틸콜린을 분비하는 신경세포가 파괴되면서 아세틸콜린의 분비가 줄어, 기억력과 같은 인지기능이 저하된다. 따라서 아세틸콜린 분해효소 억제제 계통의 약물들(Donepezil, Rivastigmine, Galantamine 등)은 치매로 인하여 저하된 시냅스 간

극(synaptic cleft)의 아세틸콜린 농도를 증가시켜 환자의 인지기능을 증진할 수 있다. 또한 NMDA 수용체 길항제(NMDA receptor antagonist)는 글루타메이트와 결합하는 NMDA 수용체를 억제함으로써 알츠하이머병 환자의 학습 및 기억능력을 증진하고 병의 진행을 지연시키는 것으로 보고되고 있다. 기타 치매로 인해 나타나는 정신 증상을 치료하기 위해 항우울제, 항정신병 약물 등을 병행하기도 하며 새로운 약물에 대한 연구가 지속되고 있다.

3) 치매환자와 가족에 대한 사회복지서비스

의료사회복지사는 치매와 같은 만성질환을 갖고 있는 노인들을 대상으로 개입할 때, 초기, 진행, 평가와 종결 단계로 나누어 접근할 수 있다.

❶ **초기 단계**: 면담준비, 관계형성, 개입계획의 개발과 사정, 그리고 목표설정 및 개입을 포함하는 과정으로 가장 중요한 것은 사정 단계이며, 의료적 욕구 이외에 가족부담 문제, 경제적 욕구 등에 대해 보다 포괄적인 사정이 요구된다(왕경희, 2005).
❷ **진행 단계**: 초기 단계에서 이루어진 사정을 바탕으로 환자와 의료사회복지사가 동의한 목표와 과업들에 따라 직접 행동하는 단계이다.
❸ **평가 및 종결 단계**: 이 단계가 만성질환노인을 위한 의료사회복지실천에서 중요한 이유는 질병이나 장애의 심리적, 사회적인 결과에 대처할 수 있을 뿐만 아니라 사회적 특성으로 퇴원계획과 관련된 업무 및 필요도가 중대되고 있기 때문이다(황숙연, 1994).

치매노인을 위한 의료사회복지실천의 주요 특징은 다음과 같다(왕경희, 2005).

❶ 만성질환노인을 위한 의료사회복지실천은 의료적 개입보다 지속적인 관리를 필요로 하며 지역사회와 연계를 강조하는 생태학적 강점관점에서 포괄적 사정을 강조한다.
❷ 노인환자의 가족은 지원체계인 동시에 관심을 가져야 하는 클라이언트 체계이다.
❸ 만성질환노인 및 가족의 욕구사정을 기반으로 의료사회복지사의 직무 및 역할을 중심으로 한 전문적 개입이 필요하다.
❹ 반복되는 입·퇴원 및 지역사회와의 연계 체계에 따른 연속성과 지속성을 강조한다.
❺ 지역사회 자원연계를 강조하며 의료사회복지사의 적극적인 지역사회 개입을 요구한다.
❻ 만성질환노인은 의료진의 결정과 더불어 가족의 결정에 의한 퇴원이 많고 퇴원의 형

태가 죽음을 동반하는 등 다양한 형태로 이루어지므로 종결 단계에서 퇴원계획을 강조한다.

치매환자를 위한 심리사회적 접근 방법은 약물적 치료만큼 중요하다. 치료의 목적 자체가 현재의 잔존기능을 유지하는 데 있으므로 하루아침에 치료의 효과를 기대하기 힘들기 때문이다. 의료현장에서 치매환자를 위한 효과적인 개입 방법은 다음과 같이 네 가지로 정리할 수 있다.

(1) 치매환자의 사회력과 병력에 대한 정보수집

치매환자와 가족, 가까운 주변인들을 통해 환자의 인구사회학적 정보, 병력, 현재 치매의 진행과정 및 증상, 환자의 주변 자원들에 대한 상세한 정보를 수집하여 치료 및 퇴원계획에 반영한다.

(2) 치매환자의 심리사회적 재활을 도울 수 있는 집단 프로그램 제공

현재 치매환자를 대상으로 진행되는 비약물치료법 가운데 인지기능 향상을 위한 방법으로 회상요법, 미술치료, 원예치료, 음악치료 등이 있다. 인지중재 프로그램에 참여하면서 대상자는 자신의 남아 있는 기능을 유지하고 정서적 무력감에 빠지지 않도록 도움을 받을 수 있다. 각 프로그램의 주요 특징은 다음과 같다.

❶ **회상요법**: 회상요법(Reminiscence Therapy)은 과거의 긍정적 경험이나 상황들을 기억해 내어 다른 사람들과 공유하도록 함으로써 환자의 심리적 변화을 유도한다. 회상치료는 환자의 인지기능 향상은 물론 정서적 안정에 긍정적인 영향을 미치는 것으로 보고되고 있다(김경수, 이지아, 2019; 전수영, 2021).

❷ **미술치료**: 미술치료(Art Therapy)에 참여한 치매노인의 시공간 능력에 긍정적인 변화가 확인되었고, 참여자들은 자신에 대한 가치를 새롭게 인식하여 우울이 감소하고 자신의 삶을 수용하여 삶에 대한 의미를 긍정적으로 재평가할 수 있다(김태연, 임나영, 2024; 이하린, 박소정, 2022).

❸ **원예치료**: 원예치료는 꽃과 식물을 매개로 한 다양한 원예 활동을 통해 힐링을 추구하는 전반적인 활동을 의미한다[(사)한국원예치료사협회, http://koreaht.org]. 원예치료는 치매 노인들의 우울증 감소 및 심리적 안녕감 증진에 도움을 주기 때문에 유용한 것으

로 보고되고 있다(강경자, 강미정, 2021; 김은아, 2023; 박정숙, 이현지, 김미은, 2003).

❹ **음악치료**: 음악의 멜로디, 화성, 리듬, 음의 높낮이, 빠르기, 강약 등은 치매노인의 정서, 행동, 사회성에 긍정적 영향을 미친다. 음악이라는 환경 안에서 규칙적인 리듬과 균형적인 박자 속에서 치매노인들의 인지기능이 향상되고 불안과 우울감이 감소되는 것으로 분석되었다(김찬영, 2022; 이수정, 2004; 전소정 외, 2021; 채공주, 이미경, 남은숙, 이호연, 2021).

❺ **치유농업프로그램**:[2] 치매안심센터를 이용하는 경도인지장애 노인을 대상으로 인지자극, 인지훈련, 인지재활 요소를 접목하여 텃밭 관리 및 수확물 연계 활동을 제공한 결과, 노인들의 우울감과 인지기능이 유의하게 증진되었다(이근우, 전종문, 최이진, 정재효, 2022). 또한 농장 프로그램을 기반으로 운영되는 주간보호시설의 경우 노인들에게 익숙한 일상 활동을 제공하면서 신체활동을 유도하였고, 사회적 상호작용과 긍정적인 기분 상태를 유지하는 데 도움을 주었다(Ellingsen-Dalskau, de Boer, & Pedersen, 2021; Sudmann & Børsheim, 2017).

이 외에도 정부는 4차 치매관리종합계획(2021~2025)에서 산림, 농업, 해양자원을 이용한 야외 치유프로그램의 보급을 강조하였다(보건복지부, 2020. 9., pp. 18-19). 국립산림치유원 및 치유의 숲을 활용한 산림치유 프로그램(사례: 국립산림치유원 '숲속 100세 힐링', 청태산 치유의 숲 '그날의 숲, 추억을 거닐다')이 실제 운영되고 있고, 앞으로 치매안심센터의 치매예방교실 및 치매환자 가족지원 힐링사업들이 계속해서 개발될 것으로 전망된다.

(3) 치매환자 가족을 위한 지원 사업

치매는 발병 후 만성적으로 진행되는 비가역성 질환이므로 환자를 부양하는 가족은 지속적인 부양 부담으로 스트레스를 받게 된다. 부양으로 인해 누적된 스트레스는 결국 수발자의 우울, 불안 등을 초래하여 가족기능의 해체에 이를 수 있다. 치매환자의 주 부양자는 신체기능의 저하, 만성피로, 수면부족, 사회적 고립감, 직업 상실 및 경제적 위기 등을 경험한다(오희선, 석소현, 2009; 오희선, 정남해, 2021; 정승훈, 서영준, 2022). 특히 치매노인의 가족부양자가 우울에 걸릴 확률은 일반인에 비해 2~3배 높은 것으로 보고되고 있다(최은숙, 김

---

[2] 치유농업은 농장 및 농촌 경관을 활용하여 육체적, 정신적 건강을 회복하기 위해 제공되는 모든 농업 활동으로(정순진, Jan Hassink, 김경미, 유은하, 장윤아, 이상미, 박동금, 2018) 네덜란드, 노르웨이, 벨기에, 독일과 같은 유럽 국가들이 농업의 다기능화를 표방하면서 일찍부터 발전시켜 왔다.

경숙, 2010). 따라서 치매환자를 돌보는 가족이 스트레스 상황을 대처할 수 있는 기술을 습득할 수 있는 케어기술 교육프로그램, 정서적 소진과 심리적 갈등을 다룰 수 있는 자조모임이나 종교 프로그램 등을 활성화해야 한다. 가족들이 돌봄 과정에서 갖게 되는 비합리적이고 부정적 신념을 합리적, 긍정적 사고로 유도하는 인지 재구조화 기법을 적용하고, 이를 통해 환자와의 효율적 의사소통을 가능케 하며 자기주장 능력 증진 및 상담을 통한 사회적 지지를 제공하는 등 다각적인 접근도 필요하다. 〈표 10-6〉은 치매환자 돌봄 가족을 지원하는 국내 사업을 정리한 내용이다.

〈표 10-6〉 국내 치매환자 및 가족 돌봄을 위한 정책과 사업

명칭	세부 내용
노인장기요양 보험제도	일상생활을 혼자서 수행하기 어려운 노인 등에게 신체활동 또는 가사활동 지원 등의 장기요양급여를 지급하는 사회보험제도임. 시설급여, 재가급여, 특별현금급여로 구분되고, 장기요양등급(1~5등급, 인지지원 등급)에 따라 지원내용이 상이함
치매가족휴가제	치매환자 돌봄으로 지친 가족에게 휴식을 주는 서비스임. 연간 6일 이내의 단기보호급여 혹은 방문요양급여를 1회당 12시간 동안 이용할 수 있도록 한 제도임. 신청은 보건복지콜센터, 치매상담콜센터, 국민건강보험공단에서 가능함
노인맞춤돌봄 서비스 사업	• 사업주체는 시·군·구가 수행기관이며 일상생활 영위가 어려운 취약노인에게 적절한 돌봄 서비스를 제공하여 안정적인 노후생활보장, 노인의 기능·건강 유지 및 악화를 예방하기 위한 사업임. 사업대상은 만 65세 이상 ① 국민기초생활수급자, ② 차상위계층 또는 ③ 기초연금수급자로서 유사 중복사업 자격에 해당되지 않는 자(다만, 시장·군수·구청장이 서비스가 필요하다고 인정하는 경우 예외적으로 제공 가능)로 독거·조손·고령부부 가구 노인 등 돌봄이 필요한 노인, 신체적 기능 저하, 정신적 어려움(인지저하, 우울감 등) 등으로 돌봄이 필요한 노인, 고독사 및 자살위험이 높은 노인(특화서비스)임 • 선정도구를 통해 신체, 사회, 정신영역의 돌봄 필요도에 따라 대상자군을 결정한 후, 중점돌봄군은 월 16시간 이상~40시간 미만, 일반돌봄군은 월 16시간 미만의 직접서비스, 연계서비스, 특화서비스를 제공함
치매치료관리비 지원사업	초기부터 약물치료를 통해 증상을 관리함으로써 상태 악화를 예방하는 사업임. 만 60세 이상이면서 의료기관에서 치매 상병코드(상병코드 F00~F03, G30) 중 하나를 진단받은 치매환자, 치매 기준에 맞는 치매약을 처방받아 복용하는 경우, 기준 중위소득 120% 이하인 분 등의 기준에 모두 해당되며 치매안심센터에 치매환자로 등록되어 있는 경우, 월 최대 3만 원까지 실비 지원을 받을 수 있음(신청은 각 지역의 치매안심센터)

명칭	세부 내용
실종치매노인 지원사업	치매환자의 실종을 예방하고, 실종이 되더라도 신속하고 무사히 가정으로 복귀할 수 있도록 지원하는 사업임. 구체적으로 인식표 보급, 지문 사전등록, 배회 감지기 물품 이용 등을 포함함. 특히 배회감지기 보급 사업은 GPS와 통신을 이용하여 가족이나 보호자에게 치매환자의 위치를 알려 주는 서비스로 노인장기요양보험의 대여 품목에 해당됨
치매안심센터	시·군·구 보건소가 사업의 주체가 되며, 지역주민의 인지건강 상태에 따라 요구되는 다양한 서비스를 맞춤형으로 제공함. 또한 외부 서비스 연계, 치매환자 및 가족들이 안심하고 살아가도록 전담 코디네이터를 1:1로 매칭하여 필요한 서비스를 연계하고, 전체 돌봄 경로 관리 등을 수행함. 사업대상은 일반 노인, 치매노인 및 가족이며 사업내용은 치매 관련 상담 및 조기검진, 치매환자의 등록·관리, 치매등록통계사업의 지원, 치매의 예방·교육 및 홍보, 치매환자쉼터 운영, 치매환자 가족 지원사업, 성년후견제 이용지원사업, 치매 예방·인식개선 교육 및 홍보 등이 있음
치매공공후견 사업	사업주체는 치매안심센터이며, 의사결정능력 부족으로 어려움을 겪고 있는 치매노인에게 성년후견제도를 이용할 수 있도록 지원함으로써 인간으로서의 존엄성을 보장하는 사업임. 사업대상은 치매환자이면서 기초생활수급자, 차상위자 등 저소득자 및 기초연금수급자, 권리를 대변해 줄 가족이 없는 경우, 후견인의 도움을 원하거나 의사결정 지원이 필요한 자(단, 앞서 제시한 조건을 충족하지 못하여도 후견이 필요하다고 지자체장이 인정한 경우 지원가능)임. 지원내용은 후견심판 청구 절차 및 비용 지원, 공공후견인 활동비로 월 20만 원(월 최대 40만 원까지)을 지원함

이 외에도 정부는 본인부담금을 감경해 주는 제도를 시행하고 있는데, 2018년 8월부터 본인부담금 감경 대상자의 규모를 중위소득 100% 수준까지 확대하고, 대상자의 소득 수준별로 감경률을 60%, 40%로 차등화시키는 것으로 변경하였다(보건복지부, 2019).

> **치매공공후견사업**
> 의사결정능력의 부족으로 어려움을 겪고 있는 치매환자가 자력으로 후견인을 선임하기 어려운 경우, 민법상 성년후견제도를 이용할 수 있도록 지원하는 제도임

(4) 퇴원계획 수립

노년기 만성질환은 대부분 완치보다 케어 중심의 접근이 요구된다. 따라서 치매노인에게 1차적인 의료적 개입뿐만 아니라 지역사회 자원체계와 연계된 포괄적 서비스를 제공하는 것이 중요하다. 치매환자의 퇴원계획 수립에는 환자가 가정으로 복귀하는지 아니면 장기요양시설로 전원될지에 따라 개입에 차이가 있다.

❶ **가정으로 복귀하는 경우**: 주 수발자가 치매노인 케어에 필요한 지식을 갖고 있는지 파악한 후, 필요한 교육을 받을 수 있도록 프로그램 연계 및 장기요양서비스 등록과정을 안내하고 노인장기요양보험제도의 서비스를 받을 수 있도록 정보를 제공한다. 또한 지역사회 내 치매노인들에게 도움을 줄 수 있는 다양한 돌봄지원사업을 연계한다.

❷ **장기요양시설로 전원할 경우**: 가족들이 환자에게 적합한 요양시설을 선택할 수 있도록 정보를 제공한다. 입소과정에서 가족들이 죄책감으로 인해 자기낙인감을 갖지 않도록 지지해 주고, 입소과정에 필요한 절차 등을 구체적으로 알려 준다.

또한 치매환자를 돌보는 가족들이 지속적으로 이용할 수 있는 지역사회 기관들에 대한 정보를 제공한다.

① 치매안심센터

> **치매관리사업수행기관**
> 중앙치매센터, 광역치매센터, 공립요양병원, 치매안심병원, 치매안심센터 등을 포함함

시·군·구 보건소가 사업의 주체가 되며, 지역주민의 인지건강 상태에 따라 요구되는 다양한 서비스를 맞춤형으로 제공한다. 또한 외부 서비스 연계, 치매환자 및 가족들이 안심하고 살아가도록 전담 코디네이터를 1:1로 매칭하여 필요한 서비스를 연계하고, 전체 돌봄을 관리한다. 사업대상은 일반 노인, 치매노인 및 가족이며 사업내용은 치매 관련 상담 및 조기검진, 치매환자의 등록·관리, 치매등록통계사업의 지원, 치매의 예방·교육 및 홍보, 치매환자쉼터 운영, 치매환자 가족지원사업, 성년후견제 이용지원사업, 치매 예방·인식개선 교육 및 홍보 등이 있다.

② 치매전문병동

치매전문병동은 치매환자에 대한 전문적인 집중 치료를 제공하여 치매 질환의 악화방지 및 치매환자 가족의 부담을 경감시키는 목적으로 2017년 이후부터 공립요양병원에 확충한 병동을 지칭한다. 치매전문병동 시설은 다음과 같은 차별성을 갖는다.

- 전용 병동 내에서 치매 행동심리증상(behavioral and psychological symptoms of dementia)을 보이는 환자를 치료하고 보호하며, 일반환자와는 구분된 치매환자 전용 병동을 설치함 (일반 병동과 구분하고 출입을 제한함)

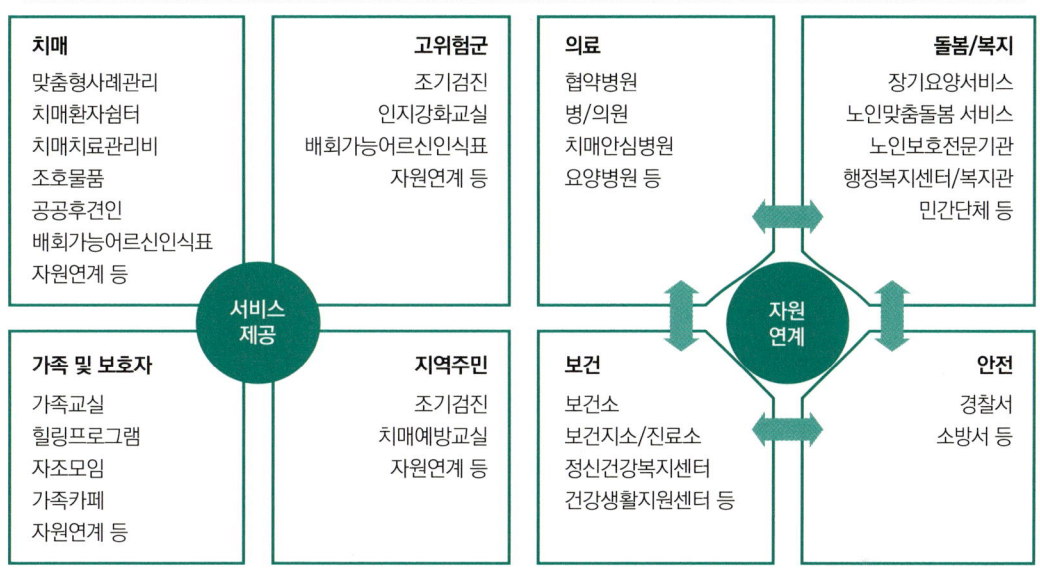

[그림 10-2] 치매안심센터 서비스 경로

출처: 보건복지부(2024).

- 기준 입원병실을 4인실(요양병원 6인실) 이하로 제한하고 공용 거실을 의무 설치하여 치유환경으로서의 병동을 구성함
- 병동 규모를 60병상 이내로 제한하여 치매환자 관찰 및 간호서비스를 효과적으로 제공함
- 행동심리증상 환자의 집중치료를 위한 1인용 입원실을 설치함
- 조명, 색채, 영상, 음향설비 등을 통한 감각적 환경으로 병동을 구성하여 치매환자 치료에 도움이 되는 환경을 제공함
- 입원 후 다양하고 집중적인 치료 프로그램 및 상담을 받을 수 있도록 병동 내 치매환자 전용 프로그램실 및 상담실을 설치함(개인, 집단 및 소그룹의 인지치료, 회상치료, 가족 프로그램 등을 주기적으로 실시)

③ 치매안심병원(동)

치매안심병원(동)은 「치매관리법」 제16조의4에 따라 치매의 진단과 치료 요양 등 치매 관련 의료서비스를 전문적이고 체계적으로 제공하기 위하여 인력, 시설 장비를 갖추었거나 갖출 능력이 있다고 인정하여 보건복지부장관이 지정한 기관을 말한다. 치매안심병원(동)의 특징은 다음과 같다.

- 치매환자 치료 및 보호를 위한 전문인력의 확보
- 환자 증상의 종합적 평가를 근거하여 필요한 전문적이고 체계적인 의료서비스를 제공
- 치매진단 및 정밀검사 외에 인지기능, 행동심리증상, 신경징후, 일상생활수행 능력에 대한 전문적·종합적 평가를 토대로 맞춤형 치료전략을 수립
- 행동심리증상 치료 및 문제행동 개선을 위한 전문적 약물적·비약물적 치료 개입
- 입원 후 개인, 집단 및 소그룹 형태의 다양한 전문치료 프로그램 시행, 가족을 위한 치매 정보 및 프로그램 시행
- 치매환자의 치료·보호 및 관리와 관련된 기관·법인·단체와의 협력 및 연계, 퇴원 후 연계되어야 할 지역사회 기반 서비스와 프로그램 조사와 의뢰를 포함
- 개인, 집단 및 소그룹의 인지치료, 회상치료, 감각치료(음악, 스노즐렌 등), 운동요법, 인정요법 등 비약물치료프로그램 제공
- 가족을 위한 프로그램 제공(치매에 대한 정보 제공, 가족을 위한 프로그램 등)(중앙치매센터, www.nid.or.kr)

④ 치매공공후견사업

성년후견제도
장애, 질병, 노령 등의 사유로 인해 정신적 제약을 가진 사람들이 존엄한 인격체로서 자신의 삶을 영위해 나갈 수 있도록 가정법원의 결정으로 선임된 후견인이 재산관리 및 신상보호를 지원하는 제도임. 개정 민법은 금치산·한정치산제도를 폐지하고 2013년 7월 1일부터 성년후견제도를 도입하였고, 치매공공후견사업은 후견 유형 중 '특정후견'을 지원함

치매공공후견사업은 「치매관리법」 12조의3(성년후견제 이용지원)에 법적 근거를 두고 있고, 의사결정 능력이 저하된 치매노인이 자력으로 후견인을 선임하기 어려운 경우 민법상 성년후견제도를 이용할 수 있도록 지원하여 인간으로서의 존엄성을 보장하기 위한 사업이다. 이 사업의 주체는 치매안심센터로 사업 대상은 치매환자이면서 기초생활수급자, 차상위자 등 저소득자 및 기초연금수급자, 권리를 대변해 줄 가족이 없는 경우, 후견인의 도움을 원하거나 의사결정 지원이 필요한 자(단, 앞서 제시한 조건을 충족하지 못하여도 후견이 필요하다고

지자체장이 인정한 경우 지원가능)를 포함한다. 치매공공후견사업은 후견 심판 청구 절차 및 비용 지원, 공공후견인 활동비로 월 20만 원(월 최대 40만 원까지)을 지원한다(보건복지부, 2024). 지방자치단체의 장은 치매환자가 다음 각 호의 어느 하나에 해당하여 후견인을 선임할 필요가 있음에도 불구하고 자력으로 후견인을 선임하기 어렵다고 판단되는 경우에는 「민법」에 따라 가정법원에 성년후견개시, 한정후견개시 또는 특정후견의 심판을 청구할 수 있다.

❶ 일상생활에서 의사를 결정할 능력이 충분하지 아니하거나 매우 부족하여 의사결정의 대리 또는 지원이 필요하다고 볼 만한 상당한 이유가 있는 경우
❷ 치매환자의 권리를 적절하게 대변하여 줄 가족이 없는 경우
❸ 별도의 조치가 없으면 권리침해의 위험이 상당한 경우

치매공공후견서비스의 이용 절차는 다음과 같다.

❶ **공공후견서비스 신청**: 지역사회에서 공공후견이 필요한 치매환자를 발견한 경우, 시·군·구 치매안심센터에 공공후견서비스를 신청한다.
❷ **후견대상자 선정**: 치매안심센터는 치매환자를 후견대상자로 선정하고 광역치매센터에서 치매공공후견인 양성교육을 받은 후견인 후보자를 추천한다.
❸ **후견심판청구 준비**: 치매안심센터는 후견심판청구에 필요한 서류를 준비하고, 중앙치매센터 소속 변호사가 후견심판청구서를 작성한다.
❹ **후견심판청구**: 지방자치단체장이 청구인이 되어 치매환자 주소지의 가정법원에 후견심판청구를 접수한다.
❺ **가정법원의 후견심판결정**: 가정법원은 후견심판청구를 심리하여 치매환자를 위하여 후견을 개시하고 공공후견인을 선임하는 결정을 내린다.
❻ **공공후견인 활동 및 후견감독**: 공공후견인은 특정후견 기간인 3년 동안 치매환자의 후견인으로 활동하며 가정법원과 시·군·구 치매안심센터의 관리·감독을 받는다.

치매공공후견인은 대상자의 사회복지서비스 신청 및 이용지원, 의료서비스 이용지원(수술 등 건강에 영향을 주는 의료행위 제외), 주택임대차계약 등 주거 관련 지원, 예금통장 등 재산관리 지원, 주민등록등본 등 서류 발급 지원 등을 담당한다.

3. 정신건강 장애

1) 의료적 특성

(1) 정신건강의 개념과 조건

정신건강의 개념을 살펴보면 세계보건기구(WHO)는 정신건강을 '한 개인이 자신의 능력을 깨닫고, 일상생활 속의 정상적인 스트레스 상황에 대처할 수 있으며, 생산적이며 유익하게 일할 수 있고, 개인이 속한 공동체에 기여할 수 있는 웰빙 상태'라고 정의하고 있다. 정신건강은 단순히 정신질환이 없는 상태를 뜻하지 않는다(Bos et al., 2016). 또한 한 인간이 사회생활을 독립적으로 영위해 나가기 위해 생각하고 판단하는 능력에 병적 증세나 정신병리가 없고, 환경에 대한 적응력이 있으며, 성숙한 인격을 갖추고 있는 상태를 말한다고 정의할 수 있다.

정신이 건강한 사람들의 행동특성을 살펴 정신건강의 조건을 제시하였는데 정신건강의 조건은, ① 자신을 바르게 인지하는 능력, ② 타인을 존중하고 인정하며 올바른 관계를 유지하는 능력, ③ 현실환경을 정확하게 판단하며 이에 적응하는 능력, ④ 사회적 역할과 주어진 과제를 잘 처리할 수 있는 사회적 기능 수행 능력, ⑤ 자신의 정서와 감정을 사회가 허용하는 범위 내에서 적절히 다룰 수 있는 능력, ⑥ 자신이나 타인에게 기쁨을 주고 공동체의 분위기를 바꾸는 유머감각 등으로 요약할 수 있다(유수현 외, 2014).

(2) 정신질환과 정신장애

정신질환 또는 정신장애란 정신건강과 상대되는 개념이다. 정신장애는 일반적으로 생각, 느낌, 행동이 병리학적으로 특징지어지는 상태를 의미하지만(Bruno, 1989; 유수현 외, 2014) 정신질환이라는 용어와 혼용되면서 그 의미를 정의하기 어렵게 하고 있다. 정신질환과 정신장애라는 용어는 서로 비슷한 용어로 혼용되고 있는데 이는 정신질환이 정신장애로 발전할 가능성이 높기 때문이다.

정신질환은 '사회적, 감정적 웰빙과 개인의 삶과 생산성을 방해하는 인지, 감정, 행동의 장애'를 모두 포함한다. 정신질환이 있는 사람은 정신의 기능이 일시적, 또는 영구적으로 심하게 망가질 수 있다(Steven, 2016). 즉, 지능, 지각, 사고, 기억, 의식, 정동, 성격 등에서 병리학적인 현상이 진행되는 것이다. 그러나 정신장애는 신체질환 또는 정신질환 및 그와 관련된 조건에 의해 영구적 또는 반영구적으로 정신의 제 영역에서 발달을 하지 못하거나(예를 들어, 지적장애) 질병 이전의 정신적 기능으로 회복되지 못해 일상생활과 사회활동에 기능저하를 말한다고 볼 수 있다. 미국사회보장법에서는 장애를 '적어도 12개월 지속되거나 지속될 것으로 예상되면서 의학적으로 판정된 사망 가능성이 있는 신체적, 정신적 손상을 가져오고 일상생활이 불편하여 일을 하면서 수입을 가져올 수 없는 상태'로 정의하였다. 이와 같이 정신장애인도 충분히 장애의 정의에 부합되지만 정신질환자의 장애정도 측정에 어려움이 있다(유수현 외, 2014).

(3) 정신병리

정신질환에서 나타나는 비정상적인 인격기능을 말하며, 행동(behavior), 사고(thinking), 의식(consciousness) 등으로 나타나는 증상이다.

첫째, 표정과 태도가 다르다. 즉, 힘없는 태도나 무표정함, 방어적 또는 거부적 태도, 괴상한 자세, 무의미한 웃음이나 찌푸린 얼굴, 바보스러운 표정, 무례한 태도들이 나타난다.

둘째, 행동의 장애가 나타난다. 즉, 과잉행동이나 저하된 행동 또는 반복적인 행동, 자동증, 거부증, 강박증적 행동, 충동적 행동, 자살 등의 행동장애를 나타낸다.

셋째, 의식의 장애를 보인다. 환자는 의식의 혼탁이나 착란, 몽롱한 상태, 섬망, 혼미와 혼수 상태, 주의력장애, 지남력 장애 등을 나타낸다.

넷째, 현재 느끼고 있는 감정상태를 정동이라 하고 지속적인 감정상태를 기분이라고 한다. 정신질환은 기분이 고양되거나 우울과 불안, 무감동, 양가감정, 이인증을 나타내는 정동장애를 보인다.

다섯째, 사고장애를 보이는 경우가 있다. 사고란 생체 내외로부터 지각된 자극을 기억이나 상상을 동원하여 해석하고 판단하며 다른 자극과 통합하여 그 의미를 유추할 수 있다. 사고 형태 및 진행의 장애로 강박관념, 자폐적 사고, 사고의 지연, 사고의 중단, 엉뚱함 등이 있으며 사고 내용의 장애로 관계망상, 피해망상, 과대망상, 우울성 망상 등이 있다.

여섯째, 지각장애를 보이기도 한다. 인지의 장애를 경험하며, 착각, 환각, 환시 등의 증상을 보이기도 한다.

일곱째, 주의력, 집중력장애, 지능장애, 행동장애를 보이기도 한다. 행동장애는 과다행동은 조증에서, 행동이 느려지고 운동량이 적은 정신운동 지체는 우울증이나 조현병(정신분열증)에서 볼 수 있다.

(4) 정신장애의 분류

① 일반적 분류

정신장애는 크게 정신질환과 지적장애로 구분한다. 정신질환은 후천적으로 병이 발생하는 것을 말하고 지적장애는 출생 시부터 선천적으로 지적능력이 결손된 것을 의미한다.

또한 정신질환은 다른 측, 즉 psychosis(정신병)와 neurosis(신경증)의 두 부류로 나누어진다. neurosis(신경증)와 psychosis(정신병)를 구분하는 기준은 현실판단 능력의 유무라고 볼 수 있다. psychosis(정신병)는 이해하기 어렵고 일반적으로 망상이나 환각과 관련이 있으며 공감을 하지 못하며 자아기능의 퇴행이 심하고 현실판단 능력이 거의 없다. 환자 스스로 자신이 병이 있다는 사실 자체를 인지하지 못할 정도로 병식(insight)이 없다. 현실과 자신을 분리하는 능력이 저하되었기 때문에 환자에게 들리는 환청이 실제로 현실에서 나는 소리라고 인지하게 됨을 알 수 있다. 또한 뇌 내의 기질적인 문제가 있을 가능성이 높으며 대표적인 질환으로는 조현병(과거에는 정신분열병으로 불림), 조울증, 한 사람 안에 둘 이상의 서로 다른 정체감을 가진 인격이 존재하는 이중인격 또는 다중인격이라고 불리는 해리성 정체성 장애로 나뉜다.

neurosis(신경증)는 비교적 사람들에게 흔하게 나타나며 본인이 증상을 이해하고 공감할 수 있다. 망상이나 환각과는 관련이 없다고 보인다. 뇌 내의 기질적인 문제가 없는 경우가 많으며 환자가 스스로 질환이 있음을 알고 있지만 감정(불안장애, 우울증 등이 해당)이나 혹은 행동의 제어(강박장애 등이 해당)에 어려움을 느끼곤 한다. 정신증(psychosis)과 비교하자면 현실지각(insight) 능력이 손상되어 있지 않고 감정도 적절하게 느끼곤 한다.

정신병적 장애는 다시 기질성 및 기능적 장애로 구분한다. 기질성 정신병은 뇌암, 혈관성 질환, 감염증, 독성, 외상성 또는 선천성 요인과 같은 신체적 병리가 증명되는 경우이다. 기능성 정신병이란 기능의 손상은 있으나 어떠한 기질적 병리를 증명해 낼 수 없는 경우이다. 신체적인 이상 소견 없이 심리적인 증상에 의해서 진단되며 조현병, 기분장애, 편집장애, 기타 정신병적 장애가 포함된다.

② 국제 질병 분류와 미국의 정신질환 진단 및 통계편람에 의한 분류

공식적인 정신장애 분류는 세계보건기구에 의해 제정하여 발전되어 왔던 『질병 및 관련 건강문제의 국제 통계 분류(International Statistical Classification of Diseases and Related Health Problems: ICD)』인 ICD-11과 미국의 정신의학회에 의해 만들어진 『정신질환의 진단 및 통계 편람(Diagnostic and Statistical Manual of Mental Disorders: DSM)』제5편 개정판인 DSM-5-TR이 있다. 최근 우리나라에서도 공식적으로 이 진단 분류를 사용한다.

✓ ICD-11

ICD-11은 질병 및 관련 건강문제의 국제 통계 분류로 2022년에 출판한 11차 개정판이며, 세계 보건 기구에서 질병 및 관련 건강문제를 모두 포괄하게 분류해 놓은 책이다. ICD-11의 특징은 ICD-10에 비해 여러 가지 새로운 특징을 가지고 있다. 가장 큰 변화는 정신건강 및 행동 장애 분류를 26개로 세분하게 나누어 개정하였으며 이 외에도 환경적 요인, 사회적 요인, 건강 자원에 대한 새로운 코드가 추가되었다. 또한 ICD-11은 디지털 환경에서 사용하기 쉽도록 설계되어 있고, 보다 더 체계적이고 상세한 분류 체계를 가지고 있다.

ICD-11 정신장애 분류(26항목)	
• 신경발달장애	• 파괴적 행동 혹은 반사회적 장애
• 조현병 혹은 기타 일차성 정신증적 장애	• 성격장애 및 관련특징 장애
• 긴장증	• 성도착장애
• 기분장애	• 허위성 장애
• 불안 혹은 공포 관련 장애	• 신경인지장애
• 강박 혹은 관련 장애	• 임신, 출산 및 산후기와 연관된 정신 혹은 행동 장애
• 스트레스와 특정하게 관련된 장애	• 장애 혹은 달리 분류된 질환에 영향을 미치는 심리적 행동적 요인
• 해리장애	
• 급식 혹은 섭식 장애	• 수면 각성장애
• 배설장애	• 성기능 장애
• 신체적 고통 혹은 신체적 관련 장애	• 성별 불일치
• 물질사용 혹은 중독적 행동으로 인한 장애	• 달리 분류된 정신, 행동 혹은 신경발달장애
• 충동조절 장애	• 분류되지 않는 정신, 행동 혹은 신경발달장애

✓ DSM-5-TR

DSM-5-TR은 2022년에 발간되었는데 DSM-5의 진단 기준을 대폭 수정하였다. 명확성을 위해 70개 이상의 정신질환을 증상에 대한 기술(자신이 느끼고 생각하는 것을 반영하여 사람들이 한 말과 행동) 및 질환의 진행에 근거하여 진단기준이 업데이트되었으며 자살 및 비자살적 자해 행동을 보고하기 위한 새로운 진단, 지속적 비탄장애, 증상 부호가 추가되었다. 또한 문화적 요인에 대한 고려가 강화되어, 다양한 문화적 배경을 가진 환자에 대한 진단 접근법, 성 및 젠더와 관련된 쟁점 등이 포함되어 있다.

DSM-5-TR 정신장애 분류	
• 조현병(정신분열증)스펙트럼 및 기타 정신증적 장애 • 신경발달장애 • 양극성 및 관련 장애 • 우울장애 • 불안장애 • 강박 및 관련 장애 • 외상 및 스트레스 관련 장애 • 해리장애 • 신체증상 및 관련 장애 • 급식 및 섭식 장애	• 배설장애 • 수면-각성장애 • 성기능부전 • 성별 불쾌감 • 파괴적 충동조절 및 품행장애 • 물질 관련 및 중독장애 • 신경인지장애 • 성격장애 • 변태성욕장애 • 기타 정신장애

DSM-5-TR에 포함된 주요한 정신장애에 대하여 간단하게 알아보고자 한다.

① 조현병(정신분열)스펙트럼 및 기타 정신증적 장애(Schizophrenia Spectrum and Other Disorders)

조현병, 망상장애, 조현형 성격장애, 조현양상장애, 조현정동장애, 긴장성 강직증, 단기 정신병적 장애 등이 여기에 속한다. 조현병(Schizophrenia)은 정신분열증으로 현실과 상상의 경계가 흐려지는 정신질환으로 환각, 망상, 혼란 등을 경험한다.

② 신경발달장애(Neurodevelopmental Disorders)

지적장애, 의사소통 장애, 자폐스펙트럼 장애, 주의력 결핍 및 과잉행동장애, 특정학습장애, 운동장애, 기타신경발달장애를 포함한다.

③ 양극성 및 관련 장애(Bipolar Related Disorders)

기분이 급격하게 변하는 상태로, 우울증과 만성 기분 상승 상태인 조증이 번갈아 나타난다. 제1형 양극성 장애, 제2형 양극성 장애, 순환성장애가 이 범주에 포함된다.

④ 우울장애(Depressive Disorders)

기분이 지속적으로 우울하고 희망이 없는 상태로 지속되는 질환이다. 주요우울장애, 지속성 우울장애(기분저하증), 월경전 불쾌감장애, 파괴적 기분조절부전장애 등이 여기에 속한다.

⑤ 불안장애(Generalized Anxiety Disorder)

지속적인 불안과 고민, 긴장을 겪는 상태로 공황장애가 포함된다. 공황장애(Panic Disorder)는 갑작스러운 공포와 불안을 경험하는 상태이다. 또한 특정공포증, 범불안장애, 사회공포증(사회불안장애), 분리불안장애, 선택적 함구증(무언증), 광장 공포증이 여기에 포함된다.

⑥ 강박 및 관련 장애(Obsessive-Compulsive and Related Disorders)

원하지 않는 불쾌한 생각이 자꾸 떠올라 그것을 제거하기 위한 행동을 반복하게 되는 장애로, 주로 강박사고와 강박행동이 함께 나타난다. 강박사고는 원한다고 해도 무언가에 대한 생각을 멈출 수 없는 것으로, 무언가를 해야 한다는 걱정, 생각, 심상 또는 충동일 수 있다. 강박장애, 신체변형장애, 수집광(저장장애), 발모광(모발뽑기 장애), 피부뜯기장애가 여기에 속한다.

⑦ 외상 및 스트레스 관련 장애(Trauma and Stressor Related Disorders)

외부에서 일어나는 충격적인 사건으로 인한 심리 정서적인 상처로 다양한 심리적 부적응 증상이 1개월 이상 지속되는 경우이다. 이는 죽음, 신체적 상해, 성폭력과 같은 심각한 사건 등을 말한다. 외상 후 스트레스 장애, 급성 스트레스 장애, 반응성 애착장애, 탈억제성 사회적 유대감 장애 등이 여기에 포함된다.

⑧ 해리장애(Dissociative Disorder)

정상적으로 통합되어야 하는 의식, 기억, 정체성, 환경에 대한 지각 등의 성격 요소들이 붕괴되어 나타나는 현상으로 해리성 기억상실, 해리성 정체성 장애, 이인성, 비현실감 장애를 포함한다.

⑨ 신체증상 및 관련 장애(Somatic Symptom and Related Disorders)

환자가 다양한 신체증상을 호소하지만 이에 합당한 검사로 이상 소견이 발견되지 않는데도 계속 통증이 있다고 호소하는 신체질환으로 최근에는 이 증상을 '신체증상장애'라고 한다. 심리적 문제가 몸의 병으로 나타나는 것을 말하며, 이 증상은 심한 우울감이나 불안, 억압된 분노 등이 내재된 정서적 문제, 인간관계의 갈등이나 사회적 활동 중에 발생되는 과도한 스트레스가 원인이 된다. 신체화장애, 전환장애(히스테리 신경증), 건강염려증, 외모에 결점이 없는데 결점이 심각하게 있다고 생각하는 신체이형장애, 통증장애를 포함한다.

⑩ 급식 및 섭식 장애(Feeding and Eating Disorders)

거식증(신경성 식욕부진증) 및 폭식증(신경성 대식증) 신경증은 두 가지 주요 섭식장애로 신체 이미지의 일부 왜곡되어 체중 증가에 대한 강한 두려움, 마른 몸매에 대한 강한 욕구, 과도한 다이어트 등으로 비정상적인 집착을 보이는 것으로 음식 섭취 거부 또는 폭식을 하는 경우이다.

⑪ 배설장애(Elimination Disorders)

배설장애는 소변 또는 대변을 자발적으로 조절하지 못하는 증상을 말한다. 유뇨증과 유분증이 대표적인 배설장애이며, 어린이에게 흔히 발생한다. 유뇨증은 5세 이상의 아이가 낮이나 밤에 의도하지 않게 소변을 보는 증상이며 유분증은 4세 이상의 아이가 낮이나 밤에 의도하지 않게 대변을 보이는 증상이다. 불안의 결과로 발생할 수도 있다.

⑫ 수면-각성장애(Sleep-Wake Disorders)

불충분한 수면 또는 과다한 수면으로 1주일에 3회 이상, 최소 3개월 이상 지속되며 이로 인해 생활 전반에 걸쳐 심각한 고통을 겪거나 부적응적 증상이 초래되는 경우를 수면장애라고 한다. 호흡 관련 수면장애, 수면 중에 불완전하게 깨어나는 삽화가 반복적으로 나타나는 수면 이상증, 악몽장애, 수면각성 패턴이 일주기 리듬과 불일치하는 일주기 리듬 수면-각성 장애가 포함된다.

⑬ 성기능부전(Sexual Dysfunctions)

성기능부전은 성적 욕구, 흥분, 오르가슴, 통증 등 성 반응 주기의 장애 또는 성교 통증으로 정의하며 남성과 여성 모두에게 나타날 수 있다. 남성의 경우 발기 장애, 조루, 성적 욕구 저하 등이 포함되고, 여성의 경우 성적 흥분 장애, 오르가슴 장애, 성적 통증 장애 등이 포함된다.

⑭ 성별 불쾌감(Gender Dysphoria)

성별 불쾌감은 출생 시 지정된 자신의 신체적인 성별이나 성 역할에 대한 불쾌감을 뜻한다. 이는 자신의 지정 성별과 젠더가 성정체성과 일치하지 않아 발생하는 현상이며, 이런 사람을 트랜스젠더라 부른다.

⑮ 파괴적 충동조절 및 품행장애(Disruptive, Impulse-Control, and Disorders)

아동에게 해당하며 파괴적 충동조절 및 품행장애는 정서와 행동에 대한 자기통제가 어렵고 다른 사람의 권리를 침해하거나 사회적 규범을 위반하는 부적응적인 행동을 나타내는 장애이다. 주로 폭력, 방화, 도둑질, 거짓말, 가출 등 난폭하고 무책임한 행동을 나타내며, 사람과 동물에 대한 공격, 중대한 규칙 위반, 재산 파괴, 사기 등을 포함한다. 이는 주로 가정에서 발생하며, 미취학 시기에 많이 나타나고, 8세 이전에 시작하는 경우가 일반적이다. 적대적 반항장애, 간헐적 폭발장애, 품행장애, 반사회성 성격장애, 방화광, 도벽광이 포함된다.

⑯ 물질 관련 및 중독장애(Substance-Related and Addictive Disorders)

중독(의존)은 물질(약물 및 알코올)관련 중독장애와 비물질 관련 중독장애로 나눈다. 특정 물질을 사용하고자 하는 강한 욕구와 강박적인 사용으로 인해 개인의 삶에 심각한 문제를 초래함에도 불구하고 조절하지 못하고 계속적으로 물질을 복용하여 신체적, 정신적, 사회적, 법적인 문제를 일으키며, 일상생활, 인간관계, 직장 등에 부정적인 영향을 미치는 것을 말한다. 물질 관련 장애는 알코올, 카페인, 대마초, 환각제, 흡입제, 진정제, 아편계 항불안제, 각성제(코카인 및 기타 각성제 포함), 담배 및 기타 또는 알려지지 않은 물질을 포함한다. 비물질 관련 장애는 도박, 쇼핑, 인터넷 중독 등을 포함한다.

⑰ 신경인지장애(Neurocognitive Disorders)

신경인지장애는 뇌의 손상으로 인해 의식, 기억, 언어, 판단 등의 인지 능력에 심각한 결손이 나타나는 정신장애이다. 주요 신경인지장애, 경도 신경인지장애, 섬망으로 구분된다.

⑱ 성격장애(Personality Disorders)

성격장애는 습관, 성격, 사고방식 등이 사회적 기준에서 지속적이고 극단적으로 벗어나서 사회생활에 문제를 일으키는 장애를 말한다. 청소년기, 성인기 초기에 발생한다. 본인뿐만 아니라 주변 사람들에게 지대한 부정적 영향을 끼친다. 성격장애는 크게 세 가지 범주로 분류한다. 군집A 성격장애는 편집성, 조현성, 조현형 성격장애, 군집B 성격장애는 반사회성, 경계성, 연극성, 자기애성 성격장애, 군집C 성격장애는 회피성, 의존성, 강박성 성격장애를 포함한다.

⑲ 변태성욕장애(Paraphilic Disorders)

성행위 대상이나 방식에 있어서 비정상성을 나타내는 장애를 말한다. 성적 욕망의 대상이 무생물 또는 독립체, 동의하지 않는 존재 또는 구성요소 중 하나이다. 남성이 여성의 20배로 많고 18세 이전에 발병한다. 노출증, 관찰 사실을 모르는 사람이 옷을 벗거나, 나체, 성교를 하는 모습을 보고 성적인 흥분을 느끼는 관음증, 마찰도착장애, 물품음란장애, 복장도착장애, 소아 애호증, 다른 사람에게 신체적, 정신적 고통을 행해서 성적 흥분을 느끼는 성적 가학증과 모욕을 당하거나 매를 맞거나 묶임 등으로 학대를 당할 때 성적 흥분을 느끼는 성피학증이 있다.

⑳ 기타 정신질환(Other Mental Disorders)

위의 항목을 제외한 정신질환

2) 질환으로 인한 심리사회적 영향

정신질환과 관련하여 생물학적인 요인으로 유전이나 사회, 환경적인 요인도 중요하지만 가장 중요한 요인 중 하나는 가족 요인이다. 가족 내에서의 자녀의 양육태도, 의사소통, 부모와의 관계가 많은 영향을 미칠 수 있으며 이러한 가족요인은 자녀의 발달뿐 아니라 정신분열병의 발병과 예후에도 영향을 미치게 된다. 정신분석가인 프롬 라이히만(Fromm-Reichman)은 가족연구를 통하여 정신분열병을 가진 사람의 어머니가 지배적이며 차갑고 자녀에게 갈등을 조장하는 특성을 가지고 있다고 지적하면서 '조현병을 유발하는 어머니'라는 표현을 하기도 하였다. 이 외에 왜곡되거나 비합리적인 의사소통, 가족갈등, 과도한 부정적 감정 표출 등도 조현병이 나타나는 데 기여하는 요인이라는 주장도 있다.

사회경제적으로 낮은 상태가 계속 유지되면 이로 인해 여러 가지 정신건강의 증상이 나타날 수 있다고 보는 사회 원인론도 있다. 경제적으로 열악한 상태에서 생활하는 사람들은 이 같은 상황이 지속될수록 큰 스트레스를 경험하게 되고 이러한 스트레스가 누적되어 조현병과 같은 정신건강의 문제가 나타날 수 있다고 보고하고 있다. 또한 사회 선택론은 조현병과 같은 정신질환이 유전이나 생물학적 취약성으로 먼저 발생하고 이로 인해 사회경제적 문제가 나타난다고 보는 견해이다(유수현 외, 2014).

3) 환자와 가족에 대한 사회복지서비스

(1) 진단과정에서의 역할인 심리사회적 사정

사회복지사가 정신과적 면담을 실시하는 목적은 환자의 심리적 원인을 파악하고 그 증상을 파악하여 사회사업 사정을 정확히 함으로써 진단과정에 참여하기 위함이다. 정신과적 증상은 발생시기, 원인, 내용 등 심리사회적 사건이 중요한 역할을 한다. 따라서 정신장애의 증상을 가진 개인뿐만 아니라 그 개인을 둘러싼 가족 및 사회환경을 파악하여 개입을 위해 사회조사를 실시한다.

심리사회적 사정에 들어갈 사항은 다음과 같다.

✔ **정보수집을 한다.**

① 인적사항 ② 환자가 직접 서술한 문제점이나 호소를 그대로 기록한 주호소 ③ 발병시기와 발병경과인 현병력과 과거 정신과적 입원 및 외래 병력인 과거병력 ④ 태아기, 유아기, 아동기, 청소년기, 성인기 등으로 검사하는 개인력 검사 ⑤ 병전 성격 및 사회적 기능 ⑥ 가계도, 가족체계, 가족구조 등과 환자와의 연관성을 가진 가족배경 ⑦ 정신상태 검사 당시 정보 제공자의 면담 시 태도 및 신뢰도 기술을 하여야 한다.

✔ **정보 제공자 면담 시 다음과 같은 내용을 포함한다.**

① 정보 제공자의 외모 ② 환자가 면담 도중에 보여 주는 비언어적 태도인 정신운동행동 ③ 환자가 현저하고 우세한 감정인 기분과 환자가 보여 주는 정서 ④ 언어, 지각장애, 사고, 의식, 기억력, 지남력, 주의집중 ⑤ 읽고 쓰는 능력, 공간시각 능력과 추상적 사고를 포함하는 인지와 감각, 충동조절, 판단과 통찰 등을 관찰해야 하며 ⑥ 정신상태 검사 당시 환자가 이야기한 것이 믿을 만한 것인지, 환자 자신의 상황을 정확히 이야기할 만한 능력이 되는지에 대한 치료자의 평가와 생각이 들어가야 한다.

✓ 사정

사정은 이용자원 체계 사정, 강점, 약점 사정, 생리적, 심리적, 사회적 사정으로 나눌 수 있다.

- **이용자원 체계 사정**: 직업적, 사회적 활동인 공식적 자원과 가족, 친구, 친척의 비공식적 자원, 사회보장 서비스, 교육 및 보건체계의 사회적 자원, 생태도, 사회관계망 사정 등이 있다.
- **강점과 약점 사정**: 환자의 강점과 약점을 파악한다.
- **생리적, 심리적, 사회적 사정(Biopsychosocial Assessment)에 기초한 문제 목록 제시**: 생리적 문제(의학적 문제), 심리사회적 문제, 결핍된 자원을 파악한다.

사정과 개입이 이론적 근거에 기반하도록 사정의 기록에 들어 있어야 한다. 또한 단기 및 장기목표 및 계획을 하여야 하며, 사회복지사의 의견도 포함한다.

(2) 치료과정에서의 역할

치료를 위해 팀의 일원으로 치료계획 과정에 참여하고, 주로 환자문제에 대한 심리사회적 역동에 초점을 두어 구체적 프로그램들을 직접 진행하든지 또는 협력 치료사로서 수행한다. 회진, 심리사회적 개인 상담, 병실회의, 정신역동적 상담, 만성 조현병 환자들을 위한 사회기술 훈련 등의 집단치료, 사례관리, 집단행동(group activity)에 참여하는 자원봉사자 관리 및 교육, 치료팀 모임, 자조모임, 가족모임, 진단회의, 팀접근(team approach), 병동회의, 연구조사, 권익체계(patient privilege system) 모임 등이다.

(3) 퇴원계획 및 사후지도에서의 역할

환자의 원만한 사회적응을 위하여 사회복귀에 필요한 재활계획을 수립하고 퇴원 후 적응상태를 파악한다. 외출, 외박 시 문제점을 파악한 후 일상생활훈련, 퇴원 후 외래로 집단치료(group therapy) 및 개인 면담 권유, 퇴원 후 지역사회 기관인 정신건강센터나 사회 자원 체계와 연결, 퇴원환자의 방문 및 전화 사후지도(follow-up), 정신질환 환자들의 구체적 직업재활 서비스 고용주 관리 모임, 직업적응 훈련, 중간의 집(half way house), 그룹홈, 지지주거시설, 독립주거시설 등의 주거서비스 제공을 위한 사회관계망의 연결 등을 들 수 있다.

(4) 가족에 대한 이해 및 개입에 대한 역할

정신장애를 극복하기 위해서는 정신장애를 가진 환자의 노력뿐만 아니라 가족들의 친밀하고 밀접한 가족관계가 매우 중요하다. 그래서 환자 가족의 역기능적 의사소통, 부부 및 가족 내의 다양한 문제점을 파악하고 가족 구성원 모두가 변화를 가져오도록 가족치료 이론과 기법을 활용하여 문제를 해결하도록 돕는다. 더불어 가족교육을 실시하는데 가족교육은 가족을 대상으로 질환에 대한 지식과 정보를 전달하여 깨닫게 함으로써 심리적 죄책감을 감소시키고 병에 대한 태도를 변화시키는 것을 목적으로 한다(장수미 외, 2021).

4. 중독

다양한 중독문제로 알코올중독, 마약중독, 도박중독, 인터넷 및 게임중독 등이 지난 10년 사이에 지속적으로 증가하고 있다. 최근에는 그중에서 사회적으로 약물중독인 마약중독이 화두로 떠오르고 있다. 그렇지만 그동안 마약중독을 질병으로 인정하지 않았고 마약중독자는 치료받아야 할 환자가 아니라 처벌받아야 하는 범죄자이며 치료가 거의 불가능하다고 인식하고 있었다. 그러나 마약중독도 다른 중독과 마찬가지로 질병으로 인식해야만 한다. 이에 이 절에서는 여러 가지 중독 중 약물중독과 알코올중독인 물질중독을 중심으로 소개하고자 한다. 먼저, 중독의 개념 및 의료적 특성에 대하여 살펴보자.

1) 의료적 특성

(1) 중독의 어원 및 개념

'중독(addiction)'은 '양도하거나 굴복하는 것'이라는 뜻의 라틴어 'addicere' 어원에서 유래되었으며 중독자(addict)는 고대 로마 법정에서 감금된 노예라는 의미를 가지고 있다. 결국 중독은 욕구에 집착함으로써 욕구 에너지를 특정한 대상에게 속박시켜 노예상태가 됨을 의미한다고 볼 수 있다.

또한 중독의 사전적 의미는 독이 있는 물질을 섭취하거나 흡입하거나 만질 때 발생하는 병으로 이는 우발적으로 알코올 및 불법 약물을 과량 투여하거나 자살을 시도하려는 사람들을 포함한다. 최근에는 디지털 중독, 스마트폰 중독, 게임 중독 등과 같은 특정 행위에도 중독이 나타날 수 있다는 사실이 입증되고 있다. 그래서 중독은 물질 관련 중독장애와 비물질 관련 장애인 행위중독으로 나뉜다. 물질 관련 중독장애는 알코올, 카페인, 마리화나, 환각제, 흡입제, 아편류, 항정신성 약물인 진정제, 수면제, 항불안제, 흥분제 담배 등이 해당된다. 비물질 관련 중독장애인 행위중독은 도박, 게임, 디지털, 쇼핑, 섹스 중독 등이라 할 수 있다.

또한 WHO(World Health Organization)에서는 중독을 이분법적으로 남용과 의존으로 나누어 설명하였다. 남용과 의존에 대한 개념 논쟁에 대한 합의가 이루어지긴 힘들지만 물질남용은 신체적, 사회적, 법적, 대인관계상에 문제가 있는데도 불구하고 1년 이상 지속적으로 물질을 사용하면서 앞서 나열한 문제 중에 한 가지 이상으로 장애나 고통을 초래해도 계속적으로 물질을 사용하는 경우라고 규정하였다(Hamid, 2005, pp. 2-6).

중독과 관련하여 물질의존은 "한번 사용하기 시작하면 자꾸 사용하고 싶은 충동으로 조절할 수 없는 의존성을 갖고 있으며, 사용할 때마다 양을 늘리지 않으면 효과를 느낄 수 없는 내성을 갖고 있다. 또한 사용을 중단하면 몸에 견디기 힘든 육체적, 심리적 이상증상을 일으키는 금단증상이 나타나는 것으로 개인에게 한정되지 않고 사회에도 해를 끼치는 물질로서 사회적 폐해를 가져오는 것"(Hamid, 2005, pp. 2-6)으로 규정하고 있다.

더불어 중독은 뇌의 보상 회로, 특히 도파민 시스템에 영향을 미치며, 이로 인해 뇌가 물질 및 비물질에 대한 강렬한 욕구를 경험하게 되면 계속적으로 추구하는 충동성을 가진다. 이에 반복적으로 사용하는 갈망을 가지게 되어 물질 및 비물질에 의존하게 만드는 뇌의 질환으로 정의하기도 한다. 그러므로 중독은 균형적인 뇌 발달을 방해하며, 중독 후유증으로 기억력, 판단력, 조절 능력 등의 문제가 발생할 수 있다.

그러므로 중독은 생물학적, 심리적, 사회적 요소가 복합적으로 작용하여 발생하며 개인의 신체적, 정신적, 영적인 부분의 문제만이 아니라 자녀 및 부부 사이에도 큰 폐해를 주는 가족병이다. 더 나아가 사회적으로 폐해를 주고 있음에도 불구하고 계속적으로 물질 및 비물질을 사용하는 만성적인 진행성 질병이다. 또한 실천 현장에서는 '해를 입는 것의 연속(harmful consequences)'에도 불구하고 사용하거나 강박적으로 물질만을 추구할 때 중독이라고 언급한다.

(2) 중독의 진행과정과 금단증상

다양한 중독은 거의 유사한 진행 및 회복과정을 보인다. 물질중독에서 행위중독에 이르기까지 대부분의 중독 질환은 자꾸 사용하고 싶은 충동과 갈망을 느낀다(의존성). 사용할 때마다 물질의 양을 늘리지 않으면 효과가 없으므로 계속 물질의 양을 늘린다(내성). 물질사용을 중지하면 온몸에 견디기 힘든 이상 증상이 나타난다(금단증상). 금단증상(withdrawal)은 신체적 의존이 되어서 물질을 중단했을 때 나오는 표시와 증후들로 신체적, 정신적 금단증상이 있다.

(3) 금단증상

금단증상은 특정 약물이나 대상, 행위를 충동적, 습관적으로 하게 되며, 이를 중단할 경우 여러 증상이 나타나는 것을 의미한다. 금단증상은 앞에서 언급했듯이 신체적 증상과 정신적 증상으로 나뉜다. 신체적 증상으로는 구토, 설사, 기침, 피로, 눈물 흘림, 콧물 흘림, 심한 땀, 경도의 체온 및 호흡과 같은 가벼운 불쾌감, 혈압상승 등이 있다. 신체적 금단증상은 보통 2~4일째 제일 극심하며, 대략 2~3주 후면 사라진다. 반면, 정신적 금단증상은 보다 길게 지속되며 단주 혹은 단약 후에 재발하게 되는 주요한 요인 중의 하나이다. 정신적 금단증상으로는 우울, 불안, 짜증, 불면, 악몽 등이 생기며 심할 경우 발작, 뇌전증 등 여러 가지 뇌손상, 환청, 환시 등의 정신병적 증상, 더 심할 경우 생명을 위협하는 증상까지 매우 다양하게 올 수 있다. 정신적 금단증상은 물질에 대한 인지된 요구와 갈망을 의미한다. 알코올과 특별한 약물에 정신적으로 의존된 사람은 그 물질의 지속적인 사용 없이는 정상적인 기능을 할 수 없음을 느낀다(Hamid, 2005).

(4) DSM-5-TR에 의한 진단 분류

WHO에서는 과학적인 용어의 사용을 강조하여 의존, 남용을 썼으나 DSM-5-TR(2022)에서는 이분법적 구분 대신 '물질 관련 장애 및 중독장애'의 스펙트럼이라고 제시하고 셋으로 분류하여 경도(mild), 중등도(moderate), 고도(severe)로 나눈다. DSM-5-TR에 따르면 11개의 진단 분류에서 2~3개이면 경미한 단계(경도), 4~5개가 속하면 중간 단계(중등도), 6개 이상은 심각한 단계(고도)이다. 11개의 진단 분류는 다음과 같다.

〈표 10-7〉 DSM-5-TR 분류

1) 같은 정도의 경험을 하기 위해 물질(약물 및 알코올)을 더 사용하고자 하는 욕구: 내성(tolerance)
2) 어떤 노력에도 그만둘 수 없고 양을 줄일 수 없음: 조절능력 상실(uncontrol)
3) 사람들이 충고함에도 불구하고 오랜시간 동안 물질(약물 및 알코올)이 점차 증가: (increase quantity)
4) 물질(약물 및 알코올)에 대한 갈망 증가: (craving drug or alcohol)
5) 물질(약물 및 알코올)로 인해 문제가 있음에도 계속 사용: (continuing drugs or alcohol)
6) 물질(약물 및 알코올) 사용과 관련된 활동에만 많은 시간을 할애할 때: (spend a lot of time for drugs or alcohol)
7) 사회적 흥미나 오락, 일과 관련된 행동이 점차 줄어듦: (not interested in all of thing)
8) 신체적·정신적 문제가 있음에도 불구하고 물질(약물 및 알코올) 사용: (using drug or alcohol inspite of physical and mental health)
9) 물질(약물 및 알코올)로 인해서 집이나 직장에서 수행되는 기능을 못할 때: (unable to carry out responsibility for drugs)
10) 육체적인 위험이 있음에도 불구하고 약물 사용(using drug or alcohol inspite of severe pysical harm)
11) 물질(약물 및 알코올) 사용을 중단하거나 줄였을 때 금단증상 경험(withdrawal symptoms)

중독은 마약, 알코올, 니코틴과 같은 외부 물질적인 것에 지나치게 집착하고 습관적으로 의존하여 자기통제력을 상실한 상태를 말하며, 물질(substance)이 알코올인 경우 알코올사용장애로 분류하고 사용하는 물질이 약물인 경우 그 약물사용 장애로 분류한다.

(5) 질병의 발병과 질병과정

물질로 인해 어떤 단계에 해를 끼치는지 인식하는 것이 중요하므로 질병으로 가는 발병의 과정 단계를 4단계로 나누었다.

❶ 처음에는 물질을 실험적이거나 오락적으로 사용(Experimental and recreational use): 물질을 사용하는 사람들은 실험적이거나 흥미를 일으키는 오락을 위해서 처음 사용한다. 물질을 사용함으로써 어떤 느낌인가 하는 호기심에서 또는 흥미로 사용하며 다른 사람이나 친구의 권유로 물질을 사용한다. 이 첫 단계는 일반사회 안에서 일어나며 적당한 양으로 사용하고 자주는 사용하지 않는다.

❷ 환경적 또는 가끔씩 사용(Circumstantial or occasional use): 이 단계는 특별한 이유 또는 특별한 상황으로 물질을 사용한다. 예를 들면, 특별한 모임에서 이완과 편안함을 추구하

기 위해서 물질을 사용할 수 있다.
- ❸ **정도가 심한 상태 또는 규칙적으로 사용(Regular use)**: 문제를 해결하기 위해(불안 때문에 약복용) 또는 일의 실행을 위해서 적은 양 또는 적당량을 매일 또는 거의 매일 사용하는 경우이다. 이 사람들은 불안 및 초조감 등 문제를 가지고 있는 것처럼 행동하고 물질(약 또는 알코올) 남용자라고 말할 수 있다.
- ❹ **강박적이고 중독적인 사용(Compulsive or addictive use)**: 이 단계는 아주 위험하고 심각한 단계로서 많은 양을 매일 또는 거의 매일 계속적으로 사용하는 사람들이다. 물질을 사용하는 것이 인생의 어떤 것(가족, 일 등)보다도 중요하고 문제의 원인이 물질임에도 불구하고 계속 사용한다.

(6) 질병의 재발

회복상태에 있는 사람들이 때때로 스트레스나 높은 정도의 위험한 상태에서 외부, 내부의 자극을 받으면 물질을 갈망하고 사용하는 경우가 많다. 한 번이나 짧은 기간 동안에 다시 물질을 사용할 경우를 실패(lapse)라고 말한다. 만약에 물질사용 중단을 조절하는 데 실패했다면, 물질을 사용하는 전의 패턴으로 돌아갈 수 있는데 이것을 재발(relapse)이라고 한다. 재발을 경험하는 것은 단주 및 단약하는 변화 과정 중에 항상 있다고 생각해야 하며 이것은 앞으로 닥쳐올 준비과정이자 단주와 단약으로 가는 코스 중에 하나로 현재 바르게 노력하는 과정이라고 생각해야 한다. 재발은 갑자기 일어나는 것이 아니라 잠재되어 있던 상황에서 물질을 사용하고 싶어지는 동기인 계기(triggers)가 생겨 물질사용의 갈망을 일으켜 재발하는 것이다.

계기는 두 가지로 나타날 수 있다. 외부적인 계기와 내부적인 계기이다. 외부적인 계기는 사람, 장소, 물건들이며 내부적인 계기는 본인의 생각 또는 느낌 등이다. 외부적인 계기에 있어서 약물 또는 알코올을 사용하는 사람들과 만날 경우, 약물을 사용했던 곳이나 술을 마셨던 장소 등을 지나갈 때, 주사와 바늘과 같은 약의 용품을 어디서든 볼 때, 또는 알코올을 파는 상점에 들러 즐비하게 놓인 술병들을 보았을 때 연관이 되어 갈망하게 된다. 내부적인 계기들은 약물 및 알코올을 사용 또는 약물 및 알코올을 사용했던 좋은 시절의 생각이나 영향에 대하여 약이나 알코올을 상상하는 것을 포함한다. 물질사용에 대한 갈망(craving)은 조절 실패로 이끈다. 물질을 한 번 또는 몇 분 동안에 사용하더라도 이것은 대개 심한 죄의식과 절망감을 느끼게 하고 실패감을 가져온다. 사람들은 실패 단계에서 규칙적으로 물질을 마음껏 사용했던 때로 쉽게 돌아가려고 하는 마음을 가지게 되는 재발 단계로 가려고 한다. 그러므로 재발 단계로 가는 상황을 인지해서 그 단계로 가기 전에 도움과 정서적 지지를 주는 것이 중요하며 의료사회복지사 및 정신의료사회복지사의 개입이 적극적으로 필요하리라 보여진다.

(7) 약물의 종류 및 정동, 사고, 지각과 행동의 변화

우리나라의 「마약류관리법」에 의하면 마약이란 마약, 대마, 향정신성의약품으로 나뉘며 불법소지, 불법사용, 또는 제조, 매매행위에 대해 처벌을 받는다. 합법 약물은 알코올과 담배이며 또한 질병을 치료하는 의약품도 치료목적이 아닌 쾌감 등을 위해 사용하면 약물남용이 된다. 가령, 기침 감기약도 치료목적과 무관하게 용량과 용법을 무시하고 한 번에 너무 많은 양을 복용하면 남용이 될 수 있다. 남용되는 물질(약물, 마약, 알코올)은 우리의 기분, 사고와 판단, 감각적 지각 및 행동에 [그림 10-3]과 같은 영향을 준다.

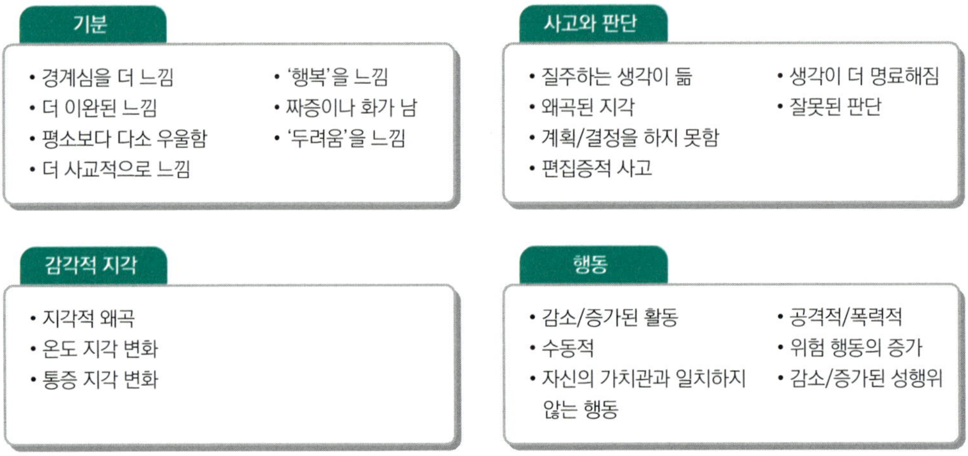

기분
- 경계심을 더 느낌
- 더 이완된 느낌
- 평소보다 다소 우울함
- 더 사교적으로 느낌
- '행복'을 느낌
- 짜증이나 화가 남
- '두려움'을 느낌

사고와 판단
- 질주하는 생각이 듦
- 왜곡된 지각
- 계획/결정을 하지 못함
- 편집증적 사고
- 생각이 더 명료해짐
- 잘못된 판단

감각적 지각
- 지각적 왜곡
- 온도 지각 변화
- 통증 지각 변화

행동
- 감소/증가된 활동
- 수동적
- 자신의 가치관과 일치하지 않는 행동
- 공격적/폭력적
- 위험 행동의 증가
- 감소/증가된 성행위

[그림 10-3] 물질남용의 영향

출처: 국립부곡정신병원 홈페이지.

(8) 중추신경계 작용에 의한 분류

물질사용은 중추신경계 작용에 중요하게 관련이 되어 있으며 영향을 준다. 중추신경이란 우리 몸의 여러 감각기관에서 받아들인 신경정보를 모아 통합, 조절하는 중앙처리과정에 해당하는 수많은 신경세포로 구성된 뇌와 척수를 말한다. 물질사용에 의한 중추신경계 작용에 의한 분류는 흥분제, 억제제, 환각제, 양에 따라 다르게 작용할 수 있다.

〈표 10-8〉 중추신경계 작용에 의한 분류

중추신경계의 작용에 의한 분류	종류
흥분제 중추신경계 활동 증가 • 심장박동, 호흡 증가 • 흥분된 도취감	• 코카인(Cocaine) • 메스암페타민(Methamphetamine) • 니코틴(Nicotine) • 카페인(Caffeine) • 암페타민(Amphetamine)
아편류 중추신경계 선별적 저하 • 진통효과 • 수면 유도	• 헤로인(Heroin) • 모르핀(Morphine) • 아편류(Opiates) • 데메롤(Demerol)
억제제 중추신경계 활동 감소 • 심장박동, 호흡 감소 • 이완, 졸음	• 알코올 • 벤조디아제핀류(Benzodiazepines) • GHB(Gamma-Hydroxybutyrate) • 바비튜레이트(Barbiturates)
환각제 생생한 지각적 왜곡 기분과 사고의 변화	• LSD • 메스칼린(Peyote 선인장) • 실로사이빈(Magic-mushroom)
기타: 어떤 범주에도 해당하지 않는 약물	
대마초(마리화나) • 소량: 진정 혹은 이완제 • 다량: 환각 효과	해리성 마취제(케타민 등) 환각 효과와 동시에 억제 혹은 흥분 효과
카트(캐치논) • 소량: 경미한 다행감과 흥분감 • 다량: 조증적 행동과 과잉행동 유발	흡입제(부탄 톨루엔 등) 억제제, 흥분제, 환각 효과는 약물

출처: 국립부곡정신병원 홈페이지.

2) 심리사회적 영향

(1) 심리적 영향

주의력 결핍과 과잉행동장애나 품행장애의 아동기 병력이 있으면, 물질중독이 될 위험성이 높다. 반사회적 인격장애나 경계성 인격장애 역시 물질중독의 유발인자이다. 정신분석적 요인으로 지나치게 엄격한 초자아를 갖고 있거나, 자기징벌적인 사람들은 그들의 무의식적 스트레스를 감소시키기 위하여 물질을 사용한다. 또, 인격발달상 구강기(입)에 고착되어 있는 사람은 입으로 물질을 사용함으로써 좌절감을 해소하려 하므로 물질중독에 빠진다.

중독성 인격은 수줍음이 많고 소외되어 있으며 참을성이 없고 쉽게 자극에 흥분한다. 또한 지나치게 예민하고 불안하며 성적으로 억압되어 있는 특징을 갖는다. 물질중독자들은 강화된 권력욕구를 갖고 있으나, 반면 그들은 이를 성취하는 데 있어서는 부적절감을 가지고 있다. 물질사용은 이런 사람들에게 편안한 느낌과 권력감, 성취감 등을 가져다준다. 따라서 이런 사람들은 물질중독이 될 가능성이 높다. 또한 자기중심적, 낮은 자존감, 자기증오심으로 나타나는 자만심, 심한 자기연민을 갖고 있으며, 좌절을 견디지 못하고 원한과 분노에 잘 빠진다. 두려움과 심한 공포감에 사로잡혀서 부정적이며, 현실을 받아들이는 능력이 없다.

(2) 기타 및 사회적 요인

유전적 요인, 성별, 민족성, 정신장애 여부도 중독의 위험요인으로 작용한다. 유전적 요인으로 알코올중독 부모의 자녀는 알코올중독이 아닌 부모의 자녀에 비해 알코올중독자가 될 확률이 4배 높다. 자라서 알코올중독이 된 아이들의 생부(biologic father) 중 25%가 알코올중독자이다. 성별 중 남자가 알코올을 남용할 확률이 높으며 문화적으로 술을 권하는 사회이거나 물질사용에 취약한 민족들이 물질중독에 걸리기 쉽다. 또한 정신장애 중 불안장애, 우울증, ADHD 등은 중독 발생 위험을 높인다. 한편, 부모들의 물질남용의 노출로 아동이 약물 및 알코올 사용을 쉽게 접할 수 있기 때문에 물질남용을 학습하여 자녀들에게 대물림되는 경우도 있다. 중독의 사회 환경적 요인으로 인한 대인관계 문제는 가정 내 갈등, 소외, 부모의 방치 등 사회적 고립을 발생시키고 중독 위험을 높인다. 더불어 경제적 어려움과 스트레스 또한 중독 행동을 유발할 수 있다. 요컨대, 물질중독은 단순히 한 가지 요인으로 나타나는 것이 아니라 상호 관련되어 다각적이고 복합적인 요인을 가지고 있다.

3) 의료사회복지사의 개입

(1) 진단과정에서의 역할

진단을 위한 역할로서 개인력 검사, 가족력 검사, 사회조사 등을 통하여 환자의 상태를 평가하고 진단과정에 참여한다.

알코올의 경우는 다음과 같이 파악한다.

❶ 음주력과 음주습성, 최장 단주기간, 알코올중독의 양상 파악
❷ 신체적·정신적·가정적 및 사회적 부작용을 파악
❸ 이차적 알코올중독 여부 조사(불면, 불안, 우울에 의한 알코올중독)
❹ 현재까지의 사회적응상태 파악
❺ 환자의 주변 인물과의 관계 파악, 환자에게 지속적 도움을 줄 수 있는 사람

약물일 경우는 다음과 같이 파악한다.

❶ 최초 사용연령과 구체적인 상황, 최근 약 5년 동안 사용해 온 약물 및 빈도
❷ 약물사용으로 인한 금단증상의 경험
❸ 감정의 변화 유무를 파악
❹ 학교, 가정에서의 수행도, 행동 및 대인관계 유형의 변화, 약물과 관련된 사고 파악
❺ 자신이 약물사용의 문제점을 깨닫기 시작할 때, 약물사용을 중단하고자 노력했던 경험 유무
❻ 동료집단과의 친밀관계, 첫 성경험, 성학대의 경험 등
❼ 교육력, 가족력, 위험요인 지표들, 일상생활 서술(약물 복용시간, 식습관 등)

(2) 치료과정에서의 역할

알코올중독 치료를 위한 역할로서, 팀의 일원으로 치료계획 과정에 참여한다. 개인으로부터 주변 상황까지 포함한 개입목표의 범위 내에서 주로 문제에 대한 심리사회적 역동에 초점을 두어 구체적 프로그램들을 주 치료자 또는 보조 진행자로 수행한다.

① 알코올 및 중독 모임, ② 알코올 및 집단 치료, ③ 알코올 환자 및 정신치료, ④ 회진, ⑤ 시청각 모임, ⑥ AA(Alcoholic Anonymous), NA(Narcotic Anonymous) 협심자 메시지 전달 모임, ⑦ 자기평가 모임, ⑧ 단주 및 단약 교본 연구 및 자조모임, ⑨ 가족모임, ⑩ A.A (익명의 알코올중독자 모임) 또는 NA(약물중독자 모임), ⑪ 진단 회의, ⑫ 다각적 팀모임, ⑬ 통찰력 지향 개인상담, ⑭ 알코올 및 약물 환자들과 재활 모임 등이다.

(3) 퇴원계획 및 사후지도에서의 역할

환자의 원만한 사회적응을 위하여 사회복귀에 필요한 재활계획을 수립하고 퇴원 후 적응상태를 파악한다.

① 외출, 외박(AA 모임에 참석하도록 연결), ② 퇴원 후 외래로 Group therapy 참여 권유, ③ Alcoholics Anonymous 모임 및 사회 자원 체계(알코올상담센터)와 연결, ④ 직업재활 및 사회복귀 시설 알선, ⑤ 퇴원 환자의 방문 및 전화 follow-up 등이다.

(4) 가족에 대한 이해 및 개입

물질중독의 가족은 환자치료에 관여하여 환자뿐 아니라 가족 스스로 자기 자신의 방어와 역기능을 인식하고 수용하도록 지지되어야 한다. 가족면담(family session)에서 물질중독 가족 안에서 함께 살면서 습득하는 특정한 성향 및 행동을 가지는 공동의존은 가족들에게 충동을 직면시키고 경험한 감정을 표현함으로써 그 감정을 다시 경험하고 이를 통해 자기용서와 자기수용, 원한과 슬픔을 표현해야 한다. 또한 건강문제, 스트레스와 관련된 만성적 증상 치료 등 공동의존증상에 대한 치료목표를 개별상담과 가족면담을 통해 치유해야 한다. 환자 가족의 이러한 병리적 기능에 대한 첫 번째 치료적 접근은 물질사용을 중단하게 하는 것이다. 따라서 가족은 스스로를 재구조화할 수 있고 이전의 건강한 수준으로 기여할 수 있게 된다. 두 번째 치료적 접근은 가족에 대해 중독에 대한 교육을 통해 가족과의 협력관계(치료적 동맹관계)를 발전시켜 나가는 것이다. 이에 따라 가족은 자신의 갈등이나 혼란에서 벗어나는 기회를 가지게 된다. 이렇듯 환자와는 상관없이 가족이 변화를 일으키기 시작할 때 물질중독자 자신도 스스로 단주, 단약할 수 있는 가능성을 찾게 된다. 따라서 성공적 물질중독의 치료는 전체 가족을 치료체계에 개입시키는 기회를 제공할 수 있어야 하며, 가족문제와 물질사용 사이의 잠재적 연관성을 조사하고 이를 치료과정에 포함시키는 것이 중요하다.

 **정리해 봅시다**

1. 척수손상

척수손상 환자를 만나는 의료사회복지사는 재활치료팀의 일원으로서 환자에 대한 포괄적이고 전인적인 개입계획을 수립해야 한다. 환자의 재활을 위해 장애의 원인이 되거나 치료와 재활의 효과를 저해할 수 있는 심리사회적 문제들을 해결하거나 완화하는 것을 목표로 한다. 이를 위해 환자와 가족에 대한 개별 상담, 집단 프로그램 운영, 가족회의, 자원연계 등 다양한 개입 방법을 활용할 수 있다.

2. 치매

치매의 대표적인 유형으로는 알츠하이머형 치매, 혈관성 치매, 파킨슨병에 의한 치매, 루이소체치매, 알코올성치매(코르사코프 증후군), 크로이츠펠트-야콥병에 의한 치매 등이 있으며, 우리나라의 경우 알츠하이머형 치매가 대부분을 차지한다. 치매는 기억력 저하, 언어능력 저하, 지남력 저하, 시공간 파악 능력 저하, 실행능력 기능 저하 등 전반적인 신체 및 인지기능에 문제를 일으킨다. 국내 치매환자 및 가족 돌봄을 위한 정책으로는 노인장기요양보험제도, 치매가족휴가제, 노인맞춤돌봄 서비스 사업, 치매치료관리비 지원사업, 실종치매노인지원사업, 치매안심센터, 치매공공후견사업 등이 있다.

3. 정신질환

정신질환은 '사회적, 감정적 웰빙과 개인의 삶과 생산성을 방해하는 인지, 감정, 행동의 장애'를 모두 포함한다. 정신질환이 있는 사람은 정신의 기능이 일시적 또는 영구적으로 심하게 망가질 수 있다. 즉, 지능, 지각, 사고, 기억, 의식, 정동, 성격 등에서 병리학적인 현상이 진행되는 것이다.

4. 물질남용

물질남용은 신체적, 사회적, 법적, 대인관계상에 문제가 있는데도 불구하고 1년 이상 지속적으로 물질을 사용하면서 장애나 고통을 초래함에도 계속적으로 물질을 사용하는 경우를 말한다.

5. 물질의존

물질의존은 '한번 사용하기 시작하면 자꾸 사용하고 싶은 충동으로 조절할 수 없는 의존성을 갖고 있으며, 사용할 때마다 양을 늘리지 않으면 효과를 느낄 수 없는 내성을 갖고 있다. 또한 사용을 중단하면 몸에 견디기 힘든 육체적, 심리적 이상증상을 일으키는 금단증상이 나타나는 것으로 개인에게 한정되지 않고 사회에도 해를 끼치는 물질로서 사회적 폐해를 가져오는 것'이다.

생각해 봅시다

1. 17세에 교통사고로 흉추 12번(ASIA-A)을 다친 환자와 45세에 근로 중 낙상으로 인해 경추 4번(ASIA-C)을 다친 환자에 대한 상담과 개입은 어떤 차이점이 있는지 생각해 봅시다.

2. 치매 돌봄 가족들에게 도움이 되는 프로그램/사업에는 무엇이 있는지 생각해 봅시다.

3. DSM-5-TR 정신장애 진단 분류에서 3~4가지를 선택해서 토론하고 정신장애와 관련하여 의료사회복지사의 역할에 대하여 생각해 봅시다.

4. 물질중독의 금단증상을 알아보고 신체적, 정신적 금단증상에 대하여 생각해 봅시다.

 참고문헌

강경자, 강미정(2021). 국내 노인 치매 대상자에게 적용한 원예치료의 효과: 메타분석. 정신간호학회지, 30(4), 352-368.
건강보험심사평가원(2021). 정책브리핑. https://www.korea.kr/news/healthView.do?newsId=148886950
곽은희, 박창일(1994). 척수손상환자의 심리적 특성과 재활. 대한재활의학회지, 18(2), 293-301.
국립재활원 사회복귀지원과(2016). 주택개조지원사례집.
김경수, 이지아(2019). 회상요법이 치매노인의 우울증상에 미치는 효과: 체계적 문헌고찰 및 메타분석. *Journal of Korean Academy of Nursing, 49*(3), 225-240.
김동민, 서소라, 김경아(2002). 척수손상. 나눔의집.
김은아(2023). 치매 노인의 우울감 감소 및 심리적 안녕감 증진을 위한 원예치료 프로그램 효과성 연구. 한국화예디자인학연구, 49, 187-213.
김진호, 한태윤(1994). 재활의학. 삼화출판사.
박성수(2011). 마약류중독자의 치료보호제도 개선방안. 교정연구, 51, 226-227.
박정숙, 이현지, 김미은(2003). 원예요법이 치매노인의 인지기능, 자아존중감, 우울 및 일상생활수행능력에 미치는 영향. 한국보건간호학회지, 17(1), 69-82.
보건복지부(2019). 장기요양 본인부담금 감경에 관한 고시(보건복지부고시 제2019-18호, 2019. 1. 29.).
보건복지부(2020. 9.). 제4차(2021~2025) 치매관리종합계획.
보건복지부(2023). 2023년 요양보호사 양성 표준 교재(개정판), p. 241.
보건복지부(2024). 노인보건복지사업안내(1권), p. 333.
서해정, 박종균, 김소영, 이경민(2017). 척수장애인재활지원센터의 기능과 역할정립 연구. 한국장애인개발원.
시카고재활병원(1992). Rehabilitation Institute of Chicago Functional Assessment Scale. *Rehabilitation Institute of Chicago*, 57-64.
오희선, 석소현(2009). 치매노인 주 부양가족의 건강상태, 부양부담감 및 삶의 질 연구. 정신간호학회지, 18(2), 157-166.
오희선, 정남해(2021). 초기 치매노인에 대한 가족의 부양 경험: 현상학적 연구방법으로. 고령자·치매작업치료학회지, 15(2), 67-78.
왕경희(2005). 만성질환노인을 위한 의료사회복지사의 개입 방안 연구. 한국사회복지학회 학술발표대회지, pp. 445-450.
유수현, 천덕희, 이효순, 성준모, 이종하, 박귀서(2014). 정신건강론. 양서원.
이경재(2003). 약물중독자에 대한 합리적 처우 방안. 보호관찰, 제3호.
이근우, 전종문, 최이진, 정재효. (2022). 경도인지장애 노인 대상 치유농업 프로그램의 효과. 한국원예학회 학술발표요지, 74-75.
이근후(1992). '마약남용자의 치료실태와 대책' 제7회 형사정책 세미나. 한국형사정책연구원.
이수정(2004). 리듬중심의 음악치료가 치매노인의 인지기능에 미치는 영향. 원광대학교 대학원 석사학위논문.

이종혁(2021. 12. 26.). "한국남자 3명 중 1명 정신병 겪는다. 진료는 미국 6분의 1 불과". 매일경제. 2023년 5월 12일에 확인함.

이효순(2011). 한국 마약류 남용의 치료서비스와 치료전달체게 발전방향 모색. 교정연구, 제25호.

장수미(2012). 재활의료병동에서의 의료사회복지사의 역할과 팀 협력. 한국사회과학연구, 34(1), 124-140.

장수미, 이영선, 이민정, 임정원, 최경애, 한인영(2021). 의료사회복지론. 학지사.

전소정, 강원섭, 이성애, 이미애, 박동화, 김종우(2021). 구조화된 음악 치료 프로그램이 치매 노인의 정서 기능에 미치는 영향에 대한 후향적 분석. 노인정신의학, 25(1), 30-35.

전수영(2021). 회상요법이 시설 치매노인의 인지기능에 미치는 효과: 메타분석. 보건의료산업학회지, 15(4), 93-105.

정승훈, 서영준(2022). 치매 환자 부양 가족의 부담에 영향을 미치는 요인: 개선된 질적 연구. 한국산학기술학회논문지, 23(11), 724-737.

채공주, 이미경, 남은숙, 이호연(2021). 음악요법이 치매노인의 인지기능, 초조행동, 불안 및 우울에 미치는 효과: 체계적 고찰 및 메타분석. 한국산학기술학회 논문지, 22(1), 520-530.

최화경(2009). '마약류 종류 및 마약류 검사 현황'. 2009 마약류 퇴치 심포지엄, 서울 마약퇴치운동본부, p. 110.

한국재활간호학회(2003). 척수손상 환자의 재활과 건강관리. 수문사.

한국척수장애인협회, 대한척수손상학회, 대한재활의학회(2017). 척수손상 환자와 가족들을 위한 길라잡이: 척수장애, 아는 만큼 행복한 삶. 군자출판사.

한기명, 이지선, 김계정(2021). 척수장애인을 위한 통합사례관리모델 개발 연구. 한국장애인개발원.

한인영, 최현미, 장수미, 임정원, 이인정, 이영선(2013). 의료현장과 사회복지실천. 학지사.

A. A. 연합단체 한국지부 편(2002). 익명의 알코올중독자들. 한국 A. A. GSO.

American Psychiatric Association (APA). (2013). *DSM-5: Diagnostic and statistical manual of mental disorders* (5th ed.). APA.

American Psychiatric Association (APA). (2015). DSM-5 정신질환의 진단 및 통계 편람(제5판). 권준수, 김재진, 남궁기, 박원명, 신민섭, 유범희, 윤진상, 이상익, 이승환, 이영식, 이헌정, 임효덕, 강도형, 최수희 공역. 학지사.

Bos, E. H., Snippe, E., de Jonge, P., & Jeronimus, B. F. (2016). Preserving subjective wellbeing in the face of psychopathology: Buffering effects of personal strengths and resources. *PLOS ONE, 11*(3), e0150867. doi:10.1371/journal.pone.0150867. PMC 4786317. PMID 26963923.

Bruno, F. J. (1989). *The family mental health encyclopedia*. Wiley.

Department of Health (2004). *NHS improvement plan 2004: Putting people at the heart of public services*. Department of Health in the U.K.

Department of Health (2010). *NTA responce to publication of the drug Strategy*. Department of Health in the U.K.

Ellingsen-Dalskau, L. H., de Boer, B., & Pedersen, I. (2021). Comparing the care environment at farm-based and regular day care for people with dementia in Norway-An observational study. *Health &*

Social Care in the Community, 29(2), 506-514.

Hamid, C. (2005). *Drugs and addictive behaviour: A guide to treatment* (pp. 2-6). University of Cambridge.

Leung, D. K., Chan, W. C., Spector, A., & Wong, G. H. (2021). Prevalence of depression, anxiety, and apathy symptoms across dementia stages: A systematic review and meta-analysis. *International Journal of Geriatric Psychiatry, 36*(9), 1330-1344.

Long, S. W. (2016). Lifestyle management: Achieving & maintaining good health. niu.edu.tw

Mental Health.gov. (2019). What is mental health? Mental Health.gov. Retrieved 16 November 2019.

Steven, R. P. (2016). *Neuroscience for the mental health clinician* (2nd ed.). Guilford Publications.

Sudmann, T. T., & Børsheim, I. T. (2017). 'It's good to be useful': Activity provision on green care farms in Norway for people living with dementia. *International Practice Development Journal, 7*.

Verkaaik, J. (2012). 일상의 삶으로: 척수장애인의 삶을 위한 지침서(김병수 역). 한국척수장애인협회.

Watson, F. (2000). Models of primary care for substance misusers: The lothian experience? *Drugs Education, Prevention, and Policy, 7*(3), 223-234.

디멘시아뉴스 www.demetianews.co.kr
법제처 www.law.go.kr
(사)한국원예치료사협회 http://koreaht.org
중앙치매센터 www.nid.or.kr

〈부록〉

주거환경 평가지

평가일	
평가자	

이름		성별/나이	/	진단명	
주소				연락처	
입원기간			퇴원계획		

주거정보

주거위치	☐ 대도시 ☐ 위성도시 ☐ 중소도시 ☐ 읍·면 ☐ 농어촌 ☐ 기타( )	
주거형태	☐ 단독주택 ☐ 아파트 ☐ 빌라 ☐ 상가건물 ☐ 원룸	
소유형태	☐ 자가(소유자:) ☐ 전세 ☐ 월세 ☐ 영구/공공임대 ☐ 무료임대 ☐ 기타( )	
주거공간	☐ 침실(개) ☐ 거실 ☐ 주방 ☐ 욕실 및 화장실(개) ☐ 다용도실 ☐ 베란다	
이용교통	☐ 지하철 근접 ☐ 일반버스 근접 ☐ 마을버스 근접 ☐ 대중교통 이용 불편(분 거리)	
주변환경	☐ 대형 쇼핑센터 ☐ 초·중·고교 ☐ 대학교 ☐ 대학병원 ☐ 종합병원 ☐ 보건소/일반 의원 ☐ 주민센터 ☐ 공공 스포츠센터 ☐ 공원(산책로) ☐ 은행	
복지기관	☐ 장애인복지관 ☐ 노인복지관 ☐ 사회복지관 ☐ 자립생활센터 ☐ 장애인스포츠센터 ☐ 기타( )	

주거환경 평가

진입로	도로	☐ 평지 ☐ 언덕 ☐ 포장도로 ☐ 비포장도로	
	출입구	☐ 단차 없음 ☐ 완만한 경사로 ☐ 단차/경사도 심함	
	승강장치	☐ 필요 없음 ☐ 계단 ☐ 경사로 ☐ 엘리베이터	
현관	문	☐ 자동문 ☐ 혼자 열 수 있음 ☐ 혼자 열 수 없음	
	문폭	☐ 전동휠체어 가능 ☐ 수동휠체어 가능 ☐ 보행가능	
	손잡이	☐ 레버형이나 일자형 ☐ 보조 장치 설치 ☐ 둥근형	
	수납공간	☐ 전동휠체어 가능 ☐ 수동휠체어 가능 ☐ 없음	
	조명등	☐ 자동식 ☐ 수동식 ☐ 없음	
	단차	☐ 없음 ☐ 개조 불필요 ☐ 경사로 ☐ 높음(cm)	
거실	인터폰	☐ 있음 ☐ 없음(직접 열어 줌)	
	스위치	☐ 적당한 위치 ☐ 너무 높거나 낮음(바닥에서 cm)	
	용이성	☐ 버튼식(넓은형) ☐ 버튼식(좁은형) ☐ 작동 힘듦	
	콘센트	☐ 적당한 위치 ☐ 너무 높거나 낮음(바닥에서 cm)	

주거환경 평가				
침실	단차	☐ 없음　☐ 개조 불필요　☐ 경사로　☐ 높음(　　cm)	
	침대	☐ 일반침대　☐ 환자용 침대　☐ 없음(온돌)	
	공간	☐ 전동휠체어 가능　☐ 수동휠체어 가능　☐ 보행가능	
	스위치	☐ 음성인식　☐ 리모컨　☐ 투웨이식　☐ 한쪽에만 설치	
화장실 및 욕실	문	☐ 미닫이　☐ 바깥쪽 여닫이　☐ 안쪽 여닫이　☐ 커튼	
	문 폭	☐ 전동휠체어 가능　☐ 수동휠체어 가능　☐ 보행가능	
	손잡이	☐ 레버형이나 일자형　☐ 보조장치 설치　☐ 둥근형	
	단차	☐ 없음　☐ 개조 불필요　☐ 경사로　☐ 높음(　　cm)	
	공간	☐ 전동휠체어 가능　☐ 수동휠체어 가능　☐ 보행가능	
	바닥	☐ 미끄럼 방지　☐ 불필요　☐ 미끄러움	
	변기	☐ 양변기(일반형)　☐ 양변기(비데)　☐ 수세식	
	세면대	☐ 자동식　☐ 일반형　☐ 없음	
	거울	☐ 전면　☐ 상반신　☐ 너무 높거나 낮음　☐ 없음	
	수도꼭지	☐ 코브라식　☐ 싱글레버식　☐ 냉온수 구분식	
	샤워기	☐ 샤워부스(샤워의자)　☐ 샤워기　☐ 욕조　☐ 없음	
	안전바	☐ 변기　☐ 세면대　☐ 욕조　☐ 샤워기　☐ 벽면	
	수납공간	☐ 이용 가능　☐ 이용 어려움　☐ 없음	
	비상벨	☐ 설치(전화 겸용)　☐ 설치　☐ 없음	
주방	싱크대	☐ 자동식　☐ 하부공간 오픈　☐ 일반형(사용 가능) ☐ 너무 높거나 낮음(　　cm)	
	개수대	☐ 사용가능　☐ 너무 깊어 잘 보이지 않음	
	수도꼭지	☐ 코브라식　☐ 싱글레버식　☐ 냉온수 구분식 ☐ 사용가능　☐ 너무 높거나 멀어서 불편	
	가열대	☐ 가스렌지　☐ 전기렌지　☐ 사용하기 쉬움 ☐ 너무 높거나 낮아서 불편	
	스위치	☐ 사용하기 쉬움　☐ 너무 높거나 멀어서 불편	
	식탁	☐ 휠체어 가능　☐ 옮겨 앉아야 가능　☐ 없음	
	수납장	☐ 사용하기 쉬움　☐ 너무 높거나 멀어서 불편	
베란다 (다용도실)	출입문	☐ 혼자 열 수 없음　☐ 혼자 열 수 있음　☐ 커튼식	
	단차	☐ 없음　☐ 개조 불필요　☐ 경사로　☐ 높음(　　cm)	
	세탁기	☐ 드럼형/일반형　☐ 사용하기 쉬움　☐ 불편함	
	전경	☐ 바깥 풍경 보임　☐ 바깥 풍경 보이지 않음	
종합평가 및 추진계획			

출처: 국립재활원 사회복지지원과(2016).

제11장

이슈에 따른 의료사회복지실천 Ⅰ

📂 학습개요

인간이라면 누구나 죽음이라는 과정을 피할 수 없지만 죽음을 목전에 둔 환자와 가족들 대다수는 극심한 심리적 고통과 불안에 직면하게 된다. 이 장에서는 죽음을 앞두고 있는 환자들과 가족을 위해 제공되는 호스피스 완화의료의 개념과 철학, 주요 특징, 실천과정 등을 다루어 본다. 그리고 최근의 조사연구에 의하면 장애인, 다문화 가정 등 가정폭력의 형태가 다양하게 나타나고 있다. 가부장적 남성우월주의 사회구조인 우리나라는 남편에 의한 아내학대, 사회에서는 아동 및 노인학대가 나타나고 있으므로 학대 및 가정폭력에 대해서 알아보고자 한다. 마지막으로 OECD 국가 중 가장 높은 순위를 차지하는 우리나라의 자살에 대하여 살펴보고 이에 따른 의료사회복지사의 개입을 다루어 본다.

📖 학습목표

1. 호스피스와 완화의료의 개념 및 역사, 제도와 정책, 서비스 유형 및 현황을 이해하고, 이를 의료사회복지실천에 적용할 수 있다.
2. 아동학대, 노인학대, 가정폭력 관련 피해자와 행위자의 특성과 개입을 이해하고, 이를 의료사회복지실천에 적용할 수 있다.
3. 자살 관련 클라이언트의 위험성과 평가를 이해하고, 이를 의료사회복지실천에 적용할 수 있다.

1. 호스피스와 완화의료

1) 호스피스·완화의료에 대한 개념 및 역사

세계보건기구(World Health Organization, 2023)는 완화의료(palliative care)란 '생명을 위협하는 질환으로 죽음에 직면한 환자의 고통을 완화하여 삶의 질을 높이는 치료적 접근이며, 일반 의료와는 달리 조기진단을 통해 통증, 신체, 심리·사회 및 영적 어려움을 치료하고 돌보는 의료'라고 정의하였다. 한국호스피스완화의료학회(2023)에서는 호스피스(hospice)를 '말기 환자와 가족을 대상으로 고통을 줄이고 심리·영적 안정을 지원하여 삶의 질을 높이는 통합적 돌봄'으로 정의하고 있다.

호스피스 역사는 19세기 후반 영국, 런던의 종교기관이 중심이 되어 임종이 가까운 환자에게는 치료보다 돌봄이 필요하다는 움직임으로부터 시작되었다. 현대 호스피스 서비스는 시실리 손더스(Cicely Saunders)가 1967년 성 크리스토퍼 호스피스(St. Christopher's Hospice)를 설립하고, 말기 환자의 통증 조절을 포함한 전인적 돌봄 모델을 개발하면서 확산되었으며, 마약성 진통제에 관한 주요 연구들과 함께 발전하였다.

미국은 1974년 영국의 전인적 돌봄 모델을 도입하여 예일대학교 간호대학의 플로렌스 월드(Florence Wald)가 코네티컷 호스피스(The Connecticut Hospice, Inc.)를 설립하면서 생애말기돌봄을 처음으로 시작하였다. 미국은 영국과 달리 호스피스와 완화의료를 분류하여 운영하고 있으며, 완화의료는 급성기 병원의 일반 병동에서 이용할 수 있는 반면에 호스피스는 말기 환자의 가정에서 서비스를 제공하고 있다. 1986년 정부가 메디케어(Medicare) 보험으로 호스피스 서비스를 이용할 수 있도록 제도화하면서 지역사회 중심의 민간 서비스로 급속하게 확산되었다.

> **메디케어**
> 미국 정부가 65세 이상 노인이나 장애를 갖는 사람들에게 의료 및 처방약 등을 지원할 수 있는 의료보험제도임

한국의 호스피스 역사는 1964년 '마리아의 작은 자매 수도회'의 강릉 갈바리 호스피스로부터 시작되었다. 1981년 가톨릭대학교 의학과, 간호학과 학생들이 호스피스 학생회 활동을 시작하였으며, 명동성모병원과 강남성모병원에 '호스피스과'가 개설되었다. 1987년 처음으로 10병상의 강남성모병원과 8병상의 부천성가병원이 병동형 호스피스를 시작하였다. 가정호스피스 서비스는 세브란스 암센터의 가정간호 호스피스를 시작으로 이화여자대학교 간호대학의 가정호스피스, 성가소비녀회의 나자렛 가정호스피스 사업으로 확산되었다.

2023년 7월 기준 전국의 병동형 호스피스 병상은 1,636개이며, 가정호스피스를 운영하는 의료기관은 39기관이다(중앙호스피스센터, 2023). 호스피스 서비스가 확산되면서 전문 인력을 양성하는 노력도 지속되어 1994년 가톨릭대학교 간호대학에서 처음으로 호스피스 교육연구소를 설립하고, 호스피스 전문 간호사 교육과정을 개설하였다. 호스피스 의료인을 양성하게 되면서 1998년 '한국 호스피스완화의료 학회'가 설립되었으며, 학회가 중심이 되어 교육 프로그램을 개발하고 운영할 수 있게 되었다(가톨릭대학교 호스피스 교육연구소, 2023).

2) 한국의 호스피스·완화의료 제도 및 정책

우리나라는 호스피스가 일찍 도입되었음에도 불구하고 제도적 지원을 받지 못하고 있었다. 2008년 「암관리법」이 제정되면서 호스피스·완화의료가 처음으로 제도 영역으로 들어오게 되었지만 일반 병동의 말기 암 환자를 대상으로 완화의료를 제공하는 수준이었다. 병원 호스피스 병동의 환자가 건강보험 수가를 적용받게 된 것은 2015년 7월 「암관리법」이 개정되면서부터이다. 2016년 2월 「호스피스·완화의료 및 임종과정에 있는 환자의 연명의료결정에 관한 법률」(약칭: 연명의료결정법)이 제정되면서 본격적으로 서비스를 제공할 수 있게 되었다.

「연명의료결정법」의 제정으로 2017년 8월부터 동 법의 제2조, 제21조, 제23조 제25조, 시행령 제12조, 제13조에 근거하여 말기 환자와 가족에게 호스피스·완화의료서비스를 제공할 수 있게 되었으며, 호스피스를 제공하는 전문의료기관에 대한 지원을 시작하였다. '김할머니 사건'은 사회적으로 임종 환자의 자율성에 대한 논의, 특히 '연명의료 중단 및 유보에 대한 결정'을 제도화해야 한다는 담론을 형성하였다. 이 논의 과정에서 연명의료를 중단한 환자에게도 편안한 임종을 보장해 줄 수 있어야 한다는 정부와 사회의 합의를 통해 호스피스·완화의료서비스를 지원할 수 있는 법적 근거의 필요성이 제기되었다.

「암관리법」과 「연명의료결정법」의 가장 중요한 차이점은 법의 목적이다. 「암관리법」은 '암을 예방하고 진료하거나 연구하여 환자의 고통을 줄이려는 것'을 목적으로 하지만 「연명의료결정법」은 '호스피스·완화의료 및 임종과정에 있는 환자의 연명의료 결정과 중단 등에 대한 이행에서 자율권을 존중하며, 인간으로서의 존엄과 가치를 보호하는 것'을 목적으로 하고 있다. 그러므로 「연명의료결정법」은 호스피스 적용 대상 질환의 범위를 암으로 제한하지 않고 만성폐쇄성폐질환, 만성 간경화, 후천성 면역결핍증 등 일부 비암성 말기 질환으로 확대하였다. 정부의 지원도 확대하여 정부가 '호스피스의 날'을 정하고, 위원회를 운영하며, 5년마다 종합계획을 수립하도록 하였다. 「연명의료결정법」에서는 호스피스 서비스를 제공할 수 있는 의료기관으로 병의원, 한방 병의원과 함께 요양병원도 포함하고 있다(중앙호스피스센터, 2023).

3) 호스피스·완화의료서비스 유형 및 현황

「암관리법」을 개정하면서 호스피스·완화의료서비스 유형은 기존의 입원형 외에도 가정형, 자문형 서비스를 포함하게 되었다. 「연명의료결정법」 제25조에서는 호스피스를 제공할 수 있는 의료기관에 요양병원을 포함하고 시범사업을 시행하도록 하였으며, 2017년 자문형 시범사업을, 2018년에는 소아청소년 시범사업을 시행하게 되었다.

[그림 11-1]은 각 서비스 유형 간에 유기적 관계성과 사업 내용을 설명하고 있다. 입원형 호스피스전문기관은 보건복지부령으로 정하는 시설·인력·장비 등의 기준을 충족하는 의료기관으로 말기 환자와 가족의 삶의 질 향상과 신체적·심리적 고통 및 경제적 부담을 완화해 주어야 한다. 대상 질환은 암으로 제한하고 있으며, 정부 지침에 따라 가정형·자문형 서비스와 연계하여야 한다. 또한 요양병원 시범사업(2023년 1월 기준)에 참여하는 의료기관도 동일한 지침에 의해 운영되어야 한다.

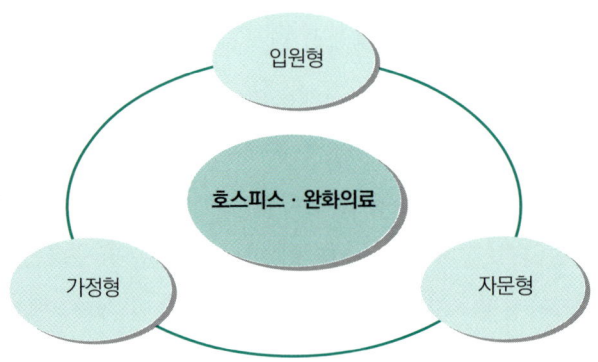

[그림 11-1] 호스피스·완화의료 유형의 유기적 연계

출처: 중앙호스피스센터(2023).

가정형 호스피스전문기관의 도입 목적은 우선 수요자 측면에서 환자가 가정에서 지내기를 원하는 경우 삶의 질 향상, 선택권 보장, 말기 환자와 가족의 불편 및 경제적 손실을 경감하기 위한 것이다. 또한 공급자 측면에서는 잠재적 대상자 발굴 및 조기 개입, 타 유형 서

비스와의 유기적 연계를 통해 인력·시설·장비의 효율적 활용을 도모하기 위한 것이다. 서비스 대상 질환은 암, 후천성 면역결핍증, 만성 폐쇄성 호흡기질환, 만성 간경화, 만성호흡부전 등이다. 서비스 내용은 호스피스팀의 포괄적인 초기 평가 및 돌봄 계획 수립, 환자와 가족의 심리사회적·영적 돌봄, 간호사의 주기적인 방문 및 간호제공, 장비 대여 및 연계, 필요시 의사 및 사회복지사 방문, 환자 및 돌봄 제공자 교육, 주·야간 상담전화, 환자 및 돌봄제공자 교육, 임종 준비교육 및 돌봄 지원이다.

자문형 호스피스전문기관은 일반 병동과 외래 진료 말기 환자와 가족을 대상으로 호스피스 팀이 담당 의사와 함께 전문완화의료서비스 및 호스피스 돌봄을 제공한다. 대상 질환은 암, 후천성 면역결핍증, 만성 폐쇄성 호흡기질환, 만성 간경화, 만성호흡부전으로 해당 진료과에서 치료를 받으면서 일반 병동에 입원하거나 외래에서 협진 형태로 호스피스 팀의 돌봄을 받을 수 있도록 하였다. 특히 의사와 돌봄 계획을 수립하고 신체적 증상의 완화, 심리사회적·영적요구를 평가하고 적절한 돌봄을 연계하고 있다. 자문형 호스피스를 운영하는 기관은 임종실을 운영하여야 하며, 원내 의료인들에게 임종돌봄에 대한 프로토콜을 제공하고 교육을 시행하여야 한다.

임종실
병원에서 죽음을 맞이할 사람을 위하여 마련해 놓은 방으로 최근 개정된 「의료법」 제36조의1(준수사항)에 의해 의료기관을 개설하는 자는 제14항에 의거하여 종합병원과 요양병원에 임종실을 설치하여야 함

소아청소년 완화의료는 생명을 위협하는 질환으로 치료받는 소아청소년 환자와 가족이 치료 과정에서 겪는 여러 가지 증상, 불편, 스트레스 등 신체적, 심리적, 사회적 어려움을 완화해 주고 삶의 질 향상에 기여하는 통합적 의료서비스이다. 의료진이 환자와 가족에게 완화의료가 필요하다고 판단하면 성인 호스피스와 달리 진단 병명이나 질병 단계에 제한 없이 만 24세 이하 환자에게 서비스를 제공할 수 있다. 서비스 내용으로는 포괄적인 초기 평가 및 돌봄 계획 수립, 상담, 심리·영적 돌봄, 사회 돌봄, 퇴원 지원, 사별가족 돌봄, 신체 돌봄, 의사소통 지원 등이다. 또한 환자와 가족 및 돌봄 제공자를 대상으로 교육을 제공하며, 자원봉사자 교육과 프로그램을 운영한다. 현재 9개 상급종합병원이 시범사업에 참여하고 있다.

4) 호스피스팀과 사회복지사의 역할 및 실천기술

호스피스·완화의료서비스의 특징은 팀 활동을 통해 환자를 치료하고 돌보는 전인적 돌봄 모델이다. 호스피스·완화의료팀은 다학제 팀으로 운영되며, 전인적 돌봄을 위해 의사

와 간호사 등 의료진 외에도 사회복지사, 성직자, 전문치료사(물리치료, 작업치료, 음악치료, 미술치료 등), 영양사, 약사, 자원봉사자 등 다양한 분야의 전문가들이 환자의 돌봄에 참여한다. 호스피스·완화의료팀은 환자의 신체증상 및 통증 조절, 환자와 가족의 돌봄 만족도, 의료비용의 효율적 운영 면에서 긍정적인 영향을 미칠 수 있다.

[그림 11-2]는 호스피스 팀이 말기 환자와 가족에게 개별 혹은 통합적 서비스를 제공하기 위하여 유기적 관계성이 필요함을 보여 주고 있다. 팀에서 함께 일하는 팀원들은 높은 수준의 협력과 의사소통을 원활하게 할 수 있어야 하며, 환자와 가족의 요구를 반영하여 돌봄계획을 수립하여야 한다. 호스피스 팀은 돌봄계획을 수립한 후에도 서비스의 표준과 원칙에 따라 돌봄계획을 수정하고 보완하여 돌봄에 반영하여야 한다.

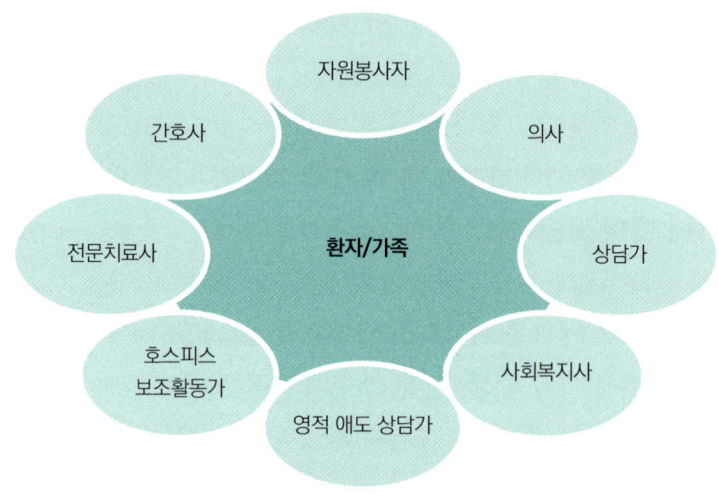

[그림 11-2] 호스피스 서비스와 팀 역할

출처: NHPCO Facts & Figures (2022).

「연명의료결정법」에서는 호스피스·완화의료전문기관의 필수인력으로 의사, 간호사, 사회복지사를 명시하였다. 필수인력은 크게 4단계의 교육을 이수하여야 한다. 단계별 교육은 표준교육과정 I(이러닝 이론교육, 40차시), 표준교육과정 II(실무교육, 20시간, 기관별 모집), 추가교육(소아청소년 완화의료 교육, 이론 8차시+실습 8차시), 보수교육(필수인력 소속 협회 인정 연 4차시)으로 총 60차시의 교육을 이수해야 한다. 교육 내용은 말기 암 환자에 대한 전인적 평가 방법, 돌봄계획 수립, 환자와 가족과의 의사소통 및 상담, 말기 암 환자의 통증 및 증상 관리 등이다.

호스피스 팀의 사회복지사는 필수인력으로 사회복지사 1급 자격증을 소지하여야 필수교육을 신청할 수 있다. 하지만 의료사회복지사협회의 의료사회복지사 자격증은 교육을 신청하기 위한 필수 요구 조건은 아니다. 호스피스 팀에서 사회복지사의 역할은 환자와 가족과의 의사소통 및 상담을 통해 의료 외적인 욕구를 사정하는 일과 돌봄계획을 수립하는 것이다. 또한 환자와 가족의 심리사회적, 경제적 어려움을 해결하기 위하여 정보를 제공하고, 지역사회 자원을 연계하여야 한다.

호스피스 팀에서 사회복지사의 핵심 업무는 환자와 환자 가족을 대상으로 심리사회적 욕구를 파악하여, 정보를 제공하거나 필요한 경우 개별상담이나 집단상담을 실시하는 일이다. 그러므로 사회복지사는 핵심 업무에 필요한 의사소통과 상담 기술을 토대로 개별상담은 물론 가족을 포함한 집단상담, 사별가족을 위한 애도상담을 제공할 수 있어야 한다. 또한 필요한 경우 자조 그룹을 운영하거나 교육 프로그램을 제공하여야 한다. 한수연(2019)의 연구에 의하면 호스피스 팀의 의사, 간호사, 사회복지사의 초기상담에서 환자와 가족의 의료적 요구는 물론 임종준비, 장례절차, 가족경제 등 비의료적 요구도 사정하여야 하므로, 의사는 의료적 내용을, 간호사는 임종 돌봄을, 사회복지사는 환자와 가족의 비의료적 상담을 담당하고 있다고 하였다. 또한 한수연과 어유경(Han & Eo, 2022)의 연구에서도 환자 가족은 호스피스 팀과의 상담을 통해 죽음을 수용하고, 환자의 임종을 편안하게 지켜볼 수 있었으며, 호스피스 팀의 의사와 간호사, 사회복지사도 환자의 임종과정에서 가족과의 연대와 협력을 경험하면서 죽음에 대한 부정적인 감정에서 벗어날 수 있다고 하였다.

2. 학대 및 가정폭력

1) 학대 및 가정폭력의 개요

(1) 학대

학대(虐待)는 사람이 상대방을 괴롭히거나 가혹하게 대하는 것을 말한다. 주로 어린이와 노인이 학대의 피해자가 되는 경우가 많다. 가해자는 주로 부모, 이모 등 친한 사람이다. 학대의 형태로는 권위의 남용, 불공정 또는 부당 이득 및 이익, 신체적 및 정서적 폭력, 상해, 성폭력, 위반, 강간, 부정 행위, 불법 행위 또는 사용자 정의, 범죄, 기타 구두 침략 등이 있으며, 학대를 당한 피해자는 심리적 외상과 불안을 포함해 만성 우울증, 외상 후 스트레스 장애 등의 증상이 발생한다(위키백과, 2024). 즉, 학대란 아동, 노인, 장애인 등 취약계층에 대한 신체적, 정서적, 성적 폭력 및 방임을 포함하는 개념이다. 학대 행위는 피해자의 건강, 복지, 정상적인 발달을 해치게 된다. 따라서 학대는 법적으로 금지되어 있으며, 관련 기관에 신고하여 적절한 보호와 지원을 받을 수 있다.

학대 중 대표적인 아동학대, 노인학대의 개념에 대해서 살펴보면 다음과 같다.

① 아동학대

「아동복지법」 제3조 제7호에 의하면 "'아동학대'란 보호자를 포함한 성인에 의하여 아동의 건강과 복지를 해치거나 정상적 발달을 저해할 수 있는 신체적, 정서적, 성적폭력, 가혹행위 및 아동의 보호자에 의한 유기와 방임을 말한다."라고 규정하여 적극적인 가해행위뿐만 아니라 소극적 의미의 단순 체벌 및 훈육까지 아동학대의 정의에 명확히 포함하고 있다(아동권리보장원, 2024). 이때, 아동은 18세 미만인 사람을 의미하며 아동학대 행위자는 아동학대 범죄를 범한 사람 및 그 공범을 지칭하는 것으로서 직접 범죄를 행한 사람뿐 아니라 그 범죄를 교사 또는 방조한 사람도 아동학대 행위자에 해당된다(「아동학대처벌법」 제2조 제5항).

아동학대의 유형은 다음과 같다(서울특별시 아동복지센터, 2022).

✓ 신체학대

- 신체적 손상을 입힌 경우와 신체적 손상을 입도록 허용한 경우
- 구타나 폭력에 의한 멍, 화상, 찢김, 골절, 장기파열, 기능의 손상
- 생후 36개월 이하의 영아에게 가해진 체벌은 이유 여하를 막론하고 학대

✓ 정서학대

- 언어적, 정서적 위협, 억제, 감금, 기타 가학적 행위
- 아동의 인격, 감정이나 기분을 심하게 무시하거나 모욕하는 행위
- 좁은 공간에 장시간 혼자 가둬 두는 행위
- 원망적, 거부적, 적대적, 경멸적 언어 폭력

✓ 성학대

- 성인의 성적 충족을 목적으로 아동과 함께하는 모든 성적 행위

- 성적 유희, 성기 및 자위행위 장면의 노출, 관음증
- 성기 삽입, 성적 접촉, 강간, 매춘, 매매
- 포르노 매체에 배우로 출연, 포르노물 판매 행위

✔ 방임

- 고의적·반복적으로 아동 양육 및 보호를 소홀히 함으로써 아동의 건강과 복지를 해치거나 정상적인 발달을 저해할 수 있는 모든 행위
- 아동에게 의식주를 제공하지 않거나, 장시간 위험한 상태에 방치하는 물리적 방임 및 유기
- 아동의 무단 결석을 허용하는 등 교육적 방임
- 예방접종을 제때에 하지 않거나 필요한 치료를 소홀히 하는 등 의료적 방임
- 아동과의 약속에 무신경하거나 아동의 마음에 상처를 입히는 정서적 방임

2022년 보건복지부 통계에 의하면 아동학대의 전체 신고 접수 건수는 총 46,103건이며, 이 중 아동학대의심 사례는 44,531건으로 전체 신고접수의 96.6%, 이 외 동일신고는 711건(1.5%), 일반상담은 861건(1.9%)으로 나타났다. 아동학대 행위자는 친부모가 23,119건으로 82.7%에 달하는 것으로 나타났다. 아동학대사례 유형은 정서학대 10,632건(38.0%), 중복학대 9,775건(34.9%), 신체학대 4,911건(17.6%), 방임 2,044건(7.3%), 성학대 609건(2.2%) 순으로 높게 나타났다. 아동학대 발생장소의 경우, 전체 아동학대사례 중 가정 내에서 발생한 사례가 22,738건(81.3%)으로 가장 높게 나타났고, 그중 아동 가정 내에서 발생한 사례가 21,995건(78.6%)이었다.

동일신고
최초 신고접수 이후에 동일한 학대내용(동일시점 및 동일행위)에 대한 신고가 다른 신고자를 통해 접수

우리나라 아동학대 전담의료기관[1]은 「아동복지법」 제29조의7에 근거해 지정된 의료기관으로서 보건복지부장관, 시·도지사 및 시장·군수가 지정할 수 있다. 2021년부터 지정이 시작되어, 2023년 전국 약 300여개의 의료기관이 지정되어 있으며 병원 내 아동학대 발굴, 학대피해아동 진료 및 지원, 아동학대사례 자문을 담당하고 있다. 최근 새로운 공식명칭으

---

[1] 아동학대 전담의료기관은 광역 및 지역 전담 의료기관으로 나뉘는데, 광역 전담의료기관은 광역 자치단체별로 한 개의 기관이 선정되어 24시간 진료지원, 고난도 사례 의학적 평가 및 자문, 의료기관 협업체계를 구축할 수 있는 역할을 담당하고 있다. 지역전담의료기관은 광역기관 외 전담의료기관을 의미하며 아동학대 피해아동에 대한 진료 및 치료, 검사를 수행하는 것을 주요 역할로 한다.

로서 '새싹지킴이 병원'이라는 명칭을 사용하게 되었다(보건복지부, 아동권리보장원, 2024).

보건복지부(2024)에 의한 우리나라 아동학대 대응체계에 따른 업무흐름도를 살펴보면 [그림 11-3]과 같다.

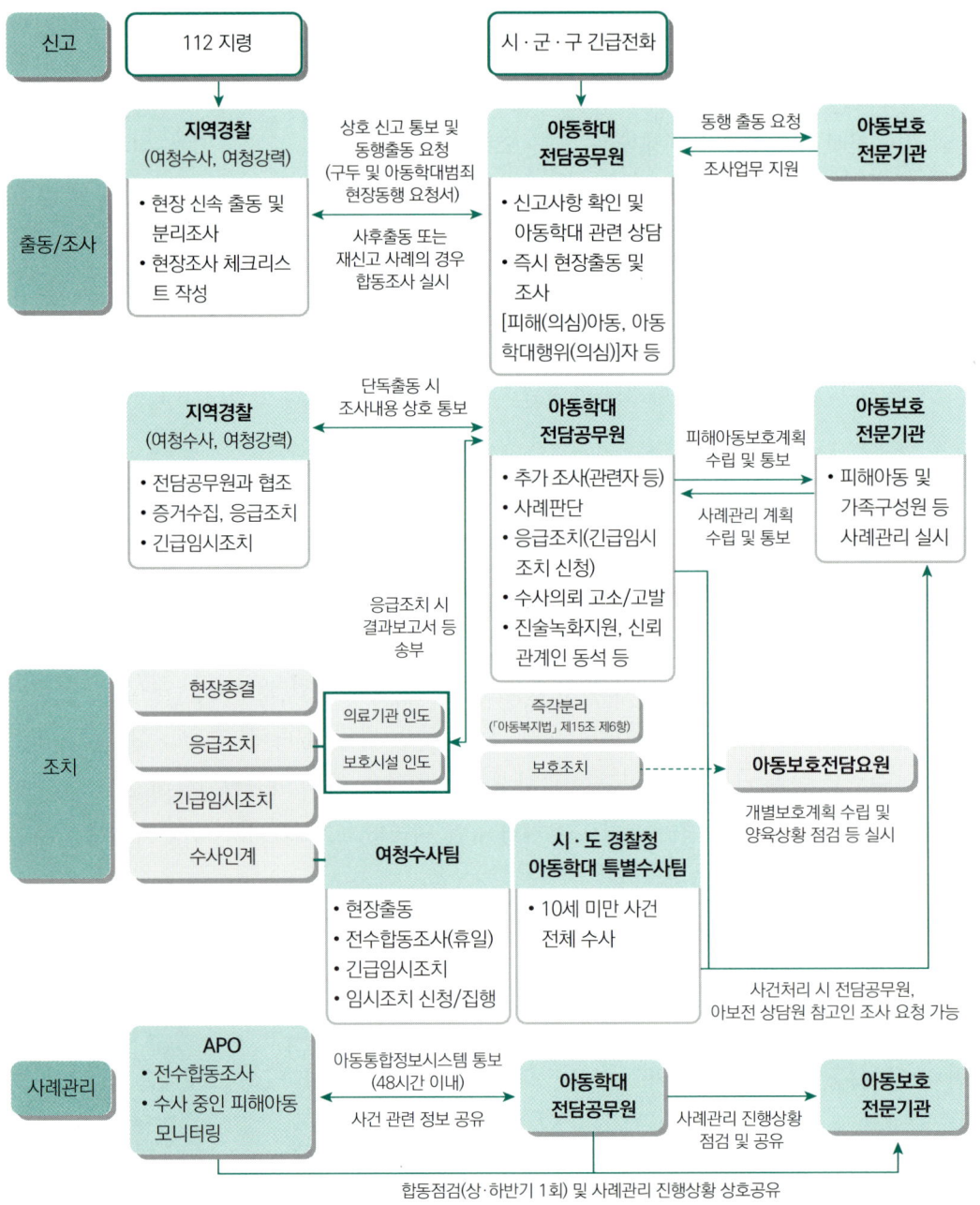

[그림 11-3] 아동학대 대응체계에 따른 업무흐름도

출처: 보건복지부, 아동권리보장원(2024).

② **노인학대**

「노인복지법」 제1조의2 제4호에 따르면, 노인학대란 '노인에 대하여 신체적·정신적·정서적·성적 폭력 및 경제적 착취 또는 가혹행위를 하거나 유기 또는 방임을 하는 것'을 말한다.

'학대 행위자'는 「노인복지법」 제39조의9(금지행위)에 해당되는 행위 및 그 외 학대 행위 사실이 의심되어 노인보호전문기관에 신고·접수되어 학대 행위자로 판정된 자를 일컫는다(중앙노인보호전문기관, 2024).

노인학대는 행위에 따라 신체적 학대, 정서적 학대, 성적 학대, 경제적 학대, 방임, 자기방임, 유기로 나뉜다. 형태적 분류를 살펴보면 다음과 같다(중앙노인보호전문기관, 2024).

✔ **신체적 학대**

물리적인 힘

✔ **정서적 학대**

비난, 모욕, 위협 등의 언어 및 비언어적 행위를 통하여 노인에게 정서적으로 고통을 유발시키는 행위

✔ **성적 학대**

성적수치심 유발행위 및 성폭력(성희롱, 성추행, 강간) 등 노인의 의사에 반하여 강제적으로 행하는 모든 성적 행위

✔ **경제적 학대**

노인의 의사에 반(反)하여 노인으로부터 재산 또는 권리를 빼앗는 행위로서 경제적 착취, 노인 재산에 관한 법률 권리 위반, 경제적 권리와 관련된 의사결정에서의 통제 등을 하는 행위

✔ **방임**

부양의무자로서의 책임이나 의무를 거부, 불이행 혹은 포기하여 노인의 의식주 및 의료를 적절하게 제공하지 않는 행위(필요한 생활비, 병원비 및 치료, 의식주를 제공하지 않는 행위)

✔ **자기방임**

노인 스스로가 의식주 제공 및 의료 처치 등 최소한의 자기보호 관련행위를 의도적으로 포

기 또는 비의도적으로 관리하지 않아 심신이 위험한 상황이나 사망에 이르게 하는 행위

✔ 유기

보호자 또는 부양의무자가 노인을 버리는 행위

　　2022년 중앙노인보호전문기관의 통계에 의하면 노인학대의 전체 신고 건수는 19,552건(학대 사례 6,807건, 일반 사례 12,745건)이었다. 그리고 2022년 학대 유형 건수는 10,542건으로 정서적 학대 4,561건(43.3%), 신체적 학대 4,431건(42.0%), 방임 689건(6.5%), 경제적 학대 397건(3.8%), 성적 학대 259건(2.5%), 자기방임 169건(1.6%), 유기 36건(0.3%) 순으로 나타났다. 학대 유형별로 학대피해노인의 연령대 현황을 보면 신체적, 정서적, 자기방임 학대 유형의 경우 70대에 주로 분포되어 있는 반면, 경제적, 성적, 방임, 유기 학대 유형은 80대에서 높게 나타났다.

생활시설
2015년부터 노인보호전문기관 업무수행지침에 따라 시설 종사자에 의한 학대에 한하여 생활시설 학대로 집계함

　　노인학대 유형을 학대 발생 공간에 따라 분류하면 가정 내, 생활시설, 이용시설, 병원, 공공장소, 기타 등이다. 보건복지부 통계에 의하면 2022년 전체 학대 사례 6,807건 중 노인학대 발생 장소는 가정 내 학대가 5,867건(86.2%)으로 높은 비율을 나타내며, 그 외 세부 유형으로는 생활시설 662건(9.7%), 기타 89건(1.3%), 이용시설 52건(0.8%), 공공장소 51건(0.7%) 순으로 나타났다(중앙노인보호전문기관, 2024).

신고방법
노인이나 학대 행위자 정보 파악이 어려운 상황이라도 신고는 가능하며, 가능한 선에서 인지된 많은 정보를 제공하도록 함

　　노인학대 신고방법은 학대 행위가 의심되는 사람의 주요 정보, 어르신의 학대상황 등 학대와 관련된 정보를 구두 또는 문서로 전달한다. 이때 「노인복지법」 제39조의6 제3항에 따라 '신고인의 신분은 보장되어야 하며 그 의사에 반하여 신분이 노출되어서는 아니 된다'. 「노인복지법」 제39조의12 '학대노인의 보호와 관련된 업무에 종사하였거나 종사하는 자는 그 직무상 알게 된 비밀을 누설하지 못한다.'에 근거하여 신고자의 신분과 비밀은 보장된다(중앙노인보호전문기관, 2024).

　　노인학대 신고방법은 [그림 11-4]와 같다.

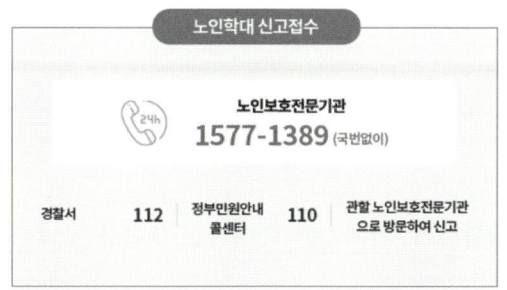 

[그림 11-4] 노인학대 신고방법

출처: 중앙노인보호전문기관 홈페이지(2024).

(2) 가정폭력

가정폭력(family violence)이란 남편과 아내, 부모와 자녀, 형제자매 및 기나 동거가족을 포함한 가족구성원 중의 한 사람이 다른 구성원에게 의도적으로 물리적인 힘을 사용하거나, 정신적인 학대를 통하여 고통을 주는 행위이다(한국여성인권진흥원, 2024). 즉, 가정 내에서 발생하는 모든 형태의 폭력을 일컫는다. 우리나라 「가정폭력범죄의 처벌 등에 관한 특례법」(2011. 7. 25. 개정)에 의하면 가정폭력이란 '가정 구성원 사이의 신체적, 정신적 또는 재산상 피해를 수반하는 행위'를 말한다(한인영 외, 2015).

가정폭력의 유형은 하나 또는 그 이상, 복합적으로 발생할 수 있으며 구체적으로 살펴보면 다음과 같다(한국여성인권진흥원, 2024).

① 강제, 위협하기

피해자를 구타하거나 흉기로 협박하기, 자해 또는 자살하겠다고 위협하기 등

② 가정 내 성적 학대

원치 않는 성관계를 강요하거나 성적으로 의심하기, 낙태 강요, 신체부위 등을 동의 없이 촬영·유포하기 등

③ 정서적 학대

피해자가 있는 장소 미행하기, 죄책감이나 모욕감 느끼게 하기, 만나는 사람 또는 행동 통제하기, 고립시키기, 공포감 조성하기, 조롱하기 등

④ 부인, 비난

폭언, 멸시하기, 피해자가 폭력을 유발한 것처럼 말하기 등

⑤ 자녀 이용

아이들에게 폭력을 가하거나 떼어 놓겠다고 위협하기, 피해자를 학대하는 모습을 자녀에게 보여 주기 등

⑥ 남성중심적인 가부장적 행동

피해자를 하인처럼 취급하기, 모든 결정을 혼자 하기 등

⑦ 경제적 학대

낭비, 채무, 지출을 의심하거나 경제적으로 방임하기, 지속적으로 돈 요구하기, 직업을 갖지 못하게 하기, 허락을 구해 돈을 사용하게 하기 등

⑧ 협박

눈빛, 행동, 제스처로 협박하기, 물건을 부수거나 반려동물을 학대하기, 무기전시, 피해자 주변인에 대해 위협하기 등

폭력은 단순히 우연히 발생되는 것이 아니라 계획적인 특성이 있으며, 사회적 특성인 연령, 학력, 직업에 관계없이 다양한 계층에서 발생한다. 2010년 가족폭력 실태조사에 따르면 가정폭력에서 가장 빈번하게 발생하는 것은 아내학대, 아동학대, 노인학대 순으로 나타났고, 통제, 방임, 성적 학대 그리고 정서적 학대에 이르기까지 폭력의 유형이 확대되고 있다(강주희, 2014).

조사연구에서 장애인, 다문화가정 그리고 북한이탈주민가정의 폭력 등 가정폭력의 형태가 다양하게 나타나고 있으나, 가부장적 남성우월주의의 사회구조인 우리나라는 남편에 의한 아내학대가 가정폭력 발생에서 가장 많은 비율을 차지한다(김명환, 2005; 문유경, 2009; 한인영 외, 2015). 아내학대는 단순히 부부 간의 문제를 넘어 자녀학대로 이어지게 되고, 청소년 비행의 주요한 원인이 되며, 문제행동을 보이는 청소년들이 증가하면서 학교폭력이라는 사회문제로 연결된다(이혜란, 2007). 또한 노인학대는 노인들에게 심리적·사회적·신체적·행동적 차원을 포함한 삶의 전 영역에 심각한 피해를 야기한다(추정인, 2014).

여성가족부의 2022년 가정폭력실태조사 연구에서 법률혼 또는 사실혼 관계의 배우자가 있거나(별거중인 경우 제외) 비혼동거 파트너가 있는 만 19세 이상의 응답자를 대상으로 지난 1년간(2021년 8월~2022년 7월)과 평생 동안의 배우자/파트너에 의한 폭력 피해 경험을 조사한 결과 신체적/성적 폭력 피해율은 여성 4.6%, 남성 1.8%였으며, 4개 유형 폭력(신체적/성적/경제적/정서적 폭력) 피해율은 여성 9.4%, 남성 5.8%였고, 5개 유형 폭력(신체적/성적/경제적/정서적 폭력 및 통제) 피해율은 여성 28.7%, 남성 26.3%로 나타났다. 그리고 폭력 유형별로는 지난 1년간 남성과 여성 모두 통제 피해 경험률이 가장 높았고(여성 25.1%, 남성 24.3%) 정서적 폭력 경험은 여성의 6.6%, 남성의 4.7%가 경험하였다. 그다음으로는, 여성은 성적 폭력 3.7%, 신체적 폭력 1.3%, 경제적 폭력 0.7% 순이었던 데 비해 남성은 신체적 폭력 1.0%, 성적 폭력 0.8%, 경제적 폭력 0.2% 순이었다.

배우자/파트너에 의한 폭력 피해 영향을 조사한 결과 지난 1년간 배우자/파트너의 신체적, 성적, 정서적, 경제적 폭력으로 인한 정신적 고통의 평균값은 1.6점(4점 척도, 여성 1.7점, 남성 1.5점)으로, '심각하지 않은 편'에 가까웠다. '심각한 편이다'와 '매우 심각하다'는 응답을 살펴보면 여성은 상대방에 대한 분노, 무력감과 자존감의 하락, 피해의 재현, 우울, 불안 등의 정신적 고통을 경험하는 데 비하여 남성은 무력감과 자존감 하락의 형태로 배우자/파트너의 폭력을 경험하는 것으로 나타났다. 정신적 고통 경험이 있는 여성의 2.7%, 남성의 2.5%가 의약품 구입 경험이 있었으며, 여성의 1.8%가 병원 치료 경험이 있는 것으로 나타났다. 그리고 지난 1년간 배우자/파트너의 신체적, 성적, 정서적, 경제적 폭력으로 경제활동에 지장이 있었던 경험은 피해 경험 여성의 9.4%, 남성의 7.5%였다. 여성의 신체적 폭력 피해 경험여부에 따른 경제활동 지장 경험은, 신체적 폭력 피해 경험이 없는 여성의 7.8%, 신체적 폭력 피해 경험이 있는 여성의 20.0%에서 나타나, 여성의 신체적 폭력 피해가 경제활동에 끼치는 부정적 영향을 추정할 수 있다(여성가족부, 2022).

이와 같이 가정폭력은 개인의 역기능적 행동의 원인이 되며, 정상적인 삶을 유지하기 어렵게 할 뿐만 아니라 가족 구성원 전체로 문제가 파급되어 소중한 가정을 해체시키고 더 나아가 사회공동체를 파괴시키는 심각한 위험을 초래한다. 따라서 가정폭력으로 인한 클라이언트와 가족을 위한 사회복지사의 심리사회적 개입이 필요하다.

2) 학대 및 가정폭력 피해자와 행위자의 특성

(1) 가정폭력 피해자의 특성

가정폭력 발생에서 아내학대와 노인학대가 많은 비율을 차지하고 있기 때문에 가정폭력 피해 여성과 학대 피해 노인들의 특성을 살펴보면 다음과 같다.

① 가정폭력 피해 여성

첫째, 정신적 피해로 약물과 알코올 남용, 자살, 신체증상, 우울을 비롯한 유사정신병을 경험하며 피해가 장기화되는 경우 '매 맞는 여성 증후군' 또는 '외상후 스트레스 장애'로 고통받게 된다(김재엽, 이지현, 송향주, 한샘, 2010; 한국정신보건사회복지사협회, 2012).

둘째, 행동적 피해는 피해 여성들의 공격적 행동수준이 높아지는 것으로, 폭력 피해자인 아내가 가정에서 자녀를 구타하는 경우가 빈번한 것으로 나타났다. 이처럼 아내에 대한 폭력은 자녀에 대한 폭력으로 이어져 총체적인 가정폭력이 일어난다(강미자, 2010).

셋째, 사회적 피해는 피해 여성들의 가족관계와의 단절뿐만 아니라 사회적으로 고립되는 특성과 사회생활에서 나타나는 직장 업무 지장 및 동료관계의 어려움, 잦은 결근 등으로 발생한다(강주희, 2014). 또한 학대로 인한 무력감과 도움을 구할 수 있는 사회적 지지체계가 부족하고, 법률상담과 건강보험과 같은 사회적 서비스의 부족으로 폭력관계를 끝내지 못하고 수동적으로 대처하거나 예속되는 경우가 많다(Walker, 1979).

넷째, 아내에 대한 폭력은 자녀 혹은 아내의 친정식구에 대한 폭력으로 이어지는 경우도 많고, 피해 여성들은 폭력에 대한 공포와 학습된 무력감으로 인해 가정폭력으로부터 탈출하지 못한다(Walker, 1979).

② 학대 피해 노인

첫째, 노인학대의 전형적인 피해자는 대부분 고령의 여자 노인이며, 육체적·정신적으로 손상되었고, 학대 행위자와 함께 살고 있으며, 육체적·정신적·경제적으로 학대자에게 의존하고 있는 상태이다(이해영, 2009).

둘째, 노인이 학대를 받게 되면, 부정적인 정서기능으로 자신에 대한 죄책감, 무력감, 외로움, 체념, 분노 등의 복잡한 정서들이 얽혀 매우 불안한 상태에 있어 사회로부터 위축되는 경향 등 심리사회적 피해가 크다(박재간, 손홍숙, 2006; 이성희, 2010; 추정인, 2014).

셋째, 노인학대의 피해는 정서적·사회적인 증상뿐만 아니라 기억력 감퇴와 집중력의 현저한 저하 등 인지적 능력에까지 영향을 미친다(서윤, 2000).

넷째, 노인이 학대 피해 증상에 대해 신속하고 적절한 대응을 하지 못하고 오랜 기간 참고 인내하고 억제할 경우, 마음의 병이 몸으로 나타나는 신체화(somatization) 장애가 유발될 가능성이 있고, 고혈압을 비롯한 심혈관계 질환, 통증민감성(박성희, 2001; 양경미, 2003; 이연호, 2002)과 같은 건강상의 위험에도 영향을 미치는 것으로 보고되고 있다.

다섯째, 특히 우리나라 노인들의 학대경험은 일시적 고통이 아니라 지속적인 부적응적 삶과 관련된다. 이는 한국 고유의 정서적 장애인 '한(恨)'이나 '화병(火病)'처럼 타인에게서 부당한 상처를 받고 난 뒤 그 상처를 효과적으로 해결하지 못해 많은 어려움을 겪고 있는 것이 예가 될 수 있다(민성길, 1991; 오영희, 2011: 추정인, 2014에서 재인용).

(2) 가정폭력 행위자의 특성

① 가정폭력 행위자인 남편

폭력적인 남편은 나이, 종교, 교육수준, 직업, 사회경제적인 배경 등에서 매우 다양하며, 다음의 몇 가지 공통적인 특성이 있다(한국정신보건사회복지사협회, 2012).

첫째, 가족 배경에는 많은 가해자가 어릴 때 부모에게 직접 폭력을 당했거나 부부폭력을 목격한 경험이 있다.

둘째, 성격적으로는 가해자들이 자아존중감이 낮아 자신감이 부족하고, 주위 사람들도 자신을 그런 맥락에서 바라본다고 인식한다. 그렇기 때문에 자신의 욕구를 채워 주는 부인과 가족원에게 과잉의존하려는 성향도 있다.

셋째, 사회관계에서는 타인에게 자신의 의사나 감정을 자유롭게 표현하는 데 어려움이 있으며, 주위 사람들에게서 고립되어 있고, 자신을 이해해 주는 사람들을 중심으로 한정적인 관계만을 유지한다. 아내에 대한 병적인 질투심이 있어 아내의 모든 행동을 의심하고 비난하며, 경우에 따라서는 음주 및 약물에 의존하기도 한다.

넷째, 좌절을 느끼는 상황에 처했을 때 폭발적으로 분노를 표출하거나 충동을 조절하지 못하는 특성이 있다. 또한 자신의 폭력행위를 인정하지 않는다는 점이 가해자들에게서 나타나는 공통적인 특징이다.

다섯째, 부부폭력으로 인한 피해는 1차적으로 아내들에게 돌아가지만 자녀들도 예외가 될 수 없다. 또한 폭력가정에서는 사랑하는 것은 상대를 소유하는 것이며, 자신의 뜻에 반하는 어떠한 행동과 결정도 적대적이고 불손한 것으로 간주된다.

② 노인의 학대 행위자

노인의 학대 행위자는 주로 노인을 돌보는 가족이나 친척 등 주 보호자이다. 2012년 노인보호전문기관에 접수된 학대 행위자를 분석한 결과 아들이 전체 학대 행위자 3,854명 중 1,586명으로 41.2%를 차지하였다. 학대 행위자는 성장 시 가정폭력을 목격하거나 실제 가정폭력을 경험한 경우가 많다. 그리고 그들의 대부분은 심한 스트레스를 받고 있으며, 알코올이나 정신 병력을 갖고 있는 경우도 있다. 피해자와 학대 행위자의 평소의 관계는 한국보건사회연구원의 조사(1999)에서 34.0%가 평소 관계가 나쁜 것으로 나타났다(추정인, 2014에서 재인용).

3) 학대 및 가정폭력 대상자와 가족에 대한 사회복지서비스

의료사회복지사가 알아야 할 가정폭력 사건의 법적 처리절차, 가정폭력 피해자와 가해자에 대한 개입을 살펴보면 다음과 같다.

(1) 가정폭력 사건의 법적 처리절차

의료사회복지사가 가정폭력 클라이언트와 가족을 대상으로 개입 시 알아야 할 가정폭력 사건의 법적 처리절차는 다음과 같다(한국정신보건사회복지사협회, 2012).

① 응급조치

진행 중인 가정폭력 사건에 대한 신고를 받은 경찰은 즉시 현장에 임하며 폭력행위의 제지, 행위자·피해자의 분리 및 범죄수사, 피해자의 가정폭력 관련 상담소 또는 보호시설 인도(피해자의 동의가 있는 경우), 긴급치료가 필요한 피해자의 의료기관 인도, 폭력행위의 재발 시 임시조치를 신청할 수 있음에 대한 통보 등의 응급조치를 취하여야 한다.

② 임시조치

경찰은 가정폭력 범죄가 재발될 우려가 있을 시에는 가해자에 대하여 피해자 또는 가족 구성원의 주거로부터 격리, 피해자 또는 가족 구성원의 주거나 직장 등에서 100미터 이내의 접근 금지, 전기통신을 이용한 접근 금지 등의 임시조치를 신청하여 피해자에 대한 보호조치를 실시한다.

③ 보호처분

판사는 심리의 결과 필요하다고 인정한 때에는 결정적으로 보호처분을 할 수 있다. 보호처분에는 행위자가 피해자 또는 가족 구성원에게 접근하는 행위의 제한, 전기통신을 이용하여 접근하는 행위의 제한, 피해자에 대한 친권행사의 제한, 「보호관찰 등에 관한 법률」에 의한 사회봉사·수강명령, 보호관찰, 보호시설에의 감호위탁, 의료기관 치료위탁, 상담소 상담위탁 등이 있다.

(2) 가정폭력 피해자에 대한 개입

가정폭력 피해자에 대한 치료적 개입은 다음과 같다(유수현, 서규동, 유명이, 이봉재, 이종하, 2014; 추정인, 2014; 한국정신보건사회복지사협회, 2012).

① 안전과 보호조치

가정폭력 피해자를 위해서는 우선적으로 신변안전이 보장되어야 한다. 최초로 접근하는 상담 전문가 또는 경찰은 피해자와 안전조치를 의논하여 결정하고, 피해자가 법적 처리과정에서 지속적으로 보호받을 수 있다는 점을 안내하여 안전감을 갖도록 한다.

② 사례관리

초기 상담가는 폭력 시작 시기, 빈도, 내용, 심각성, 원가족에서 폭력경험 여부, 배우자·아동·노인학대 여부, 정신·신체적 건강, 부부관계, 외적인 스트레스 요인들에 대한 내용을 사정한다. 정보수집과 함께 클라이언트의 문제 정의, 도움 요청 내용, 대응과정, 문제해결의 의지, 강점 등 그들의 욕구를 사정한다. 그리고 클라이언트와 사례관리자는 법적인 처리, 주거와 안전 문제, 경제적인 지원, 건강, 지지체계와의 관계 회복과 같은 문제해결을 위해 이용할 수 있는 정책과 다양한 정보를 점검하고 목표와 실천계획을 수립한다. 이때 사례관리자는 스트레스 상황에서 혼란스러워하는 클라이언트를 격려하며 당사자가 문제해결 과정에 주도적으로 참여할 수 있도록 촉진한다.

위기관리 및 대처기술의 획득을 위해 피해자들에게 자기주장훈련, 분노조절, 갈등조절훈련 등의 대처기술 등을 훈련한다.

③ 개별상담

피해자를 위한 지지상담은 그들의 고통과 욕구에 공감해 주고, 그들이 고립감에서 벗어나도록 돕는다. 학대관계에 머무르는 경우 소극적인 대처보다 적극적인 대처가 가능하다는 믿음을 주어 피해자가 자신의 상황을 관리할 수 있도록 돕는다. 사회복지사는 신뢰관계를 유지하며 피해자가 자기비난을 하지 않고 과거로 후퇴하지 않도록 용기를 주고 변화할 수 있도록 자극해야 한다.

④ 부부상담

가정폭력 피해자 중 학대받은 아내들은 학대 상황이 변하기를 원하면서도 부부관계는 계속 유지하려 한다는 점에서 부부상담이 꼭 필요하다. 부부상담에서 남편은 자신의 학대에 대한 책임을 인정하고, 분노를 통제하겠다는 의지를 보여 주어야 하며, 부인도 남편의 분노를 자극하는 역기능적인 의사소통이나 약점을 건드리는 행동을 하지 않겠다는 의지를 보여 줘야 한다. 부부상담에서는 주로 인지행동적인 접근을 통해 분노조절방법, 효과적인 의사소통과 감정표현방법, 갈등해결방법 등을 훈련한다.

⑤ 집단상담

동질집단은 문제를 일반화하고 사회적 관점에서 바라봄으로써 인식의 변화를 경험한다. 집단은 자조적이고 소규모일 경우 억제되었던 감정을 충분히 발산할 수 있다. 집단의 결속력이 강화되면 지속적인 자조모임으로 발전시켜 서로의 지지체계로 기능할 수 있다.

(3) 가정폭력 행위자에 대한 개입

가정폭력 행위자에 대한 치료적 개입은 한국정신보건사회복지사협회(2012)에서 다룬 학대 행위자에 대한 개입 4단계를 참조한다.

① 1단계: 문제의 확인 단계

- 행위자의 자발적인 보고나 피해자의 치료(개입) 요구 없이 강제의뢰가 대부분이므로 의뢰된 내용을 확인한다.

② 2단계: 초기 면접 및 사정 단계

- 학대 상황에 대한 조사, 전반적인 학대 상황 및 위험성을 조사한다.
- 행위자 변화동기 및 학대 행위에 대한 인정 여부를 파악한다.
- 치료(개입)계획을 수립한다.

③ 3단계: 치료 단계

- 개별치료, 집단치료, 부부치료, 가족치료 등의 방법을 실시한다.
- 가장 효과적이면서 효율적인 접근방법은 집단개입이다.
- 개별치료와 부부치료는 제한적으로 사용되며, 특히 부부치료는 집단을 통해서 학대 행위자의 폭력 통제가 가능하다는 판단과 피해자의 동의가 있을 때 실시한다.

④ 4단계: 종결 및 평가 단계

- 치료(개입)의 성공적인 종결을 확인하고, 변화과정과 종결내용을 법원(의뢰처)에 보고한다.
- 만약 치료를 지속하기 어려운 사정이 있는 경우 다른 곳에서의 치료를 의뢰한다.
- 학대 행위자 개입(프로그램)의 효과는 단기적으로 신체적 폭력이 더 이상 발생하지 않는 것을 확인하는 것인데, 이는 피해자의 보고와 법적 자료를 확인함으로써 가능하다.

3. 자살

1) 개요

통계청 통계에 따르면 2022년 자살사망자 수는 12,906명, 1일 평균 자살자수는 35.4명, 자살률(인구 10만 명당)은 25.2명으로 눈에 띄게 높았다. 이 수치는 경제협력개발기구(Organization for Economic Co-operation and Development: OECD) 38개 회원국 중 1위에 해당하며, OECD 평균 사망자 수(10만 명당 약 10~11명)의 두 배 이상이다(코리아헤럴드, 2024).

연령별 자살률을 살펴보면 40대, 10대의 경우 전년도보다 증가하였으며, 20대~30대, 50대~60대, 80세 이상은 전년도보다 감소하였다. 성별 자살률을 살펴보면 남자는 35.3명(-1.7%), 여자는 15.1명(-6.4%)으로 전년도보다 감소하였다. 남녀 간 자살률 성비는 10대가 1.1배로 가장 낮았으며, 80세 이상이 3.8배로 가장 높게 나타났다(한국생명존중희망재단, 2024).

대한민국의 10년간 자살현황을 살펴보면 〈표 11-1〉과 같다.

〈표 11-1〉 대한민국 10년간 자살현황

연도	2013	2014	2015	2016	2017	2018	2019	2020	2021	2022
자살 사망자 수	14,427	13,836	13,513	13,092	12,463	13,670	13,799	13,195	13,352	12,906
자살률 (인구 10만 명당 명)	28.5	27.3	26.5	25.6	24.3	26.6	26.9	25.7	26.0	25.2

출처: 한국생명존중희망재단 홈페이지(2024).

세계보건기구에서는 자살(suicide)을 '죽음의 의도와 동기를 인식하면서 자신에게 손상을 입히는 행위'라고 정의 내리고 있다. 자살은 개인에게 일어나는 단순한 사건이 아닌 개인을 둘러싼 사회환경적 요인이 결합되면서 발생하는 다요인적 사회현상으로 자살이나 자살시도는 개인에 따라 각기 다른 배경을 가지고 있다.

자살 원인과 관련한 통계청(2006) 자료에서는 청·장년층의 경우 실업·구조조정 등으로 인해 자살충동을 가장 많이 느끼는 것으로 조사되었다. 노인의 경우 빈곤, 질병, 역할상실, 가족상실 등에 대한 적응력이 다른 연령층에 비해 현저히 저하되는 특성이 있다. 특히 수입이 낮은 계층인 경우와 만성질환을 보유한 경우 자살생각률이 훨씬 높은 것으로 보아 우리나라가 OECD 국가에 비해 연금제도의 미비, 건강보험의 보장성 부족, 사회복지제도의 부족과 같은 사회적 안전망의 취약함과 관련이 있을 것으로 보인다(권진숙, 김정진, 전석균, 성진모, 2014에서 재인용). 자살자의 90% 이상이 정신과적 질환을 가지고 있으며, 모든 자살의 60%는 기분장애의 경과 중에 나타난다. 그 나머지는 정신분열병, 알코올중독, 약물중독 그리고 인격장애 등의 다른 정신과적 질환과 관련이 있을 수 있다(한국정신보건사회복지사협회, 2012)는 것으로 보아 의료현장에서 자살 환자와 가족을 위한 위기개입, 자살재발 방지와 예방을 위한 사회복지사의 개입이 필요하다.

2) 자살위험성 사정

자살 가능성이 있거나 자살위기에 놓인 클라이언트의 자살위험성 평가를 위해 자살 진단의 실마리, 자살위기 정도 파악 양식(FACT), 면담을 통한 평가, 척도를 통한 간접적 평가를 살펴보고자 한다(권진숙 외, 2014; 한국정신보건사회복지사협회, 2012; 한인영, 최현미, 2000).

(1) 자살 진단의 실마리

조두영(1991)은 자살 진단의 실마리를 다음의 일곱 가지로 설명하고 있다.

- 자살위험도가 큰 사람들은 특별한 이유 없이도 의사를 찾아와 '몸이 좋지 않을 것 같으니 도와달라'는 식의 호소를 한다. 이런 경우 주의를 가지고 질문을 하다 보면 환자의 실제 이유를 듣게 된다.
- 우울증으로 의심이 들 때는 자살의 가능성도 생각해야 한다. 특히 조울증에서 우울증으로 반복될 때가 위험도가 커지며, 남자가 은퇴를 한 후 신체질환을 앓고 기력이 떨어지면서 우울해진 경우도 자살의 가능성이 있다. 또한 불안, 초조, 불만, 당장 해 달라는 식의 태도를 보이는 우울증 환자는 자살의 가능성이 있다고 보이는 사람이다.
- 자살 미수의 전력이 있는 이들은 자살확률이 높다. 특히 자해가 의심되는 증상, 상처를 갖고 찾아온 환자의 경우 스트레스 요인의 유무를 체크해 보는 것이 필요하다.
- 신체질환치료의 실패를 경험한 이들이 자살률이 높다. 그중 척수손상환자, 악성종양 환자, 만성질환자들의 자살 가능성이 있다. 특히 호흡장애를 가진 질환의 환자들이 자살률이 높다.
- 환자가 과도하거나 과민한 반응을 보이는 경우이다. 임신, 비만증, 암에 대한 의사의 말에 과도하게 감정반응을 하여 '완전실명', '불치병'으로 알고 먼저 자살할 수도 있다.
- 최근 가족 중에서 사망한 사람이 있는 경우이다. 자살자 중 15%는 사별의 감정이 자살의 원인이라고 한다.
- 환자의 자살 경고를 가족들이 직간접적으로 보고 들었던 경우이다.

(2) 자살위기의 정도

자살위기의 정도를 파악하기 위한 양식으로 FACT가 있으며 면담을 통해서 관찰하고, 정보를 수집하여 위험성을 평가하여야 한다.

- Feeling: 감정의 상태
- Action: 선행사건이나 행동 특성
- Changes: 최근의 변화들
- Threats: 자살과 관련된 직접적인 표현과 위협들

(3) 면담을 통한 평가

자살의 위험성을 평가하기 위해 잠재적인 자살위험성이 있는 클라이언트와의 면담에서 자살생각, 자살계획, 자살시도력, 자살가족력, 정신질환치료력 등을 확인하는 것이 바람직하다.

(4) 척도를 통한 간접적 평가

다양한 심리검사를 자살위험성 평가에 활용할 수 있으나 단순히 점수만을 파악하는 것이 아니라 점수가 의미하는 바에 대한 해석을 할 수 있는 전문성이 필요하다. 자살위험성 평가 척도는 다음과 같다.

- 벡의 자살생각 척도(Beck Scale for Suicide Ideation: BSI)
- 자살생각 척도(Scale for Suicide Ideation: SSI)
- 벡의 절망감 척도(Beck Hopelessness Scale)
- 노인우울증 척도(Revised Korean Version of the Geriatric Depression Scale: GDS-K-R)

3) 사회복지사의 개입

자살과 관련된 개입이라 하면 자살을 생각하는 사람부터 자살유가족에 이르기까지 그 대상이 매우 포괄적이다. 이뿐만 아니라 전문적인 상담 혹은 심리치료나 정신과 진료부터 사이버상담이나 전화상담 같은 쉽게 접근할 수 있는 방법에 이르기까지 다양하다. 자살 관련 개입을 살펴보면 다음과 같다(권진숙 외, 2014; 유수현 외, 2014; 한국정신보건사회복지사협회, 2012).

(1) 치료적 형태에 따른 개입

① 문제해결식 접근

문제해결 과정과 방법, 즉 대인관계기술의 부족, 문제해결기술의 부족, 과도하게 일반화된 기억과 절망감을 회상하는 편향을 교정해야 한다. 문제해결 방법을 찾아 나가는 과정은 다음과 같다. 즉, 문제 목록 작성, 문제의 우선순위 매기기, 브레인스토밍을 통해 가능한 해결책의 범위 결정, 구체적 해결책 선정, 선정한 해결책을 더 작고 용이한 과정으로 세분화,

각 단계의 어려움을 예상하고 명확화, 단계 사이의 진전을 체계적으로 검토하여 나아가기 등이다.

② 인지행동치료적 접근

자살위기자는 인지행동 특성상 문제해결기술이 부족하며 지나치게 일반화하는 기억의 변수를 가지고 있다. 따라서 인지행동치료를 통해 자기의사표현을 분명하게 하고 대안적 문제해결을 개념화하는 능력을 기르며, 스스로의 행동과 사고를 관찰하는 능력을 배양한다. 또한 긍정적인 사고를 늘리도록 건설적인 활동계획을 수립하며 부정적인 사고를 줄이고 체계적인 계획을 수립한다. 단계별 과제 수행을 통해 목표에 대한 성취감을 경험하고, 긍정적 피드백을 통해 역기능적 사고를 재구성하며, 문제의 원인을 과도하게 자신에게 돌리는 것을 교정해 나간다.

③ 사회적 지지 접근

자살위기자에게는 지역사회 내 집단의 심리적 욕구를 충족시켜 주고 다양한 자원과 치료적 환경을 조성하기 위해 사회적으로 지지적인 개입이 요구된다. 사회적 지지 개입의 대표적인 방법은 자살위험과 같은 긴급한 상황에서 개인이나 가족을 즉각적으로 도와주는 위기개입이다. 의료사회복지사는 클라이언트의 문제를 분명하게 해 주고, 안도감을 가지게 해 주며, 행동계획을 세울 수 있도록 도와주고, 다른 가족의 지원을 알선해 주거나 연결해 준다. 또한 비상전화를 경청하고 자살가능성을 평가하며 감정에 공감하고 정보를 제공하면서 희망을 갖고 안심하도록 한다.

(2) 자살위기 개입

① 자살위기 개입의 목표

한국자살예방협회(2009)에서는 자살위기 개입의 목표를 다음과 같이 제시하고 있다(권진숙 외, 2014에서 재인용).

- 클라이언트가 손상을 입지 않고 위기에 잘 대처할 수 있도록 안전한 개입환경을 조성한다.
- 클라이언트에게 희망이 존재한다는 것을 알게 한다.

- 클라이언트에게 자살 외에도 어려움을 해결할 여러 대안이 있음을 알게 한다.
- 위기에 처한 클라이언트를 도와줄 여러 가지 자원과 이 자원을 동원하는 방법을 알게 한다.
- 치료를 위하여 의뢰, 연계한 자원을 신뢰하고 이용할 수 있도록 격려한다.
- 클라이언트의 환경이 보다 지지적이 될 수 있도록 자원들을 동원하고 교육한다.

② 자살위기 개입 사회복지사의 역할

의료현장에서 자살위기에 처한 클라이언트에 대한 사회복지사의 역할 및 개입방법은 다양하다. 자살위험성을 평가할 때 동시에 클라이언트에게 도움의지를 적극 표현하여 안전감과 희망감의 실마리를 제공한다. 그리고 무엇보다 중요한 안전한 환경을 확보하는 데 유의해야 한다. 즉, 클라이언트가 가지고 있거나 근처에 두고 있는 위험한 결과를 초래할 수 있는 칼이나 약품과 같은 수단을 제거한다. 또한 클라이언트가 안전한 환경의 조성이 어려울 만큼 불안정하고 절망에 빠져 있을 때 정신과적 입원치료를 받거나 도움을 줄 수 있는 자원목록을 확보해야 한다.

사회복지사는 자살의 역동, 상담기법, 개입전략, 예방에 익숙해짐으로써 자살위기자에게 개입하는 지식과 능력을 강화할 수 있다. 자살위험성이 있는 사람은 미묘하지만 분명한 단서를 보이고 도움을 요청하기 때문에 의료사회복지사는 자살위험성의 다양한 신호에 대해 잘 이해하고 있어야 한다. 또한 자살위기에 개입할 때는 지시적이고 강력한 개입전략이 필요하다. 즉, 사회복지사는 자살위기자에 대한 개입에서 강의하거나 설교하거나 비난하지 말고, 대상자와 대상자의 선택과 행동에 대해서 비판하지 않으며, 자살의 찬반에 대해서 논쟁하지 말아야 한다.

사회복지사는 다음과 같은 자살 관련 기관 정보를 알고 자원으로 활용해야 한다.

〈표 11-2〉 자살 관련 기관

관련 기관	내용	연락처	사이트
자살예방 상담전화	24시간 자살 예방 상담	1393	
정신건강 상담전화	24시간 자살 예방 상담	1577-0199	
한국생명존중희망재단	자살예방생명지킴이, 자살예방백서 발간	109	www.kfsp.or.kr

(3) 자살유가족 개입

누군가가 자살로 생을 마감했을 때 '진정한 희생자'는 자살한 사람이 아닌 가족과 사랑하는 사람들이며, 이들을 '자살유가족' 혹은 '자살생존자'라고 부르기도 한다. 자살유가족은 신체적 건강과 정신적 건강에 더 취약하며, 이중의 스트레스를 겪게 된다. 하나는 죽음 자체에서 오는 정서적 스트레스이며, 다른 하나는 자살에 대한 사회적 낙인, 죄의식, 비난과 가족의 수치감 등이다. 그러므로 사회복지사는 분노와 죄책감을 지닌 가족을 도울 필요가 있다. 따라서 기본적으로 자살이나 정신적 외상을 가져올 만한 상실이 있었는지를 탐색하여 향후 자살위험, 기념일에 일어날 수 있는 위험에 주목해야 한다.

 **정리해 봅시다**

1. 호스피스와 완화의료

호스피스 · 완화의료는 말기 환자와 가족이 삶의 마지막, 임종 과정에서 고통이 없는 존엄한 죽음을 맞이할 수 있도록 돌봄을 제공한다. 호스피스 팀의 사회복지사는 의료기관에서 임종하는 환자는 물론 집에서 임종하는 환자에게도 서비스를 지원할 수 있도록 제도와 정책에 대한 이해뿐만 아니라 서비스 유형과 현황을 이해하여야 한다. 마지막으로 호스피스 팀의 사회복지사는 지역사회의 임종 돌봄에 필요한 자원에 대한 정보를 제공할 수 있어야 하며, 의사소통과 상담 실천기술을 활용하여 전문 서비스를 제공할 수 있어야 한다.

2. 학대 및 가정폭력

학대는 아동, 노인, 장애인 등 취약계층에 대한 신체적, 정서적, 성적 폭력 및 방임을 포함하는 개념이다. 학대 중 대표적인 것이 아동학대, 노인학대이다. 학대 행위는 피해자의 건강, 복지, 정상적인 발달을 해친다. 따라서 학대는 법적으로 금지되어 있으며, 관련 기관에 신고하여 적절한 보호와 지원을 받을 수 있다.

가정폭력이란 가정 내에서 발생하는 모든 형태의 폭력을 일컫는다. 가정폭력은 개인의 역기능적인 행동의 원인이 되며 정상적인 삶을 유지하기 어렵게 할 뿐만 아니라 가족 구성원 전체로 문제가 파급되어 소중한 가정을 해체시키고, 더 나아가 사회공동체를 파괴시키는 심각한 위험을 초래한다. 따라서 가정폭력으로 인한 클라이언트와 가족을 위한 사회복지사의 심리사회적 개입이 필요하다.

3. 자살

자살은 개인에게 일어나는 단순한 사건이 아닌 개인을 둘러싼 사회환경적 요인이 결합되면서 발생하는 다요인적 사회현상으로 자살자의 90% 이상이 정신과적 질환을 가지고 있다. 그러므로 의료현장에서 자살 환자와 가족을 위한 위기개입, 자살재발 방지와 예방을 위한 사회복지사의 개입이 필요하다.

생각해 봅시다

1. 호스피스 돌봄은 팀의 역할이 매우 중요합니다. 의료시설과 호스피스 시설에서 일하는 사회복지사의 역할에서 차이점이 있다면 무엇인지 생각해 봅시다.

2. 호스피스 팀에서 사회복지사는 의사, 간호사와 함께 필수인력으로 분류되어 일을 하고 있습니다. 필수인력으로서 사회복지사의 중요한 업무는 무엇인지 생각해 봅시다.

3. 학대 및 가정폭력이 무엇인지 설명하고, 학대 및 가정폭력 대상자와 가족에 관한 의료사회복지서비스에 대하여 생각해 봅시다.

4. 자살 관련 클라이언트의 위험성과 평가에 대해 살펴보고, 자살과 관련된 클라이언트와 가족에 대한 의료사회복지사의 개입을 생각해 봅시다.

참고문헌

가톨릭대학교 호스피스 교육연구소(2023). 호스피스 완화간호. 군자출판사.
강미자(2010). 미술치료가 가정폭력 피해여성의 우울, 불안 및 공격성 감소에 미치는 영향. 대전대학교 보건스 포츠대학원 석사학위논문.
강주희(2014). 가정폭력 피해여성을 위한 용서 집단상담 프로그램 개발 및 효과성 평가. 건국대학교 대학원 박사학위논문.
권진숙, 김정진, 전석균, 성진모(2014). 정신보건사회복지론(제3판). 공동체.
김경아(2023). 한국과 주요국의 웰다잉 지원 정책의 현황과 시사점. 한국노년학회지, 43(2), 203-329.
김명환(2005). 가정폭력의 현실적 문제점과 그 개선방안에 관한 연구-아내학대를 중심으로. 호서대학교 벤처 전문대학원 석사학위논문.
김병석, 임경자(2012). 호스피스와 정신건강. 하나의학사.
김선희, 김혜경, 박충선, 최용민, 최정혜, 한동희, 허영숙, 현은민, 홍달아기(2005). 노인학대 전문상담. 시그마프레스.
김재엽, 이지현, 송향주, 한샘(2010). 아내폭력 피해여성의 위험음주 실태와 영향요인에 관한 연구. 한국사회복지학, 62(4), 275-296.
김창곤, 이광재, 이영숙(2005). 한국의 호스피스 사회복지사를 위한 교육과정개발. 한국사회복지학회 학술발표대회지, 407-413.
문유경(2009). 성인지적 예산분석 사례(2). 가정폭력의 사회적 비용 추정. 한국여성정책연구원.
민성길(1991). 화병과 한. 대한의학협회지, 34, 1189-1198.
박성희(2001). 분노조절 집단프로그램이 청소년들의 분노와 공격성에 미치는 효과. 명지대학교 사회교육대학원 석사학위논문.
박재간, 손홍숙(2006). 노인상담론. 공동체.
보건복지부(2023). 2022년 아동학대 주요통계.
보건복지부, 아동권리보장원(2024). 2024년 새싹지킴이병원 아동학대전담의료기관 사업안내.
보건복지부, 중앙노인보호전문기관(2023). 2022노인학대 현황보고서.
서윤(2000). 노인학대에 대한 사회복지사의 인지와 목격 실태에 관한 연구. 노인복지연구, 7(0), 29-71.
양경미(2003). 재가 노인의 학대와 대처방안 및 학대결과에 관한 연구. 이화여자대학교 대학원 박사학위논문.
양옥경, 김정진, 서미경, 김소희(2000). 사회복지실천론. 나남출판.
여성가족부(2022). 2022년 가정폭력실태조사 연구.
유수현, 서규동, 유명이, 이봉재, 이종하(2014). 정신보건사회복지 총론. 신정.
이광재(2002). 의료사회사업원론. 인간과복지.
이성희(2010). 학대받은 노인의 역량강화를 위한 집단미술치료 프로그램의 효과. 미술치료연구, 17(2), 473-496.
이연호(2002). 노인학대 관련 요인과 피해에 관한 연구. 이화여자대학교 대학원 박사학위논문.
이해영(2009). 노인복지론. 창지사.

이혜란(2007). 청소년의 가정폭력 경험이 학교 부적응에 미치는 영향에 관한 연구. 원광대학교 대학원 석사학위논문.

이효순 외(2016). 의료사회복지론. 학지사.

조두영(1991). 임상행동과학. 일조각.

추정인(2014). 학대피해 노인을 위한 뇌교육 활용 용서프로그램 개발 및 효과 연구. 국제뇌교육종합대학원대학교 박사학위논문.

한국정신보건사회복지사협회(2012). 정신보건사회복지의 이론과 실제. 양서원.

한수연(2019). 호스피스 팀의 호스피스 및 연명의료결정참여 경험에 대한 사례연구. 보건사회연구, 39(1), 453-484.

한인영, 강향숙, 구승신, 김경희, 김선민, 김유정, 김주현, 김지혜, 박형원, 백형의, 우재희, 이영선, 이예승, 이인정, 이혜경, 임정원, 장수미, 정선영, 최정숙(2015). 가족복지론. 학지사.

한인영, 최현미(2000). 의료사회사업론. 학지사.

Brandsen, C. K. (2005). Social work and end-of-life care: Reviewing the past and moving forward. *Journal of Social Work in End-of-life and Palliative Care, 1*(2), 45-70.

Csikai, E. L. (2004). Social workers' participation in the resolution of ethical diemmas in hospice care. *Health and Social Work, 29*, 67-76.

Han, S. K., & Eo, Y. (2022). Patients' dying process from the point of view of family and hospice team: A qualitative exploration of family member and hospice team experiences. *Journal of Death and Dying, 47*(2), 263-292.

NHPCO (2022). Facts and figures. https://www.nhpco.org/wp-content/uploads/NHPCO-Facts-Figures-2023.pdf

Oliver, D., & Peck, M. (2006). Inside the interdisciplinary team experiences of hospice social workers. *Journal of Social Work in End-of-Life and Palliative Care, 2*(3), 7-21.

Walker, L. E. (1979). *The battered woman*. Harper & Row.

WHO Definition of Palliative Care. World Health Organization. http://www.who.int/cancer/palliative/definition/en/Retrieved March 16, 20.

WHO(2023) Palliative care. https://www.who.int/health-topics/palliative-care

Zastrow, C. (1995). *The practice of social work* (5th ed.). Cole Publishing Company.

국가법령정보센터 http://www.law.go.kr

https://www.law.go.kr/LSW//lsInfoP.do?lsiSeq=255803&ancYd=20231031&ancNo=19818&efYd=20240801&nwJoYnInfo=N&efGubun=Y&chrClsCd=010202&ancYnChk=0#0000

법제처 연명의료결정법

https://www.law.go.kr/lsSc.do?section=&menuId=1&subMenuId=15&tabMenuId=81&eventGubun=060101&query=%EC%97%B0%EB%AA%85%EC%9D%98%EB%A3%8C%EA%B2%B0%EC%A0%95%EB%B2%95

보건복지부 http://www.mohw.go.kr
아동권리보장원 http://www.korea1391.go.kr/
중앙노인보호전문기관 http://www.noinboho1389.or.kr
중앙호스피스센터 국가 호스피스완화의료 연례보고서 https://hospice.go.kr:8444/index.html?menuno=22
코리아헤럴드 https://www.koreaherald.com/
한국생명존중희망재단 https://www.kfsp.or.kr/home/kor
한국여성인권진흥원 https://www.stop.or.kr/
한국호스피스완화의료학회 https://www.hospicecare.or.kr/
한림대학교 한강성심병원 https://hangang.hallym.or.kr
World Health Organization (WHO) http://www.who.int

제12장

이슈에 따른 의료사회복지실천 Ⅱ

📁 학습개요

이 장에서는 공공보건의료에 관한 법률 제정 이후 우리나라 공공보건의료 정책의 흐름을 살펴보고, 필수보건의료 중심으로 추진되는 공공보건의료에서 의료사회복지사의 역할을 설명하고자 한다. 또한 고위험 위기가구의 발굴과 지원에 대해 알아보고, 의료사회복지사가 개입과정에 활용하고 있는 의료비 지원제도와 사회서비스에 대해 소개하고자 한다.

📖 학습목표

1. 공공보건의료의 개념과 정책 흐름을 이해한다.
2. 공공보건의료사업에서 의료사회복지사의 역할을 설명할 수 있다.
3. 위기가구의 발굴과 지원방안에 대해 이해한다.
4. 의료비 지원제도 및 활용 가능한 사회서비스를 설명할 수 있다.

1. 공공보건의료와 의료사회복지

1) 공공보건의료 정책의 흐름

공공보건의료에 관한 법률에 따르면 공공보건의료는 국가, 지방자치단체 및 보건의료기관이 지역·계층·분야에 관계없이 국민의 보편적인 의료이용을 보장하고, 건강을 보호·증진하는 모든 활동을 의미한다.

2000년 1월, 공공보건의료기관이 본래의 기능을 발휘하여 국민들이 필요로 하는 보건의료서비스를 제공하고, 국가 차원에서 보건의료 자원의 개발 및 관리 기능을 효과적으로 수행할 수 있는 방안을 제도화하여 국민 보건 향상 및 국가 경영의 효율성을 제고하기 위해 「공공보건의료에 관한 법률」(이하 공공보건의료법)이 제정되었다. 2005년 참여정부는 지속가능한 보건의료체계 구축을 위해 공공보건의료 확충 종합대책을 발표하고 지역거점병원을 육성하는 등 공공보건의료 인프라 강화를 추진하였다.

2000년 법률 제정 시에는 공공보건의료를 '공공보건의료기관'이 행하는 활동으로 정의하였으나 2012년 '국가, 지방자치단체 및 보건의료기관'이 행하는 모든 활동으로 개정함으로써 주체가 국가 차원으로 확대되어 공공보건의료에 대한 체계적인 계획을 수립하도록 하였고, 민간의료기관도 공공보건의료를 수행할 수 있도록 하여 공공보건의료체계를 개선하였다. 보건복지부장관이 5년마다 공공보건의료 기본계획을 수립하는 것을 법률에 명시하였고, 이를 근거로 2016년에는 제1차 공공보건의료 기본계획(2016~2020)을 수립하였다. 제1차 공공보건의료 기본계획에는 민간 중심 보건의료 체계의 문제점을 보완하고 분만·응급 등 취약지 지원 및 공공전문진료센터 지정 등 의료취약지역·계층·분야 지원 강화 계획이 포함되었다.

이 시기 공공보건의료는 취약지, 취약계층 등 미충족된 분야를 보완하는 수준에서 기능하였고, 국민의 보편적인 의료이용을 보장하기 위한 의료공급체계 문제와 급증하는 의료수요에 대응하는 데는 한계가 있었다.

2018년 정부는 생명·건강과 직결된 필수보건의료서비스 공급의 불충분, 지역 의료체계 약화 및 지속적 건강관리 체계 부족, 공공보건의료 인력 부족 및 거버넌스 미흡 문제를 해결하기 위해 '공공보건의료 발전 종합대책'을 마련하였다. 이 대책에는 전 국민 필수보건의료 보장과 효과적 전달을 위한 공공보건의료의 역할과 기능을 확대하는 방안이 담겨 있다.

2019년에는 지역의료 강화대책을 발표하였고, 지역 간 의료격차 해소 및 필수보건의료 서비스의 지역 균형발전을 도모하기 위한 전달체계 확립을 위해 책임의료기관 제도를 도입하고, 권역(17개 시·도)과 지역(70개 중진료권)별로 공공적 역할을 하는 책임의료기관 확충을 추진하였다. 책임의료기관은 '지역 내 공공·민간 협력 활성화'를 위해 필수보건의료 협의체를 구성하고 협력모형을 만들어 필수보건의료 분야의 다양한 협력사업을 수행하고, 정부는 이를 위한 예산을 지원할 수 있도록 하였는데 2024년부터 권역책임의료기관 17개소, 지역책임의료기관 56개소에 총 379억 2천만 원(국비 50%, 지방비 50%)의 예산을 지원하였다.

2021년 제2차 공공보건의료 기본계획(2021~2025)에는 필수보건의료 제공체계 마련을 위한 공공보건의료 수행기관 확충 및 역할 정립 방안으로 3대 분야 11개 추진과제를 제시하고 매년 공공보건의료기관이 수립하는 공공보건의료계획에 반영하도록 하였다. 3대 분야 11개 추진과제는 [그림 12-1]과 같다.

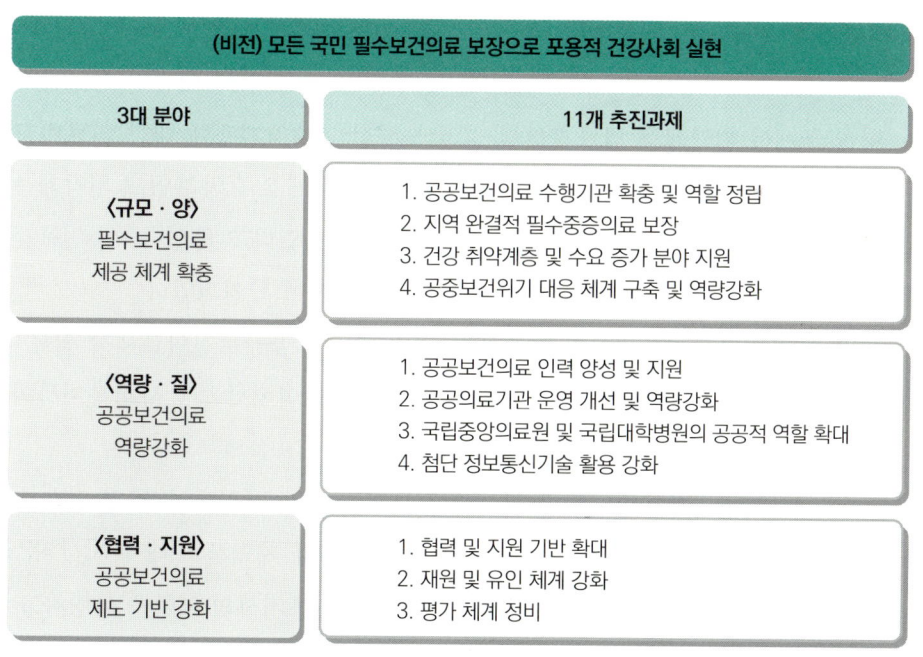

[그림 12-1] 제2차 공공보건의료 기본계획(2021~2025) 추진체계도

출처: 보건복지부(2024b).

2) 공공보건의료에서 의료사회복지 확대

2000년 「공공보건의료에 관한 법률」 제정 이후 의료의 공공성 강화를 위해 공공보건의료기관은 의료취약계층에 대한 건강안전망 역할을 강화하도록 하였다. 그러나 법률 제정 이후 10여 년 동안 공공보건의료에서 의료취약계층에 대한 건강안전망 강화가 필요하다는 논의가 있었음에도 불구하고 실제 의료기관에서 취약계층에게 의료지원을 해 온 의료사회복지사의 역할에 대해서는 검토가 미미하였고, 의료사회복지사조차도 공공보건의료 영역에서 요구되는 역할이 무엇인지 명확하게 정의하지 못했다.

2009년 이후 국립대학교병원을 중심으로 공공보건의료 전담조직을 설치하기 시작하였고, 의료사회복지 업무를 담당하는 부서가 공공보건의료 전담조직 내로 편제되면서 공공보건의료에서 의료사회복지사의 역할이 논의되기 시작하였다.

2011년 9월 서울대병원을 포함한 10개 국립대학교병원이 수행한 「국립대병원의 공공의료에서의 역할 구체화 방안」 연구 중 '공공의료 네트워크 구축을 위한 국립대병원의 역할과 기능'에 대한 세부 연구에서 10개 국립대학교병원과 35개 지방의료원에서 근무하는 의료사회복지사를 대상으로 의료취약계층 진료 지원 및 전원 시 문제점에 대한 현황조사가 이루어졌다. 이 연구에서 취약계층 의료지원 과정의 문제점을 취약계층에 대한 의료비 지원문제, 간병문제, 퇴원 후 지역사회 연계문제, 행정절차 지원문제로 요약하였고 취약계층에 대한 의료지원 문제의 핵심은 복지서비스의 연계 및 지속성에 있다고 하였다. 이 연구를 통해 공공보건의료에서 의료사회복지사 역할의 필요성과 중요성이 확인되었다.

2012년 4월 대한의료사회복지사협회 춘계 심포지엄에서 '공공보건의료에서 의료사회복지의 현황과 전망'이라는 주제발표를 통해 공공보건의료 영역에서 의료사회복지사의 역할과 제도적 보완점에 대한 논의가 이루어졌다.

2012년부터 서울특별시북부병원에서 시작한 취약계층 환자 지원사업 '보건·의료·복지 301네트워크'는 대상자의 발견과 치료, 사회복귀 지원을 위해 지역사회 내 복지서비스와 의료서비스를 연계하는 모델로서 공공의료기관에서 의료사회복지사의 역할을 설명하고 있다.

'보건·의료·복지 301네트워크' 사업은 2015년부터 보건복지부를 통해 6개 지역거점공공병원으로 모델(현, 취약계층 공공의료복지연계 사업)이 전파되었고 사업수행을 위해 정부가 예산을 지원하고 있다. 보건복지부의 지원을 받는 지역거점공공병원 외에도 자체적으로 '301네트워크 사업'과 유사한 의료취약계층 지원사업을 수행하는 지방의료원에서 의료사회복지사를 필요로 하게 되었고, 이는 공공보건의료기관에 의료사회복지사 고용이 확대되는 계기가 되었다.

공공보건의료기관에서 시작된 '301네트워크 사업'은 2016년부터 2020년까지 대한의료사회복지사협회가 사회복지공동모금회로부터 지정기탁을 받아 수행한 '취약계층 건강권 수호를 위한 보건·의료·복지 301네트워크 사업'을 통해 지역친화적인 민간의료기관에도 전파되어 지역 맞춤형 모델이 만들어졌고, 취약계층 건강안전망 구축을 위해서는 병원과 지역의 유기적인 연계의 중요성을 보여 주었다.

2018년 정부의 '지역사회 통합돌봄' 정책 추진으로 의료기관에서 퇴원하는 환자의 퇴원 후 지역사회 연계에 대한 관심이 높아지면서 보건복지부가 2019년 국립대병원 10개소를 대상으로 '거점병원 운영 및 연계지원 사업'을 추진하였다. 이에 '퇴원환자 지역사회 연계사업'을 필수사업으로 추진하도록 하였고, 이를 위해 의료사회복지사를 전담인력에 포함하였다. 2020년부터는 '공공보건의료 협력체계 구축사업'으로 사업명이 변경되었고, 권역·지역책임의료기관 지정을 통해 필수보건의료 분야별로 〈표 12-1〉과 같이 단계적인 협력사업을 추진하도록 하였다.

> **제2차 공공보건의료 기본계획에서 필수보건의료 범위**
> 급성기 퇴원 환자 연계, 중증 응급 질환 협력, 감염 및 환자 안전, 정신·재활, 산모·신생아·어린이, 일차 의료·돌봄, 취약계층

2024년 '공공보건의료 협력체계 구축사업'을 수행하는 17개 권역책임의료기관과 56개 지역책임의료기관에는 사업 전담인력으로 의료사회복지사 배치를 권고하고 있고, 사업별로 협력 모델을 개발하고 사업을 수행하는 과정에 의료사회복지사의 역할이 요구되고 있다.

〈표 12-1〉 필수보건의료 협력 분야 영역별 확대 계획

구분	필수보건의료 분야								자원 연계	
	퇴원환자 지역사회 연계	중증응급 이송·전원 및 진료협력	감염 및 환자 안전관리	정신건강 증진 협력사업	재활의료 및 지속관리 협력사업	산모/신생아/어린이	일차 의료·돌봄	취약계층	교육	인력
'19년	중점	선택							선택	선택
'20년	중점	중점	선택						선택	선택
'21년	중점	중점	중점	선택	선택	선택	선택	선택	선택	선택
'22년	중점	중점	중점	중점	중점	선택	선택	선택	중점	선택
'23년	중점	중점	중점	중점	중점	중점	선택	선택	중점	중점
'24년	중점	중점	중점	중점	중점	중점	중점	선택	중점	중점
'25년	중점	중점	중점	중점	중점	중점	중점	중점	중점	중점

출처: 보건복지부(2024a).

2. 공공보건의료에서 의료사회복지사의 역할

1) 의료취약계층 환자 발견, 치료 및 사회복귀 지원

　의료기관에서 사회복지 활동이 시작된 이래로 전통적인 의료사회복지사의 역할 중 하나는 취약계층에 대한 의료지원이다. 2000년「공공보건의료에 관한 법률」이 제정되기 전부터 취약계층에 대한 지원은 사회복지 영역에서도 중요하게 다루는 문제였기 때문에 의료기관에서 의료사회복지사들에 의해 상담 및 지원이 이미 이루어지고 있었다.

　2012년 1월 개정된「공공보건의료에 관한 법률」에서 보건의료 보장이 취약한 계층에 대한 의료 공급 사업을 공공보건의료사업 중 하나로 정하고 공공보건의료기관들로 하여금 사업계획을 수립하도록 하면서 취약계층의 보건의료 접근성 보장과 이에 따른 의료지원의 역할로 의료사회복지사의 역할이 분명해지는 계기가 되었다.

　공공보건의료사업에 대해 논의되기 이전에 취약계층 환자에 대한 의료사회복지실천이 의료사회복지사의 역량에 따른 미시적인 접근이었다면 공공보건의료사업에서는 거시적인 접근으로서 의료기관과 지역사회의 공적인 시스템을 마련하는 데 초점이 맞추어져 있다고 할 수 있다.

　이러한 실천모델의 대표적인 예가 '301네트워크' 사업과 '취약계층 공공의료복지 연계사업'이다. 이 두 가지 사업에서 의료사회복지사는 공통적으로 의료취약계층 환자를 대상으로 문제 평가, 상담, 지원, 자원연계, 사례관리를 역할을 수행하고 있는데 다음의 네 가지로 정리할 수 있다.

　첫째, 상담가로서 역할이다. 상담가는 사회복지 모든 분야에서 클라이언트를 대하는 사회복지사에게 기본적으로 요구되는 역할로서 취약계층이 가지고 있는 문제 상황을 파악하고 문제를 해결하는 과정에서 필요한 일차적인 역할이다. 둘째, 자원조정자로서 역할이다. 취약계층 환자를 돕기 위한 지역사회 자원들을 발굴하고 동원하되 서비스가 중복되지 않고 현재의 문제를 해결하는 데 필요한 자원의 우선순위를 고려하여 연계하는 것이 중요하다. 셋째, 옹호자로서 역할이다. 취약계층 환자는 지지체계가 미약하고 의사결정능력이 부족한 경우가 많으므로 치료와 사회복귀 과정에서 환자의 권리가 침해되지 않도록 옹호하는 역할이 필요하다. 넷째, 사례관리자로서 역할이다. 취약계층 환자의 퇴원 후에는 지역사회 기관으로 사례관리를 연계하지만 해결해야 하는 의료적인 문제가 남아 있는 경우에는 의료적인 문제가 어느 정도 해소될 때까지 의료기관이 중점 사례관리기관이 되기도 하므로 이 과정에서 의료사회복지사가 사례관리자로서 직접적인 역할을 수행하기도 한다.

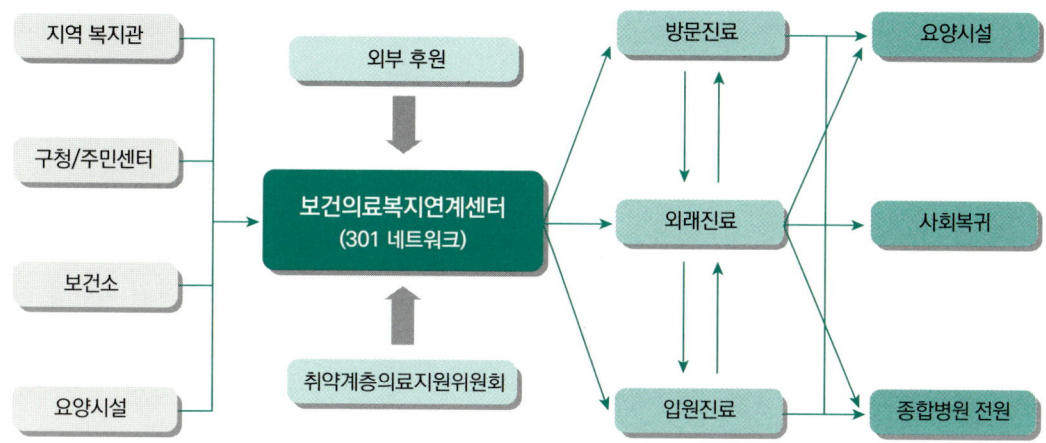

[그림 12-2] '301네트워크' 사업모형-2013년 서울특별시 북부병원

출처: 권용진(2013).

2) 퇴원환자 지역사회 연계

2018년 공공보건의료 발전 종합대책과 2019년 지역의료 강화대책에 따라 필수보건의료 분야의 지역완결도를 높이기 위한 다양한 사업이 추진되었는데 특히 권역과 지역에 책임의료기관을 지정하여 필수보건의료 분야 관련기관들과 협력체계를 구축하고 다양한 협력사업을 추진하도록 하였다.

보건복지부가 추진하는 '공공보건의료 협력체계 구축사업'에서 2019년부터 중점사업으로 추진된 '퇴원환자 지역사회 연계사업'은 퇴원 이후에 지역사회에서 연속적으로 의료·돌봄 서비스를 제공받을 수 있도록 케어플랜을 수립하고 연계를 통해 조속한 사회복귀를 지지하고 치료의 질을 향상하기 위한 목적을 가지고 있다. 이 사업은 환자 퇴원 시 적절한 케어플랜이나 기관 간 연계가 미비하고 지속적인 건강관리체계가 부재하여 계획되지 않은 재입원이 발생하고 건강상태가 악화되는 등 문제가 발생하고 있다고 보았다. 이런 문제를 해결하기 위해 퇴원환자 정보공유 및 서비스 연계 플랫폼('공공의료연계망')을 통한 책임의료기관-협력의료기관·복지기관-지자체 간 통합적 연계 및 관리 가능한 모델을 구축하는 것이 사업의 주요 내용이다.

이 과정에서 의료사회복지사는 다학제팀 활동에 참여하면서 사회경제적 평가, 상담 등을 통해 퇴원 후 연계가 필요한 대상자를 선정하고, 환자 평가에 근거하여 퇴원 이후 건강관리를 위한 사회복지 영역의 케어플랜을 수립하고, 퇴원 시 병·의원, 시설, 보건소, 주민센터, 복지관 등 지역사회 기관들과 보건·의료·복지서비스를 연계한다. 이후 지역사회 기관과 연계하여 환자의 건강상태와 욕구를 모니터링하고 지속적인 사례관리를 진행한다.

'퇴원환자 지역사회 연계 개념틀'은 [그림 12-3]과 같다. 케어플랜을 수립하고 퇴원 시 지역사회 자원을 연계한다는 측면에서 '301네트워크' 사업과 유사한 점이 있으나 이 사업은 병원 전 단계(지역사회)에서 치료가 필요한 환자를 의뢰받는 과정이 없다는 중요한 차이점이 있다. 병원에서 퇴원하는 환자의 욕구를 파악하여 자원을 연계해서 효과적인 퇴원을 하도록 하는 것도 중요하지만, 치료가 필요한 취약계층을 조기에 발견하여 의료기관으로 연계하고 치료를 받도록 하는 것도 매우 중요하므로 퇴원환자 지역사회 연계사업이 확대되어 지역사회에서 치료를 필요로 하는 환자들을 위한 병원 전 단계(지역사회)와 병원 단계(병원)의 연계로 이어지는 것이 필요하다.

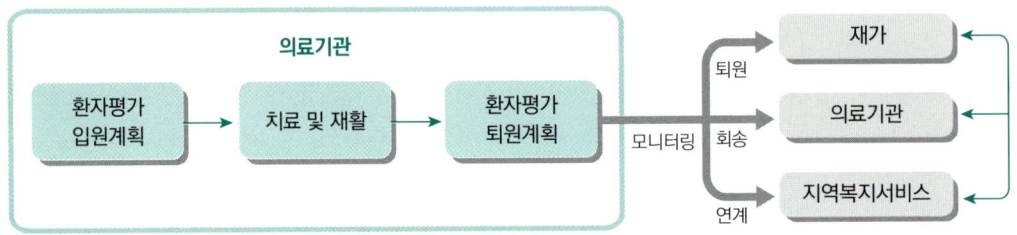

[그림 12-3] 퇴원환자 지역사회 연계 개념틀

출처: 보건복지부(2024a).

3) 공공보건의료계획 및 시행 결과 작성, 공공보건의료 프로그램 개발

2022년 국가승인통계를 기준으로 전국의 공공보건의료기관은 231개소이다. 이를 기능 및 관할지역 범위로 구분하면 5개 그룹으로 분류되는데 일반진료 중심 공공병원 67개소, 경찰 등 특수대상 중심 공공병원 35개소, 특수질환 중심 공공병원 46개소, 노인병원 83개소이다.

보건복지부 공공보건의료계획 수립 지침에 따르면 공공보건의료기관은 국민들이 필요로 하는 보건의료서비스를 제공해야 하며, 공공보건의료기관의 장은 공공보건의료 기본계획 및 공공보건의료 발전 종합대책, 지역의료 강화대책, 공공의료체계 강화방안 시행을 위한 공공보건의료계획을 매년 수립하여야 한다. 공공보건의료기관의 목적과 기능을 명확히 하고 공공보건의료기관의 기능적인 연계를 통해 보다 효율적이고 효과적인 의료서비스를 제공하기 위해서 공공보건의료기관별로 공공성을 강화하기 위한 사업계획을 수립하도록 하고 있다.

공공보건의료계획은 공공보건의료기관이 국민에게 요구되는 필수보건의료를 효과적으로 제공하여 국민보건 향상에 기여할 수 있도록 세부 계획을 수립해야 한다. 공공보건의료계획 수립과정은 [그림 12-4]와 같다. 먼저, 지역 내 인구 구조, 지역의 건강 수준, 의료이용 현황, 의료기관 역량 등 지역사회 현황을 분석한 후 이를 토대로 지역 및 기관의 특성에 맞게 계획 수립 범위를 설정하고 사업 추진을 위한 세부 사업계획을 작성한다. 공공보건의료기관은 계획에 따라 사업을 시행하고 결과를 해마다 보고하여야 한다.

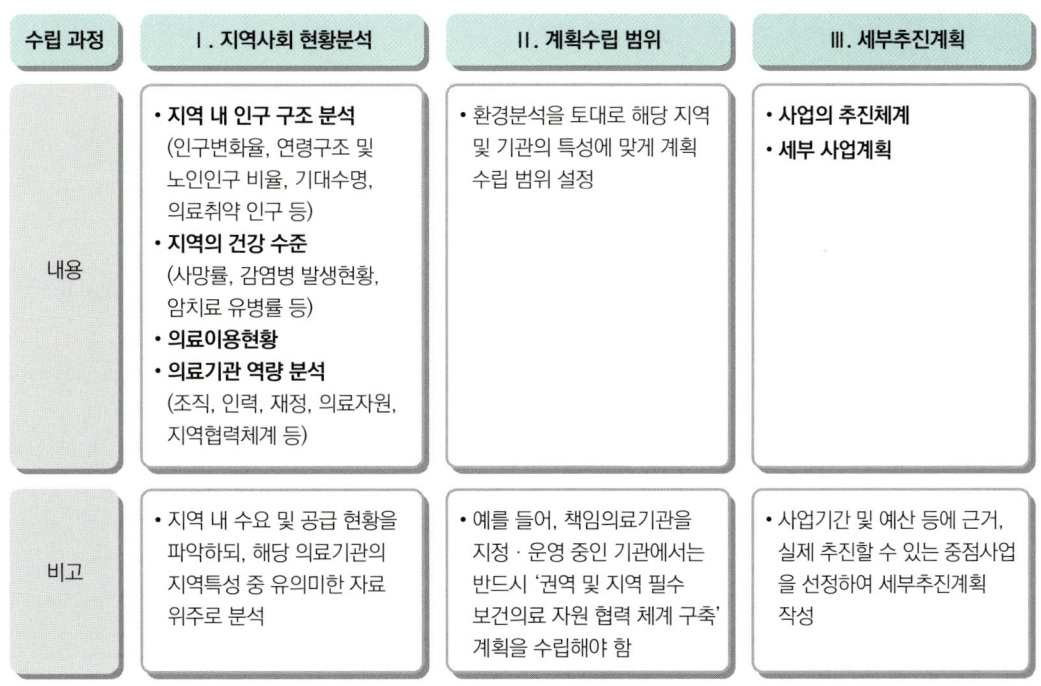

[그림 12-4] 공공보건의료계획 수립 과정

출처: 보건복지부(2024b).

이 과정에서 공공보건의료기관에 근무하는 의료사회복지사는 필수보건의료 제공체계 확충을 위해 기관이 속해 있는 지역과 권역의 유의미한 의료필요, 의료자원, 의료이용, 건강

결과를 분석하여 지역의 건강 취약계층의 건강안전망 구축을 위한 프로그램을 개발하고 계획을 수립할 수 있다. 이 과정에서는 타 법정계획에서 시행해야 하는 연차별 계획을 확인하고 계획을 연계하는 것도 중요하다. 의료서비스 분야별 타 법정계획과 현황은 〈표 12-2〉와 같다.

〈표 12-2〉 의료서비스 분야별 타 법정계획 현황 및 연계 과제

분야	계획명	수립기관	근거 법령
정신	제2차 정신건강복지기본계획(2021~2025)	관계부처합동	정신건강복지법
암	제4차 국가암관리종합계획(2021~2025)	보건복지부	암관리법
장애인	제6차 장애인정책종합계획(2023~2027)	관계부처합동	장애인복지법
노인	제4차 치매관리종합계획(2021~2025)	보건복지부	치매관리법
	제4차 저출산고령사회 기본계획(2021~2025)	관계부처합동	저출산·고령사회기본법
어린이	제2차 아동정책 기본계획(2020~2024)	관계부처합동	아동복지법
군	국방중기계획(2021~2025)	국방부	방위사업법
	'23~'27 군 보건의료 발전계획(2023~2027)	국방부	군보건의료법
	'23~'27 군인복지기본계획(2023~2027)	국방부	군인복지기본법
산재	제6차 산재보험 재활중기발전계획(2023~2027)	고용노동부	산재보험법
보훈	제5차 국가보훈발전 기본계획(2023~2027)	국가보훈부	국가보훈 기본법
치과	제2차 구강보건사업 기본계획(2022~2026)	보건복지부	구강보건법
결핵	제3차 결핵관리 종합계획(2023~2027)	질병관리청	결핵예방법
한방	제4차 한의약육성발전종합계획(2021~2025)	관계부처합동	한의약 육성법

출처: 보건복지부(2024b).

3. 위기가구의 발굴과 지원

1) 위기 및 위기가구

위기의 개념은 학자에 따라 다양한 형태로 정의되었다. 슬래이크(Slaikeu, 1990, p. 15: 김

기태 외, 2022에서 재인용)는 위기란 일시적 혼란 상태이며, 문제해결을 위한 습관적(일상적) 방법의 사용이 특별한 상황에 대처하기에는 불가능한 것으로 특징지을 수 있다고 하면서 위기는 근본적으로 긍정적 혹은 부정적 결과의 가능성을 가진다고 하였다. 상황적 위기는 대체로 갑자기 발생하고, 예기치 않은 것이라고 하였고 상황적 위기의 일반적 범주를 건강, 예기치 않은 죽음, 범죄, 자연재해, 인재, 전쟁, 가족/경제로 구분하였다.

> **위기가구**
> 출산, 양육, 실업, 노령, 장애, 질병, 빈곤 및 사망 등의 사회적 위험 등으로 위기에 놓인 가구

위기가구에 대한 정의는 출산, 양육, 실업, 노령, 장애, 질병, 빈곤 및 사망 등의 사회적 위험 등으로 위기에 놓인 가구를 일컫는다(한국보건복지인력개발원, 2018). 윤성호(2021)는 사회보장급여 및 긴급복지지원뿐 아니라 사회적 위험에 처한 모든 가구가 위기가구일 수 있다고 하면서 위기는 소득과 재산, 사회적 관계 등과 같은 개인적 자본과 상관없이 누구나 처할 수 있다고 하였다.

유비 등(2020)은 연구에서 복지사각지대의 읍·면·동 고난도 사례분석을 통해 위기의 원인과 유형을 〈표 12-3〉과 같이 정리하였다. 사례분석을 통한 위기가구의 항목은 크게 세 가지로 경제적 문제, 건강문제, 관계 및 지지체계 문제로 보았다. 영역별로 경제적 문제에는 소득빈곤, 실직(근로능력부족), 주거빈곤이 속하였다. 건강문제는 신체건강과 정신건강으로 나누었고, 관계 및 지지체계는 가족돌봄 및 교육, 가족갈등 및 폭력, 가족 지지체계 및 사회적 관계 부족 문제들로 분류하였다. 취약·위기가족은 1인가구, 한부모, 조손, 다문화, 북한이탈주민 등을 포함하고 있다.

〈표 12-3〉 읍·면·동 고난도 사례정보 유목화

구분	세부항목	주요 내용
경제적 문제	소득빈곤	부채 및 신용불량, 생계곤란(저소득, 빈곤)
	실직(근로능력부족)	실직(취업실패)/부도, 근로능력 의지부족
	주거불안(주거빈곤)	주거비 부담, 주거지 불안, 최저주거기준 미충족(주거환경)
건강문제	신체건강	신체장애 및 질병·질환, 식사 및 영양, 의료이용 제한
	정신건강	정신장애 및 정신질환, 우울 및 자살, 중독
관계 및 지지체계 문제	가족돌봄 및 교육	간병 및 수발, 양육 및 교육
	가족갈등 및 폭력	폭력가해 및 피해
	가족 지지체계 부족	취약·위기가족, 가족 방임
	사회적 관계 부족	관계/교류 문제, 외부지원 거부

출처: 유비 외(2020).

권용진 등(2023)의 연구에서는 위기가구와 관련된 개념으로 복지사각지대가 있다고 하였다. 이는 위기가구가 복지사각지대에서 주로 발생하기 때문에 위기가구라는 접근보다 문제해결을 위한 복지서비스 중심의 구조적 접근이라고 보았고, 복지사각지대와 위기가구와의 관계를 [그림 12-5]와 같이 정리하였다. 특히 C, D유형에서 위기가 예견되는 상황의 상당 부분은 의료적인 문제일 가능성이 높다고 하였는데 질병의 발생은 그 종류에 따라 지속적인 의료비 부담 및 과부담을 일으키므로 이로 인한 경제적인 위기, 심리적인 위기를 일으킬 가능성이 높기 때문이라고 하였다. 위기가 예견되는 의료문제를 가진 가구를 발굴하는 것이 위기가구 발굴에서 중요한 문제라고 보았다.

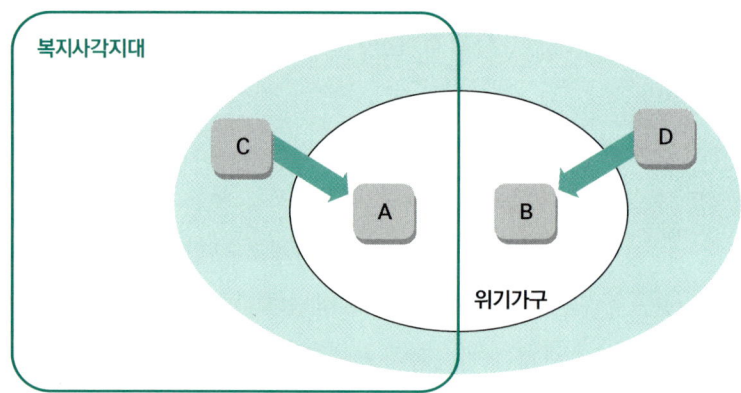

- A: 복지사각지대에 있으면서 위기가구가 된 유형
- B: 복지사각지대 외에 있으면서 위기가구가 된 유형
- C: 복지사각지대에 있으면서 위기가구가 예견되는 상황이 발생한 가구 유형
- D: 복지사각지대 외에 있으면서 위기가구가 예견되는 상황이 발생한 가구 유형

[그림 12-5] 복지사각지대와 위기가구의 개념을 고려한 위기가구 유형

출처: 권용진 외(2023).

이와 비슷한 맥락으로 권지현(2014)은 의료사회복지실천에서 취약계층 위기가구를 경제적 상황, 사회적 상황, 의료적 상황에 따라 구분하고, 세 가지의 상황이 겹치는 경우 급성적인 위기 상황이 커질 수 있으므로 취약계층 위기가구를 조기에 발견하여 지원하는 의료사회복지사 역할이 중요하다고 하였다.

의료급여나 차상위 계층 환자가 경제적 어려움으로 시의적절한 치료를 받지 못하는 경우는 질병 악화의 위험이 있고 질병 악화는 소득중단이나 실직 등으로 이어져 직접적으로 환자와 가족의 생계를 위협하는 일이 발생할 수 있다. 다문화가족, 한부모, 청년 1인가구, 독거노인, 중증장애인, 학대나 폭력피해자, 미등록 외국인, 난민, 가출청소년, 미혼모 등은 개인이 처해 있는 사회적 상황들로 인해 보건의료서비스에 대한 접근성이 취약하다. 지지체계가 미약한 사회적 상황에 있는 사람에게 질병이 발생하면 치료과정에서 의료비 마련, 간병이나 돌봄 등 문제로 어려움을 겪게 되고 이런 것들이 위기 상황으로 이어진다. 암, 희귀난치성질환, 심뇌혈관질환 등 중증질환을 갑작스럽게 진단받는 경우나 사고, 자살시도, 정신질환, 감염병, 고위험 산모 등 예기치 못한 응급 상황으로 치료를 받아야 하는 경우는 질병 자체의 특성으로 인해 환자와 가족은 위기가구로 전환될 위험성을 갖게 된다.

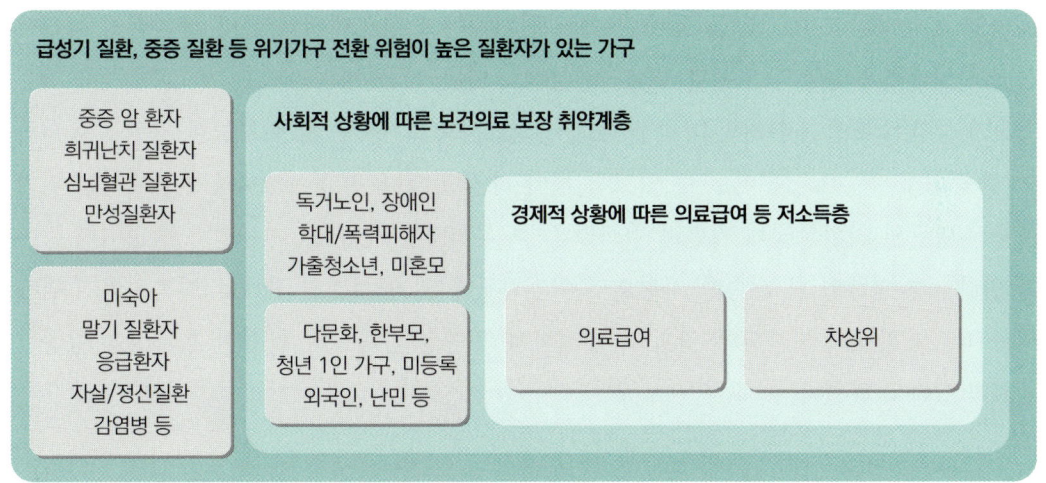

[그림 12-6] 의료사회복지서비스 대상-취약계층 위기가구 구분

2) 위기가구의 발굴과 지원

질병으로 인해 위기 상황에 있는 개인이나 가족을 조기에 발견하고 지원하는 것은 환자가 적절한 치료를 받고 건강하게 사회복귀를 할 수 있도록 돕기 위해 매우 중요한 일이다. 환자의 질병에 대한 정보만 가지고는 환자와 가족이 경험하는 급성적인 위기 상황을 발견하는 데 한계가 있기 때문에 의료사회복지사는 환자나 가족과의 심층 상담을 통하여 문제를 확인하고 환자의 치료계획을 고려하여 필요한 지원계획을 세워야 한다.

우리나라의 현재 의료시스템으로는 외래치료나 입원치료를 받는 모든 환자의 치료계획에 의료사회복지사가 참여하기는 어렵다. 그러므로 환자들이 의료사회복지서비스를 접할 수 있는 기회는 의료진이 의료사회복지팀으로 협의 진료를 의뢰하거나 환자나 보호자가 자발적으로 찾아오거나 지역사회에서 의뢰하는 경우가 대부분이다. 그러나 이런 경우에서 제외되어 발견되지 않는 환자들도 있다. 복지사각지대에 있거나 질병으로 인한 경제적 과부담이나 심리사회적 어려움으로 위기가구로 전환될 위험이 있거나 위기가 악화될 위험이 있는 환자나 가족들이 있기 때문에 이런 고위험 상황에 있는 환자를 조기에 발견하고 지원함으로써 치료를 유지할 수 있도록 스크리닝 시스템을 마련하는 것이 필요하다.

병원마다 환자의 특성에 따라 위기가구 발굴과 지원을 위한 다양한 스크리닝 프로그램을 운영하고 있다. 예를 들면, 전자의무기록을 통해 새롭게 진단받은 저소득 암 환자를 자동으로 스크리닝하여 진단 후 1~2일 이내에 의료사회복지 상담이 필요한지 여부를 확인하고, 동의할 경우에는 조기 상담을 통해 신속하게 지원하고 치료계획에 따라 장기적인 심리사회적 지원계획을 수립하는 프로그램도 운영되고 있다.

위기 상황이 확인된 환자와 가족에 대해서 의료사회복지사는 활용 가능한 자원을 동원하여 신속하게 지원이 이루어질 수 있도록 해야 하지만, 권용진 등(2023)의 연구에서는 위기가구의 발굴과 지원과정에 지원자원(의료자원과 복지자원)의 분절, 지원절차의 경직성 문제가 있다고 지적하였다. 신속한 지원으로 위기가구를 위기 이전의 상태로 회복시키기 위해서는 의료자원과 복지자원의 연계, 지원절차의 유연성을 확보하여 지원 효과성을 향상할 필요가 있다고 하였다.

4. 의료비 지원과 사회서비스

1) 의료비 지원

서울대학교병원 등(2011)의 연구에서는 취약계층 환자를 지원하는 데 있어서 우선적인 문제는 의료비 마련의 문제라고 하였다. 경제적으로 취약한 상황에서 기본적인 생계유지를 하는 것 외에 갑작스럽게 발생하는 의료비를 마련하는 것은 매우 어려운 문제이다. 저소득층은 의료비 부담액이 소액이더라도 상대적으로 과부담이 될 수 있고 이로 인해 생계에 치명적인 영향을 미칠 수 있다.

'의료비'는 단순히 치료비를 의미하는 것이 아니라 치료비를 포함하여 치료과정에서 요구되는 치료와 관련된 비용(약제비, 간병비, 특수보조식이, 보조기구 구입비 등)을 모두 포함하는 개념으로 이해하는 것이 바람직하다.

국가의 본인부담의료비 지원제도는 2001년 4종(만성신부전, 혈우병, 고셔병, 근육병)의 희귀난치성질환에 대한 의료비 지원사업으로 시작하였다. 2002년에는 '소아암 환자 의료비 지원사업'을 통해 만 15세 이하 백혈병·소아암 환자를 지원하기 시작하였고, 2005년에는 성인 의료급여 암 환자까지 지원대상을 확대하고 백혈병만 지원하던 것을 전체 암종(C00~C97, D00~D09, D37~D48 중 일부)으로 확대하면서 지원이 점차 늘어나기 시작하였다. 이 외에도 '미숙아 및 선천성 이상아 의료비 지원사업'과 '임신/출산 진료비 지원사업' 등이 시작되었고, 2005년에는 「긴급복지지원법」을 근거로 '129 긴급복지 지원사업'이 시작되었다. 2013년부터는 국민건강보험공단을 통해 '중증질환 재난적 의료비 지원사업(한시적)'이 시행되었고, '청소년임신출산진료비 지원사업'과 '고위험임산부 의료비 지원사업'도 시행되었다.

2000년대 초부터 국가 의료비 지원제도가 시행되었는데 의료비 부담이 높은 소아암과 희귀난치성질환부터 지원하기 시작하였고, 점차 대상질환과 범위가 확대되었다. 그러나 의학 기술의 발달로 끊임없이 새로운 치료제와 신기술이 개발되면서 환자들에게는 새로운 치료방법이 생겨나고 있지만 비급여 등 비용 마련의 문제가 남아 있어 필요를 충족하지는 못한다. 민간단체의 의료비 지원사업은 이러한 국가 의료비 지원제도의 한계를 보완하는 방안으로 활용되고 있다.

현재 시행되고 있는 대표적인 국가 지원제도와 민간단체 지원사업은 〈표 12-4〉와 같다. 지원대상자 선정의 기준이 되는 소득 금액은 해마다 고시되는 중위소득 금액에 따라 달라지기 때문에 자세한 내용은 당해연도 사업지침을 확인하는 것이 중요하다.

〈표 12-4〉 국가 지원제도와 민간단체 지원사업

국가 지원제도	민간단체 의료비 지원사업
• 중증질환 산정특례 제도	• 사회복지공동모금회
• 건강보험 본인부담금상한 제도	• 세이브더칠드런
• 암 환자(소아암 포함) 의료비지원사업	• KT&G 복지재단
• 희귀질환자 의료비지원사업	• 한국사회복지협의회
• 미숙아 및 선천성이상아 의료비지원사업	• 월드비전 위기아동지원사업
• 의료급여 임신·출산 진료비 지원사업	• 푸르메재단
• 고위험 임산부 의료비 지원사업	• 한국백혈병어린이재단
• 청소년산모 임신·출산 의료비 지원사업	• 한국의료지원재단
• 재난적의료비 지원사업	• (사)한국희귀난치성질환연합회
• 보건복지부 긴급복지지원사업(의료지원)	• 유방건강재단
• 장애인 보조기기 지원제도	• 한국심장재단
• 노인장기요양보험제도	• 이랜드복지재단

2) 사회서비스와 사회복지서비스

사회서비스
국가・지방자치단체 및 민간부문의 도움이 필요한 모든 국민에게 복지, 보건의료, 교육, 고용, 주거, 문화, 환경 등의 분야에서 인간다운 생활을 보장하고 상담, 재활, 돌봄, 정보의 제공, 관련 시설의 이용, 역량 개발, 사회참여 지원 등을 통하여 국민의 삶의 질이 향상되도록 지원하는 제도

사회복지서비스
「사회보장기본법」에서 정한 사회서비스 중 사회복지사업을 통한 서비스를 제공하여 삶의 질이 향상되도록 제도적으로 지원하는 것

「사회보장기본법」에서 정한 사회서비스란 국가・지방자치단체 및 민간부문의 도움이 필요한 모든 국민에게 복지, 보건의료, 교육, 고용, 주거, 문화, 환경 등의 분야에서 인간다운 생활을 보장하고 상담, 재활, 돌봄, 정보의 제공, 관련 시설의 이용, 역량 개발, 사회참여 지원 등을 통하여 국민의 삶의 질이 향상되도록 지원하는 제도를 말한다. 사회복지서비스는 「사회보장기본법」에서 정한 사회서비스 중 사회복지사업을 통한 서비스를 제공하여 삶의 질이 향상되도록 제도적으로 지원하는 것을 말한다.

한편, 「사회서비스이용권법」에 따른 사회서비스는 「사회복지사업법」 따른 사회복지서비스와 「보건의료기본법」에 따른 보건의료서비스, 그 밖에 이에 준하는 서비스로서 대통령령으로 정하는 서비스를 말한다.

용어의 정의는 법률에 따라 조금씩 차이가 있지만 사회서비스의 제공 목적은 국민의 건강을 보호・증진하고 삶의 질 향상을 위한 것이라고 할 수 있다.

의료사회복지사는 다양한 사회환경에 속한 환자의 치료와 사회복귀를 돕기 위해 의료비를 지원할 뿐만 아니라, 각종 사회서비스에 대한 정보를 가지고 환자와 가족의 필요에 따른 서비스를 연계함으로써 퇴원 후 삶의 질 향상을 도울 수 있다.

사회서비스는 지역에 따라 제공되는 서비스가 다를 수 있고, 보건복지부가 운영하는 '복지로' 홈페이지를 통해 확인할 수 있다. 대표적인 사회서비스 목록은 〈표 12-5〉와 같다.

〈표 12-5〉 주요 사회서비스 내용

서비스	내용
노인돌봄종합서비스, 노인단기가사서비스	• 혼자 힘으로 일상생활을 영위하기 어려운 노인에게 가사・활동지원 또는 주간보호 서비스를 제공하여 안정된 노후생활 보장 및 가족의 사회・경제적 활동기반 조성
치매환자가족휴가 지원서비스	• 노인돌봄종합서비스 이용자 중 치매노인에게 일정기간 단기보호서비스를 제공함으로써 장기간의 간병으로 지친 치매노인 가족에게 휴식을 지원하여 치매노인 가족의 수발부담 경감 도모

서비스	내용
장애인활동지원 서비스	• 신체적·정신적 사유로 일상생활과 사회생활을 하기 어려운 장애인에게 활동지원서비스를 제공함으로써, 장애인의 자립생활을 지원하고 가족의 부담을 줄여 장애인의 삶의 질 향상
산모/신생아건강관리 지원사업	• 출산가정에 건강관리사를 파견하여 산후관리를 지원함으로써 산모와 신생아의 건강을 증진하고 출산가정의 경제적 부담을 경감
영유아발달지원 서비스	• 발달 문제가 우려되는 영유아에 대한 중재서비스를 제공함으로써 영유아의 정상적인 발달 지원
아동정서발달서비스	• 교육환경, 가족 해체 증가로 인한 아동·청소년의 정서·행동적 문제해결
아동·청소년심리지원 서비스	• 문제행동(ADHD)의 조기 발견과 개입을 통하여 문제행동을 감소시키고, 정서행동장애로의 발전을 막아 정상적 성장 지원
인터넷 과몰입 아동·청소년 치유서비스	• 인터넷 과다사용 아동·청소년의 조기 발견과 치료개입을 통하여 문제행동을 감소시키고, 인터넷 중독으로의 발전을 막아 건강한 사회구성원으로의 성장 지원. 아동·청소년의 인터넷 사용 정도에 따라 기본서비스와 대체활동·맞춤형 사후관리 서비스를 표준 프로세스에 준거하여 제공하되 이용자의 욕구를 판단하여 일부 프로그램의 제공 빈도 조정
노인 맞춤형 운동처방 서비스	• 고령자 등 건강취약계층의 신체활동 지원을 통해 의료비 절감 및 건강 증진
장애인·노인을 위한 돌봄여행 서비스	• 관광에 대한 높은 욕구에도 불구하고 신체적 특성으로 인한 활동 제약 및 관광인프라 부족으로 양질의 서비스를 받지 못하는 장애인·노인을 위한 특화된 전문 돌봄여행 서비스 제공
장애인 보조기기 렌탈서비스	• 지체 및 뇌병변, 척수장애 아동 등에게 맞춤형 보조기기를 대여하고 이를 지속 관리함으로써 기기 구입에 따른 경제적 부담을 덜고 정상적인 신체발달을 지원
시각장애인 안마 서비스	• 노인성 질환자의 건강을 증진하고, 일반 사업장 등에 취업이 곤란한 시각장애인에게 일자리 제공
정신건강 토탈 케어 서비스	• 정신질환자의 조기 발견과 개입(생활관리)을 통하여 입원을 예방하고 지역사회에서 적응하여 취업 및 자립생활을 할 수 있도록 지원
자살위험군 예방서비스	• 자살위험군에 대한 조기 선별검사와 사례관리 서비스 제공을 통해 자살예방 및 사회적 부담 경감
아동·청소년 비전형성 지원 서비스	• 아동·청소년 시기의 체계적인 사회·문화 활동 및 자기주도력 향상 프로그램을 통해 자기에 대한 긍정적 인식과 미래 비전을 형성하고, 책임감 있는 사회구성원으로 성장하도록 지원 • (서비스 대상) 기준 중위소득 120% 이하 7~15세

서비스	내용
다문화가정 아동 발달지원서비스	• 부모를 통해서 한국어를 배우기 어려운 다문화가정 아동들의 한국어 구사능력 향상을 통해 언어능력 향상 및 기타 서비스를 통해 자존감과 사회성 향상 지원 • (서비스 대상) 기준 중위소득 120% 이하 3~12세
장애인·산모 등 건강취약계층 운동처방 서비스	• 장애인·노인·산모 등 건강취약계층의 신체활동지원을 통해 의료비 절감, 건강증진 • (서비스 대상) 기준 중위소득 140% 범위 내에서 지역여건에 따라 설정 • 장애인, 산모(임신 3개월 이상)
가사간병방문지원 사업	• 장애인, 소년·소녀 가정, 한부모가정 및 중증질환자에게 제공하는 가사·간병 지원서비스
발달재활서비스	• 성장기의 정신적·감각적 장애아동의 인지, 의사소통, 적응행동, 감각·운동 등의 기능 향상과 행동 발달을 위한 적절한 발달재활서비스 지원 및 정보 제공
언어발달지원사업	• 감각적 장애 부모의 자녀에게 필요한 언어발달지원서비스를 제공하여 아동의 건강한 성장지원 및 장애가족의 자체 역량 강화
발달장애인부모상담 서비스	• 과중한 돌봄 부담을 가지고 있는 발달장애인 부모에게 집중적인 심리·정서적 상담 서비스를 제공하여 우울감 등 부정적 심리상태를 완화시켜 궁극적으로 발달장애인 가족의 기능 향상 도모
임신출산진료비 지원제도	• 임신이 확진된 임신부의 본인부담금을 경감하여 출산 의욕을 고취하고 건강한 태아의 분만과 산모의 건강관리를 위하여 임신과 출산에 관련된 진료비를 국민행복카드 또는 고운맘카드로 일부 지원하는 제도
청소년산모임신출산 의료비지원	• 산전관리가 취약한 청소년산모 대상으로 임신·출산 의료비를 지원함으로써 청소년산모와 태아의 건강증진 도모
기저귀, 조제분유 지원사업	• 저소득층 영아(0~12개월) 가정의 육아 필수재인 기저귀 및 조제분유 지원을 통해 경제적 부담 경감 및 아이 낳기 좋은 환경 조성
근로장려금	• 소득이 적어 생활이 어려운 근로자 또는 사업자(보험설계사, 방문판매원 등) 가구에게 근로장려금을 지급하여 근로 의욕을 더해 주고 경제적으로 자립할 수 있도록 소득과 자녀 양육비 지원
자활근로지원 (기초, 차상위)	• 기초생활보장수급자 및 저소득층에게 근로 기회를 제공하여 자립할 수 있도록 도움
주거환경개선지원	• 기초생활보장수급자 및 저소득층에게 노후공공임대주택시설개선, 임대주택제공, 노후하고 불량한 주거 공간 개량, 보수 등 지원

출처: 국립중앙의료원(2023).

 **정리해 봅시다**

1. 공공보건의료와 의료사회복지

2000년 「공공보건의료에 관한 법률」 제정 당시에는 공공보건의료를 '공공보건의료기관'이 행하는 활동으로 정의하였으나 2012년 법률 개정을 통해 활동 주체가 국가 차원으로 확대되어 체계적인 계획을 수립하게 되었다. 공공보건의료와 의료사회복지의 접점은 취약지, 취약계층을 대상으로 하는 공공보건의료사업을 계획하도록 하면서 시작되었다. 이후 '공공보건의료 발전 종합대책', '지역의료 강화대책', '공공보건의료 기본계획' 등을 통해 전 국민의 필수의료 보장과 효과적 전달을 위한 공공보건의료의 역할과 기능이 확대되면서 의료사회복지와의 접점도 확대되었다.

2. 공공보건의료에서 의료사회복지사의 역할

공공보건의료에서 의료사회복지사는 의료기관 내에서 의료취약계층 환자를 발견하고 치료 후 사회복귀를 지원하는 역할을 한다. 특히 퇴원 후 건강의 유지·관리가 어려운 환자에게 통합적인 보건·의료·복지 서비스가 제공될 수 있도록 지역사회 자원을 연계한다. 또한 지역 내 의료필요, 의료자원, 의료이용, 건강결과를 분석하여 취약계층의 건강안전망 강화를 위한 프로그램을 개발하고 계획을 수립한다.

3. 위기가구의 발굴과 지원

질병으로 인해 위기 상황에 있는 개인이나 가족을 조기에 발견하고 지원하는 것은 환자가 적절한 치료를 받고 건강하게 사회복귀를 할 수 있도록 돕기 위해 매우 중요한 일이다. 개인이나 가족이 처해 있는 경제적 상황, 사회적 상황, 의료적 상황들은 이들이 서로 어떻게 작용하는지에 따라 예기치 못한 고위험 상황에 처하게 되기도 한다. 이런 환자들이 사각지대에 놓이지 않도록 다양한 발굴 시스템을 구축하고 신속하고 유연하게 맞춤형 서비스를 제공하는 것이 중요하다.

4. 의료비 지원과 사회서비스

의료비는 치료비를 포함하여 치료과정에서 요구되는 치료와 관련된 비용을 모두 포함하는 개념이다. 환자들이 의료비 마련이 어려워 치료를 시작하지 못하거나 중도에 포기하는 일이 생기지 않도록 의료사회복지사는 국가 지원제도와 민간단체 지원사업에 대한 충분한 정보를 가지고 지원할 수 있어야 한다. 또한 환자의 건강 유지와 삶의 질 향상에 도움이 될 수 있는 다양한 사회서비스에 대한 정보를 가지고 적절한 서비스를 연계할 수 있어야 한다.

생각해 봅시다

1. 필수보건의료 중심으로 공공보건의료가 확대되고 있는데 이 과정에서 의료사회복지사는 어떤 역할을 강화해 나가는 것이 좋을지 생각해 봅시다.

2. 의료기관에서 위기대상자와 위기가구를 조기에 발굴하고 지원하게 될 경우 환자, 가족, 지역사회 차원에서 어떤 이점이 있을지 생각해 봅시다.

3. 의료비를 지원할 수 있는 자원은 한정되어 있는데 지원을 필요로 하는 환자가 많은 경우, 의료사회복지사는 어떤 문제를 고민하고 지원의 우선순위를 결정하는 것이 바람직할지 생각해 봅시다.

 **참고문헌**

국립중앙의료원(2023). 2023년 공공보건프로그램 성과평가 자료.

권용진(2013). 공공보건의료기관 의료사회복지 모델 '301네트워크'. 2013년 충남대학교병원 공공보건의료 아카데미 자료집, 14-38.

권용진, 장수미, 임정원, 김현희(2023). 민간인력 활용 복지사각지대 발굴체계 구축 연구. 보건복지부.

권지현(2014). 공공보건의료현장 속 사회복지 관련 이슈. 제2회 서울대학교병원 공공의료와 사회복지 심포지엄 자료집, 79-89.

김기태, 최송식, 최말옥, 김경미, 이미경, 박은주, 최윤정(2022). 정신건강사회복지론. 학지사.

보건복지부(2016). 제1차 공공보건의료 기본계획(2016~2020).

보건복지부(2018). 공공보건의료 발전 종합대책.

보건복지부(2019). 지역의료 강화대책.

보건복지부(2021). 제2차 공공보건의료 기본계획(2021~2025).

보건복지부(2024a). 2024년 공공보건의료 협력체계 구축 사업안내.

보건복지부(2024b). 2024년 공공보건의료계획 수립 지침.

서울대학교(2014). 공공보건의료기관의 건강복지서비스 연계방안(보건복지부 연구용역사업 보고서). 보건복지부.

서울대학교병원 외(2011). 국립대병원의 공공의료에서의 역할 구체화 방안(보건복지부 연구용역사업보고서). 보건복지부.

유비, 이충권, 서상범, 이선정, 이웅, 박재범, 민수빈(2020). 인천 복지사각지대 발굴 및 해소방안 연구: 코로나19 상황을 중심으로. 인천광역시사회서비스원.

윤성호, 정주영(2021). 공공부조제도의 사각지대에 있는 위기가구 심층연구. 사회복지정책과 실천, 7(3), 5-49.

한국보건복지인력개발원(2018). 위기가구 발굴을 위한 읍면동 인적자원망 운영가이드. 보건복지부.

한국보건산업진흥원(2009). 의료기관 공공성 평가 기준 및 지표 개발 연구 보고서. 한국보건산업진흥원.

국가법령정보센터 www.law.go.kr

제**13**장

의료사회복지실천의 전망과 과제

📁 학습개요

의료사회복지사로서 진로를 희망하는 학생이라면, 의료사회복지 실습과 수련을 통해 관련 경험을 쌓고 전문성을 갖추는 것이 중요하다. 이 장은 의료사회복지 실습 및 수련제도에 대해 살펴보고, 의료사회복지사 전문자격제도의 과정 및 요건을 설명한다. 나아가 변화하는 의료환경 및 사회적 상황 속에서 의료사회복지실천의 전망과 과제에 대해서 논의한다.

📖 학습목표

1. 의료사회복지 실습 및 수련제도를 이해하고, 의료사회복지사가 되기를 희망하는 경우, 실습 및 수련을 직접 알아보고 신청할 수 있다.
2. 의료사회복지사 자격제도의 과정 및 요건을 이해한다.
3. 의료사회복지실천의 전망과 과제에 대해 논의할 수 있다.

1. 의료사회복지 실습과 수련제도

1) 의료사회복지 실습

의료사회복지사로서의 진로를 희망하는 학생이라면, 사회복지현장실습을 의료영역에서 이수하는 것이 좋다. 실습을 통해 의료사회복지사의 역할 및 업무에 대해 직간접적으로 경험할 수 있을 뿐 아니라 의료현장에 대한 이해를 높일 수 있기 때문이다. 현재 사회복지현장실습은 사회복지사 자격증 취득을 위한 필수 과목으로, 보건복지부 승인 실습기관에서 160시간 이상 활동한 경우에만 인정된다. 실습기관으로서 보건복지부 승인을 받기 위해서는 실습지도자의 자격, 기관의 특성 등 일정한 요건을 충족하여야 하므로 사회복지사가 활동하는 모든 의료현장이 실습기관이 되는 것은 아니다. 따라서 의료사회복지 실습을 희망하는 학생은 자신이 원하는 기관이 보건복지부 승인을 받은 곳인지 우선 확인해야 한다.

의료사회복지 실습은 의료기관에 대한 전반적인 이해 및 일반의료사회사업, 재활의료사회사업, 병원자원봉사 등 의료사회복지의 영역별 실천에 대한 이해를 제공한다(유수현 외, 2017). 의료사회복지 실습의 경우, 실습교육 표준화에 대한 필요성이 일찍부터 대두됨에 따라 2011년도에 이미 대한의료사회복지사협회 차원의 표준실습 및 실습 규정이 마련되었다. 이 규정은 슈퍼바이저의 자격 요건 및 실습 내용에 대한 권고사항을 담고 있다. 표준실습 규정에 따른 실습 내용은 보건의료에 대한 전반적인 이해, 의료기관의 이해, 질병에 대한 이해, 병원시설 견학 등을 포함하고 있으며, 예비의료사회복지사로서 다양한 경험을 가질 수 있도록 구성되어 있다. 실습교육의 내용은 한국사회복지사협회가 사회복지현장실습에서 다루도록 권고하는 공통교육 내용으로 이루어지며 내용은 다음과 같다.

- 기관, 지역사회, 클라이언트에 대한 이해
- 기관과 관련된 정책 및 제도(지침), 자원 네트워킹에 대한 이해
- 기관의 사회복지실천(또는 정책 및 행정 분야)에 대한 직간접적인 경험
- 기관의 행정 및 기록에 대한 교육
- 사회복지사로서의 윤리적 실천 및 가치, 안전지침에 대한 교육

> - 실습내용에 대한 피드백 및 정기적인 슈퍼비전 제공, 실습 중간평가 진행 및 평가내용의 반영, 종결평가 진행 및 실습평가서 작성

출처: 한국사회복지사협회(2023).

　대부분의 의료사회복지 실습은 학기 중에는 실시하지 않으며, 주로 하계·동계 방학 기간 중 4주에서 6주간 실시한다. 최근 사회복지 전반에서 실습교육 내실화에 대한 요구가 커지며, 사회복지현장실습을 1, 2차로 나누어 두 차례 실시하도록 하는 학교가 늘고 있는데, 이에 따라 일부 의료사회복지현장에서는 1차 실습을 완료한 학생만을 대상으로 실습교육을 제공하기도 한다. 이 밖에도 다른 현장에 비해 현장실습을 실시하는 기관의 수가 적기 때문에, 의료사회복지 실습을 원하는 학생은 미리 계획적으로 준비해야 한다. 구체적으로 병원, 호스피스 기관, 한국소아암재단과 같은 후원기관, 지역사회 정신건강증진기관 등 관련 기관에서 봉사활동 경험을 하는 것이 중요하다. 만일 실습을 원하는 기관이 구체적으로 있다면, 직접 그 기관에서 미리 봉사활동을 경험해 보는 것도 좋다. 또한, 실습기관 지원 전에 〈의료사회복지론〉을 수강하는 것이 거의 필수적이며, 〈정신건강론〉, 〈정신건강사회복지론〉의 수강 여부를 확인하는 기관도 있으므로, 의료사회복지 실습을 희망하는 학생은 미리 해당 교과목을 수강하는 것을 추천한다.

　실습기관을 알아보기 위해서는 한국사회복지사협회에서 실습기관을 검색하는 것이 제일 정확하다. 앞서 언급한 바와 같이, 보건복지부 승인을 받은 기관에서 실시한 실습만 인정이 되기 때문이다. 이에 한국사회복지사협회에서는 주기적으로 사회복지현장실습기관 선정 현황을 업데이트하여 엑셀 파일의 형태로 제공하고 있다. 실습을 준비하는 학생은 해당 엑셀 파일을 내려받아 원하는 지역별로 분류하여 기관을 살펴볼 수 있다. 대한의료사회복지사 홈페이지에서도 실습기관을 검색할 수 있다. 특히 대한의료사회복지사 실습/수련 모집 게시판은 지난 몇 년간 실습생 모집 정보가 모여 있어, 실습을 원하는 기관이 과거 하계 혹은 동계 기간 중 언제 실습을 제공하였는지, 실습생 지원 자격 및 제출 서류는 어떠하였는지 미리 확인할 수 있다.

2) 의료사회복지 수련제도

의료사회복지사가 되기 위해서는 의료사회복지사 자격을 취득하는 것이 좋다. 의료사회복지사 자격증을 취득하기 위해서는 보건복지부에서 의료사회복지사 수련기관으로 인증받은 기관에서 수련을 받아야 한다. 의료사회복지 수련교육은 1991년 서울아산병원, 영동세브란스병원에서 시작되었고, 1995년 의정부성모병원, 1996년 아주대학교병원에서도 운영하기 시작하였다. 그런데 이때의 수련교육은 병원 차원에서 운영하던 것으로 나중에 협회 차원에서 공식적인 승인이 이루어졌다. 이후 기존 수련교육을 제공하였던 병원 외에 성모병원, 강남성모병원, 삼성서울병원이 추가로 수련과정을 운영하였으며, 2009년 대한의료사회복지사협회의 전국 단위 수련교육제도 시범사업을 거쳐 2010년 의료사회복지사 수련교육이 본격적으로 시행되었다(대한의료사회복지사협회, 2023).

의료사회복지 수련교육제도는 교육부에서 인정한 사회복지(사업)학을 전공한 학사 이상의 학력을 가진 자 중 사회복지사 1급 자격증 소지자를 대상으로 이루어진다. 별도의 선발과정을 거쳐 선발된 자를 대상으로 수련인증 기관에서 1년간의 수련을 거친 후 이후 협회가 주관하는 수련 종결평가 및 의료사회복지사 자격시험을 통과하면 의료사회복지사 자격증을 취득하게 된다([그림 13-1] 참고).

10~1월	3월~익년 2월			익년 3~4월
수련기관 응시 및 합격	수련기관에서 수련제도 이수 (1년/1,000시간)	수련평가 (학습평가 및 실습평가)	수련 수료보고	자격증 교부
수련기관	수련기관	대한의료 사회복지사협회	수련기관& 대한의료사회 복지사협회	보건복지부

[그림 13-1] 의료사회복지사 수련과정

출처: 대한의료사회복지사협회 홈페이지.

의료사회복지사 수련교육은 이론교육 150시간, 임상수련 830시간, 학술활동 20시간의 총1,000시간으로 구성되며, 학습과정 평가(임상사례 15사례, 기획 및 연구 1개, 지필시험)를 통해 수료 여부를 결정한다.

〈표 13-1〉 의료사회복지사 수련과정

영역		의료사회복지사	
구분		과목	시간
이론		법과 정책	15
		임상 윤리	15
		이론 및 실제	85
		조사 연구	15
		기획 및 행정	20
		소계	150
실습		법과 정책	20
		임상윤리	20
		이론 및 실제	750
		조사 연구	20
		기획 및 행정	20
		소계	830
학술활동		-	20
합계			1,000

자료: 대한의료사회복지사협회 홈페이지.

수련교육은 인증을 받은 의료기관만 진행할 수 있는데, 수련교육 의료기관의 조건은, 첫째, 사회사업(복지)부서가 독립으로 편재되어 있는 기관, 둘째, 임상의료사회사업활동이 임상과와의 협진체계에 의해 실시되고 있는 의료기관, 셋째, 대한의료사회복지사협회에서 인정하는 수련 슈퍼바이저가 사회사업(복지)부서에 상근하고 있는 기관이다. 2024년 기준 보건복지부 인증 의료사회복지 수련기관은 42개소인데, 이 중 32개소에서 수련을 실시하고 있다(대한의료사회복지사협회, 2024).

슈퍼바이저에 대한 자격기준 역시 명시되어 있는데, 슈퍼바이저는 사회복지사 1급 및 영역별(의료) 사회복지사 자격증 취득 후 취득일자 기준으로 5년 이상 영역별 실무경력이 있는 자(영역별 사회복지사 자격증의 경우 민간에서 발행한 영역별 사회복지사 자격증을 취득한 후 해당 영역에서 5년 이상 종사한 자)이며, 수련기관에 재직하는 사람으로서 상근하는 자, 영역별 수련지도자 관련 교육 이수자이다. 수련기관 지정은 3년간 유효하며, 해당기간 이후에는 재승인을 받아야 한다. 슈퍼바이저는 주 1회 2시간 이상 슈퍼비전을 실시하도록 권고하고 있으며 수련지도자 1명당 3명 이내의 수련생을 지도할 수 있다.

2. 의료사회복지사 자격제도

의료사회복지사는 「의료법 시행규칙」 제38조에 근거하여 활동하고 있다. 「의료법 시행규칙」 제38조는 '종합병원에는 「사회복지사업법」에 따른 사회복지사 자격을 가진 자 중에서 환자의 갱생·재활과 사회복귀를 위한 상담 및 지도업무를 담당하는 요원을 1명 이상 둔다.'라고 명시하고 있는데, 이를 근거로 일부 종합병원에서 의료사회복지를 하나의 부서로 두고, 해당 업무를 담당하는 사회복지사를 채용하게 된 것이다(강흥구, 2014). 의료현장의 의료사회복지사들은 환자와 그 가족의 심리사회적 문제, 경제적 문제, 지역사회 자원연계, 재활 및 지역사회복귀 등에 관한 상담평가, 지원계획 수립 및 지원, 취약환자에 대한 보호와 권익보장, 연구조사 등의 업무를 수행한다. 1999년도 「장기 등 이식에 관한 법률」에 따라 의료사회복지사는 장기기증을 원하는 생체 기증자에 대한 상담평가를 시행하고, 2017년도 「연명의료결정법」 시행으로 '연명치료 중단 등 결정' 과정과 '호스피스' 영역에 사회복지사가 필수인력으로 포함되는 등 임상적으로 의료사회복지사의 활동 영역이 고도로 전문화되고 있다.

> **연명의료결정법**
> 임종과정에 있는 환자의 최선의 이익을 보장하고 자기결정을 존중하여 인간으로서 존엄한 가치를 보호하는 것을 목적으로 2016년 제정된 법률

일찍이 2008년부터 대한의료사회복지사협회는 전문적인 의료사회복지서비스의 제공을 위해 한국사회복지사협회와 공동으로 의료사회복지사 교육 프로그램 및 자격제도를 운영하였다. 그러나 이 당시의 의료사회복지사 자격증은 민간자격으로 제도의 안정적인 운영을 위해서는 의료사회복지사가 국가자격으로 운영될 필요성이 제기되었다.

이러한 배경을 바탕으로, 2018년 11월 「사회복지사업법」 일부개정안이 국회 본회의를 통과하였다. 개정안은 기존 사회복지사의 자격을 1급, 2급, 3급의 등급별로만 구분하던 것을 등급 및 영역별로 구분하고, 정신건강사회복지사, 의료사회복지사, 학교사회복지사를 전문영역으로 지정하는 내용을 담고 있다. 구체적으로, 사회복지사 1급 자격을 취득한 사람이 보건복지부장관이 지정한 수련기관에서 1년 이상의 수련 과정을 이수한 경우, 의료사회복

지사 자격을 발급하는데, 구체적인 법적 근거는 다음과 같다.

>  **「사회복지사업법」 제11조 제3항**
>
> ③ 사회복지사 1급 자격은 국가시험에 합격한 사람에게 부여하고, 정신건강사회복지사·의료사회복지사·학교사회복지사의 자격은 1급 사회복지사의 자격이 있는 사람 중에서 보건복지부령으로 정하는 수련기관에서 수련받은 사람에게 부여한다.

2024년 기준 의료사회복지사 자격증 소지자는 1,406명이다. 이 중에서 의료기관에 근무 중인 의료사회복지사는 약 900명 정도이다. 상급종합병원 47개소에는 평균적으로 5명 정도의 의료사회복지사가 일하고 있고, 종합병원 329개소 중 의료사회복지사가 근무하는 기관 비율은 전체의 46.5% 정도이며, 의료사회복지사를 채용하고 있는 기관 전체 평균 의료사회복지사의 수는 약 2.7명이다.

3. 의료사회복지실천의 전망과 과제

1) 의료환경의 변화

(1) 초고령화 사회 진입과 만성질환 관리 필요

한국은 지난 1960년 이후 경제협력개발기구(Organization for Economic Cooperation and Development: OECD) 회원국 중에서 가장 빠른 속도로 평균 기대수명이 증가하고 있다. 노인 개인별 약 13~19년 정도는 일상생활을 유지하기 위하여 지속적으로 의료서비스가 필요할 것으로 보아 앞으로 노인 의료서비스에 대한 요구가 확대될 것으로 예상할 수 있다.

또한 한국은 지난 10여 년 압축 경제성장 기간을 거치면서 다른 선진국들과 마찬가지로 출산율과 평균수명의 변화를 경험하고 있다. 한국의 출산율은 2001년에 1.3 미만으로 감소한 후 2023년에는 0.72까지 감소하였다. 반면에 노인 인구는 급속도로 증가하고 있어서 2023년 노인 인구는 전체 인구의 약 18.4%를 차지하였고, 2025년에는 20%를 넘어서 초고령화 사회로 진입할 것으로 예상된다.

　건강보험통계연보에 따르면 2022년 65세 이상 노인 건강보험 적용 인구 수는 875만 명이고, 노인진료비는 45조 7,647억 원으로 2018년 대비 1.4배 증가하였고, 전체 진료비의 40% 이상을 차지하였다.

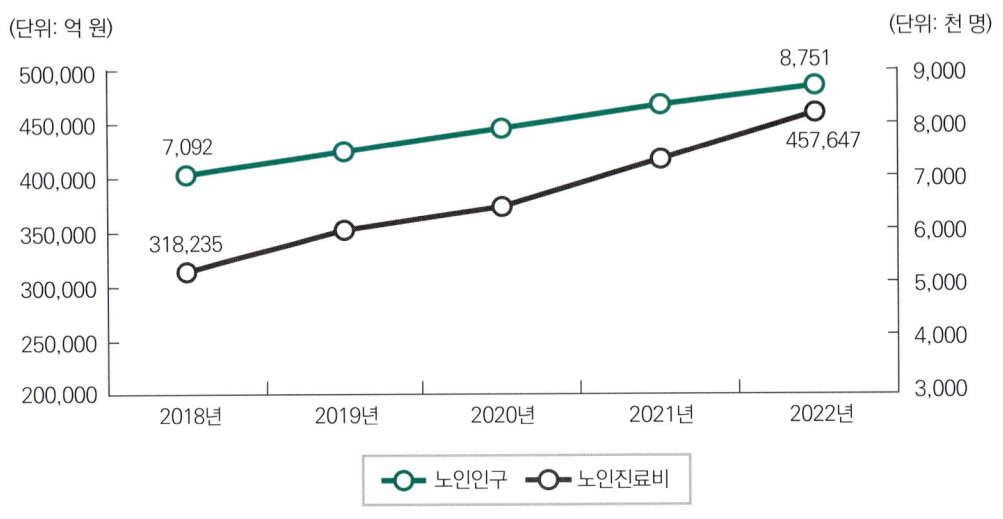

[그림 13-2] 연도별 노인(65세 이상) 진료비 현황

출처: 건강보험통계연보(2022).

　세계보건기구에 의하면(WHO, 2012), 전 세계 사망자 5천 6백만 명 중에서 약 68%인 3천 8백만 명이 비감염성 질병(Noncommunicable Diseases: NCDs)으로 사망하고 있음을 알 수 있다. 우리나라도 2022년 전체 사망자 37만 2천 명 중에서 약 74%가 암, 심장질환 등 만성질환으로 사망하였다. 이와 같이 급속도로 진행되는 한국의 고령사회 및 초고령사회로의 진입과 비감염성 만성질환 비율이 증가하면서 장기요양보험에서 제공하는 장기요양 서비스 수요가 급속하게 증가할 것으로 예상되고, 「의료·요양 등 지역 돌봄의 통합지원에 관한 법률」(약칭: 통합돌봄지원법)이 제정되어 2026년 시행을 앞두고 있어 병원 중심이 아닌 지역사회 중심의 서비스 개발과 활성화가 필요하다.

(2) 의료서비스 제공 패러다임의 전환

　한국은 지난 1989년부터 전 국민을 대상으로 개인의 수입이나 자산과 상관없이 국민건강보험을 실시하고 있으며, 2007년에는 「장기요양보험법」을 제정하여 일상생활에서 도움이 필요한 노인을 대상으로 장기요양 서비스를 확대 실시하고 있다(국민건강보험공단, 2015). 또한 의료기술의 성공률이나 특허율도 미국 등 선진국 수준으로 향상되었다.

의료서비스의 선진화는 단지 의료기술의 발전이나 의료보험의 확대 등 의료서비스의 양적인 팽창만을 의미하지는 않는다. 미국의 정부 예산 사무소(GAO, 2014)에서 발표한 '환자 안전 평가 및 의료서비스 개선'에 관한 보고서에 의하면 의료서비스의 안정성 평가는 환자 케어와 치료 과정 및 안전한 환경 개선 등 의료서비스 내용 평가에 국한되기보다는 점차 의료서비스를 사용하는 환자의 주관적 서비스 만족도 및 삶의 질에 관한 평가도 매우 중요한 영역이 된다고 하였다. 예를 들어, 의료기관을 이용하는 환자의 불만은 단지 전문 의료인의 오진이나 의료사고 등 치료 과정이나 병원 환경에서 발생하는 불신이나 불만에만 국한되지 않으며, 점차 환자의 개인정보 및 사생활 보호, 자기결정권리와 알 권리, 그리고 심리·정서적 지원 등 환자의 삶의 질에 관한 영역으로 확대된다고 하였다.

그러므로 한국의 의료서비스 선진화 정착을 위하여 의료서비스에 대한 패러다임(paradigm) 전환과 구체적 실천방안 등 지속적 노력이 병행되어야 할 것이다. 첫째, 포괄수가제를 좀 더 다양한 질병군으로 확대하여 환자 케어 및 치료비용 등을 표준화하려는 노력이 계속되어야 한다. 의료서비스의 표준화는 의료서비스의 안정성을 높이며, 의료서비스 평가 결과에 따라 모든 서비스 내용을 일반화할 수 있는 근거를 제공할 수 있다. 둘째, 이미 선진국에서 실시하고 있는 것처럼 환자의 만족도와 삶의 질 향상을 위한 의료사회복지서비스를 의료서비스 포괄수가제 항목 안에 포함시킬 수 있는 노력이 필요하다. 이와 같이 의료 및 비의료 영역을 모두 포함하는 포괄수가제는 전문 의료인은 물론 비의료 종사자인 의료사회복지사의 직무 표준화를 현실화하여, 한국의 의료서비스를 국제 의료서비스 기준으로 맞추어 선진화를 정착시킬 수 있도록 할 것이다.

(3) 지역사회 중심 의료서비스 확대와 보건-의료-복지서비스 연계

한국은 전 국민을 대상으로 하는 건강보험을 실시하고 있고, 의료기술의 발전 등 선진국 의료서비스 모델을 갖추고 있지만 의료 시설 의존적 특성을 가지고 있어 이런 특성에서 벗어날 수 있도록 정부의 보건복지 정책 지원이 시급한 상황이다. 무엇보다 선진국에 비해 현저하게 낮은 환자의 퇴원 비율을 높일 수 있어야 하고 환자 개인 의료비 부담액을 줄이기 위하여 지역사회 중심의 의료서비스 활용도를 높일 수 있어야 할 것이다.

2018년부터 추진된 지역사회 통합돌봄 정책과 2024년 「통합돌봄지원법」 제정은 퇴원하는 환자가 돌봄을 받으며 지역사회에서 건강하게 살아갈 수 있도록 재가의료서비스 확충,

인프라 구축, 인력 확충 등 보건-의료-복지서비스 연계 패러다임을 전환하는 계기가 될 것이다. 문재인 정부의 '지역사회 통합돌봄 선도사업'에 이어 윤석열 정부의 '노인 의료돌봄 통합지원 시범사업'은 '병원 중심'의 의료체계를 '지역 중심'의 보건의료체계로 전환하는 데 큰 역할을 할 것으로 보인다. 이를 위해서는 정부의 장기적인 계획 수립과 실천을 위한 노력이 수반되어야 한다.

「공공보건의료에 관한 법률」에 근거하여 국가 및 지방자치단체 또는 대통령령으로 정하는 공공보건의료기관은 지역, 계층, 분야에 제한을 두지 않고, 국민에게 보편적인 의료서비스를 통하여 건강을 보호하고 증진하는 모든 활동을 하며, 의료서비스를 제공하는 기관이다. 구체적으로 공공보건의료기관은 보건의료공급이 원활하지 못한 지역 및 분야에 대한 의료 공급에 관한 사업이나 보건의료보장이 취약한 계층에 대한 의료 공급에 관한 사업을 수행해야 한다. 공공보건의료기관은 병원 및 의료기관 등에서 퇴원한 환자의 재활과 적응을 돕고, 지역사회의 의료취약계층을 대상으로 의료 안전망 기능을 강화하는 역할을 담당하게 될 것이다. 하지만 동 법률에서 정하는 시행규칙 등에 의료사회복지서비스에 대한 항목을 세부적으로 명시하지 않고 있으며, 보건 당국이나 일반인들도 공공보건의료기관에서의 의료사회복지서비스 필요성에 대한 인식이 낮은 편이다. 그러므로 앞으로 공공보건의료기관의 의료사회복지서비스의 중요성을 인식하여야 할 것이다.

지역사회 중심의 의료서비스는 지역사회 내 건강안전망 기능 강화를 위해서도 점차 확대될 것으로 기대되므로 이 과정에서 의료사회복지서비스 또한 확대될 수 있도록 지역사회 내 다양한 세팅에서 의료사회복지사 역할에 대한 필요성과 중요성을 확보해야 한다. 또한 지역사회와 병원을 연계하는 효과적인 서비스 전달이 이루어질 수 있도록 의료사회복지사에 대한 전문 교육훈련 프로그램 개발이 필요하다.

2) 의료사회복지서비스의 전문성

(1) 의료사회복지서비스의 필요성 인식 확대

한수연(2015)은 의료사회복지서비스를 의료 시설에서 근무하는 사회복지사가 전문 의료인을 도와 환자의 치료 효과를 높이기 위하여 제공하는 사회복지서비스로 정의하면서, 의료사회복지사는 환자의 질병이나 예후에 대한 의료적 이해를 바탕으로 심리·정서적 치료계획을 세우고, 직접 치료과정에 개입하여 효과성이 입증된 다양한 프로그램 등을 제공할 수 있어야 한다고 하였다. 특히 환자의 건강과 안전에 직결되는 의료사회복지서비스의 필요성에 따라 의료사회복지서비스의 전문성 확립이 매우 중요하다고 하였다.

「의료법 시행규칙」 '의료인 등의 정원'(제38조 제6항)에서 정하는 바와 같이 사회복지서비스는 환자의 갱생, 재활과 사회복귀를 위한 상담 및 지도로 규정하고 있다. 하지만 구체적으로 사회복지사 1인당 환자 수나 의료사회복지서비스 실천에 필요한 사회복지사의 자격요건, 사회복지사가 제공하는 의료사회복지서비스 내용은 명시하지 않고 있다. 2020년 의료사회복지사 법정 자격제도가 시행되었으므로「의료법」에도 이와 관련한 내용을 명시하여 의료사회복지서비스의 전문성을 확립하고 이를 통해 의료서비스의 질 향상이 이루어질 수 있도록 하는 것이 바람직하다.

강흥구(2014)는 의료사회복지사가 제공하는 서비스 내용을 구체적으로 환자와 가족에게 심리사회적 지원을 제공하는 치료 서비스, 부족한 환경적·재정적 도움을 제공하는 지원 서비스, 그리고 의료서비스 시스템 내에서 전문 의료인과 환자 사이에서 문제를 조정하는 조정 서비스로 분류하였다. 하지만 남석인(2014), 권용진 외(2023) 연구에 따르면 실제로 의료현장의 사회복지사가 인식하는 사회복지사 업무 및 서비스를 조사한 결과, 이들의 경력이나 직책, 병상 규모 등과 상관없이 가장 중요하게 인식하는 서비스 또는 실제로 업무시간 중에 가장 많은 시간을 투입하는 서비스 모두 환자와 가족의 경제적 문제해결과 지역사회의 자원을 연결하는 경제 지원 서비스라고 응답하고 있어 치료 서비스나 조정 서비스보다는 환자의 병원비 지원에 집중되고 있음을 알 수 있다.

경제적 지원은 환자가 일차적으로 치료를 받기 위해 해결해야만 하는 매우 중요한 문제이다. 그러나 경제적 지원만으로 환자와 그 가족이 질병으로 인해 경험하는 다양한 문제를 해결하는 데는 한계가 있으므로 질병의 특성을 이해하고 환자 개인과 가족의 발달 주기에 따른 심리사회적 문제들을 확인하고 건강한 사회복귀를 할 수 있도록 의료사회복지사는 다양한 역할을 하기 위해 노력해야 한다. 병원에서 근무하는 의료사회복지사가 전문 의료인들과 팀 활동을 하는 과정에서 본인의 역할 전문성에 대한 정체성 부족이나, 전문적인 역할수행 기회의 제한성, 업무의 단순함 등으로 인한 소진감을 느끼지 않도록 전문성 향상과 자기 계발을 위한 노력을 지속해야 한다.

(2) 의료사회복지서비스의 차별성 인식 확대

병원 및 의료기관을 이용하는 환자들은 앓고 있는 질병이나 증상에 따라 심리·정서적 어려움을 경험할 수 있다. 세계보건기구에서 발표한 보고서에 의하면 정신 건강은 정신 질병을 갖지 않는 것 이상의 의미이며 일반 사람들의 건강에도 밀접한 영향을 미칠 수 있다고 하였다. 특히 병원에 입원하거나 응급한 상황에 있는 환자들에게 심리·정서적 지원을 제공하는 것이 이들의 질병을 치료하는 과정에서 필수적이라고 하였다(WHO, 2015). 현재 우리나라 국민건강보험에서는 의료사회복지서비스에 대한 건강보험요양급여수가를 부분적으로 인정하고 있는 실정이다. 이로 인해 다양한 진료과로부터 협의 진료 요청을 받아 의료사회복지사가 환자군의 특성에 따라 전문적 상담을 통해 심리·정서적 서비스를 제공하더라도 건강보험요양급여수가로 인정받지 못하고 있는 실정이다.

미국사회복지사협회에서는 환자의 질병군이나 질병 상황에 따라 차별화된 의료사회복지서비스를 제공할 수 있도록 교육 및 훈련 프로그램을 개발하여 실시하고 있고, 자격증 제도를 활용하여 차별화된 의료사회복지서비스를 제공하고 있다. 예를 들어, 암 병동에서 일하는 의료사회복지사를 위하여 최근 발간된 『암 질병과 사회복지사(Oncology Social Work)』 (Oxford, 2015) 및 『완화의료와 사회복지사(Palliative Social Work)』(Oxford, 2015)에서는 암을 앓고 있는 환자의 질병 종류나 질병 상황에 맞추어 차별화된 의료사회복지서비스 프로그램 등을 소개하면서 서로 다른 인종과 지역, 문화 등에 따라 각 프로그램의 효과성을 연구한 논문들을 소개하였다.

병원 및 의료기관 등에서 근무하는 사회복지사는 다양한 분야의 의료 전문인들과 팀을 이루어 환자의 치료에 참여하여야 하며, 팀 내에서 원활한 의사소통을 하기 위하여 의료용어에 대한 이해와 의료지식을 갖추어야 한다(Liechty, 2011). 우리나라에서도 질병이나 상황에 따라 차별화되고 전문화된 의료사회복지서비스를 제공하기 위해서는 무엇보다도 의료사회복지사의 업무 능력 및 자질 향상을 위해 노력해야 한다. 기본적으로 의료사회복지사 자격유지를 위한 보수교육에 참여하는 것뿐만 아니라 심포지엄이나 학회활동을 통해 지식과 기술을 지속적으로 습득하고 의료사회복지실천의 효과성을 확인할 수 있는 연구활동에도 적극적으로 참여하는 것이 바람직하다.

또한 학교에서부터 전문 의료사회복지사를 양성하기 위한 노력이 필요하다. 우선, 사회복지학사 과정에서는 의료사회복지사 자격을 위한 선수과목으로 정신건강사회복지론, 의료사회복지론, 의료사회복지실천론 등 선수 과목을 수강하도록 하며, 의료사회복지사 수련기관인 병원 등과 연계하여 실습을 강화하도록 하여야 할 것이다. 이후 의료사회복지사 수련교육 과정에서는 다양한 영역의 의료사회복지활동을 경험하고 사례를 접할 수 있는 기회와 의료사회복지사로서 갖추어야 할 역량을 중심으로 전문인력이 양성될 수 있도록 차별화된 프로그램이 제공되어야 한다.

3) 의료사회복지실천의 새로운 도전

(1) '연명의료중단등결정' 과정에 참여

「연명의료결정법」은 임종과정에 있는 환자의 최선의 이익을 보장하고 자기결정을 존중하여 인간으로서 존엄한 가치를 보호하는 것을 목적을 가지고 2016년 제정되었다. 2017년 「연명의료결정법」 시행으로 국립연명의료관리기관의 연명의료결정제도에 대한 교육을 이수한 사회복지사에 한하여 말기환자의 '연명의료중단등결정'과 관련된 제도 안내 및 상담 등을 제공할 수 있도록 하였고, 이 경우에는 건강보험요양급여수가 '말기환자등 상담료'를 사회복지사도 청구할 수 있다.

의료사회복지사는 환자와 가족이 '연명의료중단등결정' 과정에서 환자를 전인적인 차원에서 이해하고 환자의 자기결정을 존중하되, 환자가 의학적으로 무의미한 연명치료단계에 있는 것이 아님에도 불구하고 치료유지를 저해하는 경제적인 문제나 다른 이유로 인해 치료중단을 결정하지 않도록 여러 가지 요소들을 충분히 고려하여 상담을 시행해야 한다. 또한 환자의 자율성과 한국 가족의 강한 가족 집합적 성향에서 발생하는 문화적 충돌, 혼란스러운 임종과정을 경험하는 환자와 가족의 어려움, 다양한 이해관계 속에서 현실을 직면해야 하는 의료인의 어려움을 충분히 이해하고 심리·정서적 지원이 이루어질 수 있도록 상담을 준비하여야 한다.

우리나라의 만성질환 증가와 초고령화 사회 진입으로 앞으로 이에 따른 환자와 가족의 '연명의료중단결정'에 대한 상담 수요는 증가할 것이다. 의료사회복지사는 '연명의료중단등결정' 과정에서 고려해야 하는 윤리적 이슈들에 대해 고민하면서 의료사회복지 상담 영역으로 자리매김할 수 있도록 전문성 향상을 위해 노력해야 하고, 이 과정에서 취약계층의 권리가 침해되지 않도록 옹호자로서 의료사회복지사의 정체성을 키워야 한다. 합법적으로 연명치료 중단을 할 수 있도록 의료기관윤리위원회가 설치되어 있는 의료기관의 의료사회복지사뿐만 아니라, 임종과정에 있는 환자를 만나는 의료사회복지사라면 누구나 함께 고민해야 할 문제이다.

(2) 지역사회로의 프로그램 확장과 사회공헌

의료사회복지사는 사회복지사 윤리강령을 준수하며, 사회정의를 실현하기 위하여 의료현장에서 발생하는 문제점들을 해결하고, 사회구조적인 문제 개선을 위한 의료사회복지 실천과 공익활동 등에 관심을 가져야 한다.

건강보험보장성 강화로 많은 환자와 가족의 의료비 부담이 완화되었지만 의료취약계층 환자와 가족들은 여전히 의료비 지출로 인하여 경제적 어려움을 경험하고 있다. 이들 중에서는 적절한 치료를 계속 받지 못하여 목숨을 잃거나 재활의 기회를 놓치는 경우도 있고, 무엇보다 환자의 가족들은 과도한 치료비로 빈곤 계층이 되거나 가족 간병으로 인하여 직업을 잃는 위기를 경험한다.

의료사회복지실천의 새로운 도전은 현행 의료 전달 체계 및 사회 구조적 결함에서 발생하는 문제점들에 관심을 갖고, 취약계층 위기가구의 발굴과 지원을 위해 의료기관 내에서 다양한 프로그램을 개발할 뿐만 아니라, 지역사회와 함께 프로그램을 개발하거나 지역사회로 프로그램을 확장하는 것이다. 병원과 지역사회가 유기적으로 연계되어 환자와 지역사회 주민의 건강한 삶을 보장하기 위한 다양한 프로그램 개발을 위한 노력이 필요하다.

의료사회복지실천은 또한 지역사회에서 활동하는 다양한 시민단체, 학술단체 및 협회, 그리고 환자와 가족 단체 등과 활발한 교류를 통해 사회공헌 사업을 확장해 나가야 할 것이다. 의료사회복지사는 의료기관 내에서 환자와 가족에게 일차적으로 서비스를 제공하게 되지만 이들이 안전하게 지역사회로 퇴원하여 정착할 수 있도록 다양한 연계 서비스들에 대한 정보와 지식을 갖추어야 한다. 더 나아가 병원의 사회복지부서에서 진행하는 사회공헌 사업에 지역사회 시민단체와 기관들이 프로그램 개발에 참여하도록 하여 사회공헌 활동이 지역사회로 확장될 수 있도록 관심을 가져야 한다.

정리해 봅시다

1. 의료사회복지 실습과 수련제도

의료사회복지사 진로를 희망하는 학생은 의료사회복지 현장에서 실습을 이수하고 수련 과정을 거쳐 의료사회복지사 전문 자격을 취득하는 것이 좋다. 의료사회복지 실습은 의료기관에 대한 전반적인 이해 및 일반의료사회사업, 재활의료사회사업, 병원자원봉사 등 의료사회복지의 다양한 영역에 대해 경험할 수 있다. 의료사회복지사 수련교육은 법과 정책, 임상윤리, 조사연구, 기획 및 행정 등의 영역에서 이루어지며, 이론과 실습, 학술활동을 포함한다.

2. 의료사회복지사 자격제도

2018년 「사회복지사업법」 일부개정안이 국회 본회의를 통과하며 기존 사회복지사의 자격을 1급, 2급, 3급의 등급별로만 구분하던 것을 등급 및 영역별로 구분하고, 정신건강사회복지사, 의료사회복지사, 학교사회복지사를 전문 영역으로 지정하였다. 의료사회복지사 자격은 사회복지사 1급 자격을 취득한 사람이 보건복지부장관이 지정한 수련기관에서 1년 이상의 수련 과정을 이수하고 소정의 시험을 통과한 경우 취득할 수 있다.

3. 의료사회복지실천의 전망과 과제

오늘날 의료사회복지실천은 초고령화 사회 진입 및 의료 패러다임의 변화로 인해 새로운 역할을 요구받고 있다. 앞으로 의료사회복지실천가는 현행 의료 전달체계 및 사회 구조적 결함에서 발생하는 여러 건강문제에 관심을 두고, 취약계층 위기 가구의 발굴 및 지원 방안에 대해 고민해야 한다. 또한 병원과 지역사회가 유기적으로 연계되어 환자와 지역사회 주민의 건강한 삶을 보장하기 위한 다양한 노력을 기울여야 할 것이다.

생각해 봅시다

1. 저출산·초고령화 사회 진입에 따라 의료현장이 직면하게 되는 문제점과 그에 따른 의료사회복지실천 현장에는 어떤 변화가 필요한지 생각해 봅시다.

2. 의료서비스는 여전히 의료기관을 중심으로 제공될 것이지만 지역사회 중심으로 의료서비스가 확대된다는 의미는 무엇인지, 지역사회 중심으로 의료서비스가 확대될 때 의료사회복지사는 어떤 역할을 하게 될지 생각해 봅시다.

3. 의료기관의 사회공헌활동 사례를 찾아보고, 의료기관에서 지역사회로 확장할 수 있는 사회공헌 프로그램은 어떤 것이 있을지 생각해 봅시다.

 **참고문헌**

강흥구(2014). 의료사회복지실천론. 정민사.

권용진, 장수미, 임정원, 김현희(2023). 민간인력 활용 복지사각지대 발굴체계 구축 연구. 보건복지부.

권자영, 김린아, 김학령, 박소연, 최권호(2022). 의료사회복지론. 양서원.

김정화, 김린아, 권자영(2019). 의료사회복지사 수련제도에 관한 인식과 수련교육 요구분석. 한국사회복지조사연구, 63, 35-62.

김흥수(2015). 노인의료.요양서비스 제도의 현황과 과제: 2013 요양병원과 요양시설 실태조사를 중심으로. 노년의 생명윤리와 생명정치 포럼 월례발표회, 3, 6, 2015.

남석인(2014). 의료사회복지사의 역할 및 특성 연구. 대한의료사회복지사협회 춘계 학술대회 발표자료.

보건복지부(2016). 포괄수가제. http://www.mohw.go.kr/front_new/sch/index.jsp?coll=ALL&query=%C6%F7%B0%FD%BC%F6%B0%A1%C1%A6

유수현, 김창곤, 김원철(2017). 의료사회사업론. 양서원.

이은희, 김경호(2008). 사회복지사 소진에 영향을 미치는 요인에 관한 연구. 사회연구, 16(2), 167-193.

조성상, 송효석, 이기주, 이동영, 정대희, 홍영수(2019). 의료사회복지실천론. 신정.

최영민, 현진희, 전제성(2005). 의료사회복지사를 소진으로부터 보호하는 요인은 무엇인가? 한국사회복지학회, 57(4), 343-370.

한수연(2015). 장기요양 시설 사회복지사의 사전의료의향서 지식 및 노인환자 임종의료결정에서의 역할 이해도. 생명연구, 36, 99-125.

홍영수(2009). 의료사회복지론. 신정.

Government Accountability Office [GAO]. (2013). Medicare Program; Hospital Inpatient Prospective Payment Systems. Federal register, 78(160). Available from http://www.gpo.gov/fdsys/pkg/FR-2013-08-19/pdf/2013-18956.pdf

Liechty, J. M. (2011). Health Literacy: Critical Opportunities for Social Work Leadership in Health Care and Research. *Health & Social Work, 36*(2), 99-107.

Organization for Economic Cooperation and Development [OECD]. (2013). A Good Life in Old Age?: Monitoring and Improving Quality in LTC (Yuki Murakami, Francesca Colombo). Available from http://www.keepeek.com/Digital-Asset-Management/oecd/social-issuesmigration-health/a-good-life-in-old-age/why-the-quality-of-long-term-carematters_9789264194564-5-en#page1

Organization for Economic Cooperation and Development [OECD]. (2015). Korea, Selected indicators for Korea. Available from https://data.oecd.org/korea.htm#profile-health

건강보험통계연보 https://www.hira.or.kr/bbsDummy.do?pgmid=HIRAA020045020000

국가법령정보센터 http://www.law.go.kr

국민건강보험공단. 국민건강보험제도 개요 http://www.nhis.or.kr

대한의료사회복지사협회 http://www.kamsw.or.kr

통계청 http://www.kosis.kr

부록 의학용어

1. 진료과

소화기내과	Gastroenterology	호흡기내과	Pulmonary
심장내과	Cardiology	혈액종양내과	Hematology & Oncology
내분비내과	Endocrinology	알러지내과	Allergies
신장내과	Nephrology	신경과	Neurology
정신과	Psychiatry	소아청소년과	Pediatrics
피부과	Dermatology	일반외과	General Surgery
흉부외과	Cardiothoracic Surgery	신경외과	Neurosurgery
정형외과	Orthopedics Surgery	성형외과	Plastic Surgery
산부인과	Obstetrics	안과	Ophthalmology
이비인후과	Ear, Nose, & Throat	비뇨기과	Urology
가정의학과	Family Medicine	재활의학과	Rehabilitation Medicine
통증치료실	Pain Clinic	마취과	Anesthesiology
외국인진료소	International Clinic	진단검사의학과	Laboratory Medicine
방사선과	Department of Radiology	영상의학과	Radiology
약국	Pharmacy	방사선종양학과	Radiation Oncology
의무기록과	Department of Medical Record	치과	Dentistry (dental surgery)
응급실	Emergency Room	중환자실	Intensive Care Unit
회복실	Recovery Room	분만실	Delivery Room
수술실	Operating Room	신생아실	Newborn Unit

2. 검사명

EEG(Electro-encephalo-gram)	뇌파
EKG(Electro-cardio-gram=ECG)	심전도
EMG(Electro-myo-gram)	근전도
UGI(Upper-Gastro-intestinal) series	위조영검사

3. 의학용어 및 약어

의학용어	의학용어(영문)	약어
가진단	rule out	R/O
간경화증	liver cirrhosis	LC
간내담석	IHD stone	
간농양	liver abscess	
간부전	liver failure	
간성혼수	protosystemic encephalopathy	
간세포암종	liver cell carcinoma/hepatocellular carcinoma	LCC/HCC
간염	hepatitis	
간이식	liver transplantation	LT
개방정복 및 내고정술	open reduction and internal fixation	ORIF
개복하 전자궁 절제술	total abdominal hysterectomy	TAH
결핵	tuberculosis	TB/Tbc
경과관찰	follow up	F/U
경동맥 화학색전술	transarterial chemoembolization	TACE
경막외 출혈	epidural hemorrhage	EDH
경막하 혈종	subdural hematoma	SDH
경피적 경혈관 혈관확장술	percutaneous transluminal angioplasty	PTA
경피적 관상동맥 중재술	percutaneous coronary intervention	PCI

의학용어	의학용어(영문)	약어
경흉부 심초음파검사	transthoracic echocardiography	TTE
고관절 전치환술	total hip replacement arthroplasty	THRA
고실성형술	tympanoplasty	
고주파 열치료	radiofrequency ablation	RFA
고혈압	hypertension	HTN/HT
골수	bone marrow	BM
골수이식	bone marrow transplantation	BMT
골절	fracture	Fx
관상동맥 우회로 이식술	coronary artery bypass graft	CABG
관상동맥 조영술	coronary angiography	CAG
관상동맥질환	coronary artery disease	CAD
관상동맥질환 집중 치료실	coronary care unit	CCU
괴사조직 제거술	debridement	
교통사고	traffic accident	TA
구순구개열	cleft lip	
구음장애	dysarthria	
궤양	ulcer	
근시	myopia	
근육긴장이상	dystonia	
금식	nothing per os	NPO
급성 골수성 백혈병	acute myeloid leukemia	AML
급성 림프모구성 백혈병	acute lymphoblastic leukemia	ALL
급성 췌장염	acute pancreatitis	
급성신부전	acute renal failure	ARF
기관삽관	intubation	
길랑바레 증후군	guillain barre syndrome	GBS
난시	astigmatism	
내시경 역행성 췌담도 조영술	endoscopic retrograde cholangiopancreatography	ERCP

의학용어	의학용어(영문)	약어
농아	deaf	
뇌간 신경교종	brainstem glioma	
뇌동맥류	cerebral aneurysm	
뇌성마비	cerebral palsy	CP
뇌수막종	meningioma	
뇌전증	epilepsy	
뇌졸중/뇌혈관 사고	cerebrovascular accident	CVA
다발성 골수종	multiple myeloma	MM
담관암	cholangiocarcinoma	CCC
담도폐쇄	atresia of bile ducts	
당뇨	diabetes mellitus	DM
대동맥판 치환(술)	aortic valve replacement	AVR
대동맥판 폐쇄부전	aortic valve regurgitation	AR
대동맥판 협착	aortic valve stenosis	AS
대장암	colorectal cancer	CRC
대퇴골두 골괴사증	osteonecrosis femur head	ONFH
도착 즉시 사망	dead on arrival	DOA
동결생검	Frozen Bx	
동맥	artery	
동맥관 개존증	patent ductus arteriosus	PDA
두개외-두개내 동맥문합술	external-internal carotid artery bypass	EIAB
류마티스 관절염	rheumatoid arthritis	RA
마취	anesthesia	
만성 b형간염	chronic hepatitis b	CHB
만성 c형간염	chronic hepatitis c	CHC
만성신부전	chronic renal failure	CRF
만성신장질환	chronic kidney disease	CKD
만성중이염	chronic otitis media	COM

의학용어	의학용어(영문)	약어
말기신장병	end stage renal disease	ESRD
말초혈줄기세포이식	peripheral blood stem cell transplantation	PBSCT
망막증	retinopathy	
매독	venereal disease research laboratory	VDRL
무릎아래 절단	below knee amputation	BKA
무혈관 괴사	avascular necrosis	AVN
미만성 대 b세포 림프종	diffuse large b-cell lymphoma	DLBCL
미숙아	prematurity	
반코마이신 내성 장구균	vancomycin resistant enterococci	VRE
방광요관 역류	vesicoureteral reflux	VUR
백내장	cataract	
백혈구	white blood cell	WBC
병력	history	Hx
병리	pathology	
복막투석	chronic ambulatory (peritoneal dialysis)	CAPD/PD/PD-1
복부 대동맥류	abdominal aortic aneurysm	AAA
복부팽창	abdomen distension	
복합부위통증증후군	complex regional pain syndrome	CRPS
부종	edema	
분만실	delivery room	DR
불명열	fever unknown origin	FUO
불안정 협심증	unstable angina	UA
빈혈	anemia	
사지마비	quadriparesis	
사체간이식	deceased donor liver transplantation	DDLT
상기도염증	upper respiratory infection	URI
생체검사	biopsy	Bx
생체부분간이식	living donor liver transplantation	LDLT

의학용어	의학용어(영문)	약어
선천성 심장질환	congenital heart disease	CHD
선천성 횡경막 탈장	congenital diaphragmatic hernia	CDS
섭취량&배설량	intake & output	I&O
성형외과	plastic surgery	PS
소아마비	poliomyelitis	
소화기내과	gastroenterology	GI
수술	operation	OP.
수술 후 경과일	postoperative day	POD
수혈	transfusion	
숨가쁨	shortness of breath	SOB
슬관절 전치환술	total knee replacement arthroplasty	TKRA
승모판 교환술	mitral valve replacement	MVR
승모판 협착	mitral stenosis	MS
시간, 사람, 장소	orientation(time/person/placement)	T/P/P
신 결석	renal stone	
신생아 일과성 빈호흡	transient tachypnea of newborn	TTN
신생아 중환자실	neonatal intensive care unit	NICU
신생아의 호흡곤란 증후군	respiratory distress syndrome	RDS
신장의 신생물	neoplasm of the kidney	
신장이식	kidney transplantation	KT
신장-췌장 동시이식	simultaneous pancreas kidney transplantation	SPKT
심박수	heart rate	HR
심방세동	atrial fibrillation	AF
심방중격결손	atrial septal defect	ASD
심부 뇌 자극술	deep brain stimulation	DBS
심부전	heart failure	HF
심부정맥 혈전증	deep vein thrombosis	DVT
심실중격결손	ventricular septal defect	VSD

의학용어	의학용어(영문)	약어
심장비대	cardiomegaly	
심전도	electrocardiogram	ECG
심정지	arrest	
심폐-뇌 소생(법)	cardiopulmonary cerebral resuscitation	CPCR
심폐소생술 포기	do not resuscitate	DNR
심혈관 질환	cardiovascular disease	CVD
안정형 협심증	stable angina	SA
알코올성 간질환	alcoholic liver disease	ALD
압박성 골절	compression Fx	
양안격리증	hypertelorism	
양측 난관-난소 절제술	bilateral salpingo-oophorectomy	BSO
어지럼증	dizziness	
엄지발가락 굽음증	hallux rigidus	
엡스타인바 바이러스	epstein-barr virus	EBV
오심구토	nausea/vomiting	N/V
외래	outpatient department	OPD
외사시	exotropia	
외상성 뇌손상	traumatic brain injury	TBI
요로감염	urinary tract infection	UTI
욕창	sore	
우상복부	right upper quadrant	RUQ
위장관의 기질 종양	gastrointestinal stromal tumor	GIST
유의성이 결정되지 않은 단일클론 감마병증	monoclonal gammopathy of undetermined significance	MGUS
유착	adhesion	
유착박리	bandlysis	
응급실	emergency room	ER
의식소실	loss of consciousness	LOC

의학용어	의학용어(영문)	약어
이비인후과	otorhinolaryngology	ENT
이식편대숙주병	graft-versus-host disease	GVHD
이식후 림프증식질환	post-transplantation lymphoproliferative disease	PTLD
인공와우 이식	cochlear implantation	CI
인체 면역 결핍 바이러스	human immunodeficiency virus	HIV
일반외과	general surgery	GS
자궁소파술/생검	dilatation curettage/biopsy	D/C/BX
자기공명 영상	magnetic resonance imaging	MRI
자발호흡 회복	recovery of spontaneous circulation	ROSC
재생불량성 빈혈	pancytopenia	
재태기간	gestational age	GA
전신성 홍반성 낭창	systemic lupus erythematous	SLE
전이성 간암	metastatic liver cancer	
전혈구 계산치	complete blood count	CBC
절개 및 배농	incision and drainage	I&D
절대안정	absolute bed rest	ABR
절대호중구수치	absolute neutrophil count	ANC
정맥염	phlebitis	
정밀검사	work up	W/U
정신지체	mental retardation	MR
정형외과	orthopedic surgery	OS
제왕절개	cesarean section	C/S
조기위암	early gastric cancer	EGC
좌심실	left ventricular	LV
주호소	chief complaint	C/C
죽상경화 폐색증	atherosclerosis occlusion	ASO
중증 재생불량성 빈혈	severe aplastic anemia	SAA
중증근무력증	myasthenia gravis	MG

의학용어	의학용어(영문)	약어
중환자실	intensive care unit	ICU
지방간	fatty liver	
지주막하 출혈	subarachnoid hemorrhage	SAH
직장	rectum	
진행성 위암	advanced gastric cancer	AGC
척수신경손상	spinal cord injury	SCI
척추측만증	scoliosis	
천공	perforation	
체외막형 산화기	extracorporeal membrane oxygenation	ECMO
초음파 뇌진단법	echoencephalography	EEG
초음파	ultrasonography	US
침윤성 관암종	invasive ductal carcinoma	IDC
컴퓨터 단층촬영	computer-assisted tomography	CT
코피	epistaxis	
통증점수	numeric rating scale	NRS
퇴원하다	discharge	D/C
특발성 폐섬유종	idiopathic pulmonary fibrosis	IPF
파킨슨병	Parkinson's disease	
팔로사징	tetralogy of fallot	TOF
편도	tonsil	
편평세포암종	squamous cell carcinoma	SCC
폐렴	pneumonia	PN
폐혈전 색전증	pulmonary thromboembolism	PTE
항암치료	chemotherapy	CTx
혈관성형술	angioplasty	
혈관종	hemangioma	
혈관질환	vessel disease	VD
혈변	melena	

의학용어	의학용어(영문)	약어
혈색소	hemoglobin	Hb
혈소판증가증	thrombocytosis	
혈압	blood pressure	BP
혈압/맥박/호흡/체온	blood pressure/pulse/respiration/body temperature	
혈액투석	hemodialysis	HD
혈전	thrombus	
협심증	angina pectoris	AP
호흡곤란	dyspnea	
확장성 심근병증	dilated cardiomyopathy	DCMP
활력징후	vital sign	V/S
회전근개손상	rotator cuff syndrome	
후의 상태	status post	S/P
후천성 면역 결핍 증후군	acquired immune deficiency syndrome	AIDS
흉부외과	cardiovascular surgery	CS
흡인성 폐렴	aspiration pneumonia	

찾아보기

인명

Andersen, R. M. 56

Beck, A. 130
Becker, M. H. 55

Compton, B. R. 139, 142, 144

Ellis, A. 130

Galaway, B. 139, 142, 144

Kübler-Ross, E. 48

Miller, W. R. 156

Perlman, H. H. 139, 141

Rollnick, S. 156

내용

1종 수급권자 188
1형 당뇨병 312
2종 수급권자 188
2형 당뇨병 313
ABCDE 이론 134
dementia 349
DSM-5-TR 365, 375
e-바우처 207
ICD-11 365
SMART 형식 99

ㄱ

가계도 93
가사・간병방문지원사업 205
가정폭력 403, 408
가정폭력 피해 여성 406
가정폭력 행위자 407
가정형 호스피스전문기관 394
가족 51
가족력 87
가족요양비 201
가족 적응 346
가족조각 95
가족탄력성 모델 52
간이식 328
강박 및 관련 장애 367
강점관점 122, 151
강점중심 152

강점 확인 128
개별상담 409
개인력 86
개인별장기요양이용계획서 200
개입 99
거시체계 100
건강 12, 38
건강 결정 요인 13
건강보험 179
건강보험료율 185
건강보험 보장률 181
건강신념모델 54, 55
건강의 사회적 결정요인 53
건망증 352
결과 평가 107
경도인지장애 352
경상의료비 186
계약 99
계약 단계 145
계획하기 163
고용보험 179
고위험 가구 78
고혈압 308
골수이식 329
공간으로서의 지역사회 242
공감 표현하기 160

공격성 351
공공보건의료 217
공공보건의료 기본계획 425
공공보건의료사업 428
공공보건의료에 관한 법률 217, 424
공공부조 179, 180
공식적 자원 251
과정 252
과정 기록 110
과정 평가 107
과제부여 137
관계 형성하기 162
관리의료 24
광혜원 26
교사 100
국민건강보험공단 184
국민건강보험법 182
국민건강보험제도 181
국민기초생활보장제도 187
국민연금 179
국민의료보험법 183
국제기능장애건강분류 44
국제장애분류체계 44
권익옹호 140
권한부여 152
근거기반 사회복지실천 24
금단증상 375
급성신부전 317
긍정적인 대처 방식 343
기록 108
기증의사 215
기증자 215
기타 재가급여 201

긴급돌봄지원사업 206

ㄴ

내적 동기 157
노년기 42
노인맞춤돌봄 서비스 사업 356
노인성 질병 193
노인요양공동생활가정 202
노인요양시설 202
노인장기요양보험제도 179, 191
노인장기요양인정 신청 및 판정절차 196
노인학대 401
뇌졸중 291

ㄷ

다학문적 팀 80
다학제간 팀 80
다학제적 접근 24, 31
다학제 진료 79
단기보호 201
당뇨병 312
대공황 23
대상자 251, 253
대한의료사회복지사협회 27, 426
도식 131
돌봄 모델 246
동기강화상담 156
등급판정 195
등급판정위원회 195
디스트레스 285

ㄹ

루이소체치매 349

ㅁ

만성신부전 317
만성콩팥병 317
망상 351
메디케어 24, 392
메디케이드 24
무의식적 억압 20
무조건적으로 수용하기 137
문제중심 기록 110
문제해결 129
문제해결모델 139, 141
문제형성 90
물질 관련 및 중독장애 369
물질남용 378
미술치료 354
미시 100
미충족 의료 48

ㅂ

바우처사업 208
반영하기 164
방문간호 201
방문목욕 201
방문요양 201
방임 399
배설장애 368
변태성욕장애 370
변화대화 끌어내기 165
변화동기 157
변화동기 유발하기 163
병력 86, 354

병리관점 152
병리중심 152
병원 봉사원 22
병원표준화 심사제도 27
보건·의료·복지 301네트워크 426
보수월액 185
보호처분 409
복막투석 319
복지사각지대 434
복지자원 표준분류체계 264
본인부담금 194, 195
본인부담금 면제 190
부부상담 410
부정적 감정반응 17
부정적인 대처 방식 343
분노 20
불안 20
불안장애 367
불일치감 만들기 160
비공식적 자원 252

ㅅ
사례관리 249, 409
사례관리자 251
사전돌봄계획 229
사정 89, 97, 372
사정 도구 91
사회기술훈련 137
사회도 96
사회력 354
사회보장기본법 179, 182
사회보험 179
사회보험제도 180
사회복지서비스 438
사회복지자원 261
사회서비스 179, 180, 202, 438
사회서비스이용권 207
사회서비스 이용 및 이용권 관리에 관한 법률 207
사회 선택론 371
사회안전망 180
사회 원인론 370
사회적 관계망 그리드 91
사회적 불리 44
사회적 위험 179
사후관리 104, 129
산업재해보상보험 179
생명의료윤리 224
생심리사회적 관점 31
생애주기 관점 38
생태도 95
생태체계관점 150
생활력 도표 92
생활주기표 94
서비스 조정자 75
섭식장애 368
성격장애 369
성기능부전 368
성년후견제도 360
성인기 41
소득월액 185
소아암 40
소아청소년 완화의료 395
손상 44
수가제 27
수급권자 188
수면각성장애 368
수면장애 352
수치감 대면연습 137
수혜자 215
스크리닝 83, 436
스트레스 17
슬픔 21
시설급여 201, 202
新 복지사각지대 65
신경발달장애 366
신경인지장애 369
신대체법 318
신장이식 319, 328
신체증상장애 및 관련 장애 367
실습 446
실종치매노인지원사업 357
심근경색 288
심리사회적 재활 354
심상법 136
심장이식 329

ㅇ
아동기 40
아동학대 398
아웃리치 83
알츠하이머형 치매 349
알코올사용장애 167
알코올성치매(코르사코프 증후군) 349
암 환자 디스트레스 평가도구 305
앤더슨 취약계층 행동모델 56
양가감정 157
양극성 및 관련 장애 366
역량 153

역량강화 150, 151
역량강화모델 150
역할분리 80
역할연기 137
역할의 통합 81
연구조사자 75
연명의료 29
연명의료결정법 212, 213, 225, 457
연명의료중단등결정 457
연명의료중단 및 임종기 돌봄 권고안 234
열린 질문하기 163
영아기 39
오바마케어 24
옹호자 101
완화의료 392
왕립무료병원 22
외상 및 스트레스 관련 장애 367
요약하기 165
요양병원간병비 201
욕구 파악 140
우울장애 366
우울증 351
운영체계 252, 254
원예치료 354
원조자 74
위기 122, 432
위기강도 128
위기개입 122
위기개입모델 122
유기 402
유머 137

유아기 39
음악치료 355
의료급여기관 189
의료급여 이용절차 191
의료급여제도 186
의료기관 64
의료기관 인증제 112
의료법 178, 224
의료법 시행규칙 210, 450
의료법 시행령 27
의료보장제도 27
의료보험법 183
의료비 436
의료사회복지 29
의료사회복지사 26, 76
의료사회복지사의 직무 76
의료사회복지사의 표준 직무 78
의료사회복지 수련교육제도 448
의료사회복지실천 66
의료사회복지의 기원 21
의료사회복지의 발달 22
의료수가 212
의료의 질 111
의료전달체계 178
의료취약계층 426
의료환경 451
의무기록 87
의사결정 140
의식적 억압 20
의학적 의사결정 229
이동 수단 345
이야기체 기록 109
이완, 명상, 호흡 137
인력 253

인보관 운동 150
인본조직 113
인정해 주기 164
인지적 기법 136
인지적 왜곡 132
인지중재 프로그램 354
인지행동모델 130
인지행동치료 415
인테이크 사회복지사 84
일반의료서비스 70
임신성 당뇨병 313
임종실 395
입원형 호스피스전문기관 394

ㅈ

자기주장훈련 137
자기효능감 161
자동적 사고 132
자문형 호스피스 213
자문형 호스피스전문기관 395
자살 40, 411, 412
자살위기 415
자살위기의 정도 413
자살위험도 413
자살위험성 412
자살유가족 417
자살 진단 413
자선진료 24
자선진료서비스 69
자원 251, 261
잔존능력 343
장기기증 330
장기등 이식에 관한 법률 214
장기요양 유효기간 197

장기요양인정 195
장기요양인정서 199
장기요양인정 신청 195
장기이식 214, 326, 328
장기이식법 시행령 골수이식 214
장애 43, 44
장애인보장구 186
재가급여 201
재구조화 169
재정적인 자원 344
재활의료서비스 70
저항과 함께 구르기 160
저항 다루기 169
적응 52
적응, 순응, 화해 81
전원과 의뢰 102
전자바우처 207
전자바우처 운영흐름도 209
점검 101
접수 83
접촉 단계 144
정보와 조언 169
정상화 128
정서적 기법 136
정서적 소진 356
정신건강 126, 362
정신건강사회복지사 211
정신건강증진 및 정신질환자 복지서비스 지원에 관한 법률 210
정신병리 363
정신의료서비스 70
정신장애 362

정신장애의 분류 364
정신질환 362
제중원 26
조력자 100
조정 52
조현병을 유발하는 어머니 370
조현병(정신분열)스펙트럼 및 기타 정신증적 장애 366
종결 103
주 부양자 355
주·야간보호 201
주택 344
중간 단계 99
중개자 100
중독 373
중범위 100
중재자 100
지나친 기대와 실망 80
지남력 350
지역가입자 185
지역사회 거주 345
지역사회 공공의료서비스 71
지역사회서비스 204
지역사회 자원연계 수준 264
지지망 345
직무 표준화 113
직장가입자 185
질병 15
질병경험의 단계 16
질병과 장애에 대한 심리사회적 적응모델 49
질병명 및 질병코드 193
질병·장애에 대한 가족의 이해 346

집단상담 410
집단 프로그램 354

ㅊ

책임의료기관 425
척수 340
척수손상 149, 340
청년마음건강지원사업 206
청년사회서비스사업단 206
청소년기 40
체계적 둔감화 137
초기 단계 82
초기면접지 85
초점 맞추기 162
초조함 351
총괄 평가 108
취약계층 행동모형 57
치료자 73
치매 347
치매가족휴가제 356
치매공공후견사업 357, 360
치매관리법 347
치매관리사업수행기관 358
치매관리종합계획 348
치매안심병원 360
치매안심센터 355, 357, 358
치매 유병률 347, 349
치매의 단계 352
치매전문병동 358
치매 진단 기준 350
치매치료관리비 지원사업 356
치매 행동심리증상 358
치매환자 가족 355
치유농업 355

ㅋ

커뮤니티 케어 68, 242
크로이츠펠트-야곱병 349
클라이언트 127
클라이언트 중심 치료 159

ㅌ

태내기 38
터널시각 122
통합사례관리 운영체계 254
퇴원 257
퇴원계획 24, 102, 257, 258
퇴원계획서비스 72
퇴원계획 수립 357
퇴원환자 지역사회 연계 429
투석요법 318
특례요양비 201
특별현금급여 201
팀 접근 79

ㅍ

파괴적 충동조절 및 품행장애 369
파킨슨병에 의한 치매 349
평가 105
포괄수가제 182, 453
폭력 404
프로그램 평가 107
피드백 제시하기 168
피부양자 184
필수보건의료서비스 424

ㅎ

학대 397
학대 피해 노인 406
함께하는 의사결정 229
합리정서행동모델 130, 133
해리장애 367
행동 단계 146
행동시연 137
행위별 수가제 24, 182
현금급여 185
현물급여 185
현실적인 평가 81
혈관성 치매 349
혈액투석 319
형성 평가 108
호스피스 29, 392
호스피스·완화의료 및 임종과정에 있는 환자의 연명의료결정에 관한 법률 212, 225
호스피스전문기관 213
호스피스 팀 396
환각 351
환자의 심리적 반응 320
환자의 자율성 존중 225
회상요법 354
후견, 법률 관련 문제들 346
희귀질환 297

저자 소개

이효순(Hyosoon Lee Kwon)
King's College London: Clinical & Public Health Aspects of Addiction, MSC
남서울대학교 사회복지학과 조교수
현) 뉴본(New Born) 상담교육센터 센터장
한국관광대학교 사회복지과 겸임교수

양정빈(Yang, Jung-Bin)
University of Illinois Urbana-Champaign, MSW
성균관대학교 일반대학원 사회복지학 박사
대전광역시립 한가족노인전문병원 사회사업실 팀장
현) 남서울대학교 휴먼케어학과 부교수

권지현(Kwon Jihyun)
전북대학교 대학원 사회복지학과 석사
대한의료사회복지사협회 회장
한국사회복지사협회 자격관리심의위원회 위원
현) 충남대학교병원 의료사회복지팀 의료사회복지사

추정인(Chu Jeong In)
이화여자대학교 대학원 사회복지학 석사
국제뇌교육종합대학원대학교 뇌교육학과 박사
한림대학교 의료원 강동성심병원 사회복지팀장
청주대학교 사회복지학과 겸임교수
현) 배움사이버평생교육원 사회복지교수

남은지(Eunji Nam)
University of Kansas PhD in Social Work
University of Central Florida School of Social Work Assistant Professor
현) 인천대학교 사회복지학과 부교수

한수연(Han Sooyoun K)
Columbia University School of Social Work 석사
미국 뉴저지 소재 메디컬 센터 의료사회복지사
(Licensed Clinical Social Worker)
현) 인하대학교 정책대학원 노인학과 초빙교수

현장 중심 의료사회복지론

Social Work in Health Care

2025년 4월 20일 1판 1쇄 인쇄
2025년 4월 25일 1판 1쇄 발행

지은이 • 이효순 · 권지현 · 남은지 · 양정빈 · 추정인 · 한수연
펴낸이 • 김진환
펴낸곳 • ㈜ **학지사**
　　　　04031 서울특별시 마포구 양화로 15길 20 마인드월드빌딩
대표전화 • 02-330-5114　　팩스 • 02-324-2345
등록번호 • 제313-2006-000265호

홈페이지 • http://www.hakjisa.co.kr
인스타그램 • https://www.instagram.com/hakjisabook

ISBN 978-89-997-3363-5 93330

정가 25,000원

저자와의 협약으로 인지는 생략합니다.
파본은 구입처에서 교환해 드립니다.

이 책을 무단으로 전재하거나 복제할 경우 저작권법에 따라 처벌을 받게 됩니다.

출판미디어기업 **학지사**
간호보건의학출판 **학지사메디컬** www.hakjisamd.co.kr
심리검사연구소 **인싸이트** www.inpsyt.co.kr
학술논문서비스 **뉴논문** www.newnonmun.com
교육연수원 **카운피아** www.counpia.com
대학교재전자책플랫폼 **캠퍼스북** www.campusbook.co.kr